dtv

Schlachten sind Bestandteil von Kriegen, und Kriege als «Fortsetzung der Politik mit anderen Mitteln» ein wesentlicher Bestandteil der Weltgeschichte. Ein wichtiger Aspekt der Geschichtsschreibung ist daher die Militärgeschichte. Die international ausgewiesenen Autoren dieses Buches sind einer modernen und seriösen Militärgeschichtsschreibung jenseits von Uniformseligkeit und strategischen Sandkastenspielen verpflichtet. Sie beschreiben wichtige Schlachten von der Antike bis zur Gegenwart, ordnen sie in den historisch-politischen Kontext ein und bewerten die Folgen. Deutlich wird, dass Kriege – zumal in ihrer dramatischsten Ausdrucksform, der Schlacht – selten den damit verfolgten Zweck gänzlich und dauerhaft erfüllen, immer aber einen sehr hohen Preis fordern und letztlich eine zivilisatorische Niederlage bedeuten.

Stig Förster ist Professor für Neueste Allgemeine Geschichte an der Universität Bern. *Dierk Walter* ist Wissenschaftlicher Mitarbeiter am Hamburger Institut für Sozialforschung. *Markus Pöhlmann* ist Redakteur bei der Zeitschrift ‹Damals›.

Schlachten der Weltgeschichte

Von Salamis bis Sinai

Herausgegeben von
Stig Förster, Markus Pöhlmann
und Dierk Walter

Deutscher Taschenbuch Verlag

Die Beiträge von James S. Corum, Zeev Elron, Dennis E. Showalter und Russell F. Weigley wurden von Matthias Rawer (Freiburg/Brsg.) aus dem Englischen ins Deutsche übertragen.

Mit 25 Karten

Ungekürzte Ausgabe
April 2004
4. Auflage Oktober 2006
Deutscher Taschenbuch Verlag GmbH & Co. KG,
München
www.dtv.de

Umschlagbild: ›Die Alexanderschlacht‹ (1529) von Albrecht Altdorfer
(akg-images/Erich Lessing)
Satz: Fotosatz Janß, Pfungstadt
Druck und Bindung: Druckerei C. H. Beck, Nördlingen
Gedruckt auf säurefreiem, chlorfrei gebleichtem Papier
Printed in Germany
ISBN-13: 978-3-423-34083-0
ISBN-10: 3-423-34083-5

Inhalt

Die Schlacht in der Geschichte

Was ist eigentlich eine Schlacht? Die Frage klingt beinahe rhetorisch, scheint die Antwort doch für jedermann völlig offensichtlich. Eine Schlacht ist zunächst einmal das, was vom Wortsinn her so nahe liegt, ein gegenseitiges Abschlachten: «Immer ist Blut ihr Preis und Hinschlachten ihr Charakter und ihr Name», stellte der preußische Kriegsphilosoph Carl v. Clausewitz fest,[1] und fügte hinzu: «Wir mögen nichts hören von Feldherren, die ohne Menschenblut siegen.»[2]

Nicht jede blutige Auseinandersetzung allerdings lassen wir als Schlacht gelten. Selbst im Mittelalter, wo es keine stehenden Heere gab, müssen einige Tausende einander nach dem Leben getrachtet haben, damit die Geschichte dieses Etikett verleiht, und im 19. und 20. Jahrhundert erwarten wir mehrere Zehn- oder gar Hunderttausende von Kombattanten, um von einer Schlacht zu sprechen. Schiere Größe ist mithin das zweite allgemein anerkannte Charakteristikum, das die Schlacht ausmacht. Sie ist «eine große Kampfhandlung»[3], der «Kampf zwischen großen militärischen Verbänden»[4]. Was darunter bleibt, ordnen wir – abhängig von der Perspektive und den näheren Umständen – als Gefecht, Scharmützel, Hinterhalt, Terroranschlag oder Schießerei ein.

Irgendetwas an dieser Aufzählung wird den Leser vermutlich irritiert haben. In der Tat: Gefechte und Scharmützel gehören dem modernen Verständnis nach, ebenso wie die Schlacht, zum Gesamtzusammenhang der gewaltsamen Auseinandersetzung zwischen organisierten Streitkräften, die man gemeinhin als Krieg bezeichnet. Obwohl wir aus der jüngeren deutschen Geschichte die Straßenschlacht und die Saalschlacht kennen, sind wir uns doch bewußt, daß es sich dabei um Metaphern handelt, ähnlich dem Wahlkampf und dem Werbefeldzug. Nur als tödlicher Kampf zwischen *Kriegern*, zwischen *Soldaten* gewinnt der Begriff der Schlacht den Sinn, der ihm nach allgemeiner Auffassung zukommt.

Eine große, blutige, militärische Auseinandersetzung also: damit dürfte für das Allgemeinverständnis der Begriff der Schlacht bereits genügend beschrieben sein. Wodurch aber werden Schlachten zu historischen Ereignissen ersten Ranges, zu herausragenden Meilensteinen des kollektiven Gedächtnisses? Die Zeit, in der im Geschichtsunterricht der Schulen die Vergangenheit anhand ihrer Schlachten eingeteilt und vermittelt wurde, ist noch nicht allzulange her. Die sinnentleerte Eselsbrücke «Drei–drei–drei: bei Issos Keilerei» tönt noch in den Ohren. Einzelne Schlachten sind zu komprimierten Symbolen für ganze Kriege, ja für Epochen geworden: Verdun *ist* der Erste Weltkrieg, Stalingrad der Zweite; der moderne Kolonialkrieg ist verkörpert in Dien Bien Phu, die Kriegführung der Römer und Karthager schlechthin in Cannae, die der Griechen in Salamis und Marathon, und Trafalgar repräsentiert den Krieg unter Segeln überhaupt. Der Name des belgischen Weilers Waterloo schließlich ist geradezu zur universalen Metapher für das endgültige Scheitern aller Hoffnungen geworden.

Eine Erklärung mag darin liegen, daß die Schlacht, wie wir sie uns gewöhnlich vorstellen, alle Erfordernisse eines klassischen Dramas erfüllt. Das gilt nicht allein für die rituellen und theatralischen Elemente, die jeder Schlacht zumindest bis an die Schwelle der Moderne innewohnen und die auch schon einmal dazu geführt haben, sie pointiert als «Männerballett» zu bezeichnen[5], nicht nur für die Qualitäten von Tragik, die Tod und Überleben, Niederlage und Sieg und der Auftritt von Führergestalten – «Helden» – ohnehin beinhalten. Im Idealfall ist die Schlacht auch in Zeit und Raum eng konzentriert. Nur selten sprechen wir von Schlachten, die mehrere Tage dauern; mehrere Wochen oder gar Monate sind es nur bei Belagerungen eingeschlossener Städte und Festungen oder im großen Maßstab der beiden Weltkriege. In beiden Fällen aber läßt sich über die Verwendung des Begriffs Schlacht für derart langwährende militärische Großereignisse bereits streiten, vor allem dann, wenn es sich eigentlich nur um eine Serie einzelner Gefechte handelt wie bei der «Luftschlacht» über England 1940.

Ähnlich sieht es mit der räumlichen Dimension aus. Zum landläufigen Begriff der Schlacht gehört untrennbar der des Schlachtfeldes, und darunter stellen wir uns in aller Regel ein halbwegs zusammenhängendes Gelände vor, vorzugsweise eines, das sich vom berühmten Feldherrnhügel aus noch überschauen läßt. Auch hier sprengen natürlich die Schauplätze der Schlachten der beiden Weltkriege jede Vorstellungskraft. Zwar kann man vom Schlachtfeld von Tannenberg (1914) sprechen, wenn man will, aber im Grunde wäre bei einer Ausdehnung von 50 mal 80 Kilometern die Bezeichnung «Schlachtregion» schon wesentlich treffender.

Das allerdings sind Grenzfälle. Für den größten Teil der Weltgeschichte ist die Schlacht ein in Zeit und Raum hochkonzentriertes Ereignis. Im Morgengrauen marschieren auf einer überschaubaren Ebene, in einem Flußtal beispielsweise, zwei Heere auf. Wenn alles in Reih und Glied steht, geben die Heerführer das Signal zum Angriff. Am Abend liegen Tausende von Toten und Verwundeten auf dem Feld, eine Armee ist geflohen, die andere behauptet das Schlachtfeld. Was immer der Grund für das Gemetzel war: Die Sache ist entschieden.

Und das ist es letztlich, was die Schlacht als historisches Einzelereignis in unserer Vorstellung so wirkungsmächtig macht. Wenn wir die Geschichte nach ihren Schlachten gliedern und erinnern, tun wir das, weil wir diesen militärischen Großereignissen gewaltige Konsequenzen für den weiteren Verlauf zuschreiben: Schlachten entscheiden Kriege, Kriege verändern die Geschichte. In verfahrenen politischen Situationen *sucht* man die «Schlachtentscheidung», wie man in alten Zeiten ein Gottesurteil gesucht haben mag. In dieser Hinsicht sind sich alle Deutungen des Begriffs Schlacht einig. «Schlacht heißt das Gefecht zwischen zwei Armeen, in der Absicht, dadurch eine Entscheidung herbeizuführen», liest man in einem Militärwörterbuch der 1830er[6], für den preußischen Generalfeldmarschall Helmuth von Moltke waren die «großen Zwecke des Krieges» nur durch die «Hauptentscheidung» in der Feldschlacht zu erreichen[7], und auch heute noch gehört zum Begriff der Schlacht, daß sie «die Kriegslage entscheidend beeinflußt»[8]. Die Dramatik des Ganzen wird durch die zeiträumliche Konzentration noch erheblich gesteigert. Für Clausewitz «erbebt der Geist des Menschen vor dem Gedanken der mit einem einzigen Schlag gegebenen Entscheidung».[9]

Nicht zuletzt daher rührt die Faszination der kontrafaktischen Geschichte, der Frage «was wäre gewesen wenn». Im Sinne einer strengen Kausalität erwartet man von einem anderen Ausgang des Waffenganges auch eine grundlegend andere Zukunft. Ganz besonders gilt das für die Schlachten, die auch geographisch die äußerste Grenze bezeichnen, die ein Eroberer je erreicht hat: Die Hunnen auf den Katalaunischen Feldern, die Mongolen bei Wahlstatt, die Türken vor Wien, Lee bei Gettysburg, die Deutschen an der Marne und in Stalingrad. Ohne weiteres nimmt man an, daß ein anderes Ergebnis der Schlacht ebenso «entscheidend», nur im gegenteiligen Sinne, gewesen wäre, als wäre es völlig ausgeschlossen, daß Napoleon sein Waterloo 50 Kilometer weiter ereilt hätte.

Die gleiche Idee strenger Kausalität verführt auch dazu, innerhalb dieser «Entscheidungsschlachten» die entscheidenden Momente zu suchen. Die kontrafaktische Geschichtsschreibung *auf* dem Schlachtfeld ist eine Versuchung, der sich kaum ein Militärhistoriker je entziehen konnte. Hierher gehören die immer wiederkehrenden Diskussionen über die beiden Armeekorps, die 1914 dem deutschen rechten Flügel an der Marne gefehlt haben sollen, oder über das Schlößchen Hougomont auf dem Schlachtfeld von Waterloo, an dem sich Napoleons Angriff festrannte: Hätte er das vermieden, so die These, so wären die Preußen zu spät gekommen und Wellington geschlagen worden. In letzter Instanz kann man mit solchen Erwägungen den Lauf der Weltgeschichte auf kleine und kleinste Ereignisse auf einem einzelnen Schlachtfeld zurückführen und langt schließlich bei dem bekannten englischen Sprichwort an:

«For the want of a nail the shoe was lost,
For the want of a shoe the horse was lost,
For the want of a horse the rider was lost,
For the want of a rider the battle was lost,
For the want of a battle the kingdom was lost,
And all for the want of a horse-shoe nail.»[10]

Was aber entscheiden aus historischer Perspektive Schlachten tatsächlich? Und was entscheidet Schlachten? Die Beiträge des vorliegenden Bandes versuchen vor allem, diesen beiden Fragen auf den Grund zu gehen. Zweierlei wird dabei nach Auffassung der Herausgeber deutlich. Obwohl sich zum einen für viele Schlachten eindeutige materielle und moralische Faktoren angeben lassen, die einen Vorteil für die eine oder die andere Seite bedeuteten, so spielt doch das Element des Zufalls im Chaos einer Schlacht eine nicht zu unterschätzende Rolle, und manch einer kam zu Sieg und Krone, weil er vor allem eines war – ein «lucky bastard», so Rainer Schwinges in seinem Beitrag über Hastings 1066.

Zweitens machen die folgenden Beiträge klar, daß keineswegs jede gewonnene Schlacht, nicht einmal eine sogenannte «Entscheidungsschlacht», prinzipiell mit dem siegreichen Ausgang eines Feldzugs, geschweige denn mit weittragenden politischen Veränderungen gleichzusetzen ist. Der preußische Sieg bei Königgrätz 1866 mag, wie Frank Becker feststellt, nicht nur eine militärische, sondern auch eine einschneidende politische Entscheidung bedeutet haben: den Ausschluß Österreichs aus Deutschland und damit die Vorstufe zur Gründung des Deutschen Reiches. Aber bereits der preußisch-deutsche Sieg bei Sedan 1870 führte zwar zur Kapitulation der Armee Napoleons III., ohne daß aber deswegen der Krieg bereits entschieden gewesen wäre. Die neugegründete französische Republik kämpfte noch ein volles halbes Jahr weiter. Dien Bien Phu 1954 war ein glänzender militärischer Sieg der Viet Minh, aber die politischen Ergebnisse blieben, wie Marc Frey demonstriert, hinter den Erwartungen der Sieger weit zurück. Zeev Elron zeigt sogar, wie die Sinaischlacht 1973 von einem knappen militärischen Sieg der Israeli zu einem politischen Sieg von Sadats Ägypten werden konnte.

Viele der im Folgenden geschilderten Schlachten führten sozusagen zu einer negativen Entscheidung, einem eindeutigen Ausgang nur für die eine Seite. Am Abend von Panipat 1526 war der Sultan von Delhi tot und sein Reich zerstört, aber die Herrschaft des Siegers, Babur, noch lange nicht gesichert; ähnliches gilt für Gaugamela 331 v. Chr. Nicht so eindeutig erkennbar ist derselbe Umstand, wenn der Verlierer nach der Schlacht noch fähig war, Monate, Jahre oder gar Jahrhunderte weiterzukämpfen, ohne aber noch ernsthafte Aussichten zu haben, den Krieg insgesamt zu gewinnen. In diesem Sinne war Hattin 1187 der Anfang vom Ende für das Kreuzfahrerkönigreich von Jerusalem, und ʿAyn Dschalut 1260 wie Wien 1683 beendeten für immer die mongolische Bedrohung des Mittelmeerraums bzw. die osmanische Mitteleuropas.

Manche Schlacht ist in der kollektiven Erinnerung weniger wegen ihrer militärischen Signifikanz zur Entscheidungsschlacht geworden als wegen der politischen Prozesse, die sie eher indirekt ausgelöst hat. Gerhard Weinberg zeigt, wie die verlustreichen Kämpfe auf Okinawa 1945 auf amerikanischer Seite die Entscheidung zum Einsatz der Atombombe herbeiführten und im Gegenzug die japanische Führung dazu brachten, eine Kapitulation in Erwägung zu ziehen. Auch Stalingrad 1942/43 hatte in diesem Sinne für Jürgen Förster vor allem politische Bedeutung. Die weitreichenden innenpolitischen Auswirkungen der römischen Niederlage von Cannae 216 v. Chr. stellt Michael A. Speidel dar. Salamis 480 v. Chr. schließlich, militärisch nur eine Zwischenentscheidung, entfaltete für Heinz Herzig seine historische Bedeutung vor allem in der Mythologisierung durch die Geschichtsschreiber und Dichter Athens.

Nicht zuletzt zeichnen sich einige der in diesem Buch beschriebenen Schlachten gerade dadurch aus, daß sie schlechterdings überhaupt nichts entschieden haben, ja nicht einmal entschieden wurden. Das mehrmonatige blutige Ringen um die Festung Verdun 1916 blieb ohne Sieger und hatte auf den Ausgang des Krieges keinen unmittelbaren Einfluß. Ähnliches gilt in vieler Hinsicht für den ergebnislosen Frontalangriff von Cold Harbor 1864. Andere Schlachten werden von den Autoren dieses Bandes trotz eines eindeutigen taktischen Sieges allenfalls als Zwischenentscheidungen eingestuft, die von geringer oder temporärer Bedeutung für den Gesamtverlauf des Krieges waren: Lützen im Dreißigjährigen und Leuthen im Siebenjährigen Krieg gehören für Russell F. Weigley und Bernhard R. Kroener in diese Kategorie.

Der Leser wird nun verstehen, daß unter diesen Umständen der ursprüngliche Arbeitstitel dieses Bandes, «Entscheidungsschlachten der Geschichte», allenfalls mit einem Fragezeichen sinnvoll gewesen wäre. Dabei haben sich die Herausgeber keinesfalls bemüht, Schlachten auszugrenzen, die nach allgemeiner Auffassung wirklich von weltgeschichtlich entscheidender Bedeutung waren. Entsprechend bleiben zumindest drei der hier behandelten militärischen Auseinandersetzungen als uneingeschränkte Entscheidungsschlachten im militärischen wie im politischen Sinne stehen: Hastings, Waterloo und Königgrätz. Bei einigen anderen der hier behandelten «großen Schlachten der Weltgeschichte» wird aber das große Fragezeichen stehenbleiben müssen.

Die Herausgeber des vorliegenden Bandes sind sich durchaus klar darüber, daß hier nicht zum ersten Mal Schlachtenschilderungen quer durch die Weltgeschichte in Buchform zusammengeführt werden. Immer wieder haben Historiker, Publizisten und auch Militärs versucht, die in ihren Augen wichtigsten oder gar Entscheidungsschlachten der Weltgeschichte in Sammelbänden zu erfassen. So unterschiedlich die Herkunft der Autoren war, so unterschiedlich war auch ihr methodischer Ansatz und letztlich auch ihr Bild von der Schlacht und vom Krieg.

Zu einem Klassiker wurde das 1851 erstmals erschienene Werk «The Fifteen Decisive Battles of the World» des britischen Kolonialbeamten Sir Edward Creasy. Darin blickte der Autor aus der Perspektive einer verhältnismäßig langen Friedensperiode auf die Weltgeschichte zurück. Schlachten des Altertums und solche des britischen Empires überwogen naturgemäß. Für Creasy stand bei seiner Auswahl weniger die Größe oder Dauer einer Schlacht im Mittelpunkt, sondern vielmehr ihr vermeintlicher Entscheidungscharakter.[11] Wie einflußreich das Buch für die Entwicklung eines regelrechten Genres wurde, beweist der 1882 von Christian F. Maurer herausgegebene Band «Entscheidungsschlachten der Weltgeschichte». Der Autor bekannte sich im Vorwort offen dazu, einen «deutschen Creasy» schreiben zu wollen, wobei sich dies nicht nur auf die Sprache bezog. Vielmehr machte sich dieser Anspruch vor allem in der Auswahl der Schlachten bemerkbar. Dem deutschen Publikum sollten mehr Schlachten aus der deutschen Geschichte geboten werden. Den Schlußbeitrag bildete nun nicht mehr Waterloo (bei Maurer selbstverständlich «Belle-Alliance» betitelt), sondern erwartungsgemäß der Sieg von Sedan. Aber auch in der weltanschaulichen Einordnung setzte sich der Autor von Creasy ab: Während Ersterer noch bestrebt gewesen war, Schlachten als historisches Einzelereignis universalhistorisch und in ihrer unmittelbaren Wirkung zu erfassen, vertrat Maurer einen weitergehenden, volkspädagogischen Anspruch: Kriege seien zugegebenermaßen immer schrecklich, doch habe für ihn gerade das 18. Jahrhundert mit seiner «nationalen Versumpfung» bewiesen, daß Phasen von politischer Schwäche und geistiger Dekadenz unweigerlich zum Untergang von Völkern und Nationen führten. Kriegen und ihren Schlachten kam damit eine geradezu reinigende Kraft zu; an ihnen würden sich die Geschicke der Völker entscheiden. Derartige Deutungsmuster scheinen uns heute sehr vertraut für diese Epoche, und auch die wiederholten Hinweise auf Neid- und Revanchegedanken bei den Nachbarn des Deutschen Reiches ließen zeitgeschichtliche Bezüge anklingen.[12]

Diese Tendenz setzte sich fort: So ließ bei Walter Heichens «Entscheidungsschlachten der Weltgeschichte von Marathon bis Tsushima» schon das Jahr der Veröffentlichung (1915) ähnliche außerwissenschaftliche Funktionen vermuten. Nach einem Jahr Weltkrieg konnte sich der Autor einleitend leicht über die «Phantasten eines ewigen Friedens» und die «Fanatiker der Abrüstung» der Vorkriegszeit mokieren. Unter dem Eindruck des Ersten Weltkrieges blieb auch für ihn der Krieg immer die letzte Instanz, vor der sich die Lebensfragen der Nationen entschieden: «Völker sind im Räderwerk langwieriger Fehden zermahlen oder auf dem Amboß einer einzigen furchtbaren Schlacht zermalmt worden, und was gewesen ist, wird immer wieder sein; das lehrt der ewige Kreislauf der Historie.»[13] Somit verwundert es auch nicht, daß wenigstens neun der 25 von Heichen ausgewählten Schlachten solche waren, die unter Beteiligung deutscher Truppen geschlagen worden waren bzw. auf deutschem

Boden stattgefunden hatten. Schlachtengeschichte konnte also auch dazu dienen, die eigenen aktuellen Kriegsanstrengungen mehr oder weniger historisch zu untermauern.

Mit «Great Military Battles» von Cyril Falls erschien dann 1964 ein opulenter Textbildband, der die Creme der damaligen britischen Militärhistorikerschaft zusammenfaßte. Interessanterweise schien es dem Herausgeber wichtig, deren akademische Qualifikation noch durch den Hinweis zu untermauern, daß alle Autoren auch selbst Kriegsteilnehmer gewesen seien. Dabei sparte der Text nicht an den für die angelsächsische *drum-and-bugle*-Historiographie charakteristischen adjektivistischen Hyperbolien («großartige Schlachten», «brillante Siege», «heroische Verteidigung»), die vom heutigen Publikum vielleicht nicht ohne Befremden aufgenommen werden.[14]

Die traditionelle Stärke britischer und US-amerikanischer Autoren, militärhistorische Themen populärwissenschaftlich darzustellen, zeigte sich auch bei den «Schlachten die Geschichte machten» des amerikanischen Publizisten Fletcher Pratt. So lobte der Herausgeber der deutschen Übersetzung die «Unbefangenheit, ja Respektlosigkeit vor den großen Gestalten der Geschichte und ihren Taten», die der Autor an den Tag lege. Militärgeschichte habe in der Bundesrepublik heutzutage ohnehin keine Tradition mehr, wofür der deutsche Verleger den angeblichen «‹Umerziehungs›-Feldzug gegen den Militarismus» nach 1945 verantwortlich machte, sich über die Ursachen für einen solchen gleichwohl ausschwieg.[15] Die Nachwehen der alliierten *reeducation* und der westdeutschen Wiederbewaffnungsdebatte machten sich hier also bis in die Geschichte der Schlachten hinein bemerkbar, und es bedurfte in den Augen des Verlags eines unbefangenen (und unbelasteten) Amerikaners, um dem deutschen Publikum wieder ein derartiges Thema nahebringen zu können. Dabei lesen sich Pratts essayistische Skizzen im Vergleich zur trockenen akademischen Geschichtsschreibung tatsächlich reichlich unkonventionell. Immerhin machte er sich überhaupt die Mühe, seine Auswahlkriterien im Vorwort vorzustellen und zu begründen. Auch seine eigentliche These, die Schlacht an sich sei ein spezifisches Phänomen der «westeuropäischen Kultur», ließe sich zwar kritisch hinterfragen, sie entbehrte aber im Vergleich zu den vorangegangenen Schlachten-Werken nicht einer gewissen Originalität.

Der Einfluß von ideologischen Paradigmen zeigte sich natürlich auch in dem 1977 von zwei führenden DDR-Historikern – Walter Markow und Heinz Helmert – herausgegebenen Band «Schlachten der Weltgeschichte». So sehr marxistische Leitvorstellungen von einer durch die sozialen Verhältnisse vorbestimmten historischen Entwicklung dort auch überanstrengt wurden, so sehr zeichnet den Band doch aus, daß er versuchte, Kriegführung und Gesellschaftsordnung überhaupt einmal in Beziehung zueinander zu setzen. Sein Bemühen, in der Schlachtenbeschreibung die bisherigen nationalen bzw. europäischen Grenzen zu überwinden, war bemerkenswert, wenngleich dadurch mitunter auch militärische Zusammenstöße Eingang in die Darstellung fanden, über deren tatsächliche weltgeschichtliche Relevanz und deren Klassifizierung als «Schlacht» gestritten werden kann. Für den Wert des Bandes selbst, aber auch für den Stand der westdeutschen Militärpublizistik dieser Zeit bezeichnend ist die Tatsache, daß sich für die im folgenden Jahr in Lizenz herausgegebene «Westausgabe» eigentlich bis heute keine eigentliche Konkurrenzdarstellung gefunden hat.[16]

Worin unterscheidet sich nun der vorliegende Band von den genannten? Zunächst einmal dadurch, daß er nicht das Werk eines einzelnen Verfassers ist, sondern, daß hier – wie schon bei dem Band von Falls – versucht wurde, eine Gruppe von Autoren unter einem gemeinsamen Thema zu vereinen. Die meisten Autoren sind Wissenschaftler, hierbei wiederum die Mehrheit Historiker. So unterschiedlich ihre jeweiligen Fachgebiete und die ihnen zur Verfügung stehenden Quellen sind, so unterschiedlich ist auch ihre Herangehensweise. Auch im Konzept sollten teilweise andere Schwerpunkt gesetzt werden. Das beginnt damit, daß zunächst einmal erörtert wurde, was überhaupt unter einer Schlacht zu verstehen ist und wie es um den tatsächlichen Entscheidungscharakter der hier beschriebenen Schlachten bestellt ist. Dieser Band erhebt nicht den Anspruch, die wichtigsten Schlachten – schon gar nicht «der Weltgeschichte» – sämtlich zusammenzufassen. Jede derartige Veröffentlichung stellt bis zu einem gewissen Grade immer eine willkürliche Auswahl der Herausgeber dar. Wer immer das Inhaltsverzeichnis aufschlägt, wird eine Schlacht finden, die unbedingt hätte Erwähnung finden müssen, oder eine, die seiner Meinung nach völlig entbehrlich erscheint. Oft ist eine derartige Auswahl wissenschaftspragmatisch begründet, weil es schlicht keine historischen Quellen und damit Forschungen zu bestimmten Themen bzw. Epochen gibt. Eine Auswahl scheint aber vertretbar, solange dabei die Auswahlkriterien für den Leser transparent gemacht werden. Im vorliegenden Fall war das der Anspruch, Schlachten aus allen historischen Zeitaltern sowie aus den drei Dimensionen Land, See und Luft zu präsentieren. Auch schien es gerade vor dem Hintergrund der älteren Literatur wichtig, über den eigenen nationalen und auch den ethnozentrischen Tellerrand hinaus zu blikken. Schlachten wie Salamis oder Gaugamela rufen vielleicht noch schwache Erinnerungen an den eigenen Geschichtsunterricht wach, doch dürften ʿAyn Dschalut, Panipat oder Adua nur für die wenigsten Leser bisher ein Begriff gewesen sein.

Bei aller Unterschiedlichkeit der einzelnen Schlachten und auch in ihrer hier vorliegenden historischen Darstellung tritt doch eine Gemeinsamkeit zutage: In der Schlacht läßt sich, auf wenige Stunden oder Tage fokussiert, die Kriegführung der jeweiligen Epochen betrachten. Die Kriegführung wiederum spiegelt die Gesellschaftsordnung der Kontrahenten wider. Daß sich diese beiden Größen gegenseitig bedingen, ist nun spätestens seit Clausewitz keine so neue Erkenntnis mehr, doch wird sie in einem epochenübergreifenden Vergleich ausgesprochen deutlich. Besonders ist dies der Fall bei den Heeresverfassungen, blickt man auf die «multinationale» Streitmacht des persischen Königs Dareios bei Gaugamela, auf die eidgenössischen Gewalthaufen bei Murten 1476 oder auf die aus der französischen Revolution hervorgegangene Armee Napoleons bei Waterloo. Auch die Bereitschaft, neue Ideen und neue Technologien in das Militär aufzunehmen (oder auch nicht), kann als Lackmustest für die Wechselbeziehung von Kriegswesen und Gesellschaftsverfassung dienen: Warum die Schweden 1632 bei Lützen siegten, läßt sich vielleicht zum guten Teil aus der Ausbildung spezifischer militärischer Doktrinen erklären; die effiziente Nutzung neuer Verkehrsmittel und Nachrichtentechnologien mag den Erfolg der Preußen bei Königgrätz mitbegründet haben; die Einführung des Radars hat sicher ein Stück weit die Luftschlacht um England und damit vielleicht den Zweiten Weltkrieg entschieden.

Wenn sich also in der Schlacht letzten Endes die Gesellschaftsordnung der Kontrahenten widerspiegelt, dann hat das natürlich auch Auswirkungen auf die Zukunft der Schlacht. Denn blickt man auf die Konflikte der vergangenen Jahre, so kam es dort nur selten noch zum physischen Aufeinandertreffen der gegnerischen Hauptmassen an einem Ort. Statt dessen machen sich zwei sehr unterschiedliche Entwicklungsstränge bemerkbar. Zum einen häuften sich, vor allem in der Zweiten und Dritten Welt, sogenannte niedrigschwellige Kriege *(low-intensity-conflicts)*, bei denen wenigstens eine der Konfliktparteien als irregulär kämpfende Truppe auftritt. Diese ist ihrem ureigensten Wesen nach bestrebt, jeglichen offenen militärischen Schlagabtausch mit dem konventionell überlegenen Gegner zu vermeiden. Zu einer Schlacht wird es also bei derartigen Konflikten nur in den seltensten Fällen kommen.[17] Der zweite Entwicklungsstrang zeigte sich im Zweiten Golfkrieg (1991) und im Krieg der NATO gegen Jugoslawien (1999): Satellitenerkundung, Tarnkappenbomber, sensorgesteuerte Raketen, Crackattacken im Internet auf die Konten serbischer Politiker – ein Krieg der Microchips und der Medien. Akzeptiert man den Zusammenhang von Gesellschaftsordnung und Kriegführung, dann ergibt sich hieraus, daß sich Gesellschaften im Informationszeitalter natürlich einer entsprechenden Kriegführung bedienen werden. Das bedeutet Krieg *um* Informationen, aber auch Kriegführung *mittels* verbesserter Informationstechnologien.[18] Diese zukünftigen Kriege werden deshalb nicht zwingend humaner verlaufen, doch die Schlacht als Fixpunkt aller militärischen Überlegungen, als ein in Raum und Zeit klar bestimmbarer Kulminationspunkt organisierter und physischer Gewalt, wird darin an Bedeutung verlieren und möglicherweise ganz verschwinden. In diesem Fall wäre die vorliegende Darstellung ein Rückblick – auf ein inzwischen historisch zum Abschluß gekommenes Phänomen.

Bleibt zu fragen, inwiefern es in der Gegenwart überhaupt gerechtfertigt scheint, einen ganzen Sammelband nicht nur dem Krieg überhaupt zu widmen, sondern gleich noch dem Krieg in seiner hochkonzentrierten, dramatischen und blutigen Manifestation. Die Herausgeber sind der Auffassung: Es ist nicht nur gerechtfertigt, es ist notwendig. Nach Jahrzehnten, in denen Militärgeschichte in Deutschland im wesentlichen als Nischendisziplin amtlich beauftragter Historiker und einiger als leicht skurril belächelter Waffen- und Uniformspezialisten betrieben wurde, hat sich zwar jüngst eine «erneuerte» Militärgeschichte herausgebildet. Im Zeichen postmoderner Vielfalt beschäftigt sie sich mit so unterschiedlichen Dingen wie dem Zusammenhang von Militär und Geschlechterordnung, dem Militär als Wirtschaftsfaktor, mit kulturgeschichtlichen und anthropologischen Dimensionen von militärischen Organisationsformen und vielem mehr. In diesem Zusammenhang entstehen zunehmend wertvolle Forschungen, die unser Verständnis von einer so wirkungsmächtigen staatlichen Einrichtung wie der bewaffneten Macht entscheidend vertiefen.[19]

Nur geht dabei mitunter ein wichtiger Umstand verloren: daß nämlich das Militär in letzter Instanz nicht Selbstzweck ist. Nicht sein Anstaltscharakter, nicht seine Konstruktionen von Männlichkeit, nicht seine Auswirkungen auf die Rüstungsindustrie oder auf die Sozialordnung, nicht seine Uniformen und Symbole machen sein Wesen aus, sondern der Zweck, für den es geschaffen wurde: der Krieg. Ohne diese letzte Bestimmung gäbe es keine Heere, keine Luft- und Seestreitkräfte. Auch jahrzehntelange Friedenszeiten, wie wir sie in der Gegenwart zumindest in Westeuropa erleben dürfen, ändern daran nichts. Daher kann keine Militärgeschichte auf die Analyse von Kriegen – und damit in aller Regel von Schlachten – verzichten.

Im Gegenzug darf Militärgeschichte auch nicht zur Schlachtengeschichte degenerieren. Eine Militärgeschichte, die versuchte, ohne den Krieg auszukommen, würde ständig wie die Katze um den heißen Brei herumstreichen; eine Militärgeschichte, die sich ausschließlich auf den Krieg konzentriert, wäre Selbstzweck ohne jeden Hintergrund, ohne all die komplexen interpretatorischen Zusammenhänge, die die moderne Historiographie zum Glück zu bieten hat und die so viele Erkenntnismöglichkeiten beinhalten. Die Beiträge dieses Bandes sind ein Versuch, diese Einbettung der Schlacht in ihren historischen Kontext an einigen Beispielen zu demonstrieren.

Bern, im Januar 2001

Stig Förster *Markus Pöhlmann* *Dierk Walter*

Der «Freiheitskampf» der Griechen
Salamis, September 480 v. Chr.

Heinz E. Herzig

Der Sieg der Griechen bei Salamis war für die Zeitgenossen zweifellos ebenso überraschend wie überwältigend. Derart jedenfalls, daß er den ein Jahr später durch die Griechen bei Platäa erfochtenen Erfolg, der die Perserkriege doch erst zum Abschluß brachte, als Nebensache erscheinen ließ – allerdings aus der Sicht Athens, die allein überliefert ist. Der attische Dichter Phrynichos hatte offenbar kurz nach dem Sieg den Einfall, die Niederlage der Perser auf die Bühne zu bringen, und Aischylos tat es ihm wenig später gleich. Seine Tragödie beeindruckt vor allem dadurch, daß sie frei ist von allem triumphalen Überlegenheitsgefühl, dafür Sieg und Niederlage theologisch deutet. Der Dichter, der an allen Schlachten selber teilgenommen hat, verarbeitet damit wohl seine eigenen Gedanken und teilweise auch die Diskussion in Athen,[1] denn dieser Sieg war tatsächlich die Umkehrung dessen, was zu erwarten war. Bei nüchterner Betrachtung der Kräfteverhältnisse, aber auch der Ereignisse bis unmittelbar vor der Schlacht konnten nämlich weder die Griechen mit einem Sieg, noch mußte der persische Großkönig mit einer Niederlage rechnen. Und sogar nach verlorener Schlacht blieb die Initiative in persischer Hand: Das Feldheer war bisher immer siegreich und deshalb intakt, die Flotte nunmehr zwar geschlagen, aber nicht vernichtet: Erst als der Großkönig und sein Stab entschieden, die gesamte Flotte und einen Teil des Heeres abzuziehen, verwandelte sich der griechische Erfolg in einen großen Sieg.

Es blieb also etliches zu erklären, und Aischylos, noch unter dem frischen Eindruck der Ereignisse, berief sich auf die Götter, unter deren Schutz Athen stand, stellte aber auch fest, daß bei Salamis die persische Großmacht völlig zugrunde ging. Herodot, der Historiker der Perserkriege, ließ einige Jahrzehnte später den Athener Themistokles erklären: «Denn nicht wir waren die Sieger, sondern die Götter und Heroen, die es dem einen Mann nicht gönnten, König von Asien und Europa zugleich zu sein.» Allerdings hatte sich inzwischen die Szenerie

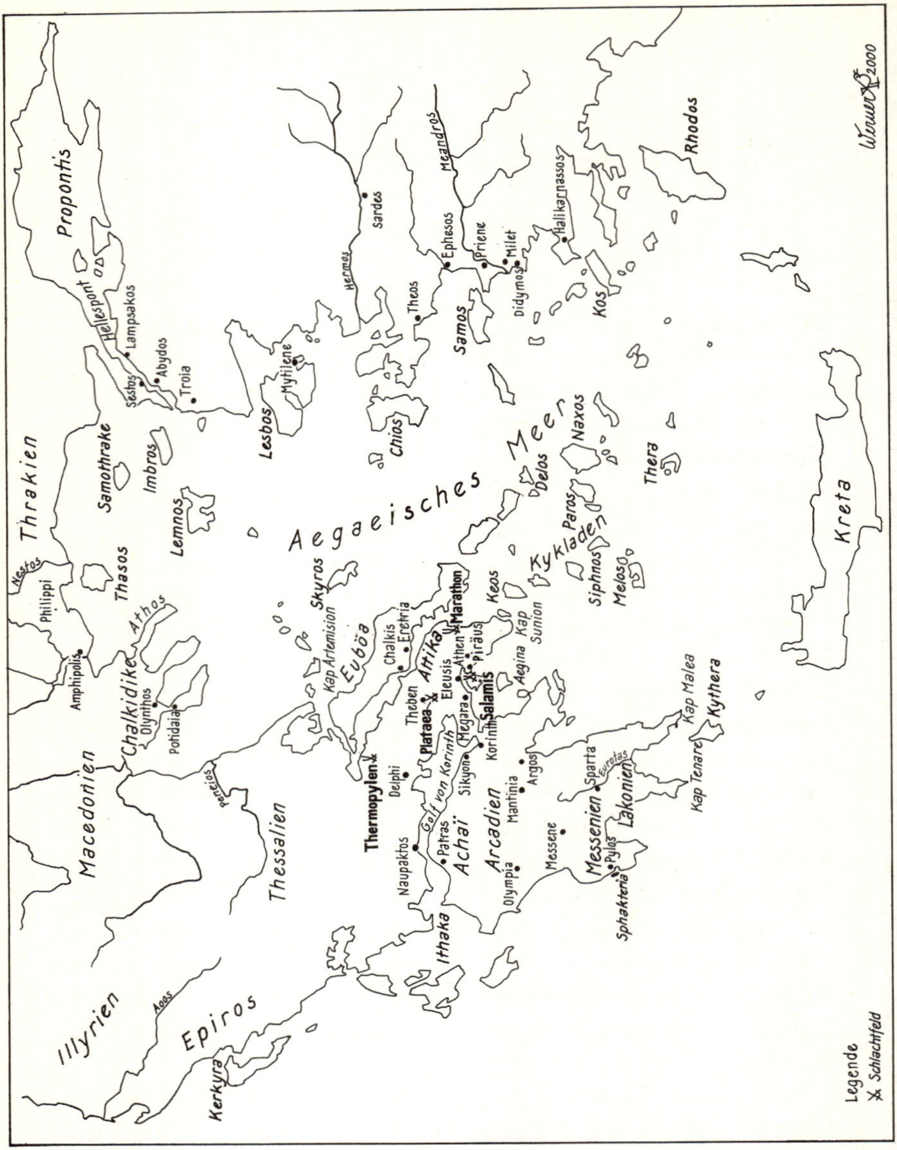

Griechenland 480 v. Chr.

gewandelt, denn zur Zeit des Herodot war Athen selbst eine Großmacht, und ein neuer Konflikt bahnte sich an. Die Perserkriege erscheinen daher in einem andern Licht, wie Herodots Reflexionen zeigen:[2] Es war vor allem Athen, das gesiegt hat durch seinen Entschluß, die Stadt preiszugeben und seine militärische Macht ganz auf die Flotte zu konzentrieren. Die Absicht der Spartaner, sich am Isthmus von Korinth zu verteidigen, hätte eine Niederlage und damit die Knechtschaft kaum verhindert. Die Kritik an Sparta könnte schärfer nicht sein, sie spiegelt den aktuellen Konflikt zwischen Sparta und Athen, dessen Seemacht damit auch eine historische Erklärung findet. Thukydides, Zeuge des mörderischen Krieges zwischen Sparta und Athen, hat diese Perspektive wieder korrigiert: Während der Bedrohung durch Xerxes waren die Spartaner «dank ihrer überlegenen Macht die Führer der mitstreitenden Griechen», und die Athener, die ihre Stadt preisgegeben hatten, «wurden Seefahrer». Der Sieg jedoch, den die Spartaner beinahe aufs Spiel gesetzt haben, war dem Umstand zuzuschreiben, «daß der Perser hauptsächlich an sich selbst zugrunde ging». Die Sicht der athenischen Historiker hat sich also im Laufe der Zeit gewandelt, und deshalb ist es wahrscheinlich, daß der um einiges jüngere Geschichtsschreiber Ephoros auch nur einen weiteren Aspekt der Diskussion vermittelt, wenn er berichtet, Xerxes habe sich mit den Karthagern verbündet und diese verpflichtet, die Griechen auf Sizilien anzugreifen. So gesehen standen «die Griechen» vor einer existentiellen Frage und der Seesieg bei Salamis erwies sich in der Tat als «weltpolitischer» Erfolg. Die Quellen vermitteln also eine unterschiedliche Optik und bereiten damit einer sachlichen Darstellung einige Schwierigkeiten.[3]

Daß den Spartanern vor den Perserkriegen innerhalb der griechischen Poliswelt eine Führungsrolle zukam, kann selbst Herodot in seiner Darstellung nicht in Abrede stellen. Ihr Staat erwies sich am Ende des 6. Jahrhunderts als politisch stabil und militärisch schlagkräftig und konnte sich auf der Peloponnes so gut wie auf dem griechischen Festland zur Geltung bringen. Dessen wurden auch die Athener gewahr, als sie sich nur mit der Unterstützung Spartas der Tyrannis entledigen konnten und die Spartaner sich in der Folge in die Machtkämpfe der Oberschicht einmischten. In Athen hatte der Alkmeonide Kleisthenes gegen den Widerstand eines Teils des Adels und der nach wie vor starken Anhängerschaft der Tyrannen den Staat von Grund auf reformiert, indem er die Bürgerschaft mit mehr Rechten und Pflichten ausstattete. Eine drohende Intervention Spartas scheint ihn dabei veranlaßt zu haben, sich der persischen Unterstützung zu versichern. Der in Sardes (Kleinasien) residierende Satrap des Großkönigs forderte deshalb von Athen «Erde und Wasser» und damit den Eintritt in ein Abhängigkeitsverhältnis.[4] Es mag wohl sein, daß die Athener diesen Akt alsbald bereuten, aber rückgängig machen ließ er sich nicht mehr. So sah sich denn Athen in mancher Hinsicht in einer wenig bequemen Lage: Die sich zur Demokratie hin entwickelnde Polis war ernsten inneren Widerständen ausgesetzt und mußte mit Interventionen der mißtrauischen Spartaner rechnen, sie hatte sich zudem der Großmacht ausgeliefert, die dadurch ein weiteres Druckmittel in der Hand hatte, daß der in Persien exilierte Tyrann von Athen seine Wiedereinsetzung betrieb.

Man kann vermuten, daß sich die Athener von einer «spezifischen Interessenkonvergenz» leiten ließen, als sie die Unterstützung der ionischen Griechen gegen die persische Herrschaft beschlossen. Ob allerdings dieser Beschluß klug war, bezweifelt selbst Herodot und stellt fest, daß das Verhängnis damit begonnen habe. Die Athener waren an der Zerstörung der Provinzhauptstadt Sardes beteiligt und begingen daher im Verständnis der Perser einen Rechtsbruch.[5] Nach dem schließlichen Scheitern des Aufstandes mußten sie daher mit Repressalien rechnen. Tatsächlich eröffneten die Perser 492 v. Chr. eine Offensive, die sich allerdings zunächst gegen Makedonien und Thrakien richtete und in einem Desaster der Flotte endete. Beim Athosgebirge wurde sie durch einen Sturm vernichtet, woraus, wie gezeigt werden wird, die Perser ihre Lehren zogen. Die diplomatische Aktion in den griechischen Poleis zeitigte dagegen größeren Erfolg, indem die meisten Städte und Stämme durch die Übergabe von «Erde und Wasser» die persische Oberhoheit anerkannten. Eine Ausnahme bildeten Sparta und Athen; in beiden Städten wurden die Gesandten ermordet, was einen offenen Bruch des Völkerrechts darstellte. Die Perser hatten also einige gewichtige Gründe, gegen die Athener vorzugehen, ohne daß ihnen damit auch schon Ansprüche auf die Weltherrschaft unterstellt werden müßten.

Das gemeinsame Vorgehen der Spartaner und Athener sowie ihre gleichzeitige Feindschaft gegen die Stadt Aegina führte offenbar zu einer allmählichen Annäherung der beiden Poleis. Den Persern schien aber Athen noch nicht verloren, da sie auf die tyrannenfreundliche Gruppe zählen konnten; die überraschende Niederlage des persischen Expeditionsheeres gegen die athenischen Hopliten bei Marathon (490 v. Chr.) belehrte sie jedoch eines anderen. Nunmehr waren auch die Freunde des Tyrannen desavouiert und Persien mußte zu ernsthafteren Vorbereitungen übergehen. Sparta, das wegen einer religiösen Feier den Termin der Schlacht verpaßt hatte, mußte den Triumph über die Perser den Athenern überlassen, deren politische Stellung sich damit wesentlich verbessert hatte.

Der nun schon in die Jahre gekommene Dareios I. mobilisierte die gesamten Kräfte seines großen Reiches, mußte jedoch wegen ernstlicher Schwierigkeiten in seinen Provinzen die Pläne gegen Griechenland zurückstellen. Erst sein Nachfolger Xerxes, der sich sowohl als Thronerbe durchgesetzt wie auch die Unruhen gemeistert hatte, setzte die Pläne seines Vaters um und bereitete den Heereszug umsichtig vor. Dies zeigt Herodot selbst, dessen Urteil über Xerxes sonst eher die despektierliche Attitüde des Siegers gegenüber dem Unterlegenen verrät. Allerdings muß auch diese Darstellung mit Vorsicht gedeutet werden, denn die Größe des griechischen Sieges steht in direktem Verhältnis zur Größe des unterlegenen Heeres. Dies hat schon Aischylos vorgeführt, als er von der «ganzen Kraft» sprach, «die Asien gebar», und die ausgezogen sei, die Athener zu schlagen. Von Herodot wird diese Formulierung übernommen und durch Zahlen konkretisiert, die phantastische Höhen erreichen.[6] Mit der Frage, wie eine solche Armee allein mit Trinkwasser zu versorgen sei, bringt der Historiker freilich sein Zahlengebäude selbst ins Wanken, weshalb heute angenommen wird, daß die persische Landarmee zwischen 70 000 und 80 000 Mann zählte, was für antike Verhältnisse noch immer ein gewaltiges Aufgebot war.

Da dieses auf eine gut ausgebaute Infrastruktur angewiesen war, sahen sich die Perser zu großen Anstrengungen in der Logistik veranlaßt: Aus ganz Asien wurden Vorräte herbeigeschafft und durch Frachtschiffe an geeigneten Stapelplätzen verteilt. Diese bildeten eine Kette vom Bosporus bis zum Athosgebirge. Vorgesehen war zudem, daß sich die Landarmee auf dem Marsch verpflegte, weshalb die Anwohner gehalten waren, die notwendigen Vorräte bereit zu stellen. Hier lag ein tatsächlicher Schwachpunkt des Feldzuges, wie auch Aischylos eindrücklich feststellt: Das Land selbst unterstützte die Griechen, indem es das große Heer «durch Hunger würgte». Verpflegung und Nachschub konnten sich durchaus zu einem ernsthaften Problem entwickeln, daran erinnert vielleicht das Urteil des Thukydides. Die Perser versuchten diesem wohl dadurch zu begegnen, daß sie der Flotte ebenfalls eine Anzahl Lastschiffe zuwiesen. Sowohl der Auszug des Heeres als auch die Ausfahrt der Flotte wurden durch bauliche Unternehmungen vorbereitet. In Erinnerung an das frühere Schicksal der Flotte am Athosgebirge veranlaßte Xerxes den Durchstich des Isthmus bei der Halbinsel Akte. Dieses durch Herodot als Prahlerei des Xerxes bezeichnete Bauwerk, dessen Existenz heute nicht mehr bezweifelt wird,[7] macht insofern Sinn, als damit die Flotte in der Nähe des Landheeres operieren konnte. Für das Landheer wurde die berühmte Brücke über den Hellespont geschlagen, wobei es – Ironie der Geschichte – erst dem Griechen Harpalos gelungen ist, der Strömung zu trotzen und die Schiffe richtig zu verankern, so daß das große Heer tatsächlich übersetzen konnte. Neben weiteren Brückenbauten wurden auch Straßen vorbereitet und damit den Heereskolonnen ein rasches Vorrücken ermöglicht. Der Feldzug des Xerxes verrät damit nicht nur eine sorgfältige Planung, sondern auch die Strategie eines flottengestützten Unternehmens, die sich auch bei Salamis zeigen sollte.

Bei den Griechen war diese Frage nicht geklärt. Erst eine sehr spät in Athen gefällte Entscheidung ermöglichte es, den Persern auch zur See ernsthaften Widerstand zu leisten. Umstritten war zunächst überhaupt die Frage, ob Widerstand geboten erschien. In zahlreichen Städten und Stämmen entschloß man sich unter dem Einfluß propersischer Interessengruppen dazu, «Erde und Wasser» zu überreichen und sich damit der Konfrontation zu entziehen. Andere schlossen sich unter der Führung der Spartaner zu einer «Eidgenossenschaft» zusammen, die nicht nur den Kampf gegen Persien, sondern auch eine Strafaktion gegen die «Freunde der Perser» vorsah. Zu diesem Bund zählten auch die Athener.

Uneinigkeit herrschte bei den Verbündeten allerdings in der Frage nach der Bedeutung der Flotte für die Verteidigung. Das war nicht zuletzt eine Frage der Mentalität und der Bürgeridentität, denn die Kleinstaatlichkeit der griechischen Polis förderte zunächst kleinräumiges Denken. Der Hoplit, der als Soldat zugleich Grundbesitzer war, sah den Sinn des Wehrdienstes in der Verteidigung seines Bodens und der eigenen Polis.[8] Nimmt man zudem die Berichte Herodots zusammen, so zeigt sich, daß auch die führenden Köpfe einer großräumigen Strategie nicht gewachsen waren und nicht einmal über die nötigen Ortskenntnisse verfügten. So entsandten etwa die Verbündeten, nachdem die Nachricht vom Vormarsch des persischen Heeres eingetroffen war, ein Korps an einen Grenzpaß im Tempe-Tal zwischen Makedonien und Thessalien in der Nähe des Olymp, um den Übergang der Perser aufzuhalten. Dies verrät zwar die Absicht, die

Verteidigungslinie weit vorzuschieben, es zeigte sich aber bald, daß die griechische Stellung leicht zu umgehen war – und später hat Xerxes diese Umgehung tatsächlich benützt.[9] Deshalb zog sich die Heeresgruppe wieder zurück. Das Landheer scheint sich am Isthmus von Korinth konzentriert und verschanzt zu haben. Auch die schließlich noch an die Thermopylen vorgezogene Abwehr, die zwar eine kombinierte Aktion von Landheer und Flotte gestattete, erwies sich als taktischer Fehler, da die Thermopylen ebenfalls umgangen werden konnten. Deshalb blieb der spartanischen Schar nichts als der ehrenvolle Untergang, und das griechische Landheer verlor seine besten Kämpfer.[10] Die Konzentration des Landheeres am Isthmus blieb also die einzige feste Stellung der Griechen, die insofern ihrer Strategie entspricht, als damit einem möglichen Angriff auf die Peloponnes begegnet werden konnte. Dies bedeutete jedoch die Preisgabe von Athen und Attika.

Die Athener haben dieses Problem selbständig gelöst.[11] Einem ihrer Strategen, dem berühmten Themistokles, ist es nämlich gelungen, in langwieriger Überzeugungsarbeit und nach Ausschaltung seiner politischen Gegner durch das neu eingerichtete «Scherbengericht» (Ostrakismus), sein großes Flottenprogramm durchzusetzen. Allerdings gab dabei nicht etwa die Bedrohung durch den bevorstehenden persischen Angriff, sondern ein Problem den Ausschlag, das direkt vor den Toren lag. Dem feindlichen Nachbarn Aegina zeigte sich Athen nicht gewachsen, weil seine Flotte derjenigen der Aegineten unterlegen war. Das Flottenprogramm ließ sich daher mit dem Ziel durchsetzen, die Aggression Aeginas abwehren zu können. 482 v. Chr. begann also der Bau einer beachtlichen Zahl von Kriegsschiffen. Finanziell ließ sich das Unternehmen ohne Schwierigkeiten verkraften, da die neu eröffneten Silbergruben von Laureion die Staatskasse füllten. Politisch führte das Flottenprogramm zu einer kräftigen Zunahme der wehrfähigen Bürger, da die besitzlosen und daher vom Wehrdienst ausgeschlossenen Theten als Ruderer in den Flottendienst eingegliedert werden konnten. Dies erklärt zugleich den Widerstand in einem Teil der Bürgerschaft, denn die Bemannung der Flotte brach mit der Tradition des Hoplitenheeres, das – wie oben dargelegt – landorientiert war. Mit dem Flottenbeschluß wandte sich Athen dem Meer zu, und es wurde schließlich möglich, der Bedrohung durch die Perser auf unübliche Weise zu begegnen: Die Bürger bestiegen die Schiffe, die Polis verlegte sich auf das Meer. Das Unerhörte dieses Vorgangs spiegelt sich nicht nur darin, daß unsere Quellen diese Tat der Athener übereinstimmend hervorheben, sondern auch in dem durch Herodot und Plutarch kolportierten Vorwurf eines Korinthers an Themistokles, er sei heimatlos.[12] Mag diese Szene auch erfunden sein, sie erhellt genau das Risiko, welches die Athener eingingen, als sie die Stadt evakuierten und die Bürgerschaft einschifften: Sie verstießen gegen die Norm und wurden eine Polis ohne Land. Was also war noch zu verteidigen? Und was geschah, wenn die Flotte unterging? Man kann darüber rätseln, was Themistokles zu diesem Plan bewog und was die Bürger veranlaßt hat, einem ihrer Strategen in dieses Risiko zu folgen. Aber hatten die Athener andere Optionen? Die Lage Attikas und Athens war zur Verteidigung wenig günstig, Stadt und Land ließen sich bei einer kombinierten Land- und Seeaktion nicht lange halten.[13] Deshalb war wohl abzuschätzen, daß die Stadt früher oder später fallen würde und den Persern völlig ausgeliefert wäre. Was hätten die Bürger dann zu erwarten? Die Räumung der Stadt bot immerhin die Chance, Frauen und Kinder in Sicherheit zu bringen, ein Kampf zur See mußte nicht unbedingt den Verlust der Polis bedeuten.

Athen hat also unter der Führung des Themistokles seinen Beitrag zur Debatte, wie sich die Verbündeten verteidigen müßten, geleistet. Die Frauen, Kinder und nicht kampffähigen Männer wurden nach Salamis und Troizen ausgesiedelt, als Xerxes nach dem Kampf an den Thermopylen seinen Vormarsch zu Lande fortsetzte. Die griechische Flotte hatte sich während der Schlacht an den Thermopylen am Kap Artemision ehrenvoll gegen die persische gehalten und sich nach Salamis zurückziehen können. Hier entbrannte nun aufs neue die Diskussion, wie und wo sich die Griechen den Persern entgegenstellen sollten. Die Quellen liefern darüber wenig Substanzielles. Herodot benützt die Gelegenheit, vor allem die Verdienste des Themistokles herauszustreichen, Plutarch ist die ebenfalls recht tendenziöse Nachricht zu entnehmen, die Spartaner hätten ihre Flotte abziehen wollen. Als Kernfrage läßt sich einzig erkennen, daß Uneinigkeit herrschte über Ort und Strategie der bevorstehenden Schlacht. Warum der Entscheid schließlich für Salamis fiel, läßt sich bloß erschließen. Xerxes, der mit seinen bisherigen Erfolgen sehr zufrieden sein konnte, hatte in Attika das Landheer und die Flotte vereinigt. Er behielt damit die Initiative und die Entscheidungsfreiheit. Allerdings stand er unter dem Diktat der Jahreszeit. Sie erlaubte keinen allzu langen Aufschub der Schlacht. Diese Schlacht im Saronischen Golf zu liefern, war für Xerxes nur die eine Alternative.

Eine andere Möglichkeit zeigte der in seinem Gefolge weilende Spartiate Demaratos: Die Besetzung der Lakonien vorgelagerten Insel Kythera hätte die Spartaner gezwungen, Lakonien direkt zu verteidigen und damit ihre Stellung am Isthmus zu schwächen. Es ist jedoch unsicher, ob Xerxes diese Möglichkeit erwog; das könnte auch eine spätere Reflexion Herodots sein. Aber selbst bei dieser Alternative wäre die griechische Flotte das Hauptproblem gewesen, die am Kap Artemision immerhin ihre Fähigkeit unter Beweis gestellt hatte. Sie bildete also einen zu respektierenden Faktor, weshalb für Xerxes dessen Eliminierung im Vordergrund stehen mußte.

Die Griechen befanden sich in einer wesentlich unbequemeren Lage. Ihrem Landheer war jede Initiative genommen, und zogen die Spartaner auch in Erwägung, was ihr Landsmann dem Großkönig vorschlug, dann war ihre Lage sogar ungemütlich. Offen ist dabei die Rolle der Kerkyräer.[14] Diese hatten nach Herodot ein Flottenkontingent von 60 Kriegsschiffen zugesagt; dieses jedoch blieb an der Südwestküste der Peloponnes vor Anker, angeblich weil ein Sturm die Weiterfahrt behinderte, oder weil – wie die Athener boshaft bemerkten – es sich aus der Schlacht heraushalten wollte. Es gibt statt dieser wenig rühmlichen auch eine andere Erklärung, welche zwar nicht zu belegen ist: die Kerkyräer konnten auch eine rückwärtige Verteidigung aufbauen und damit Lakonien schützen. Diese Hypothese würde immerhin erklären, weshalb die Spartaner Lakonien offenbar mehr oder weniger ungeschützt ließen. Die Quellen konzentrieren sich aber auf den Isthmus von Korinth, um den bei der in Salamis liegenden Flotte und ihrer Führung gestritten wurde: Soll die Entscheidung bei Salamis gesucht oder soll sie am Isthmus in einer kombinierten Aktion von Flotte und Landheer erstritten werden?

Die athenische Überlieferung löst diesen Streit durch eine Intervention des Themistokles beim persischen Großkönig, dem geraten wird, die Flotte bei Salamis anzugreifen. Obwohl die meisten Forscher diese Nachricht akzeptieren, fällt es schwer, den Großkönig und seinen Stab für so leichtgläubig und Themistokles für so gerissen zu halten, daß er sogar einen Verrat an seinen Verbündeten in Kauf nahm. Diesen wird in derselben Tradition auch vorgeworfen, sie hätten aus Salamis absegeln wollen, was ebenfalls ziemlich tendenziös klingt. Eher scheint es, daß der Großkönig und seine Admirale die Entscheidung wollten, um freie Hand zu bekommen für den Einsatz der Landarmee. Die Initiative ging daher von Xerxes aus, der die griechische Flotte richtiggehend einkesselte. Diese mußte daher reagieren, wollte sie ihr Potenzial nicht überhaupt einbüssen. Die Umzingelung durch die Perser schnitt daher jede Diskussion ab, und die Griechen bereiteten sich auf die Schlacht vor. Die Perser, die schon vorher auf der Insel Lipsokutali einen vorgeschobenen Stützpunkt eingerichtet hatten, ließen nachts ihre Flotte in den Sund von Salamis einfahren und Stellung beziehen. Zugleich rückte das Landheer gegen die Peloponnes vor, was man wohl so interpretieren muß, daß es die attische Küste im Rücken der Flotte besetzte.[15]

Eine eigentliche Taktik sowohl der Griechen als auch der Perser ist weder aus dem dramatischen Botenbericht des Aischylos noch aus der Darstellung des Herodot zu gewinnen. Diodors von Ephoros entnommene Schilderung weicht stark von Herodot ab und auch Plutarch trägt wenig Genaues zum Verlauf der Schlacht bei. Daher ist von verschiedenen Autoren der Versuch unternommen worden, diesen zu rekonstruieren, ohne daß Einigkeit erzielt worden wäre. Die vorliegende Darstellung beschränkt sich auf einige Grundzüge, die von allen Autoren anerkannt sind:[16] Den Griechen ist es offenbar gelungen, aus dem Hafen von Salamis auszufahren und Gefechtsposition zu beziehen, bevor die Perser angriffen. Ihre Gefechtslinie scheint zudem so angeordnet gewesen zu sein, daß eine Überflügelung durch die Perser unmöglich war. Es waren vielmehr die Griechen, die den westlichen Flügel der Perser umfassen und so die feindliche Front aufrollen konnten. Die Perser waren nicht nur weniger ortskundig, sie mußten in dem engen Sund ihre Schiffe auch dichter zusammenhalten, so daß sie sich durch den Flankenangriff der Griechen ineinander verkeilten. Die von den Quellen dargestellten Einzelbilder lassen zudem vermuten, daß sich die Schlachtreihen auch bald aufgelöst haben, so daß sich ein Kampf Schiff gegen Schiff entwickelte. Die Schlacht, die frühmorgens begann, soll spät in der Nacht mit der Flucht der Perser geendet haben. Beide Seiten hatten hohe Material- und Menschenverluste zu verzeichnen, die Griechen blieben aber Herren des Sundes, während sich die Perser an ihren Ausgangshafen bei Phaleron zurückziehen mußten. Das war vorerst ein Erfolg, aber noch kein Sieg, denn über die persischen Verluste besteht ebenfalls Ungewißheit.

War ihre Flotte bei Salamis gewiß der griechischen zahlenmäßig überlegen, so dürfte diese Überlegenheit keineswegs so groß gewesen sein, wie die Quellen sie darstellen. Schon Aischylos nannte die genaue Zahl von 1207 Schiffen, was Herodot dann übernahm.

Ihnen sollen die Griechen nur gerade 310 oder 378 Schiffe gegenüber gestellt haben. Die moderne Forschung ist sich darin einig, daß die Zahl der griechischen Schiffe etwa der Realität entspricht, während die Flotte der Perser auf kaum mehr als 500 Schiffe veranschlagt wird.[17] Dies entspricht noch immer einem stattlichen Aufgebot, das einiges an Verlusten verkraften konnte. Aber die Reorganisation dieser Flotte erforderte mehr als die Reparatur beschädigter Schiffe, sie setzte auch die Überwinterung und Ergänzung der Mannschaften voraus. Und genau dies war auch das zentrale Problem der Landstreitkräfte, auf welches Aischylos angespielt hat: Das besetzte Land konnte das fremde Heer nicht ernähren, überdies stellte die vorgerückte Jahreszeit einen geordneten Nachschub in Frage. Die Niederlage der Flotte hatte also die persische Offensive zu einem Zeitpunkt zum Stehen gebracht, der auch die noch intakte Landarmee vor Probleme stellte. Xerxes mußte daher zusammen mit seinen Generalen eine Entscheidung treffen und diese kann nur bei oberflächlicher Betrachtung eine Flucht genannt werden, denn sie trug doch eben der Frage Rechnung, wie das Heer versorgt werden konnte. Deshalb ließ der Großkönig die Flotte nach Kleinasien absegeln und zog sich mit einem Teil der Landarmee ebenfalls zurück. Eine immer noch beträchtliche Streitmacht unter Mardonios überwinterte in Thessalien und hielt so den Druck auf die Griechen aufrecht. Diese waren nicht in der Lage, ihren Sieg auszunützen. Ein Vorschlag des Themistokles, die Flotte der Perser zu verfolgen und dem Heer den Rückzug am Hellespont abzuschneiden, wurde – sofern er überhaupt historisch ist – von den vereinigten Griechen abgelehnt, die zwar ihre Stellung am Isthmus nach wie vor hielten, ihre Schiffskontingente aber zurückzogen. Die Flotte hatte vorerst mehr geleistet als zu erwarten war und den Griechen den Angriff der Perser am Isthmus erspart. Aber der Krieg war damit noch nicht zu Ende. Dies mußten die Athener erfahren, als sie durch Mardonios im folgenden Jahr nochmals zur Räumung ihrer Stadt gezwungen wurden. Die Kriegführung wechselte allerdings wiederum in traditionelle Bahnen: Die vereinigten Griechen hoben nochmals ein Großaufgebot an Hopliten aus und stellten sich bei Platäa dem persischen Korps, dem der Großkönig die Unterstützung versagte und das schließlich geschlagen und ebenfalls zum Rückzug gezwungen wurde. Erst diese Schlacht setzte der persischen Bedrohung ihr endgültiges Ende und verlieh den Griechen die Möglichkeit zu eigenen Offensiven.

Aus der Sicht des gesamten persischen Feldzuges bildete der Sieg bei Salamis eher eine Wende als die Entscheidung. Der Sieg der griechischen Flotte raubte dem Angreifer die Initiative und zwang ihn – unter dem Eindruck der Jahreszeit – zu einer neuen Strategie. Und darin liegt denn auch der Erfolg des Verteidigers. Er konnte seine Streitkräfte zum größten Teil bewahren, während der Angreifer sie umgruppieren mußte und damit an Schlagkraft einbüßte. Zugleich ist jedoch auch festzustellen, daß damit für die Griechen der Einsatz der Flotte erledigt war, sie hatte in den Gewässern Griechenlands keinen Gegner mehr. Nach dem Triumph des Landheeres bei Platäa schien sich zudem zu bestätigen, daß die Entscheidung mit den Hopliten gesucht werden mußte, weshalb man sich sehr wohl denken kann, daß für die verbündeten Griechen der letzte Sieg bedeutsamer war als Salamis. Das ist wohl auch der Sinn der oben zitierten Bemerkung des Thukydides über die Spartaner. Die Athener freilich sahen dies anders.

Sie hatten ihre Stadt geräumt und damit alles aufs Spiel gesetzt. Sie hatten das größte Flottenkontingent gestellt und beanspruchten einen hohen Anteil am Sieg für sich. Ihrem Strategen Themistokles war zudem von den vereinigten Griechen höchstes Lob gezollt worden. Ihre Strategie hatte sich bewährt. Nicht nur war die Bevölkerung gerettet, die Athener waren auch in der Lage, die Stadt wieder aufzubauen und die Polis wieder herzustellen. Aber es war eine andere Polis, die nun entstand, eine, die ein anderes Selbstbewußtsein entwickeln konnte. Gesiegt hatten die Hopliten und die Ruderer gemeinsam, in Mißkredit geraten sahen sich jedoch die Freunde der Tyrannen und der Perser, sie mußten ihre Machtansprüche abschreiben. Der durch Kleisthenes reformierte Staat und seine Bürger hatten die Bewährungsprobe bestanden. Und nicht nur das: Macht und Bedeutung der Polis vor den Perserkriegen waren mit den Verhältnissen nachher nicht mehr zu vergleichen; Athen war zu einer Seemacht aufgestiegen, die von den anderen Griechen Achtung einfordern konnte. Damit war der Grundstein gelegt für die weitere Entwicklung. Vor diesem Hintergrund gibt wohl Simonides, der Chorlyriker und Zeitgenosse des Themistokles, die Stimmung in Athen gut wieder, wenn er von einem Seesieg spricht, «wie ihn strahlender weder Griechen noch Barbaren je errungen haben».[18] Für die Athener hatte der Seesieg von Salamis daher einen ganz andern Stellenwert als für die übrigen Verbündeten. Und wie schon einleitend gezeigt worden ist, galt dieser Sieg auch bald als Legitimation für den offensiven

Einsatz der Flotte und damit für die Begründung der Seemacht, welche die Athener in den Konflikt mit Sparta führte.

Es ist nicht daran zu zweifeln, daß der Seesieg der verbündeten Griechen bei Salamis den Perserkriegen eine bedeutende Wende gab. Er trug wesentlich dazu bei, daß wichtige Städte Griechenlands ihre politische Unabhängigkeit vom persischen Großkönig bewahren konnten. Aber wie die Geschichte zeigt, konnten die Perser sich trotzdem weiterhin zur Geltung bringen, indem sie diplomatisch und finanziell die Geschicke der Griechen beeinflußten. Die Freiheit der Griechen war nicht so, daß sie eine persische Einmischung nicht zuließ, die Perser bedienten sich aber subtilerer Mittel. Seine große Bedeutung gewann der Sieg von Salamis jedoch in Athen, dessen Dichter und Historiker dazu beitrugen, den Ruhm nicht verblassen zu lassen.

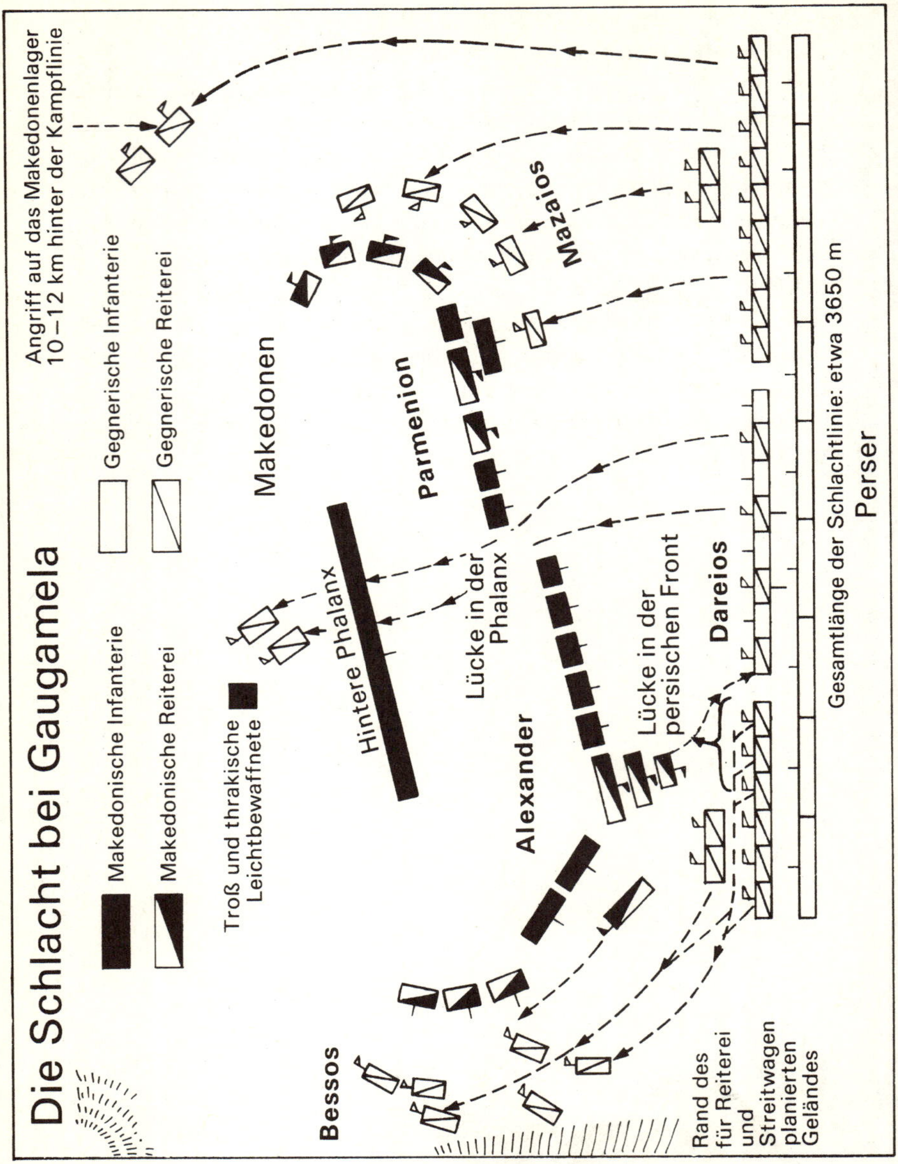

Gaugamela, 1. Oktober 331 v. Chr.

Weltreich im Staub
Gaugamela, 1. Oktober 331 v. Chr.

Hans-Joachim Gehrke

Nichts konnte schiefgehen. Dareios, der große König, König der Könige, König der Länder, von des Gottes Auramazdas Gnaden Herrscher der Welt, würde den Eindringling endlich vernichten. Selbst wenn er in den entlegenen westlichen Gebieten des persischen Reiches, sechzig und mehr Tagereisen vom Zentrum entfernt, erfolgreich gewesen war. Jetzt kam er in das Herz des Imperiums, und jetzt würde ihm das Reichsaufgebot aus den Oberen Satrapien gegenüberstehen. Die Länder des Großkönigs östlich des Euphrat bis zum fernen Iaxartes und Indus hin hatten ihre Kriegsmannschaft gestellt, an Zahl und Kraft unüberwindlich.

Ein ebenso riesiges wie buntscheckiges Heer war zusammengekommen. Die Fußsoldaten und Reiter aus Mesopotamien, Babylonien und von den Rändern des Persischen Golfes, vornehmlich mit einem Stück Land ausgestattete Dienstmannen, hatten zwar kaum Kriegserfahrung, konnten aber durch ihre schiere Zahl beeindrucken und ins Gewicht fallen. Vor allem aber schlug das gewaltige Kavallerieaufgebot zu Buche, das aus erprobten Kämpfern bestand. Sein Kern war das *kara*, der «Heerbann», eine permanent unter Waffen stehende Streitmacht vor allem aus persischen und medischen Reitern. Hinzu kamen zahlreiche weitere Kavallerieeinheiten, nach Stämmen und Völkern geordnet, deren Leben von ritterlichen Idealen geprägt war und die mithin ebenfalls als kampfkräftig zu gelten hatten. Zudem waren sie, als Träger des Reiches und Gefolgsleute des Großkönigs, in hohem Maße motiviert. Es handelte sich nämlich in erster Linie um die Reiterverbände zentral- und ostiranischer sowie verwandter Stämme, um Kappadokier und Armenier aus Anatolien, um Krieger vom Südwestrand des Kaspischen Meeres, um Hyrkanier und Parther von dessen Süd- und Südostseite, ferner um Areier und Arachosier, vor allem aber um Baktrier und Sogdier, tapfere Ritter aus den Steppengebieten nördlich des Hindukusch. Hinzu kamen Alliierte, skythische Reiternomaden aus den zentralasiatischen Steppen und Wüsten und Inder aus dem Punjab. Diese lieferten zudem eine besondere Waffengattung, die Kriegselefanten. Außerdem bot man ein altes Kriegsmittel auf, Streitwagen mit Sicheln an den Deichseln, die die gefürchtete Kavallerie des Gegners treffen sollten. Selbstverständlich war auch die königliche Garde aufgeboten, dazu Söldnereinheiten griechischer Hopliten.

So bot das Heer mit seiner im einzelnen unterschiedlichen Bewaffnung ein farbiges Bild. Das Gros der Kavallerie hat man sich etwa folgendermaßen vorzustellen: Die Reiter trugen in der Regel als Kopfbedeckung den Baschlik, eine Art Turban aus Filz, seltener einen Helm, und sie waren ferner mit einem Obergewand und Mantel sowie einer langen Hose bekleidet. Zur Ausrüstung gehörten außerdem leichte Schilde und Panzer, an Oberkörper und Oberschenkeln, meistens aus Schuppen. Angriffswaffen waren Wurf- und Stoßlanzen oder Bögen, letztere besonders bei den Skythen. Häufig war man in letzter Zeit zur Kombination dieser Waffen übergegangen, die man ensprechend der Distanz zum Gegner einsetzte. Vor allem auf den Nahkampf mit der Stoßlanze hatte man sich wegen der Erfahrungen in den Schlachten mit dem makedonischen Aggressor stärker ausgerichtet. Besonders charakteristisch war, daß auch die Pferde zunehmend gepanzert worden waren, nicht nur wie traditionell an Stirn und Brust, sondern auch an den Flanken.

Den Oberbefehl nahm der Großkönig Dareios III. höchstpersönlich wahr, und die Kommandeure verkörperten die Crème des Achämenidenreiches, an ihrer Spitze Bessos, Satrap von Baktrien, der zweite Mann an Rang hinter dem König, sowie der altgediente Satrap Mazaios, der vor allem über Syrien gebot. Sie sollten die beiden Flügel des Riesenheeres kommandieren. Die Planung ging so weit, daß sogar ein Schlachtfeld ausgesucht und für den Kampf präpariert wurde, eine breite Ebene östlich des Tigris bei Gaugamela (Tell Gomel, im nördlichen Irak). Hier würde sich die zahlenmäßige Überlegenheit des persischen Heeres am ehesten auswirken, besonders die Kavallerieverbände und die Sichelwagen würden sich gut entfalten können. Zugleich sorgte man durch Unterminierungen und ähnliche Maßnahmen dafür, daß die Bewegungsfreiheit des Gegners, vor allem seiner Hauptwaffe, der Kavallerie, eingeschränkt wurde.

Selbstverständlich war auch dafür Sorge getragen, daß der Gegner wirklich dort erscheinen würde. Das wurde wesentlich erleichtert durch die Natur des Landes, dessen Steppen- und Wüstengebiete die Möglichkeiten für Marsch und Versorgung größerer Verbände stark einschränkten. Somit waren die feindlichen Bewegungen weitestgehend vorhersehbar. Sie wurden allerdings nun auch planbar gemacht: Bei seinem Weg von Phönikien her würde der Gegner auf den Euphrat stoßen. Von dort hätte er zwei Optionen für seinen Weg gegen das Zentrum des Reiches, den Zug entlang des Euphrat direkt auf Babylon zu oder die Durchquerung des nördlichen Mesopotamiens, die Überschreitung des Tigris und den anschließenden Marsch nach Süden, der Persischen Königsstraße folgend. Um die erste Alternative auszuschließen und damit mehr Zeit für die Vorbereitung der Schlacht zu gewinnen, zugleich den Gegner noch tiefer ins Land zu locken, nahm Mazaios mit einem kleineren Kontingent dort Aufstellung, wo Alexander und seine Truppe den Euphrat erreichen würden. Das geschah im August 331. Mazaios behinderte seinen Übergang nicht, sondern zog sich allmählich euphratabwärts zurück, wobei er nur «verbrannte Erde» hinterließ.

Damit blieb für die Makedonen allein der Weg zum Tigris offen. Alles lief wie geplant. Im Grunde konnte der persische Großkönig ohnehin wissen, daß sein Gegner Alexander dorthin kommen würde, wo er stand. Denn wie er selbst, dessen Aufgabe es war, sein Reich zu schützen und zu verteidigen, der Hilfe Auramazdas gewiß, so suchte auch der makedonische König die Entscheidungsschlacht; denn zu dieser, zum Kampf um die Herrschaft, zum Kampf um das ganze Reich, hatte er den Großkönig herausgefordert. Für beide ging es um ein gewaltiges Duell, das zweite; dessen Ergebnis sollte definitiv sein.

Dareios hatte seinen Gegner gut kennenlernen können und wußte nun, mit wem er es zu tun hatte. Der Angriff auf Kleinasien, den schon dessen Vater, König Philipp II. (359–336), aufgenommen hatte und Alexander im Frühjahr 334 endgültig begann, war aus persischer Perspektive zunächst kaum mehr als ein Problem in den westlichen Randprovinzen Kleinasiens. Das würden die dortigen Satrapen handhaben können. In der Tat hatten sie sich dem Aggressor sogleich mutig entgegengestellt, am Fluß Granikos im nordwestlichen Kleinasien; doch hatten sie seiner völlig überraschenden Reiterattacke nicht standhalten können. Durch geschickte Ausnutzung dieses Sieges und indem er die persischen Untertanen teils – wenn sie sich ihm anschlossen – wieder mit ihren traditionellen Ordnungen ausstattete, teils – falls sie loyal zum Perser hielten – mit exemplarischer Brutalität strafte, brachte Alexander innerhalb von nur wenigen Monaten ganz Kleinasien an sich.

Deshalb sah sich Dareios genötigt, ein größeres Reichsheer vornehmlich aus den westlichen Provinzen aufzubieten und selbst an dessen Spitze, seiner Herrschertradition getreu, gegen den Angreifer persönlich vorzugehen. Nach einigen verwirrenden Marschoperationen kam es gegen Ende Oktober oder Anfang November 333 an der Küste des Mittelmeeres in der Nähe des Ortes Issos zu einer ersten großen Schlacht, in der Dareios dieselbe Erfahrung machen mußte wie seine Satrapen rund anderthalb Jahre zuvor: Dem von König Alexander selbst geführten Angriff der makedonischen Elitekavallerie widerstand er nicht, und seine Flucht löste die Niederlage aus. Sogar der bei Damaskus befindliche Troß mit der Kriegskasse und der königlichen Hofhaltung sowie den königlichen Damen, d. h. Mutter, Frau und Töchtern des Dareios, geriet in makedonische Hand.

Während Alexander daran ging, die phönikischen Küstenstädte unter seine Kontrolle zu bringen und damit die Perser vom Mittelmeer abzuschneiden, machte Dareios ihm ein Angebot. Gegen die Freilassung der Damen bot er Alexander Freundschaft und Bündnis an, sowie womöglich auch Gebiete in Kleinasien. Dieser lehnte ab, mit der stolzen Bekundung, er sei der Herr Asiens. Sollte das Dareios anders sehen, müsse er mit ihm kämpfen. Dies bestätigte sich bei weiteren Verhandlungen, in deren Verlauf Dareios dem Makedonen sogar die Hälfte des Reiches bis zum Euphrat, einschließlich Ägyptens, sowie die Hand einer seiner Töchter offerierte. Alexander blieb hart, und indem er jetzt auch mit der – in der Tat – problematischen Legitimität des Dareios argumentierte, machte er deutlich, daß es ihm darum ging, ihn ganz aus der Herrschaft zu verdrängen. Dies alles war Dareios nur zu klar, und so stand nun die Entscheidung an, nachdem Alexander die Levante und Ägypten an sich gebracht hatte.

Dareios konnte nicht ahnen, daß die Ziele seines Gegners womöglich noch weiter reichten. Dessen Vater Philipp hatte die militärische Auseinandersetzung mit Persien bewußt vom Zaun gebrochen, um seine alles andere als populäre Hegemonie über Griechenland zu stützen und seine Stellung gleichsam zu legitimieren. Als König der Makedonen und zugleich als Feldherr einer griechischen Allianz, des «Korinthischen Bundes», wollte er für die Freiheit der griechischen Städte in Kleinasien kämpfen, mit expliziter Anknüpfung an die Perserkriege des frühen 5. Jahrhunderts. Nach allem, was man begründet vermuten kann, hätte er sich mit ‹Geländegewinnen› in Kleinasien zufrieden gegeben.

Daß sein Nachfolger Alexander, der den Perserfeldzug in derselben Position, als König und Feldherr, aufnahm, von Anfang an in größeren Dimensionen dachte, läßt sich nicht schlüssig beweisen, wird aber durch eine Reihe ritueller Handlungen zu Beginn des Krieges bei und in Troja nahegelegt.

Damit war die Auseinandersetzung als universaler Konflikt zwischen Hellenen und Barbaren, zwischen Hellas und Asien verstanden und präsentiert, und die spätere Herausforderung zum Kampf ums Ganze war mindestens schon angelegt. Sie wird sich durch die schier unglaublichen Erfolge verstärkt haben. Zugleich gewann in Alexanders Selbstverständnis ein wohl schon früh ausgeprägter Zug zum Mythischen immer mehr an Gewicht. Er sah sich nicht nur, gemäß den Traditionen seines Herrscherhauses sowie von der mütterlichen Seite her, als Nachkomme der größten Heroen der griechischen Heldensage, des Herakles und des Achilleus, sondern stellte sich auch zunehmend geradezu auf eine Ebene mit ihnen. Nach seinem Auftritt im ägyptischen Orakelheiligtum von Siwa konnte er sogar – wie Herakles – als Sohn des Zeus, also als Halbgott, gelten. Wir können naturgemäß nicht mehr ermitteln, wie Alexander sich selbst sah. Aber daß sogar die Herrschaft im Persischen Reich – die doch den Zeitgenossen schon als Mirakel vorkam – für ihn noch nicht alles war, mag sich schon in seinem Denken und Fühlen artikuliert haben, als er im Sommer 331 gegen den Euphrat zog, zur Entscheidung, die in einem heroischen Kampf fallen würde. Welch ein Glück für den Eroberer, daß auch der Perserkönig, seinem Anspruch und Herrschaftsverständnis folgend, auf den Kampf setzte und den Gegner sich nicht in den Weiten seines Reiches totlaufen ließ!

Nach der etwa einen Monat dauernden Durchquerung der trockenheißen Steppengebiete Mesopotamiens erwartete das makedonische Heer die erste Feindberührung am Tigris. Doch die Perser ließen das feindliche Heer den reißenden Fluß unbehelligt überqueren. Kurz danach, am 20. September 331, gegen 21.00 Uhr, «verdunkelte sich der größte Teil der Mondscheibe». Diese Mondfinsternis deutete man auf makedonisch-griechischer Seite als positives Zeichen. Nur wenig später kam es zu ersten Vorhutgefechten. Von Gefangenen erfuhr man, daß die Streitmacht des Gegners nicht mehr weit entfernt war.

Alexander gab daraufhin seinem Heer vier Tage lang Gelegenheit zur Ruhe und marschierte danach vorsichtig und in Kampfformation auf den Gegner zu. Dieser brachte nun sein Aufgebot wie geplant in Stellung. Man war noch rund elf Kilometer auseinander, und das hügelige Gelände am Rande des Dschebel Maqlub verhinderte den Sichtkontakt. Erst nach Überwindung der halben Distanz geriet die riesige feindliche Phalanx am 30. September in den Blick Alexanders und seiner Truppen. Schreckenerregend und schier unüberschaubar, rund 40 000 Reiter und womöglich an die 200 000 Mann Fußvolk umfassend, in Nord-Süd-Richtung drei bis vier Kilometer in der Breite und zugleich tief gestaffelt, stand sie zum Kampf auf dem breiten und flachen, für sie idealen Schlachtfeld bereit.

Im Zentrum befand sich der Großkönig selbst, auf seinem Streitwagen weithin kenntlich und in vollem herrscherlichen Ornat, mit der aufrechten Tiara in Purpur und den königlichen Waffen, Lanze und Bogen. Daß er sich so darbot, zeigt: Er war zwar der Herrscher und erste Krieger, aber rein militärisch doch ein eher symbolischer Kämpfer. Um ihn herum waren seine «Verwandten» aufgestellt, die ranghöchsten persisch-medischen Aristokraten in Kavallerieformation, dazu die Garde der «Apfelträger», deren Lanzenfüße als goldene Granatäpfel geformt waren, 1000 Mann stark, die Elite der persischen Eliteformation der 10 000 «Unsterblichen». Ferner waren hier einige Tausend griechische Söldner, in Formation kämpfende Hopliten, mit Helm, Brustpanzer, Schild, Beinschienen und Stoßlanzen bewaffnet, rechts und links des Königs angeordnet sowie Verbände aus Indien und Karien, außerdem Bogenschützen vom Stamm der Marder aus dem Zagros-Gebirge. Vor dem Zentrum standen die Kriegselefanten und rund 50 Sichelwagen. Dahinter, wohl mit der Ausdehnung über die gesamte Front, befanden sich die babylonisch-mesopotamischen Heerscharen.

Auf beiden Flügeln waren nahezu ausschließlich Kavallerieeinheiten formiert, rechts unter Mazaios syrisch-mesopotamische, medisch-zentraliranische und kaspische Reiter, davor die Armenier und Kappadokier sowie ebenfalls 50 Sichelwagen. Der linke Flügel unter Bessos' Kommando umfaßte die persische, susische, dahische und ostiranische Reiterei, und vor dieser sollten die skythisch-baktrischen Einheiten und 100 Sichelwagen operieren. Die Schlachtordnung verrät die sinnvolle und durchdachte Planung auch im Detail. Das Gefecht war als kavalleristische Umzingelung angelegt. Der Schwerpunkt lag genau an der Stelle, wo erfahrungsgemäß auch Alexander am stärksten war, gegenüber von dessen rechtem Flügel, von dem bei Issos die alles entscheidende Reiterattacke ausgegangen war. Gerade hier sollte er erfaßt und vernichtet werden: Allein die Zahl der baktrischen Reiter, 9000, übertraf die der gesamten Kavallerie der gegnerischen Seite.

Diese Klarheit der Disposition machte sie freilich auch durchsichtig. Als Alexander die feindliche Schlachtreihe erblickte, ließ er sein Heer Halt machen und nahm sich ausgiebig Zeit, gemeinsam mit einigen Reitereinheiten das Terrain und die Aufstellung der Perser eingehend zu studieren, unbehelligt von den Gegnern, die auf den entscheidenden Schlag im präparierten Gelände und nach dem vorbereiteten Plan setzten. Eben dieser muß aber Alexander deutlich geworden sein. Er war gut berechnet, daher aber für einen klaren militärischen Blick auch leicht berechenbar. Zugleich konnte der makedonische König genau erkennen, daß die feindliche Streitmacht auf das Gelände fixiert, also in Initiative und Beweglichkeit begrenzt war.

Er nahm die Herausforderung voll an und behielt, trotz der Massierung auf dem linken Flügel des Gegners, seine eigene Stoßrichtung auf der rechten Flanke bei. Vor allem plante er die unvermeidliche Umzingelung durch den Gegner von vornherein ein. Entsprechend modifizierte er seine Aufstellung, die allerdings in großen Zügen der in der Schlacht von Issos entsprach. Dem Zentrum und dem linken Flügel war der hinhaltende Kampf zugedacht, der rechte Flügel sollte unter seiner Führung den Angriff vortragen.

Auch Alexanders Heer, das rund 7000 Reiter und 35 000 Infanteristen verschiedener Waffengattungen umfaßte, war recht gemischt zusammengesetzt, hatte freilich in dieser Formation schon eingehende Kampfpraxis; die Einheiten waren aufeinander eingespielt. Rechts stand unter seiner Führung die makedonische Hetairenreiterei in insgesamt acht Schwadronen zu je 150 Mann, bewaffnet mit Helm und Panzer sowie Lanzen zum Wurf und Stoß und einem Kurzschwert. In ihnen war die adlige Elite Makedoniens, in den Schwadronen regional gegliedert, als Gefolgschaft des Königs organisiert; ihre Spitze bildete die «Königsschwadron» *(ile basilike)*, die unmittelbar mit Alexander kämpfte. Die Hetairen operierten in der Regel in Keilform und waren gewöhnt, auch ohne die Benutzung von Steigbügeln und Sätteln in geschlossener Form und mit hoher Beweglichkeit zu kämpfen.

Im Zentrum massierte Alexander die makedonische Infanterie. Rechts standen die Hypaspisten, die ähnlich den griechischen Hopliten bewaffnet, aber relativ beweglich waren. Nach links schlossen die Regimenter der Pezhetairen an, der «Kampfgefährten zu Fuß», die ebenfalls aus regionalen makedonischen Kontingenten zusammengesetzt waren. Ihr Kennzeichen war die Bewaffnung mit einer extrem langen Stoßlanze von etwa fünf Metern Länge, der Sarisse, die sich nur mit zwei Händen führen ließ. Der militärische Wert dieser Einheiten lag deshalb in der geschlossenen Linie, in der sie einen organischen Körper bildeten, und setzte die Verbindung mit anderen Waffenarten, den beweglichen Hypaspisten und der Kavallerie, voraus.

Die Kerntruppen der makedonischen Armee, Hetairen, Hypaspisten und Pezhetairen, waren im wesentlichen eine Schöpfung von Alexanders Vater gewesen. Er hatte aus den losen makedonischen Stammesaufgeboten ein schlagkräftiges Heer aufgebaut und in zahlreichen Feldzügen erprobt. Damit hatte er zugleich die Integration seines Staates vorangetrieben, in der Bindung an seine Person. Denn nicht nur die adligen Reiter, sondern auch die einfacheren Bauern und Hirten der makedonischen Länder waren zu «Gefährten» *(hetairoi)* des Königs geworden. Er hatte sie zum Teil auch mit Land versorgt und in Städten angesiedelt, sie damit zugleich in ständiger Kampfbereitschaft gehalten. Dieses Instrument war nicht allein die militärische Grundlage für seine Erfolge, sondern auch eine wesentliche Voraussetzung für den Siegeszug seines Sohnes. Die Truppen waren, innerhalb der einzelnen Einheiten wie auch als gesamte Armee, extrem gut eingespielt, es herrschte unter ihnen geradezu blindes Verständnis. Die bisherigen Kämpfe hatten das noch vertieft.

Im Verlauf des Alexanderzuges hatten sich aber auch die Einheiten anderer Herkunft, Alliierte und Söldner, teilweise auch Angehörige spezieller Waffengattungen mit eigenen Traditionen in der Kriegführung und besonderem Kriegerethos, mit den makedonischen Kerntruppen gleichsam amalgamiert. Sie kämpften mit kaum geringerer Loyalität und Effizienz als jene.

Einen besonders effektiven Teil von ihnen hatte Alexander seinem linken Flügel zugewiesen. Dort standen, unter dem Kommando Parmenions, eines schon unter Philipp bewährten älteren Generals, zunächst, im Anschluß an das Zentrum, noch 1500 Mann makedonische Pezhetairen, vor allem aber die griechischen Kavalleristen, ähnlich bewaffnet wie die Hetairen, gebildet aus Aufgeboten der im Korinthischen Bund mit Alexander alliierten griechischen Staaten sowie vornehmlich aus der Reiterei Thessaliens, unter der die aus Pharsalos besonders herausragte. Die griechischen Thessalier waren mit den Königen der Makedonen auf besondere Weise verbunden, weil diese, gleichsam in Personalunion, die höchsten Amtsträger des Thessalischen Bundes waren. Das ritterliche Ethos und die Kampfkraft ihrer Kavallerie waren kaum weniger ausgeprägt als die der Makedonen.

Die Massierung der Reiterei auf den Flügeln entsprach also der des Gegners, freilich bei starker numerischer Unterlegenheit. Da mit einer Umfassung zu rechnen war, hatte Alexander für diesen Fall besondere Vorkehrungen getroffen, wie sie in der Militärgeschichte bis dato unbekannt waren. Sie verraten eine ebenso einfache wie originelle Konzeption und wurden dadurch ermöglicht, daß der König noch auf weitere, verschieden bewaffnete und damit flexibel einsetzbare Truppengattungen zurückgreifen konnte.

Zunächst stellte er hinter der Front eine zweite Phalanx auf. Sie bestand aus griechischen Hopliten, teils aus Kontingenten der Staaten des Korinthischen Bundes, teils aus Söldnern. Für den Fall einer gegnerischen Umzingelung konnten diese auch eine Kehrtwendung vollziehen und sich in Gegenrichtung verteidigen. An den Seiten seiner Schlachtreihe postierte Alexander, zum Schutz der Flanken teilweise nach hinten hin versetzt, leichter bewaffnete und besonders bewegliche Infanterie- und Kavallerieeinheiten sowie die auf Fernkampf orientierten Truppen. Rechts wurden Speerwerfer aus dem Balkanstamm der Agrianen, makedonische Bogenschützen und altgediente Fußsoldaten aufgestellt, ferner die paionischen Reiter, ebenfalls vom Balkan, sowie die makedonische Aufklärungsreiterei und weitere alliierte Reiterkontingente. Sie sollten im Falle eines Umfassungsangriffs des Gegners in dessen Flanke stoßen. Vor seiner Königsschwadron postierte Alexander die andere Hälfte der Agrianen sowie weitere Speerwerfer und Bogenschützen, vor allem zum Schutz gegen die Sichelwagen.

Entsprechend disponierte Alexander auch auf dem linken Flügel, wo die Flankensicherung in die Hände verbündeter Einheiten, vornehmlich thrakischer, besonders odrysischer, daneben griechischer Reiter gelegt wurde. Vor diesen war die Söldner-Kavallerie angeordnet. Infanteristische Söldner und kretische Bogenschützen rundeten die Aufstellung auf dieser Seite ab. Der Troß und die Versorgungseinheiten waren weiter hinten postiert und wurden von thrakischen Leichtbewaffneten bewacht.

Die zahlenmäßige Überlegenheit der Perser war erdrückend, doch trügt die bloße Quantität. Das Heer Alexanders war eine in zahlreichen Gefechten erprobte und zusammengeschweißte, durch und durch professionelle Truppe, zudem getragen von den zurückliegenden großen Erfolgen. Auch im Aufgebot des Dareios gab es kampferfahrene Einheiten und militärische Spezialisten in großer Zahl, und auch dort kämpften Verbände, die sich einer kriegerisch-ritterlichen Lebensweise verschrieben hatten und von entsprechenden Normen und Traditionen geleitet waren. Aber das Heer war ad hoc zusammengestellt worden und hatte in dieser Formation nie zusammen gekämpft. Schon auf Grund seiner schieren Größe stellte es eine besondere Herausforderung an die militärische Führung und Lenkung dar.

Auch ein anderer Vorteil, die sorgfältige Auswahl des Geländes, konnte sich als Handicap erweisen. Für die Perser gab es keine Alternative zu diesem Ort. Sie mußten dort den Angriff des Gegners erwarten, ihm also die Initiative überlassen. Alexander war nur zu klar, daß sie ihn nicht am Rand des hügeligen Geländes attackieren würden, wo er Aufstellung genommen hatte. So konnte er seinen Truppen nach Abschluß aller Vorbereitungen noch einmal Ruhe gönnen, während das persische Aufgebot die Nacht vom 30. September auf den 1. Oktober in Kampfstellung verbringen mußte, jederzeit des gegnerischen Angriffs gewärtig.

In dieser Nacht soll Alexander so fest geschlafen haben, daß man ihn nur mit Mühe wecken konnte. Er legte dann seine Rüstung an, «ein gegürtetes Untergewand sizilischer Arbeit, darüber einen doppelten Panzer aus Leinen, aus der Beute von Issos. Sein Helm war aus Eisen, schimmerte aber wie reines Silber (...) Angepaßt war ihm sein Halsschmuck, ebenfalls eisern, mit Edelsteinen besetzt. Er hatte ein Schwert von wunderbarer Stählung und Leichtigkeit, welches ihm der König von Kition auf Zypern geschenkt hatte, (...) und trug einen Umhang, der noch kostbarer gearbeitet war als die übrige Bewaffnung; er war (...) ein Ehrengeschenk der Rhodier.»

Dermaßen gerüstet ritt Alexander, begleitet von dem Seher Aristandros, der ein weißes Gewand und einen goldenen Kranz trug, seine Phalanx entlang und ermunterte zum Kampf. Auf der linken Seite soll er sich besonders an die Griechen gewandt und zu den Göttern gebetet haben, «wenn er wirklich ein Sohn des Zeus sei, sollten sie die Griechen unterstützen und stärken». Dies berichtete Kallisthenes, Neffe des Philosophen und Alexandererziehers Aristoteles, der an dem Feldzug als offizieller Berichterstatter gerade für die griechische Öffentlichkeit teilnahm. Deshalb mag diese Episode erfunden oder mindestens ausgeschmückt sein. Sie kann aber illustrieren, wie stark Alexander bereits zu Lebzeiten heroisiert wurde. Sollen wir glauben, daß Alexanders Selbstbild dahinter zurückblieb?

Große Herausforderungen an Quellenkritik und -analyse stellt auch die Rekonstruktion des Schlachtverlaufs selbst. Unsere Berichte darüber, bei Diodor, Iustinus, Curtius Rufus, Plutarch und Arrian vor allem, differieren, wenn auch selten in den wesentlichen Punkten. Dennoch bleiben viele Fragen offen, da die Quellen kein wirklich kohärentes Bild liefern. Die generelle Problematik von Schlachtenberichten stellt sich auch hier; zwar gehen viele Angaben auf Augenzeugenberichte zurück, doch sind solche gemeinhin perspektivisch verzerrt. Hinzu kommt die nicht minder generelle Frage nach dem Verhältnis von strategisch-taktischer Planung und realem Verlauf einer Schlacht, die übliche Neigung, das Geschehen nachträglich rational zu ordnen und den Einfluß von Kontingenz und Zufall zurückzudrängen. Sie stellt sich angesichts der Schlacht von Gaugamela, immerhin eine der größten, die die Weltgeschichte bis dato gesehen hatte, in besonderer Weise. Dennoch sind die entscheidenden Phänomene relativ klar und rechtfertigen die folgende Darlegung.

Neben der Planung der Strategen und den Handlungen der verschiedenen Akteure wurde Gaugamela vor allem durch ein physisches Phänomen geprägt, welches sich – zumal angesichts der Masse der eingesetzten Reiterei – in der knochentrockenen Ebene am Tell Gomel rasch zeigen mußte: das Aufwirbeln großer Mengen von Staub, die die Sicht auf dem Schlachtfeld und damit die Kommunikation und Truppenbewegung stark beeinträchtigten. Der britische Militärschriftsteller und Generalmajor J. F. C. Fuller sprach aus eigener Erfahrung, wenn er kommentierte: «Wer bei trockenem Wetter einmal einer Kavallerieattacke über einen indischen *maidan* (Parade- und Exerzierplatz) zugesehen hat, kann sich ein Bild davon machen, was für ein Staub das in Gaugamela war. Der Verfasser entsinnt sich, daß bei einer solchen Gelegenheit die Sichtweite auf vier bis fünf Meter zusammenschrumpft.»

Gerade diese Staubentwicklung verstärkte noch die Handicaps auf persischer Seite; denn sie war für den weniger nachteilig, dessen Truppen, kleiner und kompakter, wie sie waren, auch eigenständig-organisch operieren konnten, dessen Befehlswege zudem kürzer waren und der ohnehin weniger auf die taktische Detailplanung setzte als auf die Wucht eines berserkerartigen Angriffsstoßes.

Alexander begann die Schlacht verhalten, indem er seinen Flügel langsam nach rechts bewegte, in Richtung auf das nicht präparierte Gelände. Das provozierte die persische Attacke auf dieser Seite, die sich sogleich zu dem erwarteten Umfassungsangriff ausweitete. Die zu dessen Abwehr vorgesehenen Einheiten Alexanders leisteten zähen Widerstand, an dem sich die besten Kräfte des Gegners, die baktrischen und skythischen Reiter, festbeißen sollten. Gleichzeitig verpuffte der dortige Angriff der Sichelwagen: Die Gespanne, die nicht dem Pfeil- und Speerhagel der Agrianen und ihrer Nebenleute zum Opfer gefallen waren, erreichten zwar die makedonische Phalanx, richteten aber dort keinen Schaden an, weil die Pezhetairen und Hypaspisten durch koordinierte Ausweichmanöver die Wagen passieren ließen, so daß sie dann einzeln in den hinteren Reihen überwältigt werden konnten.

Wegen des starken Engagements der Perser im Zentrum und auf ihrer rechten Flanke und zugleich des Linksrucks ihrer Kavallerie auf der anderen Seite war zwischen dem Zentrum und dem linken Flügel eine Lücke entstanden. Genau an dieser Schwachstelle setzte Alexander mit der bisher noch nicht involvierten Hetairenreiterei und der Infanterie seines Zentrums den entscheidenden Vorstoß an. In eingespielter Formation und in voller Wucht, mit lautem Kriegsgeschrei, trugen die makedonischen Eliten ihren Angriff vor: die Hetairenschwadronen in der üblichen Keilform, mit dem König an der Spitze, flankiert von den in vollem Lauf vorwärtsstürmenden Hypaspisten sowie den lanzenstarrenden Pezhetairen und unbeirrt durch die Kriegselefanten vor der gegnerischen Front.

Wie bei Issos führte Alexander diese Attacke direkt gegen den Großkönig selbst, der auf seinem Streitwagen und inmitten seiner glänzenden Kerntruppen wohl auch in Staub und Dreck weithin sichtbar war. Dabei geriet er diesem leicht in die Flanke, so daß sich die um ihn gruppierten Einheiten, anders als die Makedonen, nicht optimal entfalten konnten. Die persische Garde und die griechischen Söldner kämpften tapfer und verbissen, konnten aber nicht Stand halten. Näher und näher kämpfte sich Alexander an Dareios heran, bis dieser sich, wie bei Issos, zur Flucht wandte, seine Entourage mit sich reißend. Von Widerstand in seiner zweiten Linie, wo die nur an Zahl eindrucksvollen Truppen aus dem südlichen Mesopotamien standen, ist nicht die Rede. Seinen vollen Angriffsschwung nutzte Alexander unmittelbar zur Verfolgung des Großkönigs. Für ihn war die Schlacht entschieden. Ob sie es wirklich war, blieb aber zunächst noch fraglich, denn niemand hatte mehr eine Übersicht.

Das sonstige Kampfgeschehen bleibt uns eher unklar, weil die Berichte auf Alexander fokussiert sind. Immerhin ist folgendes erkennbar. Die kampftüchtigen persischen und indischen Truppen des Zentrums – soweit sie sich nicht in Dareios' unmittelbarer Nähe befanden – nutzten ihrerseits die Lücke, die in der makedonischen Phalanx durch die Rechtsdrift Alexanders entstanden war und sich durch dessen Angriff verbreitert hatte. Sie stießen zwischen Zentrum und linkem Flügel der Makedonen bis zum Troß des Gegners vor. Die Hopliten in der zweiten Linie hatten sie offenbar zunächst passieren lassen, dann aber abgewehrt, so daß sie wieder zurückfluteten.

Vor allem aber hatten auch die persischen Einheiten des rechten Flügels unter Mazaios den geplanten Umfassungsangriff gestartet und teilweise auch den makedonischen Troß erreicht. Aber sie konnten sich nicht entscheidend durchsetzen, weil sie bei den Thessaliern auf härtesten Widerstand stießen. Offensichtlich löste sich auf der makedonischen Linken das Gefecht in einzelne Treffen auf, bei denen niemand so recht die Oberhand gewann, jedenfalls aber der Zusammenhalt der makedonisch-griechischen Linie zerbrach. Momentan zeichnete sich auf dieser Seite eine makedonische Niederlage ab.

Hier stehen wir vor dem größten Rätsel der Schlacht: Parmenion soll in dieser schwierigen Situation einen Reiter mit einem Hilfegesuch an Alexander geschickt haben. Mit Recht fragen sich viele Historiker, ob ein Reiter den König, der in höchster Eile Dareios verfolgte, überhaupt erreicht haben kann. Ist Parmenion doch selbst mit der Situation fertig geworden und kehrte Alexander erst auf das Schlachtfeld zurück, als er die Aussichtslosigkeit der Verfolgung erkennen mußte? Das ist keineswegs ausgeschlossen, zumal bekannt ist, daß Parmenions Rolle in der Überlieferung häufig zugunsten Alexanders und seiner Heldenhaftigkeit reduziert worden ist.

Dennoch war es wohl am ehesten so, daß Alexander – ob nun auf Grund eines Hilfegesuchs oder nicht – die Verfolgung beizeiten einstellte und sich mit seinen Hetairen auf das Schlachtfeld zurückwandte, um seinem schwer bedrängten linken Flügel beizustehen. Es wird nämlich glaubhaft berichtet, daß er mit den beim makedonischen Troß abgewehrten, nunmehr zurückströmenden persischen und indischen Truppen in ein Gefecht verwickelt wurde, das besonders verlustreich war: Allein sechzig Hetairen sollen dabei gefallen und drei der höchsten Offiziere, darunter Alexanders engster Freund Hephaistion, verwundet worden sein.

Schließlich haben sich, nachdem die Flucht des Großkönigs bekannt geworden war, auch die übrigen Truppen seines Heeres auf den Flügeln, die Einheiten des Bessos und des Mazaios, zurückgezogen. Von beiden Kommandeuren wird sogar behauptet, sie hätten nicht mit dem letzten Engagement gekämpft: Bessos habe die persische Krone im Sinn gehabt und Mazaios an ein für ihn günstiges Arrangement mit den Makedonen gedacht. Beides ist wohl aus den folgenden Ereignissen herausgesponnen. Bessos wurde später der Mörder des Dareios und Mazaios übergab Babylon an Alexander, wofür er von diesem als dortiger Satrap eingesetzt bzw. bestätigt wurde. Nach allem, was wir wissen, haben sie und die ihnen unterstellten Truppen tapfer und loyal gekämpft, aber nach der Flucht des Großkönigs die Schlacht verloren gegeben.

Die Angaben über die Verluste sind zum guten Teil unglaubwürdig, für die persische Seite viel zu hoch, für die makedonische viel zu niedrig. Die sechzig im Endkampf gefallenen Hetairen geben einen gewissen Anhaltspunkt, desgleichen die von Arrian erwähnte Zahl von 1000 gefallenen Pferden, darunter die Hälfte aus den Hetairenschwadronen. Die große Schlacht hatte auch auf Seiten des Siegers offenbar hohen Blutzoll gefordert.

Im Ergebnis zeigt sich, daß der plötzliche und furiose Angriff auf das Herz des persischen Heeres um den Großkönig herum das entscheidende Moment gewesen war. Neben diesem zwar schon erprobten, aber nach wie vor kühnen bis tollkühnen und ebenso riskanten wie effektiven Vorgehen, das für viele den Heldenjüngling Alexander so recht kennzeichnet, sind aber noch einige Rahmenbedingungen zu nennen. Schon die taktische Planung bedeutete – ungewollt – einen Vorteil für die makedonische Seite. Die Vorbereitungen der Perser waren in sich stimmig, trugen aber nicht über die erste Phase der Schlacht hinaus. Alexander hatte die höhere Flexibilität auf seiner Seite und auch schon weitere Entwicklungen – etwa die eigene Einkreisung – ins Auge gefaßt. Dies erwies sich zumal dann als wesentlich, als das Kampfgeschehen selbst mit all seinen Unwägbarkeiten einsetzte. Da zeigte sich das wirklich entscheidende Element: Auf makedonischer Seite bildeten Feldherr, Offiziere und Truppenkörper geradezu einen einheitlichen Organismus, während bei den Persern der Vorteil zahlenmäßiger Überlegenheit auf Grund der Schwierigkeiten der operativen Führung, der Unübersichtlichkeit und der mangelnden Kooperation nicht zu Buche schlug. Dies wurde im Gefecht auch ganz konkret sichtbar. Die alles entscheidende Attacke war Alexander nur möglich, weil seine Leute an jedem Ort gemäß der ihnen zugedachten Aufgabe kämpften und standhielten für die Sache und den Sieg ihres Königs und Feldherrn.

Sie wußten auch alle, was das Ergebnis bedeutete. Noch auf dem Schlachtfeld jubelten sie Alexander als dem «König von Asien» zu. Die zweite große Schlacht mußte die Entscheidung gebracht haben. Das Ziel schien erreicht. In der Tat wurde dies durch die spätere Entwicklung bestätigt, auch wenn noch schwerste Kämpfe zu bestehen waren. Alexanders Ziele aber waren noch weiter gespannt.

Halbmond und Halbwahrheit
Cannae, 2. August 216 v. Chr.

Michael Alexander Speidel

Im Morgengrauen des 2. August 216 v. Chr. standen sich in der Ebene des Flüßchens Aufidus, dem heutigen Ofanto, unweit des apulischen Ortes Cannae, fast 140 000 Soldaten kampfbereit gegenüber. Rom hatte das größte Heer, das es bis dahin je aufgestellt hatte, geschickt, um die karthagischen Invasoren unter Hannibal zu vernichten. Am Abend war statt dessen das römische Heer vernichtet: 70 000 Fußsoldaten und 5630 Reiter lagen tot auf dem Schlachtfeld, 10 000 römische Soldaten waren gefangen. Nur rund 370 Reitern und 3000 Fußsoldaten war die Flucht gelungen. Gefallen war auch ein Großteil der römischen Heeresführung: einer der beiden Konsuln, einige ehemalige Konsuln, zwei Quaestoren, zwei Drittel der Militärtribune sowie 80 Senatoren und viele Ritter. Dagegen waren Hannibals Verluste vergleichsweise gering: 200 Reiter und 5500 Fußsoldaten.

Die Schlacht bei Cannae gehört zu den Legende gewordenen Schlachten der Weltgeschichte. Der karthagische Sieger Hannibal erwarb sich dort einen wesentlichen Teil seines Ruhms als einer der genialsten Feldherren der Antike. Tatsächlich berichten die überlieferten Nachrichten zur Schlacht Erstaunliches: Nach dem Bericht des griechischen Historikers Polybios (ca. 200–120 v. Chr.) kämpften auf römischer Seite rund 80 000 Soldaten, je zur Hälfte Römische Bürger und italische Bundesgenossen, sowie mindestens 6000 Reiter, wovon ein Drittel Bürger und zwei Drittel Bundesgenossen waren. Hannibals siegreiches Heer dagegen, das aus Libyern, Numidern, Phoinikern, Iberern, Balearen, Kelten, Ligurern, Italikern und Griechen bestand, war nur etwas mehr als halb so stark: Er verfügte über rund 40 000 Fußsoldaten und 10 000 Reiter. Überaus erstaunlich ist auch der Verlauf der Schlacht. Entgegen jeder militärischen Logik gelang es Hannibal, den zahlenmäßig weit überlegenen Gegner zu schlagen, indem er ihn einkesselte. Nach der Schlacht verfügte Rom in Italien über keine nennenswerten Truppenverbände mehr. Erstaunlich ist deshalb auch dies: Hannibal verlor dennoch den Krieg.

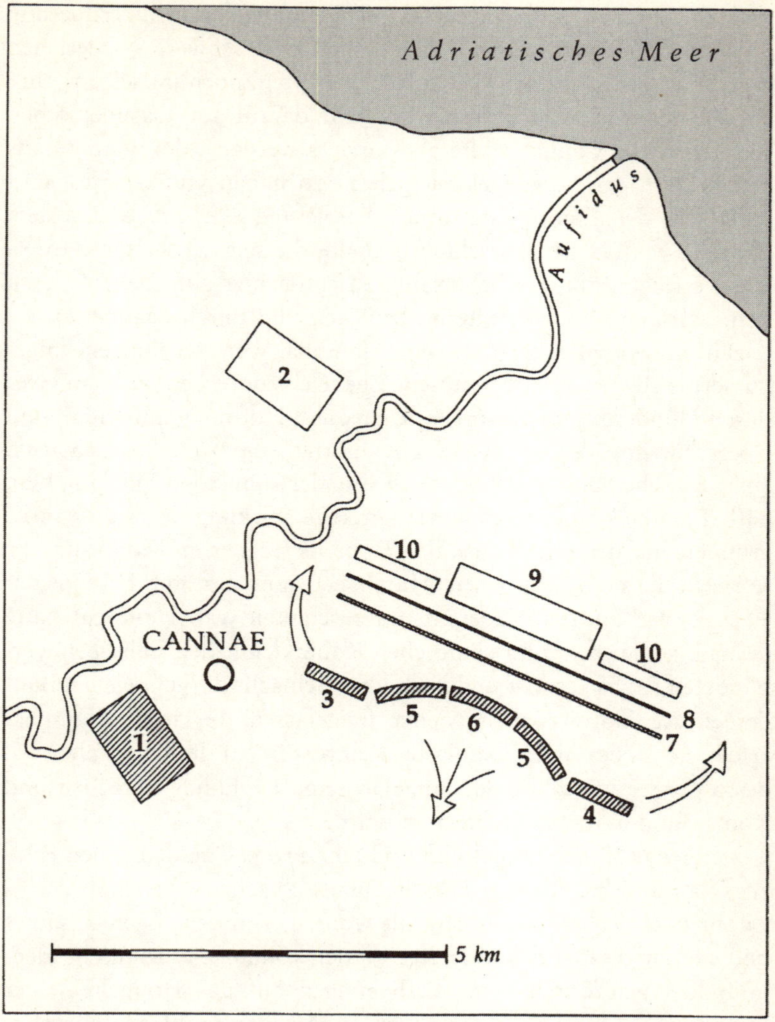

1 Lager der Karthager
2 Lager der Römer
3 Schwere Reiterei der Karthager
4 Leichte Reiterei der Karthager
5 Afrikanisches Fußvolk der Karthager
6 Iberisches und gallisches Fußvolk der Karthager
7 Karthagische Leichtbewaffnete
8 Römische Leichtbewaffnete
9 Römische Legionen
10 Römische Reiterei

Cannae, 2. August 216 v. Chr.

Die römischen Truppen hatten seit Hannibals Alpenüberquerung im Herbst des Jahres 218 v. Chr. schon drei schwere Niederlagen gegen das karthagische Heer in Italien erlitten: noch im selben Jahre am Ticinus und an der Trebia, im Jahr darauf am Trasimenischen See. Doch vor Cannae sollte alles anders werden. Man glaubte aus den Fehlern der Vergangenheit gelernt zu haben und war fest entschlossen, den Eindringling unter Aufbietung aller Kräfte aus dem Land zu werfen. Man beschloß deshalb, die seit der letzten Niederlage verfolgte, äußerst behutsame Kriegführung aufzugeben, deren Befürworter in hohen Ämtern abzulösen und durch Männer zu ersetzen, die energischer vorgingen. Hannibal war es gelungen, ungehindert in die fruchtbare apulische Ebene einzubrechen und sein Heer durch Plünderung zu versorgen. Ungeduld, Hoffnung auf Ruhm und Überschätzung der eigenen Kräfte führten nun zum Wunsch nach einer Entscheidungsschlacht. Auch war der römischen Führung klar, daß Hannibals Kriegsplan auf langfristige Wirkung angelegt war. Er gründete auf der Erkenntnis, daß Rom als Gegner im Kampf um die Vorherrschaft im westlichen Mittelmeerraum nur mit Hilfe seiner eigenen Verbündeten dauerhaft auszuschalten war. Hannibal hatte deshalb sogleich freundschaftlichen Kontakt mit den italischen Verbündeten Roms gesucht und nach jeder Schlacht die gefangenen Bundesgenossen unverzüglich wieder freigelassen. Je länger Hannibal erfolgreich oder doch wenigstens ungestört in Italien umherzog, desto größer wurde die Gefahr, daß seine Rechnung aufgehen und Roms Bündnissystem zerbrechen würde.

Der Senat billigte deshalb im Frühjahr 216 v. Chr. den neuen Feldzugsplan und befahl, eine Entscheidungsschlacht herbeizuführen. Es waren zwei neue Konsuln gewählt worden, von denen gemeinsames und einmütiges Handeln erwartet werden konnte. Das römische Heer in Italien war durch neue Aushebungen auf das Doppelte seiner gewöhnlichen Stärke vermehrt worden. Man hatte die neu ausgehobenen Truppen auf schnellstem Wege zu den alten Legionen gesandt, um sofort mit dem gemeinsamen Exerzieren beginnen zu können. Es war das größte Heer, das Rom bis dahin je ins Feld geführt hatte und es sollte diesmal als Ganzes eingesetzt werden, um den Gegner hinwegzufegen. Auch mußten die Soldaten einen neuen Eid schwören, ihre Reihen weder aus Angst noch zur eigenen Rettung zu verlassen. Man glaubte, durch die bisherigen Niederlagen den Feind und seine Operationsweise genau zu kennen. Mehr noch, die römischen Truppen waren diesmal ausgeruht und hatten wenige Tage vor der Schlacht sogar einen kleinen Erfolg gegen Hannibals Soldaten erringen können. Roms Feldherren und Soldaten machten sich deshalb große Hoffnung auf einen deutlichen Sieg über die karthagischen Invasoren.

Dennoch kam es zur Katastrophe. Ihr Ausmaß beeindruckte noch Jahrhunderte später. So meinte Theodor Mommsen: «Es ist vielleicht nie ein Heer von dieser Größe so vollständig und mit so geringem Verlust des Gegners auf dem Schlachtfeld selbst vernichtet worden wie das römische bei Cannae.»[1] Was war geschehen? Zahlreiche Schilderungen der Schlacht entstanden bereits in der Antike. Auch fanden die wirklichen und vermeintlichen Lehren von Cannae Eingang in die Kriegshandbücher des Altertums wie auch der Neuzeit, etwa als zu Beginn des 17. Jahrhunderts die Oranier im niederländischen Freiheitskampf oder vor rund 100 Jahren Generalfeldmarschall Graf Alfred von Schlieffen für ihre Zeit Vorbildliches und Nützliches in der Schlacht bei Cannae erkannten. Den mit Abstand zuverlässigsten antiken Bericht überliefert der Grieche Polybios in seinem Geschichtswerk. Die nachstehende Beschreibung des Schlachtverlaufs folgt im wesentlichen seinen Ausführungen.

Drei Tage vor der Schlacht errichteten die Römer ein großes Lager für zwei Drittel ihres Heeres auf der westlichen Seite des Aufidus in der Nähe des von Hannibal besetzten Cannae. Der Rest des römischen Heeres lagerte auf der gegenüberliegenden Flußseite. Er sollte sowohl den Flußübergang für die Versorgung des größeren Lagers sichern, als auch Hannibal, der ebenfalls auf dem östlichen Ufer sein Lager errichtet hatte, in Schach halten. Hannibal aber verlegte noch am gleichen Tag sein Lager auf das Westufer. Der nächste Tag verging ohne besondere Ereignisse, doch am Tag darauf stellte Hannibal seine Truppen zur Schlacht auf. Noch nahmen die Römer die Herausforderung nicht an, worauf Hannibal seine numidischen Reiter bis vor das kleinere römische Lager ausschwärmen ließ und diesem die Wasserzufuhr abschnitt. Nun forderte die Stimmung im römischen Heer den Kampf.

Am folgenden Tag hatte der Konsul Gaius Terentius Varro den Oberbefehl. Er ließ bei Sonnenaufgang das Heer aus beiden Lagern zugleich ausrücken, führte die Truppen aus dem größeren Lager über den Fluß und stellte sie, mit der Front nach Süden, in Schlachtordnung auf. Die römische Reiterei postierte er auf dem rechten Flügel am Fluß. An diese reihte er das Fußvolk in einer einzigen geraden Linie, wobei er die Abteilungen dichter stellte als sonst und ihre Tiefe um ein Vielfaches größer machte als die Frontbreite. Der

Reiterei der Bundesgenossen wies er ihren Platz auf dem linken Flügel an. Vor der Front zogen die Leichtbewaffneten auf. Zur gleichen Zeit führte Hannibal sein Heer über den Fluß und ließ es in Schlachtordnung aufmarschieren. Unmittelbar am Fluß, auf seinem linken Flügel, gingen die iberischen und keltischen Reiter der römischen Reiterei gegenüber in Stellung. Es folgten die Hälfte der schwerbewaffneten Libyer, die Iberer und die Kelten und die restlichen Libyer, schließlich, auf dem rechten Flügel, die numidischen Reiter. Im Zentrum ließ Hannibal die mittleren Abteilungen ein Stück vorrücken. Die rechts und links folgenden schlossen sich gestaffelt an, so daß sich ein flacher Keil ergab. Dies war der berühmte Halbmond von Cannae. Hier sollte die Schlacht beginnen und sich zugleich entscheiden. Auf dem rechten Flügel der Römer befehligte der Konsul Lucius Aemilius Paullus, auf dem linken sein Kollege Gaius Terentius Varro, in der Mitte Gnaeus Servilius Geminus, der Konsul des Vorjahres. Bei den Karthagern befehligte Hasdrubal den linken, Hanno den rechten Flügel. In der Mitte standen Hannibal und sein Bruder Mago.

Als das Gefecht mit dem Geschoßhagel der Leichtbewaffneten eröffnet wurde, stand es zunächst ausgeglichen. Sobald aber die iberischen und keltischen Reiter auf dem linken Flügel die römische Kavallerie angriffen, begann ein heftiger Kampf. Wegen des engen Raumes zwischen Fluß und Infanterie wurde nicht wie üblich mit Anritt, Wenden und erneutem Angriff gefochten, sondern die Reiter Hasdrubals rissen gleich bei der ersten Attacke die Römer vom Pferd und fochten zu Fuß Mann gegen Mann. Die nur halb so starke römische Reiterei wurde dabei vernichtet. Nun stieß das Fußvolk aufeinander. Die vorgerückten Reihen im Zentrum hielten kurze Zeit gegen die Römer stand, dann wichen sie zurück, so daß die halbmondförmige Vorwölbung verschwand. Zwei Drittel der karthagischen Verluste entstanden hier. Die Römer folgten dem zurückweichenden karthagischen Zentrum und strömten nach der Mitte zusammen. Dies war die tödliche Falle, die Hannibal für Roms Legionen erdacht hatte. Denn nun begann sich die römische Front zum Halbmond zu runden, als alles den zurückweichenden Kelten und Iberern nachsetzte. Der Sieg schien in Reichweite. Die dicht und tief gestaffelten römischen Verbände drangen ungezügelt und sich gegenseitig bedrängend ins Zentrum der feindlichen Front ein. In diesem Augenblick begannen auf beiden Flügeln die Libyer um die römischen Soldaten herum einzuschwenken. Der Vorstoß kam ins

Stocken, die römische Schlachtordnung brach vollends auf. Mann für Mann und Abteilung für Abteilung mußten sich nun gegen die karthagischen Angreifer an den Flanken wenden.

Nach dem Bericht des Polybios war der Konsul Lucius Aemilius Paullus, obwohl er zu Beginn auf dem rechten Flügel gestanden und eine Zeitlang am Reitergefecht teilgenommen hatte, bisher unverletzt geblieben. Da ihm angeblich klar war, daß die Entscheidung des Tages hauptsächlich von den Fußtruppen abhing, ritt er nun nach dem Zentrum der Schlacht hinüber, warf sich sogleich selbst ins Handgemenge und focht im Nahkampf. Auf dem linken römischen Flügel hielten die numidischen Reiter ihren Gegner beschäftigt. Der Kampf stand hier unentschieden, bis Hasdrubal mit seiner Reiterei, nach ihrem Sieg über die römischen Reiter am Fluß, vom linken Flügel her den Numidern zu Hilfe kam. Als die bundesgenössischen Reiter diese aus der Ferne anrücken sahen, ergriffen sie die Flucht. Hasdrubal überließ daraufhin die Fliehenden den Numidern und griff mit seinen Reitern die römischen Legionen an mehreren Stellen im Rücken an. Damit habe er die Zuversicht der Libyer gestärkt und gleichzeitig den Römern die letzte Hoffnung genommen. In diesem Augenblick, so Polybios, fand auch Lucius Aemilius Paullus, nachdem er im Handgemenge schwer verwundet worden war, den Tod. Während die römischen Fußsoldaten im Handgemenge den Feinden erlagen, verfolgten und töteten die Numider die fliehenden Reiter. Nur einige wenige entkamen nach Venusia. Unter ihnen war auch C. Terentius Varro, der römische Konsul.

Soweit die antike Überlieferung. Wie hatte es aber zur Katastrophe kommen können? Schon nach der Schlacht wurde allenthalben mit der Ursachenforschung begonnen. Sie dauert bis heute an. Antworten wurden viele gefunden, sowohl einfache als auch vielschichtige. So hieß es in Rom schon bald, Hannibal habe die Römer zur Schlacht geradezu gezwungen, indem er angeblich die Leichen gefallener Soldaten oberhalb des römischen Lagers in den Fluß Aufidus warf, um so das Trinkwasser ungenießbar zu machen. Dann seien die Römer während der Schlacht von der Sonne geblendet worden. Auch habe starker Südwind geweht und der aufwirbelnde Staub habe den römischen Soldaten die Sicht genommen. Hannibal, so hieß es gar, habe vor der Schlacht den sandigen Boden eigens umpflügen lassen, um so besonders viel Staub zu erzeugen. Die rasche Niederlage der römischen Reiterei auf dem rechten Flügel sei der regelwidrigen, barbarischen Kampfweise der Karthager zuzuschreiben und überhaupt nur durch ein Mißverständnis auf römischer Seite zustande gekommen. Denn als der Konsul Aemilius Paullus von seinem Pferde abgeworfen wurde, sei seine Begleitung abgesessen, um ihn zu schützen, was alle übrigen dann aber als Befehl gedeutet hätten, ebenfalls abzusitzen. Ferner seien die libyschen *Afri*, denen die entscheidende Rolle bei Hannibals Sieg zufiel, mit hervorragenden römischen Waffen ausgerüstet gewesen, die sie in der Schlacht am Trasimenischen See erbeutet hatten. Schließlich seien 500 Numider vor oder während der Schlacht auf Anordnung Hannibals zum Schein zu den Römern übergelaufen und entwaffnet worden. Während der Schlacht hätten diese herumliegende Waffen gestohlen und die Römer im Rücken angegriffen.

Der Wahrheitsgehalt solcher Erklärungen ist gering. Sie waren Teil der römischen Vergangenheitsbewältigung, denn der Schock der Niederlage saß noch Generationen später tief. Es wurde zwar durchaus auch ernsthaft nach den Ursachen für die Niederlage gesucht und Konsequenzen gezogen. Doch gleichzeitig forderte das damalige römische Selbstverständnis, daß nur Erklärungen gefunden wurden (und in die Geschichtsschreibung einflossen), die die römische politische und soziale Ordnung nicht grundsätzlich in Frage stellten. Deshalb machten es sich die römischen und proömischen Geschichtsschreiber, die alle entweder selbst dem Senat angehörten oder diesem wenigstens nahe standen, zur Aufgabe, Erklärungen für die Niederlage zu finden, die wenigstens einen Teil der Schuldigen entlasteten und trotz der Katastrophe die Größe Roms bewiesen. Man schuf Helden und fand einen Sündenbock. Der Beginn dieser Entwicklung läßt sich bereits im Geschichtswerk des Griechen Polybios fassen. Noch deutlicher sind die säubernden Eingriffe dann bei Livius und den späteren römischen Historikern zu erkennen.

Erst die Berücksichtigung solcher Vorgänge schärft den Blick für den Versuch, eine Klärung der Ereignisse und der Ursachen für den Ausgang der Schlacht bei Cannae zu gewinnen. Denn ihre Folge ist, daß jede Suche nach den tatsächlichen Begebenheiten vor erheblichen Schwierigkeiten steht. Deren erste und folgenschwerste liegt im völligen Verlust aller Berichte aus karthagischer Sicht. Auch sind sowohl sämtliche zeitgenössischen römischen Geschichtswerke, als auch alle offiziellen Berichte verloren. Die Geschichte Cannaes kann deshalb – wie die ganze Geschichte Hannibals – nur mehr aus der späteren, «bereinigten» Sicht Roms geschrieben werden. Dies wirkt sich vor allem auf die Frage nach den Ursachen für die römische Niederlage aus. Aber selbst wichtige Einzelheiten sind aus der vorhandenen Überlieferung nicht mehr sicher zu erkennen. So ist etwa die genaue Lokalisierung des Schlachtfeldes, ob auf der rechten oder linken Flußseite, ob oberhalb oder unterhalb von Cannae, in der Forschung ebenso umstritten wie das genaue Aussehen der von Polybios beschriebenen halbmondförmigen Aufstellung des karthagischen Heeres. Das Datum der Schlacht war im alten römischen Kalender der 2. August. Welchem Datum dies im julianischen Kalender entspricht, ist umstritten. Vor allem aber sind die überlieferten Truppenstärken alle in hohem Maße ungesichert, wie selbst Livius bekennen mußte. Die Angaben über die Gesamtstärke des römischen Heeres variieren zwischen 76000 und 87200 Mann. Auch die Zahlen über römische Verluste, Gefangene und Geflohene sind ähnlich unterschiedlich. Welche Zahlen der Wahrheit genauer entsprechen, ist nicht mehr festzustellen. Es ist denkbar, daß die Niederlage übertrieben wurde, um Roms Überwindung der Katastrophe zu überhöhen, aber auch, daß versucht wurde, die katastrophale Niederlage durch verkleinerte Zahlen zu verharmlosen. Sicher ist nur, daß das römische Heer zahlenmäßig dem karthagischen weit überlegen war.

Somit können jedenfalls weder Sonne, Staub, erbeutete Waffen oder 500 Numider die Schlacht wirklich entscheidend beeinflußt haben. Auch die Schaffung von Helden und Schuldigen war nicht geeignet, die wahren Ursachen für die Niederlage aufzudecken. Sie diente vielmehr zur Beruhigung des eigenen Gewissens, indem sie «bewies», daß in Rom, abgesehen von wenigen, verachtenswerten Einzelpersonen, im Grunde auch damals alles zum Besten gestanden hatte. Denn zu Helden wurden alle gemacht, die auf römischer Seite in der Schlacht gefallen waren. Dazu gehörten vor allem die einfachen Soldaten, denen die gesamte römische Überlieferung bestätigt, daß sie sich während der Schlacht heldenhaft geschlagen hätten. Zum größten Helden wurde aber der gefallene Konsul, Lucius Aemilius Paullus, erhoben. In seinem Kollegen Gaius Terentius Varro hingegen fanden die römischen Geschichtsschreiber den allein Schuldigen an der Niederlage. Militärisch weniger erfahren als sein älterer Kollege im Amt, hatte Terentius am Tag der Schlacht den zwischen den beiden Konsuln täglich wechselnden Oberbefehl inne. Terentius' schlimmster Fehler war jedoch, daß er dem Massaker entkam – und es ertrug, weiter zu leben. So wurde ihm allein der Entschluß zugeschrieben, die Schlacht überhaupt anzunehmen. Dabei habe er sogar gegen den Rat seines Kollegen Aemilius Paullus gehandelt, der vor einer Annahme gewarnt haben soll, da angeblich das Gelände bei Cannae die überlegene karthagische Reiterei begünstigte. Auch habe Aemilius eine Verlegung des Heeres in ein für die römischen Truppen günstigeres Gelände verlangt, während Terentius schon in Rom in frechen Reden verkündet habe, er werde, im Gegensatz zu seinen unfähigen Vorgängern, den ganzen Krieg noch am Tage der ersten Feindberührung beenden. Diese angeblichen Meinungsverschiedenheiten über die Kriegführung zwischen den beiden Oberkommandierenden hätten sich schließlich verhängnisvoll auf den Ausgang der Schlacht ausgewirkt.

Diese Rollenverteilung hält einer näheren Betrachtung allerdings nicht stand. Denn ob Terentius Varro zum katastrophalen Ausgang der Schlacht wesentlich mehr beigetragen hat als sein Mitkonsul Aemilius Paullus und andere Entscheidungsträger, ist zu bezweifeln. Zunächst war der Plan, möglichst bald eine Entscheidungsschlacht zu schlagen, das Ergebnis eines Senatsbeschlusses gewesen. Nichts weist darauf hin, daß Aemilius grundsätzlich gegen eine Entscheidungsschlacht gewesen wäre; nur hätte er sie angeblich lieber an einem anderen Ort ausgetragen. Sicherlich wäre es ihm möglich gewesen, das Heer an den Tagen seines Oberbefehls von Cannae wegzuführen. Auch nutzte die römische Führung mit ihrer Heeresaufstellung das Gelände so, daß die Überlegenheit der karthagischen Reiterei deutlich eingeschränkt war. Denn im engen Raum zwischen Fluß und Infanterie blieb ihr kein Platz, sich voll zu entfalten. Daß die keltischen und iberischen Reiter mit einem «regelwidrigen» Manöver antworten würden, war jedenfalls nicht vorherzusehen. Auch erkannte die spätere römische Geschichtsschreibung, daß Aemilius' Verhalten während der Schlacht nicht über jeden Zweifel erhaben war. Jedenfalls wurde Aemilius schon seit Livius von seinem Kommando über die früh vernichtete römische Reiterei am rechten Flügel getrennt, sein Ritt ins Zentrum verschwiegen. In einem Falle wurde sogar Terentius an dessen Stelle gesetzt, wo dieser dann als erster die Flucht ergriffen und so die ganze Niederlage ausgelöst habe. Jedenfalls kann weder einem Einzelnen die gesamte Schuld an der römischen Niederlage angelastet werden, noch liegen glaubwürdige Hinweise vor, daß von verantwortlicher Seite ernsthafte Kritik am gewählten Vorgehen bestand. Tatsächlich urteilten die Verantwortlichen im damaligen römischen Senat über Terentius' angebliche alleinige Schuld an der Niederlage auch ganz anders als die spätere Geschichtsschreibung. Seine militärische Befehlsgewalt wurde nach Cannae drei Jahre lang verlängert, und auch danach übertrug ihm der Senat immer wieder wichtige militärische und politische Aufgaben. Polybios hatte jedenfalls auch einen persönlichen Grund, Aemilius Paullus zum römischen Helden der Schlacht bei Cannae zu machen: Paullus war der Großvater seines engen Freundes und Mentors, des Publius Cornelius Scipio Aemilianus. Auch Livius kam diese Deutung entgegen. Sie entsprach seiner Idealisierung des Senats, seinem Nationalstolz, der ihn auch sonst gelegentlich unliebsame Fakten «korrigieren» ließ, seiner Vorliebe für die Schilderung beispielhafter Verhaltensweisen, die zur Größe oder zum Schaden Roms beigetragen haben sowie seiner Voreingenommenheit gegenüber jener politischen Gruppe im Senat, der Terentius Varro angehörte.

Die Aufstellung und das Vorgehen der römischen Truppen war deshalb sicherlich das Ergebnis gemeinsamer Beratungen der römischen Heeresführung. Deren Versagen offenbart sich im römischen Schlachtplan sowie in den Einzelheiten des Schlachtverlaufs. So wurde bei der gewählten Aufstellung der Fußtruppen die Verfügbarkeit der einzelnen Abteilungen während der Schlacht und die Fähigkeit, so viele Soldaten wie möglich am Kampfgeschehen zu beteiligen, durch die ungewöhnlich tiefe Staffelung beinahe aufgehoben. Die römische Führung hatte bei Cannae offensichtlich beschlossen, auf das Prinzip der differenzierten Kampftechnik zu verzichten. Grund dafür mag die Einsicht gewesen sein, daß die römischen Truppen dem fein gegliederten, hochmobilen Heer Hannibals an Beweglichkeit ohnehin weit unterlegen waren. Dieses war seinen jeweiligen heimatlichen Traditionen und Kampftechniken entsprechend ausgerüstet, hervorragend ausgebildet, aufeinander abgestimmt und in der Lage, schnelle, ungewöhnliche und präzise Manöver auszuführen. Spätere römische Militärschriftsteller haben die Überlegenheit des karthagischen Heeres durchaus auch in diesen Fähigkeiten erkannt. Allem Anschein nach hegte die römische Führung deshalb irrtümlich die Hoffnung, den Erfolg in der Massenwirkung zu finden, den an Soldaten weit unterlegenen Feind einfach niederzuwalzen. Hannibal reagierte darauf mit einem Schlachtplan, dessen Logik darin bestand, die Zahl der am Kampf beteiligten Römer durch eine Einkesselung entscheidend zu verringern. Einmal eingekreist, war die Masse der dicht gestaffelten römischen Soldaten zur Untätigkeit verdammt und konnte nur mehr zusehen, wie die Karthager von außen näher rückend ihre Kameraden niederkämpften. «So war Rom zum ersten und letzten Mal an sich irre geworden und vollzog bewußt den Rückschritt zur undifferenzierten Massenwirkung. Die größte Armee, die das Altertum bis dahin ins Feld gestellt, wurde in eine einzige, fast kompakte Masse zusammengeballt und auf die halb so starke, dünne und kompliziert aufgestellte feindliche Linie losgelassen. Wenige Stunden später wurde diese Masse, als formloser Klumpen in einen dünnen, elastischen und unzerreißbaren Ring eingeschlossen, unerbittlich hingeschlachtet. Das war Cannae.»[2]

Die Einkesselung konnte aber nur gelingen, weil die römischen Offiziere nicht in der Lage waren oder nicht versucht haben, das ungezügelte Vorstürmen ihrer Soldaten ins karthagische Zentrum zu verhindern. Dagegen verraten der geordnete Rückzug der Abteilungen im vorgeschobenen karthagischen Zentrum sowie die im richtigen Zeitpunkt einsetzende Umzingelung durch die libyschen Verbände an den Flanken den hohen Grad an Disziplin, Übung, Manövrierfähigkeit und Präzision der karthagischen Armee. Bei der zahlenmäßigen Überlegenheit der römischen Truppen erstaunt es dennoch, daß diesen der Ausbruch nicht gelang. Damit wäre für Hannibal möglicherweise alles verloren gewesen. Denn die Einkesselung eines an Soldaten weit überlegenen Gegners war ein hohes Risiko. Hannibal wußte dies sicherlich genau so, wie später Clausewitz, Napoleon und Schlieffen.[3] Es war wohl die schlechte Moral der römischen Truppen und deren mangelhafte Führung, die Hannibals Plan vollendeten. Das Versagen der römischen Heerführung zeigt sich auch daran, daß 10 000 Mann während der Schlacht mit dem (übrigens vergeblichen) Versuch beauftragt waren, das karthagische Lager zu erobern. Rechtzeitig herbeigeführt, hätten diese Soldaten die Katastrophe sicherlich noch verhindern können. Statt dessen wurden schließlich auch sie vom siegreichen karthagischen Feldherrn geschlagen und großenteils gefangen genommen.

Als wesentlicher Grund für die römische Niederlage wird bis heute die Überlegenheit der karthagischen Reiterei genannt. Sie hat den Sieg allerdings nicht herbeigeführt, ihn wohl aber vollendet und sein Ausmaß entscheidend mitbestimmt. Die Reitertruppen der Antike waren normalerweise nicht in der Lage, geschlossene Formationen von Fußtruppen aus dem Feld zu schlagen. Vielmehr hatten sie üblicherweise die Aufgabe, die Flanken der eigenen Fußtruppen zu schützen und die gegnerische Reiterei zu schlagen, um dann die feindliche Infanterie in der Flanke oder im Rücken anzugreifen. Das Manöver, das dabei ausgeführt wurde, bestand im Anritt, Schlag oder Schuß auf den Gegner, gleichzeitiger scharfer Kehrtwendung, Rückzug und erneutem

Anritt. Daneben hatte die Reiterei die Aufgabe, bereits aufgebrochene gegnerische Infanterieformationen zu zerschlagen und fliehende Truppen zu verfolgen, um so zu verhindern, daß sich der Gegner erneut sammelte und formierte.[4] Der Einsatz der karthagischen Kavallerie bei Cannae entsprach genau dieser Praxis. An den Flanken schlug und verfolgte sie zuerst die römische, dann die bundesgenössische Reiterei. Erst danach griff die iberische und keltische Kavallerie die römischen Fußtruppen im Rücken an, zu einem Zeitpunkt, als diese bereits weitgehend umzingelt waren und ihre Schlachtordnung hatten aufgeben müssen. Von einem Angriff auf die römischen Flanken wird bezeichnenderweise nicht berichtet, denn das hätte den Erfolg von Hannibals Schlachtplan gefährdet, der ja das ungezügelte Vorrücken der römischen Infanterie ins karthagische Zentrum vorsah. Dem Rückenangriff der karthagischen Kavallerie kam in Hannibals Schlachtplan deshalb nicht die eigentlich schlachtentscheidende Rolle zu. Allerdings hatte Hasdrubals Angriff im Rücken der Legionen, nach Polybios, eine verheerende Wirkung auf die Moral der römischen Soldaten. Ferner beherrschte nun die numidische Reiterei das Umfeld der Schlacht, so daß sie alle Römer, denen die Flucht aus dem Kessel gelungen war, ungehindert verfolgen und töten konnte. In dieser Hinsicht dürfte die karthagische Reiterei tatsächlich einen wesentlichen Einfluß auf den Ausgang der Schlacht und die hohen römischen Verluste gehabt haben.

Die Überbetonung der Rolle der karthagischen Reiterei in der römischen Geschichtsschreibung half jedenfalls mit, von den wesentlichen Ursachen für die römische Niederlage abzulenken. Denn wie jede andere Schlacht war auch Cannae nur ein Brennpunkt in einer Kette mehrerer Ereignisse und Entwicklungen, die auch unter anderen lokalen Voraussetzungen durchaus zu einem ähnlichen Ausgang hätten führen können. Als entscheidende Voraussetzung für das militärische Versagen des römischen Heeres und seiner gesamten Führung bei Cannae hat die moderne althistorische Forschung deshalb längst die damalige staatliche Ordnung Roms erkannt. Deutlich zeigt sich dies am Vergleich der beiden Heere und ihrer Führung. Das karthagische Heer bestand aus professionellen Soldaten, die meist über viele Jahre hinweg gemeinsam gedient hatten. Es unterstand einem Feldherrn, der auf unbestimmte Zeit gewählt worden war und in seinem Operationsbereich frei war, nach eigenem Ermessen zu entscheiden. Auch hatte Hannibal seit seiner Jugend alle Aspekte des militärischen Handwerks gelernt und ausgeübt.

Auf römischer Seite hingegen stand ein Milizheer, das nur in Kriegszeiten und zudem jährlich weitgehend neu zusammengestellt wurde. In jeder römischen Legion dienten damals rund 5000 Wehrpflichtige, vornehmlich Bauern, die zudem alle über das Römische Bürgerrecht und ein gewisses Mindestvermögen verfügen mußten. Dazu stellten die Bundesgenossen ebenso viele Fußsoldaten sowie etwas mehr Reiter als Rom selbst. Die eigentliche Schlagkraft des Heeres bestand in seiner schweren Infanterie, deren Gliederung in Abteilungen eine gewisse Beweglichkeit erlaubte, die vor Cannae allerdings sträflich eingeschränkt wurde. In ihrer Bewaffnung waren die römischen Fußsoldaten vor allem den iberischen Truppen Hannibals unterlegen, die mit einem kurzen, sowohl zum Hieb als auch zum Stich tauglichen Schwert ausgerüstet waren – einer Waffe, welche die Römer in den folgenden Jahren selbst übernahmen. So unprofessionell wie die Soldaten selbst war auch deren Führung. Dies war bewußt so eingerichtet. Die Verfassung der Römischen Republik, die darauf ausgerichtet war, unter allen Umständen die Allmacht eines einzelnen zu verhindern, machte die Einsetzung einer hauptberuflichen Generalität unmöglich. Die Heeresleitung hatten deshalb die beiden, jährlich abzulösenden Konsuln inne, die sich zudem täglich im Oberbefehl abwechselten. Sie entstammten einem kleinen Kreis führender Familien innerhalb des damals rund 300köpfigen Römischen Senats. Während ihres Dienstes für den Staat mögen solche Senatoren vor dem Konsulat zwar gelegentlich mit dem Heer in Berührung gekommen sein. Eine eigentliche militärische Ausbildung besaßen sie aber nicht. Besonders verhängnisvoll wirkte sich gerade in Kriegszeiten der Ehrgeiz einzelner Senatoren aus, Konsul zu werden. Denn die Aussicht auf Ruhm und Beute führte dazu, daß vor allem zu Kriegsbeginn oft militärisch unfähige Personen den Oberbefehl erhielten. So lautete Mommsens Urteil zur römischen Niederlage bei Cannae: «Es war eine grausame, aber gerechte Strafe der schweren politischen Versündigungen, die sich nicht etwa bloß einzelne, törichte oder elende Männer, sondern die römische Bürgerschaft selbst hatte zu Schulden kommen lassen. Die für die kleine Landstadt zugeschnittene Verfassung paßte der Großmacht nirgend mehr».[5]

Die Legendenbildung nach Cannae half sicherlich mit, tiefgreifende Verfassungsänderungen und damit den Machtverlust führender Familien vorläufig zu verhindern. Dennoch erkannte man auch auf dieser Ebene die Schwächen der politischen Ordnung und fand annehmbare Lösungen. So wurde unmittelbar nach der Schlacht der Konkurrenzkampf im Senat vorübergehend eingestellt; es wurden Konsuln gewählt, die sich bereits im Feld bewährt hatten. Das rasch aufgestellte, neue Heer wurde keiner offenen Feldschlacht gegen Hannibal mehr ausgesetzt. Es konnte dadurch über viele Jahre hinweg zu einer schlagkräftigen Armee zusammenwachsen. Die differenzierte Kampftechnik der Legionen wurde verbessert, und die Soldaten wurden mit dem Schwert der Iberer ausgerüstet. Ferner wurde Hannibal nun mit einer vorsichtigen und konsequent verfolgten Strategie bekämpft: Störung seines Nachschubs und unerbittliches Vorgehen gegen abgefallene Bundesgenossen. Schließlich wurde sogar ein Privatmann, Publius Cornelius Scipio, zum obersten Feldherrn auf dem spanischen Kriegsschauplatz ernannt, und zwar diesmal nicht auf ein Jahr, sondern auf die Dauer des Feldzugs. Auch seine Soldaten und Offiziere dienten bis zum Ende des spanischen Krieges. Es waren dies die ersten Schritte auf dem Weg zum stehenden Heer der Kaiserzeit. Der Erfolg stellte sich denn auch allmählich ein: Hannibals Nachschubbasis in Spanien wurde vernichtet, er selbst wurde in Italien in einen aufreibenden Kleinkrieg verwickelt, Verstärkungen und Nachschublieferungen wurden abgefangen. Vierzehn Jahre nach Cannae schließlich, im Jahre 202 v. Chr., gelang es den römischen Truppen unter Scipio sogar, das Heer Hannibals in offener Feldschlacht bei Zama in Nordafrika entscheidend zu schlagen.

Weshalb jedoch hat Hannibal nach seinem überwältigenden Sieg bei Cannae die Gunst der Stunde nicht ergriffen, um gegen Rom zu ziehen? Hätte Cannae nicht doch noch zur Entscheidungsschlacht werden können, wenn Hannibal es nur gewollt hätte? Die Frage ist alt, zumal in Rom mit einem unmittelbar bevorstehenden Angriff der Karthager offenbar gerechnet wurde. Daß Hannibal selbst in den folgenden Monaten, als es ihm durchaus noch möglich war, darauf verzichtete, brachte ihm schon früh den Vorwurf ein, er habe den Sieg verschenkt. Selbst sein Reiterführer Maharbal – so die Legende – soll Hannibal vorgehalten haben, er verstehe es zwar zu siegen, nicht aber den Sieg zu nutzen. Bis in die heutige Zeit findet dieses Urteil Zustimmung. Andere dagegen teilen die Auffassung Theodor Mommsens, der von Hannibal meinte: «Er kannte Rom besser als die naiven Leute, die in alter und neuer Zeit gemeint haben, daß er mit einem Marsch auf die feindliche Hauptstadt den Kampf hätte beendigen können.»[6] Die Überlegungen, die Hannibal zum Verzicht auf einen Angriff auf Rom bewogen, bleiben aber ebenso verborgen wie wohl auch die allermeisten Fakten, die ihnen zugrunde lagen. Es scheint immerhin äußerst unwahrscheinlich, daß Hannibal, der bis zu diesem Zeitpunkt sein Feldherrntalent und seine Risikobereitschaft ständig aufs neue unter Beweis gestellt hatte, sich die Frage nicht gründlich überlegt hat. Er kam dabei offensichtlich zum Schluß, daß dies entweder mit seinem (ebenfalls nicht überlieferten) Kriegsziel nicht zu vereinbaren war, oder daß es mit den vorhandenen Mitteln und unter den gegebenen Umständen kaum erfolgreich durchzuführen war. Sicher ist, daß er an seinem bisherigen Vorgehen festhielt. Dieses zeigte nach Cannae zunächst auch tatsächlich Wirkung. Denn nicht nur trat Capua, die zweite Stadt Italiens, zu Hannibal über, auch zahlreiche andere italische Gemeinden kündeten nun ihr Bündnis mit Rom auf und schlossen sich dem Karthager an. Nun mußte aber Hannibal die Art seiner Kriegführung gründlich verändern. Denn er hatte jetzt Schutzbefohlene, um die er sich kümmern mußte, wollte er weitere gewinnen. Verhängnisvoll war allerdings, daß ihre Zahl nie ausreichte, um den Krieg zu entscheiden. Auch das Bündnis mit Philipp V. von Makedonien, das nach Cannae zustande kam, brachte keine entscheidende Wende. So begann ein Kleinkrieg mit vielen Schauplätzen, der Hannibals Kräfte, deren Erneuerung mehrmals mißlang, aufrieb.

Cannae war keine Entscheidungsschlacht, obwohl sie es hätte werden sollen und, in der Meinung vieler, hätte werden können. Dennoch sind mit der Schlacht bei Cannae zahlreiche Entwicklungen verbunden, die allmählich zu entscheidenden Veränderungen der damaligen Welt geführt haben. Rom und Italien wuchsen enger zusammen. Karthago verschwand als Großmacht und Rom tat seine ersten großen Schritte auf dem Weg zur Weltmacht. Dabei begann sich in Rom die politische und militärische Ordnung zu verändern. Auf dem Höhepunkt dieser Entwicklungen stand das römische Weltreich mit monarchischer Spitze und einem Berufsheer. Über 1200 Jahre nach Hannibals Sieg, im Oktober des Jahres 1018, wurde Cannae noch einmal Schauplatz einer blutigen Schlacht, in der den römischen, genauer: byzantinischen Truppen diesmal der Sieg gelang. Doch das ist eine andere Geschichte.

«William the lucky bastard»
Hastings, 14. Oktober 1066

Rainer C. Schwinges

Am 14. Oktober 1066 verlor der angelsächsische König Harold II. Godwinson in der Schlacht bei Hastings sein Leben, seine Krone und sein Reich. Der Sieger, Herzog Wilhelm II. von der Normandie, erneuerte noch auf dem Schlachtfeld vor den normannischen Invasionstruppen seinen Anspruch auf den englischen Thron. Seinen alten Beinamen «der Bastard» verdrängte bald ein neuer, geschichtsmächtiger Name: Wilhelm «der Eroberer». Hastings war eine klassische Entscheidungsschlacht um die künftige politische Orientierung Englands im nördlichen Europa. Schon seit längerem blickte zumindest das königliche England nicht mehr ausschließlich nach Norden und Osten, in Richtung Dänemark und Skandinavien, sondern auch nach Süden, zum Kontinent hin, nachdem das überseeische Reich Knuts des Großen (1017–1035), Königs von England, Dänemark und Norwegen, von Teilen Schwedens und der Ostseeküsten, unter seinen nur kurz noch regierenden Söhnen Harald «Hasenfuß» und Hardeknut (1035–1042) zerfallen war. Der Thronfolger, Edward der Bekenner (1042–1066), halb Angelsachse durch seinen Vater König Ethelred II., halb Normanne durch seine Mutter, die normannische Herzogstochter Emma, hatte schon einmal versucht, eine Wende zugunsten des normannisch-französischen Elements herbeizuführen, war aber vorerst noch am Widerstand der angelsächsisch-dänischen Herren gescheitert. Die eingeleitete Verschiebung im politischen Raum wurde nun bei Hastings mit Nachdruck militärisch zu Ende geführt.

Nach Abzug der Römer war das keltische England zum bevorzugten Ziel der Männer des Nordens geworden: der Jüten, Angeln und Sachsen im 5. und 6. Jahrhundert, der Wikinger, vor allem der dänischen und norwegischen, im 8. und 9. Jahrhundert, und zuletzt wieder zu Anfang des 11. Jahrhunderts, als erneut die Dänen einfielen, die sich nun aber nicht mehr ihren Wiederabzug mit *Danegeld* bezahlen ließen, sondern im Lande selbst unter ihren Königen Sven Gabelbart und Knut dem Großen die Herrschaft übernahmen. All diese Jahrhunderte währenden Prozesse der Landnahme, der Siedlung und des Landesausbaus waren freilich eine allgemein europäische Erscheinung, die sich im 10. und 11. Jahrhundert noch einmal verstärkte, als Europa nach innen wie nach außen hin zu expandieren begann. Insbesondere die Nordleute hatten daran großen Anteil, von der Piraterie bis zur staatlichen Gestaltung von Herzog- oder Königtümern in Skandinavien selbst wie auch anderswo in Europa, im slawischen Ostseeraum, in Rußland, in Süditalien und Sizilien und im nördlichen Frankreich, in der Normandie, die den Namen ihrer Invasoren angenommen hatte. Auch die Eroberung Englands und damit die künftige Bindung der Insel an den Kontinent gehört in diesen Zusammenhang, ebenso wie das Ausgreifen in den nahöstlichen Mittelmeerraum auf den Wegen der Kreuzzüge. Wohin sie auch kamen, die *Northmanni*, die «Männer des Nordwinds», wie sie sich selbst nannten, sie fielen sowohl durch furchterregende Kriegstaten als auch durch besondere Anpassungsleistungen auf. Die Nordmänner ließen sich taufen und in die christliche Welt integrieren, ohne ihr wagemutiges, dynamisches Eigenwesen, ihren Machthunger und ihre Herrschaftsfähigkeit zu verlieren. So taten es auch der Anführer Rollo und die Seinen in der Normandie, als sie im Jahre 911 Eroberung und Ansiedlung vom westfränkischen König Karl dem Einfältigen durch Lehnsvertrag, Taufe und Heiratsverbindung legalisieren ließen.

Als Edward, der Sohn der normannischen Emma, während der Dänenherrschaft bei seinen Verwandten in der Normandie weilte, lernte er die Vorzüge dieser in Frankreich längst «romanisierten» Normannen-Gesellschaft kennen, so daß er sie, 1042 König geworden, nach England zu überführen trachtete. Damit begann die engere Vorgeschichte von Hastings. Edward holte bald Normannen an seinen Hof, vertraute ihnen die wichtigsten Ämter an und schenkte ihnen zum Ausgleich für ihre Dienste Land in England. Überdies scheint der König für den Fall, daß er selbst kinderlos bliebe, Herzog Wilhelm von der Normandie, seinem Vetter, die Thronfolge in England zugesagt zu haben.

Die fremden Herren stießen jedoch beim einheimischen Hochadel auf wenig Gegenliebe, zumal auch die politische Haltung der Normannen, ihre straffe, zentralistische Herrschaftsführung, der alten anglo-dänischen Verfassung zuwiderlief. Konflikte waren gewissermaßen vorprogrammiert. Knut der Große hatte die Grafschaften Englands *(shires)* in vier Earldoms, Herzogtümern auf dem Kontinent

England und Wales im Jahr 1066

ähnlich, zusammengefaßt, in Wessex, Mercia, Northumbria und East Anglia, und Macht an die ihnen vorstehenden Earls delegiert. Dies hatte zwar unter seiner Herrschaft noch dem König genützt, nach seinem Tode aber auch zum Ausbau territorialer Positionen der Earls geführt. Insbesondere der Earl von Wessex, Godwin, hatte eine gezielte Hausmachtpolitik betrieben, seine Söhne Leofwin, Gyrth, Tostig und Harold, der später bei Hastings unterlag, mit weiteren Earldoms versorgt und 1045 gar seine Tochter Edith mit König Edward verheiratet. Edward selbst trug zur wachsenden Macht seiner Großen nicht unerheblich bei, da seine Interessen vor allem kirchlichen Fragen und dem Bau der Westminsterabtei galten, weshalb ihn die Nachwelt für heilig hielt und «den Bekenner» nannte.

Die Normannisierungspolitik des Königs rief auch in der englischen Bevölkerung Befremden und typische Ängste vor Überfremdung hervor; das machten sich die Großen zunutze. Die Gelegenheit kam 1051: Bei einem Zusammenstoß zwischen den Mannen des Grafen von Boulogne, eines Königsgastes, und der Bürgerschaft von Dover floß auf beiden Seiten viel Blut. Der König wollte den Friedensbruch der Städter streng geahndet sehen, doch der zuständige Earl Godwin gehorchte nicht, sondern stellte sich mit Heeresmacht gegen den König. Nur weil Godwins Konkurrenten diesmal noch loyal blieben, konnte der König obsiegen. Godwin und seine Söhne flohen nach Flandern und Irland und seine Tochter, die Königin, wurde gezwungen, ins Kloster zu gehen. Doch schon im Jahr darauf konnten die Flüchtigen zurückkehren und, gestützt auf eine starke Flotte und die Sympathien der Bevölkerung, den König veranlassen, seine Politik zu ändern. Zahlreiche Normannen mußten England zum Teil fluchtartig verlassen, darunter auch der zunächst zum Bischof von London und später zum Erzbischof von Canterbury erhobene Abt Robert von Jumièges in der Normandie, der durch einen Parteigänger Godwins, Bischof Stigand von Winchester, ersetzt wurde. Eine solche Kirchenpolitik war freilich in Zeiten des Reformpapsttums und seines kommenden Investiturstreites nicht mehr ohne die römische Kurie zu machen, die sich auch prompt übergangen fühlte; Papst Leo IX. intervenierte zugunsten des vertriebenen Normannen und exkommunizierte den aus seiner Sicht illegalen Nachfolger. Neben Angelsachsen und Normannen kam damit schon früh jene dritte Kraft ins Spiel, die auch für Hastings noch große Bedeutung gewinnen sollte.

Nach dem Tode Godwins (1053) erwies sich sein Sohn Harold als ein ebenso energischer und fähiger Politiker wie der Vater. Während der König, getrennt von seinen normannischen Ratgebern und krank zudem, an der Tagespolitik immer weniger Anteil nahm, stieg Harold Godwinson zum maßgebenden Mann in England auf, zu einem sehr populären noch dazu, als es ihm mit seinem Heer gelang, einen von einer norwegischen Flotte unterstützten Angriff der Waliser auf den Westen Englands so machtvoll nach Wales zurückzutragen, daß die Waliser sogar ihren eigenen König ermordeten (1063), um den Frieden erbitten zu können.

Als König Edward «der Bekenner» am 5. Januar 1066 kinderlos starb, standen vier Thronkandidaten bereit, von denen streng nach Geblütsrecht allerdings keiner in besonderer Thronnähe geboren war; am ehesten noch Edgar Etheling, Urenkel König Ethelreds II. Doch schied dieser, da er noch im Kindesalter war, sogleich aus. Herzog Wilhelm von der Normandie pochte auf das frühere Nachfolgeversprechen Edwards und über seine Tante Königin Emma auf seine Verwandtschaft mit dem Königshaus. Harald Hardrada (der Strenge), König von Norwegen, beanspruchte Englands Thron als Erbe Knuts des Großen, und Harold Godwinson, der Earl von Wessex, war der Schwager des Königs und durch seine Mutter Gytha mit dem anglo-dänischen Königshaus verbunden. Von diesen Herren war beim Tode Edwards jedoch nur der Letztgenannte in England persönlich anwesend und somit für den Augenblick der stärkere.

Angeblich bestimmte nun der sterbende König unter Bruch der früheren Zusagen an den Normannenherzog Harold Godwinson zum Nachfolger, und so geschah es: Der Rat der Großen, der *Witenagemot*, bot Harold die Krone an. Er nahm sie an, wurde gekrönt und begann als Harold II. zu herrschen. Der neue König mußte freilich wissen, daß der militärische Konflikt damit unausweichlich geworden war. Weder Herzog Wilhelm von der Normandie noch König Harald von Norwegen konnten nach Herrenrecht daran denken zu verzichten. Die Nachfolgefrage war in allen Reichen des europäischen Mittelalters die wichtigste, nahezu einzige Verfassungsfrage von Rang; für sie gab es keine Schiedsstelle, keine höchstrichterliche Instanz, sie mußte, wenn sich keiner der Anwärter fügte, auf dem Schlachtfeld ausgefochten und entschieden werden. Wahl und Krönung besagten nicht allzu viel; wer herrschen wollte, mußte sich durchsetzen.

Die Nachricht von Harolds Königtum erreichte die beiden anderen großen Prätendenten sehr bald, und jeder begann sofort, den Krieg vorzubereiten. Herzog Wilhelm spannte als umsichtiger und erfahrener Kriegsherr alle Kräfte zusammen, ließ Ritter und Krieger von überall her anwerben und befahl, eine Invasionsflotte aufzubauen. Die ganze Normandie schien sich in einen Rüstungsbetrieb zu verwandeln: «Holzfäller waren in den Wäldern am Werk, Schiffszimmerleute in den Häfen und die Waffenschmieden hallten wider von den Schlägen der Handwerker, die Panzer- und Kettenhemden, Speere und Schwerter fertigten», wie sich Wilhelm von Poitiers in seiner Beschreibung der Taten des Herzogs *(Gesta Willelmi)* «normannenstolz» erinnerte.

Die politischen Vorbereitungen waren nicht weniger umsichtig als die militärischen. Zum einen handelte Wilhelm mit kontinentalen Nachbarn, vor allem mit dem König von Frankreich, seinem Lehnsherrn, Bündnis- und Friedensverträge aus, um der Normandie während des Feldzugs Schutz und Sicherheit zu verschaffen; zum anderen ließ er eine wohldurchdachte Propagandaoffensive starten, die sein Recht auf den englischen Thron unterstreichen und Harold zugleich als treulosen Eidbrecher und Usurpator brandmarken sollte. Hintergrund war eine, wie sich nun zeigte, folgenschwere Episode aus dem Jahre 1064, als Harold Godwinson bei einer Reise zum Kontinent irrtümlich oder vom Sturm getrieben an der Küste der Normandie gestrandet und in die Hände des Herzogs gefallen war. Wilhelm hatte seinem Konkurrenten bei dieser Gelegenheit einen Treueid abgenötigt, über dessen Inhalt zwar keine Quelle berichtet, der aber offenbar die alte Zusicherung König Edwards zugunsten der normannischen Thronfolge betraf.

Wilhelms Propagandafeldzug erzielte europaweite Wirkung; sogar der römisch-deutsche König und künftige Kaiser Heinrich IV. stellte sich auf die Seite des Normannenherzogs. Viel wichtiger aber war, daß auch die andere Universalmacht, der Papst in der Person Alexanders II., Partei für Wilhelm ergriff, um gerade jetzt in der Zeit der Reformen mehr römischen Einfluß auf die englische Kirche zu gewinnen – gegen Harold, der u. a. noch immer an Stigand, dem gebannten Erzbischof von Canterbury festhielt und sich damit in papstkirchlicher Sicht in Unrecht und Sünde setzte. Alexander II. übersandte dem Herzog die geweihte Petersfahne, Symbol einer militant gewordenen Kirche, die sich anschickte zur Verteidigung ihrer und der Christenheit Rechte nach außen wie nach innen hin «Heilige Kriege» zu führen oder führen zu lassen. Die nächste Petersfahne galt schon den Führern des ersten Kreuzzugs. So war das mit der Autorität des Papstes gesegnete Unternehmen zugleich auch als kirchliches Strafgericht gegen Übeltäter gedacht. Möglich, daß dieser Umstand neben der Reputation des Anführers und der Aussicht auf reiche Belohnung und Beute eine beträchtliche Anzahl weiterer Männer vom Kontinent unter die Fahnen von Papst und Herzog lockte: Franzosen, Bretonen, Flamen und Normannen aus Italien, Ritter, Speermänner, Armbrustschützen und Abenteurer jeder Art.

Im August 1066 standen Flotte und Mannschaften zum Einschiffen in verschiedenen Häfen der Normandie bereit. Die mittelalterlichen Quellen übertreiben Heeresgrößen fast immer gewaltig, weil die Truppenansammlungen gewaltig erschienen. Wie viele es wirklich waren, ist auch heute nicht klar, doch gibt es gute Gründe am unteren Rande der Schätzungen zu bleiben und anzunehmen, daß nun etwa 700 Schiffe verschiedenen Typs bereitstanden, eine Armee von 6000 bis 7000 Mann und 2000 bis 2500 Pferden samt Ausrüstung, Bewaffnung und Fourage im Konvoi über den Kanal zu setzen. Dies war, vor dem allgemeinen Hintergrund hochmittelalterlicher Kriegführung, vor allem wegen der mitgeführten Pferde, eine höchst beeindruckende Armada, von der Logistik ganz zu schweigen.

In England hatte König Harold frühzeitig von den Invasionsanstrengungen in der Normandie vernommen, inzwischen seinerseits Flotte und Heer aufgeboten und sie im Süden konzentriert, um die Invasion hier zu erwarten. Ein «Frühwarnsystem» patrouillierender Schiffe und berittener Boten war der Küste entlang aufgebaut worden, doch wartete man auch im August noch vergeblich auf die entscheidende Nachricht. Immer wieder hatten ungünstige Windverhältnisse im Kanal das Auslaufen der normannischen Schiffe verzögert – zunächst zur Beunruhigung Wilhelms und seiner Truppen, weil die Zeit bis zum Beginn der Herbststürme in der Nordsee davonzulaufen schien, dann jedoch zum glücklichen Vorteil für sie, wie sich später herausstellen sollte. Auch den Angelsachsen schien die Zeit zu entgleiten, denn die Ernte stand bevor, so daß König Harold einen größeren Teil seines Heeres aus dem Landesaufgebot *(fyrd)* zur Feldarbeit entlassen mußte. Nur wenig mehr als die quasiprofessionellen Krieger der königlichen und hochadeligen Haushalte sowie der Grafschaften, die sogenannten *housecarls*, waren bei ihm verblieben. Überdies sah sich auch die seit etwa Juni in Höhe der Isle of Wight kreuzende Flotte gezwungen, die Häfen vor London anzulaufen, um Nachschub an Bord zu nehmen. Unter diesen Umständen war Anfang September die südliche Abwehrfront gegen die Invasion geschwächt.

Dennoch wäre die Lage kaum wirklich gefährlich gewesen, hätte sich König Harold nicht gezwungen gesehen, jetzt mit allen verbliebenen Kräften nach Norden zu eilen, von wo ihn schlimme Nachrichten erreichten: Die Norweger waren mit 300 Schiffen an der Küste von Yorkshire gelandet, hatten am 20. September bei Fulford das regionale Aufgebot der Grafschaft geschlagen und marschierten nach York. Der dritte Konkurrent um den Thron von England, König Harald Hardrada von Norwegen, war gekommen, um seinen Anspruch zu erstreiten. Mit ihm im Bunde, nicht ungefährlich in dieser Zeit, stand einer der Brüder des englischen Königs, Tostig Godwinson, Earl of Northumbria, der wegen harter und ungerechter Herrschaft in seinem Earldom verbannt und außer Landes zu gehen gezwungen worden war. Am 25. September 1066 gelang es Harold mit den eilends von Süden herangeführten *housecarls* und den unterwegs aufgesammelten Kräften der nördlichen Grafschaften, die Streitmacht der Norweger bei Stamford Bridge, rund sieben Meilen vor York, überraschend zu stellen und vernichtend zu schlagen. Die Anführer, Harald und Tostig, fielen in der Schlacht, die Reste des Heeres flüchteten auf die wenigen Schiffe, die die Angelsachsen nicht erbeutet hatten, und segelten davon.

Die Schlacht von Stamford Bridge steht zumeist im Schatten der nachfolgenden Ereignisse, gehört aber eigentlich an prominenter Stelle zur unmittelbaren Vorgeschichte von Hastings. König Harold saß geradezu in einer klassischen Zwickmühle, da seine beiden Konkurrenten sowohl aus dem Norden als auch aus dem Süden übers Meer kommen mußten. Was immer er tat, er mußte mit einem Zweifrontenkrieg rechnen, sich aber zunächst für eine Seite entscheiden, um mit allen verfügbaren Kräften bei einer der Invasionen anwesend zu sein. Denn die Chance war groß, die Angreifer schon beim Verlassen der Schiffe, wenn sie in ihrer Bewegungsfreiheit eingeschränkt waren, zu vernichten oder ins Meer zurückzutreiben. Harold hatte sich für den Süden entschieden, der ihm als Earl von Wessex ohnehin nahe lag. Überdies war diese Entscheidung nach Lage der Dinge und den Nachrichten seiner «Spione» aus der Normandie völlig richtig. Der energischste und härteste Angriff mußte vom nahen Kontinent kommen und nicht aus dem viel weiter entfernten Skandinavien. Der rasche Sieg von Stamford Bridge gab den Überlegungen recht. Einer der Konkurrenten, der von vornherein als weniger schwierig und gefährlich eingestuft werden konnte, war vollständig ausgeschaltet worden – noch dazu mit einer zahlenmäßig verminderten Truppe. Stamford gab Selbstvertrauen, Siegesgewißheit, die Kraft und vor allem die Zeit zurück, sich wieder ganz auf die Südküste zu konzentrieren. So schien es zumindest.

Aber was man in der schon späten Jahreszeit von 1066 nicht mehr für möglich zu halten schien, geschah dennoch. Die Siegesfreude, die Genugtuung und die Wunden von Stamford Bridge waren noch ganz frisch, da erreichte den König die Nachricht, daß die Normannen bei Pevensey gelandet und auf dem Vormarsch nach Hastings seien.

Wochenlang hatten im August und im September atlantische Tiefs, die viel Regen und westliche Winde mit sich brachten, das Wetter an der Küste der Normandie bestimmt, so daß an ein Auslaufen nach England nicht zu denken war. Die Lage wurde gefährlich; ein so großes Heer mußte beschäftigt werden, ganz zu schweigen von den Versorgungs- und Entsorgungsproblemen bei Mensch und Tier, die gelöst sein wollten. Herzog Wilhelm verlegte nun seine gesamte Flotte, was schon recht anspruchsvoll war, aus dem Raum von Dives-sur-Mer in östlicher Richtung zur Mündung der Somme bei St. Valéry. Das Unternehmen verkürzte die voraussichtliche Überfahrtszeit: Für die ca. 70 Seemeilen von St. Valéry nach Pevensey mußte man je nach Windstärke 12 bis 14 Stunden Fahrzeit rechnen. In den Kirchen von St. Valéry wurde für gutes Wetter und Gelingen gebetet. Allmählich klarte der Himmel auf, und endlich, am 28. September 1066, brachte ein Hochdrucksystem den dringend benötigten Wetterumschwung: wolkenfreien Himmel, Sonnenschein und Wind aus südlicher Richtung. Ohne diesen – da ist sich die Wissenschaft einig – wäre die Invasion gescheitert, und angesichts der gewaltigen logistischen Probleme wäre es höchst fraglich gewesen, ob sie im nächsten Jahr überhaupt noch einmal hätte zustande kommen können. Hier halfen weder Strategie noch Taktik. Der Herzog war einfach, wie man mit Recht gesagt hat, in diesem Augenblick nur noch «William the lucky bastard» (John Gillingham). Eilig gingen nun die Truppen an Bord; am Nachmittag wollte man in See gehen und die Gezeiten nutzen, um noch vor Sonnenaufgang die englische Küste zu erreichen. Was kommen sollte, hatte man in der Zeit des Wartens gewiß vielfach geübt. Geordnet in Formationen, Laternen am Mast, segelte die Flotte in den Abend hinaus.

Es war keine geringe organisatorische und seemännische Leistung, 700 Schiffe während der Dunkelheit über den Kanal zu bringen. Nur zwei Schiffe sollen verloren gegangen sein, darunter ausgerechnet jenes mit dem herzoglichen Astrologen an Bord, der damit zugleich auch sein Renommee verloren hatte. Die Landung bei Pevensey, in einem damals zerklüfteten und sumpfigen Küstengelände, war sicher nicht einfach. Man wird sofort einen Brückenkopf gebildet haben, obwohl es keine Gegenwehr gab. Herzog Wilhelm selbst glitt auf dem rutschigen Boden aus und fiel der Länge nach hin, quittierte aber, so wird erzählt, mit Gelächter die aufmunternden Worte eines seiner Ritter, nun habe er bereits den Boden Englands eingenommen. Fußvolk und Kavallerie sammelten sich zum Marsch in Richtung Hastings; Späher sicherten die Route, und dicht unterhalb der Küstenlinie folgten vermutlich die Schiffe. In der Nähe von Hastings, damals noch auf einer Halbinsel gelegen, verschanzte man sich in einem rasch angelegten Lager. Von hier aus durchstreiften kleinere Abteilungen als Kundschafter, vor allem aber als Plünderer die Gegend, denn bis weit in die Neuzeit hinein konnte jedes Heer seinen Nachschub nur in sehr begrenztem Umfang selbst mitführen; es war vielmehr darauf angewiesen, seinen gesamten Bedarf aus dem bekriegten Land heraus zu requirieren – mit aller Brutalität gegenüber den Bewohnern und ihrem Besitz, womit man zugleich den Herrn des Landes treffen und ihm die Ressourcen des Widerstands entziehen wollte.

Als König Harold in York von der Landung erfuhr, reagierte er sofort, sammelte seine bei Stamford siegreichen Truppen und brach am 3. Oktober 1066 nach Süden auf, um den Invasor zu stellen. Vor ihnen lag eine Strecke von gut 240 Meilen (386 Kilometer). In Gewaltmärschen erreichten Harolds Truppen in einer Stärke von etwa 7000 Mann in der Nacht vom 13. auf den 14. Oktober die Downs, das Hügelland nordwestlich von Hastings.

Was nun geschah, und als Schlacht bei Hastings prominent in die Geschichte Europas einging, ist trotz vieler Einzelheiten nicht in allen Zügen bekannt. Berichte von Augenzeugen der Schlacht gibt es nicht, nur solche vom Hörensagen, die jedoch innerhalb weniger Jahre nach den Ereignissen von Zeitgenossen verfaßt worden sind, die zum Teil auch militärische Erfahrungen besaßen. Zeitlich am nächsten steht das *Carmen de Hastingae Proelio* (Das Lied von der Schlacht bei Hastings), ein poetisches Werk, das die Mehrheit der Forscher mit guten Gründen Bischof Guido von Amiens zuschreibt, der es allem Anschein nach noch vor Mai 1068 verfaßt hat. Auf diesem Lied fußt um 1071 bereits der längere Bericht des Wilhelm von Poitiers, eines früheren Soldaten und nachmaligen Militärkaplans der Normannen, in seiner *Gesta Willelmi ducis Normannorum et regis Anglorum* (Die Taten Wilhelms, des Herzogs der Normannen und Königs der Engländer). Beide Autoren sind freilich Panegyriker des Herzogs, der den großen Helden der römischen Antike an die Seite gestellt wird, und sie schreiben, das macht die Sache erst recht problematisch, im Lichte des Sieges und der nachfolgenden Normannisierung Englands. Das gleiche gilt für den dritten großen Schlachtenbericht (um kürzere und spätere zu übergehen), der auch zugleich der berühmteste ist und Hastings über seine politisch-militärische Bedeutung hinaus bis heute zu einem Begriff gemacht hat: der sogenannte Teppich von Bayeux, der die Eroberung Englands mit Vor- und Nachspielen in Bildern und kurzen Texten festgehalten hat. Eigentlich ist der «Teppich» eine Stickerei aus farbiger Wolle auf einem Leinenband von einem halben Meter Breite, aber der erstaunlichen Länge von 70 Metern. Er ist in angelsächsischem Stil vermutlich in St. Augustine's Abbey in Canterbury in der Grafschaft Kent gefertigt worden, wo man bald nach 1066 damit begonnen haben muß, und war wohl zur Einweihung der neuen Kathedrale von Bayeux in der Normandie im Jahre 1077 bestimmt, deren Bischof Odo auch als Earl von Kent amtierte. Der Umgang mit den Bildfolgen des «Teppichs» und ihren Intentionen im einzelnen wie im ganzen ist für den Historiker nicht unproblematisch. Es ist ein Heldenepos, gewidmet dem Sieger, doch mit Respekt vor dem Verlierer.

Gegenüber diesen eindeutigen Standpunkten der normannischen Quellen, die zudem in der Überzahl sind, fällt auf angelsächsischer Seite um so mehr die zurückhaltende Art der Darstellung auf. Eine angelsächsische Sicht der Dinge konnte und wollte sich wohl nicht mehr entwickeln. So werden zum Beispiel in allen Versionen der «Angelsächsischen Chronik» nur die gewonnenen Schlachten Harolds ausführlicher dargestellt, die unglückliche von Hastings aber nicht. Man wird also annehmen müssen, daß die normannische Optik selbst den «technischen Hergang» der Schlacht beeinflußte, so wie sie schon für die Nacht zuvor auf das gottgewollte Siegermaß eingestimmt hatte: Während die Angelsachsen orgiastisch feierten, bereiteten sich die Normannen als gute Christen mit Gebet und Morgenmesse auf den entscheidenden Tag vor.

Die Schlacht begann am Morgen des 14. Oktober. An diesem Herbsttag wird die Sonne um etwa 6.20 Uhr aufgegangen sein. Wilhelms Kundschafter hatten die heranrückenden Angelsachsen zeitig bemerkt und die Normannen in Hastings alarmiert. Eilig führte der Herzog seine Truppen entlang der Straße von Hastings nach London, auf der auch Harold heranrücken mußte, in geschlossener Formation heran. Das zu beiden Seiten der Straße bewaldete und marschige, bisweilen auch sumpfige Gelände ließ für Umgehungsmanöver keinen Raum. Von Tellham Hill aus konnte Wilhelm gegen 8.00 Uhr den Gegner in rund zwei Kilometer Entfernung bereits erkennen. Harolds Truppen traten aus dem Wald heraus und besetzten in breiter Front den Senlac Hill. Ob dies von Anfang an Harolds Absicht war, um den Weg nach London abzuriegeln und die Normannen auf der Hastings-Halbinsel einzuschließen, oder ob es nur die notwendig gewordene Reaktion auf das vielleicht unerwartet rasche Heranziehen der Normannen war, muß dahingestellt bleiben. Wie jede Phase der Schlacht ist auch diese Eingangssituation immer wieder kontrovers diskutiert worden. Harolds Position auf dem Hügel, rund 250 Meter über Meer, war für Blockade und Verteidigung jedenfalls überaus günstig. Über bewegliche Elemente wie Kavallerie und Bogenschützen verfügte er ohnehin nicht. In mehreren dicht gestaffelten Reihen bildeten 7000 Angelsachsen auf dem Hügelkamm einen Schildwall: die leichtbewaffneten *fyrdmen* der Grafschaftsaufgebote und die schwerbewaffneten *housecarls*, deren Hauptwaffe die langstielige Axt war, die auf dem Teppich von Bayeux zu sehen ist. Im Zentrum des Walls stand der König bei seinen Standarten, um ihn herum und an den neuralgischen Punkten der Reihen und der Flügel standen die *housecarls*, angeführt u. a. von den Königsbrüdern Gyrth und Leofwin. Und hier nun erwartete man den Feind.

Gegen 9.00 Uhr war dessen Aufmarsch in der Senke vor Senlac Hill beendet; die Flügel hielten die Verbündeten, links die Bretonen, rechts die Flamen und andere, während die Normannen die Mitte übernahmen. Die Bogen- und Armbrustschützen eröffneten den Kampf, die Fußtruppen, Schwertkämpfer, Speer- und Axtmänner folgten, prallten jedoch am Schildwall ab. Gegen 9.30 Uhr führte Wilhelm persönlich den ersten Reiterangriff, der indessen schon wenige Minuten später stecken blieb. Der Rückzug schlug vom linken Flügel der Bretonen aus in Panik um und schien das ganze Heer zu erfassen, als man glaubte, der Herzog, der mit seinem Pferd zu Boden gegangen war, sei getötet worden. Wilhelm beeilte sich, allen zu zeigen, daß er noch lebte, ritt barhäuptig die Linien seiner Truppen ab und suchte die Rückflutenden neu zu formieren.

Am rechten Flügel der Angelsachsen hielt es viele nicht in ihrem Schildwall; sie rannten den Fliehenden in die Senke nach und rissen andere von allen Seiten mit sich. Im Getümmel fielen beide Königsbrüder. Ob dies der Grund war, daß ein geordneter Gegenangriff nicht zustande kam, ob Harold seine Chance nicht erkannte und damit in den ersten Minuten schon den möglicherweise schlachtentscheidenden Fehler beging oder sich bewußt zurückhielt, um den Hügel zu halten, weil er eben keine Reiterei hatte, ist Gegenstand von Kontroversen. Die wieder formierten Normannen, vor allem die berittenen, hatten jedenfalls leichtes Spiel, einzelne Gruppen von angelsächsischen Kämpfern im Gelände einzukreisen und zu vernichten.

Die meisten mittelalterlichen Schlachten entschieden sich nach den ersten schweren Attacken innerhalb einer Stunde, hier war es anders. Beide Seiten hatten das Feld behauptet. Vielleicht hatten die Angelsachsen größere Verluste, auch waren durch den Tod der Königsbrüder Führer ausgefallen, aber der Schildwall als solcher stand; der Senlac Hill war noch immer die günstigere Position. Was in der Folgezeit geschah, etwa zwischen 11.00 bis 12.00 Uhr vormittags und dem späten Nachmittag um 17.00 bis 18.00 Uhr, ist weitgehend unbekannt. Man muß mit längeren Gefechtspausen rechnen und dazwischen immer wieder mit wechselnden Angriffen durch Fußvolk und Reiterei, wobei es auf beiden Seiten zu schweren Verlusten kam. Möglicherweise versuchten die Normannen durch verschiedene Finten, die Angelsachsen aus dem Schildwall herauszulocken, wie es am Morgen beabsichtigt oder unbeabsichtigt geschehen war. Doch der Wall stand. Beide Seiten waren am Rande der Erschöpfung, die einen, weil sie nach nächtlichem Eilmarsch von London her eben noch den Hügel hatten besetzen können, ehe der Kampf losbrach, die anderen, weil sie ihre Angriffe aus der ungünstigeren Position heraus ständig bergan zu führen hatten.

Allmählich begann es zu dämmern. Die Entscheidung mußte jetzt fallen oder gar nicht mehr. Herzog Wilhelm schickte die Bogen- und Armbrustschützen wieder nach vorn, die bisher wohl mangels Munition spärlich eingesetzt worden waren. Da die Gegenseite keine Schützen hatte, also nicht zurückschoß, konnte man sich auch nicht, wie es sonst üblich war, auf dem Schlachtfeld bedienen. Im konzentrierten Geschoßhagel aus spitzem Winkel, wie heutige Militärs annehmen, geriet der Schildwall ins Wanken. Möglicherweise wurde König Harold erst bei diesem Angriff schwer verwundet; ein Pfeil traf ihn ins Auge. Der nachfolgenden Reiterattacke gelang der Einbruch in die Reihen der Angelsachsen, normannische Ritter drangen auf die Standarten zu, wo sie den König fanden und erschlugen. Es mag jetzt 19.00 Uhr bis 19.30 Uhr gewesen sein; das angelsächsische Heer wandte sich zur Flucht, verfolgt von den Truppen des Herzogs, doch nur kurz, denn die hereinbrechende Dunkelheit beendete den Kampf, in dem auch viele Normannen im unwegsamen Gelände noch ums Leben kamen. Die Schlacht war geschlagen, Herzog Wilhelm der Sieger. Spätestens um 21.00 Uhr behauptete er mit den Seinen das Feld. Jetzt kümmerte man sich um die Toten und Verwundeten. Die Verluste waren enorm hoch, etwa ein Viertel der normannischen Armee, mehr aber noch auf angelsächsischer Seite, vor allem unter den *housecarls* und den Führern. Der Leichnam König Harolds wurde geborgen, in Purpurtücher gehüllt und anderntags, am 15. Oktober, an der Meeresküste unter einem Grabhügel beigesetzt. Wilhelm legte am Grab die Herzogswürde ab und nahm den Königstitel an; dann sang er nach nordischer, gleichsam heidnischer Sitte die Totenklage für seinen königlichen Vorgänger.

Im befestigten Lager in Hastings wartete der neue König 14 Tage, ehe er den Sieg ins Land zu tragen begann. Mittlerweile hatte man in London nämlich nicht ihn, sondern den jungen Edgar Ethelred zum König gewählt, die kirchliche Inthronisierung jedoch unterlassen, weil Wilhelm nun daranging, sich seinen Beinamen «der Eroberer» zu verdienen. Wie es in mittelalterlichen Feldzügen auch andernorts durchaus üblich war, suchte man durch gezielten Terror die einheimische Bevölkerung einzuschüchtern und jeden Widerstand von vornherein zu brechen. Ende November war der Südosten Englands beinahe vollständig unterworfen. Im Dezember rückten die Normannen auf London vor und plünderten und verwüsteten das Umland. Von den angelsächsischen Großen des Nordens kam niemand zu Hilfe. Als Wilhelm bei Wallingford die Themse überschritt, war das Schicksal des alten angelsächsisch-dänischen England praktisch besiegelt, auch wenn Widerstand, Aufstände und dänische Invasionsversuche noch bis 1072 harte Feldzüge im Süden wie im Norden der Insel notwendig machten. Die Versammlung der Großen bot ihm jetzt die Krone an. Wilhelm versprach im Gegenzug, gerecht zu herrschen und die alten Gesetze zu wahren, und ließ sich am

Weihnachtstag 1066 in Westminster, der Grabeskirche Edwards des Bekenners, seines Blutsverwandten, wie bald legitimierend betont wurde, als König von England salben und krönen.

Die englische Landnahme der Normannen gilt in der europäischen Geschichte als ein Ereignis von höchstem Rang und außerordentlicher Tragweite. England hatte sich endgültig dem Kontinent zugewandt. Diesem Rang war die Schlacht bei Hastings geradezu angemessen, denn sie war schon als Schlacht im Vergleich zu anderen zeitgenössischen Auseinandersetzungen ungewöhnlich, «an unusual battle» (Stephen Morillo), und ebenso auch in ihren unmittelbaren und mittelbaren Folgen. Ungewöhnlich war sie in mehrfacher Hinsicht: Erstens dauerte sie sehr lange, fast den ganzen Tag, weil ein Rückzug der einen oder anderen Seite weder taktisch noch politisch ohne Vernichtungsrisiko möglich gewesen wäre. Zweitens setzte sich in dieser regelrechten Abnutzungsschlacht, trotz tapferster Gegenwehr der Haus- und Landesaufgebote zu Fuß, die neuere Militärorganisation und -technik des Kontinents am Ende durch, die gepanzerte Kavallerie der feudalen Berufskrieger und der konzentrierte Einsatz der Distanzwaffen der Schützen, und dies alles überlegt und überlegen geführt. Drittens kam noch einmal ein unerhörtes «Glück» hinzu, noch einmal war Wilhelm der «lucky bastard», als durch den Tod des Königs und seiner Brüder das amtierende Königshaus mit einem Schlag vernichtet und die Führung des Landes ausgeschaltet war. Niemand blieb übrig, den Widerstand des Landes zu organisieren und anzuführen. Viertens ist kaum eine andere einzelne Schlacht in ihrer geistigen Rezeption so zur kardinalen Frage der nationalen englischen Geschichte geworden wie die von Hastings, eine Frage, die man je nach politisch-ideologischer Ausrichtung zwischen Kontinuität und radikalem Wandel beantworten mußte. Einordnung und Beurteilung der Schlacht bedingten die Einstellung zur Landnahme und umgekehrt, was man schon am berühmten Teppich von Bayeux studieren kann. Heute argumentiert man eher ausgleichend und betont das Nebeneinander und Ineinandergreifen von angelsächsischen Traditionen und normannischen Innovationen. Zu letzteren gehörten freilich tiefgreifende soziale Umwälzungen, vor allem in den überlebenden angelsächsischen Eliten, da sich das vom Kontinent auf England übertragene Feudalwesen nach des Eroberers Willen zunächst massiv zugunsten von Normannen auswirkte. Es dauerte noch sehr lange, bis die Entscheidung von Hastings allgemein akzeptiert war oder bis man in einer nicht ganz ernstgemeinten Geschichte Englands «1066 and all that», geschrieben von W. C. Sellar und R. J. Yeatman, lesen konnte: «The Norman Conquest was a Good Thing, as from this time onwards England stopped being conquered and thus was able to become top.»

Falken, Tauben und der Elefant Gottes
Hattin, 4. Juli 1187

Martin Hoch

Am 4. Juli 1187 standen sich in der Nähe von Tiberias das vereinigte Heer der christlichen Kreuzfahrerstaaten und die Truppen des muslimischen Sultans Saladin gegenüber. Die Schlacht bei den sogenannten Hörnern von Hattin, einem kleinen Hochplateau in Galiläa etwa sieben Kilometer westlich des Sees Genezareth, endete mit einer vernichtenden Niederlage der Kreuzfahrer. Noch im Oktober des gleichen Jahres fiel Jerusalem, Fokus der Kreuzzüge im Orient und als Ergebnis des Ersten Kreuzzuges seit 1099 unter christlicher Herrschaft, in die Hand der Muslime. Zahlreiche weitere Städte und Burgen der Kreuzfahrerstaaten folgten. Der in der Folge der christlichen Niederlage ausgerufene Dritte Kreuzzug konnte dem militärischen Siegeszug Saladins schließlich Einhalt gebieten und führte zu einer Stabilisierung der – allerdings erheblich verkleinerten – christlichen Territorien in der Levante.

Wenn sich die Kreuzfahrer[1] auch noch ein Jahrhundert im Orient behaupten konnten, so war der entscheidende Einschnitt in historischer Perspektive doch die Schlacht von Hattin. Hattin war in der Tat eine «Entscheidungsschlacht». Sie entschied nicht nur den Krieg, sondern führte auch zum militärischen Zusammenbruch des Lateinischen Königreiches[2] von Jerusalem. Der entscheidende Charakter der Schlacht wurde von den Zeitgenossen auf beiden Seiten wahrgenommen und dürfte bei der Frage, ob man sich überhaupt auf die Schlacht einlassen sollte, eine wichtige Rolle gespielt haben. Neben den militärischen und strategischen Erwägungen beeinflußten auf der Seite der Kreuzfahrer aber auch innenpolitische Überlegungen die verhängnisvolle Entscheidung, gegen Saladins Streitmacht die Schlacht zu wagen.

Die Kreuzfahrerstaaten im Orient umfaßten zu jener Zeit das Königreich Jerusalem, den größten und wichtigsten von ihnen, sowie das Fürstentum Antiochia in Nordsyrien und die zwischen diesen beiden Herrschaften gelegene Grafschaft Tripolis. Die Beziehungen dieser

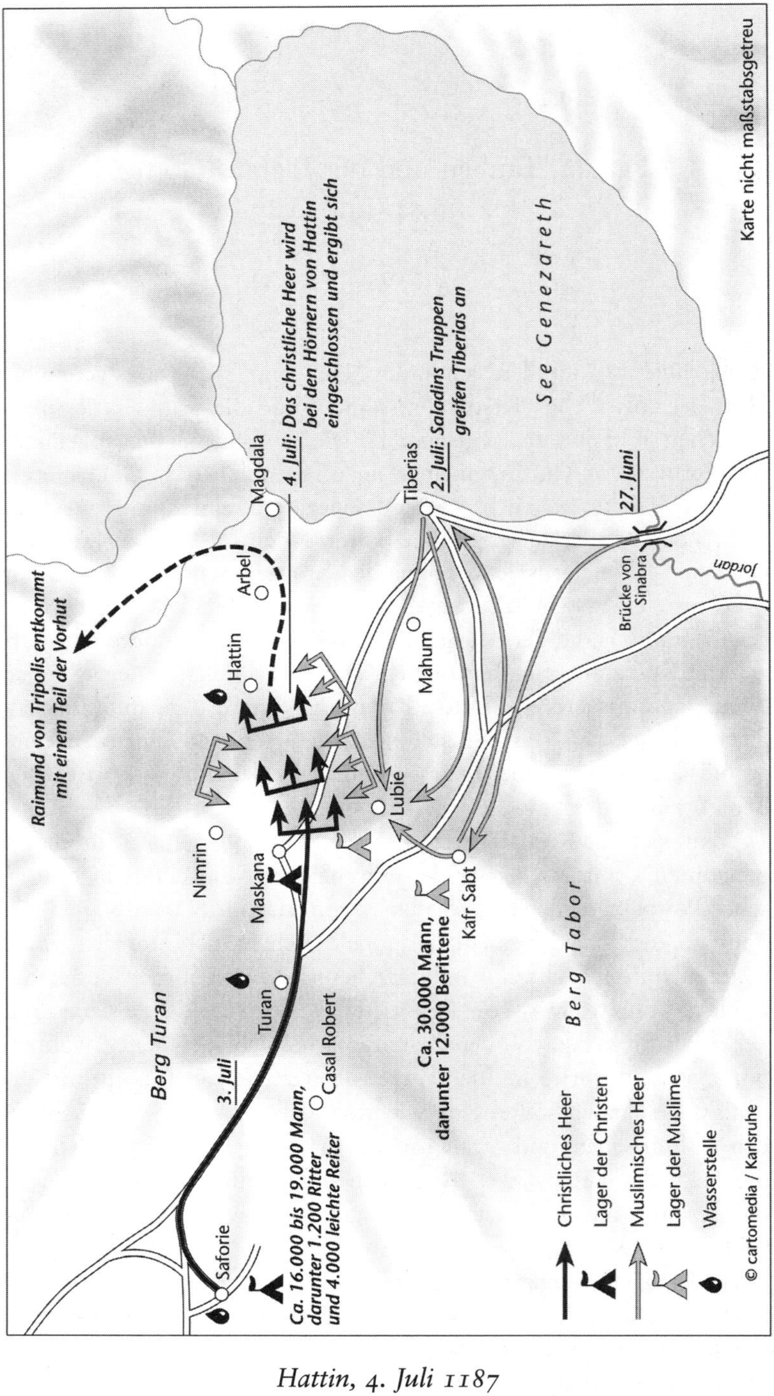

Hattin, 4. Juli 1187

Staaten untereinander waren selten einvernehmlich und oft von Rivalität geprägt – ganz abgesehen von ihren unterschiedlichen strategischen Interessen –, aber in bedrohlichen Situationen war gegenseitige Hilfeleistung die Regel.

Mit dem vergeblichen Versuch des Zweiten Kreuzzuges im Jahre 1148, Damaskus einzunehmen, scheiterten die Bemühungen der Kreuzfahrer, ihr Herrschaftsgebiet im Osten bis an die Syrische Wüste auszudehnen.[3] In den 60er Jahren des 12. Jahrhunderts richteten sich die Anstrengungen sowohl der Kreuzfahrer wie auch der muslimischen Seite vor allem auf Ägypten. Das dortige Fatimidenkalifat zerfiel zusehends, und zwischen den Kreuzfahrern und dem syrischen Sultan Nur ad-Din von Damaskus brach ein heftiges Ringen um die Herrschaft über Ägypten aus. Im Jahre 1169 konnten sich schließlich die syrischen Expeditionstruppen unter Führung des Generals Schirkuh durchsetzen. Als Nur ad-Dins Statthalter übernahm zunächst er, und nach seinem Tode noch im gleichen Jahr sein Neffe Saladin die Macht am Nil. Saladin sollte sich als der größte Gegenspieler der Kreuzfahrer erweisen. Unter seiner Herrschaft wurden ab 1174 (als er Nur ad-Din nachfolgte) zum ersten Mal im 12. Jahrhundert alle großen muslimischen Nachbarherrschaften der Kreuzfahrer, Mesopotamien, das muslimische Syrien und Ägypten, in einem einzigen Reich zusammengefaßt. Dadurch verschob sich das strategische Gleichgewicht im Nahen Osten massiv; die Kreuzfahrer gerieten in die Defensive. Noch dazu wurde nach dem Tode König Amalrichs I. (1163–1174) das Königreich Jerusalem durch eine Abfolge von Herrschern geschwächt, die aus verschiedenen Gründen nicht in der Lage waren, die starke Führungsposition ihrer Vorgänger zu füllen, und sogar wiederholt durch Regenten vertreten werden mußten: Balduin IV. (1174–1185) war leprakrank; Balduin V. (1185–1186) starb noch als Kind; Guido von Lusignans Herrschaft (1186–1192) war heftig umstritten. Diese Konstellationen begünstigten das Erstarken von Adelsparteien, die wiederum ihren beträchtlichen Einfluß auf die Politik des Königreiches weiter ausbauen konnten und einander heftig bekämpften.

In den 80er Jahren steuerte der Konflikt zwischen dem Königreich Jerusalem und dem muslimischen Herrschaftsbereich Saladins auf eine Entscheidung zu. Eine große Entscheidungsschlacht war freilich nicht im Sinne der Kreuzfahrer. Überhaupt war das Bild des Krieges im Mittelalter nur selten von offenen Feldschlachten geprägt. Sie waren vielmehr Ausnahmesituationen, die nach Möglichkeit vermieden wurden. Die viel häufiger anzutreffende Form mittelalterlicher Kriegführung war der Streifzug, durch den dem Gegner vor allem ökonomischer Schaden zugefügt werden sollte: Durch die Ausplünderung der Bauern sollte sein Steueraufkommen gemindert werden. Des weiteren versprach die Belagerung von Burgen und Städten großen Gewinn – nämlich die dauerhafte Herrschaft über Territorium – ohne großes Risiko, weil die Kampfhandlungen in einer sich verschlechternden Situation leicht abgebrochen werden konnten.

Gerade Belagerungen konnte man nur durch eine bewegliche Kriegführung begegnen, und dies bedeutete die Aufstellung eines umfangreichen Feldheeres. Um überhaupt gegen die oft zahlenmäßig überlegenen muslimischen Heere bestehen zu können, mußten die Kreuzfahrer Truppen aus den Besatzungen der befestigten Plätze abziehen, um das Feldheer zu verstärken. In dieser Situation war es am sichersten, Feldschlachten zu vermeiden. War dies nicht möglich, konnten im Fall einer Niederlage Folgen kataklysmischen Ausmaßes eintreten: War das Heer geschlagen, so waren auch die befestigten Plätze nur schwach geschützt und konnten zur leichten Beute des Gegners werden. Das belegen geradezu archetypisch die Ereignisse nach der Schlacht von Hattin. Andererseits verhieß eine Feldschlacht die Aussicht auf einen entscheidenden Sieg, was gelegentlich den Ausschlag gab, die Vorsicht doch hintanzustellen und die offene Schlacht zu suchen.

Als Folge des strategischen Ungleichgewichts waren die Kreuzfahrerstaaten auf regelmäßige Unterstützung aus dem Abendland angewiesen. Dazu zählten nicht nur Großunternehmungen wie etwa der Zweite Kreuzzug (1145–1148/49). Besonders wichtig waren vor allem die regelmäßige finanzielle Unterstützung sowie die häufige Bereitstellung kleinerer militärischer Kontingente, die für eine begrenzte Zeit in den lateinischen Orient entsandt oder dort angeworben wurden, um die Glaubensbrüder im Kampf gegen die Muslime zu unterstützen. Eine weitere Form der Unterstützung waren die «Saisonpilger», die nur für wenige Monate im Rahmen einer Pilgerreise in die Kreuzfahrerstaaten kamen und während ihres Aufenthaltes oft an militärischen Kampagnen teilnahmen. Schließlich bildeten die Ritterorden, vor allem die Tempelritter und die Johanniter, nicht nur das einzige stehende Ritterheer im lateinischen Orient; ihre gleichsam als internationale Konzerne funktionierenden Organisationen transferierten regelmäßig Kämpfer und Geldmittel in die Kreuzfahrerstaaten.[4] Sie wurden zu einflußreichen politischen Machtzentren und praktisch zu Staaten im Staate. Nach dem Scheitern des Zweiten Kreuzzuges, das im Abendland als Strafe Gottes für Verfehlungen der Kreuzfahrer interpretiert wurde, ließ die Unterstützung in Europa für die Glaubensbrüder im Orient allerdings spürbar nach. Erst der Fall Jerusalems 1187 sollte mit dem Dritten Kreuzzug wieder eine ähnlich massive Unternehmung zugunsten der Kreuzfahrerstaaten auslösen, wie es über vierzig Jahre zuvor der Zweite Kreuzzug gewesen war.

Auf muslimischer Seite stellte sich die Lage gänzlich anders dar. Saladin hatte sein Herrschaftsgebiet konsolidiert und mögliche Rivalen ausgeschaltet. Er verfügte über eine sehr viel größere territoriale und ökonomische Basis für seine Kriegführung. Der strategische Vorteil lag eindeutig auf seiner Seite. Wiederholt konnte er Versuche unternehmen, die Kreuzfahrer entscheidend zu schlagen, und dabei sogar eine Niederlage in einer Feldschlacht riskieren, während diese sich keine einzige schwere Niederlage leisten konnten. Wenn die Kräfte auch ungleich verteilt waren, so darf man dennoch nicht davon ausgehen, daß der Zusammenbruch des Königreiches Jerusalem unvermeidlich gewesen wäre. Wie das Beispiel Rainalds von Châtillon zeigt, gab es durchaus Möglichkeiten für die Kreuzfahrer, Saladin unter Vermeidung einer direkten Konfrontation in die strategische Defensive zu zwingen.

Rainald von Châtillon ist neben dem Aufbau eines Spionagenetzwerkes unter den von der muslimischen Seite gering geschätzten arabischen Beduinen und einem Streifzug bis nach Taima im nördlichen Hedschas im Jahre 1181 vor allem durch den von ihm organisierten Vorstoß in das Rote Meer im Jahre 1182/83 in Erinnerung.[5] In einer beispiellosen Operation ließ der Landesherr von Transjordanien am Toten Meer mehrere Schiffe bauen, die zerlegt auf Kamelen an den Golf von Aila (heute Aqaba) transportiert wurden. Dort ließen die Kreuzfahrer – Rainald selbst nahm nicht an der Expedition teil – zwei Schiffe zurück, welche die auf einer Insel gelegene Festung von Aila von See her belagerten, während die anderen Schiffe mit einer Besatzung von mehreren hundert Mann gegen Ende des Jahres 1182 nach Süden ins Rote Meer vorstießen und die Handelsstadt Aydhab überfielen. Das Ziel der Expedition war ein Angriff auf Medina, die Stadt des Propheten Muhammad und neben Mekka die heiligste Stätte der Muslime. Daneben beeinträchtigte die Flotte durch Überfälle auch den Pilgerverkehr und den Fernhandel. Die Muslime wurden durch den Vorstoß offenbar völlig überrascht. In aller Eile ließ Saladins Statthalter in Ägypten seine Flotte in See stechen, um die Franken abzufangen. Bei Rabigh, etwa 950 Kilometer vom Ausgangspunkt Aila entfernt und auf halber Strecke zwischen Mekka und Medina gelegen, kam es zum Kampf. Die Kreuzfahrer waren bereits gelandet und ein Teil von ihnen befand sich, geführt von ortskundigen Beduinen, auf dem Weg nach Medina, um den dort befindlichen Leichnam des Propheten Muhammad in die Hand zu bekommen. Die bei den Schiffen zurückgelassenen Truppen wurden von den Ägyptern überwältigt. Die auf dem Weg nach Medina befindliche Abteilung wurde verfolgt und schließlich nach fünf Tagen, nur einen Tagesmarsch von Medina entfernt, gestellt und aufgerieben. Damit war die Expedition endgültig gescheitert. Die gefangengenommenen Kreuzfahrer wurden in Kairo hingerichtet.

Mit diesem Piratenstück kehrte Rainald vorübergehend die strategischen Verhältnisse im Nahen Osten um.[6] Saladin wurde in die Defensive gedrängt und sein Prestige als Vorkämpfer des Islam schwer beschädigt. Rainald war zweifellos eine Ausnahmeerscheinung, selbst in der an markanten Persönlichkeiten alles andere als armen Gesellschaft der Kreuzfahrerstaaten. Bezeichnenderweise wird dieser ungewöhnliche Kreuzfahrer sowohl in einer lateinischen als auch in arabischen Quellen – freilich mit gegensätzlicher Konnotation – mit einem wütenden Elefanten verglichen.[7]

Saladins strategische Intentionen gegenüber den Kreuzfahrern sind nicht eindeutig zu greifen und werden in der Forschung kontrovers diskutiert: Während er nach außen hin den Dschihad, den muslimischen Heiligen Krieg, gegen die abendländischen Eindringlinge proklamierte und sich als dessen Vorkämpfer darzustellen wußte, verbrachte er tatsächlich einen Großteil seiner Regierungszeit mit Kriegen gegen andere muslimische Herrscher und der Vergrößerung seines eigenen Herrschaftsgebietes auf deren Kosten. Seiner Darstellung nach ging es vor allem darum, die Einheit der Muslime herzustellen, um danach um so aussichtsreicher den Kampf gegen die Ungläubigen führen zu können. Jenen muslimischen Herrschern, die deswegen ihre Unabhängigkeit verloren, mag dies ein schwacher Trost gewesen sein. Die Konsolidierung seines Herrschaftsgebietes wurde durch die Anerkennung seiner Oberhoheit durch Aleppo im Jahre 1183 und Mosul im Jahre 1186 abgeschlossen.

Im Kampf gegen die Kreuzfahrer zielte Saladin vor allem auf das Königreich Jerusalem, gegen das er bereits vor 1187 eine Reihe von Angriffen unternahm. Im November 1177 wurde seine Invasionsarmee bei Montgisard in der Nähe Askalons vernichtend geschlagen.

Einfälle nach Galiläa und in das Jordantal im Juli 1182 endeten ohne Ergebnis, wie auch im folgenden Monat ein Überraschungsangriff auf Beirut. Die Lage verschärfte sich im Jahre 1183: Im September und Oktober unternahm er eine Invasion in das Königreich, doch konnte er das Kreuzfahrerheer, das von Guido von Lusignan als Regent für Balduin IV. geführt wurde, trotz mehrerer heftiger Scharmützel nicht dazu bewegen, seine Stellungen in der Nähe von La Fève zu verlassen und die Schlacht anzunehmen. Saladins Truppen, die die ganze Gegend ausgeplündert hatten, mußten sich schließlich zurückziehen. Militärisch war Guidos Verhalten ein Erfolg, wenn auch sein operatives Konzept das Selbstbewußtsein der Kreuzfahrer beeinträchtigen mußte, von den durch die wochenlangen Verwüstungen der Muslime bedingten ökonomischen Schäden ganz zu schweigen. Guido verlor daraufhin sein Amt als Regent. Knapp vier Jahre später sollte sich bei Hattin fast genau die gleiche militärische Situation noch einmal ergeben. Im Jahre 1185 schließlich schlossen das Königreich Jerusalem und Saladin einen vierjährigen Waffenstillstand. Das war ein keineswegs unüblicher Vorgang zwischen Parteien, die sich ansonsten heftig bekriegten.[8]

Den Anlaß zu der Kampagne Saladins gegen Jerusalem, die zu der Schlacht von Hattin führte, lieferte Rainald von Châtillon, der Ende 1186 oder Anfang 1187 eine ägyptische Karawane überfiel, die Transjordanien durchquerte. Als Saladin sich wegen der Verletzung des Waffenstillstandes an König Guido wandte, weigerte sich Rainald, den Schaden wiedergutzumachen. Ob dies aus seiner konsequent konfrontativen Grundhaltung gegenüber Saladin geschah, oder ob er in der umfangreichen bewaffneten Begleitmannschaft der Karawane eine Verletzung des Waffenstillstandes durch die Muslime gesehen hatte, muß offen bleiben.

Die Schlacht von Hattin war mehr als ein militärisches Ereignis. In der auf einem Kriegsrat vor dem Treffen kontrovers diskutierten Entscheidung, gegen die muslimischen Invasionstruppen die Schlacht zu suchen, trafen verschiedene militärische, strategische und politische Entwicklungsstränge zusammen. Dies war zum einen die Verknüpfung von Außenpolitik und konstitutionellen Fragen (insbesondere dem Anspruch auf den Thron) im Königreich Jerusalem. Das Ringen um Einfluß bzw. um die politische Führung im Königreich führte in den 80er Jahren zu einer ähnlich schweren konstitutionellen Krise wie im zweiten Viertel des 12. Jahrhunderts.[9] Wie schon bei der Entscheidung im Frühjahr 1148, nach Eintreffen des Zweiten

Kreuzzuges in der Levante die Eroberung von Damaskus anzugehen, spielte auch vor dem Treffen bei Hattin die umstrittene politische bzw. konstitutionelle Position des Anführers der Streitkräfte eine wichtige Rolle bei der Entscheidung für eine Vorgehensweise, die in einer Niederlage endete.

Die dezentrale Struktur des mittelalterlichen Königtums und die geschwächte Stellung des Königs von Jerusalem gegenüber den landesherrschaftlichen Baronen brachte es mit sich, daß einzelne Fürsten sogar eine eigene Außenpolitik gegenüber den muslimischen Nachbarn betreiben konnten. Raimund III., der Graf von Tripolis, arrangierte sich nach der Thronbesteigung Guidos mit Saladin, während Rainald von Châtillon als Landesherr von Transjordanien offenbar jede Gelegenheit nutzte, den Kampf gegen die Muslime aggressiv voranzutreiben.

Auch König Guido von Lusignans Anspruch auf den Thron von Jerusalem war umstritten. 1183 hatte er das Amt des Regenten verloren, weil er gegen die muslimischen Invasoren *nicht* die Schlacht gesucht hatte.[10] Angesichts der Zerstrittenheit der Adelsparteien und der massiven Opposition gegen seine Herrschaft – das Reich stand faktisch an der Schwelle zum Bürgerkrieg – hatte er allen Grund zu der Befürchtung, die Krone zu verlieren, wenn er in einer vergleichbaren Situation wiederum die Schlacht vermeiden würde. Denn damit hätten seine innenpolitischen Gegner ein schlagkräftiges Argument in die Hand bekommen, die Königswürde auf seinen Hauptgegner Raimund von Tripolis übergehen zu lassen. Insofern sprachen aus Guidos persönlicher Sicht gewichtige Umstände gegen eine Wiederholung der militärisch durchaus vernünftigen Hinhaltetaktik von 1183, als sich im Sommer 1187 eine ähnliche militärische Situation ergab.

Ein weiterer Entwicklungsstrang, in den die Schlacht von Hattin einzuordnen ist, kann als «Strategiestreit» bezeichnen werden:[11] Im Zusammenhang mit den innenpolitischen Rivalitäten hatten sich im Adel des Königreichs Jerusalem zwei Parteien gebildet, die auf unterschiedlichen Wegen (aber bei durchaus kongruenter Analyse der Lage) der sich herausbildenden muslimischen Übermacht begegnen wollten. In der Frage der langfristigen Strategie zur Sicherung des Kreuzfahrerkönigreiches gegenüber der zunehmend geschlossen auftretenden muslimischen Seite standen sich zwei – geradezu klassisch zu nennende – Auffassungen gegenüber: Die eine Gruppe (die man in heutiger Terminologie als die «Tauben» bezeichnen würde) war bestrebt, eine größere Schlacht auf jeden Fall zu vermeiden, da aufgrund der Kräfteverhältnisse praktisch die gesamte Streitmacht des Königreiches Jerusalem daran beteiligt sein müßte, was im Falle einer Niederlage zu einem Kollaps des Reiches führen würde. Zu dieser Partei gehörte etwa Raimund III. von Tripolis. Die andere Gruppe (die «Falken») argumentierte auf der Basis des langfristigen Trends, der die Muslime begünstigte, für eine rasche Konfrontation, eben *weil* sie eine Entscheidung bringen konnte, bevor sich die Chancen der Kreuzfahrer gegen den übermächtigen Feind noch weiter verschlechtern würden. Herausragende Protagonisten dieser «Falken»-Partei waren Gerhard von Ridefort, der Großmeister des Ordens der Tempelritter, und Rainald von Châtillon.

Nachdem in der Angelegenheit der von Rainald überfallenen Karawane keine gütliche Einigung zu erzielen war, fiel Saladin im April und Mai 1187 in das östlich des Jordan gelegene Transjordanien, das Herrschaftsgebiet Rainalds, ein, belagerte kurz, wiewohl ergebnislos, dessen Hauptburg Kerak und verwüstete das Land. Saladin proklamierte einmal mehr den Dschihad gegen die Kreuzfahrer und zog Truppen aus Mesopotamien, Ägypten und Syrien zusammen. Östlich des Jordans versammelten sich über 12000 Berittene und weitere Fußsoldaten unter seinen Fahnen. Insgesamt war er mit ca. 30000 Soldaten der Streitmacht der Kreuzfahrer deutlich überlegen.

Im Mai rief auch König Guido das Aufgebot aller waffenfähigen Männer des Königreiches zusammen. Gegen Ende Juni war eines der mächtigsten Heere aufgestellt, das die Kreuzfahrer je ins Feld geschickt hatten. Die Truppen aus dem Königreich Jerusalem wurden durch Kontingente aus den beiden anderen Kreuzfahrerstaaten, dem Fürstentum Antiochia und der Grafschaft Tripolis, von den Ritterorden sowie von angeworbenen Söldnern und Saisonpilgern unterstützt. Insgesamt zogen auf Seiten der Kreuzfahrer neben 1200 Rittern etwa 4000 leichtbewaffnete Reiter (die sogenannten Turkopolen)[12] und 11000 bis 14000 Fußsoldaten ins Feld. Dies scheint tatsächlich ein Großteil der waffenfähigen Männer im Königreich Jerusalem gewesen zu sein, dessen damalige Bevölkerung auf ca. 120000 bis 140000 Franken und ca. 500000 Muslime und nichtlateinische Christen geschätzt wird.[13] Daß sowohl Rainald von Châtillon, dessen eigenmächtiger Überfall die Krise von 1187 ausgelöst hatte, als auch Raimund von Tripolis, einer der größten innenpolitischen Gegner Guidos, dem Ruf des Königs folgten, zeigt, wie ernst die Lage des Königreiches von allen Beteiligten eingeschätzt wurde.

Die Kreuzfahrer bezogen ihre Stellung bei Saforie, ca. 25 Kilometer (Luftlinie) westlich von Tiberias.[14] Die dort befindlichen Quellen, die durch eine Befestigung und die Ruinen einer antiken Stadt geschützt wurden, gewährleisteten die kritische Wasserversorgung einer derart großen Ansammlung von Menschen und Tieren in den Sommermonaten. Dort hatten die Kreuzfahrer grundsätzlich die Möglichkeit, das operative Konzept von 1183 zu wiederholen, d. h. sich von Saladin nicht aus den gesicherten Stellungen locken zu lassen und die Schlacht zu verweigern, bis Saladin sich wegen Versorgungsschwierigkeiten und der Auflösung seiner Truppen, die er nicht unbegrenzt im Feld halten konnte, wieder in seinen Herrschaftsbereich zurückziehen mußte.

Saladin, der am 27. Juni den Jordan südlich des Sees Genezareth überschritten hatte, bezog am 30. Juni Stellung bei Kafr Sabt und sperrte damit einen der möglichen Zugänge der Kreuzfahrer nach Tiberias. Wahrscheinlich sperrte er auch den zweiten Weg über Lubie. Zwei Tage lang blieb Saladin in diesen Stellungen, während sein Heer die umliegende Gegend bis nach Nazareth und Bethsan verwüstete. Doch der Plan, die Kreuzfahrer dadurch aus ihrer Stellung zu locken und zur Annahme der Schlacht zu bewegen, ging zunächst nicht auf. Sie blieben in ihrer Ausgangsstellung bei Saforie. Am 2. Juli begann Saladin die Belagerung von Tiberias, der Hauptstadt des Fürstentums Galiläa. Offenbar teilte er dazu sein Heer auf. Die Stadt wurde rasch eingenommen und geplündert, doch die militärisch sehr viel wichtigere Zitadelle, in der sich auch Eschiva, die Ehefrau Raimunds III., des Grafen von Tripolis und Landesherrn von Galiläa, befand, konnte Widerstand leisten. Sie schickte einen Hilferuf an die Kreuzfahrer bei Saforie.

Möglicherweise gab die Bedrohung von Tiberias, dessen Besitz Saladin eine dauerhafte Basis in Galiläa verschafft hätte, den Ausschlag für die Entscheidung der Kreuzfahrer, ihre Stellung zu verlassen. Die Argumente, die auf einem Kriegsrat am Abend des 2. Juli ausgetauscht wurden, sind nicht präzise überliefert. Raimund von Tripolis, der durch die Belagerung von Tiberias direkt betroffen war, soll gegen den Entsatz der Stadt argumentiert haben, während der Großmeister des Tempelritterordens, Gerhard von Ridefort, sich dafür ausgesprochen haben soll. Am Morgen des 3. Juli brach das Kreuzfahrerheer auf, um Tiberias zu entsetzen. Möglicherweise unterschätzten die Kreuzfahrer dabei den Umfang der Saladin zur Verfügung stehenden Truppen. Saladin, der die Belagerung der

Zitadelle persönlich beaufsichtigt hatte, bewegte sich auf die Kreuzfahrer zu. Die Hauptmasse seiner Truppen stand noch immer bei Kafr Sabt.

Mit dem Verlassen des Lagers bei Saforie stellte sich für die Kreuzfahrer das drängende Problem der Versorgung mit Trinkwasser. Die einzigen Quellen in der Region, die genug Wasser für das Heer der Kreuzfahrer und die dazugehörigen Tiere boten, waren die Quellen von Saforie und diejenigen bei der Ortschaft Hattin nördlich des Marschweges von Saforie nach Tiberias sowie die dazwischenliegende Quelle von Turan, die aber möglicherweise weniger Wasser als die anderen Quellen liefern konnte. Die Muslime hingegen konnten ungehindert Wasser aus dem See Genezareth per Karawane zu ihren Truppen transportieren. Zunächst erreichten die Kreuzfahrer Turan und rasteten. Nachdem sie weitergezogen waren, griffen die zahlenmäßig überlegenen Muslime in einem doppelten Umfassungsmanöver die Nachhut des marschierenden Heeres an und schnitten ihm den Rückzug zur Quelle von Turan ab. Von diesem Moment an war das christliche Heer praktisch eingekesselt, wenn auch noch bewegungsfähig. Am Abend des 3. Juli lagerte das Kreuzfahrerheer bei der Ortschaft Maskana an der Römerstraße nach Tiberias. Dort fanden sie möglicherweise geringe Mengen Wasser, die aber kaum ausgereicht haben dürften, den Durst von Mensch und Tier zu stillen. Saladin zog die Hauptmasse seiner Truppen bei Lubie, zwei Kilometer südöstlich von Maskana, zusammen. Die Kreuzfahrer blieben jedoch umzingelt. Die Quellen von Hattin, drei Kilometer nördlich der Straße gelegen, wurden von den Muslimen noch am 3. Juli besetzt. Beide Seiten bereiteten sich auf die Schlacht am folgenden Tag vor, die nun unausweichlich war.

Die Absicht der Kreuzfahrer war es, entlang der Römerstraße in Richtung des Sees Genezareth zu marschieren. Ob die Kreuzfahrer beabsichtigten, die Quellen von Hattin zu ignorieren oder zunächst nach Norden marschieren wollten, um diese in die Hand zu bekommen, ist umstritten. Der direkte Weg nach Tiberias, südlich an den Hörnern von Hattin vorbei, hatte den Vorteil, daß hier aufgrund des Terrains die Möglichkeit bestand, die muslimischen Linien mit einem massierten Angriff der Ritter zu durchbrechen. Ein Angriff der ritterlichen Schlachtreihen gegen einen stehenden muslimischen Gegner war eine Seltenheit. Die Muslime, die dem Ansturm der schwer gepanzerten Ritter nichts Vergleichbares entgegenzusetzen hatten, zogen es in der Regel vor, solchen Angriffen auszuweichen und statt dessen mit ihrer Hauptwaffe, den leichten Reitern und berittenen Bogenschützen, die Flanken der Kreuzfahrerheere anzugreifen. Wo aber ein Angriff der Ritter sein Ziel fand, war die Wirkung des Ansturms oft geeignet, die Schlachtordnung des Gegners aufzubrechen und die Schlacht für die christliche Seite zu entscheiden.

Doch dazu kam es nicht. Die Abfolge der Ereignisse am 4. Juli kann zwar nicht genau rekonstruiert werden, aber es besteht weitgehende Einigkeit in den westlichen und arabischen Quellen über die zentralen Aspekte der Schlacht. Zunächst verließen die Kreuzfahrer ihre Stellungen bei Maskana und marschierten etwa zwei Kilometer weit. Die Hauptlast der sich dann entwickelnden Kämpfe trug die Nachhut, die von den Tempelrittern gebildet wurde, denen nicht zuletzt aufgrund ihrer Disziplin oft besonders heikle Aufgaben in den Kreuzfahrerheeren übertragen wurden. Sie wurden von Saladin mit der muslimischen Hauptmacht angegriffen. In unmittelbarer Nähe des Hochplateaus bei Hattin, das von einer hufeisenförmigen Anhöhe umschlossen wird, dessen beide herausragende Spitzen als Hörner von Hattin bezeichnet werden, kam der Vormarsch der Kreuzfahrer zum Stehen. Dazu trugen der ständige Beschuß durch muslimische Bogenschützen und wahrscheinlich auch das von Saladins Truppen entfachte Feuer bei, das Hitze und Durst für die Kreuzfahrer weiter verschlimmerte. Das Heer geriet in Unordnung. Die westlichen Quellen stimmen darin überein, daß die Rettung des Heeres in einem Durchbruch durch die muslimischen Truppen – deren Hauptmacht ja hinter den fränkischen Truppen stand – direkt zum See gelegen hätte. Offenbar zu einem frühen Zeitpunkt gelang es Raimund von Tripolis, der die Vorhut der Kreuzfahrer befehligte und vom Hauptheer getrennt worden war, mit seinen berittenen Truppen die muslimischen Linien nach Nordosten, zwischen der Ortschaft Nimrin und den Hörnern von Hattin, zu durchbrechen. Die muslimischen Truppen stellten sich gemäß ihrer üblichen Taktik dieser kleinen Gruppe nicht entgegen, sondern ließen ihren Angriff auf dem abschüssigen Terrain ins Leere laufen. Raimund und die Seinen brachten sich nach Safed in Sicherheit; sie gehörten zu den wenigen Kreuzfahrern, die der Niederlage entrinnen konnten.

Die fränkischen Fußtruppen zogen sich entgegen dem Befehl des Königs auf das Hochplateau zurück, das – nicht zuletzt aufgrund eisen- und bronzezeitlicher Befestigungsmauern – einen nicht unbeträchtlichen Schutz gegen die muslimischen Angriffe bot. Wasser war dort freilich nicht zu finden, wenn auch der See Genezareth von der

Anhöhe aus zu sehen ist. Die Trennung der berittenen Kräfte der Kreuzfahrer von den Fußtruppen war ein schwerer taktischer Rückschlag, denn ohne die Fußtruppen und vor allem die Bogenschützen waren die gepanzerten Ritter den Angriffen der leichten Reiterei der Muslime und deren Bogenschützen weitgehend schutzlos preisgegeben. Doch die Fußtruppen blieben auf dem Hochplateau, auf das sich schließlich auch die berittenen Kreuzfahrer zurückziehen mußten. Dort konnten diese sich zu ihrer Angriffsformation gruppieren. Die Ritter unternahmen zwei Attacken vom Hochplateau nach Südwesten – dem einzigen praktikablen Weg für einen massierten Angriff der Panzerreiter – gegen die muslimischen Linien, vermutlich auf die Position, von der aus Saladin persönlich das Zentrum der Muslime befehligte, doch wurden sie in schweren Kämpfen zurückgeschlagen. Sie kämpften auf den Hörnern zu Fuß weiter. Schließlich kämpften sich die Muslime auf das Hochplateau vor und eroberten die Reliquie des Heiligen Kreuzes sowie das rote Zelt des Königs. Kurz darauf geriet Guido von Lusignan selbst in Gefangenschaft. Die Schlacht war entschieden.

Die überlebenden Kreuzfahrer ergaben sich und wurden gefangengenommen. Vor allem die nichtadligen Fußsoldaten wurden als Sklaven verkauft oder niedergemetzelt. Diese Vorgehensweise war für die Kriegführung von Christen und Muslimen im Mittelalter keineswegs unüblich: Ein gefangener Adliger verhieß ein hohes Lösegeld, während vor allem das Fußvolk eine Belastung für ein Heer bedeuteten konnte, das in der Regel Mühe hatte, sich selbst zu ernähren. Die Ritter des Feudalaufgebots und der König, die lebend in die Hände der Muslime gefallen waren, wurden gefangengesetzt und nach und nach gegen Lösegeld, oder – wie etwa Guido von Lusignan – gegen das Versprechen eines Lösegeldes, freigelassen.[15] Die in Gefangenschaft geratenen Ordensritter hingegen wurden, was unüblich war, von Saladin ihren neuen Besitzern abgekauft und geköpft. In ihnen, die ihr Leben dem Kampf gegen die Muslime gewidmet hatten, sah er die größte Gefahr für die Herrschaft des Islams. Als einziger Ritter des Feudalaufgebots teilte einer das Schicksal der Ordensritter, der sich über die Jahre als Saladins ärgster Gegner erwiesen hatte: Rainald von Châtillon wurde von dem Sultan vor die Wahl gestellt, seinem Glauben abzuschwören oder den Tod zu finden. Er wurde enthauptet. Einigen arabischen Berichten zufolge soll Saladin die Hinrichtung mit eigener Hand vollzogen haben. Man mag in diesem demonstrativen Akt Saladins eine trotzige Anerkennung der Gefährlichkeit sehen, die der «Elefant Gottes» mit seinem strategischen Weitblick, seinem Mut und seinem Einfallsreichtum für den muslimischen Sieger von Hattin bedeutet hatte.

Nach der Schlacht trat genau das Szenario ein, das die «Tauben» befürchtet hatten: Der Schock über die vernichtende Niederlage und der Mangel an Verteidigern ermöglichten Saladin einen beispiellosen Siegeszug durch das Königreich Jerusalem. Die Zitadelle von Tiberias wurde unmittelbar nach der Schlacht übergeben, und in den nächsten Wochen fielen Akkon, Arsuf, Caesarea, Jaffa, Tibnin, Sidon, Beirut, Askalon, Latrun und viele andere befestigte Plätze teils durch Übergabe, teils durch Gewalt. Jerusalem selbst öffnete nach knapp zweiwöchiger Belagerung am 2. Oktober 1187 die Tore. Lediglich das auf einer Halbinsel gelegene Tyrus konnte sich unter Konrad von Montferrat gegen Saladin behaupten. Der militärische Zusammenbruch des Königreiches Jerusalem und der Fall der heiligen Stadt lösten im Abendland den Dritten Kreuzzug aus. Sein wichtigstes Ergebnis war die Rückeroberung Akkons am 12. Juli 1191 unter der Führung des mittlerweile aus der Gefangenschaft entlassenen Guido von Lusignan.

Trotz der beeindruckenden militärischen Erfolge Saladins nach der Schlacht von Hattin war sein Sieg über die Kreuzfahrerstaaten unvollständig. Von den Basen Tyrus und Akkon aus konnte sich das Königreich Jerusalem in der Folgezeit rekonstituieren, wenn auch mit einem deutlich verkleinerten Territorium und ohne die Stadt Jerusalem. Saladins Triumph über die Kreuzfahrer sollte seinen Tod im Jahre 1193 nicht überdauern: Sein Reich zerfiel in rivalisierende Herrschaften, wodurch der Vorteil des vereinigten muslimischen Reiches, der den Sieg von Hattin möglich gemacht hatte, wieder verlorenging. Es sollte noch bis 1291 dauern, bis die Kreuzfahrer ihre letzten Besitzungen auf dem levantinischen Festland endgültig verloren. Im 13. Jahrhundert geriet sogar noch einmal die Stadt Jerusalem, wenn auch in entmilitarisiertem Status, vorübergehend unter ihre Kontrolle.

Und doch war die Schlacht von Hattin entscheidend gewesen für das Schicksal des Lateinischen Königreiches von Jerusalem. Denn trotz der Erfolge des Dritten Kreuzzuges und des hinhaltenden Widerstandes gegen die muslimische Übermacht in der Folgezeit gewannen die Kreuzfahrer im 13. Jahrhundert nie wieder eine vergleichbare territoriale Basis wie vor Hattin, die es ihnen ermöglicht hätte, ihrer Herrschaft im Orient Dauer zu verleihen.

Die Niederlage des mongolischen Reiterheeres ʿAyn Dschalut, 3. September 1260

Reinhard Schulze

Der Quellort ʿAyn Dschalut galt den arabischen Geographen als «liebliche Gegend» in Palästina, gelegen im flachen Tal zwischen dem Städtchen Baysan und ʿAfula im Lande Kanaan. Im Süden begrenzen die Gilboaberge, die in Davids Totenklage auf Saul und dessen Sohn Jonathan im Alten Testament Erwähnung fanden, und im Norden die Erhebung des Berges Moreh das Dschalut-Tal. Dieser Ort war als «Quelle des Goliath» bekannt; hier soll David den Goliath erschlagen haben. Diese leicht hügelige Gegend war zum Schlachtfeld prädestiniert. Die ganzjährige Quelle bot Wasser für Kämpfer und Tiere, zwischen den Hügeln gab es genügend Grasland und die Berge boten Flankenschutz und Aussicht nach Nordwesten und Südosten. Zudem stellte das Wadi Dschalut eine gute Verbindung von der Jezreel-Ebene bis nach Akkon und dem Jordantal dar.

Die Kreuzfahrer hatten sich schon einmal diese strategische Lage zunutze gemacht. Am 17. September 1183 war der ayyubidische Sultan von Ägypten, Salah ad-Din, mit einem großen Heer von Jerusalem her durch die Jezreel-Ebene gezogen, um ein Heer des Königreichs von Jerusalem zu stellen. Dieses hatte sich an der Goliathquelle festgesetzt. Die Überzahl Salah ad-Dins war beeindruckend. Doch die Kreuzfahrer entschlossen sich, die Situation auszusitzen, da sie annahmen, Salah ad-Din könne unmöglich ein so großes Heer länger unterhalten, und ein Angriff auf die bei ʿAyn Dschalut gut postierten Kreuzfahrer schien wenig wahrscheinlich. Tatsächlich mußte der Ayyubide den strategischen Vorteil der Kreuzfahrer anerkennen und sein Heer zurückziehen.

Fast genau 77 Jahre später war ʿAyn Dschalut wieder Schauplatz eines Konflikts. Am 3. September 1260 standen sich ein Reiterheer unter dem mongolischen Prinzen Kitbuqa und ein numerisch fast gleichstarkes Heer unter dem Befehl des mamlukischen Sultans Qutuz gegenüber.[1] Die Mongolen wurden vernichtend geschlagen, und schon wenige Wochen später hatten sich fast alle Einheiten der Er-

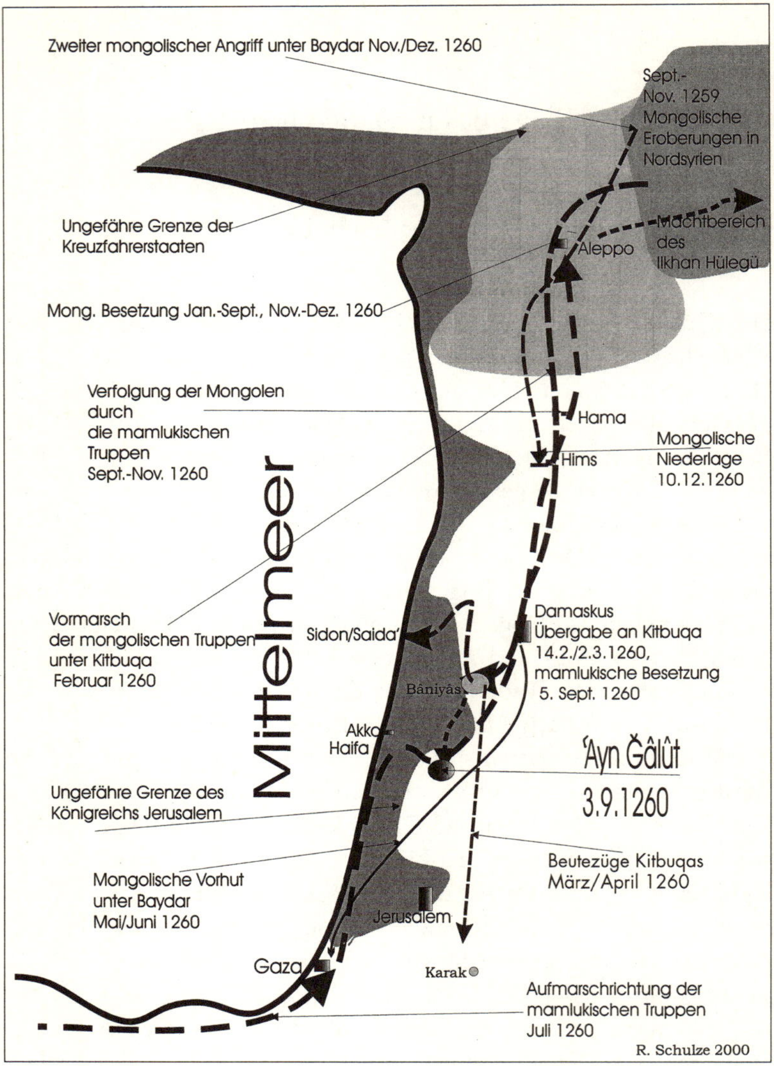

Die mongolische Invasion Syriens 1260

oberer aus Syrien zurückgezogen. In der mamlukischen Historiographie wurde dieses Ereignis später als erster Sieg der ägyptischen «Verteidiger des Islam» gegen die «tatarischen Ungläubigen» gefeiert.[2] Weitere Siege über die Mongolen im Dezember 1260 und 1281 vor der syrischen Stadt Hims bewiesen ihnen, daß ʿAyn Dschalut kein Zufall war, sondern die Überlegenheit der mamlukisch geführten «islamischen Heere» nachdrücklich unterstrichen hatte. Für die mongolentreuen persischen Historiker hingegen war ʿAyn Dschalut lediglich ein allerdings demütigendes Gefecht, das keinesfalls das Ende des mongolischen «Welteneroberungsauftrages» bedeutete. In der neuzeitlichen Historiographie wurde ʿAyn Dschalut zur Entscheidungsschlacht. Hier sei der Vormarsch der Mongolen militärisch gestoppt worden. Implizit wird den Mamluken damit nicht allein die «Rettung des Islam», sondern auch Europas zugestanden.

Das ayyubidische Sultanat übte ehedem eine durch dynastische Bande gestärkte Oberhoheit über Syrien und Ägypten aus. In Syrien teilten sich verschiedene ayyubidische Regionalfürsten die Herrschaft, die auch nach dem Sturz der ägyptischen Ayyubiden durch mamlukische Machthaber 1250/54 ihre Würden behielten. Doch die alte Reichseinheit war zerstört. In Damaskus konnte sich der ayyubidische Fürst an-Nasir Yusuf mit Hilfe von Mamluken aus Kairo, die sich gegen die Absetzung der ägyptischen Ayyubiden gewandt hatten und nach Syrien geflohen waren, durch verschiedene diplomatische Manöver behaupten. Ihm ging es vor allem um die Konsolidierung der herrschaftlichen Gewalt in Syrien, was unter anderem bedeutete, konkurrierende ayyubidische Stadtfürsten auszuschalten. So fand sich mancher Ayyubide bald in an-Nasirs Staatsgefängnis in al-Bira, gut 120 km nördlich von Aleppo am Euphrat, wieder, unter ihnen as-Saʿid Hasan, ehemaliger Fürst von Qalʿat as-Ṣubaib, einer Burg bei Baniyas etwa 75 km südwestlich von Damaskus. Andere Ayyubiden wie der Stadtfürst von Hims, al-Aschraf, blieben zwar unangetastet, doch suchten sie nach Verbündeten, um den Sturz des autokratischen an-Nasir durchzusetzen. Auch an-Nasir selbst brauchte Verbündete, um seine ayyubidische Restaurationsbestrebung Wirklichkeit werden zu lassen.

Beide Parteien fanden mögliche Alliierte in den Mongolen. Seit dem ersten großen Eroberungszug von Temüjin Chinggis Khan zwischen 1220 und 1224 bildeten die Mongolen von ihren Lagern im Kaukasus aus eine stete Präsenz in der Region. Einfälle im Oberen Zweistromland 1237/38, aber vor allem die Siege über die Rum-Saldschuqen 1244 konsolidierten ihre Macht. Um 1244 bildete der Euphrat bis hinauf zur großen Burg Karkar (etwa auf der Höhe zwischen Diyarbakir und Malatya) die Grenze des Herrschaftsgebietes der Mongolen. Bis 1251 hatten die Mongolen praktisch freie Hand bei ihren Beutezügen im nördlichen Zweistromland. Nach der Wahl von Möngke, dem Enkel von Chinggis Khan, zum Großkhan im Juli 1251 mobilisierten die mongolischen Stämme für ein zweites großes Unternehmen Richtung Westen, diesmal unter dem Befehl von Möngkes Bruder Hülegü. Sein Auftrag war, die mongolische Herrschaft möglichst weit in den Westen zu tragen, aber er verfolgte ihn zunächst zögerlich. Hülegü brach im Mai 1253 mit vielleicht 400 000 Reitern auf, geführt von der schon im August 1252 losgezogenen und von Prinz Kitbuqa kommandierten Vorhut. Durch Diplomatie, Beute- und Kriegszüge gelang es Hülegü, Persien wieder direkter mongolischer Herrschaft zu unterstellen und sich seiner Klientel in Kleinasien zu versichern. Im Sommer 1256 fielen die letzten Festungen der Assassinen. Das Kalifat in Bagdad konnte die Eroberung von Tābriz, fortan Hauptlager Hülegüs, im April 1257 nicht mehr verhindern. Bagdad selbst fiel am 10. Februar 1258, zehn Tage später wurde der ʿabbasidische Kalif al-Mustaʿsim samt seiner Familie hingerichtet.

Der syrische Ayyubide an-Nasir hatte schon 1250 mit den Mongolen Kontakt aufgenommen. Treibende Kraft war sein pro-mongolisch eingestellter Berater az-Zayn al-Hafizi gewesen, den er nach Karakorum geschickt hatte, um seine Herrschaft dem Schutz der Mongolen zu unterstellen. Doch auch an-Nasirs Gegenspieler al-Aschraf von Hims soll sich 1253/54 mit der Bitte um eine Intervention in Syrien an Hülegü gewandt haben. Nach der Eroberung von Bagdad wiederum versuchte an-Nasir noch, mit Hülegü eine Übereinkunft zu finden. Doch auch die dritte Gesandtschaft al-Ḥafizis nach Tābriz (Januar–August 1259) erbrachte ebenso wenig wie die vorangegangenen den gewünschten Erfolg, nämlich einerseits Syrien vor einer mongolischen Eroberung zu bewahren und andererseits die Mongolen als Partei im innersyrischen Konflikt zu gewinnen. Hülegü erkannte zwar die Delegation an, obwohl er üblicherweise auf dem persönlichen Erscheinen eines zur Unterwerfung bereiten Fürsten bestanden hätte. Tatsächlich aber verstärkte er seine Spionage in Syrien.

Kaum war die Damaszener Delegation aus Tābriz abgereist, befahl Hülegü den Aufbruch seiner nun etwa zehn jeweils 10 000 Reiter umfassenden und Tümen genannten Verbände. Entlang der günstigsten Weidegebiete, die die Versorgung der Ponys und der Schaf- und Ziegenherden ermöglichten, zogen die Mongolen über Kurdistan nach Mayyafariqin, das der ayyubidische Befehlshaber al-Kamil noch bis zum 7. April 1260 halten konnte, und weiter an den Euphrat. In der Festung al-Bira befreiten Hülegüs Reiter die gefangenen ayyubidischen Fürsten, unter ihnen as-Saᶜid Ḥasan, die dem Khan bereitwillig Auskunft über die Lage in Syrien gaben. Im Dezember war allen Parteien, selbst den Kreuzfahrern in Akkon, klar geworden, daß die Mongolen nun zur Eroberung Syriens ansetzten. Am Hof an-Nasirs spitzten sich die Auseinandersetzungen zwischen der pro- und der antimongolischen Partei zu. Letztere wurde von dem qiptschaqischen Mamluken der Bahriya[3] Baybars al-Bunduqdari geführt. Die pro-mongolische Partei wurde wiederum von al-Ḥafiui vertreten, den Baybars auf einer Ratssitzung eigenhändig verprügelt haben soll. Doch weder Baybars noch al-Ḥafizi konnten sich bei an-Nasir letztendlich durchsetzen. Angesichts des Übergangs der Mongolen über den Euphrat richtete an-Nasir vielmehr Ende Dezember ein vergebliches Hilfsersuchen an den neuen, am 16. November 1259 eingesetzten ägyptischen Mamlukensultan Qutuz.[4]

Die Eroberung Aleppos Anfang 1260 war der eigentlich entscheidende Sieg der Mongolen in Syrien. Kleinere Verteidigungsstellungen der Ayyubiden wurden schnell überrannt, die Städte im Orontestal wie Hamah und Hims öffneten im Februar 1260 ihre Tore. Hülegü schickte seinen erfahrenen Kommandeur Kitbuqa nach Damaskus, das er mit seinem Tümen am 14. Februar einnahm. Das erste Ziel Hülegüs, die Kontrolle Syriens, war damit erreicht. An die Kreuzfahrer in Akkon erging die übliche Unterwerfungsaufforderung, umliegende Burgen und Städte wie Sarim bei Aleppo wurden geplündert. Die ayyubidischen Stadtfürsten, die sich nicht den Mongolen unterwerfen wollten, flohen nach Süden.

Warum hat der Großkhan Möngke seinem Bruder Hülegü 1252 den Auftrag zur Eroberung Westasiens gegeben? Sicherlich spielte die grundsätzliche Vorstellung der Mongolen eine Rolle, legitime Herrschaft könne nur als «Herrschaft über die Welt» begriffen werden und garantiere den Fortbestand der mongolischen Konföderation und vor allem dessen sozio-militärischer Organisation, die sich durch die Bildung der Tümen (Zehntausenderschaft) auszeichnete. Diese Organisation beruhte auf dem Zusammenspiel von begrenztem Weideland, Wasservorräten, beutehaltiger Umgebung und Kämpfen um diese Ressourcen. Die Ponyherde eines Tümen umfaßte wohl etwa 60000–70000 Ponys; hinzu kamen über 500000 andere Weidetiere, vor allem Schafe. Ein Tümen formte zusammen mit dem besetzten Weideland – allein die Ponies benötigten etwa einen Quadratkilometer pro Tag – und den lokalen Wasservorräten eine ökologische Einheit. Die Beute bildete die notwendige materielle Ergänzung für den Unterhalt eines Tümen.

Die mongolische Expansion ist also einerseits eine eher unkoordinierte Bewegung mit kurzfristiger, lokaler Zielsetzung gewesen. Andererseits war sie mittelfristig ein herrschaftspolitisches Geschehen. Schon die Anwesenheit eines Tümen in einem Land und die Sicherung der ökologischen Grundlagen für seinen Unterhalt konnte nur mit Gewalt durchgesetzt werden. Die Macht der Mongolen wurde durch die Tümen-Organisation geradezu erzwungen. Doch jede Macht verlangt eine Interpretation, die sie legitimierte. Für die Mongolen bedeutete dies, Macht als einen Ausdruck der Sendung zu verstehen: Macht war nur durch den militärischen Erfolg der Tümen garantiert; das wiederum erzwang eine aktive, herrschaftspolitische Ausgestaltung der stammlichen Expansion. Dies ermöglichte zumindest eine grobe strategische Ausrichtung, die aber oft durch Einzelanlässe ausgelöst wurde.

Im einzelnen orientierte sich die Machtausübung an den Handlungsmustern, die diese Machtvorstellung interpretierten. Hierzu gehörte vor allem die Diplomatie, die der kräfteraubenden Eroberung eines Landes vorbeugen sollte. Sie spielte vor allem dort eine Rolle, wo durch die Vielzahl oft befestigter Siedlungen die Tümen mit ungeeigneten Gegebenheiten konfrontiert wurden. Langdauernde Belagerungen, wie die von Mayyafariqin, führten zur Verknappung der Weideressourcen für die beteiligten Tümen. Die schnelle Erstürmung und Plünderung einer Stadt war daher vorzuziehen. War dies daher das Hauptinteresse der Tümen-Fürsten, so bedienten sich die Khane und Großkhane vorzugsweise der Diplomatie und Spionage.

Welche Richtung nun die Wanderung eines Tümen – er konnte sich bis zu 20 Kilometer pro Tag bewegen – nahm, hing einerseits von den lokalen Bedingungen ab, andererseits von seinem Einsatz als Machtmittel. Für viele Städte war allein schon der drohende Anmarsch eines Tümen Anlaß zur Übergabe. Tatsächlich dürften sich erheblich mehr Länder den Mongolen allein ob der von Gesandtschaften überbrachten Drohung unterworfen haben als durch militärische Aktionen der Tümen.

Die Vorstellung von einer Expansion in die vier Himmelsrichtungen ist damit die kulturelle Interpretation der sozio-militärischen Organisation der mongolischen Konföderation. In den Quellen wird natürlich dieser Interpretation mehr Augenmerk geschenkt als den ökologischen Rahmenbedingungen, da die Tümen in erster Linie als Machtinstitutionen in Erscheinung traten. Aus der Sicht der Besiegten waren sie Einheiten, die raubten, mordeten und plünderten, die in schnellen Angriffen die lokalen Heere vernichteten und keine Gefangenen machten. In der Erinnerung wuchsen all diese Angriffe zu einem großen mongolischen Vormarsch zusammen, der nur in einer Entscheidungsschlacht aufzuhalten war.

Der Einmarsch in Syrien im Dezember 1259 war somit einerseits ökologisch zwingend, andererseits Ausdruck eines machtpolitischen Spiels. Hülegü hatte sicherlich den Auftrag erhalten, die Tümen so weit nach Westen zu führen wie nur möglich. Zum Westen gehörte sicherlich auch Ägypten. Doch es ist mehr als fraglich, ob Hülegü schon 1260 Ägypten erobern wollte. Hülegü war, als er im Januar 1260 Aleppo erreichte, sieben Jahre unterwegs gewesen. Zwei Jahre hatte er damit zugebracht, vor der Eroberung von Samarqand Feste zu feiern und Gesandte zu empfangen. Von Täbriz bis Aleppo brauchte er vier Monate, eine Strecke, die ein Tümen in vielleicht einem Monat hätte zurücklegen können. Dies zeigt, daß Hülegü es nicht eilig hatte. Es ist anzunehmen, daß er für den Winter 1259/60 die Eroberung Syriens und für den darauffolgenden Winter die Eroberung Ägyptens geplant hatte.

Die Heeresstärke Hülegüs in Syrien dürfte bei etwa zehn Tümen gelegen haben. Nach der Eroberung Syriens im Januar/Februar 1260 beließ er ein Tümen unter Kitbuqa im Land, unterstützt durch eine ethnisch heterogen zusammengesetzte, von mongolischen Offizieren unter dem Kommando des Generals Baydar befehligte Truppe von vielleicht 2000 Reitern, die aber nicht als Teil eines Tümen organisiert waren. Hülegü selbst zog sich im März 1260 mit fast allen seinen Tümen aus Aleppo Richtung Täbriz zurück, ebenso langsam, wie er gekommen war. Schon nach dem Fall von Bagdad hatte Hülegü im März 1258 den größten Teil seiner Einheiten aus den Gefilden um Bagdad Richtung Täbriz auf die von ihm geschätzten Sommerweiden zurückgezogen. Der Rückzug Hülegüs war somit wohl Bestandteil der Eroberungsstrategie. Sie garantierte den Fortbestand der Tümen, erlaubte den Städten eine gewisse Regeneration, was für das kommende Jahr neue Beute verhieß und verhinderte eine ökologische Krise der Mongolen. Der Zufall wollte es, daß Hülegü erst jetzt, vor seinem Aufbruch, davon Nachricht erhielt, daß sein Bruder Möngke im September 1259 bei der Belagerung einer chinesischen Festung umgekommen war. Trotz dieser Nachricht beeilte sich Hülegü nicht gerade, nach Karakorum zurückzukehren und sich vielleicht selbst zur Wahl als neuer Großkhan zu stellen. Offenbar hatte er schon bald akzeptiert, daß Qubilai sich zum Großkhan ausgerufen hatte. Zudem machte ihm wohl mehr der Konflikt mit Berke, dem zum Islam übergetretenen Khan der Goldenen Horde, zu schaffen. Es könnte sein – und hierfür spricht die ausgezeichnete Spionage der Mongolen –, daß Hülegü eine Koalition der Goldenen Horde mit den Mamluken in Ägypten befürchtete. Die Sicherung der Nordgrenze ließ sich durch die Tümen von Täbriz weit besser organisieren als von Syrien aus einerseits gegen Ägypten zu marschieren, andererseits Berkes Qiptschaqen in Schach zu halten.

In Syrien verblieben somit nur noch ein Tümen und 2000 angeheuerte Hilfstruppen. Kitbuqa verlegte sein Ordo, also seine Palastyurte und damit den Mittelpunkt des Haushalts des Tümen, in die Gegend südlich von Baniyas, von wo er einen schnellen Zugang sowohl nach Palästina wie nach Damaskus hatte. Seine Aufgabe bestand darin, den Tümen als Machtfaktor über das Jahr zu erhalten, also durch gezielte Beutezüge seinen Unterhalt zu gewährleisten. Nordsyrien wurde dem mongolenfreundlichen al-Aschraf von Hims anvertraut, in den übrigen Städten wurden mongolische Stadtbeamte eingesetzt. Kitbuqa zog mit seinem Tümen im März und April durch Transjordanien bis nach ʿAdschlun, Baydar mit seinen Hilfstruppen über Nablus bis nach Gaza. Um deutlich zu machen, daß die Mongolen weitergehende Absichten hatten, schickte Kitbuqa wohl im Auftrag Hülegüs eine vierköpfige Delegation nach Kairo, die ultimativ die Unterwerfung Ägyptens verlangte.

Zwei syrische Ayyubiden hatten sich den Mongolen nicht unterworfen: al-Mansur von Hamah und Sultan an-Nasir selbst. Am 30. Januar 1260 hatten beide in Panik ihr Heerlager nördlich von Damaskus aufgegeben und waren zunächst nach Nablus gezogen. An-Nasir, der noch immer von einer ayyubidischen Restauration träumte und sich hierbei wohl Hoffnungen auf die Mongolen machte, konnte sich bei seinen meist kurdischen Truppen und bei al-Mansur nicht mehr behaupten. Er trennte sich von ihnen, als die Einheiten Baydars nach Süden vorrückten und Nablus plünderten. Baydar trieb die restlichen Truppen der Ayyubiden vor sich her Richtung Gaza, während an-Nasir und seine Familie ihr Heil in Transjordanien suchten; ein zögerliches Hilfsersuchen an die Mamluken nahm er wieder zurück, ein Aufnahmeangebot durch den Ayyubiden al-Mughith von Karak in Transjordanien lehnte er aber auch ab. Kitbuqa gelang es schließlich, an-Nasir gefangen zu nehmen und ihn zusammen mit einem weiteren promongolischen Ayyubiden, az-Zahir von Sarkhad, zu Hülegü zu schicken. An-Nasir hoffte auf eine gute Aufnahme seitens des Khans, und in der Tat, noch am 4. September, einen Tag nach ʿAyn Dschalut, bestätigte Hülegü an-Nasir seine Herrschaft über Syrien. An-Nasir bedankte sich mit verharmlosenden Informationen über die reale militärische Stärke der Mamluken.

Der Rest der ayyubidischen Truppen erreichte Gaza im März 1260. Schon zuvor waren Baybars und andere Mamluken der Bahriya nach Kairo gereist und hatten sich in den Dienst des neuen mamlukischen Sultans, Qutuz, gestellt. Im März 1260 herrschte in Kairo eine hektische Betriebsamkeit. Baybars plädierte im mamlukischen Rat für eine Intervention in Syrien; gleichzeitig kamen Boten und berichteten vom Abzug Hülegüs; zudem lagerten nun vor der Stadt die restlichen ayyubidischen Truppen unter al-Mansur. Und schließlich waren da noch die vier Gesandten Hülegüs, die eine Unterwerfung forderten. Ihre Situation allerdings war alles andere als günstig: Sie wurden schließlich auf Drängen Baybars hingerichtet. Im Mai 1260 fiel die Entscheidung für einen Feldzug nach Syrien, kommandiert von Qutuz selbst. Ob Baybars dabei für eine Koalition mit der Goldenen Horde warb, läßt sich nur vermuten. Baybars sollte die Vorhut übernehmen. Am 27. August 1260 verließ ein etwa 12 000 Reiter zählendes mamlukisches Heer die Umgebung der Stadt und erreichte Anfang August Gaza. Dort hatte Baybars schon erste Bekanntschaft mit Baydars Truppen gemacht, die sich aber schnell zurückzogen. Qutuz zog einige Tage später Richtung Norden entlang der Küste durch das Königreich Jerusalem und erreichte um den 30. August 1260 Akkon. Die Mamluken hatten in zähen Verhandlungen mit den Kreuzfahrern das Durchmarschrecht erhalten und im Gegenzug garantiert, daß die Kreuzfahrer ein Vorkaufsrecht für die Ponys hatten, die die Mamluken als Beute nach einem Sieg über die Mongolen erwarteten.

Die mamlukischen Truppen waren völlig anders organisiert als die mongolischen Tümen. Die auf Übungsplätzen militärisch ausgebildeten und kasernierten Mamluken waren in Tausendergruppen eingeteilt und verfügten über von Waffenschmieden gefertigte Bögen, Schwerter und Lanzen. Technische Ausfälle der Bögen waren selten. Helm und Harnisch waren aus Metall. Meist besaßen die Mamluken nur ein Kriegspferd, das größer und ausdauernder war als ein mongolisches Pony. Die Tiere wurden mit mitgeführtem Stroh gefüttert. Der Troß war klein, da kaum Weidetiere dazu gehörten. Die Mamluken waren daher von der Versorgung durch die Dörfer und Städte abhängig. Diese Organisation bestimmte auch die Kampfweise. Meist führten die Mamluken einen geschlossenen Reiterangriff bis auf 150 Meter vor die feindliche Linie und schossen mehrere Salven von Pfeilen (gute Schützen schafften zwei Pfeile pro Sekunde, zielgenau auf 50 bis 80 Meter) aus dem Stillstand, gingen dann zum Angriff über. Die Truppenteile waren funktional diversifiziert, was eine schnelle Reaktion auf eine veränderte Lage ermöglichte. Das stabile Zentrum erlaubte einen dauerhaften Nahkampf.

Anders die Mongolen: Sie waren zunächst Mitglieder eines Tümen oder einer Untergruppe, die nicht speziell militärisch trainiert wurden. Jeder Reiter, der durchschnittlich über fünf bis sieben schnelle Ponys verfügte, war für die Herstellung der Bögen und Äxte selbst verantwortlich. Neben exzellenten Bögen gab es daher auch viele minderer Qualität und damit recht viele Ausfälle. Die Reiter verfügten über zwei verschiedene Pfeile. Der leichtere diente dem Angriff auf etwa 150 Meter; der schwerere Pfeil mit einer hohen Durchschlagskraft wurde aus etwa 50 Metern abgefeuert. Üblicherweise ritten etwa 100 bis 200 Mongolen eine Attacke aus einer Wartelinie heraus, schossen erst die leichten, dann die schweren Pfeile freihändig ab (weswegen ein Richtungswechsel beim Angriff unmöglich war), machten kehrt und reihten sich zu einer neuen Attacke ein. Ein Pony schaffte etwa drei solcher Durchgänge, bis es ausgewechselt werden mußte. Im Nahkampf waren die Mongolen unterlegen, doch ihre Beweglichkeit wog diesen Nachteil aus. Geschützt waren sie, wenn überhaupt, durch Lederhelm und Lederbanden. Solange die mongolischen Reiter in der Überzahl waren, waren sie praktisch jeder anderen Kavallerie überlegen.

Das mamlukische Reiterheer, das angesichts der unklaren Machtverhältnisse in Ägypten nicht in jedem Punkt dem oben beschriebenen Idealzustand entsprach, umfaßte vielleicht 12000 Mann. Das entsprach etwa vier Fünftel der mobilisierbaren Stärke der Mamluken. Kitbuqa hatte in der al-Biqaᶜ-Ebene östlich von Sidon sein Sommerlager aufgeschlagen und dort durch Baydar, der später selbst zu

Kitbuqa stieß, von dem Vormarsch der Ägypter erfahren. Just in dieser Situation wagte Julien von Sidon einen Ausfall gegen die Mongolen, bei dem ein Neffe Kitbuqas erschlagen wurde. Kitbuqa nahm sich eine Woche Zeit, nach Sidon zu marschieren und die Stadt zu plündern, ehe er wieder nach Süden aufbrach. Diese Verzögerung hatte die ursprüngliche Absicht der Mongolen, den raschen Vormarsch der Mamluken entlang der Küste schon weiter im Süden aufzuhalten, vereitelt. Bei Baysan südlich des Tiberias-Sees muß Kitbuqa von der Anwesenheit der Mamluken in Akkon erfahren haben, was ihn zwang, nach Westen in das Wadi Dschalut vorzustoßen. Er erreichte ʿAyn Dschalut wohl am 2. September 1260.

Die Ägypter, oder besser die Mamluken, da der größte Teil der Reiter aus türkischen Gebieten nördlich des Kaukasus stammte, wurden in Akkon von den Kreuzfahrern sicherlich mit gemischten Gefühlen aufgenommen. Den meisten Rittern fiel es wohl schwer, in diesem Konflikt Partei zu ergreifen. Zwar neigten einige Ritter wie die des Deutschen Ordens zu einer Unterstützung der Mongolen. Doch deren Bündnis mit Hetʿum I. von Kilikien-Armenien und dessen Schwiegersohn Bohemund VI., Prinz von Antiochien, ließ wohl die Mehrheit der Ritter in Akkon argwöhnen, daß die Mongolen den restaurativen Bestrebungen der Orthodoxie entgegenarbeiteten und daß es zu einem großen Bündnis der Nestorianer und der Orthodoxie gegen die Lateiner kommen würde, gestärkt noch durch ein drohendes mongolisch-genuesisches Bündnis. Aber eine militärische Unterstützung der Mamluken kam ebenso wenig in Frage wie ein Bündnis mit den Mongolen. Die Niederlage der Kreuzfahrer 1250 in Ägypten war noch in bester Erinnerung. Baybars soll tatsächlich Qutuz vorab mitgeteilt haben, wie leicht eine Eroberung Akkons in dieser Zeit fallen würde, doch Qutuz ließ sich darauf nicht ein. Kurzum, in Ermangelung besserer Alternativen verhielten sich die Kreuzfahrer neutral, wenn auch die Mongolen die Neutralität durch die Gewährung des Durchmarschrechts verletzt sahen.

Am 1. oder 2. September brach das ägyptische Lager auf. Qutuz nahm den gleichen Weg wie einst der große Salah ad-Din. Baybars wurde, wie üblich, mit einer kleineren Einheit vorausgeschickt. Am Abend des 2. September muß dieser vor ʿAyn Dschalut auf die Mongolen gestoßen sein. Möglicherweise war er auf einen der umliegenden Berge gestiegen, um auszuspähen, wurde aber selbst erkannt und von den anrückenden Mongolen verjagt. Es mag auch sein, daß Baybars unterhalb dieses Berges eine Vorhut der Mongolen geschlagen hatte.

Am Abend des 2. September muß er jedenfalls mit Qutuz wieder zusammengetroffen sein. Qutuz schien die unausweichliche Schlacht für den kommenden Nachmittag geplant zu haben, doch offensichtlich kamen ihm die Mongolen am frühen Morgen des 3. September mit einem Angriff zuvor. Über den Ablauf der Schlacht ist viel spekuliert worden, und die Quellen geben zum Teil tendenziös sehr unterschiedliche Angaben. Sicher ist wohl nur so viel, daß sich am Morgen des 3. September 1260 die jeweils 10000–12000 Mann starken Reiterheere gegenüberstanden, die Mamluken im Norden, die Mongolen im Süden. Es mag sein, daß Baybars die rechte Flanke an den Gilboa-Bergen in der Höhe des Dorfes Zarʿin verankerte, die linke Flanke hingegen stand recht weit im leicht abfallenden Land. Die Mongolen waren durch die Truppen des Ayyubiden al-Aschraf an der linken Flanke verstärkt. Offensichtlich gingen die Mongolen unmittelbar zum Angriff über und schickten eine Reitereinheit nach der anderen vor. Unter dem Hagel von Pfeilen muß Qutuz seine Reiter zum Stehen gebracht haben. Die linke Flanke der Mamluken wich unter den anstürmenden mongolischen Reitern. Der rechten Flanke unter Baybars gelang es hingegen unter Ausnutzung des Hanges der Gilboa-Berge, die linke Flanke der Mongolen anzugreifen. Al-Aschrafs Truppen gaben daraufhin nach und liessen vielleicht sogar ganz vom Kampf ab, in der Hoffnung, den mutmaßlichen Sieger günstig zu stimmen. Qutuz selbst, der vom Pferd gestürzt war, leitete wohl in diesem Moment den für die Mamluken vorteilhafteren Nahkampf ein, bei dem dann Kitbuqa getötet wurde. Die Mongolen wurden von den nun von den Hängen der Gilboa-Berge herabkommenden Einheiten Baybars' umfaßt, so daß ihnen schließlich nur noch die Flucht nach Nordosten offenstand. Die Gilboa-Berge boten den mongolischen Reitern offenbar keinen ausreichenden Manövrierraum. Die Reste der mongolischen Reiter wurden von Baybars' Einheiten auseinandergetrieben und, solchermaßen isoliert, nun auch von den Bewohnern der umliegenden Dörfer angegriffen. Baydar gelang mit seinen Einheiten die Flucht nach Norden, doch Baybars blieb ihm an den Fersen. Hülegü, der schon durch Eilboten von der Niederlage Kitbuqas erfahren hatte, schickte nochmals 2000 Mongolen in Eilmärschen nach Syrien, wo sie sich bei Hims im späten September mit Baydar trafen. Doch auch bei Hims behielten die Mamluken die Initiative und nahmen schließlich Aleppo widerstandslos ein. Die mongolischen Beamten waren nach Ankunft der Nachricht vom Sieg der Mamluken am 5. September 1260 in Damaskus allesamt in das Gebiet jenseits des Euphrats geflohen.

Anders als die Kreuzfahrer 1183 hatten die Mongolen aus ihrer Position bei ᶜAyn Dschalut heraus den Angriff gewagt, wohl weil sie sich auf ihre Schnelligkeit verließen. Doch die schwierige Topographie, die numerische Gleichheit der Gegner, die fehlende Eignung für den Nahkampf, der geringe Manövrierraum am Nordhang der Gilboa-Berge, der Tod des Prinzen Kitbuqa und schließlich auch die Unbeständigkeit der Bundesgenossen (Ayyubiden, je 500 Georgier und Armenier) machten einen möglichen Erfolg zunichte. Zudem zeigte sich, daß durch die Mobilisation des gesamten, einzigen Tümen in dieser Schlacht keine Vorsorge für eine mögliche Niederlage getroffen worden war. Die fliehenden mongolischen Truppen konnten nicht durch frische Reserven aufgefangen und verstärkt werden. Damit entschied diese eine Schlacht über die ganze mongolische Besetzung Syriens. Die Mamluken hingegen verfügten über ausreichenden Nachschub und über Verstärkungen, da sich ihnen als siegreiche Truppe alsbald kurdische und noch unabhängige khwarizmische Einheiten anschlossen.

In einer promongolischen Chronik wird die Schlacht etwas anders dargestellt. Demnach hätte Baybars die Aufgabe gehabt, die Mongolen aus ihrer Stellung nördlich der Quellen herauszulocken, anzugreifen und sich dann zurückzuziehen, auf daß die Mehrzahl der Mamluken von den Hängen der Gilboa-Berge herab die vorrückenden Mongolen angreifen konnten. Diesem Bericht zufolge hätte Kitbuqa nicht in der Schlacht den Tod gefunden, sondern sei nach heroischem Widerstand gefangengenommen und dann hingerichtet worden. Zudem seien die Mongolen durch das feige Desertieren der Truppen al-Aschrafs geschwächt worden. Hierdurch erscheint der Sieg der Mamluken lediglich als das Ergebnis von Hinterhalt und Verrat. Es kann gut sein, daß hier der persische Chronist die Umfassung der linken Flanke der Mongolen durch die Truppen Baybars' als realen Ausgangspunkt für die Hinterhaltslegende gewählt hatte.

Hülegü hörte schon bald Nachricht von der Niederlage seines Tümen-Kommandeurs und wohl auch von der Flucht al-Aschrafs. Sofort ließ er dem kurz zuvor mit der Bestallungsurkunde als Sultan von Syrien abgereisten an-Nasir nachstellen und ihn samt seiner Entourage ermorden. Schon im Oktober beauftragte er Baydar mit einem Vergeltungsangriff; an eine erneute Eroberung Syriens vor dem folgenden Frühjahr war jedoch nicht zu denken. Die Situation schien günstig, da Baybars Anfang Oktober nach Kairo zurückgekehrt war und sich nach der Ermordung von Qutuz am 23. Oktober zum

Sultan hatte ausrufen lassen. Baydar kam mit etwa 6000 Mongolen im November nach Aleppo und ergriff wieder Besitz von der Stadt. Nun standen ihm nur die noch amtierenden ayyubidischen Fürsten gegenüber. Al-Aschraf, wieder als Herr von Hims eingesetzt, und der mamlukentreue al-Mansur von Ḥamah lieferten Baydar am 10. Dezember 1260 vor Hims ein blutiges Gefecht, bei dem die Mongolen erneut besiegt wurden. Syrien blieb damit in mamlukischem Besitz und diente Baybars in den kommenden Jahren als Aufmarschgebiet gegen die Kreuzfahrer. Die Il-Khane in Persien versuchten noch bis etwa 1312, Syrien in fünf größeren Feldzügen zurückzugewinnen, doch keiner ihrer Feldzüge sollte dauerhaften Erfolg bringen. In diesem Sinne hatte die Schlacht von ʿAyn Dschalut eine Vorentscheidung gebracht, die den Mongolen für immer den Weg nach Palästina und Ägypten versperrte. Die Il-Khane mögen das nicht unmittelbar eingesehen haben. Noch bis 1302 schickten sie wiederholt Unterwerfungsaufforderungen nach Ägypten, doch keine dieser Gesandtschaften brachte Erfolg. Die Mamluken schienen durch die Siege in Syrien mehr denn je davon überzeugt, daß sie es waren, die die Muslime des Westens vor den Mongolen bewahrt hätten.

Erst im Nachhinein wurde ersichtlich, daß in ʿAyn Dschalut tatsächlich eine Entscheidung gefallen war. Kaum einem der Beteiligten dürfte bewußt gewesen sein, daß mit dieser Schlacht den Mongolen der Weg nach Westen versperrt wurde. Sicherlich, Syrien war wieder befreit, aber immer noch der Bedrohung durch mongolische Verbände ausgesetzt. Zur Entscheidungsschlacht wurde ʿAyn Dschalut erst, als sich zeigte, daß die Mongolen nie mehr dauerhaft westlich des Euphrat Fuß fassen konnten. Doch schon 1299, als Damaskus erneut eine mongolische Besetzung erlebte, lebte der Mythos von ʿAyn Dschalut auf, der Mythos von der Bezwingbarkeit der Mongolen. Auch in einer anderen Hinsicht war ʿAyn Dschalut ein entscheidendes Ereignis gewesen: Durch die Niederlage der Mongolen und der Ayyubiden wurden – wie zu Salah ad-Dins Zeiten – Ägypten und Syrien herrschaftlich vereinheitlicht, so daß sich die Kreuzfahrer von einem einzigen Feind umschlossen sahen. Durch den Sieg von 1260 stabilisierte sich erst die Mamlukenherrschaft, aus dem Provisorium wurde ein zentralistisches Großreich. Die mit dem Nimbus des Siegers über die Mongolen ausgestatteten Mamluken setzten nun alles daran, den Kreuzfahrern ihre verbliebenen Burgen zu nehmen. Gut 31 Jahre nach ʿAyn Dschalut verließen die letzten Ritter die Küstenstädte des

Heiligen Landes. Der mittlere Euphrat bildete fortan eine stabile Grenze Syriens. Als im Oktober 1400 Timur im Verlaufe seines sogenannten siebenjährigen Feldzuges mit etwa 10000 Reitern in Syrien einfiel, Aleppo eroberte und auf Damaskus marschierte, drohten sich die Ereignisse des Jahres 1260 zu wiederholen. Wieder hatten die Mamluken eine Gesandtschaft, diesmal die Timurs, die die Ägypter zur Unterwerfung aufgerufen hatte, ermorden lassen, und wieder drohte eine Besetzung Ägyptens. Von Baʿlabakk aus griffen Timurs Reiter am 5. Januar 1401 eine mamlukische Armee vor Damaskus an und schlugen sie vernichtend. Damaskus wurde tags darauf besetzt. Doch schon im März 1401 zog Timur nach Norden ab, um gegen die Osmanen zu Felde zu ziehen, nachdem er die Stadt geplündert und eine Vielzahl von Gelehrten und Handwerkern in Gruppen in seine Residenzstadt Samarqand geschickt hatte. Die Osmanen hatten Timur von Ägypten abgelenkt, so daß es zu keiner zweiten Entscheidungsschlacht kam. ʿAyn Dschalut konnte daher in der historischen Erinnerung als die Schlacht fortbestehen, in der über die Vormachtstellung der «Türken» über die «Tataren» entschieden worden war.

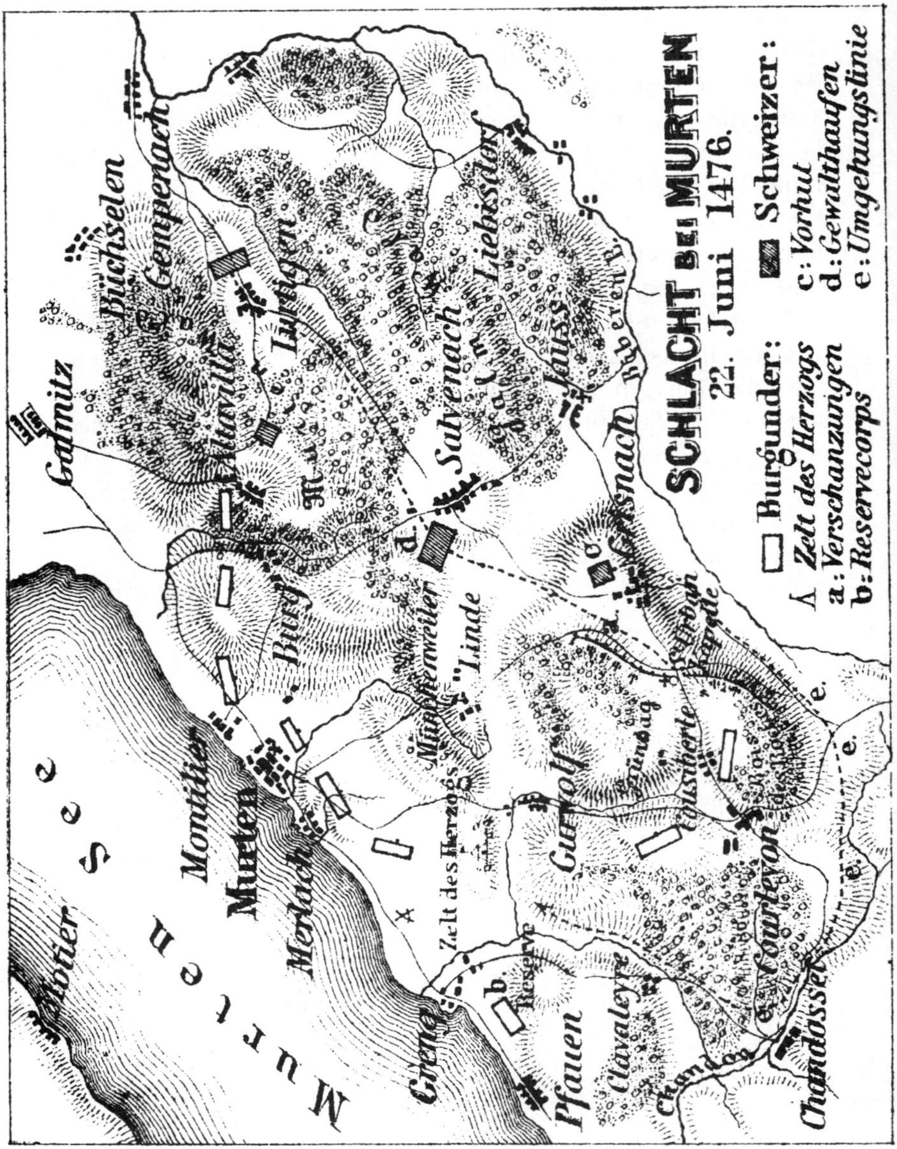

Murten, 22. Juni 1476

«Je l'ay emprins – ich hab's versucht»
Murten, 22. Juni 1476

Gerrit Himmelsbach

> *«Ich habe davon gehört, daß der Burgunsch herzog [...] vermeint hat, keinen friden ze machen [...] Davon min hern von Bern nit erschrocken sind und wellend mit hilf des almechtigen gots des manlichen erwarten und haben daruf von stund an all, die wir von stetten und lendern, heissen gerust sitzen, wann sich der wütrich rürt, das man im angends engegen ziech und im kein ruw lass, desglich ander Eidgnossen ouch tun werden. Was darus wirt, kan ich noch nit wissen.»* [1]

Nein, *friden ze machen* war wirklich nicht der kennzeichnende Charakterzug Karls des Kühnen, des letzten Herzogs von Burgund. In seiner Prunksucht, dem Vertrauen auf militärische Macht, der rücksichtslosen Verfolgung der gesteckten Ziele und dem unbeirrbaren Glauben an die Richtigkeit der eigenen Entscheidungen war er Renaissancefürst durch und durch. Die Schlacht von Murten, geschlagen am 22. Juni 1476, war für ihn der vorläufige Tiefpunkt einer Reihe von militärischen Niederlagen, die er bei dem gescheiterten Versuch hinzunehmen hatte, Burgunds Führungsanspruch in Europa durchzusetzen. Im Januar 1477 starb er auf dem Schlachtfeld vor Nancy und verspielte mit seinem Leben auch die staatliche Eigenständigkeit Burgunds. Das konsequente Festhalten an seinem Wahlspruch «Je l'ay emprins» führte ihn ins Verderben. Karl hatte viele Feinde in Europa, doch nur die Schweizer Eidgenossenschaft wagte es, dem übermächtigen Gegner militärisch entgegenzutreten. In den Schlachten von Héricourt, Grandson, Murten und Nancy erfochten sich die Eidgenossen bleibenden Ruhm. Murten aber war militärisch entscheidend.

Die historische Bedeutung dieser Schlacht liegt auf der politischen Ebene. Mit Burgund verschwand ein Staat von der Landkarte Europas, der bis dahin das Deutsche Reich, ja sogar Frankreich in kurzer Zeit machtpolitisch überholt hatte. Gleichzeitig reihte sich die Eidgenossenschaft erstmals mit einem Paukenschlag unter die europäischen Mächte ein, allerdings hauptsächlich im Blick auf ihre militärische Präsenz. Denn diplomatisch und strategisch erwies sich das Bündnis der acht alten Orte schon bald als außenpolitisch nicht handlungsfähig. Die Schlacht von Murten hat, innerhalb einer Reihe siegreicher Schlachten von Morgarten 1315 bis Novara 1512, das schweizerische Selbstbewußtsein beflügelt.

So hat Murten seinen Platz in der Reihe der großen Schlachten der Weltgeschichte. Schon die Zeitgenossen haben das empfunden. Der Chronist Albrecht von Bonstetten hat 1477 die Niederlagen von Grandson und Murten als *die cannensischen strydt* eingeschätzt, verglich sie also mit Hannibals Sieg gegen die Römer bei Cannae 216 v. Chr. Doch diese Schlacht ist weit mehr als der Wendepunkt einer die europäischen Machtverhältnisse erschütternden Auseinandersetzung. Es gilt, das Geschehen aus dem Blickwinkel des Epochenwechsels vom Mittelalter zur Neuzeit zu betrachten.

Der Begriff «Burgunderkriege» zeigt schon, daß es sich nicht um einen Einzelkonflikt, sondern um einen europäischen Machtkampf mit einer Vielzahl von Regionalkonflikten handelte. Es gilt zu unterscheiden zwischen Anlaß und Ursache. Anlaß für das Vorgehen Herzog Karls gegen die Schweizer war die eidgenössische Unterstützung einer Rebellion oberrheinischer Städte, die seit 1469 von Herzog Sigmund von Tirol an Burgund verpfändet waren. Im Handstreich entledigte sich der Städtebund des burgundischen Statthalters Peter von Hagenbach, auf den eidgenössischen Rückhalt zählend. Weiter fühlte sich Karl herausgefordert, als die Eidgenossen mehrere Burgen des burgundischen Feldherrn Jakob von Romont auf dem Gebiet der heutigen Waadt eroberten. So begann Karl der Kühne seinen Feldzug gegen die Eidgenossen ohne Kriegserklärung. Karl mußte unverzüglich einschreiten, da in seiner Interessensphäre die Schweizer die einzige militärische Macht waren, die ihm ernsthaften Widerstand entgegensetzen konnten.

Burgund, 1363 aus französischen Lehen hervorgegangen und damit rund 70 Jahre jünger als die Eidgenossenschaft, hatte unter seinen zumeist lange Zeit regierenden Herzögen einen rasanten Aufstieg erlebt. Bei Karls Regierungsantritt 1467 hatten sich zwei große politisch-geographische Zentren herausgebildet: der Süden mit der

Landmasse des Herzogtums und der Freigrafschaft sowie, territorial davon getrennt, die Besitzungen im Norden um die Gebiete Brabant, Flandern und den Hennegau. Karl strebte nach einer Verbindung dieser beiden Zentren sowie der Erlangung einer Königskrone für seine Länder. Zur Durchsetzung dieser politischen Ziele schuf er die modernste Armee seiner Zeit. In den *Loix et Ordonnances ou Statuts militaires* errichtete er, das französische Vorbild im Umfang weit übertreffend, ein stehendes Heer von zwanzig sogenannten Ordonnanzkompanien, dazu als Elitetruppe die *Maison du Duc*, die herzoglichen Gardetruppen. Mit dieser Umstrukturierung gehörte das aus Lehnsverpflichtungen aufgebotene Heer der Vergangenheit an. Die Panzerreiter in den Ordonnanzkompanien waren zumeist ausländische Söldner. Die Basis der Heeresorganisation, die sogenannte Lanze, bestand 1474 aus einem gepanzerten Reiter, drei berittenen Bogenschützen und drei Infanteristen (ein Bogen-, ein Armbrustschütze und ein Kämpfer mit Stangenwaffe). Dazu traten etwa drei Assistenten. Eine Ordonnanzkompanie bestand aus hundert Lanzen. Die hochmoderne Feldartillerie und die Handfeuerwaffen wurden in der neuen Armee nicht mehr nur gegen Befestigungen sondern auch in der Feldschlacht selbst eingesetzt. Entwicklungen zur Verbesserung der Höhen- und Seiteneinstellung der Geschütze in Form von Räderlafetten und Schildzapfen sowie feinere Bronzerohre statt Eisenrohre verschafften Karl einen technischen Vorsprung. Verbessert wurde auch der Bereich der Kriegslogistik durch den Einsatz sogenannter *manoeuvriers* für den Lagerbau und Belagerungsbauwerke. Karl der Kühne benötigte zur Aufstellung und Aufrechterhaltung des Heeres erhebliche finanzielle Mittel, die er sich besonders über die Steuereinnahmen aus den reichen flandrischen Städten beschaffte. Der Burgunderherzog führte nach antikem Vorbild die Verbandstaktik wieder ein, dabei wurden die Truppen für den Kampf nach Waffengattungen aufgestellt und jeweils nach Kampfphasen eingesetzt: die Büchsen- und Bogenschützen im Fernkampf, die Panzerreiter für den Angriff, die Fußtruppen defensiv beim Angriff des Gegners.

Die Ausdehnung Burgunds konnte nur auf Kosten Frankreichs und des Deutschen Reiches geschehen. Mit Frankreich und seinem König Ludwig XI. hatte Karl mehrere Auseinandersetzungen, die jedoch nie in entscheidenden Schlachten gipfelten. Zunächst unternahm Karl den vergeblichen Versuch, die Königskrone bei Verhandlungen mit dem Deutschen Kaiser Friedrich III. 1473 in Trier auf diplomatischem Weg zu erringen. Ein Jahr später wählte er die militärische

Option und belagerte unter einem Vorwand die Stadt Neuss. Es geschah, was niemand erwartet hatte: Neuss widerstand der hochgerüsteten burgundischen Armee, und Kaiser Friedrich gelang es, ein Reichsheer aufzustellen und vor die belagerte Stadt zu führen. Der Burgunderherzog vermied die Schlacht und eroberte statt dessen in einem kurzen Feldzug Lothringen, das unter seinem jungen Herzog René wenig Gegenwehr leistete.

Eine ebenso auf territoriale Erweiterung gerichtete, wenn auch ganz anders begründete Politik betrieb der Bund der Eidgenossen seit dem 14. Jahrhundert. Seine innere Kraft lag von Beginn an im gemeinsamen Zusammenstehen gegen die als bedrückend empfundene habsburgische Landesherrschaft. Mit den Kantonen Uri, Schwyz und Unterwalden, zu denen im 14. Jahrhundert Luzern, Zürich, Bern, Zug und Glarus hinzutraten, bewährte sich der Bund von Landgemeinden und Städten in mehreren Verteidigungskriegen gegen die Habsburger. Nach der Wende zum 15. Jahrhundert wandelte sich der Charakter vom Defensiv- zum Offensivbündnis. Die militärische Schlagkraft der Eidgenossen gründete auf die Fußknechte. Sie hatten teilweise als Söldner im Ausland gedient, ihre Kampferfahrung hatten sie jedoch in lose organisierten Raubzügen bei regionalen Auseinandersetzungen erworben. Bei größeren, vom Bund geführten Feldzügen wurden sie in sogenannten Gewalthaufen von bis zu 10000 Mann Stärke organisiert. Prinzip und Struktur dieses Fußheeres setzten die Anordnung mehrerer Reihen von Fußknechten mit ihren sechs Meter langen Spießen am Rand des Haufens voraus, die die attackierende Reiterei in Schach halten konnten. War der Angriff des Gegners zum Stillstand gekommen, öffnete sich der Haufen, und die sich im Inneren bereit haltenden Halbartenträger schwärmten aus, um die in ihrer Bewegungsfreiheit eingeschränkten Reiterkrieger zu bekämpfen. Mit dieser Taktik errangen die Eidgenossen ihre großen Siege. Die jeweils aufgebotenen Heere standen unter großem Zeitdruck; sie konnten nicht lange im Felde stehen, da ihre Finanzierung und Verpflegung nur unregelmäßig abgewickelt wurde.

Im Vorfeld der Auseinandersetzung gegen Karl den Kühnen gelang der Eidgenossenschaft unter französischer Vermittlung der Abschluß der sogenannten «Ewigen Richtung». Dieser Vertrag mit dem Habsburger Sigmund von Tirol beendete den jahrhundertealten Streit mit Österreich und garantierte der Eidgenossenschaft die eroberten Besitztümer. Im Gegenzug verpflichteten sich die Eidgenossen, Sigmund bei der Verteidigung der habsburgischen Vorlande gegen Herzog Karl zu unterstützen. Im Herbst 1474 spitzte sich die Situation durch die Belagerung der Stadt Neuss zu, so daß die Schweizer nach Aufforderung durch Kaiser Friedrich III., aber eigentlich auf eigene Eroberungen in Oberburgund hoffend, Karl dem Kühnen im Oktober 1474 den Krieg erklärten. Darauf kam es im November zum Aufeinandertreffen vor Héricourt, wo die Eidgenossenschaft zusammen mit habsburgischen und oberrheinischen Truppen einen glänzenden Sieg gegen ein burgundisches Landesaufgebot erfocht. In der Folge überfielen eidgenössische Freiwillige wiederholt burgundische (und mit Burgund verbündete) Besitzungen.

Herzog Karl setzte sich nach diesen Attacken das Ziel, die Eidgenossen im eigenen Land zu schlagen. Im Winter zog er mit seinem Heer von Lothringen über den Jura und stand im Februar 1476 vor Grandson. Als die etwa 400 Mann starke eidgenössische Besatzung aufgab, ließ er die Verteidiger hinrichten. Unterdessen versuchte das zuvorderst bedrohte Bern, unter Hinweis auf das grausame Vorgehen Karls vor Grandson die zögernden Bundesgenossen zu rascher Hilfe zu bewegen. Das beschleunigte den Ablauf der Ereignisse. In kurzer Zeit waren die Truppen der Eidgenossen zu Hilfe geeilt und gemeinsam zogen 18 000 Mann, verstärkt durch Verbände vom Oberrhein und berittene österreichische Abteilungen, nach Grandson. Auf einer kleinen Ebene am Neuenburger See traf das Heer am 2. März überraschend auf den Gegner, der sich, 20 000 Mann stark, von Grandson nach Norden gewandt hatte. Im plötzlichen Aufeinanderprallen bewährten sich die eidgenössischen Fußtruppen gegen die burgundischen Reiter- und Bogenschützenangriffe. Durch eine unerwartete Umgruppierung seiner Truppen im Angesicht des nun gänzlich aufgezogenen Heeres der Verbündeten löste Herzog Karl Panik unter seinen Leuten aus, die grundlos vom Schlachtfeld flohen, ohne größere Verluste an Menschenleben erlitten zu haben. Im ungeordneten Rückzug der Burgunder fiel der Koalition das reiche burgundische Lager in die Hände, die sagenhafte «Burgunderbeute», deren Ausmaß und Pracht die Eidgenossen so beeindruckten, daß alle Energie auf die Beutesicherung verwandt und der Gegner nicht weiter verfolgt wurde.

Nach dieser Niederlage bezog der Burgunderherzog ein festes Lager in Lausanne, um im Frühjahr 1476 ein neues Heer zu sammeln, das die Schmach vor Grandson wettmachen sollte. In Bern war man sich der Bedrohung sehr bewußt und sorgte besonders für den Schutz der Stadt Murten, die an einer herausragenden strategischen

Position lag. Wie schon wenige Monate zuvor fehlte es zunächst an Unterstützung durch die übrigen Eidgenossen, die befürchteten, als Mittel bernischer Expansionspolitik ausgenützt zu werden. Weitere Hilfe machten sie von der Bedingung abhängig, daß die Beistandspflicht erst bei einem Angriff auf bernisches und damit eidgenössisches Gebiet ausgelöst würde.

Im Mai bewegte sich das burgundische Heer in Richtung Norden und stand schließlich Anfang Juni 1476 vor Murten. Die Stadt war zwar mit Bern verbündet, wurde jedoch von der Tagsatzung (der im Bedarfsfall zusammentretenden Föderationsregierung) nicht als eidgenössischer Besitz angesehen. Deshalb geriet nun Bern in eine prekäre Lage. Als sich jedoch burgundische Stoßtrupps anschickten, die Flußübergänge bei Laupen und Gümmenen, also auf bernisches Gebiet, zu überqueren, sah die Tagsatzung ihre Bedingungen erfüllt und versprach Truppen zu schicken. So standen schon kurz darauf etwa 25 000 Mann (einschließlich Troß) in der Nähe von Murten. Auch diesmal hatten sich ihnen größere Reiterstreitkräfte Sigmunds von Tirol, des lothringischen Herzogs René und der oberrheinischen Städte angeschlossen.

Ganz Europa blickte auf Murten, und man fragte sich, ob die Eidgenossen nach ihrem Überraschungserfolg von Grandson Karl ein zweites Mal widerstehen können. Diplomatisch hatte der Burgunder durch Vereinbarungen mit Frankreich, Kaiser Friedrich III. und Savoyen vorgesorgt, militärisch verfügte er über ein multinationales, über Jahre im Kampf erprobtes Söldnerheer, das zudem inzwischen Gelegenheit gehabt hatte, sich auf die Kampfkraft der Eidgenossen einzustellen. Karl konnte neben seinen Gardetruppen auf 14 Kompanien zurückgreifen, von denen sechs aus italienischen und drei aus savoyischen Söldnern bestanden, dazu kamen 900 englische Bogenschützen. Die gesamte Streitmacht umfaßte 19000–22000 Mann, von denen allerdings 5000–8000 Mann der Heeresversorgung zugerechnet werden müssen, so daß etwa 13 500 Kombattanten bleiben. Ihre vormalige Überlegenheit im Bereich der Waffentechnik hatten die Burgunder aufgrund des Verlusts ihrer Geschütze bei Grandson eingebüßt. Als Ersatz wurden ältere Kanonen herangeschafft.

Der burgundische Schlachtplan richtete sich an der eigenen zahlenmäßigen Unterlegenheit aus. Die Truppen wurden um die am See liegende Stadt so gruppiert, daß die Hauptmacht die aus Richtung Bern zu erwartenden Truppen der Verbündeten auf selbst gewähltem Terrain abfangen sollte. Dazu sollte die Koalition in vorderster Linie durch den sogenannten Grünhag, eine durch Annäherungshindernisse verstärkte Hecke, aufgehalten werden. Zusätzlich sollte der anstürmende Gegner durch seitlichen Beschuß verwirrt und schließlich von der anderen Seite durch die Reiterei niedergemacht werden. Im Grünhag lagen etwa 2300 Burgunder ständig als Wache, die übrigen Truppen verblieben bis zu ihrer Alarmierung im Lager. Durch diese Maßnahmen versuchte Herzog Karl eine unliebsame Überraschung wie bei Grandson zu vermeiden. Immer wieder ließ er in Erwartung eines eidgenössischen Angriffs seine Truppen in die Stellungen einrücken, zuletzt am 21. Juni. Doch als am 22. Juni die burgundischen Beobachtungsposten gegnerische Truppen sichteten, reagierte Karl nicht darauf, wiewohl das eidgenössische Lager bei Ulmiz nur fünf Kilometer entfernt war.

Das Heer der Verbündeten war mit 22000–24 000 Mann etwas größer als das burgundische. Die Hauptmacht bestand aus den eidgenössischen Fußknechten, durch die Feldzüge der vergangenen zwei Jahre erfahrenen Kämpfern. Wegen des für eidgenössische Verhältnisse hohen Anteils von Reitertruppen im Heer (etwa 1100 Mann gegenüber 2100 auf burgundischer Seite), dauerte die Aufstellung zur Schlacht länger als gewöhnlich. Man war sich in der Koalition der eigenen Übermacht und der defensiven Taktik des Burgunderherzogs bewußt. Indes rechnete man am Grünhag mit einem schweren Aufeinandertreffen mit dem burgundischen Hauptheer.

Am 22. Juni wurden, nachdem Aufklärer die burgundischen Stellungen erkundet hatten, drei Haufen eingeteilt: In die Vorhut wurden neben die langen Spieße die Büchsen, die Geschütze und die Reiterei postiert, die 5000 Mann stark war. Es folgte die Hauptmacht von 10 000 Mann mit Schlagwaffen und Halbarten, umgeben von langen Spießen, den Abschluß bildete die starke Nachhut. Geplant war, mit der Vorhut an den Grünhag zu rücken und ihn zu überwinden, damit die Hauptmacht den Gegner auseinandertreiben konnte. Die Nachhut sollte folgen und in kritischen Situationen auf dem Feld eingreifen. Nach dem Heraustreten der Vorhut aus dem Wald rückte man dichtgestaffelt vor, um dem erwarteten Pfeilhagel der gegnerischen Bogenschützen kein Ziel zu bieten. Bei der Annäherung an den Grünhag kam es zu einem Schußwechsel beider Artillerien, die Schlacht hatte begonnen.

Der entscheidende Vorteil für die Eidgenossen bestand darin, daß das burgundische Hauptheer von dem Angriff im Lager überrascht wurde. In der Stellung des Grünhags lagen Artillerie und drei

Ordonnanzkompanien, die die volle Wucht der Vorhut zu spüren bekamen, denn das ausgelöste Schützenfeuer richtete nur geringe Schäden an, wohl wegen der veralteten Waffen. Zwar wurde nun das burgundische Hauptheer alarmiert, es brauchte jedoch eine gewisse Zeit, bis sich die Truppen gerüstet hatten – zu lange, um den umkämpften Grünhag rechtzeitig zu erreichen. Der Widerstand der in der Stellung postierten Burgunder war heftig, auf die Dauer konnten sie jedoch der Übermacht nicht standhalten. Die Eidgenossen überwanden das Hindernis an Durchlässen, die eigentlich für eigene Ausfälle gedacht waren. Der Weg war nun frei für die Hauptmacht der Koalition, die durch den Grünhag hin zum burgundischen Lager stürmte, wo sich die burgundischen Truppen bis auf eine Abteilung von 4000 Mann noch nicht formiert hatten, die jedoch nach kurzer Zeit flüchtete. In der Folge lief das burgundische Heer auseinander. Karl der Kühne, der sein Lager auf einem Hügel errichtet hatte, sammelte sich mit Berittenen des I. und III. Korps und suchte ebenfalls das Weite. Den vorwiegend italienischen Truppen wurde der Fluchtweg abgeschnitten. Sie wurden niedergemacht oder ertranken im See. Insgesamt sollen 10 000 Menschen auf burgundischer Seite umgekommen sein. Die Verbündeten plünderten in der Folge das burgundische Lager und veranstalteten Raubzüge durch die Waadt bis nach Genf.

In der Forschung hat sich die Einschätzung über den Verlauf der Schlacht verändert. Glaubte man zunächst, Karl der Kühne hätte die Niederlage aufgrund seiner falschen Truppenaufstellung und Unterschätzung des Gegners selbst verschuldet, so ist man heute der Meinung, daß das burgundische Heer aufgrund seiner Minderzahl von Beginn an im Nachteil war. Die taktisch schlüssige Truppenaufstellung habe nicht verhindern können, daß durch einen unglücklichen Zufall – weil die Truppen nicht in den Stellungen waren – die Niederlage beschleunigt wurde. Dennoch sind einige weitere negative Punkte auf burgundischer Seite festzuhalten. Die mangelnde Disziplin in Karls Heer trug sicher nicht zur Standfestigkeit der Linien bei. Auch hätte er bedenken müssen, daß seine Truppen vom vielen Umherziehen überfordert waren. Überdies war sein Verhältnis zu den Unterführern schlecht, er ließ sich nicht beraten. Alles in allem wurden die von vornherein nicht optimalen Voraussetzungen für einen Sieg der Burgunder durch Karls Fehleinschätzungen verschlechtert.

Das Kräftemessen der Schlacht von Murten hatte zwar die militärische Lage geklärt, doch nun mußte eine stabile politische Ordnung gefunden werden. Dies wurde unter der Vermittlung Frankreichs im

Juli/August 1476 auf dem Freiburger Kongreß verhandelt, aus dem für die Eidgenossenschaft aber keine größeren territorialen Gewinne hervorgingen. Die gründliche Niederlage vertrieb den Burgunderherzog endgültig aus burgundisch-schweizerischem Gebiet. Im Anschluß wandte er sich nach Nancy, das er inzwischen an lothringische Truppen verloren hatte. Dort organisierte er die Belagerung der Stadt. Herzog René von Lothringen bat die Eidgenossenschaft um Hilfe, worauf Freiwillige gegen Sold nach Nancy zogen. Um die Jahreswende 1476/77 versammelten sich die eidgenössischen Truppen in Basel und vereinigten sich auf dem Weg nach Nancy mit oberrheinischen Kontingenten zu einem 20 000 Mann starken Heer. Am 5. Januar versuchte der Burgunderherzog durch eine Blockade vor dem von ihm mit 12 000 Mann belagerten Nancy die Koalition abzufangen und zurückzuschlagen. Seine Absicht wurde jedoch erkannt, die Truppen wurden umgangen und geschlagen, er selbst fand dabei den Tod.

Damit waren die Burgunderkriege noch nicht offiziell beendet. Um die Streitigkeiten zwischen Karls Rechtsnachfolger Maximilian von Österreich und der Koalition auch offiziell zu beenden, wurde im Januar 1478 der Kongreß von Zürich abgehalten, auf dem sich beide Parteien auf Reparationszahlungen Burgunds an die Eidgenossenschaft einigten. Die politische Landschaft Europas hatte nach den Burgunderkriegen gewichtige Veränderungen erfahren. Die Eidgenossenschaft konnte ihre Existenz als eigenständiges Staatswesen durch internationale Anerkennung festigen. Ihre Truppen hatten den Ruf, im Feld unschlagbar zu sein, was die Fußknechte verstärkt in ausländische Söldnerdienste trieb und auch ein Element der eidgenössischen Politik bis zur Niederlage bei Marignano im Jahr 1515 blieb. An eine einheitliche Außen- und Innenpolitik war über den kleinsten gemeinsamen Nenner der Verteidigungspolitik hinaus nicht zu denken. In Europa sank die Stellung der Eidgenossenschaft zum Ende des 15. Jahrhunderts daher vom politischen Partner zum Truppenlieferanten. Burgund verschwand als eigenständiges Staatsgebilde von der Landkarte. Bis zum Frieden von Senlis 1493 fielen die nördlichen Landesteile größtenteils an Habsburg, die südlichen wurden zwischen Österreich und Frankreich geteilt. Hiermit wurde der die nächsten Jahrhunderte die europäische Politik dominierende Gegensatz zwischen diesen beiden Mächten begründet.

Die Schlacht von Murten fällt in eine Zeit, in der sich die europäische Gesellschaft an der Schwelle vom Mittelalter zur Neuzeit befand. Im technischen, geistesgeschichtlichen und sozialen Bereich beschleunigten sich bereits einsetzende, aber noch nicht allgemein verbreitete Entwicklungen. Im Schlachtengeschehen selbst, zeitlich auf nur einen Tag verdichtet, spiegelt sich der Fortschritt indirekt wieder. Eine der wichtigsten heerestechnischen Umwälzungen des Spätmittelalters erlebte ihren Höhepunkt in den Burgunderkriegen: die Überlegenheit von Fußheeren gegenüber Reitertruppen. Erstmals faßbar bei dem Sieg städtischer Fußknechte gegen ein Ritterheer bei Kortrijk 1302, war die Schlacht von Sempach 1386 ein weiterer Höhepunkt, bis in den Hussitenkriegen (1419–1436) berittene Adelige mehrfach Niederlagen gegen Fußheere erlitten. Die Eidgenossen perfektionierten diese Taktik mittels der durch Langspieße geschützten Schlachthaufen, aus deren Mitte die Halbartenträger im Nahkampf zum Einsatz kamen. Ein Vorteil war, daß die Fußknechte nur sehr leicht ausgerüstet werden mußten und die Kosten daher gering blieben. Sie waren dem mit starker Kavallerie ausgerüsteten burgundischen Heer überlegen und konnten auch nicht von den nun verstärkt eingesetzten Hand- und Feldbüchsen kampfentscheidend geschwächt werden. Dies änderte sich erst mit der Niederlage der Eidgenossen gegen die Franzosen bei Marignano 1515, bei der eine weiterentwickelte Artillerie wirkungsvoll gegen die Fußtruppen eingesetzt wurde.

Von den Feuerwaffen waren die sogenannten «Hauptbüchsen» bei Belagerungen bereits im 15. Jahrhundert imstande, weite Breschen in Mauern zu schießen. Im Feld war der Einsatz von Bogenschützen effektiver, die ein sich annäherndes Heer im Pfeilhagel schwächen konnten. Durch das Vorrücken in eng gedrängten Gewalthaufen und durch die aufkommenden breitkrempigen Helme fehlte dieser Taktik in den Burgunderkriegen die Durchschlagskraft. Die Schlacht von Murten war die letzte, in der Bogenschützen in größerer Anzahl eingesetzt wurden.

Karl der Kühne führte den mitteleuropäischen Mächten erstmals vor Augen, daß ein Heer von mehreren tausend Mann über längere Zeit im Feld gehalten und über größere Strecken geführt werden konnte. Die Aufstellung eines solchen modern bewaffneten und versorgten Heeres zeigt die zunehmende Durchorganisierung und Vermassung des Krieges. Die Burgunderkriege stehen damit an der Grenze des modernen Militärzeitalters, das mit dem Kriegszug des französischen Königs Karl VIII. 1494 nach Italien beginnt.

Die Burgunderkriege hatten auch erhebliche wirtschafts- und sozialpolitische Bedeutung. Wenn die Eidgenossenschaft auch kein Zentrum des internationalen Handels war, so hatten die größeren Städte doch eine wichtige Funktion als überregionaler Umschlagplatz. Wenn die Eidgenossen wegen der Einmischung Karls des Kühnen am Oberrhein eingriffen, so war dies darin begründet, daß das Elsaß der wichtigste Getreidelieferant der Acht Orte war. Die Eidgenossen waren selbst in guten Erntejahren auf den Zukauf von Getreide angewiesen. Diesen Zwang berücksichtigten sie bereits beim Eingehen von Bündnissen durch das Beharren auf freiem Kornkauf.[2] Dieses Privileg war 1469 durch den Wechsel der Vorherrschaft am Oberrhein von Österreich auf Burgund bedroht.

Die westlichen eidgenössischen Orte profitierten vom internationalen Güterverkehr insoweit, als seit dem 14. Jahrhundert die Routen zwischen den Wirtschaftszentren im oberdeutschen Raum und den internationalen Messen in Genf, Lyon und Genua dieses Gebiet berührten. Die Geleit- und Zolleinnahmen verringerten sich in der zweiten Hälfte des 15. Jahrhunderts, denn wegen der seit den sechziger Jahren am Oberrhein einbrechenden Konjunktur und der von Ludwig XI. 1463 verfügten Privilegierung der Lyoner Messe gegenüber der von Genf transportierten die süddeutschen Handelshäuser ihre Warenströme jenseits des Juras und nicht mehr entlang der Aare und des Neuenburger Sees. Dies bewirkte ein verstärktes militärisches und diplomatisches Engagement Berns, was sich auch in den Ereignissen vor und nach Murten widerspiegelt, das im Einzugsbereich dieser Handelsroute lag. Sein Fall hätte den Verlust bernischer *zöll, geleit, markt, land und lüt* bedeutet.[3] Für das Gewicht von Wirtschaftsbelangen ist kennzeichnend, daß erst der bernische Hinweis auf die Bedrohung dieser Ansprüche die übrigen Eidgenossen zur Entsendung von Truppen nach Murten motivierte.

Die Zolleinnahmen waren zwar finanziell von Bedeutung, die Haupteinnahmequelle für die Bewohner der Eidgenossenschaft war jedoch die Landwirtschaft. Im späten Mittelalter ging die wirtschaftliche Entwicklung dahin, den Ackerbau zunehmend durch die weniger personalintensive Viehzucht zu ersetzen. Die auf dem Land freigesetzten Arbeitskräfte bildeten die personelle Basis für das massenhafte Auftreten eidgenössischer Söldner in Europa. Die Aussicht auf Gewinn großer Reichtümer bei einer Niederlage des Burgunderherzogs war ein großer Anreiz für die Fußknechte. Nach Grandson erwarteten sich die Eidgenossen für die Zukunft ähnlich üppige Beute in der Annahme, daß Karl der Kühne vor Murten *gar gros gut von gold, silber und andern dingen* mitbringen werde.[4] Die burgundische Wirtschaftskraft wird angesichts des Lagers vor Grandson belegt, wo sich *mechtige* Kaufleute mit *köstlich koufmanschatz* aufhielten, den sie, wie der Berner Chronist im Falle von Murten ironisch feststellt, um ein *clein gelt* zurücklassen mußten.[5]

Diese Gier ist auch darin begründet, daß es nicht gelang, die Beute aus der Schlacht von Murten gerecht zu verteilen. Besonders die Hauptleute taten sich bei der Unterschlagung der Beute hervor. Es wurde zwar versucht, eine sogenannte «Gemeine Beute» im Rathaus von Murten zu sammeln, aus der dann gerecht verteilt werden sollte. Jedoch brachen die mißtrauischen Fußknechte in das Rathaus der Stadt ein, um sich ihren Teil vor den Hauptleuten zu sichern. Von der Obrigkeit wurden diese Leute als *snöde schölmen, friheitbuben und frömde hantwerksknechte* diffamiert.[6] Für verarmte Stadtbewohner und Bauern war der beuteverlockende und besoldete Kampf ein Ausweg aus dem kargen Dasein.

Die Veränderung der Konfliktaustragung von der Fehde zum Krieg ist ein Prozeß, der von der mittelalterlichen gewohnheitsrechtlichen Praxis des Fehderechts ausgeht. Entscheidend war hierbei der Aspekt der Ehrverletzung, der die sogenannte «Absage» als Ankündigung offener Feindseligkeiten nach sich zog. Ursprünglich an eine bestimmte Person gebunden, wurden Fehden im späten Mittelalter auch von Städten ausgesprochen, d. h. die Fehde hatte nun auch einen territorialen Bezug. Diese Entwicklung setzte sich in den Burgunderkriegen weiter fort, während denen die Kriegserklärungen noch in der traditionellen Form des Absagebriefes überreicht wurden. Karl der Kühne hat jedoch von seiner Seite nie eine Kriegserklärung abgegeben. Aus staatsrechtlicher Sicht begann die Auseinandersetzung erst mit der Ausrufung des Reichskriegs durch Kaiser Friedrich III. wegen der Neusser Belagerung. Unter Berufung auf dieses Dokument entsandte die Eidgenossenschaft den Fehdebrief gegen Herzog Karl. Das an traditionelle Formen anknüpfende kaiserliche Edikt gegen Karl den Kühnen lehnt sich formal an die Fehde an, die Absage der Eidgenossenschaft hingegen ähnelt mehr einer neuzeitlichen Kriegserklärung, weil sie sich nicht auf das Faktum der Ehrverletzung beruft, sondern – ganz modern – Bündnisverpflichtungen in den Vordergrund stellt. Die sich in den zeitgenössischen schriftlichen Zeugnissen überschneidenden Terminologien «Fehde» und «Krieg» verweisen auf diese Unsicherheit, die in ihrer Größe neuartigen militärischen Organisationsformen sachgerecht zu umschreiben, wobei sich «Krieg» schließlich als Bezeichnung durchsetzte. Formalrechtlich hatten die Eidgenossen also früh ein modernes Recht entwickelt. Aber Kriegserklärungen mußten ja auch politisch nach innen begründet werden. Ein Hauptargument dafür war das aus der Vergangenheit durch den gemeinsamen Kampf gegen Habsburg entstandene Motiv, für das *vatterland* zu sterben. Der Krieg wurde zum Wohl eines *gemeinen nutzen* geführt.[7] Wir erleben hier den Übergang vom mittelalterlichen Ständedenken zum neuzeitlichen Volkspatriotismus. Deshalb lassen sich aus der Rückschau die Burgunderkriege als Vorform von Nationalkriegen klassifizieren.

Die Kriegführung drang technisch und finanziell in neue Dimensionen vor. Hierauf reagierten auch die Chronisten der Zeit, wie der bereits mehrfach zitierte Berner Diebold Schilling[8], mit einer bis dahin nicht gekannten Thematisierung des Krieges. Mit der Vielzahl von Chroniken ging ein sich ausbreitender Bildungshorizont einher, der von städtischen Schulen und Universitäten gefördert wurde, humanistische Zirkel entstanden. Der höhere Bildungsstand der Gesellschaft bedingte wiederum den zunehmenden Hunger nach schriftlichen Dokumenten, der zum Nährboden für die sich immer schneller entfaltende Druckerkunst wurde. Einhergehend mit dem Humanismus schuf sie eine Leserschaft, die sich als frühe Form von «Öffentlichkeit» definiert.

Die Schlacht von Murten läßt sich nicht als isoliertes Ereignis betrachten. Sie steht als Etappe auf dem Weg der Auseinandersetzung zweier aufstrebender und auf militärische Potenz setzender junger Staaten. Die Habsburger betraten mit der Übernahme eines großen Teiles von Burgund einen neuen historischen Machtabschnitt. Der Habsburger König Maximilian setzte im europäischen Wettlauf um die wirkungsvollste Kriegstechnik zu Recht auf die eidgenössische Taktik der Fußsoldaten, aus der sich die Technik des Landsknechtshaufens entwickelte. Feldgeschütze und Massenheere nötigten die Staatsführer, durch Regelungen in der Verwaltung dauernde Geldquellen aufzutun, wobei besonders die Städte mit ihrem im Handel erwirtschafteten Reichtum eine große Rolle spielten. Entsprechend gewinnt die Wirtschaft in der Kriegführung an Gewicht, während die auf die stagnierende Agrarwirtschaft angewiesene Landbevölkerung ihr Heil im Kriegsdienst sucht. Der Reichtum der Städte finanziert damit nicht nur Kriege, sondern auch die neu entstehende Gesellschaftsschicht der Söldner. Doch dreht sich nicht alles nur um Geld, auch die Suche nach der eigenen Identität scheint durch. Mehr denn je ist der Feind nicht mehr durch seine Ungläubigkeit gekennzeichnet, wie vordergründig in den Kreuzzügen. Es zählt nun auch seine Herkunft.

Vor Murten wird das Wesen des neuzeitlichen Krieges deutlich, das von einer ganzen Vielfalt an Motiven geprägt ist. Die Voraussetzungen der mittelalterlichen Ständegesellschaft genügten für diese Bedingungen längst nicht mehr. Die Komplexität einer im Werden begriffenen modernen Gesellschaft wird erkennbar. Darin liegt der Wert der Begegnung von Murten als Schlacht der Weltgeschichte begründet: Sie kennzeichnet den Aufbruch der Gesellschaft in die Moderne.

Feuer gegen Elefanten
Panipat, 20. April 1526

Stig Förster

«Panipat, 92 km nördlich von Delhi gelegen, gilt als einer der am meisten von Fliegen verpesteten Orte Indiens.»[1] Mit diesen wenig schmeichelhaften Worten beschreibt der wohl beste aktuelle Reiseführer durch Indien eine kleine Stadt von wenigen zehntausend Einwohnern, die an der wichtigen Durchgangsstrecke von der indischen Hauptstadt nach dem Nordwesten gelegen ist. Panipat ist umgeben von halbwüstenartigem Gelände, in dem nur wenige Gräser und geduckte Dornenbüsche entlang spärlicher Wasserläufe gedeihen. Die Landschaft ist bis auf geringe Erhebungen weitgehend flach und wenig beeindruckend. Es handelt sich um einen armseligen Ort. Und doch ist ausgerechnet hier Weltgeschichte geschrieben worden. Drei Schlachten von immenser Bedeutung wurden bei Panipat geschlagen. Die staubige Ebene ist getränkt vom Blut tausender Erschlagener. Vielleicht sind deshalb die Fliegen immer noch so zahlreich in Panipat.

Es ist kein Zufall, daß ausgerechnet Panipat zu einer Stätte wurde, an der sich wiederholt das Schicksal Indiens entschied. Denn Panipat liegt gewissermaßen vor den Toren Delhis, nur wenige Tagesmärsche entfernt. Die Herrscher über das Zentrum Nordindiens mußten mit ihren Truppen in die Gegend von Panipat ziehen, um sich vor Angriffen aus dem Nordwesten zu verteidigen. Bevor die Briten ihre Vormachtstellung auf dem Subkontinent errichteten, kamen Angriffe auf das indische Kernland in der Tat zumeist aus dieser Himmelsrichtung. Nur wenige hundert Kilometer entfernt befindet sich nämlich der reiche Punjab. Diese Region diente mehrfach als Aufmarschbasis für Eroberer aus Zentralasien und aus Persien. Panipat und seine weitere Umgebung befinden sich somit genau auf der Einfallsroute für mächtige Invasoren. Durch die Jahrhunderte fanden hier denn auch immer wieder bedeutende Schlachten statt. Seit dem ausgehenden 12. Jahrhundert durchzogen mehrere Wellen von Eroberern die Gegend und lieferten sich blutige Kämpfe mit den Verteidigern Nordindiens. Noch im Jahre 1739 besiegte der Perser Nadir Shah die Armee des Großmoguls bei Karnal, unweit von Panipat. Panipat selbst wurde, wie gesagt, dreimal zum Schauplatz einer Schlacht. 1526 vernichtete an dieser Stelle der Herrscher von Afghanistan, Babur, das Heer des Sultans von Delhi. Damit wurde die Errichtung der Mogulherrschaft in Indien eingeleitet. Dreißig Jahre später schlug am gleichen Ort Akbar, der Enkel Baburs, eine Armee unter der Führung des Hindu-Generals Hemu, womit die Moguln ihre Macht für lange Zeit konsolidierten. Im Jahre 1761 schließlich erlitt das starke Marathenreich, ein Nachfolgestaat der Moguln, bei Panipat eine vernichtende Niederlage gegen den Afghanenherrscher Ahmed Shah Abdali. Von dieser Niederlage haben sich die Marathen nie mehr erholt, was den Aufstieg Britisch-Indiens zur Vormacht des Subkontinents ermöglichte.

Es handelt sich also um einen wahrhaft historischen Ort. Und doch sind Panipat und seine Schlachten im Westen nur wenigen Spezialisten bekannt. Es wirft ein bezeichnendes Licht auf die Selbstbezogenheit westlicher Historiker, daß Panipat in den großen Gesamtdarstellungen und Lexika zur Kriegsgeschichte zumeist gar nicht oder nur beiläufig erwähnt wird. Technische Neuerungen und das Können erfolgreicher Feldherrn machen westliche Autoren vielmehr mit Vorliebe im Abendland aus. Sie tun damit dem gesamtgeschichtlichen Prozeß bitter unrecht.

Die Schlachten von Panipat waren nicht nur von großer politischer Bedeutung, sie sind auch unter militärhistorischen Gesichtspunkten von besonderem Interesse. Dies gilt auch und gerade für die erste Schlacht von Panipat, wurden hier doch zum ersten Mal in Indien und überhaupt sehr frühzeitig Feuerwaffen auf offenem Feld eingesetzt – mit wahrlich durchschlagender Wirkung. Diese Schlacht stand am Anfang eines Gesamtprozesses, in dessen Verlauf es während des 16. und 17. Jahrhunderts zu einer Renaissance islamischer Großreiche kam – den sogenannten «Gunpowder»-Imperien –, die für die aufsteigenden europäischen Mächte eine gefährliche Konkurrenz darstellten. Das Osmanische Reich, das Safavidenreich in Persien und das Mogulreich in Indien, sie alle statteten ihre Armeen mit Kanonen und Handfeuerwaffen aus und waren damit nicht nur altmodischeren Gegnern überlegen, sondern den Europäern lange Zeit mindestens ebenbürtig.

Die erste Schlacht von Panipat hatte somit in der Tat erhebliche Bedeutung. Aber handelte es sich wirklich um eine Entscheidungs-

Baburs Zug nach Indien bis zur Schlacht von Panipat 1526

schlacht, einen historischen Moment also, in dem in extrem kurzer Zeit mit Waffengewalt über langwierige Prozesse entschieden wurde? Dieser Frage wird am Ende der Untersuchung nachzugehen sein. Doch vorab gilt es, über die Geschichte der ersten Schlacht von Panipat zu berichten.

Am 14. Februar 1483 wurde im Ferganatal, im heutigen Usbekistan, der Fürstensohn Zahir ud-Din Muhammad Babur geboren. Mütterlicherseits stammte Babur von Dschingis Khan ab. Die väterliche Linie ging direkt auf Tamerlan zurück, den großen und grausamen Eroberer, dessen Reich sich am Ende des 14. Jahrhunderts vom Mittelmeer bis nach Indien erstreckt hatte. Babur stand somit in doppelter Hinsicht in der Tradition jener Herrscher und Heerführer, deren Reiterarmeen seit dem 13. Jahrhundert große Teile Asiens und Osteuropas verwüstet hatten, die aber auch Riesenreiche mit prächtigen Städten und Palästen entstehen ließen. Erobern und Herrschen war zur Lebensdevise ganzer Dynastien geworden, die sich vor allem in Zentralasien im immer wieder auftretenden kriegerischen Chaos bis zur Vernichtung gegenseitig bekämpften. Diese kriegerischen Traditionen beruhten keineswegs nur auf den persönlichen Ambitionen der Fürsten und Heerführer. Die umherziehenden Söldner, wie auch die großen und kleinen Clans Zentralasiens suchten vielmehr nach fähigen Führern, die ihnen Schutz und mehr noch Aussicht auf reiche Beute boten. Schließlich mußten die meist exzellent ausgebildeten und gut bewaffneten Kämpfer ganze Familien und Dörfer ernähren, da die sonstigen wirtschaftlichen Grundlagen nicht ausreichten. In diesem Klima kriegerischer Gewalt war es für die Abkömmlinge der Fürstendynastien häufig eine Überlebensfrage, sich an die Spitze kampfkräftiger Verbände zu setzen, um ihren Rivalen, die mitunter aus den eigenen Familien stammten, gewachsen zu sein. Doch die wenigsten Fürsten verfügten über ausreichende Ressourcen, um genügend Kämpfer bei der Stange zu halten. Plünderungs- und Eroberungszüge waren daher zumeist das einzige Mittel, um die heterogenen Kriegshaufen zu finanzieren. Insgesamt waren die zahlreichen kleinen und großen Feldzüge, die Zentralasien erschütterten, somit ein Resultat des politischen und sozialen Systems der Region.

Als der erst elfjährige Babur die Nachfolge seines verstorbenen Vaters antrat, stand er deshalb von Anfang an unter diesem systembedingten Druck, ein erfolgreicher Kriegsherr zu werden. Zumindest erwarteten die Anhänger seines Hauses von ihm große Taten. Doch die Voraussetzungen waren denkbar ungünstig. Bei seinem Herrschaftsbereich handelte es sich um ein winziges Bruchstück des einst so riesigen Reiches Tamerlans, das in Erbfolgestreitigkeiten und permanenten Fehden untergegangen war. Diese Auseinandersetzungen hielten nach wie vor an, wobei Babur nur einen schwachen Faktor im großen Machtkampf darstellte. Aber der junge Mann war talentiert, willensstark und verstand sich auf den Umgang mit Menschen. Zudem erhielt er eine gute Ausbildung. So hinterließ er später der Nachwelt seine durchaus selbstkritischen und scharf beobachtenden Memoiren, die zu den großen Werken der Weltliteratur zählen. Der sunnitische Moslem Babur war alles andere als ein religiöser Fanatiker. Er trank gern und viel Wein. Überhaupt war er in religiösen Fragen eher pragmatisch, was es ihm erlaubte, mit Andersgläubigen wichtige Bündnisse einzugehen. Insbesondere die schiitischen Safaviden des Iran wurden zeitweise zu nützlichen Partnern Baburs.

Im Laufe der Jahre sammelte der aufstrebende Herrscher des Ferganatals eine ständig wachsende Zahl von Kämpfern um sich, zu denen neben Turkmenen auch Mongolen gehörten. Mit dieser Truppe konnte er sich allmählich an größere Aufgaben heranwagen. Erzogen als wahrer Timuride, träumte er nämlich davon, die ehemalige Hauptstadt Tamerlans, Samarkand, zu erobern, um damit die Nachfolge seines Vorfahren anzustreben. Tatsächlich gelang es ihm dreimal, die immer noch prächtige Stadt in seinen Besitz zu bringen, teilweise mit persischer Hilfe. Doch er verlor Samarkand immer wieder, denn mit dem Usbekenführer Shaibani Khan stand ihm ein sehr viel mächtigerer Gegner gegenüber. Im Jahre 1501 mußte Babur nach einer verlorenen Schlacht schließlich endgültig vor den Usbeken weichen, die auch noch das Ferganatal eroberten und sich dauerhaft in der Region etablierten. Babur war zum Flüchtling geworden, doch er hatte von den Usbeken wertvollen militärischen Anschauungsunterricht erhalten, den er anderswo erfolgreich umsetzte.

Mit den verbliebenen Getreuen eroberte er 1504 Kabul, wo er ein neues Reich gründete. Doch seine Herrschaft über Afghanistan war alles andere als gesichert. Immer wieder kam es zu Auseinandersetzungen mit den benachbarten Usbeken. Es gelang auch nur in geringem Maße, ein geordnetes Herrschaftssystem zu etablieren. Statt dessen zogen Baburs Männer in regelmäßigen Raubzügen aus, um das Land zu plündern. Aber Afghanistan war ein ziemlich armes Land. Da Samarkand durch die Macht der Usbeken unerreichbar geworden war, mußte sich Babur deshalb neue Jagdgründe suchen, um die wachsende Zahl seiner Krieger zu unterhalten. Auf der anderen Seite der Berge aber lockte Indien, traditionell eines der reichsten Gebiete Asiens. Babur begann sich deshalb umzuorientieren und gab den Traum von Samarkand auf. Zwischen 1515 und 1523 führte er seine Truppen bei mehreren Einfällen in den Punjab. Im Jahre 1524 eroberte er sogar kurzzeitig Lahore, wurde allerdings von Provinzgouverneur Daulat Khan Lodi schnell wieder vertrieben. Doch der Anblick der ziemlich beeindruckenden Stadt und des fruchtbaren Punjab hatte bei Babur und seinen Männern Appetit auf mehr geweckt.

Babur verfügte über eine zwar relativ kleine, aber gut bewaffnete und gut organisierte Armee. Das Rückgrat der Truppe bildeten die berittenen Bogenschützen, jene gefürchteten, harten und äußerst gewandten Krieger der Steppe, die seit Jahrhunderten die großen Ackerbaukulturen Asiens terrorisierten und die militärische Grundlage für die Erfolge Dschingis Khans und Tamerlans gewesen waren. Mit weittragenden, durchschlagskräftigen Bögen bewaffnet und durch ihre schnellen Pferde sehr beweglich, konnten sie schwerfälligere Armeen mit Pfeilen überschütten, ohne selbst erreichbar zu sein. Die in der Steppe entwickelte Taktik des überfallartigen Angriffs und schnellen Rückzugs machte sie fast unüberwindbar. Zudem war die Truppe straff durchorganisiert und verfügte in Baburs Begs über fähige Unterführer, zu denen übrigens auch sein Sohn Humayun gehörte.

Doch Babur war ein viel zu aufmerksamer Beobachter seiner Zeit, um sich mit den traditionellen Mitteln zentralasiatischer Kriegführung zufrieden zu geben. So entging ihm nicht, daß die Osmanen im Jahre 1514 in der Schlacht von Chaldiran, unweit von Täbriz, das gefürchtete safavidische Reiterheer mit neuen Waffen und einer neuen Taktik vernichtend geschlagen hatten. Die Türken hatten aneinandergekettete Karren als Hindernisse auf dem Schlachtfeld aufgestellt, um die feindlichen Kavallerieattacken aufzuhalten. Zwischen den Karren aber standen Feldkanonen und mit Luntenschloßgewehren bewaffnete Infanteristen, die die persischen Reiter gnadenlos zusammenschossen. Damit war ein wirksames Mittel gegen die gefährlichen Reitermassen gefunden worden. Kanonen waren in Asien schon lange bekannt. Doch die schwer beweglichen Ungetüme dienten bis dahin ausschließlich als Belagerungsinstrumente gegen Festungsmauern. Daß nunmehr leichtere Kanonen in Feldschlachten eingesetzt werden konnten, war ebenso eine Neuerung wie die mit

Handfeuerwaffen ausgerüstete Infanterie. Als Babur von der Schlacht von Chaldiran erfuhr, ließ er sich türkische Spezialisten kommen, um seine Armee auf den neuesten Stand zu bringen. Einer dieser Männer wurde fortan der Kommandeur von Baburs Feldartillerie. Bei der Belagerung der Festung Bajaur im Jahre 1519 machte Babur zum ersten Mal Gebrauch von den neuen Gewehren – mit erheblichem Erfolg. So entstand eine Armee, die die Vorzüge zentralasiatischer Reiterheere mit der Leistungsfähigkeit der neuesten Waffensysteme verband. Nordindien war somit einer furchtbaren Bedrohung ausgesetzt.

Der indische Subkontinent war eines der großen Zivilisationszentren der Welt. Die Jahrtausende alte Ackerbaukultur bildete immer wieder die Grundlage für den Bau großartiger Städte und die Errichtung mächtiger Reiche. Ein weit verzweigtes Handelsnetz mit interkontinentalen Verbindungen eröffnete zudem grundsätzlich die Möglichkeit zur Akkumulation von Reichtümern, die von außen betrachtet mehr als anziehend wirkten. Nicht umsonst hatten Portugiesen und Spanier um den Seeweg nach Indien konkurriert, wobei die Portugiesen den Sieg davontrugen, während die Spanier mit der Zufallsentdeckung des amerikanischen Kontinents einen wertvollen Trostpreis erhielten.

Doch zu Beginn des 16. Jahrhunderts befand sich Indien in keinem guten Zustand. So fehlte eine einheitliche Zentralmacht. Der Subkontinent war zersplittert und in weiten Teilen von Kriegszügen verwüstet. Im Süden des Subkontinents bildeten sich bereits seit einiger Zeit mehrere größere und kleinere Reiche heraus, die sich zum Teil heftig bekämpften. Außerdem hatten die Portugiesen begonnen, sich in Südindien festzusetzen. Die kurzzeitige Vereinigung fast ganz Indiens unter der Herrschaft der Sultane von Delhi war längst Vergangenheit. Der Süden hatte sich auf lange Zeit fast gänzlich vom Norden abgekoppelt.

Nordindien stand seit dem ausgehenden 13. Jahrhundert weitgehend unter der Herrschaft islamischer Eroberer, deren Herrschaftszentrum Delhi darstellte. Doch diese Herrschaft war immer prekär, weil die brutale Unterjochung der Hindu-Mehrheit wiederholt heftigen Widerstand hervorrief, während die moslemischen Adelsfamilien in Machtkämpfe verstrickt waren. Ein festgefügtes Staatswesen, das die Ressourcen des Landes zu bündeln und zu entwickeln imstande gewesen wäre, bildete sich deshalb nie wirklich heraus. Hinzu kamen immer neue Angriffe aus Nordwesten, die schlimme Verwüstungen anrichteten. Die wohl furchtbarste Invasion führte Tamerlan im Jahre 1398. Nach der Eroberung und Plünderung Delhis zog er zwar wieder ab, doch er hinterließ ein zerstörtes und teilweise entvölkertes Land. In den folgenden Jahrzehnten waren die Preise für Lebensmittel in Nordwestindien extrem niedrig, weil es kaum Käufer gab und Edelmetalle für die Währung nur in geringem Umfang zur Verfügung standen. Zudem dauerte es Jahre, bis in Delhi und Agra wieder so etwas wie eine Zentralgewalt entstand. Die aus Afghanistan stammende Familie der Lodi kam zwar schließlich an die Macht, doch es gelang dieser Dynastie nie, dem Sultanat seine alte Kraft wiederzugeben. Ein furchtbares Erdbeben machte außerdem im Jahre 1505 die Fortschritte beim Wiederaufbau größtenteils zunichte.

Als der junge und unerfahrene Ibrahim Lodi 1517 zum neuen Sultan erklärt wurde, trat er somit ein schweres Erbe an. Trotz zwischenzeitlicher Erfolge schaffte er es denn auch nicht, sein Reich zu konsolidieren. Die mächtigen Hindufürsten von Rajastan hatten sich längst verselbständigt und warteten nur auf die Gelegenheit, das moslemische Joch endgültig abzuschütteln. Aber auch die afghanischstämmigen Notabeln zeigten wenig Neigung, den neuen Sultan zu unterstützen. Statt dessen waren sie bestrebt, eigenständige Herrschaftsbereiche auf Kosten der schwächelnden Zentrale zu etablieren. Unter diesen Umständen war Ibrahim Lodi nicht in der Lage, die potentiellen Ressourcen seines zerfallenden Reiches zur Machtentfaltung zu mobilisieren. Er war gegenüber Angriffen von außen sehr verwundbar.

Doch die ungünstige aktuelle Lage des Sultanats von Delhi war nicht das einzige Problem, wenn es um die Verteidigung des Reiches ging. Hinzu kam vielmehr ein genereller Trend, der alle in Nordindien etablierten Reiche gegenüber Invasoren aus Zentralasien benachteiligte. Auch wenn die Gründer dieser Reiche ursprünglich selbst Krieger der Steppe waren, so konnten sie doch auf Dauer die Grundlagen ihres einstigen Erfolges nicht aufrechterhalten. Die klimatischen Verhältnisse in Indien machten es nämlich fast unmöglich, die bewegliche Kavallerie der berittenen Bogenschützen aus dem Lande heraus zu unterhalten. Nordindien bot kein ausreichendes Weideland für die Pferde der Steppe, so daß die Eroberer nach nur wenigen Generationen die Fähigkeit einbüßten, mit ihren zentralasiatischen Vettern auf dem Schlachtfeld zu konkurrieren. Deshalb wurden immer wieder Pferde und auch Krieger aus Zentralasien importiert. Doch dieses System funktionierte nur solange, wie das Reich von

Delhi die hohen Kosten für diese Importe tragen konnte. Nach Tamerlans Invasion war das eindeutig nicht mehr der Fall.

Als Alternative blieb bloß der Rückgriff auf das traditionelle indische Militärsystem, das sich aber seit Jahrhunderten den Feinden von jenseits der Berge als unterlegen erwiesen hatte. Im bevölkerungsreichen Indien war es an sich kein Problem, Massenheere aufzustellen. Söldner fanden sich immer in genügender Zahl. Doch ihre Loyalität hing vom Geldbeutel und vom Erfolg des jeweiligen Feldherrn ab. Viele dieser Kämpfer waren zudem Hindus, die wenig mit ihren moslemischen Herren verband. Obendrein ließen sich diese individualistischen Krieger kaum in ein rigides Organisationssystem pressen. So entstanden Massenheere mit geringem inneren Zusammenhalt, zumal die Unterführer häufig aus wenig zuverlässigen, weil auf ihre eigenen Interessen erpichten Notabeln bestanden. Für die Berücksichtigung militärischer Innovationen war in diesem System kein Platz. Es gibt jedenfalls keinen Hinweis darauf, daß das Regime Ibrahim Lodis irgendwelche Notiz von der Schlacht von Chaldiran genommen hätte. So verfügte der Sultan über eine vergleichsweise altmodische Armee. Neben der schwachen Kavallerie und der mit Lanzen bewaffneten Infanterie standen hier vor allem Kriegselefanten. Diese mächtigen Tiere waren aber äußerst verwundbar und konnten, wenn sie durch Pfeile oder gar durch die Wirkung von Feuerwaffen verwundet worden waren und in Panik gerieten, Chaos unter den eigenen Truppen anrichten. Alles in allem war Ibrahim Lodi deshalb in einer denkbar ungünstigen Ausgangsposition, um den Kampf gegen den brillanten Heerführer Babur und seine exzellenten Truppen aufzunehmen. Es mußte ein Kampf von Masse gegen Qualität werden.

Das Unheil für Ibrahim Lodi begann zunächst aufgrund der inneren Zerrissenheit seines Reiches. Die ständigen Machtkämpfe innerhalb der Herrschaftsschicht verführten schließlich einige Notabeln dazu, Hilfe von außen gegen den Sultan zu suchen. Ausgerechnet Daulat Khan Lodi, der als Gouverneur des Punjab noch kurz zuvor Babur vertrieben hatte, lud den Herrscher Afghanistans Ende 1525 zu einer erneuten Invasion ein. Wie wenig verwandtschaftliche Gefühle galten, wurde zudem in dem Umstand deutlich, daß Ibrahims Onkel Alam Khan zum Feind überlief. Sultan Ibrahim konnte sich also noch nicht einmal seiner eigenen Leute sicher sein. Die Hindufürsten Rajastans waren ohnehin nicht bereit, ihre erheblichen militärischen Kräfte zur Unterstützung des Sultans zur Verfügung zu stellen. Dennoch gelang es ihm, eine Armee von mehr als 100000 Mann und 1000 Kriegselefanten aufzustellen. Doch der Feind konnte ungehindert in den Punjab einmarschieren und dort seine Basis errichten, in operativer Reichweite von Delhi. Auf der anderen Seite verfügte Baburs Invasionsarmee nur über 12000 Menschen, von denen ein erheblicher Teil rein logistische Funktionen erfüllte. Als Kämpfer standen ihm allenfalls 9000 Mann zur Verfügung. Aber dies war eine teilweise mit Feuerwaffen ausgerüstete Elitetruppe, und ihr Feldherr hatte kluge Ideen.

Was nun folgte, ist uns zumindest in Umrissen gut bekannt, wenn auch Details umstritten sind. Dabei stellt sich ein in der Geschichte nicht seltenes Quellenproblem. Die Überlieferung ist nämlich einseitig, weil die Verlierer von Panipat keine schriftlichen Berichte hinterließen. Die Hauptquelle liefert der eigenhändige Bericht von Babur, der immerhin den Vorzug besitzt, selbstkritisch, einigermaßen genau und weitgehend plausibel zu sein. Hinzu kommt noch die kurze Darstellung in der Lebensgeschichte von Baburs Sohn Humayun. Auf dieser Grundlage läßt sich der Ablauf des Feldzugs recht anschaulich rekonstruieren.

Im Verlauf des März 1526 rückte Babur mit seiner Armee langsam in Richtung Delhi vor. Lokaler Widerstand wurde mit Brachialgewalt gebrochen, wobei Babur Gefangene zumeist zur Abschreckung massakrieren ließ. In der Zwischenzeit erhielt er Berichte von seinen Spähern, daß Ibrahim Lodi mit seiner Armee von Delhi aufgebrochen sei, um die Invasion zu stoppen. Das riesige Heer des Sultans kam jedoch nur sehr schleppend voran. Am Morgen des 2. April kam es zur ersten Feindberührung in der Nähe des Jamuna-Flusses. Spähtrupps lieferten sich ein Reitergefecht, wobei Baburs Männer siegreich waren und den flüchtenden Feind bis zum Hauptlager Ibrahims verfolgten. Sie machten 60–70 Gefangene und erbeuteten sechs oder sieben Kriegselefanten. Die meisten Gefangenen wurden hingerichtet. Vor allem aber wußte Babur nun, daß der Feind in der Nähe war. Die Schlacht stand kurz bevor. Es war Zeit, genaue Pläne zu schmieden.

Babur ließ zunächst noch einmal seine Truppen durchzählen. Das Ergebnis enttäuschte seine Erwartungen. Er mußte also vorsichtig operieren. In dieser Lage entschied sich Babur, auf die osmanische Taktik in der Schlacht von Chaldiran zurückzugreifen. Der zahlenmäßig überlegene Gegner sollte gegen eine befestigte Stellung anrennen und dabei dem Feuer von Feldgeschützen und Gewehren ausgesetzt werden. Auf Befehl Baburs schwärmten die Männern deshalb aus, um 700 Karren zusammenzubringen. Diese Karren sollten mit Tauen aneinandergebunden werden. Zwischen jedem Karrenpaar wollte Babur fünf bis sechs Schutzwehren anbringen lassen, hinter denen die Gewehrschützen Aufstellung zu nehmen hatten. Die vorhandenen Geschütze würden diese Defensivstellung weiter verstärken. Dadurch mußte ein kaum zu überwindendes Hindernis entstehen, das jedem Angreifer schwere Verluste beibringen konnte. Auf diese Weise hoffte Babur, den Hauptstoß des Gegners abzufangen, ohne von dessen Überzahl erdrückt zu werden.

Die umfangreichen Vorarbeiten dauerten fünf bis sechs Tage. Als alles fertig war, versammelte Babur seine Unterführer, um das weitere Vorgehen zu beraten. Es wurde beschlossen, nach Panipat zu ziehen. Dort sollte die Schlacht stattfinden, denn das Gelände schien für die Durchführung des Plans geeignet. Der eng bebaute Ort würde dem Heer Flankenschutz bieten, während die Infanterie auf dem freien Feld hinter den vorgesehenen Barrikaden Deckung nehmen konnte.

Die Armee konnte nun vorrücken und erreichte am 12. April Panipat. Dort lagerten die Kämpfer für mehr als eine Woche, bereiteten sich auf die Schlacht vor und verrichteten Schanzarbeiten. Ihre Stimmung war allerdings offenbar gedrückt. Babur berichtet jedenfalls, daß Furcht und Sorge weit verbreitet waren. Schließlich war der Feind zahlenmäßig stark überlegen und man befand sich weit von der Heimat in einem fremden Land, dessen Sprache man nicht verstand. Wie bei ähnlichen Anlässen auch, wird Babur viel Mühe darauf verwandt haben, seinen Männern Mut zuzusprechen.

Bei ihren Vorbereitungen wurde die Armee Baburs durch die Truppen des Sultans kaum gestört. Es kam nur gelegentlich zu einigen Reiterscharmützeln. Ibrahim Lodi beging also den Fehler, seinem Gegner Zeit für dessen Vorbereitungen zu lassen. Er war eben ein unerfahrener Feldherr. Obendrein aber herrschte in seinem Lager anscheinend Unruhe. Laut Babur weigerte sich der Sultan nämlich – angeblich aus Geiz –, seinen Truppen vor der Schlacht den Sold auszuzahlen, wie es in der indischen Armee üblich war. Dies dürfte zu Desertionen und einem Absinken der Kampfmoral geführt haben. Ibrahim hatte wohl alle Mühe, sein Heer zusammenzuhalten.

Nachdem alle Vorbereitungen getroffen waren, ging Babur dazu über, den Feind zur Schlacht zu provozieren. Ein Nachtangriff auf sein Lager scheint Ibrahim schließlich davon überzeugt zu haben, daß er nicht länger zuwarten konnte. Am Morgen des 20. April marschierte seine Armee jedenfalls in Schlachtformation gegen Panipat. Babur teilte nun seine Truppen für den Kampf ein. Infanterie und Artillerie nahmen zwischen den Barrikaden Aufstellung, wobei es unklar ist, über wieviele Kanonen er eigentlich verfügte. Gemischte Verbände, bestehend aus Infanterie und Reiterei, sollten an den Flanken feindliche Angriffe aufhalten. Darüber hinaus aber hatte Babur besondere Pläne für seine berittenen Bogenschützen. Von den Usbeken hatte er als Leidtragender gelernt, wie furchtbar die Wirkung dieser schnellen Kavallerie sein konnte, wenn sie den Feind in den Flanken und sogar im Rücken angriff. Dementsprechend teilte er seine Reiter in drei Gruppen auf. Zwei Reiterkontingente sollten das feindliche Heer vom linken und rechten Flügel her umschwirren und versuchen, ihm in den Rücken zu fallen. Ein drittes Kontingent war als Reserve vorgesehen. So verband Babur die Vorzüge der Steppenkavallerie mit der modernen osmanischen Taktik für Infanterie und Feldartillerie.

Die Armee des Sultans rückte im Eiltempo vor allem gegen den rechten Flügel vor, so daß Babur seine Reserven zunächst dorthin beorderte. Doch als Ibrahims Truppen im Zentrum die Verschanzungen zu Gesicht bekamen, geriet der Vormarsch ins Stocken. Heftige Angriffe auf die befestigten Stellungen blieben erfolglos. Obendrein richteten die Feuerwaffen von Baburs Kämpfern ein Blutbad an. Dabei dürfte das Überraschungsmoment die Wirkung des Feuers noch verstärkt haben, hatten die Inder doch den Einsatz derartiger Waffen bislang auf keinem Schlachtfeld erlebt. Auch die Kriegselefanten erwiesen sich im Kugelhagel als nutzlos, zumal die Barrikaden ihr Vorrücken verlangsamten und sie deshalb in erster Linie prächtige Zielscheiben abgaben. Währenddessen attackierte Baburs Kavallerie an den Flanken. Als die Angreifer von Ibrahims Reitern nicht aufgehalten werden konnten, gelang es ihnen schließlich sogar, in den Rücken des Gegners zu kommen. Nun umzingelten sie die relativ schwer bewegliche Hauptmasse des Feindes von drei Seiten her und überschütteten diese mit ihren todbringenden Pfeilen. Auf diese Weise entstand eine Situation, die man auch von anderen Schlachten kennt. Weil es vorne kein Durchkommen gab und die Truppen des Sultans an den Flanken und im Rücken vor dem Pfeilregen naturgemäß zurückwichen, drängte sich die zahlenmäßig größere Armee immer stärker zusammen, bis sie bewegungsunfähig war und Panik ausbrach. Baburs Männer konnten deshalb ein Gemetzel anrichten, aus dem es kaum ein Entrinnen gab. Am frühen Nachmittag, nur wenige

Stunden nach Beginn der Schlacht, war die Armee des Sultans vernichtet.

Auf dem Schlachtfeld, so schätzten Babur und seine Leute, lagen mehr als 15000 erschlagene Feinde. Doch später erfuhr Babur von Indern, daß die Verluste des Gegners zwischen 40000 und 50000 Kämpfer betragen haben sollen. Die Wahrheit lag wohl irgendwo dazwischen. Auch Ibrahim Lodi war gefallen. Babur hatte zunächst geglaubt, er sei entkommen. Doch am späten Nachmittag fand einer seiner Männer die Leiche des Sultans unter einem Haufen lebloser Leiber. Ibrahims abgetrennter Kopf wurde Babur als Beweis dafür vorgelegt, daß das Sultanat von Delhi erloschen war. Über die Verluste unter Baburs Kämpfern ist nichts bekannt. Doch können sie nicht sehr erheblich gewesen sein, denn die Armee war nach wie vor intakt und schlagkräftig, wie sie in den folgenden Monaten bewies.

In den nächsten Tagen konnte Babur Delhi und schließlich auch Agra kampflos besetzen. In Agra fand er Ibrahim Lodis Mutter und dessen Hofgesellschaft vor. Mit überraschender Milde schenkte der neue Herrscher ihnen nicht nur das Leben, sondern überließ ihnen sogar einen Teil der vorgefundenen Schätze, damit sie in der Verbannung ein ihrem Stand angemessenes Dasein fristen konnten. Überhaupt scheinen sich Plünderungen und Brandschatzungen sehr in Grenzen gehalten zu haben, wenn auch die Sieger zahlreiche Frauen zur Beute nahmen. Babur hatte kein Interesse an größeren Zerstörungen. Denn im Unterschied zu seinem Vorfahren Tamerlan war er zum Bleiben entschlossen. Seine Männer waren zwar gar nicht begeistert von dieser Idee, doch mit Versprechungen, Geschenken und mit seiner Überredungsgabe gelang es Babur, die Mehrzahl seiner Leute zu überzeugen. Damit war der Grundstein für ein neues Reich in Nordindien gelegt.

Aber Babur war von seiner Eroberung alles andere als angetan. Zwar erkannte er den potentiellen Reichtum des Landes. Doch der aktuelle Zustand der unterworfenen Gebiete bereitete ihm keine Freude. Ernüchtert schrieb er in seinen Memoiren:

«Hindustan ist ein Land, das wenig Reize hat. Seine Menschen sind unansehnlich; geselligen Verkehr, Empfangen und Erwidern von Besuchen, gibt es nicht; Genialität, Tüchtigkeit, Lebensart gibt es nicht; in handwerklichen Arbeiten ist kein Ebenmaß, weder Methode noch Qualität; es gibt keine guten Pferde, keine guten Hunde, keine Weintrauben, Moschusmelonen oder sonstige erlesene Früchte, kein Eis oder kaltes Wasser, kein gutes Brot oder gekochte Speisen in den

Basaren, keine heißen Bäder, keine Hochschulen, keine Kerzen, Fakkeln oder Leuchter.»[2]

Immerhin vermerkte Babur, daß vor allem die Regenzeit ein angenehmes Klima biete und die zahlreich vorhandenen Arbeitskräfte auf die Dauer von großem Nutzen sein könnten. Es war also viel Aufbauarbeit zu leisten. Tatsächlich sollte unter Baburs Enkel Akbar und dessen Nachfolgern eines der großartigsten Reiche der Weltgeschichte entstehen, dessen Zeugnisse – unter ihnen das phantastische Taj Mahal – noch heute Indien schmücken. Doch diese glorreichen Zeiten hat Babur nicht mehr erlebt. Er starb bereits am 26. Dezember 1530 in Agra. Sein Leichnam wurde nach Kabul überführt, wo er heute noch ruht.

War Panipat nun eine Entscheidungsschlacht? Welche historische Bedeutung kam dieser Schlacht überhaupt zu? Für Ibrahim Lodi war sie zweifellos entscheidend, denn er verlor bei Panipat sein Leben, und mit ihm erlosch das jahrhundertealte Sultanat von Delhi. Doch für Babur handelte sich nur um eine, wenn auch sehr wichtige, Durchgangsstation auf dem langen Weg zur Etablierung seiner Herrschaft in Indien. Viele harte Kämpfe standen ihm noch bevor. Nach dem Sieg über den Sultan stellten sich ihm als nächste die Rajputenfürsten mit einer gewaltigen Armee unter Führung von Rana Sanga aus Mewar entgegen. In der Schlacht von Hanua, am 16. März 1527, konnte Babur allerdings unter Anwendung einer ähnlichen Taktik wie bei Panipat auch diesen Feind vernichten. Weitere Schlachten und Belagerungen folgten. Am 6. Mai 1529 zerschlug Babur schließlich in der Schlacht von Gogra ein afghanisch-bengalisches Heer unter Führung von Mahmud Lodi, einem jüngeren Bruder Ibrahims. Jetzt erst hatte Baburs Herrschaft festen Boden unter den Füßen. Als er starb, hinterließ er ein Reich, das sich von Afghanistan bis Bihar erstreckte. Aber dieses Reich war nicht gefestigt. Sein Nachfolger Humayun konnte es nicht zusammenhalten und wurde ins persische Exil vertrieben. Im Jahre 1555 gelang es ihm allerdings, Delhi und Agra zurückzuerobern. Auch sein Sohn Akbar, der im Januar 1556 die Nachfolge des tödlich verunglückten Humayun antrat, mußte um sein Reich kämpfen. Erst mit dessen Sieg in der zweiten Schlacht von Panipat, am 5. November 1556, setzten sich die Timuriden in Indien endgültig durch, und der Aufbau des Mogulreiches konnte beginnen.

In der Entstehungsgeschichte des Mogulreiches stellte die erste Schlacht von Panipat also allenfalls einen Anfang, nicht aber eine endgültige Entscheidung dar. Mehrfach hing das Schicksal der Timuriden an einem seidenen Faden. Jede einzelne Schlacht, in die sie verwickelt wurden, hätte zu ihrem Untergang führen können, wodurch sie allenfalls zu einer Fußnote in der Geschichte geworden wären. Schließlich stellen Schlachten häufig ein lebensgefährliches Glücksspiel dar.

Auch Babur hätte bei Panipat leicht scheitern können. Nur ein verirrter Pfeil hätte genügt, um seiner Karriere als Eroberer ein unrühmliches Ende zu setzen. Ohne ihn aber wäre sein Heer zweifellos auseinandergebrochen. Humayun hätte größte Mühe gehabt, noch auf dem Schlachtfeld des Erbe seines Vaters zu übernehmen. Denn es war die große Schwäche vieler asiatischer Armeen jener Epoche, daß ihre Kampfmoral allzu sehr von der physischen Präsenz ihres Heerführers abhing. Ihm allein galt ihre Loyalität. Sein persönlicher Erfolg riß sie mit sich. Stieß ihm etwas zu, sahen die meisten Kämpfer darin ein böses Omen und versuchten, ihre eigene Haut zu retten. Spätestens mit dem Tod Ibrahim Lodis gab es am Ausgang der Schlacht von Panipat deshalb keinen Zweifel mehr. Angesichts der herausragenden persönlichen Bedeutung der Heerführer glichen Schlachten daher häufig persönlichen Duellen, die mit dem Tod eines der beiden Kontrahenten enden konnten und auf diese Weise zu dauerhaften Resultaten führten.

Insofern war Panipat also schon eine Entscheidungsschlacht. Hinzu kam, daß diese Schlacht der alleinige Höhepunkt eines umfangreichen Feldzugs war. Baburs Invasion Indiens war ansonsten von keinen größeren Kampfhandlungen begleitet. Erst als sich ihm Ibrahim Lodi mit seiner Hauptarmee entgegenstellte, kam es zu einer wirklichen Schlacht. Von ihrem Verlauf hing alles ab. Die historischen Umstände, sein persönliches Geschick und sicherlich auch Glück sorgten dafür, daß Babur einen taktisch entscheidenden Sieg errang, welcher es ihm ermöglichte, seinen Feldzug gegen Delhi erfolgreich abzuschließen. Auch operativ war Panipat somit entscheidend. Doch, wie gesehen, selbst dieser Sieg war keineswegs ausreichend, um die großen Kriege zur Etablierung einer neuen Herrscherdynastie in Indien zu beenden. Diese begannen vielmehr erst und sollten noch einen hohen Blutzoll fordern.

Auf der Suche nach der Entscheidungsschlacht
Lützen, 16. November 1632

Russell F. Weigley

Am Mittag des 16. November 1632 führte der schwedische König Gustav II. Adolf einen Angriff seines rechten Kavallerieflügels gegen den linken Flügel des kaiserlichen Generalissimus Wallenstein. Wallensteins Heer lag südwärts gerichtet entlang der ungefähr von Ost nach West verlaufenden Straße Naumburg-Leipzig, nordöstlich der kleinen kursächsischen Stadt Lützen, rund fünfundzwanzig Kilometer südwestlich von Leipzig.[1]

Ziel des Königs an diesem schicksalhaften Kampftag seines Feldzugs in Deutschland war, Schwedens keinesfalls gefestigte Position als Großmacht zu stärken und insbesondere die Kontrolle über die südliche Ostseeküste zu sichern. Ferner beabsichtigte Gustav bei Lützen, die protestantische Sache in Norddeutschland vor einer kaiserlichen, römisch-katholischen Restauration zu bewahren und Schwedens Stellung als Schutzherrin des deutschen Protestantismus zu erhalten. Zur Erlangung seiner Ziele brauchte er einen Sieg, der weitaus eindeutiger war als der im Jahr zuvor bei Breitenfeld, nordöstlich von Leipzig. Obwohl Breitenfeld zunächst wie ein überwältigender Triumph der schwedischen Seite ausgesehen hatte, war dem Heiligen Römischen Reich Deutscher Nation dennoch die Reorganisation seines Heeres gelungen. Seit jener Schlacht hatten logistische Schwierigkeiten und die sich durch das tägliche Kampfgeschehen häufenden Verluste Gustavs Armee erheblich geschwächt.

Der König war in der Tat gezwungen gewesen, seine Truppen zunehmend mit deutschen und anderen nicht-schwedischen Söldnern aufzufüllen, darunter vielen Männern katholischen Glaubens. Damit wurde Gustavs Ideal eines nationalen, protestantischen Christenheeres, das mit dem seiner Vorstellung nach rechtschaffenen schwedisch-protestantischen Anliegen korrespondierte, verwässert. Die militärische Stärke seines Königreichs und damit sein Anspruch auf eine Führungsrolle unter den europäischen Staaten gründete sich auf eine bedenklich geringe Bevölkerungszahl – 1,5 Millionen Menschen in

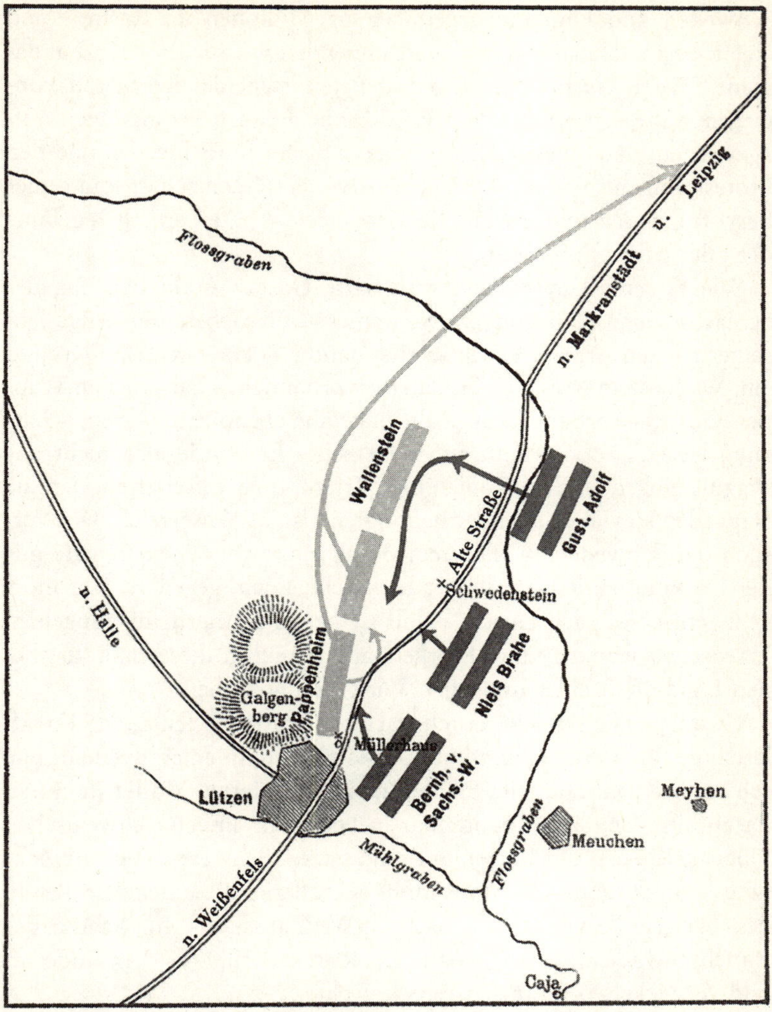

Lützen, 16. November 1632

Schweden und Finnland gegenüber 17 Millionen im Reich – und einem bestenfalls als labil zu bezeichnenden wirtschaftlichen Fundament.[2] Wenn Gustav bei Lützen keinen entscheidenden Sieg davontragen sollte, um damit dem Reich seine Friedensbedingungen aufzuzwingen, dann würde all das, was er bisher für Schweden und den Protestantismus während seiner glanzvollen Regentschaft und seiner hervorragenden soldatischen Karriere erreicht hatte, ernstlich gefährdet oder gar verloren sein.

Wie es seine Gewohnheit war, hatte Gustav Adolf den Tag der Schlacht genau so begonnen wie immer – mit Gebeten im Angesicht seiner ganzen Armee. Rasch setzten dann jedoch erste Schußwechsel ein. Wallenstein wußte wohl, daß die vorhandenen kaiserlichen Truppen Gustavs Verbänden an Zahl ungefähr ebenbürtig waren, schätzungsweise 19 000 Mann auf jeder Seite. Er würde also nicht das Wagnis eingehen, dem König einen Triumph zu verschaffen, den die Schweden so viel dringender benötigten als das Kaiserreich. Der Versuch der Schweden, Wallenstein durch ein, zwei Scheinangriffe aus der Deckung zu locken, schlug fehl. Schließlich, gegen 10 Uhr morgens, entschloß sich Gustav Adolf, selbst zum Angriff überzugehen. Inzwischen war die klare Morgendämmerung in dieser nahezu ebenen Landschaft einer dunstigen Witterung gewichen.

Gustavs erste Attacke durchbrach die vorderste feindliche Kavallerielinie, kam aber zumindest vorübergehend an einer zweiten Linie schwerer Kavallerie zum Stehen, den Kürassieren. Wallenstein ließ daraufhin den sich unmittelbar neben dem linken schwedischen Flügel gelegenen Ort Lützen in Brand setzen. Schwere Rauchentwicklung behinderte nun Gustav Adolfs Kavallerie, die unter dem Befehl des Fürsten Bernhard von Sachsen-Weimar stand. Im Schutz der Rauchschwaden griffen kroatische Reiter Bernhards Verbände an und verwickelten sie in schwere Gefechte.

Anfänglich leitete Gustav wohl als Reaktion auf diese Entwicklung einen Linksschwenk ein, doch eine größere Gefahr erforderte seine Anwesenheit an seinem Zentrum. Dort hatte seine Blaue Brigade eine schwere Geschützbatterie überrannt, während die Schwedische Brigade – die als einzige über keine ausländischen Truppenteile verfügte – und die Gelbe Brigade gegen das Zentrum der Kaiserlichen vorstießen. Der Angriff der Gelben driftete allerdings nach links ab und entfernte sich so von Gustavs eigener Kavallerieattacke. In die dadurch entstandene Lücke drängte die kaiserliche Reiterei hinein. Gustav ritt durch den mittlerweile dichten Nebel seine Front ab, um

Truppen für einen Gegenangriff zu sammeln. Dabei wurde er wahrscheinlich am Arm verwundet, während sein Pferd einen Treffer in den Hals erhielt. Als der König die Vereinigung der Angriffsverbände nahezu abgeschlossen hatte, wurde er von mehreren Musketenkugeln tödlich getroffen. Zwar hatte er die Moral unter seinen Leuten soweit wiederhergestellt, um den drohenden feindlichen Durchbruch zu verhindern; doch die sich sofort verbreitende Nachricht von Gustavs Tod rief unter den schwedischen Brigaden Entsetzen hervor.[3]

Das war vollauf begreiflich, denn Gustav Adolf war eine jener seltenen Persönlichkeiten, deren Tatkraft und Genie den Verlauf großer Ereignisse prägen konnte. Schon sein Vater Karl IX. hatte in einer Tour de Force ein dünnbesiedeltes, rohstoffarmes Land in eine Militärmacht verwandelt, mit der sich für Schweden eine Großmachtstellung erringen ließ. Eindrucksvoll war es dann Gustav in der Tat gelungen, das Land in die Gesellschaft der europäischen Mächte einzuführen.

Karl IX. hatte die natürliche Vorliebe seines Sohnes für die Literatur, für Politik und Philosophie gefördert, vor allem aber für militärische Studien. Auch hatte er aus den Vereinigten Niederlanden Militärinstrukteure nach Schweden geholt, die zuvor beim Kampf gegen das spanische Joch einen vollkommen neuen Typus von Soldat geschaffen hatten. Mangels einer feudalen Kriegerkaste, auf deren Kampfkraft man bei der Auseinandersetzung mit den Spaniern hätte zurückgreifen können, hatten die Holländer den mittelalterlichen Ritter durch den gebildeten Soldaten ersetzt, den neuen militärischen Führer, der nicht nur aus eigenen Erfahrungen, sondern auch aus militärischen Abhandlungen lernte.

Dieser neue Soldatentypus studierte in den Niederlanden vor allem Ballistik und Festungsbau, denn die relative Schwäche der Holländer verlangte in erster Linie eine defensive Landkriegführung. Das wurde auch durch die geographische Situation ihres Staates begünstigt. Der moderne Berufsoffizier wurde also in den Niederlanden erfunden. Die von Karl IX. nach Schweden geholten Instrukteure führten auch hier das Konzept des Berufsoffiziers ein und beeinflußten mit dieser Idee insbesondere den neuen König, dem am 4. Januar 1611 vom Reichstag der Treueid geleistet wurde.[4]

Zusammen mit der Schaffung eines neuen Offizierskorps hatte Karl IX. auch eine Heeresreform eingeleitet, um den Personalmangel der schwedischen Armee auszugleichen. Jeder taugliche Mann war gegenüber dem Souverän zur Ableistung des Militärdienstes verpflichtet. In Erweiterung dieser allgemeinen Wehrpflicht, die dem in weiten Teilen Europas anzutreffenden Milizsystem nicht unähnlich war, hoben die Schweden zusätzlich Truppen aus, die eine intensive Ausbildung erhielten und als Expeditionsstreitkräfte außerhalb der Landesgrenzen eingesetzt werden konnten. Getragen von einem ausgeprägten Nationalgefühl und verstärkt vom Bekenntnis zum Luthertum entwickelte sich hier die Frühform einer modernen Nationalarmee.

Indem er dieser neuen Armee seine wohlüberlegten und ständig weiterentwickelten militärischen Überlegungen vermittelte, entwickelte Gustav Adolf taktische Neuerungen, die darauf abzielten, die einzelnen Schlachten kriegsentscheidend zu gestalten. Er war sich immer bewußt, daß sich ein von Schweden geführter Krieg nicht übermäßig in die Länge ziehen durfte. Waren schon die personellen Ressourcen eingeschränkt, so vermochte es die schwedische Landwirtschaft nur unter großen Anstrengungen, die Versorgung des Landes mit Nahrungsmitteln sicherzustellen. Es gab nur wenig Industrie, obwohl die Monarchie die eisenverarbeitenden Betriebe ausreichend gefördert hatte, um eine angemessene Versorgung mit Waffen sicherzustellen. Die hauptsächliche Finanzquelle bildeten die südschwedischen und -finnischen Hafenstädte mit ihrem bescheidenen Ostseehandel. Somit konnte sich Schweden lediglich kurze Kriege leisten, die kriegsentscheidende Schlachten erforderlich machten.[5]

Es war Gustav Adolfs Vorteil, daß die allgemein vorherrschende Militärdoktrin an Mängeln litt, die ein besonnener Neuerer zu seinen Gunsten ausnutzen konnte. Die Taktik dieser Tage war von den miteinander verwandten habsburgischen Armeen Spaniens und des Reiches entwickelt worden. Das spanische Heer des 16. Jahrhunderts hatte als erstes mit Musketen bewaffnete Infanterie zur wichtigsten Truppengattung gemacht. Dabei benutzte man die verbesserte Luntenschloßmuskete, die ungefähr zur Zeit der Belagerung von Pavia 1521 eingeführt worden war. Die trotz der vorgenommenen Verbesserungen bei einer Reichweite von 50 Metern ungenaue Muskete erforderte daher die Zusammenfassung des Schützenfeuers. Außerdem mußten die Musketiere während des Nachladens von Pikenieren geschützt werden; das Bajonett zum Aufpflanzen, das aus jedem Schützen seinen eigenen Pikenier machte, war noch nicht erfunden. Folgerichtig formierten die Spanier und nachfolgend auch die kaiserliche Armee ihre Infanterie zu massiven Terzios, jeweils dreißig Glieder tiefen Formationen, die in der Regel zu einem Drittel aus

Musketieren und zu zwei Dritteln aus Pikenieren bestanden. An ihren Ecken standen, Wachttürmen gleich, jeweils in quadratischer Formation die Musketiere. Das Terzio war beim Manövrieren ebenso schwerfällig wie die griechische Phalanx, legte aber im Gefecht außergewöhnliche Angriffswucht an den Tag – besonders gegenüber feindlichen Verbänden, die weniger gut ausgebildet waren und somit vermutlich von dem Schauspiel, das da vor ihnen aufzog, zutiefst eingeschüchtert wurden.

Gustav gedachte der rohen Macht des Terzio eine flexiblere Taktik entgegenzusetzen. Anstelle des Terzio formierte er leichte Kompanien und Bataillone, die in vergleichsweise leichten Brigaden zusammengefaßt wurden. Zudem ersetzte er nach und nach den Zündschloßmechanismus, der für den Schützen selbst ausgesprochen gefährlich war, da dieser eine brennende Zündschnur in der Nähe seines Pulvervorrats bereithalten mußte. Auch hatte sich das Zündschloß bei Wind und Regen als ausgesprochen unzuverlässig erwiesen. Nun also wurde dieser Mechanismus durch die verlässlicheren Radschlösser ersetzt. Bei diesen entstand durch Reibung ein Funke, der das Pulver entzündete. Die Schützen wurden mit Papierpatronen ausgerüstet, die in Patronengurten getragen wurden. Die Piken wurden von über fünf Metern auf unter vier Meter gekürzt, das Zahlenverhältnis von Piken zu Musketen reduziert. Auch bei den Körperrüstungen wurde Gewichtserleichterung geschaffen.

72 Musketiere und 54 Pikeniere, geführt von drei oder mehr Offizieren, bildeten eine Standardkompanie. Eine solche Einheit war für gewöhnlich sechs Glieder tief gestaffelt, wobei die Piken in der Mitte standen und die Musketiere an beiden Flanken. Vier Kompanien wiederum bildeten ein Bataillon, zwei Bataillone ein Regiment und zwei bis vier Regimenter eine Brigade. Bataillon und Brigade bildeten somit die taktischen Einheiten der Schweden. Sie verfügten nicht nur über eine den Terzios unbekannte Beweglichkeit, sondern wurden möglicherweise zusätzlich von Gustavs neuer Taktik unterstützt, der als erster Befehlshaber überhaupt seine Musketiere gliedweise feuern ließ; nachdem sie ihre Schüsse abgegeben hatten, marschierten die Schützen des jeweiligen Gliedes ans Ende der Formation, um dem folgenden freie Schußbahn zu geben.[6]

Die Einführung von Feuerwaffen hatte dazu geführt, daß in einzelnen Schlachten häufig keine definitive Entscheidung mehr herbeigeführt werden konnte, und zwar vor allem wegen der verminderten Wirksamkeit der Kavallerie, der bis dahin hinsichtlich ihrer Beweglichkeit bestimmenden Waffengattung. Da die gut ausgebildete und mit Piken bewaffnete Infanterie es gelernt hatte, gegnerische Reiterattacken noch vor dem Aufsteigen des Pulverrauchs zu unterbinden, waren die Kavalleristen im Gegenzug oftmals mit Radschloßpistolen ausgerüstet worden. Auf diese Weise waren aufeinanderfolgende Wellen von Kavallerie dem Feind entgegengetrabt – da eine schnellere Gangart als der Trab das Zielen erschwerte –, hatten dann ihre Pistolen abgefeuert und waren anschließend in einem Manöver abgedreht, das Caracole genannt wurde. Erst im Nahkampf griffen die Reiter zur Blankwaffe. Doch erwies sich diese Taktik häufig als ineffektiv. In den letzten beiden Jahrzehnten des 16. Jahrhunderts kam man daher zunehmend auf den großen Kavallerieangriff zurück. Gustav hatte aus früheren Feldzügen in Polen die bittere Lehre ziehen müssen, daß gegen die kampfstarke polnische Kavallerie, die genau diese Methode anwandte und den Säbel einsetzte, andere Vorgehensweisen als der Angriff im vollen Galopp sinnlos waren. Nach wie vor blieb es ein Problem, probate Mittel gegen die Wirksamkeit der Feuerwaffen zu finden. Aus diesem Grund setzte der schwedische König einen Großteil seiner Reiterei als Dragoner ein, die in der Regel als berittene Infanterie kämpften. Der Rest seiner Kavallerie, hauptsächlich Kürassiere, galoppierte wie die Polen, benutzte Säbel und Lanze und griff lediglich im Nahkampf zu den Pistolen. Gustav bevorzugte frühzeitige Kavallerieattacken im Schutz der beim Eröffnungsfeuer seiner Artillerie aufsteigenden Rauchschwaden – oder des Nebels wie im Fall von Lützen. Damit sollten die feindlichen Plänkler vor dem folgenden Infanterieangriff zurückgedrängt werden, um dann – wenn möglich – nach weiterem Artilleriebeschuß die gegnerischen Flanken einzudrücken. Da der Kavallerieeinsatz so riskant und kräftezehrend war, dienten in der schwedischen Reiterei keine Wehrpflichtigen sondern ausschließlich Freiwillige.

Obwohl er der Beweglichkeit seiner Truppen große Bedeutung zumaß, war sich Gustav über die zunehmende Bedeutung der Artillerie natürlich im klaren. Er reorganisierte diese Waffengattung durch eine Vereinfachung der Logistik, indem er die Kanonentypen auf wenige Standardkaliber reduzierte, wobei die gleiche Munition sowohl bei Belagerungen als auch im offenen Feld verwendet werden konnte. Die Rohre wurden verkürzt, ihr Gewicht ebenso wie das der Lafetten verringert.

Im Jahre 1630, zwölf Jahre nach Beginn des Dreißigjährigen Krieges, bedrohten die vom Kaiserreich geschaffenen militärischen und politischen Fakten Handel, Religion und Ansehen des schwedischen Staates. Die kaiserlichen Armeen trugen den Krieg bis nach Schleswig und Jütland und gefährdeten so den Ostseehandel, der für Schweden von grundlegender Bedeutung war. Das Restitutionsedikt vom 6. März 1628 stellte die Zukunft des gesamten deutschen Protestantismus in Frage und war auch für die benachbarten protestantischen Länder von bedrohlicher Tragweite. Die Beeinträchtigung des Handels im Baltikum sowie die Gefährdung ihrer Religion bedrohten das ohnehin schon dürftige Fundament, auf dem Schwedens Großmachtstreben beruhte. Aus diesen Gründen, die sowohl seine politischen Ambitionen wie seine religiöse Überzeugung berührten, entschied sich Gustav zu einer Intervention in Deutschland, um das südliche Ostseeufer und die protestantische Autonomie gleichermaßen zu verteidigen. Anfang Juni 1630 segelte er von Schweden aus südwärts. 14 000 Soldaten begleiteten ihn, weitere sollten bald folgen.

Nach der Landung bei Peenemünde beabsichtigte Gustav, entlang der norddeutschen Flüsse vorzustoßen. Bei allem Ehrgeiz behielt der Monarch doch immer die begrenzte schwedische Kampfkraft im Auge und sah sich deshalb nach Verbündeten um. Diese Absicht wurde unglücklicherweise durch das Verhalten seiner Truppen konterkariert, die sich in den norddeutschen Ländern als fremdländische Invasoren gebärdeten. Gerade diejenigen Regenten, von denen er sich am ehesten Hilfe versprochen hatte, der lutherische Kurfürst Johann Georg I. von Sachsen und der calvinistische Kurfürst Georg Wilhelm von Brandenburg, zeigten sich wenig geneigt, seinetwegen die Position ihrer Staaten innerhalb des Reiches aufs Spiel zu setzen. Nur wenig richtete er daher im Jahre 1630 aus, obwohl das katholische Frankreich, das seine eigenen Motive hatte, die Macht der Habsburger zu beschneiden, den Schweden mit dem Subsidienvertrag von Bärwalde am 23. Januar 1631 finanzielle Unterstützung zukommen ließ und sie so aus einer möglicherweise unhaltbaren Lage befreite.[7]

Ungeachtet dieses Vertrags ergriff 1631 Gustavs größter Widersacher die Initiative. Der unbeugsame 72-jährige kaiserliche Feldmarschall Johann Tserclaes Graf von Tilly fiel über die protestantische Stadt Magdeburg her, ohne sich von einem Ablenkungsmanöver Gustavs bei Frankfurt an der Oder beunruhigen zu lassen und belagerte sie, bis er sie am 10./20. Mai schließlich einnahm und plünderte. Zweifelsohne beabsichtigte Tilly, Magdeburg als Stützpunkt zu nutzen, so daß dessen beinahe vollständige Zerstörung durch eine Feuersbrunst und der Tod von mehr als der Hälfte seiner 20 000 Einwohner wahrscheinlich nicht in seiner Absicht lagen. Da jedoch ein Großteil der Bevölkerung beraubt, vergewaltigt und ermordet worden war, wurde die Stadt zum Synonym für die Verbrechen und Schrecken des Krieges – und das in einer Zeit, wo die Brandschatzung von Städten beinahe zum militärischen Alltagsgeschäft gehörte.

Dieses Ereignis brachte Gustav seine dringend benötigten Verbündeten ein. Er marschierte auf Berlin, wo die Empörung über das Schicksal Magdeburgs und die Angst vor den schwedischen Kanonen, die auf das Stadtschloß zielten, den bis dahin zögerlichen Georg Wilhelm am 11. Juni zum Bündnis mit den Schweden veranlaßte. Landgraf Wilhelm von Hessen-Kassel und Fürst Bernhard von Sachsen-Weimar reichten Gustav ihre Hände ein wenig bereitwilliger.

Durch die Zerstörung von Magdeburg einer scheinbar sicheren Versorgungsquelle beraubt, wandte Tilly seine Aufmerksamkeit einem Ziel zu, das auch in Gustavs Blickfeld lag: das vom Krieg noch nahezu verschonte Kursachsen. Als er um Erlaubnis bat, in das Land einrücken zu dürfen, zauderte Johann Georg, der in seiner Treue noch immer zwischen dem Protestantismus und dem Reich schwankte. Als Tilly dieser Verzögerungstaktik Anfang September mit seinem Einmarsch in Sachsen ein Ende bereitete, fühlte sich Johann Georg verpflichtet, als Antwort darauf noch im selben Monat ein Bündnis mit dem Schwedenkönig einzugehen.

Da er nun freien Zugang nach Sachsen hatte, schritt Gustav zur Tat und vereinigte sein Heer mit den sächsischen Truppen zu einer 47 000 Mann starken Armee, die zu über einem Drittel aus einheimischen Soldaten bestand. Mit dieser Streitmacht hatte er nun zahlenmäßig mehr Truppen als Tilly zu Verfügung und konnte gegen das Reich endlich in einen Kampf ziehen, von dem er sich den schnellen, entscheidenden Sieg erhoffte, den er so sehr benötigte.[8]

Am 7. September schien Gustav endlich vor seinem anvisierten Sieg zu stehen, als er Tillys Heer westlich von Breitenfeld attackierte, einem Dorf acht Kilometer nördlich von Leipzig. Doch Tillys Terzios waren weniger schwerfällig als jene des vorhergehenden Jahrhunderts. Sie umfaßten zwischen 1500 and 2000 Mann, und zeitweise hatte es den Anschein, als sollten sie es sein, die den Sieg davontrugen. Zudem gelang es der kaiserlichen Reiterei, die Sachsen vom Schlachtfeld zu vertreiben. In dieser Situation ermöglichten allerdings Disziplin und Flexibilität der schwedischen Brigaden Gustavs dem linken Zentrum, gerade in dem Augenblick kehrt zu machen, als Terzios und Kavallerie der Reichsarmee in die von den flüchtenden Sachsen hinterlassene Bresche vorstießen. Die schwedische Artillerie war in jeder Hinsicht überlegen, nicht nur an Zahl der Geschütze, sondern auch hinsichtlich der höheren Schußfolge. Drei Salven auf schwedischer Seite wurden von einer der Reichsartillerie erwidert. Das Kräfteverhältnis der Kavallerie dürfte solange ausgeglichen gewesen sein, bis Gustav Adolf auf dem Höhepunkt der Schlacht persönlich mit Hilfe seines charismatischen Führungsstils die Reiterei von seinem rechten Flügel quer über die Front führte, um den Kaiserlichen in die Flanke zu fallen, die mit bereits nachlassendem Elan versuchten, aus der Schlappe der Sachsen Profit zu schlagen.

Jetzt wendete sich das Schlachtenglück gegen die Reichstruppen. Ihre Verluste werden auf 7600 Gefallene, 6000 Verwundete und 9000 Gefangene geschätzt, bei einem Gesamtbestand von 31 000 Soldaten. Die Schweden erbeuteten 120 Regiments- und Kompaniefahnen, sämtliche gegnerischen Geschütze und schließlich noch alle Versorgungswagen. An der Spitze von 1500 Kavalleristen setzte Gustav den restlichen Feindverbänden nach und nahm am 9. September nochmals 3000 Mann bei Merseburg gefangen. Die schwedischen Verluste beziffert man auf ungefähr 2000 Tote, während die Zahl der Verwundeten unbekannt ist. Gustav, der einen entscheidenden Sieg angestrebt hatte, hätte kaum einen größeren Erfolg erhoffen können. Noch keine andere große, moderne Armee jener Zeit war so knapp der völligen Vernichtung auf dem Schlachtfeld entgangen wie Tillys Heer. Doch Breitenfeld bedeutete noch nicht das Ende.[9]

Der Ausgang der Schlacht verschaffte Gustav nämlich keinesfalls den erwünschten schnellen und günstigen Ausgang, da dem Heiligen Römischen Reich Deutscher Nation, bei dem es sich in vielerlei Hinsicht um ein wankendes, unzeitgemäßes Relikt aus dem Mittelalter handelte, immer noch genug Menschen, Ressourcen und Land zur Verfügung standen, um beinahe wie eine moderne Großmacht aufzutreten. Und dieses Reich bewies jetzt jene Unverwüstbarkeit, die alle großen Mächte gegenüber schweren Niederlagen in einzelnen Schlachten oder Feldzügen immun macht. Im Frühjahr 1632 führte Tilly erneut eine kaiserliche Armee von 40 000 Mann an.

Gustav dagegen verfügte über kein vergleichbares Reservoir an Ersatz. Die Verluste seines Heeres mußten zum größten Teil durch nichtschwedische Söldner ausgeglichen werden, wodurch die Disziplin Schaden litt. Er hatte gehofft, den Krieg als Haupt einer protestantischen Heerschar zu führen, die der Zivilbevölkerung, auf die sie traf, mit beispielhafter Zurückhaltung begegnen würde. Doch von nun an, bei wachsenden Verlusten, sollte er einen immer stärker zusammengewürfelten Haufen befehligen, der – wie Tilly und seine Armee bei Magdeburg – zum Synonym für grausame Plünderungen wurde. Die Verrohung des schwedischen Verhaltens rührte daher, daß sich die Sachsen beinahe vollständig aus dem Krieg zurückgezogen hatten und sich Brandenburg als unzuverlässig erwies. Und Gustavs Kommunikations- und Versorgungswege nach dem armen Schweden waren nur schwach entwickelt, so daß sich seine Truppen gezwungen sahen, nicht nur Nahrungsmittel, sondern den gesamten Heeresbedarf aus dem flachen Land herauszupressen.

Wäre das Heilige Römische Reich eine wirklich moderne Großmacht gewesen, hätte Gustav unter Ausnutzung des Sieges bei Breitenfeld durchaus auf Wien, die Hauptstadt des Reiches, vorrücken können. Doch Wien besaß bei weitem nicht die politische und symbolische Bedeutung, die Paris in dieser Zeit gerade erlangte. Auch hätte ein Marsch auf Wien von Leipzig aus Gustav direkt durch das vom Krieg verwüstete Böhmen geführt. Und das war – auch im Hinblick auf den nahenden Winter – nicht gerade eine geeignete Gegend für ein Heer, das ohnehin bereits unter logistischen Schwierigkeiten litt. Doch ist der bloße Gedanke an einen Marsch Gustavs auf Wien immer schon verführerisch gewesen, denn der alternative Feldzugsplan zeitigte keine Erfolge, was die Bedeutung des Sieges bei Breitenfeld wieder in Frage stellte. Der schwedische König sah die beste Möglichkeit darin, westwärts bis ins Rheinland vorzustoßen, wo er so wohlhabenden katholischen Städten wie Köln und Mainz umfangreiche Tributforderungen auferlegen und dabei zugleich auf die Unterstützung der befreundeten protestantischen Rheinpfalz bauen konnte. So gelangte er über Merseburg und Frankfurt am Main nach Mainz, das er am 17. November nach zweitägiger Belagerung einnahm und wo er überwinterte.

Im Frühjahr 1632 sah sich Gustav mit dem Problem konfrontiert, daß Tilly mit seinem frisch ergänzten Heer erneut den ersten Zug wagte und nach Bayern eindrang. Obwohl Gustav schon bald in der Lage war, seinen Kontrahenten in Richtung Süden zurückzudrängen, ergaben sich daraus für ihn keine erfolgversprechenden Möglichkeiten, so daß dieser neue Feldzug in einer Pattsituation steckenblieb. Auf der Habenseite konnten die Schweden verbuchen, daß der scheinbar unverwüstliche Tilly am 30. April in der Festung Ingolstadt verstarb, nachdem er bei einem Gefecht am Lech schwer verwundet worden war. Negativ wirkte sich aus, daß Tillys Tod Kaiser Ferdinand II. dazu veranlaßte, das Oberkommando erneut einem Heerführer zu übertragen, der vermutlich geschickter agierte als Tilly. Es war jener Kommandeur, der mit seinem Vordringen nach Norddeutschland Schwedens Eintritt in den Krieg erst richtig beschleunigt hatte: Fürst Albrecht Wenzel Eusebius von Wallenstein, Herzog von Friedland, Sagan und Mecklenburg. Ferdinand hatte Wallenstein kaltgestellt, weil er, wie die meisten seiner Zeitgenossen, dessen Plänen mißtraute; denn der Fürst hoffte allzu offensichtlich, aus dem Krieg als reichster und mächtigster Mann Europas hervorzugehen. Doch in diesem Augenblick verleitete Wallensteins Feldherrnkunst Gustav Adolf zunächst zu einem seiner wenigen Fehler. Frontalangriffe im August und September bei der Alten Veste nahe Fürth kosteten den Schweden weitere 3000 Mann – Verluste, die er sich nicht leisten konnte.[10]

Wie Tilly im Jahr zuvor, sah sich auch Wallenstein im September dazu genötigt, aus Gründen der Proviantbeschaffung in Sachsen einzufallen. Er wies seine überall verstreuten Kommandeure an, sich dort mit ihm zu vereinigen. An erster Stelle ist hier Feldmarschall Gottfried Heinrich Graf von Pappenheim zu erwähnen, berühmt als wagemutiger Reiterführer. Im Gegenzug vereinigte Gustav seine Kräfte mit den Truppen seines Freundes Bernhard von Sachsen-Weimar, der bis dahin im Rheinland patrouilliert hatte.

Seit Oktober stand Gustav am Engpaß von Kösen bei Naumburg und hoffte, daß Wallenstein ihn angreifen würde. Doch hatte der Verzicht auf eine direkte Konfrontation mit den Schweden Wallenstein bislang zu großen Nutzen eingetragen, als daß er jetzt zu einer anderen Strategie übergegangen wäre. Der kaiserliche Feldherr sollte in Folge aber trotzdem der erste sein, dem ein Irrtum unterlief. Nachdem er bis zum 4. November vergeblich darauf gewartet hatte, daß Gustav die Geduld verlieren und losschlagen würde, kam er zu dem Schluß, daß der schwedische König auf keinen Fall seinen kostspieligen Fehler bei der Alten Veste wiederholen und einen Angriff wagen würde. In Anbetracht des nahenden Winters entließ er seine zusammengezogenen Verbände. Pappenheim wurde mit 8000 Mann nach Halle gesandt. Wallenstein selbst traf Vorbereitungen, sich den politischen Punkten seiner Agenda zu widmen. Die Auflösung der kaiserlichen Truppenmassierung verschaffte nun aber Gustav die benötigte Chance, um mit jener zahlenmäßigen Überlegenheit anzugreifen, die ihm für die Erlangung seines angestrebten entscheidenden Sieges notwendig erschien.

Kroatische Gefangene berichteten ihm am 5. November von der Auflösung der kaiserlichen Truppen. Sofort setzte er sich in Richtung Lützen in Bewegung, wo sich das Hauptkontingent von Wallensteins Heer aufhielt. Durch den Kriegsverlauf war die Gesamtstärke der schwedischen Armee jedoch auf 19 000 Soldaten gesunken; zudem erfuhr Wallenstein umgehend von Gustavs Vormarsch. Unverzüglich forderte er Pappenheim auf, schleunigst kehrtzumachen; und dieser beeilte sich, genügend Männer heranzuführen, um das numerische Gleichgewicht wiederherzustellen. Aber noch blieb Gustav die Möglichkeit, seinen Schlag vor Pappenheims Ankunft auszuführen. Außerdem war selbst ein ausgeglichenes Zahlenverhältnis für die beweglicher organisierten und wahrscheinlich disziplinierteren Schweden kein Nachteil.

Als Wallenstein seine Truppen in Verteidigungsposition aufstellte, sorgte er dafür, daß zwischen seinem linken Flügel und dem engen, seichten Verlauf des Floßgrabens für Pappenheim genug Platz zur Formierung blieb. Der Hauptteil von Wallensteins Truppen umfaßte vier starke Terzios. Sie bezogen hinter Schanzen Stellung, die man durch eine Vertiefung der Gräben entlang der Straße nach Leipzig geschaffen hatte. Im Gegensatz zu Breitenfeld war die kaiserliche Artillerie diesmal der schwedischen zahlenmäßig ebenbürtig. 60 bis 66 Kanonen konzentrierten sich in zwei Gruppen vor dem rechten Flügel sowie dem rechten Zentrum.

Gustav seinerseits ließ viereinhalb Brigaden aufmarschieren, gestaffelt in zwei Glieder. 26 schwere Kanonen hatte er vor seinem Zentrum positioniert; 40 leichte Regimentsgeschütze sollten die Musketierabteilungen schützen, die – wie es Gustav Adolfs Gewohnheit war – zusammen mit der Kavallerie an den Flanken Stellung bezogen hatten, wo auch Wallenstein üblicherweise seine Reiter positionierte.

Obwohl Wallenstein ein Fehler unterlaufen war, als er Gustav die Gelegenheit zu dieser – wenn auch bescheidenen – Offensive verschafft hatte, so nimmt es doch nicht Wunder, daß die ersten schwedischen Versuche, das stark verteidigte Zentrum der Reichsarmee aufzubrechen, zum Scheitern verurteilt waren. Auch überrascht es nicht, daß das letzte gewagte Eingreifen des schwedischen Königs keinem größeren offensiven Zweck diente, sondern lediglich die Lükke schließen sollte, die sich zwischen seiner Hauptstreitmacht und der Kavallerie auf dem rechten Flügel aufgetan hatte. Die Demoralisierung, die sich in den schwedischen Reihen breitmachte, als sich herumsprach, daß König Gustav Adolf gefallen war, erscheint vollkommen nachvollziehbar, wenn man bedenkt, daß Wallensteins zentrale Terzios immer noch unerschütterlich hinter ihren Schanzen verharrten und die Kaiserlichen zudem ihre verlorenen Geschütze zurückerobert hatten, als der schwedische König noch am Leben war.

Doch Bernhard von Sachsen-Weimar, ein fähiger, wenn auch nicht überragender Kommandeur, wuchs in dieser Krisensituation bei Lützen über sich selbst hinaus. Er befahl und führte sogar persönlich eine neue, große Angriffswelle und bewirkte durch sein Vorbild, daß das Entsetzen der Schweden in Wut umschlug. Obwohl von sehr lebhaftem Charakter, handelte er doch nicht überstürzt. Unter Ausnutzung der flexiblen Organisation der schwedischen Truppen schickte er gerade so viele Soldaten aus der zweiten Linie nach vorn, daß die Frontlinie ausreichend verstärkt werden konnte, um gegen die Kaiserlichen vorzugehen und erneut deren Kanonen zu erbeuten, die bereits zweimal den Besitzer gewechselt hatten. Auf diese Weise behielt Bernhard eine aus fast drei Brigaden bestehende Reserve in der Hinterhand.

Die wurde auch dringend benötigt, als Pappenheim an der Spitze der zurückbeorderten Kavallerie das Schlachtfeld erreichte und die rechte schwedische Flanke attackierte. Seine Attacke verschaffte Wallenstein genügend Zeit, um das Gros der kaiserlichen Streitkräfte erneut zu sammeln. Doch gerade als Pappenheims Angriffsbemühungen kurz vor der Entscheidung standen und dabei eine Wucht entfalteten, die sich als ausschlaggebend hätte erweisen können, fiel auch er.

Wiederum ergriff Bernhard die Gunst des Augenblicks und schickte seine Reserve in den Kampf. Die Fähigkeiten eines Feldherrn zeigen sich daran, daß er den richtigen Zeitpunkt für den Einsatz der letzten Reserven erkennt. Genau das war jetzt der Fall, da sich Wallensteins Terzios in der Mitte des Geschehens, so kampfstark sie auch waren, bis zur Erschöpfung verausgabt hatten und fast drei ausgeruhten schwedischen Brigaden nichts entgegensetzen konnten. Außerdem schwächte die Nachricht von Pappenheims Tod den Kampfgeist des kaiserlichen Heeres ebenso wie sich Gustav Adolfs Ende anfänglich negativ auf die Moral der Schweden ausgewirkt hatte. Der Unterschied bestand allerdings darin, daß die Schlacht vorangeschritten und die Lage inzwischen wesentlich kritischer geworden war. Wallensteins Armee trat auf ganzer Linie den Rückzug an, obwohl die Infanterie Pappenheims, die erst nach dem Verlust der Schlacht auf dem Schauplatz des Geschehens eintraf, den Anschein eines geordneten Widerstands zu wahren vermochte.

Ohne ihren König waren aber auch die Schweden zu erschöpft, um dem fliehenden Feind nachzusetzen, wie sie es nach der Schlacht bei Breitenfeld getan hatten. Die Verlustzahlen sind für diese Schlacht noch unzuverlässiger als gewöhnlich, doch ist anzunehmen, daß die Gelbe und die Grüne Brigade der Schweden, die der feindlichen Artillerie und Infanterie auf dem linken Zentrum unmittelbar ausgesetzt gewesen waren, fünf Sechstel ihrer Soldaten verloren. Die schwedischen Gesamtverluste beliefen sich auf mindestens 1500 Mann, wahrscheinlich waren es aber deutlich mehr. Auf Seiten der Reichstruppen verzeichnete man 3000 bis 4000 Tote. Eine derart große Differenz bei den Gefallenenzahlen sowie der Umstand, daß die Schweden den Gegner in die Flucht geschlagen hatten, machte Lützen im Hinblick auf den taktischen Erfolg mit Breitenfeld vergleichbar.

Aber auch das sollte wiederum nicht ausreichen. Lützen gab den Ausschlag dafür, daß Kaiser Ferdinand II. den Mut faßte, Wallenstein im Januar 1634 seines Kommandos zu entheben. Nachdem sie mit Tilly, Pappenheim und Wallenstein ihre fähigsten Befehlshaber verloren hatte, schien die kaiserliche Armee angeschlagen und verwundbar; und Gustavs bedeutender Kanzler Axel Oxenstierna war es, der nun versuchte, die Ziele seines früheren Souveräns zu verwirklichen. Trotzdem konnten sich die Kräftereserven des Reiches erneut behaupten und schlugen ein schwedisches Heer unter Bernhard von Sachsen-Weimar und Feldmarschall Gustav Horn, der eigentlich als fähiger Schüler des verstorbenen Königs galt, am 5. und 6. September 1634 bei Nördlingen.

Währenddessen fuhr Frankreich fort, in die Glut der Kriegsasche zu blasen, um den Konflikt am Schwelen zu halten. Die dahinter liegende Absicht war, die östliche Grenze bis zum Rhein vorzuschieben. Doch einerseits – die Erschöpfung der schwedischen Truppen und deren damit verbundenen allmählichen Niedergang als Großmacht vor Augen – konnte Frankreich keinen Stellvertreterkrieg mehr führen lassen, anderseits wollte es aber selbst auch nicht riskieren, voll in den Konflikt verwickelt zu werden. So erstarb die Glut allmählich. Der Dreißigjährige Krieg fand endlich seinen Abschluß, als am 24. Oktober 1648 die zwischen dem Reich und Frankreich in Münster und zwischen dem Reich und Schweden in Osnabrück ausgehandelten Bedingungen unterzeichnet wurden, die als Westfälischer Friede in die Geschichte eingingen.[11]

Somit war es der anhaltende Schein der vermeintlichen Entscheidungsmächtigkeit des großen Triumphes der Schweden und der Niederlage der Reichsarmee bei Lützen, somit war es der Niedergang vom entscheidenden taktischen Erfolg zum zähen Patt, der die dominierenden Muster der modernen Kriegführung aufzeigen sollte: ein Weg, der in den Stellungskrieg an der Westfront 1914–1918 führte. Und doch bleibt immer der faszinierende Gedanke, daß Gustav Adolf, wäre er nicht bei Lützen gefallen, sich diesen Sieg zunutze gemacht hätte und dem Reich die von ihm angestrebte schwedisch-protestantische Hegemonie über den Ostseeraum und weite Teile Deutschlands hätte abringen können. Doch die logistischen Schwierigkeiten, die so viel dazu beigetragen hatten, seinen früheren Sieg bei Breitenfeld zu unterminieren, sprechen gegen derlei Gedankenspiele. Da man aber niemals wirklich wissen wird, welche Auswirkungen das Überleben Gustavs gehabt hätte, nährte Lützen auf lange Zeit unter jenen – zahlreichen – Militärs, die sich selbst für geniale Führerpersönlichkeiten hielten, die Versuchung, vergleichbaren Schlachtenruhm anzustreben. Ruhm, den sie sich als Grundlage für größere strategische Triumphe erhofften, so wie sie Gustav Adolf errungen hätte, wäre er nicht gefallen.

So steht die Schlacht von Lützen innerhalb der Militärgeschichte als ein Trugbild dar oder besser: als eine Chimäre. Es handelte sich um eine Schlacht, die die Vision einer in taktischer und strategischer Hinsicht totalen Entscheidung – die hätte sein können und auf anderen Schlachtfeldern noch immer sein könnte – heraufbeschwor.

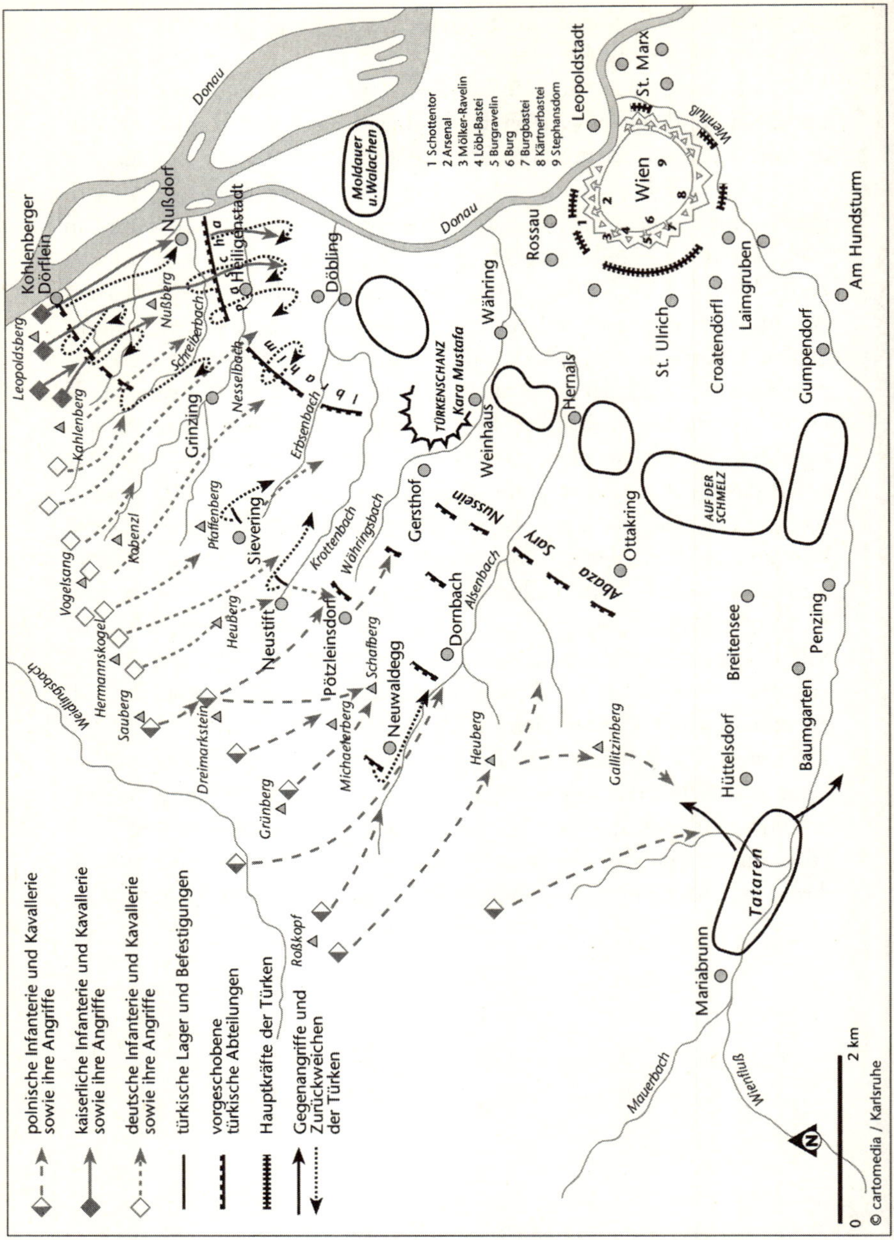

Die Belagerung von Wien und die Entsatzschlacht am 12. September 1683

Belagern und Entsetzen
Wien, 12. Juli bis 12. September 1683

Günther Kronenbitter

Als im Sommer 1683 das osmanische Heer zur Eroberung Wiens ansetzte, stellte Kara Mustafa, der Großwesir und Oberbefehlshaber der Belagerungsarmee, das Schloß «Neugebäude» unter seinen Schutz. Das Bauwerk hielt die Erinnerung daran wach, daß 1529 die Osmanen schon einmal Wien belagert hatten. Hier, im Südosten der Stadt, hatte der Überlieferung nach eineinhalb Jahrhunderte zuvor die Zeltburg Sultan Süleymans gestanden. Den «Goldenen Apfel der Deutschen» wollte Kara Mustafa nun endlich doch für die Rechtgläubigen ernten und das Werk Süleymans vollenden.[1] Unter der Führung dieses Sultans hatten die Osmanen 1526 bei Mohács das ungarische Heer vernichtend geschlagen und einmal mehr die Schlagkraft ihrer Armee bewiesen. Entscheidender Vorzug der osmanischen Heere war die gut trainierte und mit Feuerwaffen ausgerüstete Infanterie, die Janitscharen oder «neuen Truppen», die als Kinder aus der christlichen Balkanbevölkerung als «Knabensteuer» zwangsrekrutiert wurden. Nach dem Übertritt zum Islam und einer strengen militärischen Ausbildung waren sie mit ihrer Disziplin und ihrer Kampfmoral der Schrecken aller Gegner. Die Janitscharen bildeten den Kern der gut besoldeten Pfortentruppen, die direkt der Regierung unterstanden und neben der Infanterie auch über Kavallerieeinheiten verfügten. Zu ihnen zählten auch Spezialtruppen, z. B. für die Waffenproduktion oder Artilleristen. Die große Masse der Landstreitkräfte stellten die Provinzen, vor allem Berittene, die mit einer Pfründe (Timar) aus Staatsbesitz belehnt waren. In der Schlacht standen zumeist die Janitscharen und die Feldartillerie im Zentrum, während die Kavallerie die Flügel der sichelförmig aufgestellten Truppen bildete. Der Einsatz von Fernwaffen sowie die Stoßkraft und die große Zahl der Soldaten erwiesen sich als wichtiger für den Sieg als die taktische Führung. Es war eines der leistungsfähigsten Militärsysteme der damaligen Welt, auf das Süleyman seine Eroberungspolitik stützen konnte.[2]

Das Herrschaftsgebiet der österreichischen Habsburger wurde dabei deshalb das nächste Ziel der osmanischen Expansion, weil nach dem Tod des ungarischen Königs in der Schlacht von Mohács Kaiser Ferdinand seinen Erbanspruch auf die Krone Ungarns geltend machte. Eine Vorherrschaft der Habsburger wollte Süleyman keinesfalls akzeptieren, und 1529 zog er mit einer gewaltigen Streitmacht von über 100 000 Mann bis nach Wien. Die Verteidiger waren nicht nur zahlenmäßig weit unterlegen, sondern mußten zudem mit einer veralteten Stadtbefestigung zurechtkommen. Sie hatten jedoch das Glück, daß die Armee des Sultans keine schwere Belagerungsartillerie mitführte. Süleyman entschied sich nach wenigen Tagen, die Belagerung abzubrechen. Durch die Feldzüge, die er und sein Nachfolger in Richtung Nordwesten unternahmen, stabilisierte sich schließlich die osmanische Herrschaft in der ungarischen Tiefebene, die von Ofen (Buda) aus durch einen Pascha regiert wurde. Nur ein schmaler Landstreifen, der sich bogenförmig von Kroatien über das Gebiet rund um den Neusiedler See bis in die heutige Slowakei erstreckte, blieb den Habsburgern vom Königreich Ungarn. Siebenbürgen wurde ein Vasallenfürstentum des Osmanischen Reichs, das zwischen Konstantinopel und Wien zu lavieren versuchte und immer wieder Anlaß zu Interventionen der Türken wie der Österreicher bot. Von 1593 bis 1606 kämpften Habsburger und Osmanen erneut und im wesentlichen ergebnislos um die Vorherrschaft in Ungarn. Der Besitz strategisch wichtiger Festungen stand im Mittelpunkt der Operationen, bei denen das Heer des Sultans bewies, daß die Logistik auch in weiter Entfernung vom Istanbuler Zentrum des Militärapparats über Jahre hinweg funktionierte.[3]

Nicht ein von langen Nachschubwegen begrenzter Aktionsradius setzte der Expansion der Osmanen in erster Linie Grenzen – denn die Lebensmittel mußten ohnehin aus dem Kriegsgebiet und dessen Hinterland kommen –, sondern Innovationen im Militärwesen ihrer Gegner und das langsame Versiegen der Quellen früherer Erfolge im Laufe des 17. Jahrhunderts: Die Janitscharen wandelten sich zu einer Militärkaste, die sich zunehmend aus sich selbst rekrutierte, und das Timar-System zeigte erste Auflösungserscheinungen. Dem osmanischen Reich fehlte ohne ständige Expansion die Finanzbasis für ein professionelles Militär.[4] Die Neuerungen in Organisation und Taktik, die sich zu dieser Zeit im übrigen Europa verbreiteten, das Anwachsen der Mannschaftsstärke der Heere, die immer öfter in Friedenszeiten nicht mehr aufgelöst wurden, der flexible Einsatz von Feldartillerie, die taktische Abstimmung zwischen Musketenschützen und Pikenträgern sowie die Renaissance der Kavallerie rund um den Dreißigjährigen Krieg minderten auf die Dauer die Konkurrenzfähigkeit der Osmanen. Raimondo Montecuccoli, der in Theorie und Praxis die Lehren aus den Kriegen des 17. Jahrhunderts zu ziehen versuchte, trug besonders dazu bei, die kaiserlichen Truppen im Sinne dieser «militärischen Revolution» umzugestalten.[5] Lange blieben die Konsequenzen für die Kräfteverhältnisse in Ungarn verborgen, denn es kam zu keinen größeren Kriegshandlungen. Allerdings brach auf lokaler Ebene immer wieder ein verbissener Kleinkrieg zwischen Grenztruppen auf, der von Viehräuberei oft kaum zu unterscheiden war.

Es waren wieder innerungarische Konflikte, die schließlich einen neuen osmanischen Feldzug gegen das Habsburgerreich auslösten. Mit Unterstützung aus dem Heiligen Römischen Reich und sogar durch den alten Rivalen der Habsburger, Frankreich, gelang es, eine Streitmacht zusammenzuziehen, die 1664 unter Führung Montecuccolis das Heer der Osmanen bei St. Gotthard (Szentgotthárd) an der Raab zurückschlug. Der bald darauf geschlossene Frieden von Eisenburg (Vasvár) bestätigte dennoch die türkische Herrschaft über den größten Teil Ungarns. Nach der Aufdeckung einer anti-habsburgischen Verschwörung ungarischer und kroatischer Hochadeliger 1671 wurden nicht nur die Rädelsführer mit großer Härte bestraft, sondern in allen Teilen Ungarns, die vom Kaiserhaus kontrolliert wurden, setzte nun eine scharfe Katholisierungspolitik ein. Der Widerstand dagegen führte in einen erbitterten, mit großer Härte ausgefochtenen Bürgerkrieg. Die Habsburg-Gegner, die Kuruzzen, fanden in Emmerich Thököly einen Anführer, der geschickt den Kaiserhof in Wien gegen die Osmanen auszuspielen versuchte. Österreich ging auf Avancen Thökölys nicht zuletzt deswegen so bereitwillig ein, weil die Auseinandersetzung mit Frankreich im Zentrum der Wiener Machtpolitik stand, nicht etwa der Balkan. Unter Kaiser Leopolds Beratern dominierten die «Westler», die davon überzeugt waren, daß die Ostexpansion Frankreichs unter Ludwig XIV. eine wesentlich akutere Bedrohung darstellte als mögliche Vorstöße der Osmanen in Ungarn. Die Entscheidung wurde dem Wiener Hof schließlich durch die Regierung des Sultans in Istanbul abgenommen.

Dort hatten zwei Großwesire albanischer Abstammung, Mehmed Köprülü und dessen Sohn Ahmed, seit 1656 die Verwaltung des Reichs gestrafft und auch den Militärapparat reformiert. Erster eindrucksvoller Beleg für die wiedergewonnene Handlungsfähigkeit der türkischen Streitkräfte war 1669 der Abschluß der Eroberung Kretas, dessen Hauptstadt Kandia die Venezianer seit 1645 gegen die Belagerung durch die Osmanen verteidigt hatten. Ahmed Köprülüs Nachfolger Kara Mustafa sah in den diplomatischen Verwicklungen rund um Thököly eine Gelegenheit, die Habsburger ganz aus Ungarn zu verdrängen. Der österreichischen Diplomatie, die lange versuchte, freie Hand gegen Frankreich zu haben und die deswegen die Gefahren im Südosten ignorierte, gelang es mit Unterstützung des Papstes gerade noch, bis zum Frühjahr 1683 eine Verteidigungsallianz mit Polen zu schmieden, während bei Edirne schon das Heer des Sultans zusammengezogen wurde. Der kaiserliche Befehlshaber Karl von Lothringen, ein Schüler Montecuccolis, mußte jedoch zunächst mit seinen eigenen Truppen auskommen, rund 40 000 Soldaten, die aber auf weit verstreute Positionen aufgeteilt waren. Die kroatische Grenzregion war ebenso zu sichern wie Raab (Györ) und Komorn (Komárom) sowie die Festungen in der heutigen Slowakei, wo die Kuruzzen eine zusätzliche Gefahr darstellten, da sich Thököly auf die Seite des Sultans stellte.

Die strategische Initiative lag bei den Osmanen, deren Heer Edirne Ende März verließ und Anfang Mai Belgrad erreichte, wo der Sultan zurückblieb. Kara Mustafa nützte seine nun ganz uneingeschränkte Stellung als Oberbefehlshaber, um in einem Kriegsrat Ende Juni Wien als Angriffsziel durchzusetzen. Auf ein etappenweises Vorgehen, durch das die Eroberung Wiens auf das kommende Jahr verschoben worden wäre, wollte sich der Großwesir nicht einlassen. Der Gefahr für die Nachschubwege versuchte er dadurch zu begegnen, daß Raab eingeschlossen wurde. Die Österreicher erkannten rasch, daß das Ziel der türkischen Truppen diesmal nicht in Ungarn liegen konnte, und Karl von Lothringen plädierte für eine rasche Offensive gegen die Positionen der Türken und ihrer ungarischen Verbündeten nördlich der Donau. Die Belagerung der Festung Neuhäusl (Nové Zámky) mußte aber bald abgebrochen werden, als das Ausmaß der Bedrohung wirklich klar wurde und die Allianz Thökölys mit den Osmanen in Ungarn Wirkung zu zeigen begann. Um Raab abzuschirmen, wurde die kaiserliche Infanterie auf die Insel Schütt nördlich der Festung verlegt, während die Kavallerie rechts der Donau Richtung Niederösterreich zurückgezogen wurde. Die rund 20 000 Krimtataren, die als Vorhut der Armee Kara Mustafas fungierten, stießen mit ihrer besonders mobilen, leichtbewaffneten Reiterei bereits weit über die ungarische Westgrenze hinaus vor. Sie waren es gewohnt, von Kriegsbeute zu leben und verwüsteten plündernd und brandschatzend ungeschützte Weiler und Ortschaften, oft auch auf der Jagd nach Gefangenen, die verkauft werden konnten. Der Durchzug jeder, auch der eigenen Armee, war in der damaligen Zeit «verheerend» für die Bevölkerung, die Tataren verbreiteten aber ganz besonderen Schrecken.

Die Angst vor den Tataren, den Kuruzzen und dem riesigen Heer der Osmanen war eine wichtige Waffe Kara Mustafas. Übertriebene Berichte über ein Gefecht südöstlich von Wien am 7. Juli schürten die Angst. Als sich kurz darauf Kaiser Leopold mitsamt dem Hofstaat und großen Teilen der Regierung auf den Weg nach Westen machte, brach Panik aus. Viele Wiener ergriffen die Flucht, während zugleich Tausende aus dem Umland Schutz hinter den Mauern der Residenzstadt suchten. In dieser Situation war Wien nicht verteidigungsfähig, aber noch standen die osmanischen Truppen weit genug entfernt, um Zeit dafür zu lassen, die Verteidigung der Stadt systematisch, wenn auch erst in letzter Minute vorzubereiten. Der nach Wien gebrachte Schatz der ungarischen Kirche diente als wichtigste Geldquelle. Alle hektischen Sicherungsmaßnahmen wären dennoch wertlos gewesen, wenn nicht die kaiserliche Infanterie gerade noch rechtzeitig in Wien eingetroffen wäre, bevor das osmanische Heer die Residenzstadt erreichte. Karl von Lothringen zog die Kavallerie und die Feldartillerie über die Donau, um sie als Sicherung des nördlichen Niederösterreich gegen Osmanen und Kuruzzen, schließlich auch für den Entsatz Wiens zu verwenden. Das Kommando über die kaiserlichen Truppen nördlich der Donau führte der Herzog selbst, während Ernst Rüdiger Graf Starhemberg faktisch die Verteidigung Wiens leitete. Dabei hatte er rund 11 000 Soldaten, aber auch die Bürgerwehr und Einheiten aus Mitgliedern einiger Zünfte und aus Studenten zur Verfügung, alles in allem etwa 16 000 Mann. Die Streitkräfte, die die Bewohner der Stadt aufstellten, standen in der langen Tradition der Landesverteidigung auf eigene Initiative und mit eigenen Mitteln. In Westungarn ergänzten Milizen und Truppen mächtiger Adliger die habsburgischen Streitkräfte, und in Innerösterreich hatte das Land ein umfassendes Verteidigungssystem aufgebaut. Zwar gelang es 1683 sogar mit improvisierten militärischen Mitteln, einige Klöster und Ortschaften Niederösterreichs gegen Tataren und türkische Streifscharen zu verteidigen, es zeigte sich aber, daß man bei der Verteidigung einer modernen Befestigung gegen eine groß angelegte Belagerung auf geschulte Soldaten nicht verzichten konnte.

Um das Einnisten des Gegners am Rand des Schußfelds rund um die Befestigung zu verhindern, wurden am 12. Juli die auf dem Glacis gelegenen Vororte Wiens von den Verteidigern niedergebrannt, als schon die Vorhut der Osmanen heranrückte. Zwischen brennenden Gebäuden irrten noch Flüchtlinge umher, während sich osmanische und kaiserliche Trupps erste Gefechte lieferten. Nach und nach traf die Masse der Streitkräfte Kara Mustafas ein und bezog in einem weiten Halbkreis rund um die Stadt Stellung. Rund 100 000 osmanische Soldaten, dazu noch der Troß und eine wachsende Zahl an Gefangenen lagerten vor dem Glacis. Nachdem es den Osmanen gelang, eine kleine Abteilung der Kaiserlichen von der Donauinsel zu verdrängen, schloß sich der Ring um die belagerte Stadt. Zu diesem Zeitpunkt hatte Kara Mustafa bereits die Entscheidung darüber getroffen, wie er die Stadt bezwingen wollte, nachdem seine Truppen für einen überraschenden Sturmangriff inmitten der Panik und des Chaos der zweiten Juliwoche zu spät gekommen waren. Nach der Ablehnung der Aufforderung zur Kapitulation begann der Angriff auf den westlichen Abschnitt des Verteidigungsgürtels von Wien. Die Wahl war auf diesen Teil der Stadtbefestigung gefallen, weil sich hier am leichtesten jene Waffe einsetzen ließ, auf die Kara Mustafa baute: Minen. Weiter im Süden schienen die Verteidigungsbauten zwar weniger modern, aber durch die Nähe des Wienflusses konnte in diesem Areal der Grundwasserspiegel zu hoch liegen. Wie schon 1529, so führte auch diesmal das osmanische Heer keine ausreichende Artillerie mit. Mit gut 300 Geschützen waren die Verteidiger dem großen Heer Kara Mustafas hier deutlich überlegen. Da die Qualität der Kanonen und Mörser aus eigener Produktion im Vergleich zu den anderen europäischen Mächten ohnehin nicht sehr beeindruckend war, blieb die Artillerie generell eine Schwachstelle der Türken. Dafür hatte der Minenkrieg Tradition bei den Osmanen, und zu den größten Stärken der osmanischen Rüstungswirtschaft zählte die Pulvererzeugung. In der Schlußphase der Belagerung von Kandia 1665 bis 1667 hatten die Mineure der Osmanen bewiesen, daß sie mit modernsten Verteidigungsanlagen fertig werden konnten. Auch unter die Mauern Wiens sollten nun Stollen vorgetrieben werden, an deren Ende sich großräumige Kammern anlegen und mit Pulver füllen ließen. Nach dem Schließen der «Minenöfen» durch Mauern, die den Rückschlag der

Explosionskraft verhindern sollten, könnten dann Breschen in den Befestigungsgürtel gesprengt werden.

Die Festungsanlagen Wiens waren mit Finanzhilfe aus dem Reich nach der ersten Belagerung in mehreren Phasen errichtet worden. Der «neu-italienischen Methode» des Festungsbaus entsprechend, bildeten nicht mehr steil aufragende Mauern und Türme den Schutzmantel der Stadt, sondern ein System aus abgeschrägten, breiten Wällen und Gräben, das einerseits Artilleriebeschuß und Minen widerstehen sollte, andererseits die Möglichkeit bieten mußte, so viel Feuerkraft wie möglich auf den Angreifer zu richten. Das erforderte Stellungen für Geschütze und mit Musketen bewaffnete Soldaten, die Deckung boten und zugleich erlaubten, jeden Vormarschweg des Feindes zu beschießen. Vorspringende Bastionen mit langen Flanken erwiesen sich als bestes Mittel gegen tote Winkel. Um das Schußfeld möglichst zu erweitern, wurde den Bastionen noch ein Befestigungsbau aufgesetzt, der Kavalier. Die Basteien waren durch die Kurtine, einen gemauerten Wall, miteinander verbunden, der schwächsten Stelle im Verteidigungsring, von der der Gegner ferngehalten werden mußte. Vor den Bastionen und der Kurtine lag der etwa 20 Meter breite und sieben bis acht Meter tiefe Graben, der nur an einigen Stellen mit Wasser gefüllt war. Zwischen der Burg- und der Löbl-Bastei, an jenem Abschnitt der Befestigung, auf den die Türken ihre Angriffe konzentrierten, war der Graben jedoch trocken. Zum Schutz der Kurtine gab es aber auch hier eines der elf Ravelins – vorgelagerte, gemauerte Verteidigungswerke in Dreiecksform. Beidseits des Burg-Ravelins wurden außerdem noch im Juli 1683 bunkerartige Blockhäuser errichtet, sogenannte Kaponnieren, von denen aus die Flanken des Ravelins gegen in den Graben eingedrungene Angreifer verteidigt werden konnten. Damit der Graben nicht gleich am Anfang der Belagerung in die Hände des Feindes fiel, war oberhalb der Contrescarpe, der äußeren Grabenmauer, ein Verteidigungsgang angelegt worden. Diesen «gedeckten Weg» am Außenwall schützte eine Palisadenlinie gegen anstürmende Infanterie. Von den Basteien und der Kurtine aus konnte die Artillerie der Verteidiger das gesamte Glacis bestreichen.

Da die Zerstörung der Vorstädte überhastet und unvollkommen betrieben worden war, fanden die Osmanen eine gut gedeckte Ausgangsbasis für die Belagerung vor. Um das Glacis zu überwinden und vor die Bastionen und das Ravelin zu kommen, waren Gräben dennoch der einzig erfolgversprechende Weg. In den drei nebeneinander gelegenen Angriffsabschnitten wurden teilweise mit Abdeckungen aus Holz und Erde geschützte Laufgräben vorgetrieben, die zur Sicherung vor Beschuß in einem Zickzackmuster auf die Befestigung zuführten. Von diesen «Approchen» oder «Sappen» zweigten die Schützengräben ab, die neben Infanterie auch weiter nach vorne verlagerte Artilleriestellungen aufnahmen. Die Sappeure der Osmanen leisteten hervorragende Arbeit, und so kamen die Angreifer rasch im Glacis voran. Gefangene mußten ihnen dabei helfen, aber auch die Infanteristen, die in den Gräben eingesetzt wurden. Die größte Gruppe unter den Angriffstruppen stellten die Janitscharen, deren Kommandeur auch einen der drei Hauptabschnitte befehligte.[6] Die besonderen Anforderungen, die der Grabenkrieg an die Kampftechnik und die Logistik stellte, waren vermutlich auch ein Grund dafür, daß Kara Mustafa trotz erdrückender Übermacht nicht versuchte, die schwachen Kräfte der Verteidiger durch Angriffe an anderen Punkten der Befestigung zu zersplittern. Das Gros seines Heeres bestand ohnehin aus Reiterei. Immerhin bot die Kavallerie Schutz vor Überfällen auf das türkische Lager, das deshalb auch ohne äußere Feldbefestigungen bleiben konnte.

Die Angriffstruppen, die zumindest offiziell aus Freiwilligen bestanden, erlebten in den folgenden Wochen das Grauen eines frühmodernen Grabenkriegs. Mit größter Hartnäckigkeit verteidigten Starhembergs Soldaten buchstäblich jeden Meter der Außenwerke, um Zeit zu gewinnen. Artilleriefeuer vom frühen Morgen bis in die Nacht, die Explosionen von Minen und Gegenminen und der Beschuß durch Musketen oder mit Pfeilen begleiteten die ständigen Schanzarbeiten. Schon beim gedeckten Weg an der Contrescarpe entwickelten sich auch immer wieder heftige Nahkämpfe, teils bei Angriffen der Türken, teils bei Ausfällen, mit denen die Kaiserlichen die Belagerer zurückdrängen wollten. Nicht nur Pistolen und Blankwaffen aller Art wurden eingesetzt, auch Handgranaten erwiesen sich als verheerende Kampfmittel. Die Gräben, Stollen und Befestigungsbauten wurden immer wieder zu tödlichen Fallen, wenn die Soldaten durch Artilleriebeschuß oder Minensprengungen verschüttet wurden. Besonders blutige Gefechte entwickelten sich vor allem dann, wenn die Türken eine mit Minen frisch ins Verteidigungssystem geschlagene Bresche ausnutzen wollten, um Terrain zu gewinnen. Die hohen Verluste, die zunächst die osmanischen Truppen, dann immer stärker auch die Kaiserlichen erlitten, förderten auf beiden Seiten die Brutalität im Umgang mit geschlagenen Feinden. In den osmanischen

Quellen wird immer wieder mit Genugtuung die Zahl der Köpfe genannt, die toten oder gefangenen Gegnern abgeschlagen und dem Großwesir als Trophäe zu Füßen gelegt wurden. Auf der Seite der Verteidiger ist das Aufstecken der Köpfe getöteter Türken belegt. Solche Grausamkeiten waren jedoch in den Kriegen des 17. Jahrhunderts nichts besonders Ausgefallenes, und der kulturelle Gegensatz zwischen Christen und Moslems trug höchstens dazu bei, die ohnehin niedrigen Hemmschwellen noch herabzusetzen.

Der Ring um die Stadt blieb trotz der harten Kämpfe bemerkenswert durchlässig. Sonst hätten nicht Händler, die das türkische Lager versorgten, Geschäfte auch mit den Belagerten machen können. Es gelang auch immer wieder, Nachrichten aus Wien durch die Reihen des osmanischen Heeres zu schmuggeln. Dadurch konnten sich die Feldarmee und der Hof des Kaisers in Passau ein Bild von der Lage in der belagerten Stadt machen. Der Widerstand gegen das Vorrükken der Türken hatte dazu geführt, daß erst am 6. August der gedeckte Gang vor der Kurtine ganz aufgegeben werden mußte. Ab dem 12. August tobte dann ein heftiger Kampf um den Burg-Ravelin, den der Minenkrieg nach und nach in einen Trümmerhaufen verwandelte. Am 3. September räumten die Kaiserlichen den Rest des Ravelins, und eine Woche später waren auf Seiten der Verteidiger nur mehr 4000 Mann einsatzfähig. In der Stadt hatte sich die Bürgerschaft den Anweisungen Starhembergs und seiner Umgebung gefügt, aber doch mit deutlichem Widerstreben. Die Unterwerfung unter die strenge Disziplin des Berufsmilitärs mißfiel der Bürgerwehr, am meisten Ärger verursachte aber die Verteilung der Lebensmittelvorräte. Die Amöbenruhr wütete auch unter der Zivilbevölkerung. Ob Anfang September die Bereitschaft zu kapitulieren wuchs, läßt sich nicht ermessen. Aber auch wenn bei Bürgern und Soldaten der Durchhaltewille selbst zu diesem Zeitpunkt noch ungebrochen gewesen sein sollte, so war die Eroberung der Stadt doch nur mehr durch rasches Eingreifen einer Entsatzarmee zu verhindern.

Auch Kara Mustafa wußte aus Befragungen von Gefangenen um die bedrängte Lage Wiens, aber er konnte auch nicht übersehen, daß seine eigenen Truppen immer stärker unter dem Belagerungskrieg litten. Bei der Lebensmittelversorgung kam es zu Engpässen, was nicht erstaunt angesichts von Schätzungen, mehr als 200 000 Menschen, alle Hilfstruppen, den Troß und die Gefangenen eingeschlossen, hätten sich samt Pferden im und beim Lager der Osmanen aufgehalten. Die Verwüstungen, die die Streifzüge der Tataren seit

Anfang Juli im Umland Wiens angerichtet hatten, erschwerten den Nachschub. Krankheiten und die hohen Verluste von angeblich bis zu 40 000 Mann schwächten auch die Kampfmoral der besten osmanischen Truppen, die die Hauptlast des Grabenkriegs zu tragen hatten. Die Janitscharen machten Anstalten, unter Hinweis auf die Tradition ihrer Truppe nach 40 Tagen im Kampf weitere Angriffe zu verweigern. Dem Großwesir lief ohnehin die Zeit davon, denn die strategische Situation hatte sich zuungunsten der Türken entwickelt. Thökölys Kuruzzen hatten zwar im Juli die Stadt Preßburg (Bratislava) eingenommen, die Kaiserlichen warfen sie aber rasch wieder nach Osten zurück. Rund 6000 osmanische Reiter, die ursprünglich mit den Kuruzzen zusammen operieren sollten, wagten bald darauf einen Alleingang am nördlichen Donauufer. Am 24. August stellten die Österreicher sie an den Hängen des Bisambergs unweit von Wien und rieben den ganzen Verband auf. Das Konzept Karls von Lothringen, mit seiner kleinen, aber mobilen Streitmacht das nördliche Niederösterreich und Nordwestungarn bis zur Waag zu beherrschen, war aufgegangen. Kara Mustafa hatte es versäumt, mit einer ausreichend starken Streitmacht den Österreichern nördlich der Donau entgegenzutreten. Damit waren die Kuruzzen als aktive Verbündete für die Türken verloren. Der Weg für die Polen war frei.

Nach dem Abschluß des Allianzvertrags mit dem Kaiser Ende März hatte der polnische König Johann Sobieski, finanziell vom Heiligen Stuhl massiv unterstützt, den Feldzug vorbereitet. In richtiger Einschätzung der Lage wartete er nicht darauf, die eigentlich zugesagten 40 000 Mann aufbieten zu können, sondern zog 21 000 Soldaten, in der Mehrzahl Reiter, in Südwestpolen zusammen. Da die Kuruzzen nicht eingriffen und die Osmanen von den Kaiserlichen aus dem Feld geschlagen waren, gelang der Vormarsch der Polen ins Donaugebiet nördlich von Wien problemlos. Zugleich näherten sich auch die Kontingente der anderen Verbündeten Leopolds. In Schwaben und Franken, wo die Bindungen an das Reich besonders stark waren, wurden zusammen rund 9000 Mann bereitgestellt. Sachsen entsandte rund 10 000 Soldaten zum Entsatzheer, ebenso Bayern. Dazu kamen auch noch 600 Reiter aus Braunschweig-Lüneburg. Rangstreitigkeiten zwischen den Verbündeten konnten am 4. September einvernehmlich gelöst werden. Den Oberbefehl erhielt Johann Sobieski, der reichlich Erfahrung im Kampf gegen Türken und Tataren hatte. Er einigte sich mit Karl von Lothringen rasch auf die Grundlinien der gemeinsamen Operation. Beide verwarfen Vorschläge, flußabwärts von Wien bei Preßburg über die Donau zu setzen oder in einem großen Bogen vom Südrand des Wienerwalds her die Türken anzugreifen. Statt dessen sollten alle Kontingente bei Tulln zusammengezogen werden und von dort aus über den Wienerwald direkt auf Wien marschieren. Nachdem kaiserliche und polnische Truppen ungestört die Donau überquert hatten, sammelten sich die Verbündeten am 8. September auf dem Tullnerfeld.

Währenddessen setzten die Osmanen alles daran, Wien doch noch zu erobern. Die Löbl-Bastei fiel am 4. September beinahe in die Hände der Türken, die zwei Tage später einen Teil dieser Bastion sprengen konnten. Am 8. September standen die Angreifer vor der Kurtine zwischen den beiden umkämpften Bastionen. Nun konnten sie Kurtine wie Basteien unterminieren und den Sturm auf die Befestigung vorbereiten. Die Verteidiger rechneten mit dem türkischen Durchbruch. Für die Anlage wirkungsvoller Gegenminen fehlten die notwendigen Fachleute, das Unheil mußte also seinen Lauf nehmen, wenn nicht rechtzeitig Hilfe kam. Mit Raketen versuchten die Verteidiger, die Führung der kaiserlichen Armee auf ihre verzweifelte Notlage hinzuweisen. Auch die Osmanen konnten diese Zeichen deuten und intensivierten ihre Anstrengungen. Selbst als klar wurde, daß eine große Armee zum Entsatz von Wien bereitstand, hielt Kara Mustafa den Druck auf die Stadt aufrecht. Immerhin holte er mehr als 13 000 Mann Verstärkungen heran, vor allem die von Ibrahim Pascha befehligten Truppen, die Raab eingeschlossen hatten. Anstatt nun aber auch die Soldaten aus den Gräben abzuziehen und dem gegnerischen Heer den Vormarsch durch den Wienerwald so schwer wie möglich zu machen, wie es von Ibrahim Pascha vorgeschlagen wurde, beschloß Kara Mustafa am 9. September, die Belagerung nicht abzubrechen. Nach einigen Umgruppierungen blieben schließlich noch etwa 10 000 Mann und viele Geschütze in den Gräben, während an die 65 000 osmanische Soldaten zum Kampf gegen das Entsatzheer bereitgehalten wurden. Dazu kamen noch mehr als 10 000 Tataren und die mindestens ebenso starken rumänischen Hilfstruppen, deren Kampfkraft in einer Feldschlacht der Großwesir allerdings nicht traute.

Etwa 65 000 Mann, darunter gut 30 000 Berittene, war auch die Armee der Verbündeten stark, die sich in drei fast gleich starke Abteilungen gliederte und rund 100 Feldgeschütze mitführte. Der Vormarsch durch den Wienerwald begann am 9. September gemäß der Schlachtordnung, auf die sich die Alliierten verständigt hatten.

Karl von Lothringen war als Kommandeur des linken Flügels vorgesehen, der in erster Linie aus Kaiserlichen bestand und an die Donau angelehnt auf Wien vorstoßen sollte. Dem Befehl von Georg Friedrich Fürst Waldeck unterstand das Zentrum, wo die Truppen aus dem Reich eingesetzt wurden. Den angesehensten Part in der Ordre de bataille spielten die Polen unter Johann Sobieski auf dem rechten Flügel. Komplizierte Gefechtsformen waren ohne eine starke Führung für die Gesamtarmee nicht durchführbar, aber darauf kam es auch nicht an, denn schon die lange Frontlinie und das hügelige und unübersichtliche Terrain am Osthang des Wienerwalds legten es nahe, auf eine ausgeklügelte Taktik zu verzichten. Die für das Entsatzheer gefährlichste Phase der ganzen Operation war der Marsch durch den Ausläufer der Ostalpen auf wenigen, vom Regen aufgeweichten Wegen. Die Verbündeten stießen beim mühsamen Vorrücken auf den Höhenzug nordwestlich von Wien jedoch auf keinen nennenswerten Widerstand. Am Abend des 11. September standen die Truppen des linken Flügels und des Zentrums auf den Bergen oberhalb der Stadt. Die Polen hatten den beschwerlichsten Anmarschweg und brauchten deshalb etwas länger. Johann Sobieski allerdings kam früh genug, um zu sehen, daß am nächsten Tag eine schwierige Aufgabe auf das Entsatzheer wartete. Gerade seine Soldaten hatten noch einen Hügelzug und tief eingeschnittene Bachläufe vor sich, bis sie das offene Gelände zwischen Wienfluß und Alsbach erreichen konnten. Die vielen Weingärten, die sich an den Abhängen des Wienerwalds hinzogen, bildeten ein weiteres Hindernis für den Angriff.

Die Osmanen hatten inzwischen das Gros ihres Heeres zwischen Donau und Wienfluß in Stellung gebracht und in aller Eile auch Schanzen angelegt, die aber eine solide Feldbefestigung nicht ersetzen konnten. Vorgeschobene Truppen unter dem Befehl des Beglerbegs von Diyarbakir, Kara Mehmed Pascha, stießen am Morgen des 12. September gegen fünf Uhr auf Vorposten der Kaiserlichen, die gerade dabei waren, am Abhang des Kahlenbergs Artilleriestellungen anzulegen. Die Osmanen wurden schließlich zurückgeworfen, und der linke Flügel der Entsatzarmee ging zum Angriff über, gefolgt von den Truppen unter Waldecks Kommando. Sächsische und kaiserliche Dragoner stürmten türkische Stellungen in Nußdorf, und bis zur Mittagszeit hatte das Zentrum zum linken Flügel aufgeschlossen. Die Polen kamen erst um etwa ein Uhr nachmittags in ihren Ausgangsstellungen an, aber allein ihr Auftauchen am Rand des Höhenzuges war für Kara Mustafa Anlaß genug, um einen großen Teil seiner Soldaten, die unter Ibrahim Paschas Kommando am rechten Flügel eingesetzt gewesen waren, Richtung Süden abzuziehen. Der Großwesir fürchtete offensichtlich, daß seinem Heer der Rückzug abgeschnitten werden könnte. Von den Tataren, die ihre rechte Flanke bedrohen konnten, wurden die Polen nur sehr halbherzig angegriffen. Die Rettung der Kriegsbeute war für die Hilfstruppe der Osmanen wohl zu wichtig, um einen Kampf gegen die schwere Kavallerie Johann Sobieskis zu riskieren. Polnische Husaren – im Unterschied zum späteren Sprachgebrauch die am stärksten armierte Reiterei – boten mit ihren federgeschmückten Flügelverzierungen am Rücken und mit dem schimmernden Harnisch einen furchterregenden Anblick, und keine Abteilung der osmanischen Kavallerie konnte es mit der polnischen schweren Reiterei aufnehmen, sobald sie im freien Gelände mit voller Kraft angreifen konnte. Um dorthin zu gelangen, bedurfte es aber erst einmal der verlustreichen Erstürmung und Behauptung des Schafbergs und seiner Umgebung. Am frühen Nachmittag standen alle Kontingente des Entsatzheeres am Rand des flacheren Terrains und hatten damit das vorher festgelegte Tagesziel erreicht.

Damit war die Schlacht aber eigentlich schon entschieden, denn die osmanische Armee befand sich in einer unhaltbaren Lage, nachdem ein Angriff auf den rechten Flügel der Verbündeten mit Hilfe von Infanterie zurückgeschlagen worden war. Unabhängig voneinander erkannten die Führer der Entsatzarmee die Chance, die sich ausbreitende Unordnung in den Reihen des Gegners zu nutzen. Die Fortsetzung der Angriffe stürzte die Osmanen nun ins Chaos. Das Zentrum des Lagers mit dem Zelt des Großwesirs wurde noch eine Zeitlang gegen die Attacken der Polen verteidigt, dann aber wandten sich Kara Mustafa und der Rest seiner Armee zur Flucht nach Südosten. Viele Gefangene, die nicht mehr mitgenommen werden konnten, wurden getötet. Auch an die 2000 Soldaten der Verbündeten und mehr als 10 000 Osmanen sollen an diesem Tag umgekommen sein. Die Gefallenen wurden natürlich ausgeplündert, von den Wienern und von Soldaten. Den Löwenanteil an der Beute, die Schätze des Großwesirs vor allem, sicherten sich Johann Sobieski und seine Entourage. Der polnische König setzte sich damit, wie er seiner Frau schrieb, als Erbe Kara Mustafas ein. Den geschlagenen Feldherrn, der die Reste seiner Armee in Gewaltmärschen in Sicherheit bringen konnte, erwartete dagegen das Todesurteil. Die gravierenden Fehler, die ihm unterlaufen waren – der riskante Vorstoß auf Wien, der

Mangel an Belagerungsgeschützen, die Untätigkeit angesichts des heranmarschierenden Entsatzheeres, das Aufrechterhalten der Belagerung bis zum bitteren Ende – waren offenkundig. Daß Kara Mustafa Kuruzzen und Tataren nicht militärisch sinnvoller einsetzen konnte, hatte mehr damit zu tun, daß solche Verbände gut für den kleinen Krieg waren, in der Feldschlacht disziplinierten und geschulten Truppen aber unterlegen sein mußten. Für Belagerungen waren sie ebenso wenig geeignet wie die Masse der osmanischen Reiterei. Letzten Endes aber hatte seine Armee kaum eine Erfolgschance gegen ein zahlenmäßig etwa gleich starkes Heer, das über Erfahrung im Kampf gegen Osmanen und Tataren verfügte und nach modernen Grundsätzen bewaffnet und eingesetzt wurde. Die wachsenden Heeresstärken in West- und Mitteleuropa sowie weitere Verbesserungen der Ausrüstung der Kaiserlichen, z. B. durch die allgemeine Einführung des Bajonetts, machten den Truppen des Sultans das Siegen in den folgenden Jahrzehnten schwer, allerdings keineswegs unmöglich.[7] Dennoch war aus der Renaissance osmanischer Größe, die Kara Mustafa herbeiführen wollte, der Anfang vom Ende der Herrschaft des Sultans über Südosteuropa geworden.

Die Geburt eines Mythos – die «schiefe Schlachtordnung» Leuthen, 5. Dezember 1757

Bernhard R. Kroener

Der Feldzugsplan, den Friedrich II. für die Operationen des Kriegsjahres 1757 hatte ausarbeiten lassen, war bestimmt durch die militärischen Erfolge, die der Präventivschlag gegen Sachsen herbeigeführt hatte. Er spiegelte aber auch die Überzeugung des preußischen Königs wider, daß seine Kriegshandlungen die Front seiner Gegner vergrößert und dauerhafter zusammengeschmiedet hätten. Im Bewußtsein seiner «auf zufälligen Umständen beruhenden Stärke» durfte er den Angriff seiner Feinde nicht auf der inneren Linie erwarten, sondern suchte im Gegenteil Österreich, als der treibenden Kraft im Lager seiner Widersacher, durch einen raschen Sieg in Böhmen die Hoffnungen auf einen Siegfrieden zu nehmen, noch bevor die verbündeten Russen und Franzosen auf dem Kriegsschauplatz erscheinen konnten.[1] Die Frühjahrsoffensive gegen Prag trug diesen strategischen Planungen Rechnung. Der raumgreifende Vorstoß der preußischen Armee war von der Leistungsfähigkeit der Magazinversorgung abhängig, die Zielrichtung und Geschwindigkeit der Operationen bestimmte. So waren die kräftemäßig unterlegenen Truppen Friedrichs des Großen gezwungen, die Schlacht bei Kolin am 18. Juni 1757 gegen die zudem noch vorteilhaft postierten österreichischen Truppen zu schlagen, wollten sie nicht von ihren Hauptmagazinen abgeschnitten werden. Der zuvor erfochtene Sieg bei Prag und die Niederlage bei Kolin waren zwar weder für die eine noch für die andere Seite feldzugsentscheidend, doch verursachten beide Schlachten für Preußen erhebliche Verluste. Zudem wurde der Nimbus der Unbesiegbarkeit des Königs beschädigt, so daß die Allianz seiner Gegner hoffen konnte, mit konzentrischen Angriffen das Kriegsglück zu ihren Gunsten zu wenden. Der russische Sieg bei Groß-Jägersdorf im August und der schwedische Vorstoß über die Peene, der eine Blockade Stettins befürchten ließ, nährte nicht nur bei den Verbündeten die Überzeugung, daß nun doch nicht nur der Feldzug, sondern der Krieg für Preußen verloren sei. Von Westen her bedrohten zwei französische Armeen Berlin und die sächsische Versorgungsbasis. Wie gefährdet die Lage war, wurde dem König schließlich durch den Überraschungsschlag vor Augen geführt, mit dem sich österreichische Husaren Mitte Oktober, wenn auch nur für wenige Tage, der Residenzstadt Berlin hatten bemächtigen können.

Im Spätherbst 1757 war die Lage so verzweifelt, daß Friedrich geraten wurde, dem Krieg, wenn auch durch den Verzicht auf Schlesien, ein Ende zu bereiten. Zweifellos hoffte der König, indem er auf der inneren Linie operierte, seine Gegner in getrennten Schlachten zu schlagen, um auf diesem Wege zu separaten Waffenstillständen zu gelangen. Der Abzug preußischer Truppen zur Sicherung Berlins und die bereits fortgeschrittene Jahreszeit veranlaßten das aus Kontingenten der Reichsarmee und französischen Regimentern gebildete Heer unter dem Kommando des Herzogs von Sachsen-Hildburghausen, seinen Vorstoß auf Leipzig zu beschleunigen. Der König raffte alle verfügbaren Truppen zusammen und marschierte dem Feind entgegen. Der Sieg Friedrichs bei Roßbach wurde zum bedeutendsten militärischen Erfolg des Siebenjährigen Krieges. Wie so häufig in diesem Krieg spielte auch in diesem Fall die psychologisch-propagandistische Ausnutzung des Sieges eine zentrale Rolle. In einer strategisch fast aussichtslosen Situation siegte der König und mit ihm die preußische Armee über die Streitkräfte der noch immer bedeutendsten Militärmacht des Kontinents. Preußen übernahm damit nicht nur im protestantischen Norddeutschland erkennbar eine politische Führungsrolle, seine Armee wurde damit endgültig zum europäischen Vorbild. Der König schließlich vermochte sein Charisma so zu steigern, daß er allein durch seine Anwesenheit demoralisierten Regimentern das Gefühl der Unbesiegbarkeit vermitteln konnte. Mit seinem Namen verband sich in der allgemeinen Vorstellung das Bild des Sieges, während die Niederlagen mit den Namen seiner Generale und seiner Alliierten verbunden wurden.

Bis zum Vorabend der Schlacht von Jena und Auerstedt (1806) blieb im Bewußtsein nicht nur der preußischen Untertanen der Sieg über die Franzosen bei Roßbach weitaus wirkungsmächtiger als der einen Monat später erfochtene Erfolg von Leuthen.

Während der König in Sachsen beschäftigt war, hatte er dem Herzog von Bevern die Aufgabe übertragen, Schlesien zu decken, das als Versorgungsbasis, vor allem aber als Winterquartier sowohl für Preußen als auch für Österreicher von entscheidender Bedeutung war.

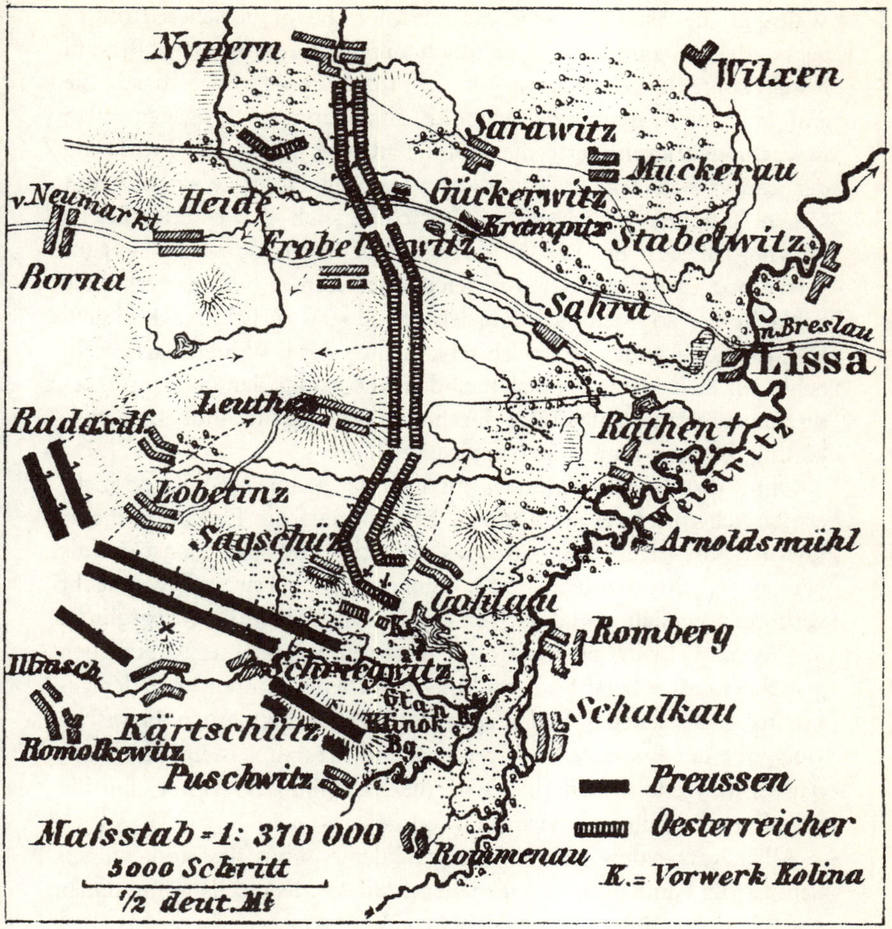

Leuthen, 5. Dezember 1757

Während die österreichische Hauptarmee die preußischen Kontingente, die ihr zahlenmäßig deutlich unterlegen waren, bei Breslau fesseln sollte, hatte ein Korps unter Franz Leopold von Nádasdy die Aufgabe, die Festung Schweidnitz einzunehmen. Entgegen allen Erwartungen kapitulierte die Festung nur 16 Tage nach Eröffnung der Laufgräben. Um Friedrich keine Gelegenheit zu geben, sich mit seinen Truppen zu vereinigen, entschloß sich die österreichische Führung, Bevern bei Breslau anzugreifen. Bevern, dessen Truppenstärke nur ein Drittel der österreichischen Armee betrug, verlor die Schlacht und zog sich nach Norden auf Glogau zurück. Nach diesem Sieg durfte sich die österreichische Armee ihrer Winterquartiere in Schlesien sicher sein, zumal nachdem die völlig demoralisierte Besatzung Breslaus, unterstützt durch eine österreichfreundliche Bevölkerung, wenige Tage später kapituliert hatte.

Ohne den Besitz Schlesiens glaubte der König den Krieg nicht erfolgreich fortsetzen zu können. Er benötigte die Einkünfte dieser Provinz, ihr kriegswirtschaftliches Potential und ihre Menschen als personellen Ersatz seiner Heere. Dennoch, auch Friedrich war nicht verborgen geblieben, daß sich in den Wechselfällen des Kriegsglücks in diesem Feldzug die Disziplin in seinen Regimentern gefährlich gelockert hatte. Bereits im Frühling nach Kolin waren viele der gepreßten sächsischen Soldaten zum Gegner desertiert. Auch die rasche Übergabe der Festungen Schweidnitz und Breslau verdeutlichte ihm, daß es dringend erforderlich war, die Disziplin der Truppe und die Loyalität der Führung wieder zu festigen.

Allen Katastrophen zum Trotz war der Nimbus des Königs nach dem Erfolg von Roßbach ungeheuer gestiegen. Es erschien ihm daher geschickt, die Reste der schlesischen Armee an sich heranzuziehen und die erschütterte Moral der einen durch die Siegeszuversicht der anderen Regimenter wieder heben zu lassen. Nachdem dem König gemeldet worden war, daß der Herzog von Bevern bei einer Rekognoszierung von einer Kroatenpatrouille gefangen worden sei, verdichtete sich bei dem argwöhnischen Monarchen der Eindruck, daß die unter seinem Kommando dienenden Reichsfürsten angesichts des gegen Preußen erklärten Reichskrieges und der prekären Lage ihres Kriegsherrn geneigt sein könnten, ihn zu verlassen.

Der König mußte also, wollte er seiner Armee gewaltsam den Weg in die Winterquartiere öffnen, von der Truppe und den Offizieren eine außergewöhnliche Leistungsbereitschaft fordern. In diesem Sinne ließ er zunächst einige Generale, die bei und in Breslau versagt hatten, arretieren und vor ein Kriegsgericht stellen. Das Offizierskorps seiner Armee beabsichtigte er vor die Entscheidung zu stellen, mit ihm den Befreiungsschlag zu wagen oder noch vor Beginn der Feindseligkeiten den Abschied zu nehmen. Unzuverlässige Offiziere bedeuteten im Gefecht eine erhebliche Gefahr.

Am 2. Dezember 1757 vereinigten sich die Reste der Bevernschen Truppen unter dem Kommando Zietens im Lager von Parchwitz, nordöstlich von Liegnitz, mit der Hauptarmee. Hier erhielten die ermüdeten und desorganisierten Truppen zunächst die dringend erforderliche Ruhe, wurden verpflegt und neu formiert. Die blutigen Verluste in den verschiedenen Schlachten des Feldzuges hatten die preußische Armee erheblich dezimiert. Tausende waren gefangengenommen worden oder desertiert. Insgesamt befehligte der König kaum 40 000 Mann. Diese Truppe bestand vermutlich in ihrer Mehrzahl aus ausgehobenen preußischen Landeskindern, den Kantonisten, und langdienenden, nicht aus Preußen stammenden Soldaten, die der Ruf des Königs oder ihre familiäre Situation durch alle Wechselfälle des Krieges hindurch unter den preußischen Fahnen gehalten hatte. In seiner Überzeugung, daß der Geist einer Armee in ihren Offizieren sitze, rief der König am Abend des 3. Dezember die Kompanie- und Eskadronchefs, die Bataillonskommandeure und schließlich die Generalität zu einer Offiziersbesprechung zusammen.

Diese «Parchwitzer Rede» war darauf berechnet, durch die geschickte Verbindung von Zuspruch und Drohung die Offiziere kollektiv bei ihrem *point d'honneur* zu packen und jeden unter der Zeugenschaft seiner Kameraden auf den Monarchen zu verpflichten: «Wir müssen den Feind schlagen oder uns vor ihren Batterien alle begraben lassen. So denke ich, so werde ich auch handeln. Ist einer oder der andere unter ihnen, der nicht so denkt, der fordere hier auf der Stelle seinen Abschied. Ich werde ihm selbigen ohne den geringsten Vorwurf geben.» In dieser Situation konnte auch der Verzagteste nicht daran denken vorzutreten und um seinen Abschied einzukommen. Damit hatten die Offiziere nicht nur gegenüber ihrem Kriegsherrn, sondern auch im Angesicht ihrer Standesgenossen ihr Wort verpfändet, die bevorstehende Schlacht durchzufechten. Der in diesem Zusammenhang überlieferte Einwurf des Majors Hans Christoph von Billerbeck: «Ja das müßte ein infamer Hundsfott sein, nun wäre es Zeit», verdeutlicht anschaulich den Gruppendruck, dem jeder der anwesenden Offiziere in dieser Situation ausgesetzt war.[2] Von der Friedrichrenaissance, mit der die vormärzlichen Liberalen ihre aus dem Erleben der Befreiungskriege gewachsene Vorstellung von der Einheit, die Volk, Armee und Monarch in einer kritischen Stunde des Vaterlandes bildeten, in einen historischen Bezug setzten, bis zu den Schlachtengemälden des späten 19. Jahrhunderts stellte diese Darstellung den spezifisch bürgerlichen Traditionsbezug der Schlacht von Leuthen dar. Der König trat in diesem Bildprogramm unter seine Offiziere. Er wurde damit einer von ihnen. Das Schicksal der Monarchie war abhängig von der Loyalität und der Leistungsbereitschaft der Armee und ihrer Offiziere.

König Friedrich war noch wenige Tage vor der Schlacht über die Stärke des Gegners völlig unzureichend informiert. Nach den Belagerungen und den Verlusten bei Breslau schätzte er die Österreicher auf 39 000 Mann, also nur wenig mehr als er selbst unter Waffen hatte. Tatsächlich befehligte Prinz Karl von Lothringen etwa 50 000 reguläre und 16 000 Mann Freitruppen. Der König hatte, wollte er den Österreichern für den kommenden Feldzug nicht eine hervorragende Ausgangsbasis schaffen, keine Alternative als sie anzugreifen. Diese Entscheidung wurde ihm durch eine fehlerhafte Lagebeurteilung erleichtert. Gelang es ihm, die Feldarmee zu schlagen, woran er offenbar angesichts der ihm gemeldeten Stärkeverhältnisse keinen Zweifel hatte, dann ließen sich die isolierten Besatzungen in Schweidnitz, Breslau und andernorts nicht mehr halten. Schlesien stünde damit der preußischen Armee als Winterquartier zur Verfügung.

In diesem Sinn informierte Friedrich am 30. November seinen Bruder Heinrich: «Wenn das Glück mir hold ist, was sich in der Zeit von jetzt bis zum 6. Dezember entscheiden muß, (...) so werde ich Breslau und Schweidnitz wieder erobern und völligen Wandel in diesem Lande hier schaffen. (...) Wenn es dem Himmel gefällt, wird sich alles wenden, aber es wird viel Mühe kosten.»[3] Die Schlacht entschied über den Verlauf des Feldzuges. Ihr Ausgang gab den Ausschlag über die zeitweilige Kontrolle Schlesiens und damit über die strategische Ausgangslage für 1758. Als kriegsentscheidend empfand sie der König aber offenbar nicht.

Die Österreicher ihrerseits beobachteten zunächst die Manöver der preußischen Armee, nicht weil ihnen die Fähigkeit zu rascher Entscheidung fehlte, sondern weil sie glaubten, sich in der Provinz für den Winter einrichten zu können. Im Hauptquartier des Prinzen Karl war man überzeugt, daß selbst der König von Preußen es nicht wagen würde, mit einer kräftemäßig unterlegenen Armee Anfang Dezember einen Angriff zu führen. Andererseits bedrohte eine preußische Armee in Niederschlesien die notwendige Auffrischung, der die Truppen dringend bedurften. Angesichts dieser Lage hielt man es für ausreichend, das verschanzte Lager an der Lohe nahe Breslau zu verlassen, dem Gegner auf der Hauptstraße von Breslau nach Liegnitz entgegenzumarschieren und ihm am linken Ufer der Weistritz in einer Defensivstellung gegenüberzutreten. Diese Demonstration der Stärke sollte genügen, um die Preußen zum Abziehen zu bewegen. Am Morgen des 4. Dezember setzten sich die preußischen Truppen in Richtung Neumarkt in Marsch. Beide Heerführer waren offenbar über die Position des jeweiligen Gegners nur unzureichend informiert. Während Friedrich die Österreicher noch im Lager an der Lohe vermutete, hatten diese keine Notwendigkeit gesehen, ihre zentrale Armeefeldbäckerei, die sich in Neumarkt befand, auf Breslau zurückzuziehen. Als dem König gemeldet wurde, daß die feindliche Armee ihr verschanztes Lager verlassen hätte und ihm entgegenmarschierte, soll der Monarch vergnügt ausgerufen haben: «Der Fuchs ist aus seinem Loch gekrochen, nun will ich seinen Übermut strafen.»[4] Offenbar war Friedrich weit davon entfernt, an eine Entscheidungsschlacht zu denken, in der um die territorialen Erfolge seiner bisherigen Regierung gekämpft wurde.

Den preußischen Truppen fiel beim Angriff auf Neumarkt der Brotvorrat für 40 000 Mann in die Hände. Damit war nicht nur die Versorgung der Armee gesichert, die Besetzung von Neumarkt, die in Anwesenheit des Königs ohne eigene Verluste gelang, «erfüllte», so schrieb ein Husarenoffizier, der die Einnahme selbst erlebt hatte, «alle preußischen Kriegerherzen mit ungestümem Kampfesmut, und alle die von ihm hörten, nannten ihn einen vielverheißenden Vorboten.»[5] Der Glaube der Soldaten an bestimmte günstige oder ungünstige Vorzeichen, der Versuch aus den Karten die Zukunft zu lesen, war von erheblicher Bedeutung für den Kampfeswillen und die innere Kohärenz der Verbände. Die jungen Soldaten, in der Regel kaum älter als zwanzig Jahre, mußten sich immer wieder die Frage stellen, in welchem Zustand sie den folgenden Abend erleben würden. Wettererscheinungen, unvorhergesehene Unfälle und andere Zeichen, die als Wink des Schicksals gedeutet werden konnten, vermochten in der durchaus abergläubischen militärischen Gesellschaft Mutlosigkeit, ja Panikreaktionen hervorzurufen. Die Anwesenheit des Monarchen, der leicht errungene Erfolg auf dem Vormarsch vermittelten den Soldaten das Gefühl, daß die Affaire wohl gut ausgehen werde. Am Abend des 4. Dezember lagerte die Armee in Neumarkt und bei Kammendorf unweit der Stadt. Bereits gegen 4.00 Uhr morgens trat die Truppe unter das Gewehr und erwartete den König, der gegen 8.00 Uhr den Marschbefehl erteilte. Etwa vier Stunden hatte der Abbruch der Zelte und der Aufmarsch von fast 40 000 Soldaten gedauert, hinter denen sich auch noch im 18. Jahrhundert eine nicht unbeträchtliche Zahl von Fuhrknechten, Dienern, Pferdepflegern, Frauen und Kindern bei der Bagage sammelten. Die Armee marschierte flügelweise auf, das heißt, zwei parallel marschierende Kolonnen Infanterie waren an den Seiten gedeckt durch Kavallerie und wurden angeführt von einer Vorhut aus Husarenregimentern. Der Tag war diesig und nebelverhangen, was die wechselseitige Aufklärung noch erschwerte. Beim Dorf Borna stieß der preußische Vortrab von 55 Schwadronen Husaren und Dragonern, gefolgt von neun Bataillonen Infanterie, im Morgendunst gegen 9.00 Uhr auf eine feindliche Reitermasse, von der man zunächst annahm, es sei bereits der rechte Kavallerieflügel des Gegners. Als man feststellte, daß man es nur mit einem Beobachtungskorps zu tun hatte, griff die preußische Übermacht die Sachsen in der Flanke an, zersprengte sie und machte einige hundert Gefangene. Während das Gros der Armee erst gegen 12.00 Uhr mittags den Platz dieses ersten Scharmützels erreichte, ritt der König mit seinem Gefolge zu einer kleinen Anhöhe südlich der Heerstraße, die über Lissa nach Breslau führte. Die Soldaten hatten nun Gelegenheit, die gerade außerhalb des Schußfeldes der Artillerie verschanzte gegnerische Armee in Augenschein zu nehmen. Das Wetter hatte inzwischen aufgeklart, so daß man «jeden Mann hätte zählen» können.[6] Nicht zuletzt auf diesen Effekt war die sichtbare Angriffsfront der Österreicher angelegt. Wenn man aus einer Defensivstellung heraus durch die schiere Demonstration militärischer Macht dem Gegner die Lust zum Angriff nehmen wollte, dann war dieser Anblick dazu angetan. Über neun Kilometer erstreckte sich die österreichische Frontlinie, deren rechter Flügel unweit der preußischen Angriffsspitzen durch ein Waldgebiet gedeckt beim Dorf Nippern stand. Nach rechts rückwärts gestaffelt stand dort die Kavallerie, während sich die Infanterie in zwei hintereinander aufgestellten Treffen anschloß. Auf dem linken Flügel bildete die Front beim Dorf Leuthen einen in einem Winkel von 90 Grad verlaufenden Haken. Dieser Frontverlauf war bewußt gewählt worden, um die Sagschützer Erhebung als beherrschenden Punkt in die Front einbeziehen zu können. Wichtige Punkte vor der Front waren durch leichte Truppen gesichert, die schweren Batterien vor der Front in Stellung gegangen. Ein Reservekorps hielt hinter dem rechten Flügel.

Friedrich kannte das Gelände von Friedensmanövern, die er nach 1748 dort hatte abhalten lassen. Auf der Seite seiner Gegner befanden sich einige württembergische Offiziere, unter ihnen der später bekannt gewordene Militärtheoretiker Ferdinand Friedrich von Nicolai, die in jenen Jahren Manövergäste des preußischen Königs gewesen waren.[7] Der König erkannte, daß er den rechten Flügel des Gegners aufgrund der ungünstigen Geländeverhältnisse nicht angreifen konnte. Dagegen schien ihm der linke Flügel im Gelände nicht ausreichend gesichert zu sein. Hinzu kam, daß sich dort die Sagschützer Höhe und damit die beherrschende Erhebung der gesamten Front befand, die genommen werden mußte, wollte man sich nicht gefährlichem Flankenfeuer aussetzen. Ein Frontalangriff war nicht nur wegen der Feldbefestigungen des Gegners nicht ratsam. Auf den den Flügeln vorgelagerten Waldinseln befanden sich Detachements leichter Truppen, die durch geschickte Gegenangriffe dem preußischen Frontalangriff in die Flanke fallen konnten. So blieb schließlich nur der Angriff auf den linken Flügel der Österreicher übrig.

Auf der Gegenseite war man der Ansicht, der Angriff erfolge auf dem rechten Flügel, denn bis dahin hatten die preußischen Husaren die Reste des Beobachtungskorps zurückgetrieben. Vor dieser Front hielten auch die Spitzen der Armee. Daher beorderte die österreichische Führung ihr Reservekorps zur Verstärkung hinter diesen Flügel. Im Gegensatz zum preußischen König, der als *roi-connétable* seine Entscheidungen eigenständig traf und auch für Sieg und Niederlage die Verantwortung trug, befanden sich im Lager der Österreicher zwei Feldherren, von denen der eine als Schwager der Kaiserin zwar nach seiner Adelsqualität dem anderen vorgezogen werden mußte, jedoch nicht über dessen militärische Erfahrung verfügte. Feldmarschall Daun, der Sieger von Kolin, hielt einen preußischen Angriff auf den rechten Flügel für unwahrscheinlich und riet von einer Verstärkung ab. Da jedoch der dort eingesetzte Befehlshaber angesichts der preußischen Truppen vor seiner Front beständig Unterstützung forderte, begab sich Daun selbst dorthin, sei es um sich an Ort und Stelle über die Lage zu informieren, sei es um den General zu beruhigen und ihm zu erklären, daß die Preußen offensichtlich nach links abmarschieren und damit eine Schlacht vermeiden wollten. Unterschiedliche Lagebeurteilungen, unklare Befehlsverhältnisse, ungenügende Aufklärung und schließlich die Überzeugung der Österreicher, der König werde mit seinen geringen Truppen vor ihrer Demonstration zurückweichen, bewirkten das zunächst unerklärliche Zögern der Österreicher.

Von seinem Gegner ungestört und zudem durch einen parallel zur Front verlaufenden Höhenrücken dessen Blicken entzogen, vermochte Friedrich den flügelweisen Anmarsch in einen treffenweisen Aufmarsch umzubilden. Gegen 10.00 Uhr begannen die Spitzen des preußischen Heeres vor dem rechten Flügel der Österreicher nach rechts zu schwenken, wobei sich jeweils die ersten Hälften der vier Flügelkolonnen hintereinander setzten und auf diese Weise das erste Treffen bildeten, während die zweiten Hälften dahinter das zweite Treffen formierten. Dieser Flankenmarsch vollzog sich im Abstand von nur drei Kilometern vor der gegnerischen Front. Die Infanterie der Avantgarde bildete dabei eine zusätzliche vorgeschobene Angriffsverstärkung. Bei Roßbach war die preußische Kavallerie in einen vergleichbaren Flankenmarsch der Reichstruppen und Franzosen hineingeritten und hatte so die Schlacht entschieden. Diesmal verharrte der Gegner in seinen Stellungen und die preußischen Regimenter führten diese Rechtsschwenkung mit hoher Geschwindigkeit und mustergültiger Präzision aus. In zwei Stunden war die Marschbewegung über eine Distanz von etwas über fünf Kilometer abgeschlossen. Das schwierigste Manöver bestand nun darin, durch eine Linksschwenkung die Kolonnen Front zum Gegner nehmen zu lassen und durch einen auf der linken Seite nach hinten gestaffelten Echelonangriff, in dem 20 Bataillone im Abstand von je 50 Metern insgesamt etwa 1000 Meter zurückversetzt wurden, die Truppe nacheinander zum Einsatz kommen zu lassen. Damit entstand eine fortlaufende Angriffsverstärkung. Eine gefährliche Zusammenballung der Truppe vor der Front des Gegners wurde vermieden. Der am Schluß marschierende linke Flügel bildete die Schlachtreserve. Gegen ein Uhr mittags war der Aufmarsch abgeschlossen und der Kampf begann. Mit Unterstützung einer schweren Batterie Zwölfpfünder-Geschütze erfolgte seit diesem Zeitpunkt der gesamte Angriff der preußischen Armee über den linken Flügel der Österreicher.

Die Anwesenheit des Königs und die Führung der Bataillone durch Offiziere, die der Truppe seit längerem bekannt waren, stärkten den Kampfeswillen der vorgehenden Grenadiere bei ihrem schließlich mit dem Bajonett geführten Angriff: «Wir hatten nicht nur unseren verdienstvollen Obristleutnant von Bock zu unserem Anführer, sondern auch unseren tapferen General von Wedel, den wir bereits vor der

Schlacht bei Prag und während des ganzen Krieges kannten, zum Brigadier.»[8] Nur mit Mühe konnten die Offiziere ihre Soldaten dazu anhalten, im Angesicht des Feindes nicht in Laufschritt zu verfallen. Erst im Schußfeld des gegnerischen Gewehrfeuers etwa 200 Meter vor der Front löste sich die bis dahin geübte Ordnung auf, stürmten die Soldaten auf die feindlichen Linien zu. Ihre ersten Verluste hatte die Truppe noch bei ihrem geschlossenen Vorgehen gehabt, als sie im Exerzierschritt in den Wirkungsbereich der Feldartillerie eingedrungen war. Bereits mit der zweiten Salve war die preußische Infanterie so nahe am Gegner, daß sie zum Bajonettangriff ansetzen konnte. Die fliehenden württembergischen Grenadiere, die versuchten, durch schmale Schneisen im Dickicht zu entkommen, drängten sich vor diesen schmalen Fluchtwegen und wurden dort in großer Zahl von den Kugeln der nachdrängenden Preußen getroffen. Nachdem bald das erste Treffen des Gegners geworfen war, hatte die Truppe einige Minuten Zeit sich zu sammeln, die Gewehre erneut zu laden und die Feldartillerie nachzuziehen. Dabei hielten die Fahnenjunker mit dem Rufe: «Burschen, folgt euren Fahnen»[9] diese in die Höhe, während die Offiziere versuchten, diejenigen Soldaten, die bereits begannen, die Toten auszuplündern, wieder in Reih und Glied zu bringen.

Der österreichische linke Flügel unter Nádasdy, dem zuvor auch noch ein Teil seiner Kavallerie zur Verstärkung des rechten Flügels abgezogen worden war, vermochte dem konzentrischen Angriff der preußischen Armee nicht standzuhalten. Der Kommandeur suchte durch einen Entlastungsangriff seiner Kavallerie und, nachdem dieser durch ungünstiges Gelände behindert im gegnerischen Feuer liegengeblieben war, durch eine Rücknahme der Front einer drohenden Umfassung durch die Preußen zu entgehen. Eine Umgruppierung von Truppen unter Feuer, das heißt eine taktische Improvisation, war im Zeitalter der rangierten Schlachtordnung kaum erfolgreich durchzuführen. Die Truppen erkannten in Rauch und Pulverdampf nicht mehr ihren rechten und linken Nachbarn. Befehle erreichten nicht oder nur verstümmelt ihre Adressaten und schließlich vermochte auch der Befehlshaber unter diesen Bedingungen keine dem Gelände angepaßte Neuaufstellung zu formieren. Das bedeutete, daß in der Regel nur ein Teil der Truppen unmittelbar ins Gefecht kam. Geriet das erste Treffen ins Wanken, dann vermochten das zweite Treffen und die nachgeschobenen Reserven nur noch selten das Blatt zu wenden. Die Schlachtberichte melden in dieser Situation häufig in Unordnung gebrachte Regimenter, die durch das Zurückfluten ihres ersten Treffens nicht mehr zur Aufstellung und damit auch kaum mehr zum Schuß kamen. Panikreaktionen waren nicht selten die Folge. Nachdem der linke Flügel der Österreicher in Auflösung auf das langgestreckte Dorf Leuthen zurückgegangen war, wurde dieser Ort, der aus einigen gut zu verteidigenden massigen Vierseithöfen bestand und über einen ummauerten höher gelegenen Kirchhof verfügte, zum Angelpunkt der österreichischen Abwehrfront. Noch vor den vom rechten Flügel zurückgeführten Reserven des Gegners traf die preußische Infanterie gegen 14.30 Uhr am Dorfrand ein. Die Front war nun um 90 Grad nach Osten abgewinkelt, wobei der Ort den Angelpunkt bildete.

Der Kampf um Leuthen stellte in verschiedener Hinsicht den Höhepunkt der Schlacht dar. Die für die lineare Kampfführung ausgebildete Infanterie mußte sich nun im Häuserkampf bewähren. Ihr gegenüber lagen neben Resten des linken österreichischen Flügels leichte ungarische Truppen, die ihre militärischen Erfahrungen zum Teil in den Kämpfen an der österreichischen Militärgrenze gegen die Türken gewonnen hatten. Den Kirchhof hielt dagegen ein Regiment besetzt, dessen Durchhaltekraft und Kampfesmut so gar nicht recht in das Bild passen will, das die borusso- und austrozentrische nationale Kriegsgeschichte des 19. Jahrhunderts gezeichnet hat.

Es handelt sich um das fürstbischöfliche Infanterieregiment Rot-Würzburg, einen Verband der so arg gescholtenen Reichsarmee, das länger als eine halbe Stunde den verbissenen Angriffen des zweiten und dritten Bataillons Garde trotzte. Die Übermacht der preußischen Truppen, die erhebliche Feuerkraft ihrer schweren Zwölfpfünder, die dank ihrer intensiven Ausbildung in der Lage waren, während der Schlacht ihre Feuerstellungen zu wechseln, entrissen den Österreichern diese Bastion. Der hinhaltende Widerstand der Besatzung ermöglichte aber der Führung in östlicher Richtung hinter der Ortschaft eine dritte Verteidigungslinie aufzubauen. In der Kürze der zur Verfügung stehenden Zeit konnte aber nur eine verkürzte Front gebildet werden, was dazu führte, daß die vorhandenen Truppen zum Teil bis zu 100 Glieder tiefgestaffelt aufgestellt werden mußten. In dieser Position boten sie für die preußische Artillerie ein wirkungsvolles Ziel. Ausgehend vom patriotischen Bildprogramm des späten 19. Jahrhunderts erhielt das Motiv der Erstürmung des Kirchhofes von Leuthen durch das zweite Bataillon Garde im Rahmen der militärischen Traditionsstiftung eine überzeitliche Bedeutung. Die

Vorstellung, daß eine gut ausgebildete und gut geführte Infanterie selbst unter schwierigsten Verhältnissen und gegen einen an Zahl überlegenen Feind Aussicht auf Erfolg habe, wurde bis zum Ende des Zweiten Weltkrieges zu dem mit dem Begriff «Leuthen» verbundenen Credo preußisch-deutscher Führungskunst.

Gegen 15.30 Uhr trat die preußische Infanterie östlich von Leuthen zum Gegenangriff an. Gleichzeitig glaubte man auf österreichischer Seite die Chance zu haben, durch einen Angriff mit dem noch weitgehend intakten rechten Kavallerieflügel unter Lucchesi in die linke Flanke der ermatteten preußischen Infanterie das Kriegsglück im letzten Moment noch wenden zu können. Die preußische Kavallerie unter dem Kommando des Generals von Driesen, die bisher noch nicht ins Gefecht gekommen war, wurde nun überraschend gegen die österreichische Reiterei eingesetzt. Auch in diesem Fall gelang es den Preußen, den Überraschungsmoment beim Gegner auszunutzen: «Die feindlichen Befehlshaber hatten noch nicht einmal das letzte Wort ihrer Kommandos herausgebracht, als wir Husaren schon mitten in ihren Dragonern waren.»[10] Während man auf preußischer Seite durch Patrouillen die Lage rechtzeitig erkundet hatte, fehlte eine entsprechende Aufklärung auf österreichischer Seite völlig. Mit der Niederlage der Reiterei bestand für Karl keine Chance mehr, das Blatt noch zu wenden. Mit Einbruch der Dunkelheit, zwischen 16.00 und 17.00 Uhr, lösten sich die Österreicher vom Feind und suchten die rettenden Brücken über die Weistritz bei Lissa zu erreichen.

Die preußische Armee, die seit mehr als zwölf Stunden auf den Beinen oder im Sattel gewesen war, war weder willens noch in der Lage, dem Gegner bis über die Weistritz zu folgen. Insofern erscheint es durchaus plausibel, daß der König, um den Übergang zu sichern und damit seinen weiteren Vormarsch entlang der Heerstraße nach Breslau fortsetzen zu können, mit einem Detachement Freiwilliger einen Brückenkopf in Lissa gebildet habe. Hier hat dann wohl auch die berühmte Episode stattgefunden, die das unvermutete Erscheinen des Königs im Schloß des Barons Mudrach beschreibt. Zwar hat sich das angebliche Zusammentreffen Friedrichs mit österreichischen Offizieren im Schloß zu Lissa als patriotische Legende erwiesen, doch hatte man auf Seiten der Besiegten nicht geglaubt, daß ihr Gegner eine Verfolgung beabsichtigen könnte. Derartige Unternehmen waren mit Truppen des 18. Jahrhunderts auch nicht zu bewerkstelligen. So blieb es bei der Sicherung des Flußüberganges. Zu groß war die

Erschöpfung der Infanterie. Die Kavallerie war in der Dunkelheit ebenfalls nicht in der Lage, eine geordnete Verfolgung durchzuführen: «Und wie es nun einmal mit einem jeden Siege verbunden ist, die Verwirrung und das Lärmen wurden auch hier nach diesem Siege bei uns so groß und um so größer, je mehr die Finsternis alles umgab. Keiner von uns preußischen Reitern wußte, wo er war und wohin er reiten sollte. So erklangen jetzt die Appellsignale und das Rufen ganz vergeblich durch die Nacht. Die preußische Armee kampierte an der Stelle, an der das letzte Gefecht geschlagen worden war. Als Brennmaterial dienten ihnen die erbeuteten leergemachten Kisten und Fässer sowie entleerte Wagen. (...) Tausende über Tausende unserer braven Leute lagen singend, speisend, rauchend oder mit schnarchendem Munde schlafend um die wärmespendenden Feuer. (...) Unter den Gästen dieser offenen Tafeln fanden sich auch unzählige Gefangene ein, die von unseren Kriegern jetzt nicht mehr als Feinde angesehen wurden. Freilich hatte dieses wilde, eigenartig schöne und sehr heitere Bild auch seinen gräßlichen Hintergrund, denn man durfte nur wenige Schritte abseits der Zelte gehe, um auf blutige, von Geschützkugeln zerrissene oder von Säbelhieben zerfleischte Leichen zu sehen (...).»[11] Das war die Stimmung, in der an einigen Feuern der Choral «Nun danket alle Gott» angestimmt wurde. Dieses geistliche Lied entwickelte sich im 19. Jahrhundert zu der geschichtsmächtigsten Erinnerung an die Schlacht von Leuthen, eine Erinnerung, die als «Choral von Leuthen» seit den Jahrzehnten vor dem Ersten Weltkrieg in ein politisch-pädagogisches Deutungsmuster eingeordnet wurde, in der die Forderung nach unbedingtem Gehorsam, Angriffsgeist und die Überbewertung der Kampfkraft über die numerische Überlegenheit des Gegners mit einer spezifischen als preußisch-protestantisch definierten Lebenseinstellung und sakralisierten Todesdisposition verbunden wurde.

Die Verluste waren auf beiden Seiten schwer. Die Österreicher verloren rund ein Drittel ihrer Truppenstärke, darunter etwa 2000 Tote, 5000 Verwundete, von denen eine große Zahl aufgrund der mangelhaften Verwundetenfürsorge und der kaum besseren medizinischen Versorgung keine Chance hatte zu überleben. Die Preußen machten etwa 20000 Gefangene, darunter 17 Generale. Die eigenen Verluste waren deutlich geringer, aber nicht minder schwer. Unter 1000 Toten und 5000 Verwundeten und 176 Vermißten befanden sich über 200 Offiziere. Von den Verlusten des Jahres 1757 hat sich die preußische Armee während des Siebenjährigen Krieges nicht mehr erholt, da in diesen Schlachten in erster Linie die in langen Friedensjahren herangebildeten Personalstämme der Armee vernichtet wurden.

Der Sieg von Leuthen war keine Entscheidungsschlacht, der Gegner vermochte 40 000 Mann ins schlesische Bergland zurückzuführen und war erst nach dem Fall der Festung Breslau zu bewegen, die Provinz endgültig zu räumen. Eine Niederlage hätte Friedrich zwar aus Schlesien verdrängt, ob sie ihn friedensbereit gemacht hätte, mag man nach den Erfahrungen von Kunersdorf füglich bestreiten.

Andererseits war Leuthen unter den Bedingungen der Kriegführung des 18. Jahrhunderts eine taktisch-operative Meisterleistung. Dabei sollte nicht übersehen werden, daß der Feldherr Friedrich nur in dem Maße erfolgreich sein konnte, wie die preußische Armee, deren Soldaten er sich bediente, hinsichtlich Ausbildung, Beweglichkeit und Präzision ihm mindestens ebenbürtig war.

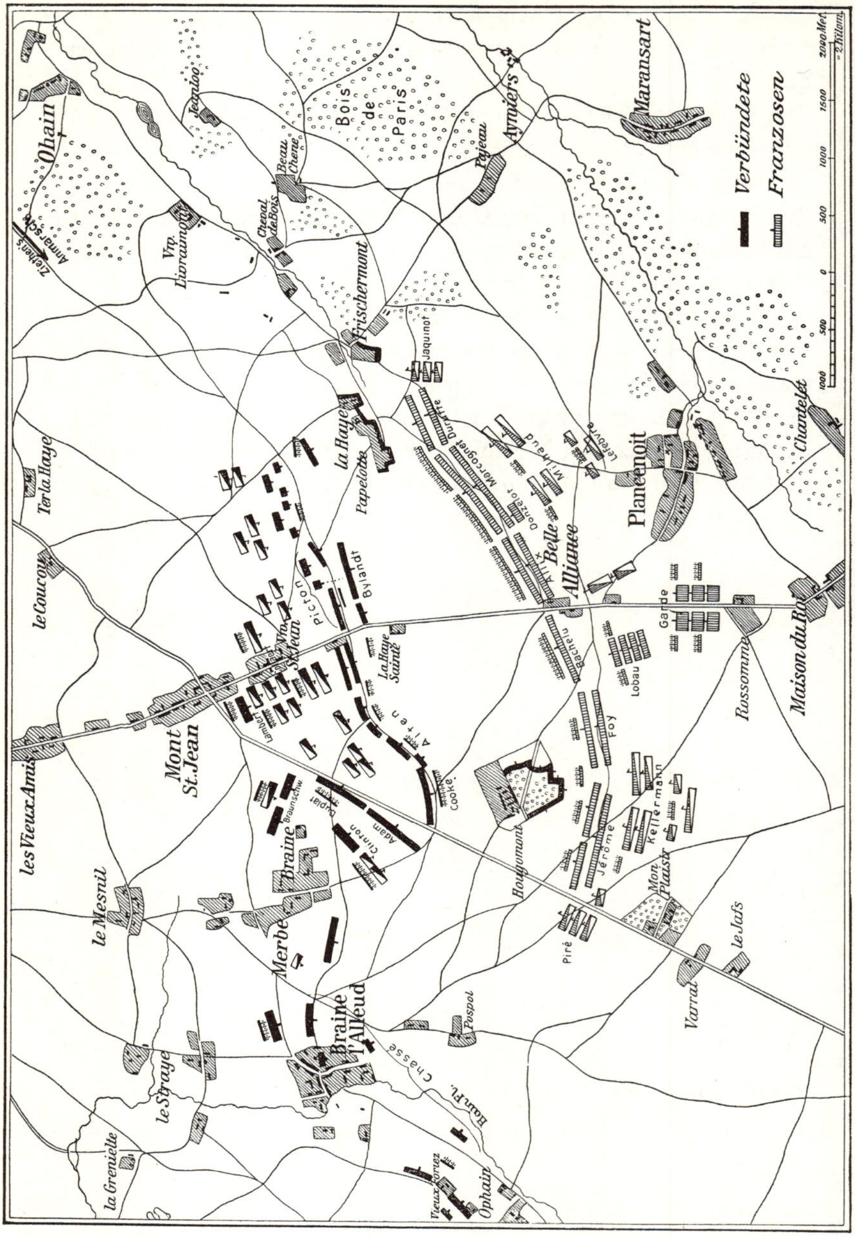

Waterloo, 18. Juni 1815

Triumph der Defensive
Waterloo, 18. Juni 1815

Johannes Willms

Wenige Schlachten wurden nachträglich so oft geschlagen wie die von Waterloo. Napoleon, dessen Schicksal mit dieser Niederlage endgültig besiegelt wurde, machte damit den Anfang. Zeit seiner Verbannung auf Sankt Helena erörterte er immer wieder im Kreis der wenigen Getreuen, die ihm auf diese weltverlorene Felseninsel gefolgt waren, die Ursachen, die den Ausschlag für sein Scheitern gegeben hatten.

Waterloo war nicht nur eine «Entscheidungsschlacht» im militärisch-strategischen, sondern vor allem auch in einem eminent politischen Sinne: Sie markierte nicht nur das Ende der revolutionären Neuordnung Europas, sondern auch den Schlußpunkt jener Epoche, in der Frankreich die Vormacht in Europa und der Welt gewesen war.

Das so vielfältig dokumentierte Geschehen des 18. Juni 1815 war lediglich der Höhepunkt der auf nur vier Tage zusammengedrängten militärischen Auseinandersetzungen, die sich während Napoleons «Herrschaft der Hundert Tage» zwischen dem 15. und dem 18. Juni entlang der von Brüssel nach Charleroi führenden Straße auf vier im südlichen Belgien gelegenen Schauplätzen zutrugen: Quatre-Bras und Ligny am 16. sowie Waterloo und Wavre am 18. Juni. Der Entschluß, in diesem Raum und zu diesem Zeitpunkt eine militärische Entscheidung zu suchen, ergab sich aus Napoleons Einschätzung der strategischen Situation. Sein Hauptnachteil war seine gravierende Unterlegenheit hinsichtlich Rüstung und Truppenstärke. Napoleon konnte gegen die verbündeten Engländer, Preußen, Österreicher und Russen zu Beginn der Kampagne Anfang Juni 1815 rund 280000 ausgerüstete Truppen aufbieten, von denen ihm allerdings nur rund 125000 Mann für eine offensive Kriegführung zur Verfügung standen.

Da Anfang Juni 1815 nur die britischen und preußischen Kontingente, die rund 227000 Mann umfaßten, in Belgien bereitstanden, entschied sich Napoleon trotz seiner Unterlegenheit für eine offensive Strategie. Er entschloß sich, einen Angriff auf jenen Punkt zu führen, an dem sich der Bereitstellungsraum der britisch-niederländischen Armee mit dem der preußischen Armee berührte. Je überraschender und machtvoller dieser Angriff ausfiele, desto größer war die Wahrscheinlichkeit, daß sich eine, wenn nicht beide der gegnerischen Armeen entlang ihrer Verbindungslinien zurückzögen. Damit wäre deren zahlenmäßige Überlegenheit beseitigt und Napoleon hätte die Chance, beide Armeen in getrennten Schlachten zu schlagen.

Die Raffinesse der napoleonischen Strategie zeigt sich, wenn man die Aufstellung der beiden alliierten Armeen genauer betrachtet. Blüchers Armee (rund 117 000 Mann) war in vier Korps aufgegliedert und lag innerhalb eines rund 90 Kilometer breiten Bereitstellungsraums zwischen Charleroi und westlich von Lüttich. Noch weiter verstreut war die britisch-niederländische Armee zwischen den Flüßchen Dyle im Osten und Lys im Westen. Wellington selbst kommandierte die Reserve von rund 25 000 Mann, die bei Brüssel kantoniert war. Diese Verteilung der beiden Armeen zeigt deutlich, daß das «Scharnier», auf das Napoleon seinen Angriff richten mußte, entlang der Straße verlief, die von Charleroi nach Brüssel führte.

Der erste, entscheidende Teil seines Angriffsplans wurde mustergültig realisiert. Im preußischen Hauptquartier begann man erst am 14. Juni zu ahnen, was sich zusammenbraute. Zu diesem Zeitpunkt war es aber für Gegenmaßnahmen bereits zu spät, denn Napoleon war das Kunststück geglückt, fünf Armeekorps, die Garde sowie die Reservekavallerie am Abend des 14. Juni auf einer Frontlänge von rund 30 Kilometern südlich der Sambre gegen die Preußen zusammenzuziehen. Der Angriffsplan für den 15. Juni sah vor, daß die Spitzen der *Armée du Nord* auf einer Frontbreite von lediglich fünf Kilometern die Sambre überschritten. War dies geglückt, sollten die beiden Flügel auf Frasnes und Fleurus vorstoßen, während die Reserve in Charleroi konzentriert wurde.

Die Ausführung dieses Plans mündete indes in ein mittleres Chaos. Truppenteile blockierten einander, Befehle wurden zu spät übermittelt, ein General – Bourmont – desertierte. Schließlich leisteten auch Einheiten des preußischen I. Korps (Ziethen) stellenweise heftigen Widerstand. Was Napoleon an diesem Vormittag vor einem Desaster bewahrte, war allein die Ahnungslosigkeit seiner Gegner, denen es ansonsten ein Leichtes gewesen wäre, die *Armée du Nord* am Überschreiten der Sambre zu hindern. Als Blücher keinerlei Zweifel mehr über die Pläne Napoleons haben konnte, konzentrierte er seine Truppen – einem mit Wellington *vor* Beginn der Operationen, am 3. Mai verabredeten Plan entsprechend – im Raum Sombreffe und erkannte nicht, daß er sich damit dem Gegner förmlich auslieferte.

Was Blüchers prekäre Lage noch verschlimmerte, war die Nonchalance, die der in Brüssel weilende Wellington an den Tag legte. Zum Teil erklärte diese sich daraus, daß Wellington erst am Nachmittag des 15., als die französische Offensive längst im Gange war, Nachrichten von Vorpostenscharmützeln südwestlich von Charleroi erhielt, von Blüchers Vormarsch in den Raum Sombreffe aber noch keinerlei Kenntnis hatte. Die wenigen Informationen genügten Wellington jedoch zu der Annahme, daß Napoleon ein klassisches Umfassungsmanöver plane, um die britischen Truppen von der Kanalküste abzuschneiden. Dementsprechend erteilte er Befehle, die seine Truppen westlich von Brüssel auf der *äußeren* Flanke konzentrierten, während gerade die *innere* Flanke, die das Scharnier mit Blüchers Truppen bildete, weitgehend von Truppen entblößt war. Die strategisch hochbedeutsame Straßenkreuzung von Quatre Bras, die die zentrale Position dieses Scharniers bildete, sollte den Befehlen zufolge völlig ungeschützt bleiben.

Diese Dispositionen Wellingtons, die auch im Widerspruch zu der mit Blücher getroffenen Absprache standen, entsprachen genau den Absichten Napoleons: Dank ihrer Überlegenheit würde es nun der *Armée du Nord* ein Leichtes sein, Blücher eine Niederlage zu bereiten, um sich unmittelbar danach mit noch besseren Erfolgsaussichten auf die Armee Wellingtons zu werfen.

Napoleon war es gelungen, einen Keil zwischen die Verbündeten zu treiben, und seine Position ließ ihm völlige Freiheit, den Schwerpunkt seiner weiteren Operationen entweder auf den linken oder auf den rechten Flügel zu legen. Die Entscheidung würde allein vom Verhalten des Gegners abhängen, der sich auch am Abend des 15. Juni der Gefahr noch immer nicht gewahr zu sein schien. Im Gegenteil: Blücher vollendete seinen Aufmarsch, während Wellington sich lediglich damit begnügte, seinen Truppen Anweisung zu geben, sich auf engerem Raum zu versammeln.

Was angesichts dieses kapitalen Fehlers Wellingtons Reputation als Stratege rettete, war allein der Weitblick von General Constant de Rebecque, der als Stabschef des Prince of Orange (I. Korps) fungierte. Entgegen dem Befehl Wellingtons hatte Rebecque am frühen Nachmittag des 15. Juni eine nassauische Brigade der Division Perponcher nach Quatre Bras entsandt. Diese brachte den Vormarsch des linken Flügels der französischen Armee unter Marschall Ney zum Stehen. Sobald Rebecque Nachricht von diesen Kampfhandlungen erhielt, befahl er am Abend des 15. General Bylandt, mit seiner Brigade nach Quatre Bras zu marschieren, eine Anweisung, die erneut in Widerspruch zu Wellingtons Befehlen stand, alle Einheiten der Division Perponcher in Nivelles zu konzentrieren. Diese Eigenmächtigkeit der beiden Generale, die Napoleons Absichten durchschauten, durchkreuzte dessen Plan, Blücher am nächsten Tag zu umfassen.

Erst im Laufe der Nacht begriff Wellington den Ernst der Lage und gab sofort Befehl, seine Armee an der inneren Flanke zu konzentrieren. Entscheidend war jetzt, wie lange sich die Truppen am 16. Juni bei Quatre Bras gegen Ney würden behaupten können. Hielten die Verbündeten hier nicht stand, dann wäre das Schicksal von Blüchers Armee besiegelt. Doch es gelang, die Straßenkreuzung bis zum Abend trotz wiederholter Angriffe zu behaupten.

Nicht minder entscheidend dafür, daß Blüchers Armee am 16. Juni der Vernichtung entging, war der Umstand, daß Napoleon den Vormittag weitgehend entschlußlos verstreichen ließ, in der irrigen Annahme, daß sich das Gros der preußischen Truppen in Richtung Namur oder Lüttich zurückzöge. Erst als er gegen 14.00 Uhr zu seiner Überraschung gewahrte, daß sich die Preußen in der Ebene von Ligny formiert hatten, entschloß sich Napoleon, die Schlacht, die ihm Blücher damit offerierte, anzunehmen. Sein Plan war einfach: Das III. und IV. Korps sollten den rechten Flügel der Preußen frontal angreifen, während Ney dann von Quatre Bras kommend, das Napoleon längst genommen wähnte, ihnen in den Rücken fallen sollte. Tatsächlich aber war Ney weit davon entfernt; er wollte wohl das Eintreffen des I. Korps Drouet d'Erlons abwarten, um dann Quatre Bras mit überlegenen Kräften endlich zu erobern. Um so größer war Neys Ärger, als er erfuhr, daß Napoleon dem Korps befohlen hatte, nicht weiter vorzurücken, sondern nach Osten einzuschwenken und Blücher in den Rücken zu fallen.

Was war geschehen? Gegen 15.30 Uhr, als die Schlacht bei Ligny voll entbrannt war, erfuhr Napoleon, daß Ney Quatre Bras noch immer nicht genommen hatte. Die Zangenbewegung wurde deshalb dem I. Korps übertragen. Napoleon sandte General Labédoyère zu Ney, der ihm eben dies ausrichten sollte. Der Zufall wollte es jedoch, daß dieser Offizier bei Frasnes auf die Vorhut des I. Korps stieß und diese veranlaßte, sogleich in Richtung Ligny abzuschwenken, ohne zuvor Ney von der Depesche Napoleons in Kenntnis gesetzt zu haben. Der zweite, den Labédoyère dann unterrichtete, war Drouet d'Erlon, der nun auch den Weg nach Ligny einschlug, über diesen Richtungswechsel Ney aber noch Meldung machte. Kaum hatte Ney die ihn völlig überraschende Nachricht erhalten, daß das I. Korps nach Ligny abgeschwenkt sei, sandte er Drouet d'Erlon den Befehl, sofort kehrt zu machen und schleunigst wieder in Richtung Quatre Bras zu marschieren. Gegen 18.00 Uhr erreichte dieser Befehl das I. Korps, dessen Spitze bereits unweit des Schlachtfeldes angelangt war. Drouet d'Erlon ließ halten, beriet sich umständlich mit seinem Stab und gab, nachdem wertvolle Zeit verschwendet worden war, Anweisung, umzukehren und wieder nach Frasnes zurückzumarschieren, wo man erst bei Anbruch der Dunkelheit eintraf. Dank dieser Hin- und Hermarschiererei konnte das I. Korps weder bei Ligny noch bei Quatre-Bras in das Kampfgeschehen eingreifen. Neys taktische Borniertheit beraubte Napoleon so der Möglichkeit, schon am 16. Juni einen entscheidenden Sieg über Blücher zu erringen.

Die Schlacht von Ligny, die gegen 14.30 Uhr begann, nahm im wesentlichen den Verlauf, den Napoleon skizziert hatte. Die Kämpfe wurden auf beiden Seiten mit großer Erbitterung ausgetragen. Die Ortschaften Ligny und St.-Amand wechselten häufig ihren Besitzer, aber gegen 17.00 Uhr zeichnete es sich bereits ab, daß Napoleons Kalkül aufgegangen war. Er hatte Blücher gezwungen, alle seine Reserven in die Schlacht zu werfen, um einen Durchbruch der Franzosen zu verhindern. Sobald Drouet d'Erlons I. Korps sich dem Schlachtfeld nahte, sollte die Kaiserliche Garde zum entscheidenden Angriff antreten. Allein, das I. Korps erschien nicht. Die Entscheidung brachte dann der von sechzig Kanonen und schwerer Kavallerie unterstützte Angriff der Kaiserlichen Garde, der um 19.30 Uhr gegen Ligny vorgetragen wurde. Die erschöpften preußischen Einheiten vermochten dem Bajonettangriff dieser kampferprobten Veteranen nichts mehr entgegenzusetzen. Ihre Linien gerieten ins Wanken und wurden schließlich durchbrochen. Damit war die Schlacht bereits so gut wie entschieden. Allein der Tollkühnheit Blüchers, der an der Spitze von 32 Kavallerieschwadronen einen Gegenangriff gegen die Garde ritt, war es zu verdanken, daß sich die preußischen Truppen im Schutz dunkler Regenwolken und der hereinbrechenden Nacht zurückziehen konnten.

Napoleon hatte damit einen bedeutenden, wenngleich unvollständigen Sieg errungen. Das Zentrum von Blüchers Armee war schwer angeschlagen, aber die Flügel waren intakt geblieben und hatten den Rückzug angetreten. Doch der Kaiser war nur noch ein Schatten seines früheren Selbst. Diese Vermutung wird durch jene rätselhafte Lethargie erhärtet, die ihn nach der Schlacht befiel und die ihn daran hinderte, die geschlagenen Preußen mit allen Kräften zu verfolgen. Diese Unsicherheit mochte auch daher rühren, daß er über den Verbleib des preußischen IV. Korps nichts in Erfahrung hatte bringen können und auch von Ney keine Nachrichten einliefen. Schließlich neigte er auch zu der Annahme, der Gegner sei nach Ligny so entscheidend geschwächt, daß er zu keinem ernsthaften Widerstand mehr in der Lage sei.

Eine Vereinigung der Alliierten war vorerst vereitelt worden. Blücher, so kalkulierte Napoleon, würde deshalb keine andere Wahl haben, als sich nach Lüttich zurückzuziehen. Jetzt konnte sich Napoleon auf Wellingtons Armee werfen. Doch in wesentlichen Teilen entsprangen diese Überlegungen nur dem Wunschdenken Napoleons. Gneisenau, der Stabschef Blüchers, der am 17. Juni das Kommando über die preußische Armee übernommen hatte, da der «Marschall Vorwärts» an den Folgen eines Sturzes vom Pferd während der Schlacht von Ligny litt, entschied sich entgegen den Erwartungen Napoleons dafür, seine vier Korps im Raum Wavre südöstlich von Brüssel neu zu gruppieren. Damit war der Kontakt zu Wellington gewährleistet, der erst am Morgen des 17. Juni Nachricht von der Niederlage Blüchers erhielt. Daraufhin entschied sich Wellington, Quatre Bras zu räumen und seine Truppen südlich von Waterloo bei Mont St. Jean, rund zwölf Kilometer westlich von Wavre gelegen, in einer zuvor erkundeten Stellung zu konzentrieren, wo er Napoleon unter der Voraussetzung eine Schlacht liefern wollte, daß wenigstens ein preußisches Korps zu seiner Unterstützung erschien.

Bis zum Abend des 17. Juni hatte Napoleon keine Informationen darüber, in welche Richtung sich die Preußen zurückgezogen hatten. Erst als seine Annahme, die Armee würde sich nach Lüttich flüchten, gegen Mittag endgültig dementiert wurde, gab er am frühen Nachmittag Grouchy den Befehl, mit dem III. und IV. Korps die Preußen bei Gembloux zu suchen.

Während es den Preußen gelang, ungestört den Rückzug anzutreten, mußte Wellington, der am Vormittag des 17. Juni seine Bewegung nach Mont St. Jean einleitete, den ganzen Tag über eine Reihe von Nachhutgefechten gegen die nachsetzenden Franzosen führen. Am Nachmittag einsetzende schwere Regenfälle, die die unbefestigten Straßen binnen kurzem in zähen Morast verwandelten, machten es selbst der leichten französischen Kavallerie fast unmöglich, der britischen Nachhut unter Lord Uxbridge zu folgen. Am Nachmittag lieferte dieser seinen Verfolgern bei Genappe ein erbittertes Gefecht, das dem Gros der britischen Armee die Zeit verschaffte, die starke Defensivposition am Mont St. Jean einzunehmen. Als Napoleon mit der französischen Vorhut am späten Nachmittag bei dem Gehöft La Belle Alliance in Sichtweite des Mont St. Jean eintraf, glaubte er zunächst, nur wieder die britische Nachhut vor sich zu haben. Dieser Irrtum wurde aber umgehend durch eine Kavallerieattacke Milhauds aufgeklärt, die in einer Salve aus 60 britischen Kanonen zusammenbrach. Napoleon wußte jetzt, daß ihm die Hauptstreitmacht Wellingtons gegenüberlag und daß dieser entschlossen war, ihm hier am nächsten Tag eine Schlacht zu liefern.

Am frühen Morgen des 18. Juni hörten die Regenfälle auf und die beiden Heerführer hatten Muße, das künftige Schlachtfeld zu inspizieren. Beide Armeen hielten gegenüberliegende Anhöhen besetzt, zwischen denen sich eine Senke von rund 1400 Metern Tiefe und einer Breite von knapp 5000 Metern zwischen dem Château Hougomont im Westen und dem Gut Papelotte im Osten erstreckte. Etwa in der Mitte wurde diese Senke von der Straße Charleroi – Brüssel durchschnitten, die den französischen Truppen als Hauptachse für ihre Angriffe diente. Die Schlacht, an der rund 140 000 Mann und mehr als 400 Kanonen beteiligt waren, würde sich also auf einer Fläche von nur rund sechs Quadratkilometern entwickeln. Wellington positionierte seine Truppen geschickt hinter der Anhöhe, um sie vor der Sicht des Gegners und seiner Artillerie zu schützen. Daß er den Schwerpunkt seiner Kräfte tiefgestaffelt auf den rechten Flügel legte, während sein linker Flügel verhältnismäßig schwach besetzt war, zeigt deutlich, daß er hier unter allen Umständen auf Blüchers Herankommen rechnete. Außerdem hatte Wellington eine Reihe von Positionen, die der Anhöhe vorgelagert waren, besetzen lassen. Auf seinem rechten Flügel waren dies das Wäldchen und das Château Hougomont, ein Komplex von gemauerten Stallungen, die ihrerseits von einer hohen Mauer umgeben waren. In der Mitte vor seiner Front ging eine Einheit der Deutschen Legion im Hofgut La Haye Sainte in Stellung. Nach Osten zu waren weitere Einheiten diesseits des Höhenkamms vor dem linken Flügel postiert. Schließlich ließ

Wellington auch die seinem linken Flügel vorgelagerten Gehöfte von Papelotte, Frischermont und La Haye besetzen.

Ungeachtet dieser starken Defensivposition gab sich Napoleon am Morgen sehr siegesgewiß. Gegenüber seinen Vertrauten veranschlagte er seine Chancen, den Gegner entscheidend zu schlagen, auf 90 Prozent. Dieser Zuversicht mag es zuzuschreiben sein, daß er Marschall Soults Anregung, Grouchy zurückzubeordern, ebenso in den Wind schlug wie die Meldung, daß Einheiten der preußischen Armee zu Wellingtons Unterstützung herangeführt würden. Der einzige Einwand, dem Napoleon stattgab, war der General Drouots, der darauf hinwies, daß der Grund des Gefechtsfelds wegen der Regenfälle zu aufgeweicht sei, um dort die Artillerie zügig umgruppieren zu können, und der deshalb vorschlug, mit der Eröffnung der Kampfhandlungen einige Stunden zuzuwarten, bis der Grund sich wieder gefestigt hatte. Mit Rücksicht darauf bestimmte Napoleon 13.00 Uhr als Zeitpunkt für die Eröffnung der Kampfhandlungen.

Napoleons Entscheidung, den Beginn der Schlacht zu verschieben, war sein erster großer taktischer Fehler, denn damit wuchs die Wahrscheinlichkeit, daß die beiden preußischen Korps rechtzeitig auf dem Schlachtfeld erschienen. Sein zweiter Fehler war der Angriffsplan, den er gegen 11.00 Uhr diktierte. Nicht nur, daß er Ney, der seine mangelnde taktische Befähigung bei Quatre Bras hinlänglich unter Beweis gestellt hatte, mit dem Kommando betraute; der Plan sah zudem lediglich eine frontale Attacke entlang der Straße nach Brüssel vor, um das Zentrum der alliierten Streitmacht zu durchbrechen. Ob ihn dazu die Bodenverhältnisse bestimmten, die komplizierte Manöver über die Flügel erschwerten, oder ob er hoffte, durch einen raschen Erfolg die Ankunft preußischer Einheiten, mit denen er insgeheim vielleicht doch rechnete, erfolgreich neutralisieren zu können, muß Spekulation bleiben.

Bemerkenswert ist jedoch, daß Napoleon auch keine Anweisungen für diesen Fall gab, sondern sich lediglich damit beschied, Grouchy am Vormittag des 18. Juni in vager Form anzuweisen, mit ihm Kontakt zu halten und die preußischen Truppen zu beobachten. Dieser Befehl zeigt unmißverständlich, daß Napoleon sich des für ihn so fatalen Umstands nicht bewußt war, daß unterdessen alle vier preußischen Korps bei Wavre konzentriert waren. Erheblichen Anteil an dieser Fehleinschätzung hatte allerdings auch Marschall Grouchy, dem erst am Vormittag des 18. klar wurde, daß dort die preußische Streitmacht konzentriert war und der vollmundig versicherte, er werde mit seinen beiden Korps jeden Versuch der Preußen, sich mit Wellington zu vereinigen, vereiteln. Als Grouchy diese Absicht formulierte, war es für ihn allerdings schon zu spät, ihr Taten folgen zu lassen, denn das II. und IV. preußische Korps befanden sich schon seit dem Morgen auf dem Marsch nach Mont St. Jean.

Tatsächlich begann die Schlacht um 11.30 Uhr mit einem französischen Angriff auf Hougomont. Diese Attacke, die von einer Division des II. Korps (Reille) vorgetragen wurde, die Jérôme, der jüngere Bruder Napoleons befehligte, sollte lediglich eine Ablenkung sein und Wellington dazu veranlassen, von seinem Zentrum Truppen nach dem Château abzuziehen. Allein, je heftiger der Widerstand war, den die gut verschanzten Verteidiger leisteten, desto mehr verbiß sich Prinz Jérôme in die Absicht, diesen Platz um jeden Preis einzunehmen. Die dreimal mit immer neuen Kräften vorgetragenen Angriffe, die er gegen den Rat seines Stabes befahl und die jeweils blutig zurückgeschlagen wurden, hatten den Effekt, daß große Teile von Reilles Korps für die gesamte Dauer der Schlacht hier engagiert waren, während andererseits Wellington keineswegs nennenswerte Kräfte für die Verteidigung des Châteaus aufbieten mußte.

Unterdessen hatte Napoleon 84 Kanonen an seinem rechten Zentrum massiert, die eine Bresche in die gegnerischen Stellungen für den Angriff von Drouet d'Erlons Korps öffnen sollten. Diese gewaltige Artillerievorbereitung verpuffte aber weitgehend, da Wellingtons Truppen, mit Ausnahme weniger Einheiten, gut geschützt hinter dem Höhenzug lagen. Während sich das I. Korps zum Angriff formierte, erhielt Napoleon die Nachricht, daß sich Bülows Korps seinem schwachen rechten Flügel näherte. Um dieser plötzlichen Gefahr zu begegnen, wurde Lobaus VI. Korps östlich der Ortschaft Plancenoit positioniert. Unterdessen wurde gegen 13.30 Uhr der Angriff des I. Korps auf das gegnerische Zentrum befohlen. Dieser kam auf dem linken Flügel an dem zur Verteidigung eingerichteten Gehöft La Haye Sainte zum Stehen, während der rechte Flügel bis auf den Höhenzug vordrang. Hier jedoch wurden die Franzosen von britischer Infanterie sowie der schweren Kavallerie in die Flucht geschlagen. Diese Wendung provozierte den Übermut mehrerer Einheiten der britischen Kavallerie, die einen spontanen Angriff gegen die mächtige französische Batterie ritten, eine Tollkühnheit, die sie mit schweren Verlusten bezahlten.

Das Scheitern des ersten französischen Angriffs erzwang mit Ausnahme der Kämpfe um Hougomont eine kurze Kampfpause, die beide Seiten dazu nutzten, ihre Truppen neu zu formieren und Verstärkungen heranzuführen. Napoleon wurde sich unterdessen bewußt, daß er auf das rechtzeitige Eintreffen der zwei Korps von Grouchy nicht mehr rechnen konnte. Das stellte ihn vor die Alternative, die Schlacht sofort abzubrechen oder aber einen neuerlichen Angriff zu wagen, der eine Entscheidung herbeiführte, bevor die Preußen eingreifen konnten. Voraussetzung für den Erfolg war jedoch, daß es gelang, La Haye Sainte zu erobern. Eben darauf lautete der Befehl, den Ney um 15.30 Uhr erhielt und den er mit zwei Brigaden auszuführen suchte. Der Angriff wurde erneut abgeschlagen.

Während der Kampfhandlungen glaubte Ney wahrgenommen zu haben, daß die feindlichen Truppen hinter Wellingtons Zentrum begonnen hätten, sich zurückzuziehen. Was er für eine Fluchtbewegung hielt, war aber nur das Durcheinander von leeren Munitionswagen, Sanitätseinheiten und Gruppen Verwundeter. Ohne Napoleon zu informieren, befahl Ney einer Brigade von Milhauds Kürassieren den Angriff, um diese vermeintliche Schwäche des Gegners auszunutzen. Die Aussicht, unter Ausnützung der vermeintlichen Unordnung die Front aufzubrechen, war die Ursache für eine ungeplante große Kavallarieattacke, der sich spontan das gesamte Kürassierkorps sowie die leichte Kavallerie Lefebvre-Desnouettes anschlossen. Gegen 16.00 Uhr ritten rund 5000 französische Kavalleristen einen tollkühnen Angriff auf das Zentrum der Alliierten. Diese massive Reiterattacke, die nach den Zeugnissen von Augenzeugen ein gewaltiges Schauspiel gewesen sein muß, zerschellte indes an der festen Haltung der britischen Infanterie, die sich sofort zu bajonettstarrenden und Musketenfeuer speienden Karrées formiert hatte. Die Entscheidung brachten dann einige Brigaden britischer Kavallerie, die die französische Reiterei vertrieben. Aber kaum war diese wieder am Fuß der Anhöhe angelangt, formierte sie sich zu einem neuerlichen Angriff, dem sich nun die gesamte französische Kavallerie anschloß. Auf einer Breite von nur rund 500 Metern stürmte sie gegen die alliierte Front an, wurde aber auch diesmal abgeschlagen.

Beide Angriffswellen, die vor allem deshalb nichts fruchteten, weil sie weder artilleristisch vorbereitet, noch von nachrückender Infanterie unterstützt wurden, hatten die Kräfte von Angreifern wie Verteidigern gleichermaßen erschöpft. Napoleon verfügte jetzt über keine geordnete Kavallerieeinheit mehr, zumal sich auch die Reserve der Gardekavallerie ohne Befehl der zweiten Angriffswelle angeschlossen hatte. Noch kritischer war jedoch der Zustand beim Gegner: Der größte Teil von Wellingtons Kavallerie war außer Gefecht gesetzt, und auch die letzten Infanteriereserven hatten an die Front geworfen werden müssen.

Die sinnlose Bravade der französischen Kavallerie ereignete sich zu einem Zeitpunkt, als die Aufmerksamkeit Napoleons mehr vom Geschehen an seinem rechten Flügel beansprucht wurde. Gegen 16.00 Uhr war das Korps Bülow aus dem Bois de Paris herausgetreten und hatte den Kampf mit dem ihm zahlenmäßig weit unterlegenen französische VI. Korps aufgenommen. Die französische Infanterie mußte weichen, und die Preußen besetzten den Weiler Plancenoit, von wo aus ihre Feldgeschütze die Straße nach Charleroi bestreichen konnten. Die Gefahr, die sich damit für Napoleons Rückzugslinie ergab, wurde durch einen Gegenangriff der Jungen Garde, die Plancenoit wieder den Preußen entriß, fürs erste gebannt.

Nachdem die Lage hier unter Kontrolle gebracht war, konnte Napoleon seine Aufmerksamkeit wieder dem Zentrum zuwenden, wo nach den fehlgeschlagenen Kavallerieangriffen eine trügerische Ruhe herrschte. Erneut wurde ihm jetzt deutlich, daß der Schlüssel zum Erfolg in der Eroberung von La Haye Sainte lag. Gegen 18.00 Uhr befahl er deshalb Ney, diese Stellung zu stürmen. Und diesmal waren seine Anstrengungen, bei denen er alle drei Waffengattungen, Artillerie, Kavallerie und Infanterie, kombinierte, von Erfolg gekrönt. Das Gehöft fiel beim ersten Sturm in die Hände der Franzosen, die hier sofort eine Batterie in Stellung brachten, die auf weniger als 300 Meter Entfernung eine Bresche in das Zentrum der allliierten Front schlug: Das war der entscheidende Moment. Wellingtons Truppen begannen zu weichen, und was Ney jetzt nur noch fehlte, war Infanterie, die durch die Bresche vorwärtsstürmte.

Allein, Napoleon ließ sich von den flehentlichen Bitten Neys nicht erweichen, ihm wenigstens einen Teil der Alten Garde, von der acht Bataillone bislang noch in Reserve gehalten worden waren, zu überlassen. Für diese auf den ersten Blick unverständliche Weigerung, die den Sieg, der jetzt zum Greifen nahe war, verschenkte, lassen sich eine Reihe von Gründen anführen. Zum einen wußte der Kaiser nichts von dem prekären Zustand, in dem sich Wellingtons Zentrum befand. Schwerer wog aber wohl, daß sich die Situation auf seinem rechten Flügel nach einer kurzen Phase der Konsolidierung erneut rapide verschlechtert hatte. Die Junge Garde war von Bülows Korps wieder aus Plancenoit vertrieben worden, ein Umstand, der Napoleons rückwärtige Verbindung bedrohte. Seine Rückzugsmöglichkeiten zu sichern hatte für ihn in dieser Situation aber oberste Priorität, weshalb er gegenüber Neys Bitten taub blieb und stattdessen insgesamt elf Bataillone aus seiner Reserve an den östlichen Frontabschnitt warf. Innerhalb von 20 Minuten eroberten zwei Bataillone der Alten Garde mit einem Bajonettangriff Plancenoit zurück und trieben 14 preußische Bataillone vor sich her. Damit war gegen 18.45 Uhr die Situation am rechten Flügel vorerst stabilisiert.

Unterdessen wurde die Lage in Wellingtons Zentrum immer bedrohlicher. Ney, der sich in La Haye Sainte festgebissen hatte, weitete die Bresche mit seiner Artillerie immer mehr. Von seinem rechten Flügel gelang es Wellington zwar frische Truppen heranzuführen, aber was ihn jetzt rettete, war das Erscheinen des Korps Ziethen auf seinem linken Flügel, zumal Napoleon eben jetzt seine letzte Trumpfkarte ausspielte: den Sturmangriff der Alten Garde. Aber kaum hatte dieser Angriff, zu dem die Trommler den *pas de charge* schlugen, kurz nach 19.00 Uhr begonnen, waren am nordöstlichen Rand des Gefechtsfelds dunkle Truppenmassen bemerkt worden. Um diese numinose Drohung, die sofort in den Reihen des I. und II. französischen Korps, die den Angriff der Garde unterstützen sollten, große Unruhe auslöste, zu bannen, ließ Napoleon das Gerücht ausstreuen, es handele sich um das Korps Grouchy. Die Soldaten glaubten diese verzweifelte Lüge sofort und reagierten mit dem kämpferischen Ruf «*En avant!*». Ihr Überschwang währte nur kurz, denn rasch wurde klar, daß es sich um Feinde handeln mußte, und wie ein Buschfeuer verbreitete sich die Kunde: «*Voyez! Ce sont les Prussiens!*»

Diese Enttäuschung war zuviel für die Moral der beiden französischen Korps. Sie verharrten wie gelähmt, während die Garde unbeirrt weiter im *pas de charge* auf das Zentrum der alliierten Front vorrückte. In erbitterten Kämpfen, in deren letzter Phase sich Einheiten der *Foot Guard*s und der *Garde Imperiale* in geschlossener Formation auf weniger als 20 Meter gegenüberstanden, entschied die wesentlich höhere Feuergeschwindigkeit der Briten den Ausgang – ein französischer Infanterist konnte pro Minute einen Schuß aus seinem Gewehr abfeuern, während die britische Infanterie aus der rascher zu ladenden «Brown Bess» zwei Schüsse pro Minute abgeben konnte. Die vielstimmigen Schreckensrufe «*La Garde recule!*», die einen Vorgang bezeichneten, der sich noch nie zugetragen hatte, zernierten die Kampfmoral der Franzosen endgültig. Gleichzeitig wurden sie jetzt gewahr, daß Ziethens Korps von Osten her vorrückte und die Franzosen im Rücken bedrohte. Auch das Korps Bülow machte bei Plancenoit wieder Boden gut, so daß das französische Zentrum in eine Zangenbewegung zu geraten drohte.

Die Chance wurde von Wellington sofort erkannt. Er setzte nun der zurückweichenden Garde mit einem Generalangriff seiner noch verbliebenen rund 40 000 Mann nach. Der schieren Wucht dieser Angriffswelle, die mit ohrenbetäubendem Geschrei gegen die vom Schrecken betäubten französischen Einheiten in der Ebene anbrandete, konnte die erschöpfte *Armée du Nord* keinen Widerstand mehr entgegensetzen. Ihre Formationen brachen auseinander, und mit den Rufen «*Trahison!*» und «*Sauve qui peut*» wich die gesamte Armee in kopfloser Flucht vom Schlachtfeld. Allein der unerschütterlichen Disziplin der Jungen Garde, die bis 21.00 Uhr das lichterloh brennende Plancenoit besetzt hielt und damit ein weiteres Vorrücken von Bülows IV. Korps bis zur Straße nach Charleroi verhinderte, sowie von Einheiten der Alten Garde, die sich im Nordsektor ungeachtet der alliierten Übermacht geordnet zurückzogen, war es zu danken, daß sich das flüchtende Gros weitgehend unbehelligt nach Süden absetzen konnte. Blücher und Wellington, die gegen 21.00 Uhr auf dem Gut La Belle Alliance, das im Zentrum der vormaligen französischen Front gelegen war, zusammentrafen, verständigten sich darauf, daß Gneisenau mit 4000 Mann Kavallerie sofort die Verfolgung der flüchtenden Franzosen aufnehmen sollte. Doch am anderen Morgen hatten die Verfolger den Kontakt zur *Armée du Nord* verloren, die sich südlich von Charleroi ungestört wieder sammeln konnte.

In den Jahren seiner Verbannung hat sich Napoleon immer wieder die quälende Frage gestellt, welche Fehler seine Niederlage und damit den Untergang seines Kaiserreichs verursachten. Als den Hauptschuldigen machte er dabei stets den Marschall Grouchy aus, der es versäumt habe, beim ersten Gefechtslärm sofort zur Unterstützung herbeizueilen. Dieser hielt sich an die Weisungen Napoleons, die ihm *vor* Beginn der Schlacht übermittelt worden waren und verwickelte das III. Korps (Thielmann), das als einziges von Blüchers Armee zurückgeblieben war, in eine Reihe taktisch völlig nutzloser Gefechte.

Als einen weiteren Schuldigen machte Napoleon Marschall Soult aus, der als Chef des Stabes fungierte und dessen Leistungen in den vier kritischen Tagen tatsächlich viel zu wünschen übrig ließen. Als größte Fehlbesetzung jedoch erwies sich der alte Haudegen Marschall Ney. Dieser hatte durch sein unverständliches Zögern die Chance, Quatre Bras zu besetzen und damit eine Vereinigung der alliierten Armeen bei Mont St. Jean am 18. Juni zu vereiteln, leichtfertig verschenkt. Diese Versäumnisse suchte er durch sein sinnloses Bravado in der Schlacht wieder wettzumachen. Wenigstens zweimal brachte er damit die Armee um einen zum Greifen nahen Sieg.

Die Hauptverantwortung hätte Napoleon aber bei sich selbst suchen müssen. Zwar war sein ursprüngliches strategisches Konzept so brillant wie je, aber das allzu große Selbstvertrauen, das er an den Tag legte, ließ ihn die schweren Mängel seiner Planungen mißachten. Allzusehr auf die Magie seines Schlachtenruhms vertrauend, beschied er sich damit, für die entscheidenden Aufgaben denkbar ungeeignete Leute wie Ney, Soult oder Grouchy zu nominieren, und er unterschätzte völlig Wellingtons Können. Gleichermaßen verkannte er die Standfestigkeit der alliierten Truppen und die Loyalität Blüchers, der sich nach Ligny eben nicht nach Lüttich abgesetzt hatte.

Alle diese Fehleinschätzungen veranlaßten Napoleon dazu, den Beginn der Schlacht am 18. Juni auf den späten Vormittag zu verschieben. Sein zweiter großer Fehler war es dann, Ney die erforderlichen Verstärkungen zu verweigern, als es diesem gelungen war, La Haye Sainte einzunehmen. Schließlich unterließ es Napoleon, seinen Bruder Jérôme und Ney daran zu hindern, durch Bravourstücke seinen Schlachtplan zu gefährden. Alle diese Fehler hätte er vermeiden können, zumal das begrenzte Schlachtfeld mit seinen kurzen Kommunikationswegen ein hohes Maß an Kontrolle ermöglichte. Die tiefere Ursache für dieses eklatante Versagen Napoleons ist indes vor allem darin zu vermuten, daß selbst dieser «Schlachtengott» nach mehr als einem halben Hundert siegreicher Schlachten und nach rund 20 Jahren schier ununterbrochener Kriegführung einfach ausgebrannt, ein physisch und psychisch restlos erschöpfter Mann war.

Wellington war der Sieger von Waterloo. Er zerstörte den Nimbus Napoleons. Seine strategische Entscheidung, die Position bei Mont St. Jean zu beziehen, wie auch seine taktische Führung der Schlacht sind um so höher zu veranschlagen, als seine Einheiten aus multinationalen Kontingenten bestanden – Niederländer, Braunschweiger, Nassauer, Hannoveraner, Schotten, Iren und Engländer –, von denen die wenigsten Kampferfahrung besaßen oder auch nur gut gedrillt waren. Daß diese Truppen dennoch mit Tapferkeit fochten, muß zu einem Gutteil auch Wellingtons Führungsqualitäten zugeschrieben werden. Allein auf sich gestellt hätte jedoch seine Armee die Schlacht nicht gewinnen können. Das rechtzeitige Erscheinen der drei Armeekorps Blüchers auf dem Schlachtfeld war für den Sieg entscheidend. Dies war jedoch einzig dem alten «Marschall Vorwärts» zu verdanken, der gegen den Rat seines Stabschefs Gneisenau auf einem frühen Aufbruch am Morgen des 18. Juni bestanden hatte.

Ihren Namen trägt diese Schlacht nach dem Weiler Waterloo, der, einige Kilometer nördlich gelegen, nie Schauplatz irgendwelcher Kämpfe gewesen war. Wellington datierte von hier seinen Bericht an die Regierung in London, die «Waterloo Dispatch». Vermutlich entschied er sich für den Namen dieses Ortes und damit gegen den Vorschlag Blüchers, der angeregt hatte, als Ort des Sieges das Gut mit dem wahrhaft passenden Namen «La Belle Alliance» anzugeben, weil Waterloo für britische Ohren vertrauter klang. Blücher jedenfalls datierte seinen Bericht von «La Belle Alliance», was erklärt, daß in der preußischen Geschichtsschreibung die Schlacht stets als Sieg bei Belle Alliance geschildert wird.

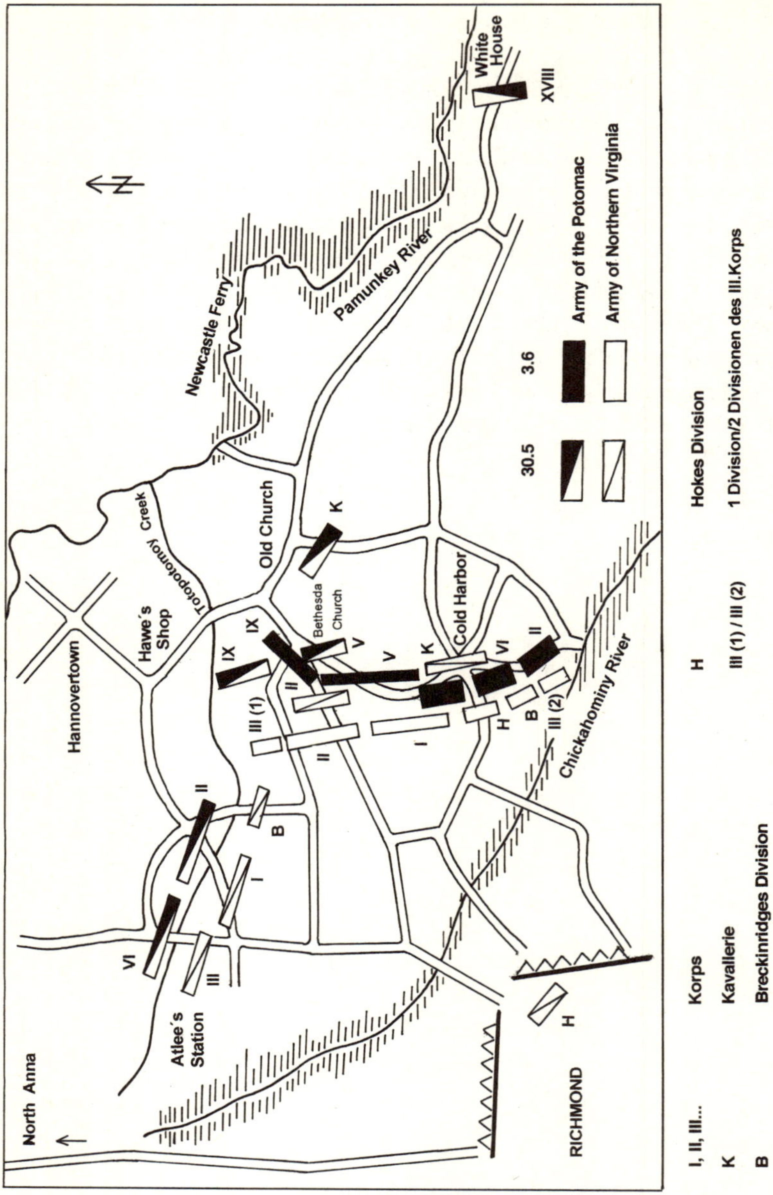

Cold Harbor, 30. Mai bis 3. Juli 1864

Im Niemandsland
Cold Harbor, 31. Mai bis 3. Juni 1864

Dierk Walter

Cold Harbor im Sommer 1864: ein kleiner Weiler im nordöstlichen Virginia. Ein Hafen ist nicht in Sicht; ein altes hölzernes Gasthaus, das nur Übernachtung, aber keine Speisen anbietet, hat die dafür traditionell übliche Bezeichnung auch der Siedlung vererbt. Der Ort liegt auf einer kleinen Hochfläche inmitten einer dicht bewaldeten Hügellandschaft, die von gelegentlichen Rodungen, steilen Schluchten und sumpfigen Niederungen unterbrochen wird. Die Gegend ist dünn besiedelt und von wenigen schlechten Straßen erschlossen. Fünf Kilometer nördlich fließt der Totopotomoy, ein Nebenfluß des Pamunkey, nach Osten; drei Kilometer südlich der Chickahominy nach Südosten. Beide sind mäandrierende Gewässer mit sumpfigen, urwaldbewachsenen Ufern, die schwer zu überqueren sind. Als Schlachtfeld scheint das Gelände ziemlich ungeeignet. Aber Cold Harbor ist eine strategische Schlüsselposition. Fünf Straßen laufen hier zusammen: Eine führt nach Osten, zu Landungsstellen am schiffbaren Unterlauf des Pamunkey; eine nach Norden, zu zwei Übergängen über den Totopotomoy; drei nach Süden und Westen, zu Brücken über den Chickahominy. Jenseits dieses Flusses aber, nur 15 Kilometer entfernt, liegt die Hauptstadt Richmond, während der Sezession der Sitz der konföderierten Regierung. Über die Hügel um Cold Harbor ist deshalb bereits im Sommer 1862, während der Sieben-Tage-Schlacht, der Krieg hereingebrochen; statt von der Schlacht von Gaines' Mill, am 27. Juni 1862, spricht man auch mitunter von der ersten Schlacht von Cold Harbor.

Im vierten Sommer des Bürgerkrieges bestand für den Süden keine realistische Chance mehr, den Konflikt auf dem Schlachtfeld für sich zu entscheiden. Drei Jahre lang hatte die Army of Northern Virginia unter Robert E. Lee jede Offensive der Bundestruppen in Virginia zurückgeschlagen. Im Juni 1863 war sie selbst in Pennsylvania eingefallen und hatte die Army of the Potomac unter George Meade

100 Kilometer nördlich von Washington zur Schlacht gestellt. Für einige Tage sah es damals so aus, als könne ein Sieg auf dem Schlachtfeld dem Süden ermöglichen, am Verhandlungstisch seine Bedingungen zu diktieren und die Unabhängigkeit zu erlangen. Diese Hoffnungen scheiterten in der dreitägigen Schlacht von Gettysburg, vom 1. bis zum 3. Juli 1863, als Lee in wiederholten aussichtslosen Frontalangriffen ein Drittel seiner Armee opferte und sich am Ende nach Virginia zurückziehen mußte. An den anderen Fronten sah es noch düsterer aus. Am Tag nach Gettysburg kapitulierte die Festung Vicksburg am Unterlauf des Mississippi; damit war der Fluß auf ganzer Länge in der Hand des Nordens und das Staatsgebiet der Konföderation in zwei Teile gespalten. Im November 1863 verlor der Süden nach der Niederlage bei Chattanooga den Grenzstaat Tennessee; Truppen der Union bedrohten nun den Baumwollstaat Georgia. Nicht einmal ihre ausgedehnte Seeküste vermochte die Konföderation zu schützen. Die überlegene Marine des Nordens beherrschte den Ozean und konnte jederzeit Truppen im Rücken der Fronten landen und auch versorgen. Auf diese Weise waren bereits verschiedene Küstenregionen von Virginia bis Louisiana in der Hand des Feindes.

Die Hoffnungen des Südens richteten sich daher zunehmend auf eine politische Lösung. In den Vereinigten Staaten standen im Sommer 1864 Präsidentschaftswahlen an, und es war nicht ausgeschlossen, daß die mehr und mehr kriegsmüden Wähler den Republikaner Lincoln, der entschlossen war, den Krieg bis zur Kapitulation der Konföderierten weiterzuführen, durch einen kompromißbereiten Demokraten ersetzen würden. Zwar war nicht mehr darauf zu rechnen, den Krieg zu gewinnen. Vermied man aber lange genug, ihn zu verlieren, konnten Friedensverhandlungen mit einem neuen Präsidenten im Norden dem Süden immer noch die Unabhängigkeit bringen.

Der Mann, der das für Lincoln verhindern sollte, war Ulysses S. Grant. Der Sohn eines Gerbers aus Ohio, der 1854 als Hauptmann die Armee verlassen hatte, um sich erst als Farmer, dann als Büroangestellter durchzuschlagen, war 1861 als Brigadegeneral reaktiviert worden. Er hatte sich in Tennessee und am Mississippi als unkonventioneller, pragmatischer und entschlossener Kommandeur bewährt und war bis zum Oberkommandierenden im Westen aufgestiegen. Im Frühjahr 1864 wurde er zum Oberbefehlshaber der gesamten Landstreitkräfte ernannt und zum Generalleutnant befördert, ein Rang, den seit George Washington niemand innegehabt hatte.

Lincoln erwartete von ihm, den andauernden Krieg zu einem schnellen Ende zu bringen. Grants Plan für 1864 sah den konzentrischen Einmarsch aller Armeen der Union in den Süden vor. William T. Shermans Heeresgruppe sollte aus Tennessee nach Georgia vorstoßen; drei kleinere Armeen hatten in Alabama, im Shenandoahtal und im östlichen Virginia einzufallen. Grant selbst schloß sich der Army of the Potomac an; ihre Aufgabe war es, die Army of Northern Virginia in offener Feldschlacht zu vernichten und den Weg nach Richmond freizukämpfen.

Oberbefehlshaber der Army of Northern Virginia und damit Grants unmittelbarer Gegenspieler war Robert E. Lee, ein Südstaatengentleman aus einer illustren Offiziersfamilie. Sein Vater war «Light Horse Harry» Lee, ein bekannter Kavalleriekommandeur des Unabhängigkeitskrieges. Lee selbst war vor dem Bürgerkrieg Pionieroffizier in der US Army gewesen und nach der Sezession Virginias zum General, dem höchsten Rang in der Armee der Südstaaten, befördert worden. Obwohl sein aggressiver Führungsstil hohe Verluste unter seinen Männern forderte, war «Marse Robert» eine lebende Legende in der Army of Northern Virginia. Siege inspirierten seine Soldaten; Rückschläge wurden seinen Unterführern oder den Umständen zugeschrieben. Im Sommer 1864 ging es allerdings nicht mehr um spektakuläre Offensiven. Nun war es Lees Aufgabe, die Armee so lange wie möglich intakt zu halten und Grant den Weg nach Richmond zu verwehren.

Am 5. Mai 1864 überquerte die Army of the Potomac, 115 000 Mann stark, den Rapidan, einen Nebenfluß des Rappahannock, 120 Kilometer nördlich von Richmond, an dem sich die beiden Armeen den Winter hindurch gegenübergelegen hatten. In der Wilderness, einem ausgedehnten, fast undurchdringlichen Urwaldgebiet, kam es zu einer zweitägigen Schlacht mit Lees 64 000 Mann zählender Armee. Grant holte sich eine blutige Nase; er verlor über 17 000 Mann, Lee weniger als 10 000. Anders als seine Vorgänger aber nahm Grant diesen Rückschlag nicht zum Anlaß, sich zurückzuziehen und einige Monate seine Wunden zu lecken. Er hatte Lincoln versprochen, «es an dieser Linie auszufechten, und wenn es den ganzen Sommer dauert». Ein Flankenmarsch brachte die Armee nach Spotsylvania Courthouse, zehn Kilometer südöstlich, wo sie auf befestigte Stellungen traf, die Lee, der den Vorteil der inneren Linie (der kürzeren Wege) hatte, vorsorglich hatte anlegen lassen. Vier Tage lang sandte Grant Angriffswelle auf Angriffswelle gegen die konföderierten Gräben, ohne wirklichen Erfolg. Sechs weitere Tage versuchte er, Lees Flanken zu umgehen, aber sein Gegner konterte jeden seiner Züge. Am 19. Mai entschloß sich Grant zu einem weiteren Flankenmarsch, der ihn zum North Anna, einem Quellfluß des Pamunkey, brachte, nur noch knapp 40 Kilometer nördlich von Richmond. Aber auch hier empfing ihn Lee, der seine kleinere Armee schneller bewegen konnte, wieder in vorbereiteten Verschanzungen. Nach einleitenden Gefechten, bei denen sich die ansehnliche Stärke der konföderierten Stellungen erwies, verzichtete Grant auf einen Generalangriff und gab am 27. Mai erneut den Befehl zu einem Marsch um die rechte Flanke der gegnerischen Armee. Das Ziel hieß Cold Harbor, Virginia.

Grants Sturheit veränderte den Krieg. Statt langen Lagerlebens, kurzer Märsche und einzelner großer Schlachten, nach denen wieder Ruhe einkehrte, reihte die Army of the Potomac seit dem Übergang über den Rapidan ein Gefecht an das andere. In vier Wochen verlor Grant 44 000 Mann, Lee, immer in der Defensive, nur 25 000. Aber Grant konnte auf die größeren personellen Ressourcen des Nordens zurückgreifen und seine Verluste wesentlich leichter ersetzen als Lee. Mit seinen andauernden Angriffen war Grant auf dem besten Wege, den Süden personell auszubluten. In der Army of the Potomac verdiente er sich damit den Beinamen «der Schlächter», während konföderierte Offiziere fassungslos waren, daß ein General sich dazu herablassen konnte, «auf diese unfaire Weise zu gewinnen».

Die große Zeit der Freiwilligenheere war im Sommer 1864 eigentlich vorbei. Beide Kriegsparteien hatten die allgemeine Wehrpflicht eingeführt, so daß das größere personelle Potential des Nordens zunehmend zum Tragen kam. Die Army of Northern Virginia allerdings bestand noch immer überwiegend aus den Veteranen der Schlachten von 1861 bis 1863. Es waren zähe, erfahrene, hochmotivierte Kämpfer, die die aussichtslosen Sturmangriffe Grants einmal mehr als Beweis für die Überlegenheit des Südstaatlers gegenüber dem Yankee selbst unter ungünstigen Bedingungen nahmen. Ihre Moral wurde auch davon nicht beeinträchtigt, daß sie wegen Nachschubproblemen seit längerem nichts Anständiges zu essen bekamen; in den Tagen vor Cold Harbor erhielten einige Einheiten pro Tag nur einen Keks pro Mann. Die Unionsarmee andererseits war in einem Übergangsstadium. Die dreijährigen Freiwilligmeldungen von 1861 liefen in diesem Sommer aus, so daß beispielsweise unmittelbar vor Cold Harbor eine komplette Division entlassen wurde. Zum Ausgleich erhielt Grant nach und nach frische Regimenter aus Wehrpflichtigen. In der Unionsarmee wurden Rekruten fast immer in neu aufgestellte Einheiten zusammengefaßt, statt als Ersatz für Verluste in bestehende Regimenter integriert zu werden. So schrumpften einerseits die Veteraneneinheiten zu kaum noch schlagfähigen Häufchen von 200 bis 300 Mann zusammen, andererseits stießen weit über 1000 Mann zählende Regimenter zur Armee, die ausschließlich aus unerfahrenen Neulingen bestanden. Sie wurden wegen ihrer Masse häufig als Speerspitzen der Frontalangriffe mißbraucht und erlitten hohe Verluste.

Beide Armeen hatten ihre Führungsprobleme. Die Army of the Potomac hatte eigentlich zwei Befehlshaber, Meade, der sie kommandierte, und Grant, der sie direkt vor Ort beaufsichtigte und meistens führte, was Meade im besten Fall zu Grants Büroboten degradierte, im schlimmeren aber zu Mißverständnissen und widersprüchlichen Befehlen führte. Erschwerend kam hinzu, daß die Armee in unbekanntem Territorium operierte, von dem sie keine brauchbaren Karten besaß. Die Army of Northern Virginia andererseits litt an massiven Ausfällen unter ihren höheren Offizieren. Von ihren drei Korpskommandeuren war einer in der Wilderness verwundet worden, ein weiterer und Lee selbst waren an Diarrhöe erkrankt und der dritte hatte wiederholt Zusammenbrüche. In den Gefechten seit dem 5. Mai hatte Lee ein Drittel seiner Generale verloren, weil Südstaatenkommandeure dazu neigten, sich an der Spitze ihrer Männer dem feindlichen Feuer auszusetzen. Bei Cold Harbor wurde fast die Hälfte der Korps, Divisionen und Brigaden von Offizieren geführt, die erst seit kurzem auf diesem Posten waren.

Die Heere des Bürgerkrieges bestanden zum größten Teil aus Infanterie. Artillerie spielte in den großen Feldzügen des Bürgerkrieges zwar eine wichtige Rolle; in den Waldgebieten Nordvirginias erwiesen sich die unhandlichen Geschütze allerdings als Belastung für die Beweglichkeit der Armee. Beide Armeen verfügten über große Kavalleriekorps, die Aufklärungs- und Raubzüge ins gegnerische Hinterland unternahmen, die Armee auf dem Marsch sicherten und weit voraus liegende Schlüsselpositionen präventiv besetzen und halten konnten. Mit dem siebenschüssigen Spencer-Karabiner ausgerüstet und bereit, im Ernstfall die Pferde zurückzulassen und wie Infanterie zu kämpfen, war das Kavalleriekorps der Army of the Potomac unter Philip Sheridan ein ernstzunehmender Gegner. Die Infanterie beider Seiten hatte ab 1863 Vorderlader mit gezogenem Lauf, die gegenüber früheren Modellen etwa dreimal schneller und dreimal weiter schossen. Das vielleicht wichtigste Mittel des Krieges aber war für die Infanteristen im Sommer 1864 der Spaten. Noch im vorangegangenen Sommer war die offene Feldschlacht die Regel gewesen. Mit Holzverhauen und Erdwällen befestigt hatte man allenfalls Artilleriestellungen und Brückenköpfe. Erst ab 1864 wurde es zur Regel, daß sich die Truppen eingruben, wohin immer sie kamen. Schützengräben minimierten die Verluste durch feindliches Feuer, was vor allem für Lee nun fast zwingend geworden war. Grant wiederum hatte den Nutzen von Feldbefestigungen während der Belagerung von Vicksburg gelernt und sie 1864 in der Army of the Potomac eingeführt.

Grabensysteme veränderten das Gesicht der Schlacht. An die Stelle kurzer, heftiger Zusammenstöße traten zunehmend wochenlange Feuergefechte, die von den oft weniger als 100 Meter voneinander entfernten Gräben aus geführt wurden. Sturmangriffe, die das Patt durchbrechen sollten, waren hochriskante Unternehmen, die eine massive personelle Überlegenheit erforderten, um Chancen auf Erfolg zu haben. Das gezogene Gewehr und der Graben stärkten die Verteidigung in ungeahntem Maße. Für die Soldaten bedeutete das Leben im Graben in reduzierter, aber ständig präsenter Lebensgefahr, unter dem Lärm der Artillerie und dem Pfeifen der Scharfschützengeschosse, im Schlamm und im Blut der Gefallenen, eine vorher unbekannte physische und psychische Dauerbelastung.

Es war brütend heiß, und die Marschkolonnen wirbelten auf den unbefestigten Straßen Nordvirginias dichten Staub auf, als die Army of the Potomac sich von Lees unbezwingbarer Stellung am North Anna löste und den Pamunkey hinunterzog. Bei Hannovertown, gut 15 Kilometer nördlich von Cold Harbor, überschritten die vier Korps am 28. Mai den Fluß und rückten in breiter Front Richtung Südwesten vor, zu den Übergängen über den Totopotomoy. Die Army of Northern Virginia verließ am 27. Mai den North Anna, marschierte nach Süden und bezog Stellung beidseits der Straße nach Richmond südlich des Totopotomoy, wo sie den Invasoren den Weg verlegen konnte, ob sie sich der Hauptstadt nun von Norden oder von Osten näherten. Bei Hawes' Shop, auf halbem Wege zwischen den beiden Flüssen, trafen am 28. die Kavalleriekorps beider Armeen aufeinander. Sheridans Truppen trieben die konföderierte Kavallerie unter Fitzhugh Lee, dem Neffen des Oberbefehlshabers, bis zum Totopotomoy. Am folgenden Tag warf das II. Korps Teile des konföderierten

I. Korps an der Straße nach Atlee's Station über den Fluß zurück, worauf beide Korps sich eingruben. Am 30. Mai stießen das II. konföderierte und das V. Bundeskorps in der Nähe von Bethesda Church, nur vier Kilometer nördlich von Cold Harbor, zusammen.

An diesem Tag gelang es im konföderierten Hauptquartier, die Position aller vier gegnerischen Infanteriekorps zu identifizieren: Das V. und das IX. Korps befanden sich bereits südlich des Totopotomoy, das II. und das VI. lagen jenseits des Flusses dem I. Korps Lees gegenüber. Lee zog den richtigen Schluß, daß Grant ihn erneut rechts umgehen wollte, sich also Richmond nicht auf den von Norden kommenden Straßen nähern würde, sondern durch das Hügelland um Cold Harbor. In der Tat wählte Grant deswegen konstant Lees rechte Flanke für seine Umgehungsversuche, weil ihm daran lag, die schiffbaren Unterläufe der in die Chesapeake Bay mündenden Flüsse im Rücken zu behalten, über die die Armee ihren Nachschub erhielt. Nachdem die Übergänge über den oberen Totopotomoy von Lees Truppen blockiert waren und sich beide Armeen mehr oder weniger frontal beiderseits dieses Flusses gegenüberlagen, hatte Grant allerdings wenig Manövriermasse zur Verfügung. Ebenso erging es Lee, der beschlossen hatte, die beiden gegnerischen Korps südlich des Totopotomoy zu vernichten, bevor sie zur echten Bedrohung für seine Flanke werden konnten.

Am Unterlauf des James River, 25 Kilometer südlich von Richmond, war am 5. Mai, zeitgleich mit Grants Übergang über den Rapidan, Benjamin Butler mit 30000 Mann gelandet, aber von einer konföderierten Armee unter P. G. T. Beauregard zurückgeworfen und auf der Halbinsel zwischen dem James und dem Appomatox eingeschlossen worden. Seitdem lagen sich die Armeen gegenüber und neutralisierten sich gegenseitig. Am 27. Mai zog Grant ein 10000 Mann starkes Korps von Butlers Armee, das XVIII. unter William Smith, auf dem Wasserwege nach White House am Pamunkey, um seine Flanke ausbauen zu können. Das ermöglichte Lee, im Gegenzug eine starke Division unter Robert Hoke von Beauregards Front nach Norden zu verlegen. Beide Befehlshaber dirigierten diese zusätzlichen Truppen Richtung Cold Harbor, wo Grants linke Flanke momentan ebenso in der Luft hing wie Lees rechte. Beide bereiteten sich darauf vor, zusätzlich ein Korps vom gegenüberliegenden Ende der Front nach Cold Harbor zu verlegen. Und beide befahlen ihrer Kavallerie, die strategisch wichtige Straßenkreuzung zu nehmen und zu halten.

Am 31. Mai traf Alfred Torberts 1. Kavalleriedivision, von Norden und Osten kommend, auf Fitzhugh Lees Division, die sich bei Cold Harbor eingegraben hatte, warf sie zurück und eroberte die Ortschaft. Sie um jeden Preis zu halten, wie Meade nun ausdrücklich befahl, sollte sich allerdings als schwieriges Unterfangen herausstellen. Lee, der jetzt sicher war, daß Grant erneut auf seine rechte Flanke zielte, verstärkte seine Kavallerie nicht nur mit Hokes Division, sondern verlegte in der Nacht auf den 1. Juni das gesamte I. Korps unter Richard H. Anderson vom linken Flügel Richtung Cold Harbor. Noch klaffte zwischen Sheridans Kavallerie an der Kreuzung und dem südlichsten Infanteriekorps bei Bethesda Church eine Lücke von mehreren Kilometern, und irgendwo hinter dieser Lücke mußten alle Verstärkungen vorbei marschieren, die Grant nach Cold Harbor beorderte. Auf jeden Fall mußte hier das vom James herangezogene XVIII. Korps auftauchen. Wenn ein entschlossener Angriff ein oder zwei von Grants Korps zerschlagen konnte, solange sie fast wehrlos entlang einer schmalen Aufmarschstraße verteilt waren, konnte sich das Blatt für den Süden wenden.

Smith allerdings hatte irrtümlich den Befehl bekommen, von White House nicht nach Cold Harbor, nach Westen, sondern nach Norden, nach Newcastle Ferry, zu marschieren. Erst als er dort ankam und weder die Armee, noch einen Feind entdecken konnte (worauf er sein Korps damit beschäftigte, prophylaktisch eine Brücke über den Pamunkey zu schlagen), wurde der Fehler entdeckt und das XVIII. Korps machte sich in der Junihitze auf den Rückweg. Nicht nur der Umweg von fast zehn Kilometern war ein Ärgernis; als die Spitze der Marschkolonne Old Church, fünf Kilometer hinter der Front, erreichte, war außerdem der Weitermarsch durch die Wagenkolonne von Horatio Wrights VI. Korps versperrt, die sich gerade Richtung Front durch den Ort wälzte. In der Nacht hatte Meade dieses Korps vom äußersten rechten Flügel, wo es keinen Feind mehr vor sich hatte, hinter dem Rücken der ganzen Armee vorbei nach Cold Harbor beordert, um dort die Lücke zu schließen. Nun stauten sich das VI. und das XVIII. Korps, beide von mehrtägigen Märschen über heiße, staubige Straßen ermüdet und durch zahlreiche Ausfälle geschwächt, auf der einzigen Straße, die zum südlichen Abschnitt der Front führte. Wäre Anderson am Mittag des 1. Juni mit seinem ganzen Korps und Hokes Division nördlich von Cold Harbor zur Offensive übergegangen, hätten die beiden Korps wenig Chancen gehabt, einem Desaster zu entgehen.

Anderson scheint aber nicht der Mann gewesen zu sein, zielstrebig zu handeln. Am Morgen griff er mit einer einzigen Division Sheridans Kavallerie an der Kreuzung an. Lawrence Keitt, ein militärisch unerfahrener Politiker aus South Carolina, führte seine Brigade in der Bilderbuchmanier, die seit 1861 mit Recht aus der Mode gekommen war, säbelschwingend hoch zu Roß frontal gegen Sheridans gut eingegrabene Divisionen. Er fiel bei der ersten Salve der gegnerischen Repetiergewehre, das führende Regiment, das große, aber unerfahrene 20. South Carolina, rannte in Panik davon und mit ihm die ganze Brigade. Nach fünf Minuten war der Angriff vorbei und Joseph Kershaws gesamte Division grub sich, wo sie stand, ein. Hoke hatte überhaupt nicht angegriffen, und für den Rest des 1. Juni begnügte sich Anderson damit, seine anderen beiden Divisionen neben Kershaw in Stellung zu bringen und sich ebenfalls eingraben zu lassen. Am Nachmittag rückten das VI. und das XVIII. Korps ungehindert in Positionen beiderseits von Cold Harbor ein und lösten die strapazierten Truppen Sheridans ab, die die Kreuzung schon seit zwei Tagen hielten.

Smiths und Wrights Männer waren von mehr als einem Tagesmarsch unter ungünstigsten Bedingungen erschöpft. Es wäre vernünftig gewesen, ihnen eine Nacht Ruhe zu gönnen, aber Meade fürchtete, daß Andersons Korps mit jeder Verzögerung seine Linie immer besser befestigen würde. Am späten Nachmittag des 1. Juni griffen das VI. und das XVIII. Korps frontal über offenes Feld Andersons und Hokes unfertige Stellungen an und eroberten die Gräben der konföderierten Vorposten. Der Sinn war offensichtlich, für einen Generalangriff am nächsten Tag bessere Ausgangspositionen zu haben. Der Preis waren 2200 Mann Verluste. Aber die für den 2. Juni geplante Offensive wurde verschoben. Der Grund war, daß Meade in der Nacht das II. Korps unter Winfield Scott Hancock vom rechten Flügel heranholte, um vor Cold Harbor stärker als der Gegner zu sein. Das Korps wurde direkt aus der Kampffront gezogen, in einem Nachtmarsch auf einer Abkürzung durch den Wald in die Irre geführt, blieb stecken, mußte einen noch weiteren Umweg machen, und kam nach einem Marsch von fast 25 Kilometern so erschöpft südlich von Cold Harbor an, daß an einen Angriff nicht zu denken war. So konnte Lee den 2. Juni dafür benutzen, seinerseits Ambrose Powell Hills III. Korps und die kleine Division des ehemaligen US-Vizepräsidenten John C. Breckinridge vom linken Flügel nach rechts zu verlegen, um Hokes Front südwestlich von Cold Harbor bis an die Sümpfe des Chickahominy zu verlängern. In zwei kleinen Angriffen dort und bei Bethesda Church gelang es ihm seinerseits, seine Front zu verkürzen. Den ganzen Tag über befestigten die Konföderierten ihre neue Linie, die nun annähernd gerade vom Totopotomoy südsüdostwärts bis zum Chickahominy verlief. Grant konsolidierte seine Front, indem er Ambrose E. Burnsides IX. Korps bei Bethesda Church als Flankenschutz zusammenzog und Gouverneur K. Warrens V. Korps seine Linie nach links verlängern ließ, um die Lücke zum II., VI. und XVIII. Korps bei Cold Harbor zu schließen. In der Nacht setzte Regen ein und verwandelte die Gräben in Schlammlöcher.

Am Morgen des 3. Juni war Grants Chance vertan, Lees rechten Flügel zu umgehen und aus einer vorteilhaften Position zu kämpfen. Die konföderierte Grabenlinie, die den Weg nach Richmond blokkierte, nutzte alle Möglichkeiten aus, die das bewaldete, von Schluchten und Sümpfen unterbrochene Gelände bot. Im Grunde war es keine Linie, sondern ein System aufeinanderfolgender, einander flankierender, unterstützender Gräben, mit Zick-Zack-Gräben als sicheren Zugängen, vorspringenden befestigten Artilleriepositionen, Holzverhauen als Zugangshindernis und an den meisten Stellen mit offenem Feuerfeld in der Front. Ein Angriff unter diesen Bedingungen war ein höheres Risiko als je zuvor. Grant entschloß sich dennoch dazu. Einerseits war er überzeugt, daß die Moral der konföderierten Soldaten am Boden war; darin irrte er sich. Sie waren erschöpft und hungrig, aber nicht gebrochen. Andererseits wußte Grant, daß ein weiterer Flankenmarsch nach Süden ihm keine Vorteile mehr brachte. Abgesehen von der Schwierigkeit, den sumpfigen Chickahominy überqueren zu müssen, hätte er nichts weiter erreicht, als Lee auf die professionell ausgebauten Befestigungen von Richmond zurückzutreiben. Gelang es aber, die Front vor Cold Harbor zu durchbrechen, die Army of Northern Virginia zu zerschlagen und direkt auf Richmond vorzustoßen, konnte der Krieg hier zu Ende sein.

Einen Plan gab es nicht und es war auch keiner notwendig. Der Angriffsbefehl verlangte von den Korpskommandeuren schlicht einen Frontalangriff «mit Ihrer ganzen Streitmacht und so energisch wie möglich». Smith war das zu ungenau. Er versuchte, seinen Angriff wenigstens mit dem VI. Korps, das links an das XVIII. anschloß, zu koordinieren, und erkundigte sich bei Wright nach dessen Angriffsplan. Wright entgegnete, er werde «einfach dreinschlagen», und das war denn auch, was alle drei Korps des linken Flügels, das II., VI.

und XVIII., am Morgen des 3. Juni taten. Zwar war ein Generalangriff aller fünf Korps befohlen, aber Burnside kam über zwei zaghafte Angriffe in Brigadegröße nicht hinaus, bevor aus dem Hauptquartier der Befehl zum Abbruch der Operationen kam, und Warren, dessen V. Korps einen drei Kilometer langen Abschnitt in der Mitte der Front zu halten hatte, war der Auffassung, bei dieser Frontlänge könne er keine Truppen für einen Angriff freimachen.

Abgesehen von den ganz jungen Rekruten wußten die Blauröcke ganz genau, was sie bei einem Angriff auf die konföderierten Befestigungen erwartete. Am Vorabend konnte man beobachten, wie zahlreiche Männer Namensschilder an ihre Mäntel nähten, damit man ihre Leichen später identifizieren konnte. Bei einem Toten auf dem Schlachtfeld fand man nachher ein Tagebuch, dessen letzter Eintrag lautete: «3. Juni. Cold Harbor. Ich bin getötet worden.»

Bei Morgengrauen, um 4.30 Uhr, brach die Infanterie des II., VI. und XVIII. Korps aus den eigenen Gräben hervor und ging in dichten Formationen zum Sturmangriff über. Binnen Sekunden spie die konföderierte Grabenlinie in ganzer Länge Feuer und Rauch, und die erste Welle wurde in einem Bleihagel niedergemäht, aber Brigade um Brigade rannte gegen die Befestigungslinie an. Nicht weniger als 60 000 Mann waren es, die auf den nur vier Kilometer langen Abschnitt in der Front Breckinridges, Hokes und Andersons einstürmten, mehr als Lees ganze Armee stark war. Aber die konföderierten Erdwerke hielten. Je weiter die Sturmkolonnen vordrangen, desto vernichtender wurde das Flankenfeuer, dem sie von den Abschnitten der Grabenlinie ausgesetzt waren, die nicht direkt angegriffen wurden. Besonders übel traf es James Martindales 2. Division des XVIII. Korps, die in einem Bachbett mitten in einen Frontbogen hinein vorging, der auf beiden Seiten von erhöht stehenden Artilleriepositionen flankiert wurde. Griffin Stedman, der die vorderste Brigade führte, schrieb:

«Es schien unmöglich, in diesem Feuer zu überleben; ich hatte Glück, aber alle Offiziere meines Stabes, die dicht hinter mir waren, fielen. Wir kamen auf 30 Schritt an die feindliche Linie heran; aber das Feuer war zu mörderisch, und meine Leute wurden zurückgeworfen. Wir hatten den Wald mit 2000 Mann verlassen; fünf Minuten später kamen wir zurück, mit 600 weniger.» Einige Brigaden wurden auf einem offenen Feld regelrecht festgenagelt, wie ein Soldat des 27. Massachusetts beschrieb: «Es war fast unmöglich, sich zu bewegen und am Leben zu bleiben; wer den Kopf oder eine Hand hob, löste eine Gewehrsalve aus. ... Das Feld sah aus wie ein kochender Kessel, da die andauernden Einschläge den Boden in sandspeienden Geysiren aufwarfen.» Ein Augenzeuge auf der Gegenseite bestätigte: «Ich hatte die furchtbare Schlächterei bei Fredericksburg und in der zweiten Schlacht von Manassas gesehen, aber nichts, was dies übertraf. Es war nicht Krieg; es war Mord.» Das XVIII. Korps verlor über 3000 seiner knapp 9000 Mann.

John Gibbons 2. Division aus Hancocks Korps ging südlich von Cold Harbor zu beiden Seiten eines unpassierbaren Sumpfes in einer Bodensenke vor und erreichte beinahe die gegnerischen Gräben, aber unter entsetzlichen Verlusten. Eine Brigade verlor binnen Minuten den Kommandeur und seinen unglücklichen Nachfolger. Das 164. New York eroberte tatsächlich einen Abschnitt der konföderierten Befestigungen, nur um dort aufgerieben zu werden. Francis C. Barlows 1. Division, links davon, erreichte ebenfalls die Gräben der anderen Seite, wurde von Artillerie, die sie von einer Hügelkette am Chickahominy aus flankierte, dezimiert und in einem Gegenangriff zurückgeworfen. Insgesamt betrugen die Verluste des II. Korps fast 3500 Mann.

Ein Bericht des 28. Massachusetts gibt in lakonischen Worten eine Vorstellung von dem, was das II. Korps in diesen Tagen mitgemacht hatte. «Sonntag, 30. Mai. Vorwärts um 9.00 ... Schweres Granatfeuer, heftiges Gefecht. Zurück zu den Gräben um 16.30. Dienstag, 1. Juni. Artillerie eröffnet Feuer um 9.00, Vormarsch um 10.00; heftiger Schützenkampf bis 19.00. ... Drei feindliche Grabenlinien erobert. Marschbereitschaft befohlen um 17.30. Beginn 22.30; hatten einen langen, ermüdenden, schnellen Marsch; der Staub sehr dick. Das war der härteste Marsch des Feldzugs, zehneinhalb Stunden Marsch bis zum 2. Juni; dann Halt. Biwak im offenen Feld; weiter vorwärts bis 16.00; halbe Stunde Rast, Männer sehr ermüdet, viele fallen aus wegen äußerster Erschöpfung und Hitzschlag. Halt um 17.30, wieder eingraben, trotz Ermüdung arbeiten die Männer willig und motiviert. Am Freitag, den 3. Juni, erlitt das 28. Massachusetts schwere Verluste an Offizieren und Mannschaften, ohne die Genugtuung, es dem Feind heimzuzahlen. Wir formierten eine Linie und griffen über die Gräben an, und unsere Männer fielen in Haufen.»

Nach 20 Minuten war alles zu Ende. Als sich die drei angreifenden Korps zurückzogen oder eingruben, wo sie gerade lagen, teilweise nur 30 Meter von den gegnerischen Gräben, die sie nicht erreicht hatten, ließen sie über 7000 Tote und Verwundete auf dem schmalen

Feld zwischen den beiden Fronten zurück. «Ich habe oft von den Yankees gehört, die fünf Fuß hoch aufgetürmt um Richmond lagen, aber ich habe es nicht geglaubt, bis ich sie letzte Woche mit eigenen Augen gesehen habe», schrieb ein Leutnant aus South Carolina nach Hause. Lees ganze Armee verlor nur 1500 Mann.

Um neun Uhr befahl Grant einen zweiten Angriff. Alle Kommandeure erklärten es für unmöglich, gegen Lees Befestigungen auch nur einen Schritt weiterzukommen. Sie verweigerten die Ausführung oder begnügten sich damit, aus den Gräben heraus das Feuer wieder zu eröffnen. Um elf Uhr beugte sich Grant und befahl die Einstellung der Angriffsbewegungen. Einige konföderierte Gegenangriffe am Nachmittag blieben ebenfalls stecken. Die Armeen richteten sich in ihren Schützengräben häuslich ein und bauten sie weiter aus. Bis zum 12. Juni kehrte ein Zustand ein, der an ruhige Tage an der Westfront des Ersten Weltkrieges erinnert. Lees Berichte an den Kriegsminister reduzierten sich auf die tägliche Feststellung: «Der Feind war heute ruhig. Nur leichtes Feuergefecht.» Ein Zeuge auf Unionsseite beschrieb diese Tage allerdings so: «Arbeiten an den Stellungen konnte man nur nachts ausführen. Die Scharfschützen feuerten ununterbrochen, und entlang der ganzen Linie konnte niemand aufrecht stehen und eine Sekunde überleben.» Ein bitterer Nachgeschmack der Schlacht war, daß Grant, um seine Niederlage nicht einzugestehen, sich tagelang zierte, von Lee einen Waffenstillstand zu erbitten, um seine Verwundeten zu bergen. Die beiden Generale verhandelten vier Tage, während die Schreie aus dem Niemandsland langsam verstummten. Als die Bergungstrupps endlich hinausgingen, fanden sie nur noch zwei Überlebende.

Am 12. Juni zog Grant die Armee aus den Gräben ab, überquerte den James und ließ sich auf das Unvermeidliche ein: Die regelrechte Belagerung der Befestigungen von Petersburg, dem wichtigen Eisenbahnknotenpunkt 35 Kilometer südlich von Richmond. Zu Recht stellten Kritiker fest, daß er das vom Rapidan aus auch binnen weniger Tage und ohne auch nur einen Mann zu verlieren hätte erreichen können, wenn er gleich den Seeweg gewählt hätte. Seinem Versprechen an Lincoln aber blieb er treu: Er focht es an dieser Linie aus. Es dauerte allerdings nicht nur den ganzen Sommer, es dauerte einen weiteren Winter in den Gräben (Lincoln wurde dennoch wiedergewählt), bis am 2. April 1865 ein Sturmangriff die konföderierten Linien bei Petersburg durchbrach. Lee mußte Richmond aufgeben und sich nach Westen zurückziehen, verfolgt von Grant. Am 9. April kapitulierten die Reste der Army of Northern Virginia bei Appomattox. Von den Südstaaten war zu diesem Zeitpunkt aber ohnehin nicht mehr viel übrig. Shermans Marsch durch Georgia und die Carolinas hatte die Konföderation ein weiteres Mal durchbrochen und im Rükken aufgerollt. Am 22./23. Mai 1865 erlebte Washington die feierliche Parade der Armeen Shermans und Grants auf der Pennsylvania Avenue. Der Krieg war vorbei.

Grant gestand in seinen 1885 publizierten Memoiren: «Ich habe den letzten Angriff bei Cold Harbor immer bedauert. ... Wir haben nicht den geringsten Vorteil als Ausgleich für die schweren Verluste, die wir einstecken mußten, erreicht.» Meade bemerkte säuerlich: «Ich denke, Grant sind die Augen aufgegangen, und er ist jetzt bereit, zuzugeben, daß Virginia und Lees Armee nicht Tennessee und Braggs Armee (Grants Gegner im Westen) sind.» Cold Harbor hinterließ einen tiefen Eindruck bei den Soldaten und Offizieren der Army of the Potomac. Angriffe auf befestigte Stellungen waren zum ultimativen Horror geworden, und die Männer waren lange Zeit nicht mehr dazu zu bewegen. Dennoch galten massierte Frontalangriffe auch weiterhin als das adäquate Mittel, das Patt in den Schützengräben zu brechen. Allenfalls war die Lehre des 3. Juni, daß die personelle Überlegenheit des Angreifers noch wesentlich größer sein mußte.

Cold Harbor war keine Entscheidungsschlacht: Es war das Musterbeispiel einer entscheidungslosen Schlacht. Das Erstarren der in Bewegung befindlichen Fronten in einen zähen Stellungskrieg, das zwischen der Wilderness und Petersburg zunehmend zu beobachten war, erinnert lebhaft an die Ereignisse in Frankreich und Belgien 1914/15. Auch die Bilder vom Sturmangriff über das Niemandsland zwischen den Gräben erscheinen nachträglich wie Vorboten von Verdun oder der Somme. Man mag einwenden, daß die Verluste der drei Korps am 3. Juni 1864 nicht katastrophal waren. Tatsächlich bleiben sie hinter vergleichbaren zeitgenössischen Schlachten zurück. Longstreet verlor am 3. Juli 1863 bei Gettysburg in einem Frontalangriff über offenes Feld über 50 % seiner Truppen innerhalb von 30 Minuten. Bei Königgrätz, am 3. Juli 1866, erlitt das österreichische I. Korps unter ähnlichen Umständen in nur 20 Minuten 70 % Verluste. Die preußische Garde opferte am 18. August 1870 bei St.-Privat 29 % ihrer Stärke in etwa einer Stunde. Aber das waren singuläre Katastrophen, die einzelne Divisionen oder Korps betrafen. Ein besserer Vergleich ist der Sturmangriff von 750 000 britischen und französischen Soldaten auf deutsche Stellungen am 1. Juli 1916, am ersten Tag an der Somme. 58 000 Mann fielen oder wurden verwundet, etwa 8 % der eingesetzten Truppen – während des ganzen Tages. Die drei Korps von Hancock, Smith und Wright verloren am 3. Juni 1864 12 % ihrer Stärke in nur 20 Minuten. Und auf der Gegenseite gab es kein einziges Maschinengewehr.

Königgrätz, 3. Juli 1866
(Lage am Nachmittag)

«Getrennt marschieren, vereint schlagen»
Königgrätz, 3. Juli 1866

Frank Becker

Als die österreichischen Truppen in den Morgenstunden des 3. Juli 1866 bei Königgrätz Aufstellung nahmen, bot sich dem Betrachter ein Schauspiel dar, wie es in der Kriegsgeschichte in dieser Form zum letzten Mal vorkommen sollte. Getrennt nach Landsmannschaften und Waffengattungen, überzogen die kaiserlichen Verbände die Hänge und Täler an der Bistritz mit einem vielgestaltigen Teppich von Farben und Formen: die Infanterie in weißen Röcken und blauen Hosen, die Jäger in ihren grünen Uniformen, die Husaren mit gelbgeränderten Tschakos, die braunröckigen Artilleristen, die Ulanen mit rotumrandeten Tschapkas und die Kürassiere in hohen Stiefeln und mit breiten Kämmen auf den Helmen. Das alteuropäische Kriegswesen entfaltete in dieser Phase der Feldschlachten zum letzten Mal seine Pracht, ehe die Veränderungen in Kriegführung und Taktik die Truppen bis zur Jahrhundertwende in einheitlich uniformierte und damit eintönige Massen verwandeln sollten.

Diese Veränderungen setzten jedoch nicht erst nach dem Krieg des Jahres 1866 ein, sie waren auch in diesem Feldzug bereits wirksam. Das bunte Tableau der österreichischen Aufstellung bei Königgrätz verwies nur im äußeren Schein auf die Tradition und konnte leicht über Neuerungen hinwegtäuschen, die für den Verlauf des ganzen Feldzugs längst eine entscheidende Rolle spielten. Schließlich hatte sich im dritten Viertel des 19. Jahrhunderts auch in Zentraleuropa das Tempo der industriellen Revolution so sehr beschleunigt, daß selbst ein im Kern konservatives Militärwesen an ihren Errungenschaften nicht mehr vorübergehen konnte. So gewann die Modernisierung der Transport- und Kommunikationstechnik für die Kriegführung zunehmend an Bedeutung. Logistische Probleme ließen sich fortan leichter bewältigen. Mit der Eisenbahn ließen sich auf dem rasch ausgebauten Streckennetz große Truppenmassen schnell befördern; die Organisation des Aufmarschs erforderte eine verbesserte Kommunikationstechnik: die elektrische Telegraphie. Auch die Waffentechnik hatte inzwischen große Fortschritte gemacht. Geschütze wurden mit gezogenen Läufen ausgerüstet, die Reichweite, Treffsicherheit und Intensität des Beschusses ganz erheblich steigerten; als neue Infanteriewaffe verfügte die preußische Armee über jenen Hinterlader, der unter dem Namen Zündnadelgewehr bekannt wurde und bei Königgrätz eine geradezu schlachtentscheidende Wirkung entfaltete. Der Schütze konnte das Gewehr im Liegen laden; beim Vorderlader hingegen mußte er sich noch aus der Deckung erheben, die Verluste waren entsprechend hoch. Außerdem erhöhte das relativ unkomplizierte und dadurch schnellere Nachladen die Dichte des eigenen Feuers. So wurde im Ganzen die Position des Verteidigers gegenüber der des Angreifers wesentlich verbessert. Der Verteidiger konnte aus der Deckung heraus einen regelrechten Geschoßhagel produzieren, durch den der Angreifer mit immer höheren Verlusten zu rechnen hatte. Die Schlacht bei Königgrätz stand am Anfang einer Entwicklung, die schließlich in die erstarrten Grabensysteme des Ersten Weltkrieges einmündete.

Tradition und Innovation stießen also in der Schlacht bei Königgrätz mit einer Schroffheit aufeinander, wie sie in der Militärgeschichte wohl nur selten zu beobachten ist. Die Schlacht markiert einen Umbruch, sie steht an einer Zeitenwende, die eine ganze Epoche in der Geschichte der Kriegführung von der Heraufkunft einer neuen Ära trennt. Die alteuropäische Kultur des Krieges tritt noch einmal in Erscheinung, aber sie trägt bereits die Zeichen der Veränderung in sich. Auf der einen Seite gibt es noch die bunten Uniformen, das klingende Spiel, mit dem die Regimenter in die Schlacht ziehen, und die Offiziere aus aller Herren Länder, die sich einem Ehrenkodex verpflichtet fühlen, der in ähnlicher Form schon viele hundert Jahre früher bestand. Auf der anderen Seite stehen aber auch schon die Massenaufgebote, das eminente Zerstörungspotential der Waffen, und die mit Raum, Zeit und Ressourcen rechnende Truppenführung, die auf den Krieg der National- und Industriestaaten der Moderne vorausweisen.

Der Eindruck einer Umbruchsituation verstärkt sich noch einmal beträchtlich, wenn bestimmte strukturelle Gegebenheiten der gesamten Kriegführung des Jahres 1866 mit in Betracht gezogen werden. Das gilt zunächst für das Problem der Truppenrekrutierung. Die alteuropäischen Armeen waren von adeligen Berufsoffizieren geführt worden. Ihre Mannschaften entstammten in der Regel den ländlichen Unterschichten. Zwangsrekrutierung oder die Verlockung des Soldes brachten sie zum Waffendienst. Seit der Französischen Revolution war dieses System in die Kritik geraten. Der Nationalismus forderte – und praktizierte, wo er die Macht dazu besaß – eine militärische Eigenverantwortung der gesamten Gesellschaft, die den Kriegsdienst nicht an bestimmte Gruppen delegierte, sondern durch eine wie auch immer beschaffene Wehrpflicht in die eigenen Hände nahm. Zu diesem Zweck war zunächst, in Frankreich schon in den 1790er Jahren, das System der sogenannten Konskription entwickelt worden. Hier wurde aus der Gruppe der prinzipiell Wehrpflichtigen die kleinere Zahl derjenigen ausgelost, die tatsächlich unter die Waffen treten mußten. Freistellungen aus wirtschaftlichen oder sozialen Gründen waren dabei genauso möglich wie die Bezahlung eines Stellvertreters. Letzteres führte dazu, daß sich die wohlhabenden Bevölkerungsgruppen dem Wehrdienst weitgehend entzogen; er blieb de facto – in den Mannschaftsdienstgraden – eine Angelegenheit von Männern aus den Unterschichten, die ihre Dienstzeit oft noch dadurch verlängerten, daß sie sich mehrmals hintereinander als Stellvertreter verdingten. Die österreichische Armee des Jahres 1866, die auf diesem Prinzip der Konskription basierte, unterschied sich daher kaum von den Heeren des vorrevolutionären Zeitalters – anders ihr preußischer Widerpart, für den schon seit der Zeit der Befreiungskriege eine Wehrpflicht galt, die wirklich allgemein war und nicht durch Freikauf eingeschränkt wurde. Dem Usus, trotzdem, zumal in Friedenszeiten, das Wehrpotential nicht wirklich auszuschöpfen, hatte die Roonsche Heeresreform der frühen 1860er Jahre ein Ende bereitet. Auf dem Schlachtfeld von Königgrätz erschien eine Streitmacht, die tatsächlich ein Querschnitt durch die gesamte Gesellschaft war und insofern bereits auf die nationalen Armeen des 20. Jahrhunderts vorauswies.

Die allgemeine Wehrpflicht in Preußen sorgte selbstverständlich dafür, daß auch die Bildungsschichten zu den Waffen gerufen wurden.[1] Eine Gruppe, die bislang vom Militärdienst weitgehend verschont geblieben war, beteiligte sich nun aktiv am Krieg und brachte ihre besonderen Interessen und Wahrnehmungen in das Geschehen ein. Für den Historiker ist dieser Umstand auch deshalb bedeutsam, weil er ihm einen neuen Zugang zur Wirklichkeit des Krieges erschließt: Selbstzeugnisse wie Briefe, Tagebücher und Memoiren, die vordem fast nur von hohen Offizieren abgefaßt wurden, entstanden nun auch aus den Federn von Mannschaftssoldaten. Diese Quellen erlauben es, sowohl den Alltag des Krieges besser zu erfassen, als auch die besondere Deutung und intellektuelle Verarbeitung des gesamten Geschehens durch die Bildungsschichten zu rekonstruieren.[2] Gerade solche Phänomene des Kriegsalltags und der Kriegswahrnehmung sind bei früheren Konflikten der Forschung aufgrund spärlicher Quellen zumeist noch wenig zugänglich; mit den Kriegen des 19. Jahrhunderts treten sie langsam aus dem Dunkel heraus.

Auch für die Zeitgenossen dieser Kriege hat ein solches Heraustreten aus dem Dunkel stattgefunden – in dem Sinn nämlich, daß nun in einem vorher nicht gekannten Ausmaß Informationen über die militärischen Ereignisse zugänglich wurden. Die Medienrevolution des 19. Jahrhunderts brachte auch das unmittelbare Kriegsgeschehen ans Licht der Öffentlichkeit. Wo vorher nur wenige Nachrichten die Bevölkerung erreichten, wo oft das mündlich weitergegebene und erst Wochen nach den Ereignissen umlaufende Gerücht jede verläßliche Darstellung ersetzen mußte, trat jetzt eine intensive Berichterstattung auf den Plan, die ein Massenpublikum regelmäßig mit Neuigkeiten von den Kriegsschauplätzen versorgte. Besonders die Zeitungen spielten hierbei eine überragende Rolle. Ihre Korrespondenten folgten den Armeen bis in die Schlacht, und ihre via Post oder Telegraph an die Heimatredaktionen weitergeleiteten Reportagen setzten das Lesepublikum schon wenige Tage später über die Ereignisse ins Bild. Der Krimkrieg (1853–56) ist in diesem Sinne als der erste «Pressekrieg» in der Geschichte bezeichnet worden – eine Definition, die auch für den Krieg des Jahres 1866 zutrifft, der nicht nur in den beteiligten Ländern, sondern auch im europäischen Ausland ein starkes Zeitungsecho hervorrief. Sinnfällig wurde dieses Echo etwa im Engagement des «Times»-Korrespondenten William Howard Russell, der am Morgen des 3. Juli 1866 den Kirchturm von Königgrätz erklomm, um von hier aus mit dem Fernglas jede Einzelheit der Schlacht beobachten zu können.

Zur Text- trat seit der Jahrhundertmitte auch die Bildberichterstattung. Kriegsgraphik und Kriegsmalerei hatte es zwar auch schon in früheren Jahrhunderten gegeben, doch die Graphik wurde nur in Form von Einblattdrucken vertrieben und die Malerei stellte die Ereignisse erst aus der Retrospektive dar – jetzt sorgten auflagenstarke Zeitschriften dafür, daß das Publikum ständig und in konzentrierter Form mit Bildern versorgt wurde: eine frühe Form der visuellen Massenkommunikation. Angefertigt wurden die Bilder von Malern und Zeichnern, die im Auftrag der illustrierten Zeitschriften die Kriegsschauplätze bereisten; ihre Darstellungen erschienen schon zwei Wochen später im Druck. Das Publikum hatte also die Chance, sich sehr schnell auch visuelle Eindrücke von den Ereignissen zu verschaffen. Wenn es richtig ist, daß Bilder die Illusion des unmittelbaren Beteiligtseins noch stärker als Worte vermitteln können, dann sorgte auch und insbesondere dieses Medium dafür, daß sich immer mehr Menschen in den Bann der militärischen Ereignisse ziehen ließen. Die Schlacht von Königgrätz gehörte also bereits zu jenen großen militärischen Konflikten der neuesten Geschichte, die nicht nur Hunderttausende auf dem Schlachtfeld versammelten, sondern zugleich noch von mehreren Millionen Menschen aus der Distanz beobachtet wurden.

Wie so oft, lagen die Wurzeln des Krieges von 1866 in einem anderen Krieg begründet. Im Jahre 1864 hatten Preußen und Österreich ihren ständigen Streit um die Vorherrschaft in Deutschland für kurze Zeit ruhen lassen, um gemeinsam gegen den militärischen Widerstand Dänemarks die Elbherzogtümer Schleswig und Holstein zu besetzen. Die Frage der künftigen Herrschaftsordnung in diesen Territorien blieb jedoch offen. Dänemark trat sie formal an die beiden Siegermächte ab, doch diese Regelung galt als Provisorium; die beiden Großmächte sollten das gemeinsam eroberte Land nur solange verwalten, bis eine endgültige Lösung gefunden war. Nach vielen Auseinandersetzungen einigten sich Wien und Berlin schließlich im Gasteiner Vertrag vom 14. August 1865 darauf, die einheitliche Administration der Herzogtümer aufzulösen – Schleswig sollte künftig von Preußen, Holstein von Österreich verwaltet werden.

Der Vertrag konnte den Konflikt zwischen den beiden Großmächten nur für eine Weile entschärfen, er konnte ihn nicht aus der Welt schaffen. Zu stark spielten in die Querelen um Schleswig-Holstein die langjährigen Interessengegensätze in der Deutschlandpolitik hinein. Ein Antrag zur Reform des Deutschen Bundes, den Preußen am 9. April 1866 stellte und der ein frei gewähltes deutsches Parlament vorsah, leitete im Frühsommer 1866 die Eskalation des Konflikts ein. Am Tag zuvor hatte Bismarck durch ein Bündnis mit Italien für den Kriegsfall vorgesorgt. Auch Österreich stellte sich auf einen Waffengang ein; der Kaiser war nicht bereit, seine Stellung in Schleswig-Holstein und in Deutschland kampflos preiszugeben. Am 1. Juni beriefen die Österreicher in Holstein die Stände ein; Preußen reagierte am 9. Juni mit dem Einmarsch in das Herzogtum. Obwohl sich die österreichischen Truppen kampflos nach Süddeutschland zurückzogen, war damit der Kriegsfall gegeben. Schon zwei Tage später beantragte Österreich in Frankfurt die Mobilisierung des nichtpreußischen Bundesheeres; am 14. Juni wurde dieser Antrag mit neun gegen sechs Stimmen angenommen. Damit war der Krieg gegen Preußen beschlossen. Berlin eröffnete am 15. Juni die Kampfhandlungen mit dem Einmarsch in Sachsen, Hannover und Kurhessen.

Die deutsche Öffentlichkeit überschlug sich in den Tagen des Kriegsausbruchs in Entsetzensbekundungen. Weder in Berlin, noch in Wien oder in irgendeiner anderen deutschen Hauptstadt zeigte sich jubelnde Kriegsbereitschaft. Die Einschätzung des Konflikts als eines deutschen Bürgerkriegs, oder gar eines «Bruderkriegs» dominierte eindeutig. Im nichtpreußischen Deutschland war man überwiegend der Auffassung, daß die Kriegsschuld bei Bismarck liege, der das Register seiner politischen Hasardspiele um eine weitere reaktionäre Freveltat verlängere, indem er Deutsche gegen Deutsche in den Krieg hetze. Selbst innerhalb Preußens war dieser Standpunkt bei den oppositionellen Gruppen weit verbreitet, auch wenn die innenpolitische Aversion gegen Bismarck schon bald wieder von einem preußischen Patriotismus überlagert wurde, der insbesondere die einseitige Zuweisung der Kriegsschuld an Preußen nicht hinnehmen wollte. Österreich und der Deutsche Bund hatten schließlich die «Bundesexekution» gegen Berlin beschlossen und damit den Krieg ausgelöst. Insgesamt läßt sich die Spaltung der deutschen Öffentlichkeit in eine pro-österreichische und eine preußenfreundliche Fraktion jedoch keineswegs an der preußischen Staatsgrenze festmachen. Auch nichtpreußische «Borussen», die ohnehin für eine kleindeutsche Lösung der nationalen Frage plädierten, fanden sich im Lager der Hohenzollern ein; der Sachse Heinrich von Treitschke, dessen Bruder bei Königgrätz gegen die Preußen kämpfte und verwundet wurde, ist vielleicht das prominenteste Beispiel für diesen Typus.

Die sofortige Okkupation der feindlichen Staaten Norddeutschlands war für Preußen von entscheidender strategischer Bedeutung, weil einige davon die Hauptmasse des preußischen Staates von seinen Westprovinzen trennten. In wenigen Tagen war die Besetzung gelungen; die Armee König Georgs von Hannover hatte trotz eines Achtungserfolgs bei Langensalza kapitulieren müssen, die sächsische Armee war nach Böhmen ausgewichen, um sich dort mit den Österreichern zu vereinigen; damit hatte sie ihr Land kampflos den preußischen Invasoren überlassen. In Kurhessen stellte sich die Situation nicht viel anders dar; ohne auf ernstlichen Widerstand zu treffen, besetzten die Preußen das Land und nahmen den Kurfürsten in Kassel gefangen.

Während die süddeutschen Länder noch mit der Mobilmachung und Zusammenführung ihrer Truppen beschäftigt waren, drangen preußische Verbände bereits von Sachsen und Schlesien aus in Böhmen ein, um dort die Hauptmacht der österreichischen Armee zu attackieren. Helmuth von Moltke, der Chef des preußischen Generalstabs, nutzte den Telegraphen, um von Berlin aus den Vormarsch seiner Truppen zu dirigieren.[3] Das preußische Heer war in drei Armeen aufgeteilt. Die Truppen, mit der Eisenbahn transportiert und telegraphisch gelenkt, ließen sich nicht mehr in einer einzigen Armee zusammenfassen. Sie hätte auf den Heerstraßen so lange Marschkolonnen gebildet, daß im Falle einer Schlacht die Nachhut erst am Abend in die Gefechte hätte eingreifen können, die von der Vorhut am Morgen eröffnet worden waren. «Getrennt marschieren, vereint schlagen», lautete daher Moltkes Formel. Drei preußische Armeen rückten von verschiedenen Seiten an, um sich im Idealfall dann im Moment der Schlacht zu vereinigen und alle vorhandenen Kräfte an diesem Punkt zu konzentrieren.

Den Österreichern gelang es nicht, die preußischen Verbände aufzuhalten oder wenigstens so wirkungsvoll zu behindern, daß Moltkes Pläne schon im Ansatz gestört wurden. In zahlreichen Gefechten setzten sich die preußischen Armeen gegen die Verteidiger durch und drangen immer weiter auf österreichisches Territorium vor. Schließlich stellte sich die österreichische Armee, deren Korps schon von zahlreichen Niederlagen dezimiert waren, am 3. Juli bei Königgrätz zur Schlacht.

Ludwig Ritter v. Benedek, der Oberbefehlshaber, wählte eine Defensivstellung und exponierte sich damit einer Umfassungsbewegung durch die preußischen Armeen. Gerechtfertigt war sein Verhalten allein dadurch, daß er die Armee des preußischen Kronprinzen, die seine Flanke bedrohte, noch so weit entfernt glaubte, daß er die beiden anderen Armeen zu schlagen hoffte, ehe sie in die Schlacht eingreifen konnte. Außerdem gebot die Überlegenheit der preußischen Infanteriewaffe, des Zündnadelgewehrs, eine defensive Aufstellung; die voraufgegangenen Gefechte hatten gelehrt, daß Angriffsbewegungen gegen preußische Schützenlinien zu extrem hohen Verlusten führten. Wenn Benedeks Plan aufgegangen wäre, hätte seine Defensivstellung diese gefährlichste Waffe der Preußen quasi unschädlich gemacht. Zwei preußische Armeen wären beim Anrennen gegen seine Verteidigungslinien verblutet, die dritte hätte er anschließend mit überlegenen Kräften geschlagen.

Am Tag der Schlacht mußte sich erweisen, ob Benedeks Vorstellungen oder aber Moltkes Pläne sich realisieren ließen. Beide Heerführer konnten über 200 000 Mann ins Gefecht führen – der 3. Juli 1866, ein trüber und regnerischer Sommertag, sah eine der größten Massenschlachten der Geschichte. Daß es zu einer solchen Massenschlacht kommen würde, war dem preußischen Oberkommando in den Morgenstunden des 3. Juli noch gar nicht vollständig bewußt. Als die Spitzen der beiden preußischen Armeen, die die Kampfhandlungen eröffneten – der Elbarmee unter Herwarth von Bittenfeld und der 1. Armee unter Prinz Friedrich Karl – in österreichisches Feuer gerieten, herrschte noch die Ansicht vor, man habe es nur mit der Nachhut Benedeks zu tun, der seine Hauptmacht längst weiter nach Süden zurückzuziehen im Begriff sei. Erst die nächste halbe Stunde brachte Klarheit darüber, daß sich tatsächlich die gesamte kaiserliche Nordarmee in der Hügelkette nördlich der Festung Königgrätz zur Schlacht stellte. Die Wahl des Schlachtfeldes brachte den Österreichern vor allem den Vorteil, daß sie ihre Artillerie sehr wirkungsvoll an den Hängen der Hügel plazieren konnten; außerdem hatten die Kanoniere bereits am Vortag die Schußdistanzen markieren können, so daß das zeitaufwendige «Einrichten» des Feuers entfiel. Die preußischen Angreifer gerieten also sogleich in ein dichtes und zielgenaues Bombardement.

Unter diesem Beschuß mußten die Truppen stundenlang ausharren, ohne daß ihnen entscheidende Geländegewinne gelangen. Auch die Wälder, die zu Füßen der von der österreichischen Artillerie beherrschten Hügel lagen, boten keinen ausreichenden Schutz vor den Granaten. Besonders bekannt und geradezu sprichwörtlich für die mörderische Anfangsphase der Schlacht sind in diesem Sinne der Holawald und der Swiepwald geworden. Wer hier dem Geschützfeuer entkam, wurde von den kaiserlichen Jägern in Empfang genommen, die jeden Baum mit äußerster Zähigkeit verteidigten. Im Dickicht konnte das preußische Zündnadelgewehr seine gewohnte Wirkung nicht entfalten. Die Verluste der Angreifer waren so groß, daß vereinzelte Regimenter sich nach einigen Stunden sogar demoralisiert aus den Wäldern zurückzuziehen begannen.

In dieser Phase der Schlacht, am späten Vormittag, sah es für kurze Zeit sogar nach einem Sieg der Österreicher aus. Die preußischen Angriffe hatten trotz großer Verluste nicht viel erreicht, und an einigen Stellen nutzten kaiserliche Verbände die unübersehbare Ermattung ihres Gegners schon zu eigenen Vorstößen aus. Entschlossener geführte Gegenangriffe hätten die preußischen Linien möglicherweise sogar ins Wanken gebracht. Aber Benedek wollte noch keine nachhaltige Offensive riskieren. So fiel die schlachtentscheidende Rolle doch der preußischen 2. Armee unter Kronprinz Friedrich Wilhelm zu, die sich inzwischen in Gewaltmärschen dem Schlachtfeld genähert hatte.

Weil diese Annäherung aus östlicher Richtung erfolgte, war der Kronprinz vor die Alternative gestellt, entweder auf dem kürzesten Weg die am weitesten östlich gelegene Flanke der Österreicher anzugreifen, oder aber einen längeren Weg in nördlicher Richtung in Kauf zu nehmen, um unmittelbar hinter die Stellung Friedrich Karls zu gelangen und seinen Vetter dort direkt unterstützen zu können. Der Kronprinz entschied sich für den Flankenangriff, um möglichst schnell ins Gefecht zu kommen; von einer solchen Ablenkung der kaiserlichen Streitmacht mußten auch die beiden anderen preußischen Armeen profitieren. Um seinen Truppen bei ihrem stürmischen Vormarsch einen Orientierungspunkt zu geben, wählte Friedrich Wilhelm eine deutlich sichtbare Baumgruppe auf der Höhe von Chlum aus – ohne zu ahnen, daß er seinen Angriff damit auf die Achillesferse der gesamten österreichischen Stellung lenkte.

Die Höhe von Chlum, oder genauer, der Hügel, auf dem das Dorf Chlum lag, wurde nämlich nur von einer sträflich kleinen Abteilung des kaiserlichen Heeres gesichert, obwohl sich dessen ganze rechte Flanke auf diese Position stützte. Vor allem zwei Gründe waren für diese Nachlässigkeit verantwortlich. Erstens glaubte die österreichische Führung den Kronprinzen noch viel weiter vom Schlachtfeld entfernt, als es tatsächlich der Fall war; aus östlicher Richtung schien keine unmittelbare Gefahr zu drohen. Dieser Irrtum wurde noch dadurch begünstigt, daß die Sichtverhältnisse im Hauptquartier Benedeks teils wegen des regnerischen Wetters, teils wegen ungünstiger topographischer Gegebenheiten ausgesprochen schlecht waren – auch in der Ära der Telegraphie konnte der einfache Augenschein noch über das Wohl und Wehe ganzer Armeen entscheiden. Zweitens hatte es in der österreichischen Führung einen verhängnisvollen Fall von Insubordination gegeben: Graf Edelsheim, dessen Truppen die Höhe sichern sollten, war gegen Benedeks Befehl in eine andere Position eingerückt. Nicht wenig hatte dieser Ungehorsam mit der fehlenden Bereitschaft vieler hochadeliger Truppenführer zu tun, sich einem Oberkommandierenden wie Benedek unterzuordnen, der aus dem niederen Adel Ungarns stammte. Auf preußischer Seite stand die Autorität Moltkes oft auf ähnlich tönernen Füßen. Auch diese Probleme sind wieder ein Indiz dafür, in welch hohem Maße die Schlacht bei Königgrätz eine regelrechte «Zeitenwende» markierte. In den alteuropäischen Armeen war die militärische Hierarchie kurzerhand von der Adelshierarchie hergeleitet worden, in den modernen Heeren wurde, ähnlich wie in der modernen Gesellschaft, mehr und mehr auch die individuelle Leistung zu einem wichtigen Faktor des Aufstiegs. Im Zeichen der Professionalisierung hatten sich gesellschaftlich höherstehende Personen im militärischen Bereich ihren sozial tiefer stehenden, aber in der Sache kompetenteren Kollegen unterzuordnen – eine Gegebenheit, mit der viele Aristokraten im Kriegsjahr 1866 offensichtlich noch ihre Schwierigkeiten hatten.

Was aber auch immer die Ursache für die sträfliche Vernachlässigung der Höhe von Chlum gewesen sein mag, ihre Folge war, daß der Kronprinz sehr schnell diese Schlüsselstellung besetzen konnte. Für Benedek mußte es nun darum gehen, das Geschehene so schnell wie möglich wieder ungeschehen zu machen. Seine Hauptmacht war jedoch so stark in die weiter nördlich stattfindenden Kämpfe mit den beiden anderen preußischen Armeen verwickelt, daß sie nicht mehr imstande war, in geordneter Form auf die Bedrohung im Osten zu reagieren. Der vormittägliche Angriff Herwarths und Friedrich Karls auf das österreichische Zentrum erwies sich also im Ergebnis als genauso ausschlaggebend für die Schlachtentscheidung, wie der Flankenangriff des Kronprinzen; nur im Zusammenspiel konnten diese beiden Aktionen zum Erfolg führen. Benedek blieb nichts anderes übrig, als seine Reserven gegen Chlum zu führen. Dort wurden sie allerdings vom Schnellfeuer der preußischen Zündnadelgewehre empfangen, die auf diesem Terrain ihre volle Wirkung entfalteten. Alle Versuche der Österreicher, die Höhe zurückzugewinnen, scheiterten unter hohen Verlusten. Im Ergebnis konnte die preußische Artillerie nun von Chlum aus ein verheerendes Flankenfeuer gegen die feindliche Hauptmacht eröffnen. Die österreichischen Truppen traten in Scharen den Rückzug an. Benedek wußte, daß die Schlacht verloren war. Für ihn konnte es jetzt nur noch darum gehen, das Ausmaß der Niederlage durch einen halbwegs geordneten Rückzug in Grenzen zu halten.

Zu diesem Zweck setzte der kaiserliche Feldherr ein großartiges Wechselspiel seiner Waffengattungen in Szene: Artillerie und Kavallerie sollten den Rückzug der Infanterie decken. Für die Artilleristen bedeutete diese Weisung, daß sie das Feuer auf die heranrückenden Preußen bis zuletzt aufrechterhielten – oftmals so lange, bis die Kanoniere im Nahkampf den stürmenden Angreifern erlagen. Die Kavallerie hingegen versuchte, die Preußen so lange auf dem Schlachtfeld festzuhalten, bis die eigenen Fußsoldaten sich in Sicherheit gebracht hatten. Als die Preußen nun ebenfalls ihre Reiterei aufboten, um dem fliehenden Feind nachzusetzen, kam es zu einem gewaltigen Zusammenstoß mit der kaiserlichen Kavallerie. Er weitete sich zu einer der letzten großen Reiterschlachten der Kriegsgeschichte aus. Auch hier markierte der 3. Juli 1866 wieder den Endpunkt einer langen militärischen Tradition. Wenn in späteren Kriegen noch Reiterattacken durchgeführt wurden, dann gingen sie bezeichnenderweise nur noch als «Todesritte» in die Geschichte ein. In der Ära des Schnellfeuers, an der Schwelle zum Zeitalter der automatischen Waffen hatte der Kavallerieangriff seinen Sinn verloren. Die berittene Truppe wurde in den nächsten Jahrzehnten nur noch zur Feindaufklärung, im kleinen Gefecht oder bei der Sicherung von Nachschublinien benötigt. Bei Königgrätz, wo sie über Vernichtung oder Rückzug einer ganzen Armee entschied, nahm sie zum letzten Mal auf den Ausgang einer Schlacht wirklich nachhaltigen Einfluß.

Indem die kaiserliche Kavallerie die Preußen zwar nicht zurückwarf, aber immerhin aufhielt, sorgte sie im Verbund mit der aufopferungsvoll kämpfenden Artillerie dafür, daß sich der größere Teil des österreichischen Heeres in südlicher Richtung vom Schlachtfeld absetzen konnte. Die meisten Verbände strebten der Festung Königgrätz zu, hinter deren Mauern man sich Schutz und Nahrung erhoffte. Die österreichische Führung hatte jedoch angeordnet, daß die Festung im Falle einer Niederlage keine flüchtenden Truppen aufnehmen sollte. Eine Überfüllung mit demoralisierten Soldaten hätte ihre Verteidigungsfähigkeit eingeschränkt. So kam es am Ende der großen noch zu einer kleinen Tragödie: Als der Kommandant von Königgrätz die Tore schließen und die Wiesen vor dem Glacis fluten ließ, gerieten viele Soldaten in Panik, ertranken oder stampften sich gegenseitig zu Tode; andere, die sich so schnöde um ihre Hoffnungen betrogen sahen, eröffneten sogar das Feuer gegen die Festung – das österreichische Desaster war komplett geworden.[4]

Die schnelle Entscheidung im Norden machte auch die Erfolge Wiens auf dem südlichen Kriegsschauplatz zunichte. Hier hatte sich der Habsburgerstaat zu Lande – am 24. Juni bei Custozza – und zur

See – am 20. Juli bei Lissa – erfolgreich gegen die an der Seite Preußens in den Krieg eingetretenen Italiener behauptet. Das Scheitern im «deutschen» Krieg, das im Juli noch durch die Niederlage der süddeutschen Länder gegen Preußen vervollständigt worden war, zwang Österreich zur Kapitulation und zur Abtretung Venetiens an Napoleon III., der die Provinz an Italien weitergab. Am 26. Juli 1866 wurde der Vorfriede von Nikolsburg geschlossen, der den endgültigen Friedensschluß am 23. August in Prag vorbereitete. Österreich schied aus dem Deutschen Bund aus, Preußen annektierte Schleswig-Holstein, Hannover, Kurhessen, Nassau und Frankfurt. Die Staaten nördlich der Mainlinie wurden zu einem «Norddeutschen Bund» zusammengefaßt, den Preußen anführte. Die süddeutschen Länder, Bayern, Württemberg und Baden, blieben selbständig. Der langjährige preußisch-österreichische Dualismus in Deutschland war zugunsten Preußens entschieden, der Norddeutsche Bund wies in die Richtung einer kleindeutschen Reichsgründung unter preußischer Suprematie.

Vor diesem Hintergrund fällt es nicht schwer, die Schlacht bei Königgrätz in der vollen Bedeutung des Begriffs zu einer «Entscheidungsschlacht» zu erklären. Auch wenn der Krieg, zumal in Mittel- und Süddeutschland, noch einige Wochen weiterging, auch wenn der Kaiserstaat sich gegen Italien siegreich zu behaupten vermochte – sein Kampfeswille war nach der schweren Niederlage des 3. Juli praktisch gebrochen. Österreich hatte bei Königgrätz so gewaltige Verluste hinnehmen müssen, die Zerrüttung seiner Truppen hatte ein solches Ausmaß erreicht, daß eine Fortsetzung des Krieges keine Verbesserung der Lage mehr versprach.[5] Im Gegenteil, eine hinausgezögerte Kapitulation hätte nur zu weiteren Niederlagen geführt, an deren Ende wahrscheinlich die schmachvolle Besetzung Wiens gestanden hätte. So entschloß sich der Kaiser, die bei Königgrätz gefallene Entscheidung auch als militärische Entscheidung des gesamten Krieges zu akzeptieren.

Damit wuchs der Schlacht bei Königgrätz aber auch der Charakter eines Ereignisses zu, das eine wirklich grundstürzende politische Entscheidung herbeiführte – schließlich hing vom Ausgang des Feldzuges ab, ob die deutsche Politik künftig von Berlin oder von Wien aus gesteuert werden würde. Der Krieg wurde von vornherein als ein Kabinettskrieg geführt, als ein militärischer Schlagabtausch, der nötig war, um eine politische Frage zu klären, die auf friedlichem Wege, wie die letzten Jahrzehnte gezeigt hatten, offenbar niemals zu einer Lösung hätte gelangen können. Preußen und Österreich fochten ein

Duell aus, und der Sieger in diesem Duell sollte die Hegemonie in Deutschland erringen. Die Schlacht bei Königgrätz wurde fast wie ein «Gottesurteil» aufgefaßt, das endlich definitiv über die Rollenverteilung bei der Herstellung der nationalen Einheit entschied. Dabei verstärkte die kurze Dauer des Krieges den Eindruck von seinem Duellcharakter.

Aber nicht nur in der Deutschlandpolitik, auch in der preußischen Innenpolitik löste die Schlacht bei Königgrätz eine entscheidende Wende aus. Der Sieg Preußens, der auch ein Sieg Bismarcks und ein Sieg der Roonschen Heeresreform war, bewog die preußischen Liberalen dazu, ihre langjährige Opposition aufzugeben und die Regierungspolitik der voraufgegangenen Jahre im nachhinein noch gutzuheißen, indem sie einer sogenannten «Indemnitätsvorlage» zustimmten. Die Nationalliberale Partei, die in diesem Kontext gegründet wurde, unterstützte fortan die Politik Bismarcks, die sich als eine auf preußischen Machtzuwachs gestützte nationale Einigungspolitik entpuppt hatte. Bei dieser Neuorientierung handelte es sich nicht nur um einen politischen Kurswechsel, sondern fast schon um ein Ereignis der deutschen Geistesgeschichte – ein Ereignis, das in der Forschung gerne mit dem Etikett der «Wende von der Ideal- zur Realpolitik» versehen wird. Dieser tiefgreifende Gesinnungswandel bei großen Teilen der politisch interessierten Bevölkerung wäre kaum erklärlich, wenn der Krieg nicht zu einem großen Medienereignis gemacht worden wäre, das ihn immer wieder und mit großem Nachdruck in das Bewußtsein der Zeitgenossen brachte. Viele Anhänger des bürgerlich-liberalen Lagers in Preußen, gleichzeitig auch in ganz Deutschland, verabschiedeten sich in der Folge von den Idealen des klassischen Liberalismus – der Unverletzlichkeit des Rechts, der Freiheit, der Selbstverwirklichung des Individuums –, um stattdessen im Staat und in dessen Machtpolitik die neuen Bezugspunkte ihres politischen Denkens zu entdecken. Dieser Gesinnungswandel resultierte aus einer Verkettung von Ursachen und Wirkungen, zu deren wichtigsten Gliedern auch die Geschehnisse auf dem Gefechtsfeld zwischen Elbe und Bistritz gehörten – wo auch in diesem Sinne wahrlich eine «Entscheidungsschlacht» stattgefunden hatte.

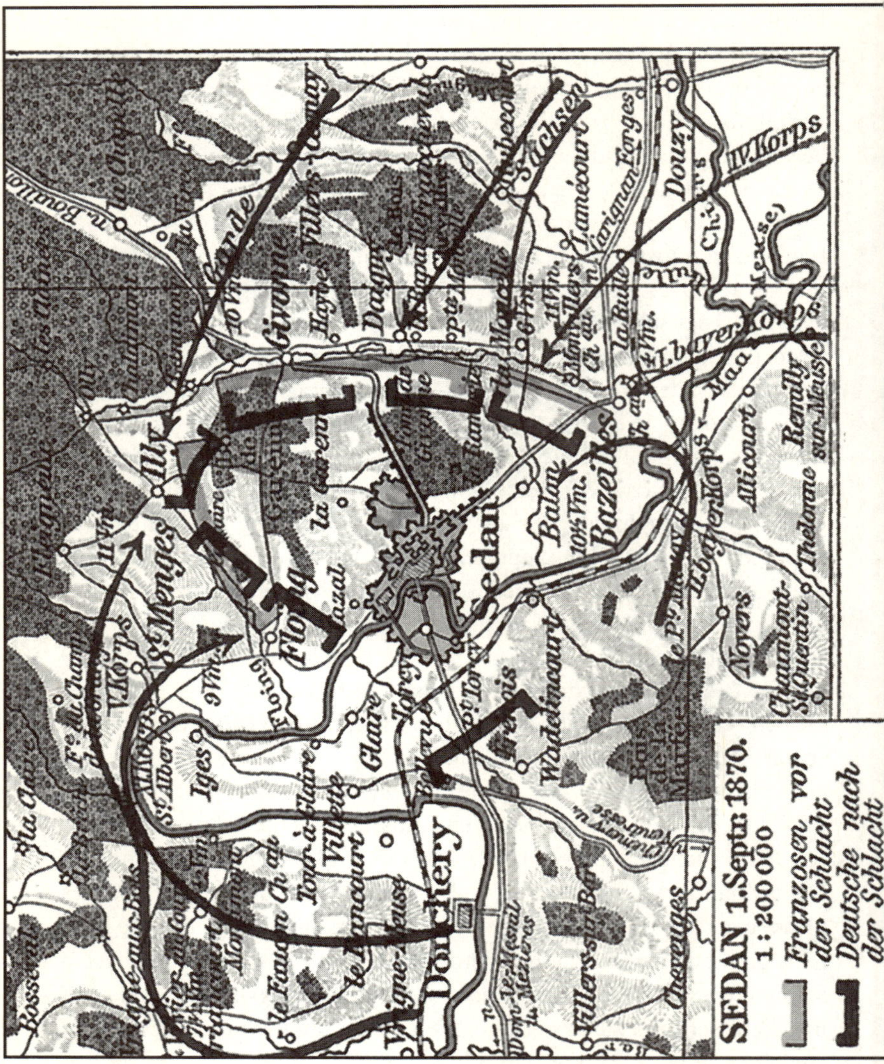

Sedan, 1. September 1870

Das Gesicht des modernen Krieges
Sedan, 1. und 2. September 1870

Dennis E. Showalter

Wie alle Dinge unterliegen auch große Schlachten der Mode. Vor hundert Jahren wäre die Schlacht von Sedan ein selbstverständlicher Bestandteil eines Sammelbandes wie diesem hier gewesen: Die Schlacht, die das zweite französische Kaiserreich beendete und den Grundstein für Deutschlands Aufstieg zur europäischen Führungsmacht legte. Heute dagegen ist Sedan so gut wie vergessen. Die bunten Uniformen, die Schwarzpulverwaffen, die spektakulären Kavallerieattacken, das alles wirkt dramatisch, pittoresk – und anachronistisch. Selbst unter Militärhistorikern wird der Name «Sedan» eher mit den Kämpfen von 1940 als mit der Entscheidungsschlacht des Jahres 1870 in Verbindung gebracht. Gleichwohl markieren die Ereignisse des 1. September einen Paradigmenwechsel in der Kriegführung. Sedan spiegelt die Doppelnatur des Deutsch-Französischen Krieges wider, der der letzte europäische Kabinettskrieg war und zugleich schon das Gesicht des modernen totalen Krieges zeigte.

Die Schlacht von Sedan war das Resultat der Entscheidung des französischen Oberkommandos, seine Truppen in zwei verschiedene Richtungen zurückzuziehen, nachdem diese während der Grenzkämpfe in den ersten Augusttagen 1870 geschlagen worden waren. Eher um die tief betroffenen Politiker in Paris zu beruhigen als aus strategischen Gründen fielen fünf Korps auf die Festung Metz zurück. Drei weitere zogen sich in Richtung des befestigten Lagers von Châlons, dem größten Übungsplatz der Armee im Frieden, zurück. Der Kaiser selbst, Napoleon III., reiste krank und demoralisiert am 16. August nach Châlons ab und ließ die Hälfte seines Heeres planlos und ohne Anweisungen unter dem hilflosen Kommando von Marschall Bazaine zurück. Nach dreitägigen schweren Kämpfen, wie sie Europa kaum je zuvor erlebt hatte, verschanzten sich diese Truppen im Anschluß an ihre Niederlagen bei Vionville-Mars la Tour und Gravelotte-St. Privat in Metz.

Helmuth von Moltke, Chef des preußischen Generalstabs, und der norddeutsche Bundeskanzler Otto von Bismarck dachten immer noch in den traditionellen Kategorien des «Kabinettskrieges». Beide erhofften einen schnellen, alles entscheidenden Ausgang des Konflikts. Denn seine Fortdauer hätte das europäische Gleichgewicht ins Wanken bringen können, dessen Kontrolle sie gerade erstrebten. Beide waren sich darin einig, daß der nächste Angriff der französischen Armee gelten mußte, die sich soeben bei Châlons neu formierte. Der Sieg über sie würde den Krieg mit einem Paukenschlag beenden.

Die Armee von Châlons verfügte über 130000 Mann und mehr als 400 Geschütze – auf dem Papier ein nicht zu unterschätzender Gegner. Ihr am nächsten war die deutsche 3. Armee des Kronprinzen Friedrich von Preußen, die aus dem V. und XI. preußischen sowie dem I. und II. bayerischen Korps bestand. Der Kronprinz war ausreichend kompetent, und sein Stabschef Karl von Blumenthal gehörte zu den besten unter den jungen Generalstabsoffizieren, die das Heer «Moltkes Halbgötter» zu nennen begann. Zu Friedrichs Unterstützung stellte Moltke eine weitere Armee aus drei um Metz stationierten Korps auf, nämlich der preußischen Garde, dem IV. und dem XII. Korps, dem Königlich Sächsischen, dessen Kommandierender General, Prinz Albert von Sachsen, zum Befehlshaber der so neu entstandenen Maasarmee ernannt wurde.

König Wilhelm von Preußen und Bismarck schlossen sich der Armee an. So führten am 23. August das königliche Hauptquartier sowie die Thronfolger Preußens und Sachsens eine Viertelmillion deutscher Soldaten in Richtung Westen. Moltkes erste Befehle lauteten, auf breiter Front bis zur Maas vorzustoßen und sich dann zusammen mit der Maasarmee, die einen Tagesmarsch voraus war, auf Châlons zu, zu vereinigen. Damit wäre jede der beiden Armeen imstande gewesen, eventuellen französischen Angriffen auf die andere Armee in die Flanke zu fallen.

Doch die französische Armee von Châlons war selbst für solche nicht allzu komplizierten Operationen, wie sie die getrennte Bekämpfung zweier Gegner erforderte, in einer zu labilen Verfassung. Ihr Oberbefehlshaber, Marschall MacMahon, war ein Soldat der alten Schule, was im Klartext hieß: gar keiner Schule. Im Laufe seiner langen Karriere, die ihn auch nach Afrika und auf die Krim geführt hatte, hatte er umfassende Kenntnisse des französischen «System D» sammeln können, was für «*se debrouiller*» stand und soviel bedeutete wie sich durchwursteln und improvisieren. Im Grunde war das kein schlechter Ansatz in Anbetracht der heiklen Situation, der er sich nun gegenüber sah. Sein neu formiertes XII. Korps bestand aus einigen der besten Regimenter, die Frankreich noch verblieben waren. Aber MacMahons andere drei Korps, das I., V. und VII., waren seit den Grenzkämpfen bei Weißenburg und Wörth schwer angeschlagen, ihre Soldaten müde und entmutigt. Die Verwaltung war zusammengebrochen. So gut wie nichts – weder Landkarten, noch Schuhe, weder Decken, noch Kochgeschirr – war auf dem Dienstweg zu bekommen. Nächtliche Beschaffungsaktionen waren die Folge und trugen nicht gerade dazu bei, die Kameradschaft zwischen den Regimentern zu verbessern. Nun war das französische Militär noch nie bekannt für zimperliche Manieren in Disziplinfragen. Ein moderater Einsatz von Standgerichten und Erschießungskommandos hätte vermutlich die Truppen «zur Raison gebracht». Statt dessen wurde die Stimmung geprägt von den achtzehn neu aufgestellten Bataillonen aus Paris, die als Antwort auf den Hochruf «Es lebe der Kaiser» «Eins, zwei, drei – Scheiße» skandierten.

Operativ hatte die Armee von Châlons drei Möglichkeiten. Sie konnte auf Paris marschieren, dabei die Deutschen hinter sich her ziehen und selbst zum Kern einer nationalen Massenmobilmachung werden. Sie konnte auf Metz vorstoßen mit dem Versuch, die Belagerung zu beenden. Da sich der Kaiser bei ihr befand, konnte sie auch zur Basis von Friedensverhandlungen werden, solange das Kaiserreich diesen Trumpf noch in der Hand hatte. Diese Alternative hätte jedoch mit Sicherheit eine Revolution heraufbeschworen in einem Lande, dessen Regierung sich noch schneller auflöste als seine Armee. So beschlossen Napoleon III. und seine dienstältesten Generale am 21. August, auf Paris zu marschieren. Am Tag des Abmarsches traf eine Nachricht von Bazaine in Napoleons Hauptquartier ein. Mit Datum vom 19. August erklärte der Marschall, er plane, seinen Truppen eine Ruhepause von zwei bis drei Tagen zu geben und anschließend Richtung Norden aus Metz auszubrechen. Tatsächlich machte Bazaine kurz darauf nicht mehr als halbherzige Versuche, um eine Belagerung zu durchbrechen, die im Grunde eher eine Blokkade war. Zu diesem Zeitpunkt aber sahen Napoleon III. und MacMahon keine andere Lösung, als sich mit seinen Truppen zu vereinigen. Die Armee von Châlons marschierte nach Nordosten – Richtung Sedan und ihrem Schicksal entgegen.

Die folgenden Ereignisse beleuchteten einen besonderen «modernen» Aspekt des Feldzuges nach Sedan, nämlich die hohe Bedeutung, die eine wohldurchdachte Kompetenz- und Aufgabenverteilung für eine Streitmacht hat. In der Mitte des 19. Jahrhunderts waren die Heere bereits zu komplex strukturiert, als daß sie – nach dem Muster des französischen *ancien régime* oder des fridericianischen Preußens – ausschließlich auf sich allein gestellt und selbstversorgend hätten operieren können. Sowohl die Berufsarmee des kaiserlichen Frankreichs als auch die von den deutschen Staaten ins Feld geführte Wehrpflichtigenarmee waren tiefer in ihren jeweiligen politischen und gesellschaftlichen Systemen verwurzelt, als irgendeine bewaffnete Macht seit dem Fall von Rom. Mit der Entstehung des modernen bürokratischen Staates gewannen entwickelte Gesellschaften zunehmend an Kompetenz bei der Regelung ihrer öffentlichen Angelegenheiten. Das Verhältnis der Bevölkerung zur Regierung beschränkte sich nicht länger auf gelegentliche Besuche von Rekrutierungsoffizieren oder Steuereintreibern. Vielmehr bestanden jetzt regelmäßige Kontakte zu Institutionen, die ihre klar definierten Aufgaben mit sachlicher Effizienz und Effektivität erfüllten, wie zum Beispiel Schulen, Postämter und Eisenbahnen. Entsprechend gestiegen waren die Erwartungen der in den Krieg geschickten Männer an das militärische System, dem sie mit der Mobilmachung angehörten.

Die Armee von Châlons war schon erschöpft, noch ehe sie ihr eigentliches Operationsgebiet erreicht hatte. Als die Wagenkolonnen stecken blieben und die Versorgung kollabierte, versorgten sich ihre Einheiten selber mit dem, was das Land hergab. Die anfänglichen Bemühungen um eine organisierte Lebensmittelbeschaffung sowie gesteuerte Requirierungsmaßnahmen uferten schnell in wahllose Plünderung aus.

Doch die leeren Mägen waren nur ein Teil des Problems. Bis zum 27. August hatten die Franzosen, deren vier Korps in breiter Front vorrückten, nicht mehr als 65 Kilometer zurückgelegt – im Durchschnitt. Ein Korps schaffte pro Tag höchstens acht Kilometer und auch das nur auf offenem Gelände und bei einem relativ gut ausgebauten Straßennetz. Um Metz zu erreichen, mußte die Armee von Châlons rasch mit großer Truppenstärke die Maas überqueren.

Ihr Brückengerät blieb aber zurück, weil es in der Eile des Aufbruchs vergessen wurde. Ihre Kavallerie war nicht imstande, die deutschen Patrouillen auf Distanz zu halten, die, je länger der Vormarsch dauerte, überall aufzutauchen begannen. Die meisten französischen Regimenter verfügten über einen Kern altgedienter Soldaten. Aber sogar diese Veteranen, die Jahre oder Jahrzehnte «durch Dick und Dünn» gegangen waren, fragten sich laut, wer hier denn eigentlich das Sagen hatte und welche Chance ihr zusammengewürfelter Haufen gegenüber einem Feind besaß, der ihnen immer einen Schritt voraus schien.

Die vorrückenden deutschen Truppen profitierten dagegen von einer Führung und einer Verwaltung, die den Eindruck vermittelten, die Lage uneingeschränkt unter Kontrolle zu haben – selbst wenn das in Wirklichkeit nicht immer der Fall war. Zunächst zeigte sich Moltke verwirrt von der Evakuierung von Châlons. Würden sich die Franzosen nach Paris zurückziehen oder nach Nordosten marschieren, um sich mit Bazaine zu vereinigen? Der Generalstabschef verlangsamte den deutschen Vormarsch, um weitere Nachrichten abzuwarten. Die erhielt er am Abend des 25. August aus unerwarteter Quelle. Verschiedene Pariser Zeitungen berichteten offen, wenn auch in unterschiedlicher Ausführlichkeit, über MacMahons geplante Operation zum Entsatz von Metz. Das war nicht viel – aber genug für Moltke, um am 26. August seine beiden Armeen nach Norden in Richtung Argonnen einschwenken zu lassen.

Das Wetter war umgeschlagen. 150 000 Mann, über 500 Geschütze und die Wagenkolonnen der Armee verwandelten die Straßen in Morast, von den Wegen ganz zu schweigen. Nasse Füße und feuchte Zelte verursachten Erkältungskrankheiten und Gelenkbeschwerden bei den schon erschöpften Soldaten, die noch vor einem Monat Zivilisten gewesen waren. Die Verluste durch Gefallene, Verletzte und Versprengte waren hoch. So betrug beispielsweise die durchschnittliche Stärke eines Bataillons des preußischen V. Korps am 4. August 935 Mann. Bis zum 1. September war diese Zahl auf 640 gesunken. Aber noch immer hielten die Versorgungswagen mit den Kampftruppen Schritt. Noch immer gelang es den «Küchenbullen» am Ende langer Märsche, heiße Suppe und starken Kaffee auszuschenken. Üppig war das sicherlich nicht, aber die Franzosen hatten noch weniger.

In der Abenddämmerung des 26. August kam es zu einem Scharmützel zwischen deutscher Kavallerie – Sachsen des XII. Korps – und Spähtrupps von MacMahons Vorhut. Umgehend wurden Melder ins Hauptquartier entsandt mit der Nachricht, daß man die Armee von Châlons gefunden hatte. MacMahon war klar, daß er sich den Weg nach Metz würde freikämpfen müssen. Das war allerdings alles, was ihm an seiner Situation klar war. Da ihm jegliche Informationen über den Standort Bazaines wie auch über Moltkes Position fehlten, ging er behutsam vor. Zunächst verständigte er den während Napoleons

Abwesenheit zur Kontrolle der Hauptstadt in Paris verbliebenen Regentschaftsrat darüber, daß er trotz aller bisherigen Anstrengungen vorschlug, auf den Entsatz von Metz verzichten und statt dessen nach Norden zurückzuweichen. Die Antwort bestand aus einer Flut von Telegrammen, die vor einer Revolution warnten, und gipfelte in dem unmittelbaren Befehl, Bazaine zu Hilfe zu eilen.

Napoleon wäre befugt gewesen, eine solche Anweisung zu widerrufen, war aber zu diesem Zeitpunkt bereits ein gebrochener Mann, nicht mehr als ein «Schlachtenbummler», der dem Hauptquartier folgte. Der alte Haudegen MacMahon hätte auch in eigener Verantwortung den Befehl verweigern und die entsprechenden Konsequenzen auf sich nehmen können. Doch «Verantwortung» war gerade in dieser Situation das Schlüsselwort. MacMahon mochte vielleicht nicht die größte militärische Leuchte Frankreichs sein, aber er war lang genug Soldat, um zu wissen, wann eine Lage außer Kontrolle geriet. Unter diesen Umständen war er nicht der erste und keinesfalls der letzte altgediente Offizier, der sich an Befehle von übergeordneter Stelle klammerte wie ein Ertrinkender an einen Strohhalm. Wenigstens irgendjemand – der Regentschaftsrat nämlich – wußte, was er wollte. Und vielleicht – vielleicht! – könnte er ihren Befehl ja doch ausführen. Am 28. August wies MacMahon die Armee von Châlons an, zwischen Sedan und Stenay die Maas zu überqueren.

Bei schweren Regenfällen marschierte – oder besser: schlitterte – die französische Armee über tiefen Boden vorwärts, immer unter den wachsamen Augen deutscher Kavalleriepatrouillen auf den Hügeln im Süden. Das Gefühl, unter ständiger Beobachtung zu stehen, ohne daß von der Armeeführung etwas dagegen unternommen wurde, war der Moral der Soldaten nicht gerade zuträglich. Als Patrouillen meldeten, die Maasübergänge bei Stenay befänden sich in der Hand sächsischer Infanterie, verbreitete sich diese schlechte Nachricht wie ein Lauffeuer unter MacMahons deprimierten Einheiten. Der Marschall reagierte mit dem Befehl, die Marschrichtung nach Norden zu ändern, womit er bei der rückwärtigen Truppe noch mehr Verwirrung stiftete und Unmut unter seinen Kampfformationen hervorrief. Und dann geriet einem wachsamen deutschen Spähtrupp auch noch ein Adjutant in die Hände, der eine Kopie von MacMahons neuen Marschbefehlen bei sich trug.

Mit den französischen Plänen in Händen befahl Moltke für den 30. August den allgemeinen Vormarsch. Die Maasarmee wurde Richtung Beaumont dirigiert – die Sachsen auf der rechten Flanke, das IV. Korps Richtung Süden anschließend, und als Reserve die preußische Garde hinter ihnen. Die 3. Armee an der linken Flanke des Vormarschs erhielt Befehl, einen weiten Bogen nach Westen zu schlagen, wobei ihre zwei bayerischen Korps nach Buzancy und der Rest der Truppe auf Le Chesne marschieren sollten. Die Deutschen bewegten sich so problemlos durch die dichten Wälder, daß es um die Mittagszeit dem IV. Korps gelang, das V. französische Korps nahe Beaumont im Lager zu überrumpeln und in die Flucht zu schlagen. 5000 Franzosen blieben als Verwundete zurück; 150000 Francs in Hartgeld fielen den Deutschen in die Hände.

Als Reaktion auf diese lokale Katastrophe kam MacMahon zum Teil auf seine ursprünglichen Pläne zurück: Rückzug nach Norden in die alte Festung Sedan mit anschließender Neuformierung. Der sumpfige Boden des Maastals behinderte Angriffe aus Süden und Westen. Das höhergelegene Gelände im Norden und Osten der Festung war offen und bot Raum für ein ganzes Netz vielversprechender Verteidigungsstellungen. Der nordwestliche Abschnitt wurde vom VII. Korps besetzt, der östliche vom I., und der südöstliche vom XII. Korps, dessen rechte Flanke sich auf das befestigte Dorf Bazeilles stützen konnte. Was nach Beaumont vom V. Korps noch übrig geblieben war, sollte als Reserve dienen; MacMahon glaubte allerdings nicht, daß er sie brauchen würde. Auch sah er keinen Anlaß, seine ohnehin schon erschöpften Männer durch den Bau von Feldbefestigungen noch weiter zu strapazieren, wie es einige seiner Offiziere forderten.

Ebenso wie seine zahlreichen Kritiker nach dem Kriege war MacMahon sich darüber im klaren, daß seine Position im Falle eines feindlichen Durchbruchs schnell zu einer Falle werden konnte. Das Gelände fiel in Richtung Sedan geradezu einladend ab. Es gab keine Ausweichmöglichkeit, so daß die französischen Truppen zwangsläufig bergab in die Stadt getrieben werden würden. Aber MacMahon ging davon aus, die Armee würde am 2. September wieder auf dem Marsch sein, wozu es allenfalls nötig war, einige deutsche Verbände zurückzuwerfen, deren Stärke der Marschall unterschätzte und von deren Plänen er keine Ahnung hatte. Um dem letztgenannten Mißstand entgegenzuwirken, wies er am 31. August seine Kavallerie an, tags darauf mit starken Kräften das Gelände rund um Sedan zu erkunden. Für den Rest der Armee war dieser 1. September als dringend benötigte Ruhepause gedacht.

Moltke seinerseits bedrängte alle ihm unterstellten Einheiten immer stärker, die Franzosen einzuholen und zu überrennen, selbst um den Preis der Verletzung der belgischen Grenze. Am 31. August rückte die Maasarmee zwischen dem gleichnamigen Fluß und der belgischen Grenze westwärts vor. Auf dem rechten Flügel marschierte die Garde, links die Sachsen, während das IV. Korps die Reserve bildete. Die 3. Armee zog nach Norden. Dabei hielten die Bayern die Verbindung zu Kronprinz Albert aufrecht, während die beiden preußischen Korps sich in einem weiten Bogen nach links auf Donchery zu bewegten. In der Dämmerung gelang es Einheiten des II. bayerischen Korps, unter den Augen ihrer vermeintlichen französischen Verteidiger eine Brücke über die Maas zu besetzen und dazu noch den Bau zweier Pontonbrücken abzusichern. Weiter westlich bei Donchery war es auch den Thüringern des XI. Korps gelungen, eine unzerstörte Brücke einzunehmen. Als die Deutschen an diesem Abend ihre Lagerfeuer entzündeten, konnte man in einem Halbkreis zwischen Donchery und der belgischen Grenze eine nahezu ununterbrochene Lichterkette erkennen. «Sie sitzen in der Mausefalle», jubelte Moltke. General Ducrot, der leidgeprüfte Kommandeur von MacMahons I. Korps, fand eine drastischere Metapher: «Wir hocken in einem Nachttopf, und morgen wird uns auf den Kopf geschissen.»

Doch das erste Gefecht an jenem 1. September 1870 schien eher MacMahons Zuversicht zu rechtfertigen als Ducrots Pessimismus. General von der Tann, Kommandierender General des I. bayerischen Korps, kontrollierte drei Brücken über die Maas. Als Patrouillen ihm berichteten, die Franzosen zögen sich aus seinem Abschnitt zurück, schickte er gegen 4 Uhr morgens seine Infanterie gegen Bazeilles vor. Sie sollte in ein Wespennest stoßen, das einen weiteren Meilenstein in der Schlacht von Sedan markierte: den Volkskrieg.

Bazeilles, der südöstliche Angelpunkt der französischen Linie, wurde von MacMahons besten Männern gehalten: einer ganzen Division *Troupes de la Marine*. Bei diesen dem Marineministerium unterstehenden Eliteeinheiten handelte es sich um Expeditionsstreitkräfte, die bereits von Mexiko bis China, vom Senegal bis Tahiti ihre Erfahrungen gesammelt hatten. Die Bayern rückten ohne Artillerieunterstützung vor und die *Marsouins* (Meerschweinchen) genannten Kolonialinfanteristen schossen viele von ihnen in den Straßen Bazeilles' nieder. Daraufhin zogen sich die Bayern zurück, besetzten die leerstehenden Gebäude, brachten Artillerie nach vorn und kämpften sich ihren Weg Haus für Haus frei. Die Ortschaft ging in Flammen auf, als beide

Seiten gegnerische Widerstandsnester ausräucherten, die Scharfschützen und Bajonettattacken standgehalten hatten.

Bei diesen verbissenen Nahkämpfen galten die Gesetze des Krieges wenig. Von der Tann selbst notierte, «Exzesse» hätten stattgefunden. *Marsouins*, die ihre Gewehre fortwarfen, wurden niedergeschossen oder mit dem Bajonett niedergestochen. Doch wurden Kriegsgefangene weder kaltblütig noch in Gruppen hingerichtet. Die meisten der unbewaffneten Opfer hatten lediglich einen kleinen Augenblick zu lange gezögert, ehe sie sich ergaben; einen Schuß zu viel abgegeben, bevor sie um Milde baten. Ihr Verhalten ebenso wie ihr Schicksal war in Kriegszeiten nichts Neues, vielleicht sogar die Regel unter derartigen Gegebenheiten. Neu und unerwartet hingegen war die Reaktion der im Ort verbliebenen Bevölkerung. Selbst angesichts eindeutiger Gegenbeweise leugneten manche die Existenz französischer Soldaten in ihren Häusern. Andere wiederum trieb man wie Vieh auf den Straßen zusammen, wenn befestigte Stellungen ausgehoben wurden. Einige wenige ertappten die Deutschen sogar mit Gewehren in den Händen und Munition in den Taschen.

Wie der Rest der 3. Armee waren die Bayern seit ihrem Einmarsch ins Elsaß bei einigen Gelegenheiten mit irregulärer Kriegführung konfrontiert worden. Ein grundlegender Befehl verlangte, als *franctireurs* verdächtigte Zivilisten vor Gericht zu stellen. In Bazeilles machte man weniger Umstände. Die französischen Mythen, die sich um die Sedanschlacht ranken, erwähnten ursprünglich Hekatomben von Toten in dem 2000 Einwohner zählenden Ort. Die Bayern wären Amok gelaufen und hätten unterschiedslos Männer, Frauen und Kinder niedergemetzelt, hieß es. Nach dem Krieg kamen unabhängige französische Untersuchungskommissionen bei ihren Ermittlungen lediglich auf 31 getötete, verwundete oder vermißte Zivilisten als unmittelbare Folge der Kämpfe. Von einem Massaker konnte da kaum die Rede sein. Trotzdem ist offensichtlich, daß es in Bazailles zur Exekution von Zivilisten kam. Ebenso sicher ist, daß die Bayern derartige Strafmaßnahmen für ebenso angebracht hielten wie alle anderen deutschen Truppenteile auch. Die Kriegführung galt als ein Recht, daß Soldaten und Heeren vorbehalten war. Sogar die Verteidigung des eigenen Besitzstandes legitimierte nicht die Teilnahme von Zivilisten am Kampfgeschehen. Diese Einstellung sollte das deutsche Vorgehen gegen Partisanen in zwei Weltkriegen prägen.

Die mit Bazeilles in Zusammenhang stehenden Ereignisse haben bei der Betrachtung der Schlacht von Sedan eine unverhältnismäßig große Aufmerksamkeit erlangt. Darüber ist mitunter in Vergessenheit geraten, daß das Hauptproblem der Bayern war, den Ort überhaupt einzunehmen. Das französische XII. Korps eilte der Garnison prompt zu Hilfe. Ducrot verlängerte die Front des I. Korps nach Süden, um durch die Besetzung von Daigny die Flanke des Nachbarkorps zu decken. Dieses Dorf lag vor dem sächsischen Frontabschnitt. Folgerichtig unternahm Prinz Albert alles Menschenmögliche, um die 16 Batterien der zu seinem Korps gehörenden Artillerie in Stellung zu bringen, um den Vormarsch seiner Infanterie vorzubereiten. Erst gegen 10 Uhr war Daigny fest in deutscher Hand, und die Sachsen stellten eine dauerhafte Verbindung zu General von der Tanns Bayern her.

Diese Zeitverzögerung verweist auf das hervorstechendste Charakteristikum der deutschen Taktik bei Sedan: Die Artillerie wurde als Hauptwaffe eingesetzt. In früheren Schlachten des Deutsch-Französischen Krieges waren Geschütze als Hilfswaffe betrachtet worden, die die französischen Batterien niederzukämpfen und den Weg für den Angriff der eigenen Infanterie ebnen sollte, der aufgrund der herrschenden Militärdoktrin und der Erfahrungen der Truppenführer als schlachtentscheidend galt. Doch gegen die französischen Chassepotgewehre mit ihren flachen Flugbahnen und ihrer großen Reichweite hatten die deutschen Angriffswellen wenig Chancen. Sie wurden zusammengeschossen, während, was nicht weniger schwer wog, die Überlebenden desorganisiert und völlig demoralisiert zurückblieben. Vor Metz, bei St. Privat, hatte Prinz Albert miterlebt, wie neben seinem Korps die preußische Garde mehr als 8000 Mann verlor, die meisten innerhalb von 20 Minuten – und das trotz einer in der preußischen Militärgeschichte bis dahin beispiellosen Artillerievorbereitung. Nicht zuletzt wußten auch die sächsischen Infanteristen, wie es den Gardisten bei Metz ergangen war, und niemand hatte es eilig, zum Sturmangriff zu blasen. Die Garde war keinesfalls weniger vorsichtig, als sie rechts von den Sachsen vorging und ihre Geschütze nur noch dazu einsetzte, das überdehnte französische I. Korps zu zermürben. Dafür hielt sie das zurück, was von ihrer eigenen Infanterie noch übrig geblieben war – nach St. Privat lediglich rund 600 Mann pro Bataillon, statt der Sollstärke von 1000.

Im Laufe des Vormittags schloß die deutsche Artillerie ihren Feuerring um die Franzosen. Die Geschütze des IV. Korps und der Bayern fuhren im südlichen Abschnitt auf. Westlich davon waren noch vor Beginn der Morgendämmerung das XI. und das V. Korps zunächst nach Norden in Marsch gesetzt worden, um dann nach Osten auf Sedan zu schwenken. Gegen 10 Uhr nahmen über 70 Geschütze des XI. Korps das VII. Korps der Franzosen unter Feuer. Am Mittag gingen dann auch die Batterien des V. Korps, das sich seinen Weg durch schwierigeres Gelände hatte bahnen müssen, links neben ihm in Stellung. Damit verdoppelte sich die Zahl der Geschütze, die auf das französische VII. Korps einhämmerten und kleinere Gegenangriffe im Keim erstickten.

In sämtlichen Abschnitten begannen die französischen Soldaten sich abzusetzen – zunächst allein oder paarweise, dann in größeren Gruppen, wobei sie vorgaben, verwundeten Kameraden helfen oder Munition holen zu müssen. Rund um Bazailles verwandelten deutsche Granaten und Schrapnelle das rückwärtige Gebiet der feindlichen Streitkräfte in ein Chaos. Jede Straße, jeder Weg wurde dermaßen heftig unter Beschuß genommen, daß an die Organisation geregelter Truppenbewegungen überhaupt nicht zu denken war. Eine einzige Batterie des XII. Korps feuerte am 1. September 757 Salven, eine andere kam auf sogar auf 788. Beides war nicht außergewöhnlich an diesem langen, heißen Tag.

Bei den deutschen Geschützen handelte es sich mehrheitlich um Gußstahlkanonen, entwickelt und hergestellt von Krupp in Essen. Daß es Hinterlader waren, bedeutete zur Zeit fest montierter Lafetten weniger, als man vermuten sollte. Bis ein Geschütz, das durch den Rückstoß aus der Stellung gerollt war, wieder nach vorne gebracht wurde, hatte eine durchschnittlich effiziente Bedienung es auf jeden Fall wieder geladen, ob von vorne oder von hinten. Auch waren die einzelnen Schwarzpulversalven nicht besonders wirkungsvoll. Worauf es ankam, war die Bereitschaft der preußischen Kommandierenden Generale und ihrer Artilleriekommandeure, ihre Geschütze unter einer zentralen Befehlsgewalt zu massieren und das Feuer nicht auf feindliche Artilleriestellungen zu konzentrieren, sondern auf die Infanterie, die nicht einmal den Schutz provisorischer Feldbefestigungen hatte. Was die Entscheidung brachte, war der permanente, unerbittliche Rhythmus von drei Salven pro Minute, eine Frequenz, die die Geschützläufe schonte, aber eine Armee zerbrechen konnte.

Ein Ende mit Schrecken war dem Schrecken ohne Ende vorzuziehen. Das französische VII. Korps zerbrach als erstes. Um 13 Uhr umfaßten Einheiten des deutschen XI. Korps seine linke Flanke, die wegen des Verstummens der französischen Artillerie nun leicht verwundbar war. Die Regimenter des rechten Flügels wurden gnadenlos von den deutschen Geschützen festgenagelt. Ihnen blieb nichts anderes übrig, als sich um die Fahnen zu versammeln und zu versuchen, die Stellung zu halten, als Schützenketten und Kompaniekolonnen des V. Korps in die Lücken zwischen ihren Einheiten vorstießen. Der Schlüssel zur Eroberung des Kampfabschnitts, die Höhe um den Calvaire d'Illy, war nur noch von versprengten Truppenteilen verteidigt, als die Preußen sie gegen 14 Uhr einschlossen. Inzwischen verließen französische Infanteriesoldaten ihre Linien in Kompaniestärke. Einige Gruppen versuchen größere Waldgebiete zu erreichen wie den Bois de la Garenne, andere setzten alles daran, sich nach Sedan durchzuschlagen, das eine trügerische Sicherheit vor den Granaten bot, die ununterbrochen von überall einschlugen.

Unterdessen hatten die Sachsen ihre Feuerstellungen auf die Anhöhe westlich von Daigny vorverlegt. Weiter nördlich hielt Prinz Karl Kraft zu Hohenlohe-Ingelfingen, Kommandeur der Gardeartillerie, den größten Teil seines Regiments bereit, um den Bois de la Garenne zu beschießen. Hohenlohe war eine Art Symbol. Ein preußischer Aristokrat bis in die Fingerspitzen, war er zu einer Zeit in die Artillerie eingetreten, in der diese noch als *déclassé* galt. In seiner bemerkenswerten 25jährigen Laufbahn hatte er bewiesen, daß auch Adlige über technischen Sachverstand verfügen konnten und daß theoretische Kenntnisse im Geschützwesen und Tapferkeit an der Front einander nicht ausschlossen. Seine zähen Gardesoldaten gehörten wohl zu den bestausgebildeten Artilleristen in ganz Europa. Hohenlohe wies jeder Batterie einen bestimmten Teil der Garennewälder zu. Jedes einzelne Geschütz nahm das Gebiet aus einem anderen Winkel unter Feuer. Wenn irgendwo französische Trupps Ausbruchversuche starteten, beschossen die Gardisten dieses Ziel, um gleich danach das planmäßige Feuer wieder aufzunehmen.

Die von den deutschen verwendeten Geschosse verfügten über Aufschlagzünder. Ebenso wie in einem späteren Krieg, im Huertgenwald und den Ardennen, wurden die Franzosen von den in den Bäumen explodierenden Granaten in einer Art terrorisiert, daß es zeitweilig aussah, als ob sie von den Geschützen durch den Wald getrieben wurden. Erst Regimenter, dann Bataillone und schließlich selbst Kompanien lösten sich in formlose Horden auf, die nicht mehr wollten als überleben. Dennoch riskierte der Prinz von Württemberg, Kommandierender General des Gardekorps, erst um 14.30 Uhr, seine Infanterie vorrücken zu lassen. Die Sachsen und das XI. Korps folgten in ihren jeweiligen Abschnitten nach. Jetzt ging es hauptsächlich ums Aufräumen: sich ergebende Soldaten gefangen nehmen, Flaggen einsammeln und für die Verwundeten tun, was getan werden konnte. Es kam sogar vor, daß Franzosen auf Franzosen schossen. Als einige Einheiten noch immer Ausbruchsversuche unternahmen, wurden sie von Kameraden aufgehalten, die bereit waren, auf Landsleute zu schießen, wenn nur die Kanonade endete.

Gegen 17 Uhr war alles vorüber. Das I. und VII. Korps der Armee von Châlons waren von der Bildfläche verschwunden. Die deutsche Artillerie hatte erobert; die Infanterie hatte besetzt. Es sollte noch 50 Jahre dauern und Hunderttausende von Toten kosten, bevor die volle Bedeutung dieses Axioms verstanden wurde.

Der Sieg der Deutschen beleuchtete einen weiteren modernen Aspekt der Schlacht von Sedan: den Niedergang des Konzepts taktischer Schockangriffe. Diese Entwicklung begann, als MacMahon, der sich unverzüglich in das Kampfgetümmel rund um Bazailles begeben hatte, um 6 Uhr morgens von einem Granatsplitter am Bein getroffen wurde. Folgerichtig trat er seine Befehlsgewalt ab und zwar logischerweise an Ducrot, den härtesten Kämpfer unter seinen Korpskommandeuren. Dieser erhielt die Mitteilung von seiner Beförderung zu dem Zeitpunkt, als die Sachsen gerade ihren Angriff auf Daigny starteten und sich die preußische Garde der noch nicht in die Kämpfe verwickelten linken Flanke des I. Korps näherte. Ducrot hatte MacMahon seit Tagen nicht gesehen und hatte keine Ahnung von dessen Absichten. Nur vage waren ihm die Standorte der anderen französischen Korps und ihrer deutschen Gegner bekannt. Sein Stab bestand aus Adjutanten und Kurieren, war somit also für Planungsarbeiten wenig geeignet. Es überrascht daher kaum, daß Ducrot gemäß seiner eigenen Situationseinschätzung handelte, die er am Abend zuvor so drastisch ausgedrückt hatte. So befahl er den allgemeinen Rückzug.

Dieser Befehl wurde sofort von General Lebrun in Frage gestellt. Sein XII. Korps hielt die von ihm besetzten Stellungen um Bazailles mit Erfolg. Doch seine unmittelbare Rückzugslinie führte ausgerechnet durch das unwegsamste Gelände des gesamten Schlachtfeldes. Angesichts der schon bekannten Probleme der französischen Armee mit schwierigem Terrain hielt er es für sinnvoller, es an Ort und Stelle auszufechten. Ducrot entgegnete, daß die Deutschen in Lebruns Abschnitt lediglich die Stellung halten und seine Truppen binden sollten. Die wahre Bedrohung kam von den Flanken. Und tatsächlich war Ducrot weiser, als er selbst ahnte. Denn die von ihm ausgewählte

Hauptrückzugslinie, die Straße von Sedan nach Mézières, war bereits in der Hand der Deutschen.

Dann tauchte mit Emmanuel de Wimpffen ein «Joker» auf dem Schlachtfeld auf. Ein erfahrener Afrikakämpfer von gutem Ruf, war er nach Beaumont als Ersatz für den in Ungnade gefallenen Kommandeur des V. Korps zur Truppe gestoßen. Gleichzeitig aber hatte er eine Reservefunktion: Für den Fall, daß MacMahon etwas zustieß, sollte er die Führung der Armee übernehmen. Dieser Auftrag wurde vom Kriegsministerium und vom Staatsrat als eine Art Vorsichtsmaßnahme verstanden, um zu verhindern, daß Napoleon im Ernstfall irgendwelchen Unsinn anstellte. Wimpffen, der sich seiner außergewöhnlichen Position durchaus bewußt war, machte keine Anstalten, sein *droit de seigneur* auszuüben – bis er von Ducrots Rückzugsbefehl erfuhr. Dann gab er bekannt, daß er das Kommando inne hatte, und erklärte, die Armee von Châlons werde nicht weichen.

«Wir brauchen einen Sieg», teilte er dem aufgebrachten Ducrot mit. Doch war er sich auch über das Risiko im klaren, daß seine Truppen bei dem Versuch, sich vom Feind zu lösen, einzeln überrannt werden konnten. Besser standen ihre Chancen in einem erbitterten Gefecht. Wenn sie es schafften, ihre Stellung zu verteidigen, um anschließend zum Gegenangriff überzugehen, würde die *baraka*, das von der Afrikaarmee so geschätzte Kriegsglück, möglicherweise doch noch mit den Franzosen sein. Wimpffen zog zusammen, was vom V. Korps übrig war, auch Teile des I. Korps, und sogar eine Division des schwer bedrängten VII. Dann bat er Napoleon, sich selbst an die Spitze eines Angriffs in Richtung Südwesten, zwischen Bazailles und Sedan zu setzen. Es war eine heroische Geste von der Art, die zur Legende taugte; eine Geste, die vielleicht sogar ein Kaiserreich hätte retten können, dessen Labilität Wimpffen noch vor seiner Abreise aus Paris deutlich vor Augen getreten war. Napoleon aber ließ sich nicht blicken. Und der französischen Infanterie gelang es nicht, sich unter dem heftigen Beschuß preußischer Geschütze zu formieren. Die Zeit verrann ungenutzt.

Ducrot hatte eine andere Idee. Obwohl er nicht dazu befugt war, hoffte er, einen Ausbruch nach Westen organisieren zu können. Während sich beim VII. Korps die ersten Auflösungserscheinungen zeigten, traf Ducrot in dessen Abschnitt ein. Doch fand er keine Infanterieeinheiten mehr vor, die den von ihm geplanten Angriff hätten ausführen können. So setzte er seine Hoffnungen auf die Kavallerie, von der noch eine einzige frische Division zur Verfügung stand: drei

Regimenter *chasseurs d'afrique*, harte Veteranen, die auf vier Kontinenten für Frankreich gekämpft hatten. Ducrot suchte ihren Kommandeur auf, General Jean Margueritte. «Nehmen Sie Ihre Männer», befahl er, «und öffnen Sie einen Weg für den Rest von uns! Schlagen Sie eine Bresche für die Infanterie!»

Trotz seiner melodramatischen Rhetorik hatte Ducrot aber mehr im Sinn als bloßen selbstmörderischen Aktionismus. Die vor dem VII. Korps befindlichen Preußen rückten nur langsam und in relativ offener Marschformation vor – ein Gemisch aus Schützenketten und kleinen Trupps. Wenn die Kavallerie schnell und hart zuschlug, bestand eine Chance, diese Einheiten zu zersprengen. Die Jäger hätten dann vielleicht sogar Gelegenheit, bis zu diesen verfluchten Geschützen vorzudringen und sie wenigstens für einige Minuten zum Schweigen zu bringen.

Während sich seine Regimenter in Reih und Glied aufstellten, erkundete Margueritte persönlich das Gelände, auf dem sie attackieren sollten. Dabei traf ihn eine verirrte Kugel und riß ihm das Gesicht auf. Mit letzter Kraft deutete er auf die deutschen Stellungen, bevor er zusammenbrach. Unter «Rache»-Geschrei griffen die französischen Jäger an, erst im Schritt, dann im Trab und schließlich im Galopp.

Für die Westfalen und Thüringer kam diese Attacke so überraschend, daß ihren Schützen keine Zeit mehr zur Flucht blieb. Sie wichen entweder auf die Flanken aus oder gingen unter den Säbelhieben der *chasseurs* zu Boden. Die hinter ihnen befindlichen geordneteren Truppenteile hatten weder den Gedanken, noch die Zeit, ein Karree zu bilden, die traditionelle Verteidigungsformation gegen Kavallerieangriffe. Statt dessen eröffneten sie sofort das Feuer. Das preußische Zündnadelgewehr, ein Hinterlader für Papiermantelpatronen, war technisch völlig veraltet. In Reichweite und Treffsicherheit blieb es hinter dem französischen Chassepot-Gewehr zurück. Aber die Ziele kamen auf die Deutschen zu, und ein Reiter mit Pferd war kaum zu verfehlen, sofern man die Nerven behielt. Nach den ersten Salven konnten nur noch wenige Soldaten die Schreie der Offiziere hören, die kontrolliertes Feuer befahlen. Sie schossen einfach, so schnell sie konnten, übrigens oft aus der Hüfte, da der Verschluß des Zündnadelgewehrs mitunter Gas entweichen ließ.

Rauchschwaden stiegen über den preußischen Stellungen auf. Als sie sich verzogen, gaben sie den Blick auf zahlreiche tote oder sterbende Soldaten und Tiere frei, die vor ihren Stellungen lagen. Dabei hatte die Schnelligkeit des Angriffs und die Ausdauer der kleinen Araberpferde, die die Franzosen ritten, dazu beigetragen, daß die Verluste geringer ausfielen, als zu erwarten gewesen wäre. So viele jedenfalls überlebten und sammelten sich erneut, daß Ducrot zwei weitere Angriffe befehlen konnte. «So oft Sie wollen, *mon général*», erwiderte Marguerittes Nachfolger General de Gallifet, «so lange einer von uns noch am Leben ist!» Das war eine *beau geste*, die Gallifets Laufbahn fördern sollte und sogar den König von Preußen zu Beifall veranlaßte. «Ah! Les braves gens», murmelte dieser, als der zweite Angriff der französischen Jäger seinen Kulminationspunkt erreichte.

Am Ergebnis änderten die wiederholten Versuche der Franzosen nichts. Derartige Attacken beruhten ebensosehr auf Einschüchterung wie auf Masse. Nachdem sie die *chasseurs* einmal in die Flucht geschlagen hatte, machte die Infanterie des XI. Korps mit den folgenden Angriffen kurzen Prozeß. Einen versöhnlichen Kontrapunkt zu den Legenden von kaltblütigen Mordaktionen, die sich um Bazeilles rankten, bildet eine Geschichte, in deren Mittelpunkt Gallifet steht: An der Spitze einiger Überlebender soll er an einem preußischen Regiment vorbeigeritten sein, dessen Mannschaften das Feuer einstellten, während die Offiziere aus Hochachtung für den Mut und die Ehre ihrer Gegner salutierten. Eine solche Geste konnten sich die Deutschen durchaus leisten. Der verlustreiche Angriff der *chasseurs* wird normalerweise als Symbol für das historische Ende der Kavallerieattacken betrachtet. Aber er hatte weit größere Bedeutung. Gallifets Attacke symbolisierte das Ende des Konzepts des taktischen Schockangriffs. Erst als die Verwendung von Verbrennungsmotoren die verläßliche und schnelle Fortbewegung gepanzerter Geschütze ermöglichte, sollte es wieder Teil taktischer Überlegungen werden, das Schlachtenglück in einem einzigen Manöver zu wenden.

Während die *chasseurs* fielen, drängten immer größere Horden französischer Soldaten nach Sedan hinein. Der Festungskommandant hatte die Tore vor ihnen verschließen lassen. Wimpffen und Lebrun versammelten einige Tausend Männer in einem allerletzten Angriffsversuch. Doch der desorganisierte Sturm flaute so schnell ab wie er begonnen hatte. Ziellos war zuvor Napoleon über das Schlachtfeld geritten, vergeblich auf der Suche nach einem Tod, den bessere Männer so leicht fanden. Jetzt befahl er, die weiße Flagge zu hissen. Als Moltke einen seiner Stabsoffiziere losschickte, um die Lage zu überprüfen, übergab ihm Napoleon sein Schwert zu Händen seines königlichen Bruders, Wilhelm von Preußen.

Bismarck und Moltke trafen die Abgesandten des Kaisers zur Entgegennahme der französischen Kapitulation, die den größten Sieg in der Geschichte Preußens darstellte, den größten Triumph deutscher Waffen in der neuesten Geschichte. Mehr als 100 000 Soldaten folgten dem Staatsoberhaupt in die Gefangenschaft. 400 Geschütze hatten die Deutschen erbeutet. Kein Wunder, daß einige preußische Regimenter beim abendlichen Lagerfeuer den Choral «Nun danket alle Gott» anstimmten, der schon ein Jahrhundert zuvor auf dem Schlachtfeld von Leuthen erklungen war und seitdem immer als Dank für die besondere Gnade Gottes gesungen wurde.

Was aber folgte dann? Es war nicht Bismarcks Absicht gewesen, das Französische Kaiserreich zu zerstören. Nur entscheidend besiegen wollte er es, um ihm anschließend einen Frieden zu diktieren, der das Land schwächen würde, ohne aber eine Revanche zu provozieren. Ironischerweise war aber die Niederlage bei Sedan für die Franzosen militärisch so vernichtend, daß Napoleon auch noch den letzten Rest seiner politischen Glaubwürdigkeit verlor. Nach Sedan sollte eine neu gebildete republikanische «Regierung der nationalen Verteidigung» darauf beharren, daß Frankreich «nicht einen Zentimeter seines Bodens oder einen Stein seiner Festungen» abtrat. Das waren starke Worte für eine Regierung, die eine feindliche Armee tief auf dem eigenen Territorium stehen hatte. Immerhin: Ein Staat war zusammengebrochen, aber ein Land kämpfte weiter. Konnte es niedergerungen werden oder würde sich das noch im Embryonalzustand befindliche Deutschland bis zur Erschöpfung totsiegen? Während Moltke und Bismarck ihre weitere Vorgehensweise planten, lag der weitere Kriegsverlauf plötzlich im Dunkeln.

Der Sieg des Negus
Adua, 1. März 1896

Giulia Brogini Künzi

Ende Februar 1896 ließ der italienische Premierminister Francesco Crispi dem Oberbefehlshaber in Ostafrika folgende Zeilen zukommen: «Was sich da abspielt, ist ein Scharmützel und kein Krieg: Wo immer wir auf den Feind treffen, sind wir numerisch unterlegen; das ist ein Kräfteverschleiß, der weder Ehre bringt noch Erfolg verspricht. Ich kann Ihnen keinen Ratschlag geben, weil ich mich nicht vor Ort befinde, aber ich sehe, daß Sie keinen Kriegsplan haben, und ich verlange, daß dieser sofort ausgearbeitet wird. Um unser Königreich und den Ruf unserer Armee zu retten sind wir zu jedem Opfer bereit.»[1]

General Oreste Baratieri (1841–1901), der sich dem greisen sizilianischen Staatsmann Crispi seit den glorreichen italienischen Einigungskriegen verbunden fühlte, muß sich beim Lesen dieser Zeilen nicht mehr so sicher gefühlt haben, ob die Regierung ihm noch immer volles Vertrauen schenkte wie in früheren Jahren. Was Baratieri nur vermuten konnte, war in Rom längst beschlossene Sache. Crispi hatte einen Nachfolger für Baratieri auserkoren. Doch es war eine Ironie des Schicksals, daß die faktische Absetzung des Generals erst nach der berühmten Schlacht bei Adua erfolgte, denn das erwähnte Telegramm vom 25. Februar 1896 setzte in Ostafrika eine Reihe von Prozessen in Gang, die kaum mehr reversibel waren. Doch sehen wir uns die Geschichte Schritt für Schritt an.

Seit vier Jahren hatte General Baratieri schon das Gouverneursamt inne und stand der Kolonie Eritrea vor. In dieser privilegierten Funktion pflegte er den direktesten Kontakt zum Mutterland, war bekannter, mächtiger und reicher als alle seine Vorgänger und zelebrierte seine herausragende Position mit einem ausschweifenden Lebensstil.

Offiziell wurde die Kolonie Eritrea erst im Januar 1890 aus der Taufe gehoben, doch schon lange vorher hatten Italiener in der Region Fuß gefaßt, sei es als Missionare oder als Forscher im Auftrag von geographischen Gesellschaften. Als im Frühjahr 1887 ein tigrinischer König mit seinen Truppen bei Dogali auf ein italienisches Korps von 500 Mann stieß und es in kürzester Zeit vernichtete, heulten in Italien zum ersten Mal die Medien auf über Massaker von «afrikanischen Wilden» an italienischen Soldaten. Eine heftige Diskussion teilte sowohl das Parlament als auch das politisch interessierte Bürgertum in der Frage nach Abzug oder militärischem Einmarsch ins Hochland von Abessinien, wie Äthiopien damals hieß. Von 1887 bis 1891 war Crispi gleichzeitig Premier-, Außen- und Innenminister. Er gehörte zu den wichtigsten Exponenten der *classe politique* und setzte sich dafür ein, daß das junge Königreich Italien eine große Kolonialmacht werden sollte. Unter Crispis Ägide versuchten verschiedene Mittelsmänner, die Kontakte mit dem Kaiser von Äthiopien zu intensivieren. 1889 unterzeichneten Italien und Äthiopien schließlich einen Handels- und Freundschaftspakt, der allerdings wenig später von abessinischer Seite gekündigt wurde. Als General Baratieri im Dezember 1894 gewaltsam eine Revolte der eritreischen Bauern und lokalen Fürsten in der Kolonie niederschlug und sich für eine Politik der Landenteignung zugunsten zukünftiger italienischer Siedler stark machte, dabei auch in die benachbarte äthiopische Provinz Tigray einmarschierte, fühlte sich der äthiopische Kaiser provoziert. Die früher zerstrittenen äthiopischen Adligen und Kriegsherrn verbündeten sich unter seiner Hand gegen die italienischen Invasoren.

Im Oktober 1895 überquerten die Italiener erneut den Grenzfluß Mereb im Süden Eritreas und nahmen die Ortschaft Adigrat ein. Kaiser Menelik II. (1844–1913), der seinen Herrschaftsbereich in den Jahren davor durch zahlreiche Eroberungsfeldzüge erheblich hatte ausweiten können, rief im ganzen Reich zur Mobilmachung gegen den weißen Eindringling. In den äthiopischen Provinzen riefen die mächtigen Feudalherren und Könige, Ras Mangascià aus Tigray, Ras Mikael aus Wello, Negus Tecla Haimanot aus Gojam, Ras Uoldiè aus Jeggu und Uag-scium Guangùl aus Lasta sowie weitere fünf Herrscher aus den südlichen Landesteilen ihre Bauern zu den Waffen. Der Kriegsgefahr sah Kaiser Menelik im allgemeinen mit Gelassenheit und Selbstsicherheit entgegen. Auch wenn es einen eklatanten Unterschied machte, ob seine Truppen gegen die schlecht organisierten und miserabel ausgerüsteten Banden einheimischer Rebellen kämpften oder gegen ein hochtrainiertes, modern ausgestattetes und gut versorgtes Kolonialheer, so waren die äthiopischen Krieger aus den letzten Eroberungsfeldzügen im Süden Äthiopiens

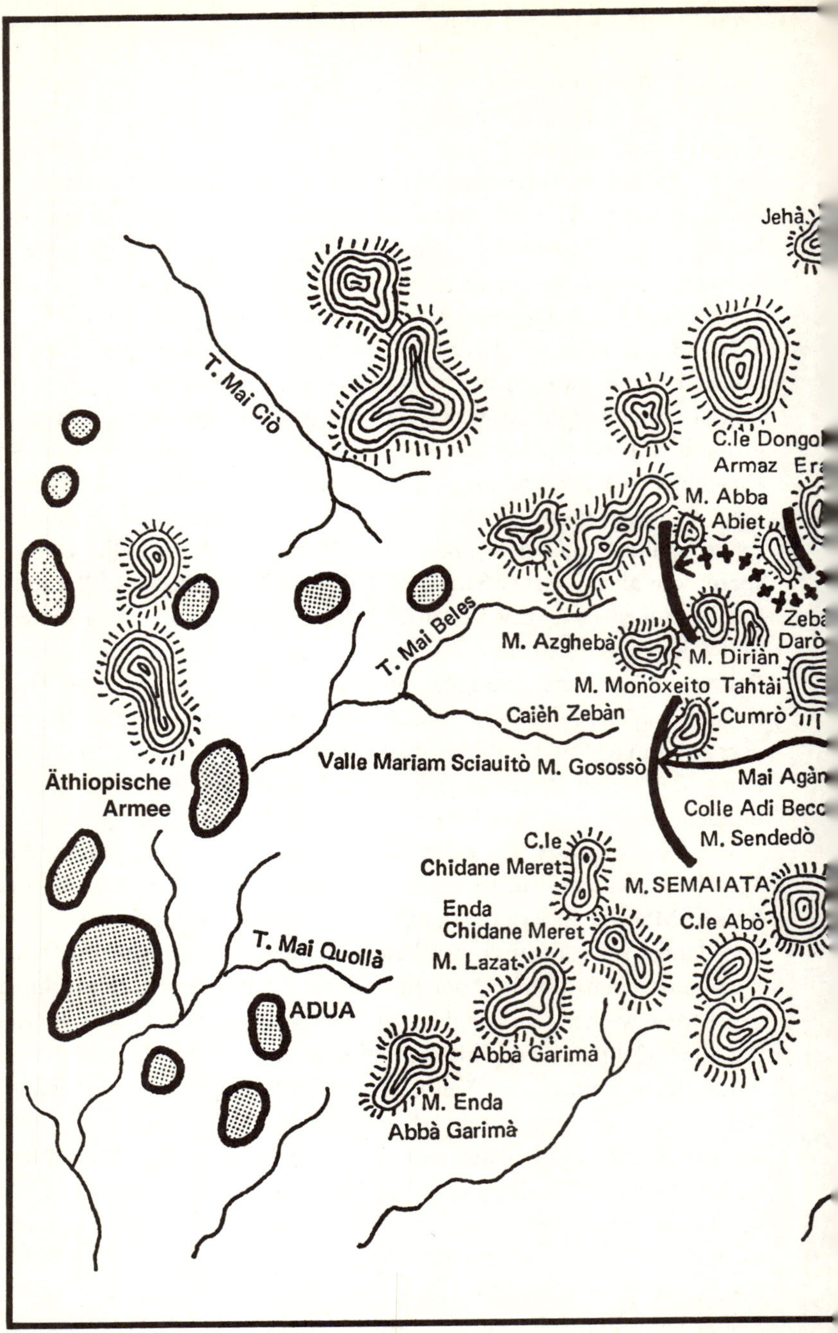

Adua, 1. März 1896

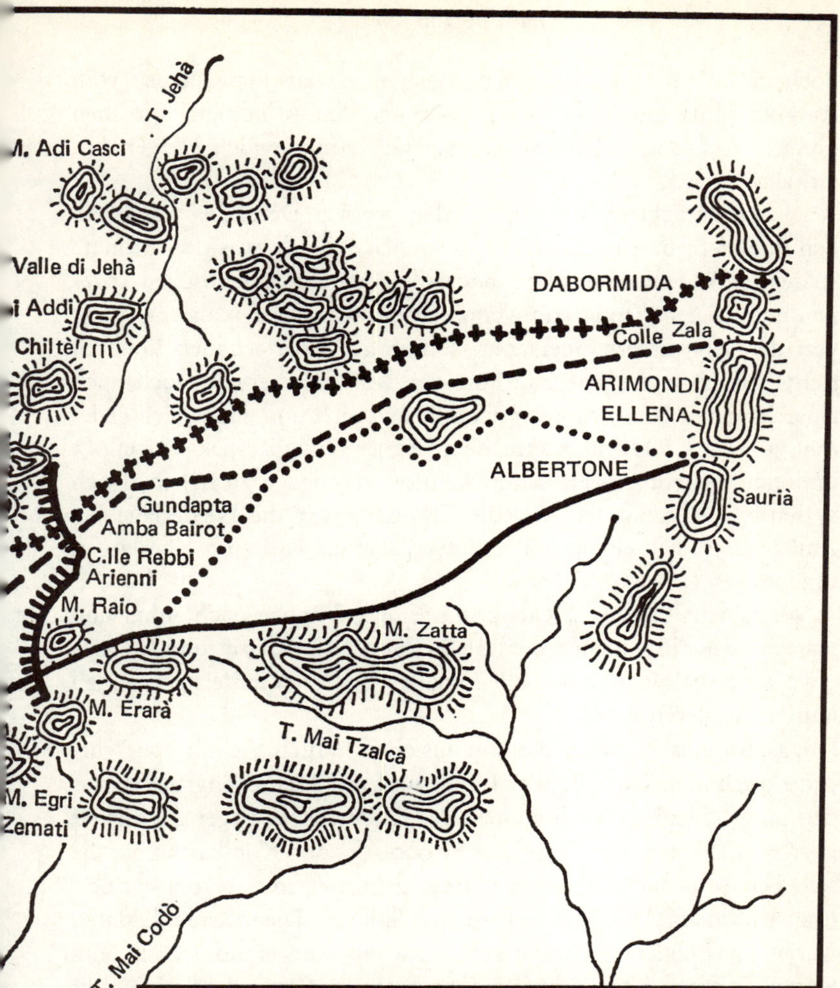

ADUA

Links: Dislokation der äthiopischen Truppen am Abend des 29. Februar
Rechts: Bewegungen der italienischen Truppen am Abend des 29. und 1. März

- Aufmarsch der Brigaden gemäß Baratieris Plan
- Marschroute der Brigade Albertone gemäß Baratieris Plan
- tatsächliche Position der Brigade Albertone um 7 Uhr, der Brigade Arimondi um 7.30 Uhr, der Brigade Dabormida um 13 Uhr

doch moralisch so gestärkt hervorgegangen, daß man nahezu vom Aufkommen eines Nationalgefühls unter den Äthiopiern sprechen konnte. Auf keinen Fall wollten sie sich von fremden Heeren unterjochen lassen.[2]

Die kleine Schlacht bei Amba Alage vom 7. Dezember 1895 gab den Italienern bereits einen Vorgeschmack auf das, was drei Monate später bei Adua auf sie zukommen sollte, denn die italienischen Truppen unter der Führung von Major Toselli wurden damals regelrecht von den Abessiniern überrannt. Einige der Überlebenden konnten sich zwar ins nahe gelegene Fort von Maquale retten. Doch nach einer längeren Belagerungszeit ergaben sie sich und zogen sich gedemütigt zurück. Menelik hoffte, dem Gegner genug Respekt eingeflößt und eine weitere größere Konfrontation vermieden zu haben. Doch er hatte sich getäuscht. Für die Europäer war die Niederlage bei Amba Alage wie ein letzter Tropfen, der das Faß zum Überlaufen brachte.

Vorsichtshalber zog Menelik mit seinen Truppen nach Adua und wartete, wie die Italiener, die ihre Stellungen in Adigrat und Inticho, etwa 60 beziehungsweise 28 Kilometer von Adua entfernt, bezogen hatten, reagieren würden.

Das äthiopische Lager bestand aus einer bunten Vielfalt von Würdenträgern und Kriegern aller Ränge und von Menschengruppen aus den unterschiedlichsten Regionen des Reiches. Das Lager glich einer riesigen Zeltstadt. Zum Troß der 80 000–135 000 Kombattanten, die sich bei Adua niedergelassen hatten, gehörten etwa 60 000–70 000 Frauen, Kinder, Alte, Gefolgsleute und Sklaven. Die meisten Soldaten waren im Zivilleben Landarbeiter und einfache Handwerker. Nun waren sie ihren Herren in den Krieg gefolgt. Folgende Tabelle gibt eine grobe Übersicht über die in Adua versammelten Armeen des Kaisers Menelik:

Anführer bzw. Anführerin	Infanterie	Kavallerie	Geschütze
Kaiser (Negus Neghesti) Menelik	30 000–38 000	3 000	32
Ras Makonnen	8 000–16 000	–	4
Ras Mikael	6 000–15 000	5 000	–
Ras Mangascià	2 000–12 000	–	6
Kaiserin (Ettièghiè) Taitù	3 000– 6 000	600	–
Fitaurari Gobaiu	13 000–14 000	–	–

Anführer bzw. Anführerin	Infanterie	Kavallerie	Geschütze
Ras Olie	6000– 7000	–	–
Negus Tecla Haimanot	5000– 6000	–	–
Ras Uoldiè	5000–10000	–	–
Uag-scium Guangùl	2000–11000	–	–
Total	80000–135000	8600	42

Tab. 1: Militärische Stärke der Äthiopier in Adua Ende Februar 1896[3]

Ausländische Zeitgenossen beschrieben Meneliks Lager mit großer Faszination. Als allererstes wurde das große Zelt des Kaisers aufgestellt und dann, in systematischer Anordnung, die Quartiere der einzelnen Könige, je nach ihrem Adelstitel und militärischen Rang. Innerhalb dieser Camps der einzelnen Kommandeure bestimmten wiederum bestimmte Ordnungsmuster die genaue Verteilung der untergebenen Offiziere und Soldaten samt ihren Familien. Die Aufstellung glich dabei immer einem überdimensionierten Kreuz oder Pfeil, in der Mitte befand sich stets der oberste Führer. Hunderte von Wimpeln und Fahnen in grüner, gelber und roter Farbe flatterten von hohen Holzstangen, und von weitem – so meinte etwa ein britischer Beobachter – sah die Landschaft aus, als ob unzählige Schneeflocken auf die Ebene und die herumliegenden Hügel gefallen seien.[4] Zwar verfügten die meisten Krieger nicht über Uniformen wie die italienischen Soldaten, von Schuhwerk schon gar nicht zu sprechen, aber die Aufstellung der einzelnen Armeen war nach einem genauen Schema festgelegt, so daß jeder Soldat stets seinen direkten Befehlshaber im Auge hatte und dieser wiederum im Nu von seinem Feudalherrn zu finden war. Den italienischen Offizieren entgingen allerdings diese zahlreichen Details wie die fein abgestufte Hierarchie oder die ritualisierte Marsch- und Kampfstellung. Die größte Fehleinschätzung aber betraf die außerordentliche Manövrierfähigkeit und Geschicklichkeit der Äthiopier im steilen und unwegsamen Gelände und die Ortskenntnis der ansässigen Bevölkerung, die sich gegenüber dem mächtigen Kaiser und seinen Truppen absolut loyal verhielt und den Italienern mehrmals Fehlinformationen zukommen ließ, um sie zu verwirren. An der Bewaffnung der Kombattanten schließlich war kaum etwas auszusetzen. Zeitgenossen schätzten, daß die Äthiopier insgesamt 120000 Gewehre aller Kaliber und verschiedenster Qualität besaßen, vor allem Remington- und Grasmodelle, aber auch Typen wie Mauser, Berdan, Vetterli-Vitali, Winchester, Peabody,

Martini-Henry und Kropatschek. Es handelte sich zumeist um aus Europa importierte Ware, die unter anderem sogar von italienischen Waffenhändlern geliefert worden war. Dazu kamen auch einige wenige Hotchkiss-Schnellfeuerwaffen, vereinzelte Maschinengewehre und etwa 42 Geschütze.[5]

Ende Februar 1896 berieten in den beiden Hauptquartieren die Kriegsräte.[6] In Kaiser Meneliks Lager wurde vom 26. bis zum 27. Februar über folgende drei Möglichkeiten diskutiert: Angriff auf Saurià, Rückzug oder Abwarten in Adua. Aus den wenigen überlieferten Quellen ist uns bekannt, daß sich dabei Meneliks Frau, die Kaiserin Taitù, die eine eigene Armee befehligte, für die Offensive einsetzte, während Negus Tecla Haimanot eher den Rückzug befürwortete. Schließlich befand der Kriegsrat, daß man kämpfen würde, sobald die Italiener zur Offensive übergingen, ansonsten zöge man es vor, den Feind auf seiner linken Flanke zu umgehen und über eritreisches Territorium den Rückzug anzutreten. Über diese Strategie ist in der Geschichtswissenschaft viel spekuliert worden. Insbesondere fragten sich die Forscher, warum Menelik mit seiner riesigen Armee, die ohnehin schon unter Versorgungsschwierigkeiten litt, eine Invasion nach Eritrea starten wollte. Die wahrscheinlichste Antwort darauf ist, daß der Monarch nicht unbedingt Eritrea im Visier hatte, sondern den Feind einfach zur Schlacht zwingen wollte. Der Rückzug mag dabei Meneliks oberstes Ziel gewesen sein, aber diesen Rückzug konnte sich der Feldherr ohne symbolträchtigen Sieg nicht erlauben. Ein Rückzug ohne Schlacht wäre einem Gesichtsverlust gleichgekommen.

Während auf äthiopischer Seite am 27. Februar die Entscheidung über das weitere Prozedere feststand, traf man sich in Saurià, etwa 20 Kilometer von Adua entfernt, erst am Nachmittag des folgenden Tages zur Beratung. Baratieri eröffnete seinen Vortrag mit dem Hinweis darauf, daß die vier versammelten Generale und der eben aus Italien eingetroffene Generalstabschef des Heeres, Valenzano, nur eine konsultative Funktion wahrnehmen könnten, da die Verantwortung für das weitere Vorgehen allein bei ihm, Baratieri, liege. Die Memoiren Baratieris zeichnen den möglichen Verlauf der Entscheidungsfindung nach.[7] Vittorio Dabormida meinte, daß Italien mit dem Verlust von 2000–3000 Mann mehr gedient sei als mit einem Rückzug. Matteo Albertone fügte hinzu, die Truppen des Negus seien geschwächt und von innerem Dissens zerrüttet. Auch Giuseppe Arimondi und Giuseppe Ellena befürworteten einen Angriff. Nach der Besprechung wartete Baratieri, der selber insgeheim eher den Rückzug erwog, noch auf die Spione, die ins feindliche Lager ausgeschwärmt waren, um sich über die Kampfmoral und den Vorbereitungsgrad der Äthiopier zu informieren. Doch die letzten Meldungen waren manipuliert und sollten die Italiener zu falschen Annahmen verleiten. Die Spione behaupteten, das Gros der feindlichen Armee habe sich bereits nach Axum zurückgezogen und einige Könige hätten sich noch weiter entfernt, weil ihre Soldaten erschöpft und ausgehungert gewesen seien. Zudem kursierte das Gerücht, daß sich Meneliks Vasallen untereinander zerstritten hätten und daß der Kaiser mit einer schweren Krankheit darniederliege.

Baratieri tappte in die Falle. Die Chance, einen schnellen Sieg zu erringen, ließ ihn sämtliche Vorsichtsmaßnahmen vergessen. In der Nacht zum 29. Februar 1896 gab er dem Drängen seiner Offiziere nach und entschloß sich zur Schlacht. Zu groß war auch die Befürchtung, im Westen könnten die sudanesischen Derwische auf Kassala vormarschieren und sich den Abessiniern im Kampf gegen die weiße Kolonialmacht anschließen. Und zu guter Letzt wollte Baratieri seinen Freund und Vorgesetzten Crispi, der um einen militärischen Sieg geradezu flehte, nicht enttäuschen.

In der bergigen Landschaft um Saurià hatten sich vier Brigaden – insgesamt 17 Bataillone mit einer mittleren Stärke von je 500 Mann – versammelt. Die Bataillone der Askaris, wie die afrikanischen Söld-

Brigade	Gewehre	Geschütze
General Albertone (Schwarze Brigade)	4100	14
General Arimondi (1. Infanteriebrigade)	2500	12
General Dabormida (2. Infanteriebrigade)	3800	18
General Ellena (3. Infanteriebrigade/ Reserve)	4100	12
Total	14 500	56

Tab. 2: Militärische Stärke der Italiener unter Oberbefehlshaber Oreste Baratieri Ende Februar 1896[8]

ner genannt wurden, waren größer und umfaßten je etwa 900 Mann. Es gab sechs solche Einheimischenbataillone. Alles in allem befanden sich über 20000 Mann im Hauptquartier, von denen 17000 Mann an der Schlacht teilnehmen sollten, 6400 eritreische Söldner, knapp 10000 italienische Soldaten und 580 italienische Offiziere. Alles eingerechnet verfügten die vier Brigaden, die von den Generalen Albertone, Arimondi, Dabormida und Ellena angeführt wurden, über 14500 Gewehre und 56 Geschütze.

Der italienische Plan sah vor, daß Albertone mit der Schwarzen Brigade auf der linken Flanke von Saurià Richtung Adi Cheiras und dann weiter zum Berg Chidane Meret vormarschieren sollte. In der Mitte wäre Arimondi mit der 1. Infanteriebrigade positioniert, hinter ihm die starke Dritte 3. Infaneriebrigade als Reserve unter Ellena. Arimondi sollte über Adi Dichi nach Gundapta vorrücken und sich beim Berg Rebbi Arienni verschanzen. Auf der linken Flanke sollte Dabormida seine 2. Infanteriebrigade über den Hügel Zala nach Guldam und von dort schließlich ebenfalls zum Rebbi Arienni führen. Baratieri hatte für die nächsten zwei Tage die Weisung gegeben, jeder Soldat solle in seinem Rucksack 112 Schuß Munition, Lebensmittel für zwei Tage, einen Regenschutz und eine Wasserflasche mitführen.[9] Für die Geschütze sollten bloß 90 statt der üblichen 130 Schuß mitgenommen werden. Am Schluß der einzelnen Kolonnen sollten Lasttiere die Munitionsreserven, Verbandszeug und weitere sanitäre Hilfsmittel transportieren. Telegraphen sollten die Verbindungen zum Hauptquartier gewährleisten.

Um neun Uhr abends am 29. Februar 1896 marschierten die drei Kolonnen mit Ziel Chidane Meret beziehungsweise Rebbi Arienni los – ohne sich weiter Gedanken darüber zu machen, auf welcher Seite des Berges, an welchem Hang man sich wiederfinden würde. Zur Orientierung war eine Geländeskizze verteilt worden, da man über keine genauen Karten verfügte und sich auf die einheimischen Führer verließ. Diese Skizze allerdings strotzte vor Fehlern. Der Hügel Guldam lag nicht, wie Dabormida erwartete, auf seiner Marschroute, sondern befand sich in Wirklichkeit weiter in der Mitte, wo die zentrale Brigade vorrückte. Zum Erstaunen der linken Kolonne war der Bergkegel von Adi Cheiras auch nicht, wo er zu vermuten war, und die Anhöhe, die als Chidane Meret eingetragen war, entsprach eigentlich der Erhebung von Erarà, derweil der «richtige» Chidane Meret sich um einige Kilometer weiter vorne befand. Überdies fehlten auf der Skizze die markanten Berge Diriàn, Bellàh, Monoxeitò, Zebàn Darò und Gososso, was im späteren Verlauf der Schlacht besonders für Brigadegeneral Dabormida verhängnisvolle Folgen haben sollte.

Unklar war auch, wann sich die Truppen wo befinden sollten. Baratieri hatte den Brigaden lediglich befohlen, um fünf Uhr am nächsten Morgen ihre Positionen zu erreichen. Die Truppen hatten acht Stunden zur Verfügung, um einen 15 Kilometer langen Nachtmarsch zu bewältigen. Zudem wurden in der Aufregung über die bevorstehende Schlacht die optischen Telegraphen sowie wichtige medizinische Utensilien im Hauptquartier vergessen. Es stellt sich die Frage, ob die Feldtelegraphen nicht absichtlich von den Brigadekommandeuren zurückgelassen wurden, um eine größere Handlungsfreiheit zu bewahren und sich nicht ständig den Anordnungen Baratieris fügen zu müssen. Aber was noch schlimmer war: Es fehlte ein Rückzugsplan!

Immerhin regnete es nicht, als sich die Menschenmasse in Bewegung setzte, sonst wären die vorgesehenen Routen vermutlich noch schwerer zu passieren gewesen. Doch der Marsch erwies sich trotzdem als große Herausforderung. Kaum hatte Dabormida den Fluß Mai Cherbara erreicht, verfehlte seine Nachhut den Weg, bog nach links ab und schloß sich fälschlicherweise der mittleren Brigade Arimondis an. Dieses Mißverständnis konnte noch im letzten Moment behoben werden, aber bald gab es ein neues Problem. Beim Adi Cheiras traf die linke Kolonne, die Schwarze Brigade Albertones, unvermittelt auf die Spitze der Brigade Arimondis und versperrte dieser für mindestens eine Stunde den Weg. Diese Verzögerung wirkte sich kettenartig auf das gesamte Manöver aus, denn nun entfernte sich General Albertone mit seiner Brigade verhältnismäßig zu schnell von den anderen Einheiten. Irrtümlicherweise nahm er dann an, daß auf seiner Rechten Dabormidas 3800 Mann starke 2. Brigade marschierte, und nicht Arimondis Kolonne. Er bog Richtung Raio und dann nach Chidane Meret ab, während Arimondis Brigade in der Ebene von Gundapta verharrte und auf diese Weise weit hinter die anderen Brigaden zurückfiel. Die unzähligen widersprüchlichen Meldungen, die Baratieri über den Verlauf des großen Manövers bekam, hätten ihm Grund genug geben müssen, sein Konzept zu überdenken. Aber der Kommandeur ließ sich nicht von seinen ursprünglichen Plänen abhalten. Er war davon überzeugt, daß Albertone mit seinen rund 4000 Askaris beim Chidane Meret in Stellung gegangen sei und daß durch seinen Halt die Nachhut aufgeholt hätte.

Inzwischen war es etwa halb sechs Uhr, und die ersten Sonnenstrahlen zeigten sich am Horizont. Der erste März brach an. Dabormida ließ Baratieri mitteilen, daß er sich auf dem Rebbi Arienni befand. Dasselbe Ziel hätte nun auch die mittlere Kolonne von Arimondi erreichen sollen. Doch Arimondi befand sich genau auf der anderen Seite des Berges und konnte die Truppen Dabormidas nicht finden – so marschierten die Männer einfach einige Kilometer weiter. Die stark zerklüftete Landschaft war nicht einmal vom Hauptquartier aus voll zu überschauen, die Sicht auf den Rebbi Arienni wurde von einem großen Hügel versperrt. Mittlerweile war die Zentrumsbrigade von Arimondi auf dem Rücken des Scellodà angekommen. Albertone wiederum bekam nun das Plateau von Adua in Sicht und realisierte, daß er sich etwa vier bis fünf Kilometer vom befohlenen Ziel entfernt befand und ihn zwei bis drei Marschstunden vom Rest der Armee trennten. Spätere Rekonstruktionen der Schlacht gehen einhellig davon aus, daß diese Staffelung der Hauptgrund für die Niederlage der Italiener war. Auch wenn Albertone seinem Geltungsdrang, als erster die Schlacht zu eröffnen, nicht erlegen wäre, auch wenn die Konstellation anders und ihm das Gelände vertrauter gewesen wäre, hätte ihm auffallen müssen, daß er sich mehr und mehr von der ursprünglich vereinbarten Stellung entfernt hatte. Von seinem Beobachtungsposten konnte der General gerade noch mitverfolgen, wie seine Vorhut blindlings weiter auf Adua marschierte. Er wußte nicht, daß in Adua schon längst Alarmstimmung herrschte und im größeren Umkreis etwa 35 000 bis 40 000 Mann kampfbereit standen. In kürzester Zeit hatten die Soldaten von Ras Mangascià, Uag-scium Guangùl und der Kaiserin Taitù alle Zugänge zur Stadt befestigt und waren auf die Hänge des Abba Garima, des Chidane Meret und des Caièh Zebàn gestiegen. Spätestens in diesem Augenblick hätte Albertone erkennen müssen, in welch gefährliche Lage er seine Leute hineinmanövriert hatte. Das schreckliche Schicksal, das die Avantgarde unter Major Turitto traf, konnte Albertone nur erahnen. In der Tat wurde das Bataillon von den herbeigeeilten Truppen des Negus überrascht. Den ersten Zusammenprall überlebten nur die Hälfte der 770 Askaris. Hastig verfaßte Albertone kurz vor sieben Uhr eine Meldung an Baratieri, er habe alle Hände voll zu tun und schlage vor, Arimondi und Dabormida sollten vorrücken, um den Feind abzulenken. In einer zweiten Meldung wiederholte Albertone verzweifelt, daß Verstärkung dringend erwünscht sei. Beide Nachrichten erreichten Baratieri aber erst zwei Stunden später, weil die Telegraphen fehlten. Mittlerweile schlugen sich die Äthiopier unbemerkt einen Weg zu Albertones Stellungen auf dem Adi Becci und schlossen ihn ein. Dank der Artillerie des Majors De Rosa schaffte es Albertone, etwa eineinhalb Stunden mit einem Hagel von Schrapnellgeschossen und den Hotchkiss-Schnellfeuergewehren die Truppen von Ras Makonnen, Ras Mikael und Ras Oliè auf Distanz zu halten, doch dann wendete sich das Blatt. Aus dem Tal stießen weitere 25000 Mann vor, die persönliche Garde Meneliks. Im Nu standen Albertone 50000 Abessinier gegenüber. Weder Kanonen noch Bajonette konnten die Brigade noch retten. Zwanzig Minuten nach zehn Uhr setzte ein letzter hoffnungsloser Fluchtversuch der Askaris ein, um Viertel vor elf Uhr war der Spuk vorbei. Die Hälfte der italienischen Offiziere war gefallen, der Rest wurde gefangengenommen, auch General Albertone.

Durch grobe Fahrlässigkeit wurde auf diese Weise innerhalb kürzester Zeit ein Viertel der italienischen Armee vernichtet. Danach blieben Baratieri eigentlich zwei Optionen: Entweder versuchte er, Albertone Verstärkung zu schicken, oder er ordnete an, die Lücke auf der linken Flanke zu schließen, indem die Reserve unter Ellena den Berg Chidane Meret besetzte, den eigentlich Albertone hätte halten sollen. Baratieri wählte einen Zwischenweg und wollte näher bei Adua Stellung beziehen. Der Feldherr rechnete noch immer damit, daß Menelik beim Anblick der geballten Kraft der Kolonialarmee zurückweichen würde. Doch offenbar kam es bei den Italienern erneut zu Mißverständnissen, denn Dabormida, der gegen sieben Uhr aufgebrochen war, um Albertone aufzusuchen, verlor in einem unwegsamen Tal, das auf der topographischen Skizze nicht eingetragen war, die Orientierung. Eigentlich zielte der General auf den Berg Mariam Sciauitù, doch es wiederholte sich der gleiche Fehler, der schon im Fall des «richtigen» und des «vermeintlichen» Berges Chidane Meret geschehen war. Der «richtige» Berg befand sich in rund zehn Kilometer Entfernung, unmittelbar dort, wo Ras Makonnen sein Lager aufgeschlagen hatte. In Unkenntnis darüber, daß sich Dabormida verirrt hatte, beschloß Baratieri kurz vor neun Uhr, seinen Beobachtungsposten zu verlegen, damit er eine bessere Sicht auf das Schlachtfeld hatte. So bewegte er sich weg von dem Ort, von dem aus er im Grunde wenig später die umherirrenden Truppen Dabormidas hätte ausmachen können. Doch an diesem Tag schienen sich die unglücklichen Zufälle ins Unermeßliche zu steigern: Verwechslungen, Kommunikationsdefizite, Unterschätzung des Feindes.

Baratieri entschloß sich, auf dem Berg Raio Stellung zu beziehen. Die bruchstückhaften Meldungen, die beim Oberkommando eintrafen, gaben zu neuen Anweisungen Anlaß, die weder der ernsthaften militärischen Bedrohung Rechnung trugen, noch dem Terrain angepaßt waren. Albertone wurde angewiesen, sich in Richtung auf Arimondis Brigade zurückzuziehen. Ellena erhielt die Weisung, die linke Flanke zu schützen, Dabormida sollte die rechte Seite decken und Albertone unterstützen, der sich gut zehn Kilometer weiter weg befand. Doch die Antworten auf Baratieris Befehle blieben aus. Weder kamen von Albertone oder von seinem Infanteriebataillon unter De Amicis, das zu Dabormidas Brigade hätte stoßen müssen, Rückmeldungen, noch traf irgend eine Nachricht von Dabormida ein, der mittlerweile im sumpfigen Tal festsaß. Ausgehend von der groben Gefechtskizze hatte Dabormida anfänglich damit gerechnet, der 1. Brigade Albertones über einen Bergrücken zu Hilfe eilen zu können. Aber diese Bergkette war von einer tiefen Schlucht durchbrochen, so daß ein Weiterkommen unmöglich war. Dabormida verharrte auf der Stelle, ohne zu merken, daß die abessinischen Krieger ebenfalls in der Nähe waren und ihn langsam einkesselten.

Baratieri dachte, die Situation noch voll im Griff zu haben. Er ahnte nicht, daß rechts von ihm keine Truppen mehr standen, und er war auch nicht im Bild, daß ausgerechnet diese rechte Flanke – wo er Dabormida vermutete – zur Einbruchstelle für die feindlichen Kräfte werden würde, die sich geschickt und von den Vorposten unbemerkt durch das Tal Mai Agam dem Zentrum angenähert hatten. Es war Viertel nach zehn Uhr, als Baratieri das wahre Ausmaß der Niederlage Albertones erkannte. Noch immer flohen einzelne Trupps von Adi Becci, und Beobachter erinnerten sich, daß sich der Oberbefehlshaber maßlos darüber ärgerte, daß die Askaris zurück nach Saurià liefen, statt sich den verbleibenden Brigaden anzuschließen. Eine Viertelstunde später hatte sich die ganze Ebene vor den italienischen Stellungen mit äthiopischen Infanteristen und Reitern gefüllt. Die Schlacht näherte sich dem Höhepunkt. Bald waren alle Brigaden in den Kampf verwickelt. Aber der Endkampf fand auf voneinander getrennten Schauplätzen statt. Albertone kämpfte bei Adi Becci, Dabormida im Sumpfgebiet und schließlich Baratieri beim neuen Hauptquartier in der Nähe des Berges Raio. Gewiß hatten die italienischen Befehlshaber große taktische Fehler begangen, aber gleichzeitig muß auch zugestanden werden, daß die Äthiopier über eine ausgezeichnete Ortskenntnis verfügten und äußerst geschickt manövrierten. Nachdem Albertone und Dabormida eingeschlossen waren, nahmen die Armeen Meneliks die verbleibenden Brigaden in die Zange. Ein Teil der Angreifer überschritt auf der linken Seite den Höhenzug von Semaiata und stieß dann zum Hügel Erarà vor. Dort befanden sich die 4000 Mann von General Ellena. Auf der entgegengesetzten Seite stießen die Abessinier unter der Führung von Ras Makonnen auf den Gipfel des Zebàn Darò vor und griffen die Brigade Arimondi im Rücken an. Noch vor elf Uhr zog sich der Belagerungsring um den Kern der restlichen Truppen zusammen. Wie die Flut, die das Land langsam verschlingt, kamen die Massen immer näher und die großen Gefechte lösten sich allmählich in immer kleiner werdende Scharmützel auf. Auf dem Berg Raio währte der italienische Widerstand noch am längsten, aber gegen Mittag verstummten auch dort die Kanonen. Selbst die Reservebrigade, die von Baratieri zur Unterstützung gerufen wurde, war kaum mehr in der Lage, mehr als fünf der ursprünglich 24 Kompanien ins Feld zu schicken.

Sinnvollerweise kam nur noch der Rückzug in Frage. Doch gab es keinen einheitlichen Rückzugsplan, und es fehlten auch die Mittel und die Kräfte, um sich im Schutz des Artilleriefeuers in Sicherheit zu bringen. Dazu kam, daß inzwischen sogar das Lager in Saurià von Meneliks Truppen eingenommen worden war. Sämtliche Lebensmittelreserven, die Waffendepots, die Sanitätseinrichtung, die Zelte, alles war unwiederbringlich in Feindeshand geraten. Wohin sollte der Rückzug führen? Einzig der Weg nach Norden blieb noch offen.

Die fliehenden Scharen hofften zunächst in Jehà, wo sie eine befestigte italienische Stellung vermuteten, Zuflucht zu finden. Doch die 1300 Mann, die in Jehà hätten warten sollen, waren nicht auffindbar. Aufgrund eines Fehlers in Baratieris Telegramm hatte sich nämlich das letzte intakte Bataillon nach Hoià statt nach Jehà begeben. Im Tal von Jehà kam es daraufhin zu einem Massaker. Um ihren Durst zu löschen, wagten sich mehrere hundert Flüchtende zum Fluß und gerieten so direkt ins Schußfeld ihrer Verfolger. Unerbittlich jagte dann die äthiopische Kavallerie die letzten Überlebenden zur eritreischen Grenze. In den Tagen nach der Schlacht gelangten 258 weiße Offiziere, 4611 italienische Soldaten und etwa

4000 Askaris in die Kolonie jenseits des Flusses Mereb zurück. Einige fanden einen Weg über Adigrat, Saurià oder das Haussagebiet, andere irrten durch die Wüste Dankaliens. Insgesamt 289 Offiziere, darunter zwei Generale, zwei Oberste, drei Oberstleutnants, 16 Majore und etwa 4600 italienische Soldaten sowie 1000 afrikanische Söldner verloren am 1. März 1896 ihr Leben. Es wurden 1500 Verletzte gezählt, davon waren 500 Weiße. Über 1900 Italiener und 800 Eingeborene wurden vom Feind gefangen genommen. Die gefangenen Askaris, die sich in den Dienst des Königreichs Italien gestellt hatten, wurden nach alter Rechtsprechung wie Verräter bestraft: Man hackte ihnen die rechte Hand und den linken Fuß ab. Unter den prekären hygienischen Verhältnissen überlebten wenige die Amputationen. Von den 800 gefangenen Askaris kamen 406 verstümmelt nach Eritrea zurück. Den auf dem Schlachtfeld Gebliebenen wurden Waffen, Wertgegenstände und Kleidungsstücke geraubt. Zwei Monate nach der Schlacht durften italienische Einheiten das Gelände um Adua betreten, um ihre Kameraden zu bestatten. Das Operationskorps hatte die Hälfte seiner Stärke verloren. Vergleicht man die Verluste von Adua mit anderen Schlachten wie Waterloo, Solferino oder Sedan, waren die italienischen Verluste enorm.

Auch auf abessinischer Seite waren sehr viele Opfer zu beklagen, etwa 17 000 Mann. Die größten Verluste waren im Kampf gegen Albertones Artillerie bei Chidane Meret zu verzeichnen.

In seinem umstrittenen Bericht an Premierminister Crispi vom 3. März 1896 führte General Baratieri die Niederlage von Adua auf die schlechte Kommunikation zwischen den Brigaden, die Auffächerung der Front sowie auf den chaotischen Rückzug zurück. Andere Stimmen versuchten später, die Generalität stärker zur Verantwortung zu ziehen und schoben Baratieri die Schuld zu. Aber so unausweichlich die Schlacht war, so unabwendbar war die italienische Niederlage gewesen, denn die äthiopische Armee von Kaiser Menelik war dem europäischen Gegner in allen militärisch wichtigen Punkten deutlich überlegen. Die Äthiopier waren nicht nur rein zahlenmäßig im Vorteil, sondern verfügten auch über viele, relativ moderne Waffen. Es waren keine bloß mit Messern bewaffneten «Wilden», sondern erfahrene, ortskundige, hochtrainierte und auch patriotisch motivierte Krieger, die ihr Land entschieden gegen die weißen Kolonialherren verteidigten. Selbst wenn das italienische Expeditionskorps größer gewesen wäre – zwischen Weihnachten 1895 und März 1896 waren im wichtigsten Hafen von Eritrea weitere 40000 Soldaten aus Italien angekommen –, wäre der Ausgang dieser Schlacht vermutlich nicht anders gewesen.[10]

Der Untergang des zaristischen Rußlands
Tsushima, 27. und 28. Mai 1905

Bernd Martin

Im Morgengrauen des 27. Mai 1905[1] dampfte bei schwerer See und nebeligem Wetter ein russischer Flottenverband mit 50 Schiffen an der Insel Tsushima vorbei in die Korea-Straße, um den sicheren Hafen Wladiwostok zu erreichen. Nach achtmonatiger Fahrt über 18 000 Seemeilen um die halbe Welt schien die am 15. Oktober 1904 von Libau ausgelaufene Baltische Flotte, nunmehr zweites ostasiatisches Geschwader unter dem Oberbefehlshaber Admiral Roshestwenski[2], ihrem Ziel nahe zu sein. Zwölf Stunden später, bei Sonnenuntergang, waren 34 Kriegsschiffe versenkt, in Brand geschossen oder aufgegeben. Tausende russischer Seeleute waren gefallen, ertrunken oder trieben halb erstarrt im Wasser, auf Rettung hoffend. Der Stolz russischer Schiffsbaukunst und das Symbol zaristischer maritimer Weltgeltung lag auf dem Grund des Japanischen Meeres. Die der Katastrophe entronnenen Einheiten kapitulierten – ein höchst ungewöhnliches Ereignis in der gesamten Seekriegsgeschichte – am Morgen des 28. Mai. Der erste moderne Krieg, der mit Hilfe industriell erzeugter Waffensysteme zu Lande und zu Wasser ausgetragen wurde, der russisch-japanische, war zugunsten einer nichtwestlichen Macht entschieden worden.

Mit der von amerikanischer Seite gewaltsam erzwungenen Öffnung Japans (1853) und dem daraufhin eingeleiteten politischen Wandel, der 1863 in der Meiji-Restauration endete, war in dem Inselreich ein Modernisierungsprozeß angeschoben worden, dem von Anfang an ein defensives, antiwestliches Moment innewohnte. Die japanische Elite, der Schicht der Samurai (Krieger) entwachsen, gedachte den Westen in technischer und gesellschaftlicher Hinsicht nur so weit zu kopieren, bis das auf diese Weise modernisierte Land den Westen mit seinen eigenen Waffen schlagen konnte. Aus dem Selbstverständnis der herrschenden Oligarchie handelte Japan immer nur reaktiv, aus dem Zwang zur Verteidigung seines von den Göttern abgeleiteten Staatswesens. Vorrang bei der Modernisierung aus dieser

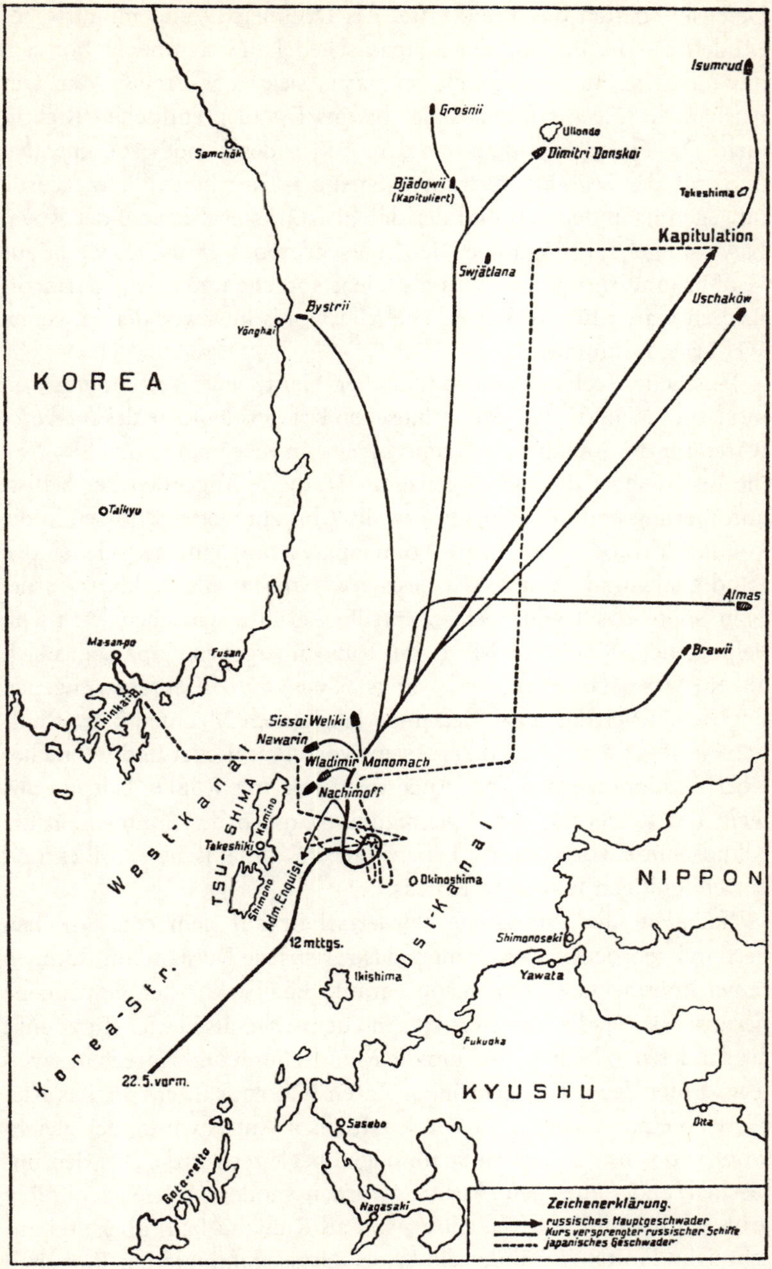

Tsushima, 27. und 28. Mai 1905

Defensive hatten die Streitkräfte. Als Drillmeister und militärisches Modell für die Bildung einer japanischen Landstreitmacht bot sich das im Krieg mit Frankreich (1870/71) siegreiche Preußen an. Der Ausbau des Heeres folgte daher bis ins Detail preußischen Richtlinien. Die Flotte, von dem aus dem Süden des Landes stammenden und mit der Seefahrt vertrauten Satsuma-Clan kontrolliert, wurde hingegen nach dem Vorbild der damals stärksten Marine, der Royal Navy, aufgebaut. Englische Dienstvorschriften, technisches Gerät aus Großbritannien und Englisch als Dienstsprache unter den Marineoffizieren waren für die Kaiserliche Marine bis kurz vor dem Zweiten Weltkrieg bestimmend.

Westliche Technik und japanischer Geist, jene Verbindung von moderner Materie und der archaischen Kriegerideologie des *bushido*, waren für die Soldaten des Tenno bereits im Krieg mit China 1894/95 die Instrumente des Sieges gewesen. Tradierte Tugenden der Selbstaufopferung und unbedingten Loyalität bis zum letzten flossen in die *kokutai*-Ideologie (die Lehre vom Japanertum) ein, in welcher das Land als eine um den Kaiser gescharte Großfamilie verklärt wurde. Nun sollte das traditionelle Zentrum der ostasiatischen Welt von Peking, dem Reich der Mitte, an Tokio übergehen. Japan, das sich als einziges asiatisches Land bereits 1894 von den aufgezwungenen ungleichen Verträgen mit den imperialistischen Mächten befreit hatte, war angetreten, die Völker Asiens von chinesischer und westlicher Überfremdung zu befreien. Auch der Krieg mit Rußland diente aus Sicht der Regierung der Verteidigung, nämlich der nunmehr in die Mandschurei vorverlegten Lebenslinie des japanischen Volkes und der endgültigen Befreiung Koreas.

Nachdem die chinesische Vorherrschaft auf dem ostasiatischen Festland gebrochen war, drängte das zaristische Rußland im Rahmen seiner kontinentalen Expansion darauf, die erst kürzlich gewonnene Fernostbastion, die Amur-Provinz mit dem 1860 als Flottenstützpunkt gegründeten Wladiwostok, um die Mandschurei und Korea zu erweitern. Unter dem 1895 gekrönten Zaren Nikolaus II. erlebte das Riesenreich einen ungeheuren wirtschaftlichen Aufschwung, der gleichwohl von starken sozialen Spannungen begleitet wurde. Auf den finnischen und baltischen Werften wurden moderne Kriegsschiffe in großer Stückzahl auf Kiel gelegt, so daß Rußland bald über drei ansehnliche Flottenverbände, die in der Ostsee stationierten Einheiten (Kronstadt), die im Schwarzen Meer beheimateten Schiffe (Odessa) und die den Osten beherrschenden Einheiten (Wladiwostok), verfügte.

Die russische Kriegsflotte konnte wohl auf eine Tradition von über zweihundert Jahren zurückblicken, war aber über lokale Aktionen, vornehmlich im Schwarzen Meer gegen die türkischen Seeverbände, nicht hinausgekommen. Russische Flotteneinheiten waren zwar erstmals im Zuge der Bekämpfung der aufständischen Boxer im Chinesischen Meer aufgetaucht, verfügten aber über keinerlei Kampferfahrung. Das höhere Offizierkorps war überaltert, Neuerungen abhold und romantischen Erinnerungen an Segelschiffe und Kaperkrieg in den warmen Wassern des Schwarzen Meers verhaftet. Der Glaube an die Überlegenheit des anspruchslosen russischen Muschkoten, des eingezogenen Bauernsohns, und ein religiös genährter Glaube an das Heilige Rußland, das schon wegen seiner Masse an Menschen und der Weite des Landes nicht untergehen könne, waren der meist noch adeligen Führungsschicht eigen. Der Emporkömmling Japan wurde aus einer solchen, national verklärten Sichtweise verachtet, die Japaner als «gelbe Affen» karikiert und ihre militärischen Anstrengungen lächerlich gemacht.

In den Spannungen zwischen dem japanischen Inselstaat und dem russischen Kontinentalreich spiegelten sich die unterschiedlichen Formen eines Sozialimperialismus wider, dessen Kräftelinien sich in Korea und der Mandschurei überschnitten. Suchte das Zarenregime mit Hilfe kontinentaler Eroberungen das brüchig gewordene innenpolitische System zu stärken, so wollte der Emporkömmling Japan in einer Art Nachfolge-Imperialismus Gleichrangigkeit mit den Großmächten demonstrieren. Mit dem raschen Sieg über die chinesischen Streitkräfte hatte sich Japan auf der Liaotung-Halbinsel (Port Arthur) festgesetzt, um von dieser strategischen Schlüsselstellung aus die Seeverbindungslinien in das Gelbe Meer zu kontrollieren. Auf eine gemeinsame Intervention von Rußland, Deutschland und Frankreich hin hatte Japan den militärischen Vorposten auf dem Festland jedoch wieder räumen müssen. Dieser fiel statt dessen zwei Jahre später an Rußland. China trat zudem Bahnbaurechte in der Mandschurei an seinen kontinentalen Nachbarn ab, um diesem den Bau einer Trasse quer durch die Mandschurei nach Wladiwostok und einer Stichlinie zum neuen Kriegshafen Port Arthur zu ermöglichen. Mit dem Ausbau dieser neben Wladiwostok zweiten großen russischen Flottenstation und dem Bau der Transsibirischen Bahn stieg die militärische Präsenz Rußlands in Ostasien gewaltig an. Das Zarenreich wurde zu einer pazifischen Macht und damit zum Rivalen des aufstrebenden Japan. Nachdem 1900 die chinesische Boxer-Rebellion mit Hilfe eines internationalen Truppenaufgebotes niedergeschlagen worden war, weigerte sich Rußland, seine in die Mandschurei verlegten Interventionstruppen wieder abzuziehen. Japan wiederum beharrte auf einer Abgrenzung der Einflußsphären in der Mandschurei und seiner alleinigen Vorherrschaft über Korea.

Zu Beginn des Jahres 1904 standen die Zeichen auf Sturm. Die Marine, Japans stärkste und modernste Waffengattung, eröffnete am 27. Januar 1904 die Kampfhandlungen mit einem Überraschungsangriff auf den Kriegshafen Port Arthur. Die vor Anker liegenden russischen Kriegsschiffe wurden versenkt oder setzten sich – schwer beschädigt – selbst auf Grund, um die Einfahrt in die Bucht zu blokkieren. Die japanische Flotte unter Admiral Togo konnte fortan unbehelligt Truppentransporte über das Gelbe Meer und die Korea-Straße vornehmen. Die Kriegserklärung wurde voller weiterer Siegeshoffnungen zwei Tage später, am 11. Februar 1904, nachgereicht. Japan hatte militärisch die Initiative ergriffen und sollte sie auch während des gesamten Krieges behalten. Truppen rückten in Korea rasch und ungehindert bis zur Grenze, dem Yalu-Fluß, vor. In mehreren Winterschlachten forcierten die Soldaten des Tenno unter den wachsamen Augen der ausländischen Militärbeobachter den Übergang über den Fluß. Durch ihre Disziplin und ihren Kampfesmut zeigten sich die japanischen Verbände bereits bei diesen ersten Kämpfen dem schwerfälligen russischen Rekrutenheer weit überlegen.

Die Japaner drangen in die Mandschurei ein und zogen einen Belagerungsring um Port Arthur. Am Schicksal dieser Seefestung sollte sich, so das Kalkül beider Seiten, der Krieg entscheiden. Frische Truppen und schweres Belagerungsgerät wurden unter dem Schutz der Marine nach Port Arthur verschifft. Entsprechend der von deutscher Seite übernommenen Offensivtaktik stürmten die Japaner gegen die gut ausgebauten russischen Stellungen und erlitten bald horrende Verluste. Bei Attacken gegen die legendäre Höhe 203 – in ihrer Heftigkeit mit dem Kampf um Fort Douaumont bei Verdun im Ersten Weltkrieg vergleichbar – verloren die Japaner an einem einzigen Tag 15 000 Mann. Die Russen vermochten die Festung gut zu verteidigen. Doch auf Dauer war der Außenposten nicht zu halten, sofern er nicht Verstärkungen an Material und Truppen erhielt.

Die Regierung im fernen Petersburg konzentrierte folglich alle Anstrengungen auf einen Entsatz der Festung. Man war der Ansicht, daß dieser am besten von See her erfolgen konnte. Der Entsatz sollte begleitet werden von einem massierten Truppentransport auf der

Transsibirischen Bahn, um die Japaner in einer offenen Feldschlacht in der Mandschurei zu schlagen. Doch das ohnehin schwerfällige russische Aushebungsverfahren und Transportprobleme auf der eingleisigen und eigentlich noch im Erprobungsstadium befindlichen Strecke behinderten 1904 schnelle Truppenbewegungen zu Lande. Hauptziel der japanischen Flotte hingegen war es, einen Entsatz von Port Arthur über See zu unterbinden. Noch lag nämlich der Großteil des russischen Pazifikgeschwaders in Wladiwostok in Alarmbereitschaft. Die japanische Flotte beschränkte sich zunächst auf die Verminung der Gewässer vor Wladiwostok, um das Auslaufen der russischen Einheiten zu erschweren. Das Flaggschiff des Geschwaders, die «Petropawlowsk» unter Admiral S. O. Makarow, einem der wenigen fähigen höheren Seeoffiziere, lief auch prompt auf eine Mine, explodierte und sank mit der gesamten Mannschaft und ihrem Admiral. Das der japanischen Flotte weit unterlegene russische Fernostgeschwader sollte schließlich am 10. August 1904 den Versuch, Port Arthur zu entsetzen, mit dem Verlust von fünf schweren Einheiten und dem Tod des neuen Admirals Vijthof bezahlen. Die russische Fernostflotte war vernichtet, Japan kontrollierte die ostasiatischen Gewässer, der Fall von Port Arthur schien allein eine Frage der Zeit zu sein.

In Petersburg begann nun eine einflußreiche Hofkamarilla Einfluß auf den Zaren zu nehmen, als letztes Aufgebot die Baltische Flotte zu schicken. Für eine Entsendung der Ostseeflotte sprachen vor allem die Modernität und die Kampfkraft der dort stationierten Schlachtschiffe. Im Jahre 1904 war mit der Fertigstellung von vier dieser Linienschiffe, «Suworow», «Alexander III.», «Borodino» und «Orjol» zu rechnen, die jedes über 15 000 Tonnen Wasserverdrängung verfügten, mit ihren modernen Dampfkesseln 18 Knoten (= 33 km/h) liefen und über schwere 30,5 cm Geschütze verfügten. Auch ein Großer und drei Kleine Kreuzer sowie eine Reihe von Torpedobooten standen kurz vor der Auslieferung an die Flotte.

Doch in der Hauptstadt gingen die Meinungen über den Sinn und die Erfolgsaussichten eines solchen Unternehmens auseinander. Zum einen erforderte ein solcher längerer Einsatz Umbauten auf den Schiffen, zum anderen warf eine Reise des Verbandes um die Welt logistische Probleme auf. Auch war nicht sicher, ob sich Port Arthur bis zur Ankunft der Schiffe würde halten lassen. Der Zar zögerte, auch der von ihm am 11. April 1904 ernannte Oberbefehlshaber des Geschwaders, Admiral Roshestwenski, hegte Zweifel. Doch machte er seine innere Unsicherheit schon vor dem Auslaufen durch markige Sprüche wett, seine bald offenkundige Unfähigkeit zur Führung eines Großverbandes durch brutales Auftreten und schikanöse Disziplinierungsmaßnahmen. Mannschaftsgrade pflegte der zum Jähzorn neigende Admiral blutig zu schlagen. Als Günstling des Zaren war der Oberbefehlshaber das Produkt einer gesellschaftlichen Ordnung, in der einfache Menschen nichts zählten und Fachkompetenz durch Verbindungen bei Hofe wettgemacht wurden. Er war kein Einzelfall. Die Seeoffiziere dienten aus Standesgründen, waren schlecht ausgebildet und wenig motiviert. Für den Betrieb der neuen Anlagen fehlten Ingenieure, so daß Fachleute von der Handelsmarine dienstverpflichtet werden mußten. Die Mannschaft wiederum bestand zum Großteil aus hastig rekrutierten Landsoldaten. Für die Ausrüstung der Schiffe und ihre Verproviantierung wurde zwar an nichts gespart, doch Mannschaften und Offizierkorps konnten bestenfalls als zweitrangig gelten.

Der Zar hatte sich schließlich zum Auslaufbefehl durchgerungen, die Einheiten am 9. Oktober 1904 in Tallinn inspiziert, so daß der Verband von insgesamt 42 Schiffen am 15. Oktober endlich mit Libau den letzten russischen Hafen verlassen konnte. Die Stimmung an Bord war schlecht, zumal sich sogleich überall Mängel zeigten und die Mannschaften nicht aufeinander eingespielt waren. Da für Manöver keine Zeit geblieben war, hatte der Verband nicht einmal das Formationsfahren geübt, geschweige denn den Umgang mit den hochmodernen Geschützen und dem Feuerleitsystem bei einem Übungsschießen ausprobiert. Hinzu kam schon in der Ostsee die Furcht vor japanischen Torpedobootangriffen. Bei dieser Ungeübtheit und Nervosität ereigneten sich bereits in den ersten Tagen auf See mehrere Havarien, die den Verband zum Beidrehen nötigten. Der erste ernsthafte Zwischenfall war nur eine Frage der Zeit. Als sich ein solcher in der Nacht vom 21. auf den 22. Oktober auf der Doggerbank ereignete, hätte er fast den Ersten Weltkrieg, vermutlich jedoch mit anderen Fronten, ausgelöst. Ein Schiff am Ende des Verbandes meldete eine Verfolgung durch Torpedoboote von allen Seiten, die Nervosität nahm zu. Als schließlich von den Schiffen an der Spitze des Verbands auch noch ungewohnte Leuchtraketensignale ausgemacht wurden und kleinere Schiffe im Morgennebel auftauchten, gab es kein Halten mehr. Auf Befehl des Flottenchefs eröffneten die Richtkanoniere für zehn Minuten das Feuer. Als der Irrtum bemerkt wurde – der Verband war zwischen englische Fischerboote geraten –, war es zu spät. Ein Trawler war versenkt, einige Fischer getötet, andere schwammen verletzt im Wasser, und der eigene Kreuzer «Aurora» hatte einige Treffer erhalten, ohne daß die Granaten aber explodiert waren. Der Admiral befahl «Weitermarsch», ohne sich um die Schiffbrüchigen zu kümmern. Er blieb auch später bei seiner Auffassung, japanische Torpedoboote hätten sich zwischen den Trawlern versteckt gehalten.

Die britische Öffentlichkeit sah in dem Verhalten der «Russian mad-dog-fleet» einen erneuten Beleg für die Barbarei der russischen Oberschicht und ihre Inkompetenz. Die Presse verlangte eine Untersuchung des Vorfalls und eine harte Bestrafung «dieser sogenannten Seeleute». Die britische Flotte wurde umgehend in Alarmbereitschaft versetzt, der Bürgermeister von Tokio kondolierte demonstrativ. Großbritannien schien sich, in seiner nationalen Ehre gekränkt, den Japanern zuwenden zu wollen, so daß der Zar schnellstens einlenkte und eine großzügige finanzielle Kompensation in Aussicht stellte. Auch mußte sich die russische Marine der demütigenden Forderung nach einer internationalen Untersuchungskommission fügen. Der Ruf der russischen Flotte war ruiniert. Die Weltöffentlichkeit verfolgte fortan die Fahrt des Geschwaders mit Spannung und Spott. Die englische Boulevardpresse ließ keine Gelegenheit aus, sich über die russischen Seeleute lustig zu machen, während die britische Regierung auf strikter Einhaltung der Neutralitätsgesetze auf See bestand.

Da Rußland über keine Stützpunkte außerhalb seines Reiches verfügte, stellte die Kohleversorgung ein logistisches, aber auch ein politisches Problem dar. Der Verband benötigte bei normaler Geschwindigkeit täglich 3000 Tonnen hochwertiger Kohle, bei Höchstgeschwindigkeit etwa das Dreifache. Da sich nun auch Frankreich unter englischem Druck weigerte, diese Bekohlung vorzunehmen, sprang die deutsche Seite ein, um mit dieser Hilfeleistung den russischen Zaren stärker an Deutschland zu binden. Nach Absprache mit der Reichsregierung zeichnete die Hamburg-Amerika-Linie einen Vertrag über die Lieferung von insgesamt 340 000 Tonnen Kohle aus Cardiff. Sechzig Kohledampfer, die Hälfte davon unter deutscher Flagge, brachten die Ladungen schließlich an jeden gewünschten Punkt, bis zum letzten Bunkern des Verbandes vor der Küste von Indochina. Die Firma Krupp versorgte hingegen die japanische Flotte und Belagerungsartillerie mit ihren neuesten Kanonen. Das Deutsche Reich verdiente an dem Krieg ebenso gut wie Großbritannien.

Die laufenden Kohleübernahmen verzögerten die Fahrt und trugen wesentlich zur weiteren Demoralisierung der Mannschaft bei. Da mit Rücksicht auf das internationale Seerecht solche Bekohlungsaktionen nicht in Häfen erfolgen konnten, sondern nur auf offener See – also ohne die Hilfe von Kränen –, mußten die Mannschaften die Kohle schaufeln. Besonders bei tropischer Hitze waren diese Arbeiten unter Deck und ohne ausreichende Ventilation eine solche Schinderei, daß die Flotte die ersten Ausfälle an Männern zu verzeichnen hatte, die schlicht an Erschöpfung gestorben waren.

Der Verband wurde bei seinem Weitermarsch über Vigo nach Tanger von der britischen Flotte wachsam begleitet und den üblichen Demütigungen ausgesetzt. Die exakten Seemanöver der Royal Navy hoben sich auch für den letzten russischen Matrosen vom üblichen Chaos des russischen Verbandfahrens ab und trugen nicht zur Hebung der angeschlagenen Stimmung bei. In Tanger belustigte der Verband beim Auslaufen nochmals durch eine Reihe von Zwischenfällen die Weltpresse. So kappten die Russen versehentlich das Telegraphenkabel von Marokko nach Europa. Admiral Roshestwenski nahm nun mit dem Gros der Flotte, den in der 1. Division zusammengefaßten neueren Schlachtschiffen, Kurs um Afrika, während die älteren Einheiten unter dem Kommando des Admirals Fölkersam die Route durch den Suez-Kanal wählten. An der Nordspitze Madagaskars sollten sich beide Verbände wieder vereinigen. Die Motive für diese Teilung der Flotte liegen im Dunkeln, waren doch nunmehr Formationsübungen nicht mehr durchzuführen. Offensichtlich wollte sich der Oberbefehlshaber weiterer britischer Aufsicht und Schikanen entziehen.

Der Hauptverband gelangte auch ohne größere Zwischenfälle zum vereinbarten Treffpunkt. Die Mannschaften trainierten vor allem das Bekohlen der Schiffe, so daß für Gefechtsübungen keine Zeit blieb. Doch die Nachrichten vom fernöstlichen Kriegsschauplatz verhießen nichts Gutes und wirkten lähmend auf die Besatzungen. Als die Schiffe vor Hell-Ville (benannt nach dem französischen Admiral Hell) auf Madagaskar eintrafen, war die Kapitulation von Port Arthur zur Gewißheit geworden. Während eines zweimonatigen, von Petersburg erzwungenen Aufenthaltes in den tropischen Gewässern vor Madagaskar sank die Kampfmoral von Matrosen und Offizieren auf den Nullpunkt. Trotz Protesten und eines Rücktrittsgesuches des Admirals schickte Petersburg nunmehr einen dritten Verband bunt zusammengewürfelter Einheiten unter Admiral Nebogatow nach. Diese völlig veralteten Kriegsschiffe, von den Mannschaften «Selbstversenker» genannt, sollten die Flotte bei dem nunmehr angeordneten Durchbruch nach Wladiwostok verstärken. Sie mußten den Verband jedoch zwangsläufig noch unbeweglicher und langsamer machen als er es ohnehin schon war. Die inzwischen vor Madagaskar wieder vereinigten beiden Divisionen (1. und 2.) mußten auf den Nachzügler, die 3. Division warten, die am 18. Februar 1905 in Kronstadt auslief. Nunmehr setzte der Oberbefehlshaber erstmals militärische Übungen auf den Dienstplan. Gelang die Abwehr feindlicher Torpedoboote im gemeinsamen Manöver noch einigermaßen, so waren die dreimal angesetzten Schießübungen eine einzige Blamage. Das Geschwader konnte weder schießen, noch manövrieren, geschweige denn beides gleichzeitig. Selbst das Flaggschiff feuerte versehentlich Übungsgranaten auf einen eigenen Kreuzer.

Inzwischen waren Nachrichten über die Revolution in Rußland, den Petersburger Blutsonntag (22. Januar 1905), und russische Zeitungsartikel zur Überlegenheit der japanischen Flotte auch bei den Mannschaften bekannt geworden. Der Weitermarsch wurde zunehmend als Todesfahrt empfunden, vor allem als auch noch die Nachricht von der russischen Niederlage in der Landschlacht bei Mukden (10. März) eintraf. Da die Moral der auf Madagaskar festsitzenden Besatzungen nun vollends zusammenbrach, wußte sich Roshestwenski nicht anders zu helfen, als vorzeitig die Hölle von Hell-Ville zu verlassen, ohne die Ankunft der 3. Division abzuwarten. Anfang Mai ankerten die Schiffe nochmals für zehn Tage in der Bucht von Camrank im nördlichen Indochina, um dort das Eintreffen der folgenden Division abzuwarten. Am 25. Mai lief dann der vollständige Verband von 52 Schiffen Richtung Japanisches Meer aus, absolvierte einen einzigen Tag Übungen im Formationsfahren und wurde schließlich am 27. Mai um 5.30 Uhr von einem japanischen Patrouillenboot entdeckt. Der russische Admiral hatte weder einen Schlachtplan, noch jemals eine Besprechung mit seinen Stabsoffizieren und Kommandanten angesetzt. Bis zuletzt war der Kurs – ob durch die Korea-Straße oder im Bogen um Japan herum – unklar geblieben. Roshestwenski entschloß sich für den direkten Weg nach Wladiwostok, da er ein Durchqueren der Tsugaru-Straße (zwischen Hokkaido und Honshu) oder der Pérouse-Straße (zwischen Hokkaido und Sachalin) für ebenso riskant erachtete. Zur Täuschung schickte er allerdings zwei kleinere Kriegsschiffe auf diesen Rundkurs. Doch dieses Manöver verfehlte seinen Zweck, da die Schiffe von den Japanern nicht entdeckt wurden.

Admiral Togo hatte sich mit der japanischen Flotte in Lauerstellung in die Chinhai-Bucht an der Südostküste Koreas begeben, hegte aber auch Zweifel, ob der Feind wirklich versuchen würde, durch die Korea-Straße zu brechen oder nicht doch den Umweg um Japan nehmen würde. Im letzteren Fall hätte Togo die Russen spätestens vor Wladiwostok abfangen müssen. Als die Meldung von der Ankunft des Feindes eintraf, lagen Togos schnelle Verbände etwa 90 Meilen von dem russischen Verband entfernt und mußten diesem nur entgegen fahren. Mit der Aufklärung des Gegners lag die Initiative bereits vor dem Zusammentreffen beider Flotten bei den Japanern. Der russische Admiral hingegen verfügte über keinerlei Nachrichten über den Standort oder den Anmarschweg der japanischen Kriegsflotte.

Die aufeinander zulaufenden Flottenverbände werden allgemein als gleich stark angesehen. Die russischen Linienschiffe waren schwerer gepanzert und ihre Feuerkraft war etwas stärker, die japanischen Großkampfschiffe waren dagegen durch ihre geringere Tonnage manövrierfähiger als die russischen. Die Geschwindigkeit der Schlachtschiffe beider Seiten war mehr oder minder gleich, dafür waren die japanischen Panzerkreuzer erheblich schneller als das Gros der russischen Kreuzer. Doch Roshestwenski mußte auf die langsameren Schiffe der 3. Division Rücksicht nehmen, wollte er den Verband nicht auseinanderreißen und die älteren Einheiten zur leichten Beute der Japaner machen. Togo wiederum mußte solche Rücksicht nicht walten lassen, sondern faßte die schnellen Linienschiffe und die ohnehin über 20 Knoten laufenden Panzerkreuzer in zwei Angriffsverbänden zusammen. Der Ausgang der Schlacht war aber vor dem ersten Schuß entschieden. Gegen die hervorragend ausgebildeten, hoch motivierten und glänzend von Togo geführten Einheiten hatten die Russen unter dem jähzornigen Zarengünstling Roshestwenski keine Chance.

Togo Heihachiro war 1847 als Sohn eines Samurai im Fürstentum Satsuma geboren worden. Die fürstliche Regierung sandte ihn zum Studium der Royal Navy nach England. In sieben Jahren absolvierte er nicht nur die englische Marineakademie, sondern auch regulären Dienst auf einem britischen Kriegsschiff. Da Vertreter von Satsuma den Ausbau der neuen japanischen Marine kontrollierten, machte der junge Leutnant, aus dem Ausland zurückgekehrt, schnell Karriere. Im Krieg mit China kommandierte Togo bereits sein eigenes Schiff, wurde kurz darauf Leiter der japanischen Marineakademie und führte schließlich 1900 die im Boxerkrieg eingesetzten japanischen Schiffsverbände. Drei Jahre später wurde er zum Oberbefehlshaber der Flotte ernannt. Togo verfügte über ein homogenes, seeerfahrenes und kampferprobtes Offizierkorps, das er im wesentlichen persönlich ausgebildet hatte. Fünf der ihm unterstellten acht Admirale waren seine Schüler. Der japanische Oberbefehlshaber galt, ganz im Gegensatz zu seinem Gegenüber, als das Muster eines Seeoffiziers, kompetent, loyal, aufrecht, geschickt und bescheiden. Schon vor seinem glänzenden Sieg über die russische Flotte war Togo zu einer Legende geworden. In unerschütterlicher Siegesgewißheit ließ er am Morgen des 27. Mai an seinem Flaggschiff, der «Mikasa», das Signal setzen: «Zukunft oder Untergang des Vaterlandes hängt von dieser Schlacht ab. Möge jeder nach besten Kräften seine Pflicht tun.»

Auch im russischen Geschwader herrschten nunmehr im Angesicht der den Verband beschattenden japanischen Kriegsschiffe Siegeshoffnungen vor, blieben doch die japanischen Kreuzer erst einmal außerhalb der Reichweite der russischen 30,5 cm-Geschütze. Da der 27. Mai Krönungstag des Zaren war, fanden auf allen Schiffen morgens Gedenkgottesdienste statt. Im Anschluß daran erhielten die Mannschaften eine Sonderration Rum, die Offiziere Champagner. Die Flotte fuhr in doppelter – versetzter – Kiellinie, die 1. Division unter Führung des Flaggschiffes «Suworow» östlich leicht vorgezogen gegenüber der westlichen, der 2. Division unter Admiral Fölkersam auf dem alten Linienschiff «Nikolai I.». Der Admiral war jedoch nach langer Krankheit in der Nacht zuvor verstorben, was der Oberbefehlshaber verheimlichte. Die Kommandostrukturen waren folglich nicht geregelt. Der Admiral der 3. Division, die der 2. in Kiellinie folgte, Nebogatow, wußte vom Ableben seines Kameraden nichts und konnte den ihm nunmehr zugefallenen Posten eines stellvertretenden Oberbefehlshabers nicht einnehmen. Es sollte dann auch Stunden dauern, bis Nebogatow von dem schwer verwundeten Roshestwenski zur Übernahme des Geschwaders aufgefordert wurde, zu einem Zeitpunkt, als dessen Schicksal schon entschieden war. Die russische Flotte war in den entscheidenden Stunden der Schlacht vollständig führungslos.

Der russische Verband betrieb keine weiträumige Aufklärung, so daß die von Norden erfolgte Anfahrt der japanischen schweren, schnellen Einheiten unbemerkt geblieben war. Roshestwenski hatte gerade das Aufschließen der beiden Divisionen zur einfachen Kiellinie angeordnet, als die japanischen Linienschiffe in Sichtweite kamen.

Da die Russen ihre Geschwindigkeit koordinieren mußten, die Abstände aber zum Einfädeln zu kurz waren, mußten die hinteren Schiffe die Fahrt drosseln. Die russische Flotte befand sich wieder einmal im Zustand der Konfusion. Es gelang daher Togo leicht, in sicherer Entfernung den Kurs der Flotte von Ost nach West zu kreuzen, d. h. das klassische Manöver «Crossing the T» durchzuführen. Doch nicht genug mit diesem Überraschungserfolg. Der taktisch hervorragend geschulte Admiral nutzte die Konfusion des Gegners zu einem gefährlichen Manöver. Er ließ, beginnend mit seinem Flaggschiff, den gesamten Verband um 180 Grad wenden, um von einem Parallelkurs die russischen Schiffe nach Steuerbord (Osten) abzudrängen und sie somit von ihrem Kurs nach Wladiwostok abzubringen. Statt die vorübergehende Schwäche des Gegners während dieses Manövers zu nutzen und sofort Feuer zu eröffnen, scheint der russische Oberbefehlshaber von der Kühnheit Togos fasziniert gewesen zu sein. Als der Admiral schließlich um 13.55 Uhr den Feuerbefehl gab, lagen die ersten Salven so gut, daß die «Mikasa» einige Treffer erhielt und Admiral Togo leicht verwundet wurde. Doch kaum war der japanische Verband wieder in Formation, fanden sich die russischen Linienschiffe von einem Geschoßhagel eingedeckt. Da die Japaner Granaten mit Aufschlagzündern verwendeten, ergoß sich rasch ein Splitterregen über die russischen Schiffe und führte überall auf den Decks zu Bränden. Die Japaner faßten ihre Salven aus etwa sechs Kilometer Entfernung zudem auf die beiden russischen Flaggschiffe, die «Suworow» und die «Osljabja» zusammen. Das Schiff des Admirals erhielt einen Treffer in die Ruderanlage, mußte ausscheren und noch einen Treffer im Kommandoturm hinnehmen. Der Panzerturm, die Kommandozentrale Roshestwenskis, war zwar nicht durchschlagen worden, doch durch die breiten Sehschlitze gelangten Splitter in das Innere des Turmes; einige Offiziere wurden getötet, der Admiral schwer verletzt. Führerlos trieb der Stolz der Baltischen Flotte, die «Suworow», brennend in der See. Nach nicht einmal einer Stunde Gefecht kenterte dann um 14.55 Uhr die ebenfalls schwer beschädigte «Osljabja» und riß zwei Drittel der Besatzung mit in die Tiefe. Das erste Großkampfschiff in der neueren Seekriegsgeschichte war gesunken.

Die russischen Mannschaften und Offiziere waren wie gelähmt und häufig zu den einfachsten Gegenmaßnahmen wie Feuerlöschen außerstande. Fortan herrschten im russischen Verband, der nun noch dazu ohne Befehlshaber war, nackte Angst und Chaos. Die

Linienschiffe «Aleksander II.» und «Borodino» versuchten zeitweilig die Führung zu übernehmen, erhielten jedoch so viele Treffer, daß sie schnell sanken. Auf der «Borodino» explodierte das Munitionsdepot, so daß die gesamte Besatzung bis auf zwei Matrosen ums Leben kam. Von den vier modernen russischen Schlachtschiffen vermochte sich nur die «Orjol» schwer beschädigt über Wasser zu halten und mit den älteren Einheiten zusammen den Kurs auf Wladiwostok fortzusetzen. Schließlich ging ein Zerstörer längsseit der brennend dahintreibenden und langsam sinkenden «Suworow», um den Admiral und die überlebenden Stabsoffiziere zu übernehmen. Roshestwenski war bewußtlos und auch, nachdem er wieder zur Besinnung gekommen war, unfähig, die Lage zu überblicken. Seine Offiziere nutzten diese die Gelegenheit, das Leben des Admirals und damit auch das eigene zu retten. Am Abend des 27. Mai war die Kampfkraft der russischen Flotte gebrochen, etwa 5000 russische Seeleute hatten den Tod gefunden. Die versprengten Reste suchten ihr Heil in der Flucht Richtung Wladiwostok oder flüchteten, wie das Kreuzergeschwader unter Admiral Enquist, gleich in sichere amerikanische Gewässer, nach Manila. Einzelne Schiffe kämpften bis zum Untergang, einige kleinere Einheiten fielen noch den Nachtangriffen japanischer Torpedoboote zum Opfer, bevor sich die versprengten Reste um den neuen Oberbefehlshaber auf dem alten Linienschiff «Admiral Nachimow» sammelten. Da der Rest der Flotte völlig umzingelt war, kapitulierte Nebogatow, um den sinnlosen Tod von weiteren 5000 Mann zu vermeiden. In Ermangelung einer weißen Fahne ließ der Admiral ein großes Tischtuch hissen. Erst als die russischen Kriegsschiffe ihre Maschinen stoppten, ließ Togo die Beschießung einstellen und in einem Torpedoboot den russischen Admiral auf die «Mikasa» holen. Nebogatow bot die Übergabe von zwei Linienschiffen, zwei Panzerkreuzern und einem Zerstörer an. Etwa 24 Stunden nach Eröffnung der Kampfhandlungen war die Schlacht zu Ende. «Zum Schluß», so vermerkt die nüchtern gehaltene amtliche japanische Chronik, «leerten die Admiräle ein Glas Sekt auf die Beendigung des blutigen Kampfes.» Auch der Zerstörer mit Admiral Roshestwenski an Bord fügte sich wenig später der Aufforderung zur Kapitulation. Bei eigenen Verlusten von drei Torpedobooten und 110 Seeleuten hatte Admiral Togo 19 gegnerische Schiffe versenkt und fünf zur Übergabe gezwungen. Der Oberbefehlshaber, 122 Offiziere und 5710 Matrosen gerieten in japanische Kriegsgefangenschaft.

Viele Faktoren lassen sich für diese totale Niederlage benennen. Mangelhafte Ausbildung der Mannschaften und mangelnder Kampfgeist bei den meisten Offizieren müssen als Hauptgründe genannt werden. Die Inkompetenz des Admirals, die Führungslosigkeit während der Schlacht kamen erschwerend hinzu. Die bunte Zusammensetzung des russischen Verbandes aus alten langsamen Linienschiffen und neu gebauten Schlachtschiffen erschwerte eine einheitliche Führung. Der größte und gravierendste technische Mangel waren die russischen Granaten, von denen ein gutes Drittel nicht explodierte. Wegen der Fahrt durch tropische Gewässer war der Feuchtigkeitsgrad des Pulvers erhöht worden, um Selbstentzünder zu vermeiden.

Die politischen Folgen dieser Katastrophe, des ersten Sieges Asiens über den Westen, waren 1905 gar nicht absehbar, bestimmten jedoch den weiteren Gang der Geschichte ganz wesentlich. In Rußland entfremdete die Niederlage nun auch die Oberschicht, die letzte Bastion der Autokratie, dem Zarismus. Die Revolution verbreitete sich wie ein Lauffeuer im ganzen Land und erfaßte alle Schichten. Im Oktobermanifest von 1905 mußte Zar Nikolaus erstmals die Beteiligung seiner Untertanen an der Regierung bestätigen. In Japan formierte sich aus Enttäuschung über den sogenannten Schmachfrieden von Portsmouth vom 5. September 1905, der dem Tenno-Reich lediglich Südsachalin und das heiß umkämpfte Port Arthur als territoriale Gewinne eingebracht hatte, das nationale Lager der unzufriedenen Rechten. Diese militanten Kräfte sollten ab 1932 in Japan die Regierung übernehmen und das Land in die Katastrophe des Pazifischen Krieges (1941–45) führen. Nationale Bewegungen in halbkolonialen Ländern wie in China oder in den asiatischen Kolonien, wie in Indien, sahen in dem japanischen Sieg einen Befreiungsschlag aller unterdrückten Völker gegen die verhaßten imperialistischen Westmächte. Japan wurde zum Idol einer Befreiung vom Joch des weißen Mannes und eignete sich selbst diese Rolle schnell an. Der japanische Sozialimperialismus erschien fortan im Gewand einer Befreiungsmission und fand nicht zuletzt im Pazifischen Krieg die Unterstützung der Kolonialvölker. Die Entkolonialisierung nahm ihren Anfang in Tsushima 1905 und zeitigte 1947 mit der Entlassung Burmas und Indiens in die Unabhängigkeit erstmals konkrete Resultate. Der Ausgang der Schlacht von Tsushima und die unterschiedliche Rezeption stellten historische Weichen für das vergangene 20. Jahrhundert, die noch immer, zumindest in Ostasien, die Politik bestimmen.

Tod in Masuren
Tannenberg, 23. bis 31. August 1914

Markus Pöhlmann

Auf der vom Neuschnee verwehten Mole stehen die beiden Särge, zwischen ihnen stapeln sich die in Öltuch gewickelten Regimentsfahnen. Ein Matrose, eingepackt in dicke Winterschutzbekleidung, bewacht in klirrender Kälte dieses eigentümliche Arrangement. Königsberg im Januar 1945 – kaum ein Foto spiegelt auf derart eindrückliche Weise Triumph und Nemesis der deutschen Militärmacht im 20. Jahrhundert wider. Vor der Roten Armee zurückweichend hatten deutsche Truppen das nahe dem ostpreußischen Hohenstein gelegene Tannenberg-Nationaldenkmal gesprengt, das an den Sieg der Deutschen über die Russen im August 1914 erinnerte. Zuvor hatte ein Kommando dort die Gruft geöffnet, die Särge des Feldmarschalls Paul von Hindenburg und seiner Frau heraufgeholt, sie mitsamt der ebenfalls im Denkmal ausgestellten Regimentsfahnen auf Lastwagen verladen und zur weiteren Verschiffung nach Westen in den Hafen von Königsberg gebracht.

Auch zu Beginn des Ersten Weltkriegs, im heißen Sommer 1914, stand der Krieg vor der östlichsten Provinz des Deutschen Reichs. Der deutsche Kriegsplan hatte den dort liegenden Truppen keine angenehme Rolle zugedacht. Sieben deutsche Armeen sollten zunächst in Frankreich die Entscheidung suchen, gegen Rußland verblieb einzig die 8. Armee in Ostpreußen, welche unter dem Kommando von Generaloberst Max von Prittwitz und Gaffron stand (I., XVII., XX. Armeekorps und I. Reservekorps). Beim Generalstab in Berlin war die Möglichkeit eines russischen Angriffs in den letzten Friedensjahren immer wieder durchgespielt worden, mit dem Ergebnis, daß die Aufgabe der Armee darin bestehen müsse, den gleichzeitig von Osten als auch von Süden erwarteten Gegner rasch und möglichst getrennt zu schlagen. Den militärischen Überlegungen kam hier die Geographie zu Hilfe, denn die weitläufige Masurische Seenplatte zwang jeden Angreifer zur Teilung seiner Streitkräfte. Jeden nördlich

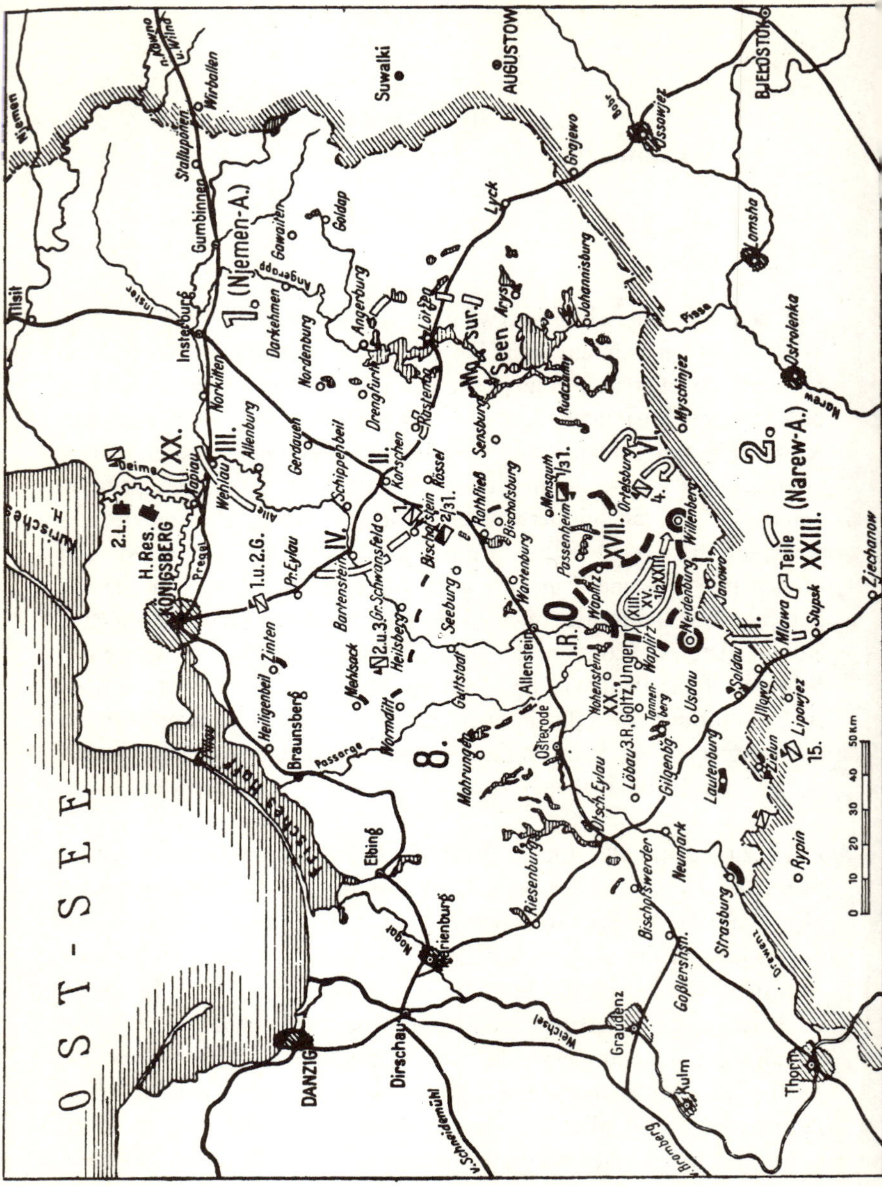

Die Schlacht bei Tannenberg
(Lage am Abend des 29. August)

umgehenden Angreifer mußte zudem die Festung Königsberg bedrohen; den einzigen Weg durch die Seen sperrte die kleine Feste Lötzen. Dies alles hatte natürlich auch der russische Kriegsplan zu berücksichtigen. Dieser sah den Hauptstoß gegen die österreichisch-ungarische Armee in Galizien vor, gegen die Deutschen wollte das Oberkommando zunächst nur zwei Armeen vorführen: die vom Njemen aus nördlich der Seen vorstoßende 1. Armee unter General Pawel von Rennenkampf (II., III., IV., und XX. Armeekorps) und die am polnischen Narew versammelte und südlich der Seen angreifende 2. Armee unter General Alexander Samsonow (I., VI., XIII., XV. und XXIII. Armeekorps). Beiden Armeen war befohlen, die in Ostpreußen vermuteten deutschen Truppen einzuschließen und dabei vor allem ihren Rückzug hinter die Weichsel zu verhindern. Die Abmachungen mit den Franzosen verpflichteten die Russen überdies, mit ihrem Angriff schon am 15. Mobilmachungstag zu beginnen, um damit den Bündnispartner im Westen zu entlasten.

Bei Kriegsbeginn am 2. August stand den Deutschen also ein an Zahl weit überlegener Feind gegenüber: 13 deutsche Divisionen Infanterie gegenüber 21 auf russischer Seite, eine einzige Kavallerie-Division gegen achteinhalb auf russischer Seite. Zudem bestand über die Hälfte der deutschen Truppen aus Reserve- und Ersatztruppen und Landwehr, die beiden russischen Armeen setzten sich dagegen zum größeren Teil aus aktiven Truppen zusammen. Der erdrückenden Überlegenheit an russischer Reiterei konnte die deutsche Seite nur die bessere artilleristische Ausstattung ihrer Verbände und das Eisenbahnnetz entgegensetzen. Was Führungsqualitäten und den Kampfwert der Truppen anging, so mußte dies Gegenstand der Spekulation bleiben. Zwar galt die preußisch-deutsche Armee weiterhin als eine der besten der Welt, doch war sie seit 1871 nicht mehr im Feuer gestanden. Die zaristische Armee hatte im Krieg gegen Japan 1904/05 zwar eine schmerzliche Niederlage erlitten, doch ließen sich auch aus verlorenen Kriegen wertvolle militärische Lehren ziehen.

Die russische 1. Armee überschritt die deutsche Grenze am 17. August, der Vormarsch der 2. Armee dagegen verzögerte sich von Beginn an. Unter dem Druck des vorgesetzten Heeresgruppenkommandos hatte Samsonow seine Truppen eilig und ohne den Aufmarsch vollständig abgeschlossen zu haben vom Narew heranführen müssen. Vielerorts waren Nachschub und Funkverbindungen noch nicht eingerichtet, Stärke und Lage des Feindes waren ihm weitgehend unklar. Die Meldung von Rennenkampfs Eindringen hatte beim deutschen Armeeoberkommando zu dem Entschluß geführt, diesem Gegner zuerst entgegen zu treten. Gleichwohl war dieser Entschluß bereits durch die Ereignisse vorweggenommen worden, denn der Kommandierende General des an der Ostgrenze liegenden I. Armeekorps, General Hermann von François, hatte sein Korps – entgegen dem ausdrücklichen Befehl von Prittwitz – beim Auftauchen der Russen sofort diesen entgegen geführt und sie bei Stallupönen in ein erstes, entscheidungsloses Gefecht verwickelt. Drei Tage später, am 20. August, prallten das I. und das XVII. deutsche Armeekorps sowie das I. Reservekorps bei Gumbinnen auf das III. und XX. Korps der 1. Armee. Hier zeigte der moderne Krieg erstmals sein tödliches Gesicht. Von recht traditionellem Reitergeist beseelt befahl der Führer des XVII. Korps, General August von Mackensen, seinen Truppen einen Frontalangriff, der jedoch bald im Maschinengewehrfeuer zweier eingegrabener russischer Divisionen zusammenbrach. Die Schützenlinien suchten verzweifelt auf offenem Feld Deckung zu nehmen, Panik brach aus. Nur mit Mühe gelang es, die Truppe am Abend zu sammeln. Der Kontakt zur einzigen Kavallerie-Division war verloren gegangen, sie sollte sich erst Tage später, durch Märsche und Scharmützel völlig erschöpft, wieder einfinden. Auf russischer Seite war diese erste Begegnung nicht weniger blutig verlaufen, doch hoffte man auf die heranrükkende Verstärkung. Prittwitz wollte sich einer Wiederaufnahme des Kampfes am folgenden Tag nicht aussetzen. Die Meldungen aus dem Süden warnten, daß nun auch stündlich mit dem Grenzübertritt der russischen 2. Armee zu rechnen war. Er befahl daher, den unentschiedenen Kampf abzubrechen und sich im Schutze der Nacht vom Feind abzusetzen. Noch in derselben Nacht meldete er an die Heeresleitung in Koblenz, daß er beabsichtige, mit der Armee den Rückmarsch nach Westpreußen anzutreten. Beim Generalstabschef Helmuth von Moltke hinterließen Feindlagemeldungen und telefonische Rückfragen bei den einzelnen Korps aber schwere Zweifel, ob der Rückzug unumgänglich war, den Prittwitz offensichtlich bis hinter die Weichsel durchführen wollte. Da faßte der Generalstabschef einen schwerwiegenden Entschluß: Er enthob den Oberkommandierenden der Armee mitsamt seinem Stabschef kurzer Hand des Kommandos. Doch wen an seine Stelle setzen? Die Zeit drängte, die Wahl fiel auf einen verabschiedeten General, dessen Gesuch auf Wiederverwendung noch bei Kriegsausbruch aus Altersgründen abgelehnt worden war: Generaloberst Paul von Beneckendorff und von Hindenburg. Ob dieser der Aufgabe gerecht werden konnte, würde sich zeigen müssen; viel wichtiger war ohnehin die Wahl eines geeigneten Stabschefs. Hier fiel Moltkes Wahl auf Generalmajor Erich Ludendorff. Dieser war ihm als ein zäher «Machertyp» noch aus seiner Vorkriegszeit im Generalstab bekannt. Innerhalb von Stunden waren die zwei Offiziere benachrichtigt, ein Sonderzug brachte beide noch in derselben Nacht nach Marienburg, wo sie am Mittag des 23. von den verbliebenen Mitgliedern des Stabes Prittwitz reichlich «frostig», wie sich Ludendorff erinnerte, empfangen wurden.

Schon am Tag nach Gumbinnen hatte sich die Lage der 8. Armee jedoch bereits wieder soweit stabilisiert, daß das Oberkommando von sich aus vom allgemeinen Rückzug Abstand genommen hatte und statt dessen eine Vereinigung seiner vier Korps bei dem nördlich von Neidenburg stehenden XX. Korps, nun also gegen die Armee Samsonows, ins Auge gefaßt hatte. Hierzu war das I. Korps auf die Eisenbahn verladen worden, um – einer Rochade beim Schachspiel gleich – über Königsberg und Marienburg vom linken auf den äußersten rechten Flügel der deutschen Armee verschoben zu werden. Der russische Nachrichtendienst scheint diese Bewegung von immerhin rund 45 000 Mann nicht erkannt zu haben, ein Versäumnis, das sich bald rächen sollte. Als der neue deutsche Oberbefehlshaber beim Stab eintraf, fand er also bereits eine Lage vor, die so verzweifelt nicht mehr war. Nun wurden auch das seit Gumbinnen angeschlagene XVII. und das I. Reservekorps in Eilmärschen nach Süden angesetzt; gegen die Armee Rennenkampf blieb damit nur die Festung Königsberg, die Kavallerie-Division und ein verstreuter Haufen von Landsturmformationen zurück. Schon kam vom XX. Korps die Meldung, daß Gefechtsberührung mit den Russen unmittelbar bevorstünde. Für das Armeeoberkommando stellten sich also zwei Fragen: Erstens, würde das XX. Korps des General von Scholtz als «Fels in der Brandung» den Angriff der Armee Samsonow so lange abwehren können, bis die beiden Korps der Ostgruppe (XVII. AK und I. RK) zur Hilfe herangeeilt kämen und das I. AK seine Ausladung beendet hatte? Und zweitens, wie schnell würde Rennenkampf im Norden die Verfolgung der Deutschen wieder aufnehmen?

Schon am Nachmittag des 23. war das russische XV. Korps (General Martos) zwischen Gilgenburg und Orlau auf die deutschen Linien getroffen. Um die Ortschaften Lahna und Orlau entspannen sich bis in den Abend erbitterte Ortskämpfe. Um der für den nächsten Tag drohenden Umfassung durch die Übermacht zu entgehen, wurden die deutschen Truppen noch in der Nacht in eine sichere Stellung zurückgezogen, wobei die eigenen Verwundeten in der Dunkelheit zurückgelassen wurden. Der Chronik zufolge hätten die erschöpften Soldaten am Abend, im Hochgefühl, den Feind abgewehrt zu haben, noch die «Wacht am Rhein» angestimmt – sicher ein reichlich bizarres Schauspiel, so nah am sumpfigen Grund der ostpreußischen Alle.

Die Rücknahme der Front beim XX. Armeekorps sollte diesem noch einen Tag Ruhe verschaffen, doch erschien das Aufeinandertreffen der deutschen Westgruppe (I. und XX. Korps) mit den russischen Hauptkräften dann unausweichlich. Das deutsche Oberkommando faßte deshalb den Entschluß, für den 26. August einen Angriff auf die beiden Flügel der feindlichen Armee zu wagen. Im Süden sollte dies durch einen Durchbruch von François über Seeben auf Usdau geschehen, im Norden sollten die heranmarschierende Ostgruppe die rechte russische Flanke aufrollen. Dabei wurde die Planung durch glücklichen Zufall erleichtert: Am Morgen des 25. fingen die Deutschen zwei unverschlüsselte russische Funksprüche ab. Der erste nannte die befohlenen Marschziele der Armee Rennenkampf für den nächsten Tag, somit war also Aufschluß darüber gegeben, in welche Richtung und vor allem wie weit der Gegner im eigenen Rücken vorzustoßen beabsichtigte. Im zweiten Funkspruch wies Samsonow dem Führer des XIII. Korps als Marschziel die Linie Osterode – Allenstein an. Hieraus konnten die Deutschen schließen, daß für den heutigen Tag mit einem Angriff gegen die eigene Westgruppe nicht mehr zu rechnen war.

Auf russischer Seite waren die Absichten des Gegners weniger klar. Rennenkampf hatte nach Gumbinnen auf eine Verfolgung der Deutschen verzichtet und den Weitermarsch erst volle zwei Tage später wieder aufgenommen; damit war ihm der Gegner entkommen, in welche Richtung war unklar. Er nahm an, daß sich die Deutschen nun auf die Weichsel – also nach Westen – zurückzogen. Auch die zahlreichen deutschen Flüchtlinge ließen vermuten, daß der Gegner die Provinz aufgab. Tatsächlich aber befand sich die deutsche Ostgruppe im Eilmarsch nach Süden, gegen Samsonow! Auch dieser nahm einen Rückzug der Deutschen nach Westen an, den er durch einen energischen Vorstoß auf die in dem Funkspruch an das XIII. Korps bezeichnete Linie abzuschneiden beabsichtigte. Gleichzeitig ließ er seinen rechten Flügel, das VI. Korps, zur Sicherung nördlich von Bischofsburg stehen, wodurch sich seine Kräfte weiter verzetteln mußten. Jetzt machte sich die Erschöpfung der seit über zehn Tagen marschierenden Truppen bemerkbar. Je weiter sie marschierten, desto weiter mußten sie sich von ihrem nachgeführten Train entfernen.

Der befohlene Durchbruch des I. Armeekorps auf Usdau stieß bei dessen Führer auf wenig Begeisterung, da sein Korps noch nicht vollständig antransportiert war, vor allem die für einen Durchbruch unentbehrliche Artillerie fehlte noch. Doch hielt das Oberkommando an dem Entschluß fest, jeder Tag Verzögerung würde die Armee Rennenkampf näher in den eigenen Rücken führen. Das Desaster Mackensens bei Gumbinnen vor Augen verschleppte François nun die Angriffsvorbereitungen derart, daß der Angriff am 26. nach der Einnahme von Seeben zum Ende kam. Erst am 27. gelang es, Usdau einzunehmen. Die Regimentsgeschichte des Infanterie-Regiments Nr. 41 schilderte eine Art der Kriegführung, die in diesen Tagen zu Ende ging: «7.15 Uhr wird angetreten. In flottem Tempo setzen sich die breiten Schützenlinien in Bewegung und streben dem etwa 3000 m entfernt liegenden Usdau entgegen. Ein prachtvolles Bild, wie man es auf dem Exerzierplatz und im Manöver so oft gesehen hat. Tadellose Ordnung, absolute Ruhe (...) Die Russen haben keine Nerven, schon auf weiter Entfernung zwitschern die ersten Geschosse durch unsere Reihen.»[1] Weniger als 1000 Meter an den feindlichen Graben herangekommen, verschärft sich das feindliche Gewehrfeuer, die Reihen lichten sich. Da wird der Befehl «Seitengewehr – pflanzt auf» gegeben, die Regimentsfahnen werden enthüllt. Plötzlich setzt von vorne hämmernd ein Maschinengewehr ein, hier und dort reißt einer die Arme hoch und bricht zusammen. Der Schritt der Schützenlinie beschleunigt sich unaufhaltsam, als würden die Soldaten vom tödlichen Feuer angezogen. Über Verwundete und Leichen hinweg durchlaufen sie den letzten Wiesengrund. Rettung nach vorne suchend stolpern und rennen sie auf die Grabenlinie zu, in der nun vereinzelt grüne Mützen über dem Rand erscheinen, Mündungsfeuer blitzt auf. Die ersten springen in den Graben, immer mehr drängen nach, die folgenden Minuten sind ein blindwütiges Totmachen mit Bajonetten, Gewehrkolben und Spaten. Die ersten Russen brechen nach hinten aus, andere ergeben sich, der Graben ist in Besitz genommen. Nachdem sich überlebende Freunde und Feinde wieder gesammelt haben und eine trügerische Ordnung wieder hergestellt ist, werden die Gefangenen zusammengetrieben: Sie tragen Achselklappen mit der Regimentsnummer 85 – das zaristische Regiment «Wiborg», dessen Chef ehrenhalber der deutsche Kaiser ist.

Tatsächlich wich jetzt das russische Flügelkorps über Soldau nach Polen zurück, der Weg in die südliche Flanke der russischen Armee schien sich zu öffnen. Beim benachbarten XX. Korps verliefen die Angriffe am 26. wenig zufriedenstellend, gerade auf dem linke Flügel am Mühlen-See schien der Westgruppe ihrerseits eine Umfassung durch das russische XV. Korps zu drohen. Doch traf in dieser schwierigen Lage mit der Landwehr-Division von der Goltz, die bislang in Nordschleswig im Grenzschutz gestanden hatte, ausgeruhte Verstärkung ein. Von Norden marschierte die Ostgruppe weiter dem bei Bischofsburg vermuteten Feind entgegen. Die Marschleistungen brachten die Soldaten an den Rand der völligen Erschöpfung. So war das Reservekorps unter General Otto von Below am 25. August 30 Kilometer marschiert, Teile des Korps Mackensen hatten sogar 50 Kilometer hinter sich gebracht. Über Sandwege, zwischen ungeernteten Getreidefeldern und unzähligen kleinen Seen hindurch wanden sich die staubigen Kolonnen in sengender Hitze nach Süden. Marschgepäck und Gewehr schnitten Wunden in die Schultern der Soldaten. So mancher nickte vor Erschöpfung im Gehen ein, lief auf den Vordermann auf, stolperte und suchte eilig wieder Anschluß zu finden. Marschierende, die mit blutigen Füßen oder Hitzschlag zusammenbrachen, wurden von der Nachhut aufgelesen. Verpflegung gab es am Abend nur, wenn es der Bagage gelungen war, zu den Truppen aufzuschließen. Die Situation verkomplizierte sich durch deutsche Flüchtlingszüge, die mit Panjewagen und Vieh die wenigen Marschstraßen blockierten, so daß diese von Kavalleriespitzen teilweise unter Gewaltanwendung von den Straßen abgedrängt werden mußten. Am Morgen des 26. schließlich trafen beide Korps am Großen-Lautern-See auf das gegnerische VI. Korps. Die russischen Truppen waren von der Ankunft deutscher Truppen aus nördlicher Richtung völlig überrascht, leisteten in dem unübersichtlichen Gelände zwischen der Seenkette bei Groß-Bössau hartnäckigen Widerstand, mußten sich aber schließlich auf Bischofsburg zurückziehen. Damit war auch der rechte Flügel der Armee Samsonow geworfen, bei den Deutschen stand die Vereinigung ihrer beiden Gruppen unmittelbar bevor. Von der Niederlage der eigenen Flügelkorps nicht in Kenntnis gesetzt, stieß das russische XIII. Korps in der Mitte unterdessen weiter auf Allenstein vor, das am Mittag des 27. August kampflos eingenommen wurde. Beim deutschen Armeeoberkommando ließ diese

Nachricht die Alarmglocken läuten: Wollte der Gegner hier sein Heil in einem Durchbruch in Richtung auf Rennenkampf suchen? Die für den nächsten Tag beabsichtigte Einschließung der russischen Mitte (XV. und XIII.Korps) konnte also nur gelingen, wenn Teile der weiter nach Süden verfolgenden Ostgruppe zunächst auf das XIII. Korps bei Allenstein abgedreht würden, während der Hauptangriff bei Hohenstein gegen das Korps Martos geführt würde.

Im Verlauf der Nacht auf den 28. August muß der russische Oberkommandierende die tatsächliche Lage erkannt haben. Die feindliche Hauptmacht war nicht nach der Weichsel ausgewichen, vielmehr verstärkte sich der Gegner westlich und trat nun plötzlich auch im Norden auf, von wo man doch eigentlich die Armee Rennenkampfs erwartete. Beide Flügel waren geworfen, die Lage beim VI. Korps war nicht bekannt, das I. schien sich nach Polen zu flüchten, der Vormarsch auf Allenstein hatte sein Zentrum geradewegs in einen sich nun bedrohlich schließenden Ring geführt. Ein Rückzug war nur noch nach Süden möglich. Am frühen Morgen gab General Samsonow sein Armeeoberkommando auf, bestieg mit seinem Stab die Pferde und begab sich zum Hauptquartier von General Martos' XV. Korps. Ob dies geschah, weil er die Sache schon verloren glaubte oder weil er von dort den Rückzug durchzukämpfen gedachte, ist nicht überliefert. Tatsächlich bedeutete dieser Entschluß einen weiteren Schritt in die sich nun anbahnende Katastrophe der 2. Armee, denn damit hatte der Führer der Armee jede Verbindung zu seinen anderen Korps aufgegeben.

Auf deutscher Seite begann der Angriff jedoch mit einem schweren Rückschlag. Noch in der Nacht war die von den Vorkämpfen erschöpfte 41. Division zu einem umfassenden Vorstoß südlich des Mühlen-Sees auf die Ortschaft Waplitz angesetzt worden. Dort stieß die Vorhut in dichtem Nebel auf russische Stellungen. In dem unübersichtlichen Gelände gelang es nur schleppend, Verstärkung vor zu bringen. Das Gefecht entwickelte sich zu einem wüsten, unkontrollierten Nachtkampf. Versprengte und Verwundete taumelten zurück, Einheiten verloren alle ihre Führer. Einzelnen Gruppen gelang es, im russischen Feuer das den Ort begrenzende Flüßchen Maranse zu durchwaten und sich am Ortsrand festzusetzen. Dort wurden sich jedoch vom Feuer der eigenen Artillerie gefaßt, die inzwischen auf der Höhe südlich des Ortes abgeprotzt hatte und nun im Nebel blindlings in Richtung auf Waplitz zu feuern begann. Als der grausame Irrtum bemerkt wurde, setzte plötzlich Schrapnellfeuer im eigenen

Rücken ein. Teile der russischen 2. Division, deren Standort den Deutschen nicht bekannt gewesen war, griffen jetzt in das Gefecht ein. Vor sich den in Waplitz verschanzten Gegner, im Rücken feindliche Artillerie fand sich die Division in einer tödlichen Falle. Der Rückzug, der teilweise zu einer wilden Flucht ausartete, konnte erst am Morgen angehalten werden. Offiziere griffen sich Unterführer, ließen die verängstigten Soldaten zusammentreiben, um mit ihnen Gewehrgriffe wie auf dem Exerzierplatz durchzuführen. Bei dem am härtesten getroffenen Posener Infanterie-Regiment Nr. 59 waren der Kommandeur und acht Offiziere gefallen, neun weitere zählten als verwundet, zwölf vermißt. Bei den Mannschaften belief sich die Verlustziffer auf 1300 Mann, aus den Resten des Regiments konnten nur noch drei Kompanien gebildet werden.

Das Debakel der 41. Division führte dazu, daß auch die Schwesterdivision (37.) nicht wie befohlen am Morgen den Angriff des XX. Korps vortrug. Allein die 3. Reserve-Division stieß aus dem Jablonker Forst auf das von der russischen 1. Division verteidigte Hohenstein vor. In der von deutscher Artillerie in Brand geschossenen Stadt entwickelten sich Straßenkämpfe, die gegen Mittag mit dem Rückzug der Russen endeten. Von Norden griff direkt aus der Eisenbahnausladung heraus die Landwehr-Division von der Goltz ein. Den Landwehrmännern aus Hamburg und Bremen, die hier ihren ersten Gefechtstag erlebten, bot sich beim Einrücken in Hohenstein ein grausiger Anblick: «Nur Trümmer des einst so schmucken Städtchens standen noch, rauchende Balken überall, ein Wirrwarr von zertrümmerten Möbeln und Hausgerät und angekohlte Russenleichen auf den Straßen! Dazu verpestete ein entsetzlicher Gestank die Luft.»[2]

Auch die Operationen der Ostgruppe, die zunächst die Verfolgung des am Großen-Lautern-See geschlagenen VI. Korps fortgesetzt hatte, um den Ring von Osten her zu schließen, verliefen nicht ohne Reibungen. Auf die Nachricht der Besetzung Allensteins hin hatte das Armeeoberkommando Scholtz und Mackensen befohlen, zunächst nach Westen einzuschwenken. Als Scholtz jedoch im Verlauf des Vormittags des 28. die Meldung erhielt, daß der Feind von dort schon wieder zurückginge und inzwischen auf den Kanonendonner bei Hohenstein marschiere, schwenkte er sein Korps zu dessen Verfolgung ein. Allein Mackensen setzte, vom Nachbarkorps nicht in Kenntnis gesetzt, seinen Marsch auf Allenstein fort. Als auch ihn die Nachricht erreichte, wandte er sich erzürnt an das Armeeoberkommando, da er fürchtete, jetzt nicht mehr rechtzeitig das Schlachtfeld zu erreichen.

Scholtz, der jüngere der beiden Generale, müsse die einzige nach Hohenstein führende Straße umgehend räumen, um seinem XVII. Korps den Vorrang zu lassen. Das Oberkommando griff ein und rief Mackensen scharf zur Ordnung: «Verfolgung bis zum letzten Atemzuge. Große Erfolge. Wenn energisch draufgegangen wird. Vorwärts.» Dieser nahm nun, die Infanterie teilweise auf Fuhrwerke verladend, im Eilmarsch die Verfolgung des VI. Korps wieder auf. Das Reservekorps stieß unterdessen weiter nach Süden vor. Auch hier waren die Truppen am Ende ihrer Leistungsfähigkeit angelangt. Nach erschöpfenden Märschen hatten Teile der 36. Reserve-Division nördlich der Ortschaft Darethen eine Rast eingelegt, als von dort Gefechtslärm zu hören war. Noch einmal wurden eilig die Truppen bei einbrechender Dunkelheit wieder alarmiert und stießen am Ostufer des nahegelegenen Wulping-Sees auf russische Truppen. Im schilfigen Uferbereich bricht eine wilde, nächtliche Schießerei aus. Explosionsblitze scheinen im aufgewühlten Wasser wider, Artilleriefuhrwerke fahren sich im Schlamm fest, russische Soldaten versuchen schwimmend die Inseln im See zu erreichen.

Bei François im Süden eröffnete der inzwischen zu beobachtende Rückzug des XXIII. Korps die Möglichkeit, den Fluchtweg des russischen Gros nach Süden abzuschneiden. Die querverlaufende Straße Neidenburg – Willenberg lag offen, wenngleich mit einem Wiederauftauchen des so eilig nach Polen entschwundenen russischen I. Korps noch gerechnet werden mußte. Die Front lag also in beide Richtungen – trotz des vor Augen stehenden Gesamterfolges eine beunruhigende Lage. Auch beim Armeeoberkommando blickte man besorgt über den Kessel hinaus, allerdings in nördliche Richtung. Das Ausbleiben der Armee Rennenkampf schien dort schlicht unerklärlich (wenn auch nicht unerwünscht). Folgerte man aus den eigenen Führungsgrundsätzen, so mußte doch die 1. Armee längst mit äußerster Energie im Anmarsch auf die entbrannte Schlacht sein, zumal es um Samsonow schlecht bestellt schien und die Deutschen mit dem Rücken zu Rennenkampf im Kampf standen. Je schneller jetzt die 2. Armee zerschlagen war, desto schneller sollte es gelingen, nach Norden Front zu machen. Das mußte schon am folgenden Tag gelingen, wenn die Deutschen nicht zwischen die zwei russischen Armeen geraten wollten.

Zwei Versuche der Russen, den Kessel bei Ortelsburg und bei Neidenburg am 29./30. August noch einmal von außen zu sprengen, verliefen erfolglos, am 30. befahl die Heeresgruppe den allgemeinen

Rückzug, eine Ordre, die im Inneren des Kessels zu diesem Zeitpunkt wahrscheinlich kaum noch funktionierende Führungsstellen erreicht haben dürfte. Auch der Oberbefehlshaber, General Samsonow, hatte das Hauptquartier von Martos verlassen und suchte sich mit seinem Stab und einer Kosakeneskorte durchzuschlagen. Als die Pferde erschöpft waren, irrten die Offiziere durch unwegsames Waldgelände zu Fuß weiter. Samsonow, von den Ereignissen erschüttert, mußte bald durch seine Begleiter gestützt werden. Während einer kurzen nächtlichen Rast entfernte er sich von der Gruppe und erschoß sich aus Scham.

Zunächst noch in geführten Kolonnen, mit jeder Stunde sich aber unaufhörlich in kleinere Trupps auflösend, strebten die Überreste der Armee durch die Wälder nach Süden, um schließlich auf die deutschen Sperren entlang der Landstraße Neidenburg – Willenberg aufzulaufen. Wo die Flüchtenden aus den Wäldern herauszutreten suchten, schlug ihnen Maschinengewehrfeuer und Artillerie entgegen: «Unsere Leute», kommentierte der Chronist des ostpreußischen Grenadier-Regiments Nr. 3, «hatten dabei eine grimmige Freude, sahen sie doch vor allem in den Kosaken die Verwüster ihrer Heimatprovinz.»[3] In der Nacht vom 30. auf den 31. kam es noch einmal zu mörderischen Waldgefechten, in deren Verlauf, wie so oft bei Tannenberg, wieder Deutsche auf Deutsche und Russen auf Russen feuerten. Vielerorts brachen Waldbrände aus, deren schwarze Rauchsäulen noch tagelang über dem Schlachtfeld hängen sollten. In vielen der deutschen Teilnehmerberichte trifft man auf die Erzählung, während der letzten Nacht seien aus den umstellten Wäldern immer wieder russische Choräle zu hören gewesen. «Man überschüttete uns mit Geschossen,» schilderte ein kriegsgefangener russischer Offizier die verzweifelte Situation seines Regiments später, «wir verschossen die letzten Patronen. Gegen Morgen verstreute sich ein Teil, ein Teil war tot und viele verwundet. Ich blieb allein! Als ich allein weiter wollte, riefen mich die Verwundeten an, ich sollte sie nicht verlassen! So blieb ich, der letzte meines Regiments, und wurde gefangen genommen.»[4] Vom Ende der Kämpfe auf der anderen Seite berichtete ein ostpreußischer Vizefeldwebel: «Im Wasserlauf, der die Chaussee schneidet, liegen Freund und Feind durcheinander und würgen sich gegenseitig ab. Im Morgengrauen läßt der Feuerkampf nach, viele Russen ergeben sich, ihre Zahl schwillt auf etwa 2000 an. Vor mir sehe ich in dichten Scharen Russen an einem Waldrand, unschlüssig darüber, was sie tun sollen (...)».[5]

In Gruppen zu Hunderten, bald Tausenden wurden die erschöpften Soldaten zu den Sammelstellen geführt, entlang der Fluchtwege blieben Artillerie- und Munitionskolonnen, Feldküchen und Bagagewagen liegen, Herden herrenloser Pferde irrten umher. Gefangenen- und Beutezahlen mußten ständig nach oben korrigiert werden. Erst allmählich begann sich für das deutsche Oberkommando das volle Ausmaß des Sieges abzuzeichnen. In seiner Meldung an den Kaiser bat Hindenburg, die Schlacht – in Referenz an die Niederlage des Heeres des Deutschordens gegen eine litauisch-polnische Armee im Jahre 1410 – «Schlacht bei Tannenberg» benennen zu dürfen, obschon der kleine Ort für den eigentlichen Verlauf der Schlacht keine Rolle gespielt hatte.

Die Hälfte der russischen 2. Armee war vernichtet worden, die andere Hälfte befand sich, teilweise schwer angeschlagen, auf dem Rückzug. 13 Generale gingen in die Kriegsgefangenschaft. Die endgültigen Gefangenenzahlen bezifferten deutsche Stellen mit 92000 Mann; dazu kamen 350 Geschütze. Mindestens 6739 Russen und 4191 Deutsche wurden als gefallen gezählt, die beiderseitigen Gesamtverluste – also tote, verwundete, vermißte und gefangene Soldaten – konnten nur geschätzt werden. Hierfür benannte die amtliche deutsche Darstellung 13000 Mann auf eigener Seite sowie 120000 auf russischer, ein Verhältnis von annähernd eins zu zehn. Wenn dies heute auch mangels aussagekräftiger russischer Quellen nicht im Detail überprüft werden kann, so war die 2. Armee auf jeden Fall für die folgenden Operationen nicht mehr in Rechnung zu stellen. Als sich die Deutschen nach Norden gegen Rennenkampf wandten, um ihn bei den Masurischen Seen über die Grenze zurückzudrängen, da verharrten die Reste von Samsonows Armee hinter dem Narew.

Für die deutsche Heeresleitung, deren Aufmerksamkeit gebannt auf dem Fortgang der Hauptoperation in Frankreich lag, bedeutete die Nachricht eine ungeheure Erleichterung. Die Bedrohung im Rükken war zunächst einmal abgewehrt. Den Generalen Hindenburg und Ludendorff verlieh der Sieg frühen Ruhm, der Nimbus der «Retter Ostpreußens» sollte beide zwei Jahre später an die Spitze der Armee tragen. Ihre russischen Gegenüber erfuhren ein tragischeres Schicksal: Zwei der Korpsführer, Martos und Klujew, verbrachten den Rest des Krieges in deutscher Gefangenschaft, die anderen drei wurden ihrer Kommandos enthoben. Auch General von Rennenkampf wurde noch im November entlassen und 1918 von den Bolschewiki erschossen. Die sterblichen Überreste Samsonows wurden nach dem Krieg durch die deutschen Behörden seiner Witwe übergeben; die Leichen der russischen Soldaten dagegen, deren Verwesung bei den hochsommerlichen Temperaturen schnell einsetzte, wurden in hastig ausgehobenen Massengräbern verscharrt. Für das russische Oberkommando bedeutete Tannenberg nicht nur den Verlust einer Armee sondern auch eine schwere moralische Schlappe. Der Operationsplan eines schnellen Schlages war gescheitert; bald schon mußte die Armee des Zaren den Krieg auf eigenem Territorium führen.

Spricht man heute vom Ersten Weltkrieg, denkt man dabei in der Regel an den späteren Grabenkrieg an der Westfront. Doch die Operationen in Ostpreußen zeigen, daß sich der Krieg der ersten Monate von 1914 noch sehr vom industrialisierten Massenkrieg in der Picardie oder in Flandern unterschied. In mancher Hinsicht wirkte hier der Kampf noch sehr napoleonisch: Die Soldaten marschierten, oft im wahrsten Sinne des Wortes, bis zum Umfallen auf den Donner der Kanonen zu, Hornsignale gaben den Befehl zum Angriff, so mancher Kompaniechef stürmte noch mit gezogenem Degen voran (um dann als erster zu fallen). Doch von Beginn an machten sich Masse und Technik als die beiden, das neue Jahrhundert bestimmenden Größen bemerkbar. Schneidige Infanterieangriffe blieben im hämmernden Feuer einzelner Maschinengewehre liegen. Reserven, die im Schutz eines Bahndammes weit hinter der Kampfzone in Bereitschaft lagen, fanden sich plötzlich im mörderischen Feuer einer Mörserbatterie wieder, die durch die Positionsangabe eines klapprigen Doppeldeckers geleitet wurde. Als eines der wohl bestechendsten Charakteristika dieser ersten Monate trat die völlige Bedeutungslosigkeit der Reiterei auf beiden Seiten zutage. Ob Kuban-Kosaken oder preußische Husaren, nach aufreibenden Grenzpatrouillen blieben sie meist erschöpft liegen und harrten mit großem Erstaunen der Ankunft des Maschinenkrieges, der das Ende ihrer Waffengattung einläuten sollte. Neue Aufklärungs- und Übermittlungstechniken revolutionierten den Krieg: Wer zur rechten Zeit mehr vom Gegner wußte, konnte hieraus wichtige Vorteile erlangen. Mit den abgefangenen Funksprüchen, den wenigen Zeppelinen und Aufklärungsflugzeugen und den ostpreußischen Postbeamten, die die Generalkommandos über das öffentliche Fernsprechnetz von der Ankunft der Russen in ihrem Dorf informierten, begann auch der moderne Krieg um Informationen. In diesem merkwürdigen Zwischenzeitalter mußte der Sieg der Seite zufallen, der es gelang, Chancen schneller und in sicherer Kenntnis der Leistungsfähigkeit – und auch der Unzulänglichkeiten – des eigenen militärischen Instruments zu ergreifen, um dem Gegner die eigene Form der Kriegführung aufzuzwingen. Keine unbedingt neuen Erfahrungen in der Kriegsgeschichte, doch im August 1914 traten sie in bemerkenswerter Deutlichkeit zutage.

Doch blickt man von den späteren Kriegen des 20. Jahrhunderts auf Tannenberg zurück, so deutete sich hier auch eine ganz andere Dimension des kommenden Krieges an: Propagandakrieg und Rassekrieg. Zwar war die historisch unsinnige Stilisierung der Kämpfe an der Ostfront als Teil eines ewigen Konflikts zwischen «Germanentum» und «Slawentum» vor allem in der Publizistik der Nachkriegsjahre zur vollen Blüte gekommen, doch hatte die deutsche Kriegspropaganda schon im Sommer 1914 die angeblichen «Russengräuel» schnell aufgegriffen. Dabei konnte nahtlos an ältere Erzähltraditionen angeknüpft werden; gerade die Kosaken waren bei der ostpreußischen Zivilbevölkerung schon seit dem 18. Jahrhundert gefürchtet. Tatsächlich hatten sich die russischen Truppen beim Einmarsch in Ostpreußen nicht anders verhalten als die deutschen in Belgien oder Frankreich. Die Zerstörung von Kunstbauten und Ortschaften war meist weniger die Folge blinder Vernichtungswut sondern entsprang der militärischen «Logik» des modernen Krieges. Auch wurde mancher Schaden schnell als Produkt russisch-asiatischer Barbarei denunziert, ohne dabei zu berücksichtigen, daß Orte wie Usdau, Soldau, Hohenstein oder Groß-Grieben im Zuge der Kampfhandlungen gar nicht von russischer sondern von deutscher Artillerie zerstört worden waren. Am 23. August hatte der Kommandeur der 3. Reserve-Division einen Befehl erlassen, in dem sich diese folgenreiche Entwicklung vielleicht zum allerersten Mal offenbarte: «Es ist damit zu rechnen», so General Kurt von Morgen, «daß die Division in den nächsten Tagen endlich an den Feind und ins Gefecht kommt. An uns ist es, jetzt den Russen ein weiteres Vordringen in Ostpreußen zu verwehren, den Greueln der asiatischen Horden gegen die wehrlose Bevölkerung und der Verwüstung des geheiligten Bodens unseres Vaterlandes ein Ende zu bereiten.»[6] Was wie ein nazistischer Durchhaltebefehl für den Volkssturm im Winter 1944/45 klingt, war niedergeschrieben worden, bevor die Division überhaupt Feindkontakt gehabt hatte. In der Rhetorik, wenn auch noch nicht in der Kampfführung deutete sich bei Tannenberg eine neue, dunkle Gestalt der Krieges an. Als Hindenburgs Sarg dreißig Jahre später aus dem Hohensteiner Denkmal wieder hervorgeholt wurde, hatte sie sich längst in unvorstellbarer Weise Bahn gebrochen.

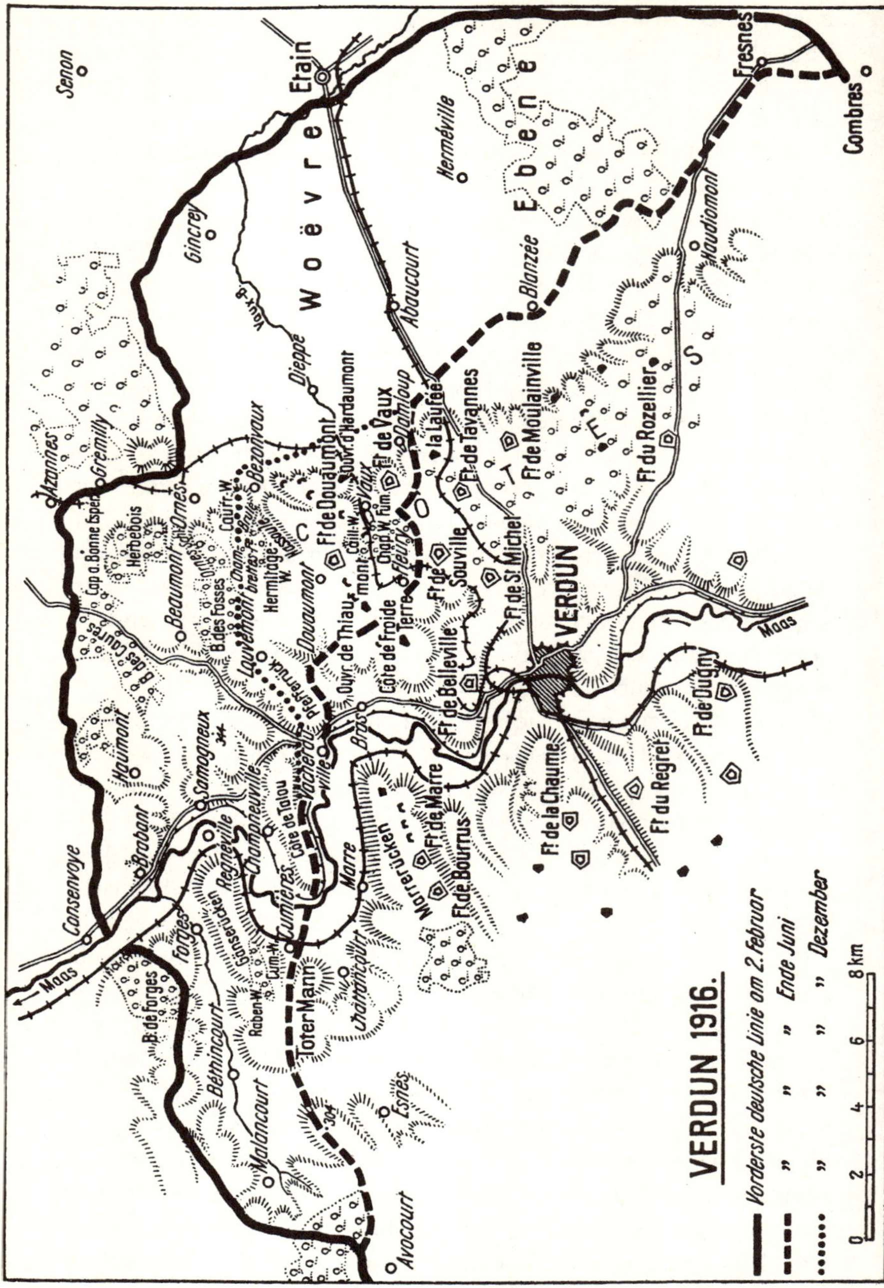
VERDUN 1916.
Vorderste deutsche Linie am 2. Februar
" " " " Ende Juni
" " " " Dezember
0 2 4 6 8 km
VERDUN
Maas
Woëvre
Ebene
Etain
Senon
Fresnes
Combres
Hermeville
Gincrey
Abaucourt
Blanzée
Haudiomont
Dieppe
Bezonvaux
Azannes
Gremilly
Herbebois
Ornes
Beaumont
Haumont
Brabant
Consenvoye
Samogneux
Forges
B. de Forges
Bethincourt
Malancourt
Avocourt
Esnes
304
Toter Mann
Chattancourt
Cumières
Marre
Bras
Vacherauville
Champneuville
Regnéville
Côte de Talou
Pfefferrück
Louvemont
Douaumont
Ft. de Douaumont
Fleury
Ft. de Vaux
Vaux
Damloup
la Laufée
Ft. de Tavannes
Ft. de Souville
Ft. de St. Michel
Ft. de Belleville
Côte de Froide Terre
Ft. de Moulainville
Ft. du Rozellier
Ft. de Marre
Ft. de Bourrus
Marrerücken
Ft. de la Chaume
Ft. du Regret
Ft. de Dugny

Verdun 1916

Der Mensch als «Material»
Verdun, 21. Februar bis 9. September 1916[1]

Gerd Krumeich

Wenn irgendein Ereignis des Ersten Weltkrieges heute noch im öffentlichen Bewußtsein präsent ist, dann ist es die Schlacht von Verdun 1916. In diesem Kampf zwischen deutschen und französischen Truppen wurde zum ersten Mal das systematisch eingeführt und erkennbar, was heute noch «Materialschlacht» heißt. Dieses Wort ist ungewollt doppeldeutig: Es meint zum einen, die tatsächlich erfolgte Industrialisierung des Krieges «vor Ort» umzusetzen: Der Gegner sollte durch massierten Einsatz schwerer Waffen gezwungen werden, seine Stellungssysteme und Schutzbauten aufzugeben. Der Begriff meint aber auch die Konsequenz dieser militärtechnischen Sichtweise, daß hierbei wirklich massenhaft gestorben wird, daß die Soldaten zu «Menschenmaterial» werden. Im «Stahlgewitter» oder – das Wort kam damals auf – der «Blutmühle» wurden die Soldaten buchstäblich aufgerieben, denn sie waren mehr oder weniger schutzlos der enormen Waffenwirkung ausgesetzt. «Soldatentod» hieß jetzt: bis zur Unkenntlichkeit zerfetzte Leichen, verstreut in schlammigen Erdlöchern, zwischen Pferdekadavern, durch die Explosionswirkung an geborstenen Baumstämmen aufgespießt. Wenn diese Art des Krieges und des Sterbens überhaupt das historisch Neue des Ersten Weltkriegs markiert, so trat bei Verdun 1916 tatsächlich zum ersten Mal diese Form des totalen Materialkrieges hervor.

In Lothringen gelegen, bildete die Festung an der Maas den Eckpfeiler einer Kette von Forts und befestigten Plätzen, die sich von hier bis an die schweizerische Grenze zog. Die Stadt war zudem ein wichtiger Verkehrsknotenpunkt. In ihrer Gesamttiefe durchmaß die Anlage, von der Zitadelle über den inneren Fortgürtel, die Hauptkampflinie und die vorgeschobenen Stellungen einen Raum von etwa 15 Kilometern. Wenn der Name «Verdun» emblematisch geblieben ist für den Ersten Weltkrieg insgesamt, dann liegt das auch daran, daß das ehemalige Kampfgebiet geprägt geblieben ist vom monatelangen Trommelfeuer, von den Granateinschlägen, von den Stellungen und

Schutzgräben von damals. Nur niedriges Buschwerk wächst in der verwüsteten Landschaft; noch heute findet man Blindgänger und Kartuschen, Gebeine und verrottete Uniformteile, insbesondere die dauerhaften Schuhsohlen. An jeder Stelle war der Tod. In der schweigsamen Landschaft hallen noch Entsetzen und Todesschreie derer nach, die erbarmungslos in die Todesmühle der neuen Kriegsmaschinerie geworfen worden waren. Niemals zuvor, seitdem aber immer wieder, war Krieg auf solche Art die «Auseinandersetzung» des zerbrechlichen menschlichen Körpers mit einer unersättlichen Todesmaschinerie.

Der Schriftsteller Maurice Genevoix, dessen realistischer Bericht über die Schlacht (*Sous Verdun*) bereits im Jahre 1916 erschien und der erstaunlicherweise von der Zensur unbehelligt blieb, hat in diesem Werk das spezifische Verdun-Kampferlebnis folgendermaßen beschrieben:

«Gegen 9 Uhr beginnt der Beschuß. Pausenlos pfeifen die Artilleriegeschosse, explodieren über Pretz, zertrümmern Dächer und reißen Mauerteile ein. (...) Wir werfen uns hin, springen auf, laufen. Wir sind mitten im Feuer. Die Kugeln singen nicht mehr; sie fliegen mit kurzem zornigen Pfeifen auf uns zu. Sie spaßen nicht mehr, sie arbeiten (...) Links von mir ein erstickter Schrei; ich sehe noch, wie der Mann, der auf dem Rücken liegt, seine Beine zweimal hochreißt; eine Sekunde später erstarrt der ganze Körper; (...) zehn Männer schrien gleichzeitig. Mitten im Zug ist eine Granate explodiert. Und er, ich habe es gesehen, genau gesehen, bekam die Granate voll ab. Seine Mütze flog hoch, ein Fetzen von seinem Mantel, ein Arm. Am Boden eine formlose Masse, weiß und rot, ein fast nackter, zermalmter Körper. Die führungslosen Männer stieben auseinander. (...) Die Granaten und Schrapnells folgen uns. Dreimal bin ich mittten in einer Schrapnellgarbe, Bleikugeln schlagen um mich herum in die Erde, durchschlagen Köpfe, durchlöchern Füße, zerfetzen Eßgeschirre. In Lärm und Rauch gehen wir weiter und erkennen ab und zu das Dorf, den Fluß unter den Bäumen. Und immer noch begleiten uns die Granaten zu Hunderten (...) Leichen liegen um uns herum, überall. Eine besonders ist so entsetzlich, daß ich kaum die Augen davon abwenden kann. Der Mann liegt in einem Granatloch. Der Kopf ist vom Rumpf abgetrennt, und durch eine riesige Wunde im Bauch sind die Eingeweide herausgequollen und liegen schwarz auf der Erde (...) Und so viele andere! Bis zum Abend müssen wir sie sehen, müssen wir diese widerliche Luft einatmen. Und bis zum

Abend rauche ich und rauche und rauche, um den entsetzlichen Gestank zu bekämpfen, den Gestank der armen Toten, die verloren auf den Feldern liegen und von ihren eigenen Leuten aufgegeben wurden, welche noch nicht einmal die Zeit hatten, etwas Erde über sie zu werfen, damit man sie nicht verwesen sieht.»

Es hat auch eine heroische und neomilitaristische Umdeutung und Sinngebung dieser Situation gegeben: In den «Stahlgewittern» ist der neue Typ des «Frontsoldaten» entstanden, wie er sich in Ernst Jüngers Schriften in klassischer Form gezeichnet findet. Dieser mythisierte Frontsoldat gewinnt seinen (Gruppen-) Stolz aus der Tatsache, bei aller Gleichgültigkeit und Unwahrscheinlichkeit des Überlebens im «Feuersturm» eine neue Härte, eine neue Intensität, ein neues Wissen um die Kraft des Willens und der Gleichgültigkeit gegenüber dem Entsetzen – auch dem eigenen Entsetzen – gewonnen zu haben.

Inwiefern aber war «Verdun» überhaupt eine *Entscheidungs*schlacht? Sicherlich nicht im traditionellen Verständnis vom Sieg einer Seite, der in einem offiziellen Waffenstillstand dokumentiert worden wäre und die entsprechenden politischen Konsequenzen zur Folge gehabt hätte. Die Schlacht von Verdun hat ein solches Ende nicht gehabt. Sie tobte vor allem vom Februar bis Juni 1916, wo sie zwar nicht die gesamte, aber doch erhebliche Teile der deutschen und französischen Armee beanspruchte. Sie «versandete» dann in dem Maße, wie deutsche Truppen abgezogen wurden, um den Ende Juni beginnenden Großangriff der Alliierten an der Somme abzuwehren. Der Angriffsbefehl wurde von deutscher Seite indessen offiziell erst im November 1916 aufgehoben, zu einem Zeitpunkt, als die Franzosen das gesamte Terrain (nicht einmal 15 Kilometer in der Tiefe!), das die Deutschen im Februar und März eingenommen hatten, bereits zurückerobert hatten. Von einer «Entscheidung» kann also keine Rede sein – und doch hatte die Schlacht in einem tieferen Sinne entscheidende Bedeutung für den weiteren Verlauf des Krieges. Der von den Deutschen geplante Durchbruch an der erstarrten Westfront ist trotz allen Einsatzes an Maschinerie und Disziplin nicht gelungen, und die immer von deutscher Seite als «moralisch» und technisch unterlegen eingeschätzte französische Armee hat ganz ohne Unterstützung ihrer Alliierten den Hauptstoß des deutschen Heeres ausgehalten. Die im berühmten Tagesbefehl von General Henry Philippe Pétain ausgegebene Losung: «*ils ne passeront pas*» (sie werden nicht durchkommen), war unter Einsatz aller Kräfte, mit bedingungslosem

Willen der gesamten französischen «bewaffneten Nation» in klassischer Verteidigungsstellung eingehalten worden.

Pétain, der Oberbefehlshaber der befestigten Stellung Verdun, hat in seinem späteren Rechenschaftsbericht diesen Zusammenhalt beschrieben: «[Die französischen Soldaten] waren entschlossen, Verdun und Frankreich zu retten, und hielten deshalb in stoischer Haltung die übermenschlichen Belastungen aus. Sie unterwarfen sich einfach mit einer Spur Fatalismus den rigorosen Verpflichtungen, sie waren weniger enthusiastisch als männlich-entschlossen, und ihre Stärke beruhte vor allem auf einem unerschütterlichen Willen, ihre Familien und ihren Besitz gegen den Eindringling zu schützen.»

Wie aber war es überhaupt zur Schlacht von Verdun gekommen? Welches war der strategische Zweck des Unternehmens «Gericht», wie das offizielle Codewort für die Planung des deutschen Großangriffs auf die Festung Verdun lautete? Gemeinhin wird zur Beantwortung dieser Frage auf die sogenannte «Weihnachtsdenkschrift» des Chefs der Obersten Heeresleitung, General Erich von Falkenhayn, verwiesen. Dabei handelt es sich um ein Memorandum, das Falkenhayn, wie er in seinen Memoiren mitgeteilt hat, wenige Tage vor Weihnachten 1915 nach einem Gespräch mit Kaiser Wilhelm II. über die strategische Planung der näheren Zukunft niedergelegt haben will. Der Passus, in dem das Motiv des Angriffs auf Verdun festgehalten wird, sei auch hier wiedergegeben, wenn auch starke Zweifel an seiner Authentizität angebracht sind. Denn niemals ist das Original oder eine zeitgenössische Kopie dieses zentralen Dokuments aufgetaucht. Der einzige «Fundort» der Quelle sind Falkenhayns Memoiren, die dieser 1919 kurz vor seinem plötzlichen Tod veröffentlichte und die vor allem den Zweck hatten, ihn, der für die Operation verantwortlich war, reinzuwaschen. Normalerweise wäre eine solche unsichere Quelle längst dem Verdikt der Wissenschaft zum Opfer gefallen – sie hat aber gleichwohl immer als Hauptquelle gedient, zumal hier einige grundlegende Einstellungen der deutschen Generalität gegenüber Frankreich besonders deutlich, tatsächlich wohl paradigmatisch, zum Vorschein kommen. Auch paßt diese Quelle sehr zu den subsidiären und den Mißerfolg herunterspielenden Verlautbarungen, die nach dem Scheitern des anfänglichen Planes, Verdun zu erobern, bei den führenden Militärs im Umlauf waren. Der Frankreich betreffende Passus der Denkschrift lautet:

«Es wurde bereits betont, daß Frankreich in seinen Leistungen bis nahe an die Grenze des noch Erträglichen gelangt ist; übrigens in bewunderswerter Aufopferung. Gelingt es, seinem Volk klar vor Augen zu führen, daß es militärisch nichts mehr zu hoffen hat, dann wird die Grenze überschritten, England sein bestes Schwert aus der Hand geschlagen werden. Das zweifelhafte und über unsere Kraft gehende Mittel des Massendurchbruchs ist dazu nicht nötig. Auch mit beschränkten Kräften kann dem Zweck voraussichtlich Genüge getan werden. Hinter dem französischen Abschnitt der Westfront gibt es in Reichweite Ziele, für deren Behauptung die französische Führung gezwungen ist, den letzten Mann einzusetzen. Tut sie es, so wird sie Frankreichs Kräfte verbluten, da es ein Ausweichen nicht gibt, gleichgültig, ob wir das Ziel selbst erreichen oder nicht. Tut sie es nicht und fällt das Ziel in unsere Hände, dann wird die moralische Wirkung in Frankreich ungeheuer sein (...).»

Gesichert ist, daß es Falkenhayn darauf ankam, den seit dem Spätherbst 1914 «festgefahrenen» Angriff im Westen wieder in Bewegung zu bekommen, endlich den Durchbruch an der französischen Front zu schaffen und einen großen moralischen Sieg zu erringen. Wenn die Festung Verdun mit ihrem weit vorgeschobenen System von Forts (Douaumont, Vaux) und Zwischenwerken gefallen war, dann war der Weg nach Paris frei, und eine entscheidende Revanche für die Schlappe an der Marne vom September 1914 gelungen. Hierzu sollte die Festung durch drei Korps der 5. Armee unter der Führung des deutschen Kronprinzen Wilhelm erobert werden. Dabei mußte der Angriff wegen Mangel an Truppen und Artillerie zunächst auf das Ostufer der Maas beschränkt werden – eine Entscheidung, die sich im weiteren Verlauf der Kämpfe als fatal erweisen sollte.

Interessant ist aber, daß der deutsche Angriff von den Franzosen exakt in demselben strategisch-moralischem Sinn verstanden worden ist. Mehr noch als in Deutschland war der Name Verdun kaum vom Nachhall vergangener Schlachten zu trennen, und im Krieg von 1870/71 war der lang anhaltende Widerstand der Festung Verdun aus französischer Sicht eine rühmliche Ausnahme im allgemeinen raschen Debakel gewesen. Erst Ende September 1870 hatte sich die Festung nach monatelanger Belagerung ergeben, die Besatzung war nach der Aufgabe von den deutschen Militärs mit Ehren empfangen worden. Solche Ehrenkodexe gab es im Ersten Weltkrieg nicht mehr, es gab keine ehrenvolle Übergabe mehr und auch keine Gefechtspause für den Abtransport von Verwundeten.

War also für die Franzosen Verdun ein Name, der Widerstandsfähigkeit und Ehre symbolisierte, so versteht es sich, daß sie bereit waren, hier der deutschen Herausforderung mit allen Mitteln entgegen zu treten. Zwar war in der Zeit zwischen der Marne-Schlacht vom September 1914 und dem Frühjahr 1916 dieser Frontabschnitt so ruhig geblieben, daß das französische Oberkommando sogar begonnen hatte, anderswo dringend benötigte schwere Artillerie aus den Sperrforts abzuziehen. Und auch die frühen Warnungen eines ortsansässigen und ortskundigen Offiziers, des Obersten Driant (im Nebenberuf Parlamentarier und Autor von Jugendbüchern und Zukunftsromanen), hatten zunächst an dieser geringen Beachtung des Abschnitts Verdun nichts ändern können, so daß der erste deutsche Angriff am 21. Februar die Franzosen relativ heftig überraschte. Er begann um 7.15 Uhr mit einer gigantischen Artillerievorbereitung. 1400 Geschütze, mehr als jemals zuvor an einem Ort zusammengezogen worden waren, beschossen bis 17.00 Uhr das Terrain systematisch. Die deutsche Führung erhoffte sich von dieser artilleristischen Vorbereitung bereits eine weitgehende Zerstörung der Verteidigungsstellungen. Es hat sich späterhin vor Verdun und noch einmal im Juni 1916 an der Somme gezeigt, daß derart intensiver Artilleriebeschuß keineswegs den erwünschten Erfolg hatte – die tiefgegliederten und teilweise beschußsicher ausgebauten Stellungen wurden nie vollständig zerstört; das vom Beschuß verwüstete Terrain, die regelrecht abgeholzten Wälder und die von Granattrichtern übersäte Landschaft machten die Wege gerade für den Angreifer kaum noch passierbar. Das aber mußte vor Verdun erst noch gelernt werden.

Der erste Angriffstag verlief zwar noch erfolgreich, doch schon bald verstärkte sich der französische Widerstand, um die einzelnen Stellungen und Werke entspannen sich blutige Nahkämpfe. Am 25. Februar gelang den Deutschen noch die Einnahme des wichtigen Forts Douaumont, doch schon nach drei Tagen hatte sich ihre Angriffskraft erschöpft. Die Vielzahl der Einzelgefechte der ersten Tage zeigte schon den spezifischen Charakter der Schlacht: Großflächige maschinelle Zerstörung verband sich mit fortwährendem, erbittertem und archaischem Handgemenge Mann gegen Mann. Jeder umgestürzte Baum war eine Barriere, und die Franzosen hatten von Anfang an erfaßt, was der berühmte Tagesbefehl des Oberbefehlshabers, General Joffre, vom 11. März ausformulierte:

«Soldaten der Armee von Verdun! Seit drei Wochen haltet ihr den furchtbaren Sturm aus, den der Feind bisher gegen uns unternommen hat. Deutschland rechnete auf einen Erfolg seiner Anstrengungen, die es für unwiderstehlich hielt, und für die es seine besten Truppen sowie seine mächtige Artillerie eingesetzt hatte. Es hoffte, daß die Einnahme von Verdun den Mut seiner Verbündeten stärken und die neutralen Länder von der deutschen Überlegenheit überzeugen würde. Es hatte seine Rechnung ohne euch gemacht. Tag und Nacht, trotz einer beispiellosen Beschießung, habt ihr allen Angriffen widerstanden und eure Stellungen gehalten. Der Kampf ist noch nicht beendet, denn die Deutschen brauchen den Sieg. Ihr werdet ihnen den Sieg zu entreißen wissen. Wir besitzen Munition im Überfluß sowie zahlreiche Reserven. Besonders aber besitzt ihr eueren Glauben an die Geschicke der Republik. Das Land hat seine Blicke auf euch gerichtet. Ihr werdet zu denen gehören, von denen man sagen wird: Sie haben den Deutschen den Weg nach Verdun versperrt!»

General Pétain wurde der Organisator der Schlacht auf französischer Seite. Mit der ihm unterstehenden und rasch verstärkten 2. Armee konnte er von vornherein eine numerische Überlegenheit über den Angreifer behalten. Pétain verfaßte nicht allein denk- und zitierwürdige Tagesbefehle, er erfand auch eine neue Form des Nachschubs zur Front, die sprichwörtlich bleiben sollte. Da nämlich Verdun mit dem Hinterland nur durch eine einzige Schmalspur-Eisenbahn verbunden war, die zudem unter Beschuß lag und über wenig Kapazitäten verfügte, organisierte er den Transport von Soldaten und Nachschub mittels einer 24stündigen, ununterbrochenen LKW-Kolonne – von den Franzosen *Noria* (Pater Noster) genannt. Innerhalb von kurzer Zeit hatte die französische Armee auf diese Weise auch eine artilleristische Überlegenheit errungen: Nahezu 2000 Geschütze konnten ab Ende Februar die deutschen Artilleriestellungen sowie die sich vortastenden Truppen systematisch unter Beschuß nehmen, insbesondere von den Höhen des westlichen Maas-Ufers aus. Nun rächte sich für die Deutschen die Beschränkung ihres ersten Angriffs auf das Ostufer.

Die Aufrechterhaltung der Nachschublinie durch die *Noria* ermöglichte den Franzosen eine permanente Ablösung der Soldaten im kurzen Rhythmus von etwa zehn bis 14 Tagen. Daraus ergab sich ein doppelter Vorteil. Durch den kürzeren Fronteinsatz litten die Verbände weniger, und gleichzeitig konnten so fast alle französischen Divisionen vor Verdun im Rotationsverfahren eingesetzt werden. Und weil somit nahezu jeder französische Soldat ein Verdun-Kämpfer war, wurde schon während der Schlacht (erst recht in den Jahrzehnten danach) «Verdun» zum symbolischen Ort des Kampfes aller Franzosen für die Befreiung ihres Landes. Antoine Prost, dem wir die Beschreibung von Verdun als eines französischen «Erinnerungsortes» verdanken, hat dieses Phänomen folgendermaßen beschrieben:

«Die Noria zeitigte ungeheure moralische Konsequenzen. Sie machte die Schlacht von Verdun zur Sache der gesamten Armee. Dies veränderte die Kampfmoral unmittelbar. Die Soldaten, die in die Schlacht zogen, bewegten sich auf einem Gelände, das sie nicht kannten, das ihnen jedoch keineswegs unbekannt war, da sie davon gehört hatten. (...) So wurde Verdun zu einem geheiligten Ort, einem Ort des Opfers und der Weihe. Nach Verdun zu ziehen, bedeutete eine Art von Initiation, die man erwartet, vage gekannt und gefürchtet hatte, der man nicht entrinnen konnte.»

Anfang März war der deutsche Angriff fast völlig zum Stehen gekommen. Man hatte in den ersten zehn Tagen etwa drei Kilometer Terrain gewonnen und der einzig nennenswerte Erfolg war die Einnahme des Forts Douaumont. Das hatte zwar nur bedingt taktische Konsequenzen, insofern als das Fort ja nach Osten gegen die deutsche Grenze ausgerichtet war, also der Front den Rücken zuwandte, aber um Douaumont, für die Franzosen ein hoch symbolischer Ort, wurde erbittert gekämpft. Und in der deutschen Öffentlichkeit war der deutsche Sturm mangels größerer Erfolge so ausgeschlachtet worden, als ob dies der entscheidende Schritt zum Sieg gewesen wäre. Noch in den 30er Jahren wurde das hohe Lied der «Douaumont-Stürmer» gesungen, und Veteranen und Regimentsvereine stritten sich, wer denn tatsächlich als erster das Fort erstürmt hatte.

Ab 6. März 1916 verlegte Falkenhayn den deutschen Angriff endlich doch noch auf das linke, westliche Ufer der Maas. Die nun einsetzenden Kämpfe um die Geländepunkte «Höhe 304» und «Toter Mann» wurden wiederum mit äußerster Erbitterung und Hartnäckigkeit geführt. Der Kampf um jeden Meter Boden, das regelrechte Eingraben beider Seiten und der ständige Artilleriebeschuß waren so heftig, daß nach Kriegsende «Toter Mann» nahezu 60 Meter an Höhe verloren haben soll.

Der Kampf um Verdun gerann also zu einem ebenso blutigen wie makabren *corps à corps*, einem körperlichen Aufeinanderprall, einer grenzenlosen Brutalität, die sich deutlich dem Idealtypus einer grundsätzlichen «Wechselwirkung» des absoluten Krieges annähert. Carl von Clausewitz hat diese Wechselwirkung im berühmten ersten Kapitel seines Werkes «Vom Kriege» folgendermaßen beschrieben:

«Nun ist der Krieg nicht das Wirken einer lebendigen Kraft auf eine tote Masse, sondern, weil ein absolutes Leiden kein Kriegführen sein würde, so ist er immer der Stoß zweier lebendiger Kräfte gegeneinander, und was wir von dem letzten Ziel der kriegerischen Handlung gesagt haben, muß an beiden Teilen gedacht werden. Hier ist also wieder Wechselwirkung. Solange ich den Gegner nicht niedergeworfen habe, muß ich fürchten, daß er mich niederwirft. Ich bin also nicht mehr Herr meiner, sondern er gibt mir das Gesetz, wie ich es ihm gebe.»

Um sich aus dieser Situation zu lösen und um einen strategischen Durchbruch zu erzielen, wurde am 9. April erneut der Versuch eines konzentrierten Angriffs unternommen. Aber auch die fünf Divisionen der neuen «Angriffsgruppe West» des Generals Max von Gallwitz konnten keinen Durchbruch erzwingen. Kleine Erfolge am «Toten Mann» waren nur von kurzer Dauer. Was von diesem größten letzten Angriff heute übrig geblieben ist, ist der im französischen historischen Bewußtsein einen echten «Erinnerungsort» darstellende Tagesbefehl des Generals Pétain vom 10. April, nach Abflauen des deutschen Angriffs:

«Die wütenden Angriffe der Soldaten des Kronprinzen sind überall gebrochen worden (...) Die Deutschen werden zweifellos noch weitere Angriffe versuchen. Jeder muß arbeiten und aufmerksam sein, um Erfolge wie den gestrigen zu erringen (...) Habt Mut, wir packen sie! *(Courage, on les aura!)*»

Je mehr sich die Angreifer immer wieder festrannten am unerbittlichen Willen der Franzosen, jeden Meter ihres Landes zu verteidigen, desto mehr versteifte sich der Chef der deutschen Heeresleitung auf die Alibi-Charakter tragende Theorie, daß – wie nunmehr auch in der Berichterstattung in Deutschland stets hervorgehoben wurde – Verdun «wie ein Moloch die Kinder Frankreichs» fressen würde. Frankreich sei gezwungen, hier schon mehr als 50 Divisionen einzusetzen, wohingegen Deutschland sich mit der Hälfte an Soldaten begnügen könne. Hätten die deutschen Soldaten diese Art von zynischem Räsonnement erfahren, hätte es wohl schon hier Unruhe gegeben, und es wäre wohl kaum ebenso erbittert für den «Durchbruch» gekämpft worden. Sie blieben ihrerseits gezwungen, um jeden Baum und Strauch zu kämpfen, und ihr Heldenmut bestand darin, daß sie trotz unglaublich hoher Verluste (die Blutmühle von Verdun fraß nämlich genauso viele Deutsche wie Franzosen) immer wieder neue Motivation aufbauten. Es war dieses Gesicht des Krieges, das nach 1918 im Mittelpunkt der deutschen Kriegsliteratur stehen sollte, in den heroisierenden Skizzen eines Ernst Jünger ebenso wie in den desillusionierenden, den Krieg in seiner Brutalität entlarvenden Schilderungen eines Erich Maria Remarque oder dem zweifelhaften soldatischen Nationalismus eines Werner Beumelburg. Da die realistische Gefechtsschilderung in seinen Kriegsromanen mit scharf nationalistischen Bekenntnissen einherging, konnte letzterer – im Unterschied etwa zu dem verfemten Remarque – auch nach 1933 noch große publizistische Erfolge feiern. Beumelburg hat diese Art des Kämpfens vor Verdun in seinen «Stählernen Jahren» folgendermaßen beschrieben:

«Der Walze des Artilleriefeuers folgend springen die Trupps der Infanterie von Trichter zu Trichter, Handgranaten werfend und kleine Abteilungen des Gegners abschnürend. Man weiß nicht mehr, ob man im eigenen oder im feindlichen Sperrfeuer läuft. Man sieht kaum, was sich rechts und links ereignet. Nur die allernächste Nachbarschaft ist erkennbar. Alles besteht aus Einzelhandlungen, die sich unbekümmert um das Ganze oft stundenlang hinziehen. Manchmal liegt man zwei Sunden lang dem Gegner auf zwanzig Meter gegenüber, ohne sich regen zu können. Bis es gelingt, irgendwo in der Flanke ein Maschinengewehr auf dem Trichterrand zu postieren und zwischen sie zu feuern. Dann geht es mit langen Sätzen über die Trichterränder hinter ihnen her, um ihnen den Rückweg abzuschneiden, sie zusammenzutreiben. Ab und zu sieht man ihre Köpfe und die Läufe ihrer Gewehre. Plötzlich rattert ein Maschinengewehr von drüben aus einer rückwärtigen Stellung. Man kauert in den Trichtern und wartet. Bis das Gewehr drüben eine Ladehemmung hat, bis ihm ein Granatvolltreffer den Garaus macht, bis es sich verschossen hat. (...) Es gibt keine Gräben mehr. Nur noch Trichter und umgewühlte Erde. Die Wälder sind eine Schar schwarzer Baumstümpfe. Die Straßen sind verschwunden. Die Dörfer sind wie von einem Sturmwind weggefegt. Weiße Geröllhaufen bezeichnen die Stellen, wo sie einst standen. Trichter, Batterienester, zerrissene Drahthindernisse, eingeschossene Unterstände. Dazwischen Menschen mit verdreckten und zerfetzten Uniformröcken, mit Maschinengewehren, Handgranaten, Minenwerfern, Gewehren, Zeltbahnen und Kochgeschirren.»

Vom 10. April, dem Scheitern der letzten Offensive, bis Ende Juni 1916 bestand die Verdun-Schlacht nurmehr aus lokalen Stellungskämpfen. Diese ausgesprochene Materialschlacht war für Angreifer und Verteidiger dieselbe Hölle. Zu den Beschreibungen der Verdun-Schlacht gehört gemeinhin dieser Kampf um jedes Dorf, um jede Dorfstraße, um jedes Haus, was auch dazu führte, daß eine Reihe

Ortschaften schlicht ausradiert wurde. Sie sind nie wieder aufgebaut, sondern nach dem Krieg per Gesetz in den Status der *villages sacrifiés* erhoben worden, ihre Trümmerreste sind heute noch die eigentlichen Monumente dieser Schlacht. Man findet nur noch Ortsschilder, etwa mit der Aufschrift «Ici fut Fleury». Diese Art der Radikalisierung der extrem kämpferischen Auseinandersetzung, tatsächlich eines «totalen Kampfes», ist vielleicht das historisch eindrücklichste Exempel für Clausewitz' Theorie vom Krieg, der radikal gedacht nichts als ein verlängerter «Zweikampf» ist:

«Der Krieg ist nichts als ein erweiterter Zweikampf. Wollen wir uns die Unzahl der einzelnen Zweikämpfe, aus denen er besteht, als Einheit denken, so tun wir besser, uns zwei Ringende vorzustellen. Jeder sucht den anderen durch physische Gewalt zur Erfüllung seines Willens zu zwingen; sein *nächster* Zweck ist, den Gegner *niederzuwerfen* und dadurch zu jedem ferneren Widerstand unfähig zu machen.»

Der Kampf um Verdun war in seiner realen Verlaufsform eine solche totale Schlacht im oft archaisch anmutenden Kampf Mann gegen Mann, allerdings in der spezifisch modernen Form einer ebenfalls radikalisierten Zerstörungsmaschinerie. In diesem Zusammenhang sind auch die Verlustzahlen der beiden Armeen in der Schlacht von Verdun exemplarisch geblieben für die neuen Dimensionen, die der Erste Weltkrieg im Hinblick auf die Totalisierung des Krieges brachte. Die amtlichen Verluste beliefen sich bei den Franzosen auf etwa 380 000 Soldaten, bei den Deutschen auf etwa 340 000. Insgesamt hat die Schlacht von Verdun – wenn man die nachfolgenden Kämpfe bis Ende 1918 mit einbezieht – nach zuverlässigen Schätzungen etwa 420 000 Tote und etwa 800 000 Verwundete gekostet. Dies dürfte auch der Grund sein, warum Verdun so oft zu einem modernen Epos stilisiert wurde und deshalb auch zu guten Teilen sinnbildlich geworden ist für den Ersten Weltkrieg.

Deutschlands erste entscheidende Niederlage im Zweiten Weltkrieg Die Luftschlacht um England, 10. Juli bis 31. Oktober 1940

James S. Corum

Ende Juni 1940 beherrschte das Deutsche Reich ganz West- und Mitteleuropa. Seit Kriegsbeginn im September 1939 hatte die Wehrmacht nach einer Reihe von Blitzfeldzügen Polen, Dänemark, Norwegen, die Niederlande, Belgien, Luxemburg und Frankreich besetzt. Nach dem Fall Frankreichs am 22. Juni 1940 blieb Großbritannien das einzige Hindernis auf Deutschlands Weg zur unangefochtenen Vorherrschaft auf dem Kontinent. Doch war das britische Heer nach dem fluchtartigen Rückzug von Dünkirchen schwer angeschlagen.

Nur der – an seiner schmalsten Stelle 35 Kilometer breite – Ärmelkanal bewahrte Großbritannien vor der Invasion durch eine gut ausgerüstete und vorzüglich ausgebildete Bodenstreitmacht. Die *Royal Navy*, traditionell Englands «vorderste Verteidigungslinie», war nicht in der Lage, das Land vor einer Invasion zu schützen. Hatten doch die Briten während des Norwegenfeldzugs erfahren müssen, daß eine Marine nicht frei operieren konnte, solange der Gegner den Luftraum beherrschte. Somit war sowohl den Deutschen wie den Engländern klar, daß das einzige Hindernis für eine deutsche Invasion die *Royal Air Force* (RAF) war. Sollte es der deutschen Luftwaffe gelingen, über dem Kanal und Südengland die Lufthoheit zu erringen, so würden die deutschen Armeen bei einer Landung nur auf geringen Widerstand stoßen. Im Falle einer siegreichen Invasion würde Großbritannien kapitulieren müssen, und Deutschland befände sich in einer strategisch überlegenen Position zur Verwirklichung seiner Eroberungspläne für Eurasien.

Die Luftschlacht um England – die *Battle of Britain* – zwischen Juli und Oktober 1940 war außergewöhnlich: Es handelte sich um die erste Schlacht in der Geschichte, die ausschließlich in der Luft ausgetragen wurde. Sie war auch deshalb außergewöhnlich, weil die

Entscheidung letztlich allein von wenigen hundert Kampfpiloten auf beiden Seiten abhing.

Hitler hatte ursprünglich eine Invasion Großbritanniens ebenso wenig ins Kalkül gezogen wie einen Luftkrieg über der Insel. Nach der Niederlage Frankreichs ging er davon aus, daß die Briten Frieden schließen und Deutschland die Kontrolle über den europäischen Kontinent überlassen würden. Anfang Juli streckte er Friedensfühler nach England aus, erhielt aber, zu seiner Überraschung, eine brüske Abfuhr. Hierauf erteilte Hitler am 16. Juli unter dem Tarnnamen «Operation Seelöwe» die Weisung zur Vorbereitung einer Invasion Großbritanniens. Deutschland hatte zwei Monate Zeit, um die Luftschlacht für sich zu entscheiden und seine Streitkräfte an Englands Küsten zu landen, bevor die Schlechtwetterperiode einsetzte. Bei den Deutschen herrschte Zuversicht, daß ihre mächtige und siegesgewohnte Luftwaffe die gegnerische *Royal Air Force* schnell vom Himmel fegen und damit den Weg für die Besetzung der Insel frei machen würde. Ein gehöriges Übermaß an Selbstvertrauen charakterisierte die Haltung, mit der die deutschen Luftstreitkräfte die Schlacht angingen. Reichsmarschall Göring, Oberbefehlshaber der Luftwaffe, kündigte selbstsicher an, seine Flieger könnten die RAF innerhalb von vier Tagen zerstören.

Für die Briten war die Jagdwaffe der *Royal Air Force* nun ihre vorderste und tatsächlich einzige Verteidigungslinie. Die schlagkräftigen deutschen Bomber waren nur schwach gepanzert und zur Selbstverteidigung lediglich mit drei bis fünf leichten Maschinengewehren ausgerüstet. Damit waren sie für die englischen Jäger eine leichte Beute, solange sie ohne Jagdschutz flogen. Falls es den Deutschen gelänge, die englischen Jäger vom Himmel zu vertreiben, könnte die Luftwaffe eine Invasionsarmee effektiv unterstützen. Behaupteten sich andererseits die Briten in ihrem Luftraum, dann hätten sie die Möglichkeit, den deutschen Bombern derart schwere Verluste zuzufügen, daß die Luftwaffe ihre Offensive abbrechen müßte. Somit bestand das vorrangige Ziel der Luftwaffe darin, die Jagdgeschwader der RAF in der Luft und am Boden zu zerstören.

Im Frühsommer 1940 hatten Luftwaffe und RAF bereits harte Kämpfe über Frankreich ausgefochten und benötigten daher einige Wochen, um ausgefallene Piloten und Flugzeuge für die bevorstehende Schlacht zu ersetzen. Im Mai und Juni 1940 hatte die Luftwaffe mehr als ein Viertel ihrer Stärke eingebüßt – über 1200 Maschinen. Noch schwerer hatte es die Alliierten getroffen. Die französische

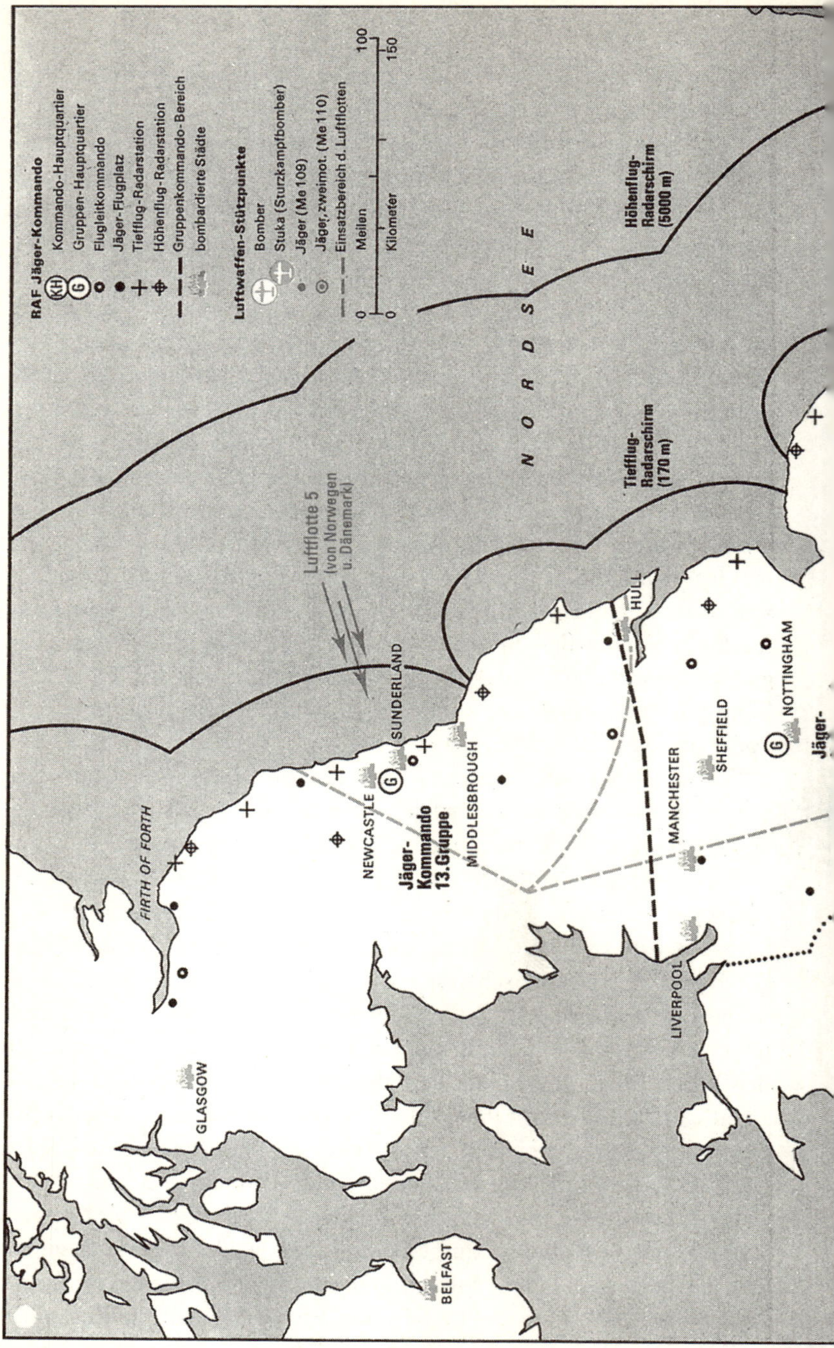

Die Luftschlacht um England, Juli bis Oktober 1940

SWANSEA
CARDIFF
BRISTOL
BATH
Ball
Jäger-
Kommando
10.Gruppe
Jäger-
Kommando
11.Gruppe
EXETER
PLYMOUTH
Middle Wallop
SOUTHAMPTON
PORTSMOUTH
VENTNOR
Tangmere
Debden
IPSWICH
Stanmore
Northolt
LONDON
Uxbridge
Croydon
Biggin Hill
Kenley
North Weald
Hornchurch
Rochford
Themse-Mündung
West
Malling
Manston
CANTERBURY
Lympne
Hawkinge
ÄRMEL-KANAL
ROTTERDAM
ANTWERPEN
GENT
BELGIEN
CALAIS
LILLE
Luftflotte 3
AMIENS
FRANKREICH
CHERBOURG
LE HAVRE
PARIS
Luftflotte 2
RENNES

Luftwaffe verlor 892 Flugzeuge, die RAF 1029. Die Briten hatten 30 Prozent ihrer Jagdmaschinen in Frankreich eingesetzt, sie mußten dabei 446 Stück abschreiben und erlitten so proportional höhere Verluste an Männern und Maschinen als die deutsche Seite.

Die Luftwaffe verlegte die Luftflotten 2 und 3 auf die französischen Flugplätze am Pas-de-Calais und entlang der Küste der Normandie, von wo aus der Süden Englands aus kurzer Distanz angegriffen werden konnte. Der ausgezeichnete Wartungs- und Instandhaltungsdienst der Luftwaffe überholte die während des Feldzugs in Frankreich eingesetzten Maschinen in kürzester Zeit. Während der folgenden Kampagne sollte es diesen Einheiten gelingen, ständig eine Einsatzbereitschaft von 70–80 Prozent ihrer Flugzeuge aufrechtzuerhalten.

Den ganzen Juni und Juli hindurch arbeitete die RAF daran, ihre ramponierte Jagdwaffe wieder aufzubauen. Wie die Luftwaffe verfügte auch sie über äußerst qualifizierte Wartungstechniker, die eine hohe Einsatzbereitschaft garantierten. Während der Luftschlacht um England wurden selbst schwer beschädigte Flugzeuge, die nur noch nach Schrott aussahen, innerhalb weniger Tage wieder flugfähig gemacht. Lord Beaverbrook, von Premierminister Churchill am 14. Mai zum Minister für Flugzeugbau ernannt, leitete Notmaßnahmen ein, um die Zahl der einmotorigen Jagdflugzeuge zu erhöhen. Die Produktion an Hawker Hurricanes und Supermarine Spitfires überstieg im Sommer 1940 die selbstgesteckten Ziele gewaltig und lag noch über den Produktionszahlen der deutschen Messerschmitt Me 109. Nicht der Mangel an Jagdflugzeugen war das größte Problem des englischen Jägerkommandos *(Fighter Command)*, sondern der Mangel an ausgebildeten Piloten. Bis zu zwei Jahren dauerte die Ausbildung eines Jagdpiloten, bis er im Kampf eingesetzt werden konnte. Zwar schulte die RAF Bomber- oder Küstenwachpiloten um, doch waren diese eilig angelernten Flieger im Luftkampf von geringem Wert. So lag die Last der Verteidigung Großbritanniens auf den Schultern eines kleinen Kaders von einigen hundert erprobten Jagdfliegern, die noch kurz zuvor in Frankreich schwere Verluste erlitten hatten. Die Luftwaffe dagegen verfügte nicht nur über mehr Flugzeuge, sondern auch über ein größeres Reservoir an Piloten.

In einer Hinsicht aber zeigte sich England für den bevorstehende Kampf gut gerüstet. In den 20er Jahren hatte die RAF mit der Errichtung eines nationalen Luftverteidigungssystems begonnen. Ein aus freiwilligen Zivilisten gebildetes Luftwarnkommando bemannte

Hunderte von Beobachtungsposten, um von dort Feindflugzeuge an das Hauptquartier der Luftverteidigung zu melden. In das dem Jägerkommando unterstehende Luftverteidigungssystem wurden außerdem die Flak- und Sperrballoneinheiten einbezogen. Dieses zentralisierte System ermöglichte es der RAF, innerhalb kürzester Zeit Abfangjäger in die jeweils bedrohten Abschnitte zu verlegen. Ende der 30er Jahre wurde das System durch die Einbeziehung von Radarstationen entlang der britischen Küste noch verbessert. Die von den Briten Mitte des Jahrzehnts entwickelte Radartechnik sollte den Luftkrieg revolutionieren. Vor der Verwendung dieser Technologie konnten Verteidiger feindliche Flugzeuge erst dann identifizieren, wenn diese sich bereits unmittelbar über ihren Köpfen befanden. Das zu Kriegsbeginn verwendete Radarsystem war zwar noch recht primitiv, konnte aber Flugzeuge auf 80 bis 110 Kilometer Entfernung ausmachen sowie Informationen über deren Flugrichtung und Geschwindigkeit liefern. Eine solches Frühwarnsystem gestattete es dem Jägerkommando, seine Abfangjäger rechtzeitig aufsteigen zu lassen und weitere Staffeln in Alarmbereitschaft zu versetzen. Im Sommer 1940 war das britische Luftverteidigungssystem das weltweit beste. Falls der Sieg der RAF in der Luftschlacht um England überhaupt auf eine einzige Ursache zurückgeführt werden kann, dann war dies das Radar. Gekoppelt mit dem zentralisierten Kommando- und Kontrollsystem verdoppelte es praktisch die Schlagkraft der britischen Jäger.

Die deutschen Luftstreitkräfte, die gegen England aufgeboten wurden, gehörten im wesentlichen der am Pas-de-Calais stationierten Luftflotte 2 sowie der Luftflotte 3 im Raum Cherbourg an. Anfang Juli verfügten beide Flotten zusammen über 1131 mittlere Bomber und 316 Junkers Ju 87-Sturzkampfbomber, unterstützt von 150 Aufklärern. Der in Norwegen und Dänemark stationierten Luftflotte 5 standen gegen Ziele in Nordengland 130 Bomber und 35 zweimotorige schwere Jäger Messerschmitt Me 110 zur Verfügung. Der Schwerpunkt des deutschen Angriffs sollte aber auf jeden Fall auf dem Süden des Landes liegen. Zum Jagdschutz der Bomber der Luftflotten 2 und 3 hatten die Deutschen 246 Me 110 und 809 einmotorige Jäger vom Typ Me 109 E. Das RAF-Jägerkommando konnte im Juli 1940 eine Luftstreitmacht von 700 Jägern der Typen Hurricane und Spitfire aufbieten, dazu einige Zweisitzer des Typs Defiant.

Das Jägerkommando bestand aus vier Gruppen, von denen jede für die Verteidigung einer bestimmten Region zuständig war. Die

13. Gruppe deckte Nordengland und Schottland ab, die 10. den Westen Englands, die 12. die Midlands und das Gebiet nördlich von London. Die Hauptlast der Schlacht aber hatte die für die Verteidigung Londons und Südostenglands verantwortliche 11. Gruppe zu tragen. Genau hier brauchten die Deutschen die Lufthoheit, war diese Region doch der einzig mögliche Landungsabschnitt für ihre Invasionsarmee. Die Räume der vier Gruppen waren wiederum in Sektoren aufgeteilt. In jedem Sektor lagen ein bis drei Staffeln, die von einer am Fliegerhorst des Hauptsektors gelegenen Jägerleitzentrale taktisch geführt wurden. Die Hauptquartiere der vier Gruppen stimmten die Einsätze der verschiedenen Sektoren untereinander ab. Der Stab des Jägerkommandos wiederum koordinierte die gegenseitige Unterstützung der einzelnen Gruppen. Vom Luftwarnkommando und dem Radarnetz wurden die Kontrollzentralen der Sektoren, der Gruppen und des Jägerkommandos mit Informationen versorgt. Alles in allem ein hocheffizientes, flexibles System.

Als die Luftkämpfe Anfang Juli zunahmen, verfügte das Jägerkommando über 19 einsatzfähige Spitfire- und 22 Hurricane-Staffeln. Weitere zehn Staffeln wurden gerade neu zusammengestellt oder reorganisiert. Diese sollten als Reserve für die im Verlauf der Schlacht dezimierten Einheiten eingesetzt werden. Das Hauptziel der Deutschen, die 11. Gruppe, war in acht Sektoren unterteilt und besaß zwölf Hurricane und sechs Spitfire-Staffeln. Die 12. Gruppe, bestehend aus sechs Sektoren, hatte jeweils fünf Hurricane und Spitfire-Staffeln zur Verfügung. Die Bombereinheiten der RAF wurden zunächst zurückgehalten, um gegebenenfalls in einer letzten verzweifelten Anstrengung gegen die deutschen Land- und Seestreitkräfte eingesetzt zu werden, sollte die Invasion beginnen.

Das Rückgrat der Luftwaffe bestand aus Bombern der Typen He 111, Do 17 und Ju 88 – allesamt schnelle und robuste Flugzeuge, die jeweils ein bis zwei Tonnen Bombenlast tragen konnten. Ihre Piloten waren gut ausgebildet und hatten ihr Können in Polen, Norwegen und im Westfeldzug unter Beweis gestellt. Die große Anzahl an Flugzeugen verlieh der Luftwaffe genügend Schlagkraft, um die britischen Militäreinrichtungen zu zerstören, wenn es den Bombern gelingen sollte, ohne größere Verluste ihre Ziele zu erreichen und unbeschadet wieder zu ihren Flugplätzen zurückzukehren. Der Schwachpunkt der deutschen Bomber war ihre dürftige Armierung, die sie zu einer leichten Beute für die englischen Jäger machte. Das traf noch mehr für die Junkers Ju 87-Sturzkampfbomber zu. Diese

«Stukas» konnten eine bis zu 1000 kg schwere Bombe äußerst zielgenau abwerfen. Doch waren sie gleichzeitig auch langsam und gegenüber feindlichen Kampfflugzeugen höchst verwundbar, solange sie nicht von Jagdflugzeugen eskortiert wurden.

Bei der deutschen Me 109 und der britischen Spitfire handelte es sich im Jahre 1940 um die besten Jagdflugzeuge der Welt. Als Kampfflugzeuge waren beide Maschinen einander nahezu ebenbürtig. Beide erreichten eine Geschwindigkeit von rund 600 km/h. Während die Me 109 in größeren Höhen Vorteile hatte (über 5500 Meter), kamen die Vorzüge der Spitfire in mittleren Höhen (3000 bis 5500 Meter) besser zur Geltung. Die Me 109 verfügte über die stärkere Bewaffnung. Ihre Bordkanonen waren weitaus gefährlicher als die kleinkalibrigen Maschinengewehre der Spitfire. Der Daimler-Benz-Einspritzmotor gestattete der Me 109 umgekehrte und negativ-g-Manöver, die mit dem Merlin-Triebwerk der Spitfire nicht möglich waren. Geriet etwa eine Me 109 während eines Kampfes in Schwierigkeiten, konnte der Pilot die Maschine auf den Rücken drehen und abtauchen. Weder Spitfires noch Hurricanes konnten dann folgen, da ihre Vergasermotoren bei derartigen Manövern aussetzten. Dennoch hatte die Spitfire gegenüber der Me 109 zwei entscheidende Vorteile: Sie reagierte wendiger im Luftkampf, und ihre Piloten waren durch Stahlplatten besser geschützt. Im Falle eines Abschusses war somit für den Piloten die Chance größer, unversehrt auszusteigen und später mit einer anderen Maschine wieder am Kampf teilzunehmen. Die Hurricane, die wichtigste Stütze des Jägerkommandos, war der Me 109 grundsätzlich unterlegen; die deutsche Maschine war schneller und in nahezu allen Höhenlagen leistungsstärker als die englische. Trotzdem blieb auch dieser Flugzeugtyp ein ernst zu nehmender Gegner. Denn auch die Hurricanes waren wendiger als die Me 109 und konnten mit ihrer soliden Konstruktion viele Treffer wegstecken. Gelang es ihnen, sich hinter den Jagdschutz der deutschen Bomber zu «hängen», dann konnten sie diesem erheblichen Schaden zufügen.

Große Hoffnungen setzte die Luftwaffe auf ihren zweimotorigen «Zerstörer» (schweren Jäger), die Me 110. Sie war als Langstrecken-Begleitjäger konzipiert und hatte eine Reichweite von über 1000 km. Damit konnte die Me 110 deutschen Bombern fast über ganz England Deckung geben. Ihre tödliche Bewaffnung bestand aus zwei Bordkanonen und vier schweren MGs. Der Funker bediente ein 7,9 mm Maschinengewehr, um Angriffe von hinten abzuwehren. Als Aufklärungsflugzeug, Jagdbomber und Nachtjäger erfolgreich, war die Me 110 aber als Tagjäger ein Reinfall. Die Hurricanes und Spitfires erwiesen sich als schneller und wendiger. Im Luftkampf war die Me 110 kein gleichwertiger Gegner für sie. Noch während der Schlacht sah sich die Luftwaffe wegen hoher Verluste gezwungen, diese Maschine nicht länger als Jagdflugzeug einzusetzen.

Auch die schweren britischen Kampfflugzeuge waren am Ende eine Enttäuschung. Während der Luftschlacht setzte das Jägerkommando zwei Staffeln mit Boulton Paul Defiants ein. Bei der Defiant handelte es sich um einen einmotorigen Zweisitzer, bei dem der Heckschütze in einem drehbaren Gefechtsturm mit vier Maschinengewehren saß. In der Theorie machte sich das gut, doch war die träge Defiant für die Me 109 leichte Beute, auch sie wurde schließlich aus dem Kampf abgezogen.

Schon viel wurde über das numerische Ungleichgewicht zwischen den 2500 Kampfflugzeugen der Luftwaffe und den 700 des Jägerkommandos geschrieben. Tatsächlich ist es die Zahl der Jagdflugzeuge, die im Hinblick auf die Luftüberlegenheit von ausschlaggebender Bedeutung war. Stellt man den 1055 Me 109- und Me 110-Jägern, die die Luftwaffe in die Schlacht warf, die 700 der RAF gegenüber, dann standen die Chancen für die RAF gar nicht so schlecht.

Der Befehlshaber der Luftflotte 3, Generalfeldmarschall Hugo Sperrle, galt als einer der erfahrensten Offiziere der Luftwaffe. Im Ersten Weltkrieg hatte er eine Kampfeinheit befehligt. 1936/37 führte er im Spanischen Bürgerkrieg die *Legion Condor*, der die Nationalisten entscheidende Unterstützung verdankten. Während des Frankreichfeldzugs stellte der Bomberexperte Sperrle seine Qualifikationen erneut unter Beweis. Oberbefehlshaber der Luftflotte 2 war Generalfeldmarschall Albert Kesselring, ein Generalstabsoffizier des Heeres, der 1934 zur Luftwaffe übergetreten war. Er war von rascher Auffassungsgabe und verfügte über den Ruf eines brillanten Offiziers. Schnell lernte er fliegen und studierte Luftfahrttechnik, um seine Kenntnisse dann in die Praxis umzusetzen. Als Befehlshaber der Luftflotte 1 im Polenfeldzug und der Luftflotte 2 im Krieg gegen Frankreich, hatte er sich auf der operativen Ebene als energischer und ausgesprochen kompetenter Kommandeur erwiesen.

Allerdings war es um die Besetzung der obersten Führungsstellen der Luftwaffe weniger gut bestellt. Reichsmarschall Hermann Göring war nominell zwar Oberbefehlshaber der Luftwaffe, ließ sich jedoch nur sporadisch in seinem Büro blicken und zeigte wenig Interesse an den täglichen Einsätzen seiner Flieger. Faktisch überließ er die gesamte Arbeit seinen Untergebenen, in erster Linie dem Staatssekretär im Luftfahrtministerium und Generalinspekteur der Luftwaffe, Generalfeldmarschall Erhard Milch, den er aufgrund seines administrativen Talents für unverzichtbar hielt, obwohl er ihn persönlich geringschätzte. Im Ersten Weltkrieg war Göring ein Jagdflieger-As gewesen, hatte sich aber wohl seitdem niemals grundlegend über den Horizont eines Kampfpiloten hinaus entwickelt. Sein Wissen über Luftfahrt und Luftfahrttechnik war gering und basierte auf den Erfahrungen, die er selbst während des Weltkriegs im offenen Cockpit gemacht hatte. Als sich im September 1940 das Schlachtenglück wendete, beschimpfte er seine Piloten und warf ihnen Feigheit vor. An der Front ließ er sich für gewöhnlich nicht blicken, sondern verbrachte den Juli und Anfang August auf seinem prächtigen Landsitz «Carinhall». Er unternahm nur wenige Versuche, die Anstrengungen der beiden Luftflotten zu koordinieren. Bei seinen Frontbesuchen wetterte er gegen die eigenen Kommandeure und Piloten. In vielerlei Hinsicht wäre es wohl schwierig gewesen, einen noch unfähigeren Oberbefehlshaber zu finden.

Das RAF-Jägerkommando wurde von einem erfahrenen 60-jährigen Jagdexperten geführt, General der Flieger *(Air Chief Marshal)* Sir Hugh Dowding. Er war ein mürrischer Mensch, der kaum Freunde hatte. Doch als Spezialist für Luftverteidigung hatte er Wunder gewirkt und Großbritannien das im Jahre 1940 weltweit effektivste Verteidigungssystem verschafft. Ab Mitte der 30er Jahre hatte sich Dowding für die Aufstellung einer aus 50 Staffeln bestehenden Jagdwaffe stark gemacht – in erbitterten Auseinandersetzungen mit der Luftwaffenführung, die Bomber bevorzugt und den Jagdflugzeugen geringere Priorität eingeräumt hatte. Erfolgreich betrieb er seine Lobbyarbeit, um eine Kette von Radarstationen entlang der Küste finanzieren zu können, wobei er Geldmittel in eine noch unerprobte Technologie investierte. Wegen des von ihm aufgebauten Jägerkommandos kann man Dowding wohl den wahren Helden der Schlacht um England nennen. Gleichwohl wies er als Führer einige ernsthafte Defizite auf. Seine Ansichten über Taktik waren ausgesprochen veraltet. Vor dem Krieg hatte er eine umfangreiche Dienstvorschrift für Jagdflieger verfaßt, in der die kompliziertesten Angriffsformationen zu finden waren. Als sich während des Frankreichfeldzuges herausstellte, daß seine rigiden taktischen Vorschriften für die RAF-Piloten in der Regel tödlich endeten, beharrte er trotz allem weiterhin darauf, daß seine Staffelführer «nach dem Buch» flogen.

General der Flieger *(Air Chief Marshal)* Keith Parks, Kommandeur der 11. Gruppe und Jagdflieger im Ersten Weltkrieg, war ein erfahrener Pilot. Als ruhiger und kenntnisreicher Vorgesetzter wurde er von seinen Untergebenen geschätzt. Über Erfahrung verfügte auch Generalleutnant *(Air Marshal)* Trafford Leigh-Mallory, der Kommandeur der 12. Gruppe. Von vorzüglicher Auffassungsgabe für Probleme der Jagdtaktik, drängte er auf Korrekturen bei den operativen Einsatzgrundsätzen des Jägerkommandos. Seine Ansichten und Umgangsformen führten zwar zu Konflikten mit Dowding, aber bei seinen Staffelführern und Piloten gewann er damit an Respekt. Trotz dieser persönlichen Disharmonien konnte sich die RAF glücklich schätzen, über ausgesprochen kompetente Kommandeure in den oberen Rängen ihres Jägerkommandos zu verfügen.

Sowohl die RAF als auch die Luftwaffe besaßen auf der Ebene der Staffel- und Geschwaderkommandeure einen Kader an erfahrenen, qualifizierten Piloten, die sich bereits im Kampf bewiesen hatten. Bei beiden Luftstreitkräften hatte es Tradition, daß die Kommandeure durch ihr Vorbild führten und die Kampfeinsätze gemeinsam mit ihren Männern flogen. Vorgesetzte, die nicht aggressiv genug oder taktisch inkompetent waren, wurden rasch durch Piloten ersetzt, die sich im Gefecht bewährt hatten. In vielerlei Hinsicht ähnelten die Luftkämpfe des Jahres 1940 der Kriegführung vergangener Zeiten. Sie zählten zu den seltenen Gelegenheiten während des Zweiten Weltkriegs, bei denen die Vorgesetzten ihre Untergebenen noch selbst ins Gefecht führten, statt die Einheiten vom Befehlsstand aus zu leiten. Zudem handelte es sich um eine höchst individualistische Form des Kampfes: Zweikämpfe in der Luft, bei denen derjenige Pilot als Sieger hervorging, der über die besseren Fähigkeiten, die größere Treffsicherheit und die stärkeren Nerven verfügte. In der *Battle of Britain*, wie auch im weiteren Verlauf des Luftkrieges, war es stets eine kleine Zahl von Assen mit besonderen, nicht klar definierbaren Fliegerqualitäten, die den Großteil der Luftsiege errang. Major Adolf Galland beispielsweise, Kommodore des höchst erfolgreichen Jagdgeschwaders 26, verbuchte allein 14 Prozent aller Abschüsse seiner aus 120 Piloten bestehenden Einheit.

Hinsichtlich der Qualität der Piloten und der taktischen und operativen Führer waren die Standards bei Luftwaffe und RAF vergleichbar. Große Unterschiede gab es dagegen bei den taktischen Einsatzgrundsätzen. Die Deutschen zogen mit einer neuen und extrem effektiven Kampftaktik in den Krieg, die vor allem auf schnelle, leistungsstarke Eindecker ausgerichtet war. Kommodore Werner Mölders, ein Top-As und Führer des Geschwaders 51, hatte während des Einsatzes der *Legion Condor* in Spanien eine neue Taktik entwickelt. Sie basierte auf dem paarweisen Einsatz von Flugzeugen, der sogenannten Rotte. Dabei flog eine der Maschinen einige hundert Meter über und hinter dem Flügelmann, um dessen Heck zu schützen. Mehrere dieser Rotten bildeten einen Schwarm. Eine der Standardformationen wurden die «Vier Finger» – zwei Rotten, die ausschwärmten und sich gegenseitig Deckung gaben. Nach ihrer erfolgreichen Erprobung im Spanischen Bürgerkrieg wurde diese ausgesprochen flexible Taktik in den Jahren 1939/40 von der Luftwaffe allgemein übernommen. Auf der anderen Seite flog die RAF weiterhin komplexe Geschwaderformationen (nach achtern ausgerichtete Kettenverbände oder v-förmige Gruppen), die noch aus der Zeit der Doppeldecker stammten. Aufgrund der Beharrlichkeit, mit der man an diesem starren Konzept festhielt, verloren zahlreiche britische Piloten 1940 über Frankreich und England ihr Leben. Viele Geschwaderführer widersetzten sich deshalb Dowding und führten ihre Einheiten unter Anwendung der deutschen Taktik in den Kampf.

Die *Battle of Britain* begann am 10. Juli mit dem Versuch der deutschen Luftflotten 2 und 3, die Lufthoheit über dem Ärmelkanal zu erringen und die britischen Schiffe aus den Kanalhäfen zu vertreiben. Täglich flogen von starken Jagdstaffeln eskortierte Bomber über den Kanal, um die Küstenschiffahrt und Hafenanlagen anzugreifen. RAF-Jäger der 11. Gruppe stiegen auf, um sich der Herausforderung zu stellen, was zu etlichen ausgedehnten Luftkämpfen führte. In einem der größeren Gefechte, am 25. Juli, griffen Einheiten der Luftflotte 2 einen englischen Konvoi an, versenkten acht Frachter und beschädigten mehrere weitere Schiffe, darunter zwei Zerstörer der *Royal Navy*. Bei diesen Kämpfen stellten die Ju 87-Sturzkampfbomber und die als Jagdbomber eingesetzten Me 110 ihre Zielgenauigkeit bei Schiffsattacken unter Beweis, offenbarten aber auch ihre Verletzlichkeit, wenn immer es den englischen Jägern gelang, sich hinter die begleitenden Me 109 zu hängen. Die Verluste auf beiden Seiten waren schwer. Zwischen dem 12. Juli und dem 10. August verlor die Luftwaffe über dem Ärmelkanal 286 Maschinen, darunter 105 Jäger. Die RAF büßte 148 Flugzeuge ein – fast ausschließlich Jagdmaschinen. Zahlreiche Handelsdampfer mit einer Gesamttonnage von 30000 Bruttoregistertonnen wurden von der Luftwaffe versenkt. Schließlich zwangen die deutschen Aktionen die Briten, ihren Schiffsverkehr im Kanal einzustellen. Auf beiden Seiten traten Stärken und Schwächen zutage. Das Radarsystem versetzte das Jägerkommando in die Lage, die Angriffe der Luftwaffe wirksam abzufangen. Als dramatischer Schwachpunkt stellten sich die Defiant-Jäger heraus. Allein sechs von neun Maschinen der 141. Staffel wurden am 19. Juli innerhalb weniger Minuten in einem Kampf mit deutschen Me 109 abgeschossen.

Als großer Vorteil erwies sich für die Luftwaffe ihr effizientes Luft-See-Rettungssystem. Abgesprungene oder notgelandete Piloten wurden mit speziell ausgerüsteten Wasserflugzeugen vom Typ Heinkel He 59 aus dem Ärmelkanal gefischt. Auf britischer Seite existierte kein solcher Rettungsdienst. Damit stiegen die Überlebenschancen verunglückter deutscher Piloten gegenüber ihren Gegnern beträchtlich.

Auch wenn Historiker heute bei der Luftschlacht um England vier Phasen unterscheiden, so verfügte die Luftwaffe zum Erreichen ihrer Ziele doch über nichts, was irgendwie einem solchen strategischen Stufenplan ähnelte. Während die RAF im Verlauf der Juli-Kämpfe über dem Ärmelkanal bewies, daß sie ein ernst zu nehmender Gegner war, wurde die Luftwaffe von ihrem übersteigerten Selbstbewußtsein geplagt. Für Anfang August plante sie massive Angriffe auf die britische Jagdwaffe, und Göring prahlte damit, seine Luftwaffe werde die RAF innerhalb weniger Tage niederringen. Im Anschluß daran werde die deutsche Luftstreitmacht die britischen Militäreinrichtungen in Südengland pulverisieren und so die Invasion vorbereiten.

Die Zuversicht der Deutschen wurde aus einer fehlerhaften Aufklärung gespeist. Tatsächlich war die Inkompetenz des Nachrichtendienstes, der Abteilung 5 im Generalstab der Luftwaffe unter Leitung von General «Beppo» Schmidt, vermutlich der größte Schwachpunkt der Angreifer und ein entscheidender Faktor für ihre Niederlage. Als Hitler in den 30er Jahren seine Pläne zur Eroberung Europas entwarf, begriff er nicht, daß die Briten sich ihm zwangsläufig entgegenstellen würden. Vielmehr hielt er sie für Deutschlands natürliche Verbündete. Entsprechend gering fiel die nachrichtendienstliche Aufklärungstätigkeit gegen England aus. Erst ab Frühjahr 1938 wies Hitler seinen Generalstab an, auch Großbritannien als möglichen Gegner in die deutschen Kriegspläne einzubeziehen. Aber selbst ab diesem Zeitpunkt verlief die Informationsbeschaffung der Luftwaffe und anderer militärischer Nachrichtendienste eher planlos und willkürlich. Bei Kriegsbeginn besaßen die Deutschen nur wenige exakte

Kenntnisse über die RAF. Noch im Frühjahr 1940 ging man davon aus, daß die britischen Hurricanes und Spitfires den eigenen Me 109 und 110 deutlich unterlegen seien. Von den Radar- und Flugleitsystemen des Jägerkommandos wußten die Deutschen fast nichts. Bis Mitte Juli wurde Radar in den wöchentlichen Geheimdienstberichten nicht einmal erwähnt. Sie hielten das in Wirklichkeit sehr flexible Jägerleitsystem für plump und unbeweglich und nahmen an, jedes Geschwader sei ausschließlich für die Verteidigung des Luftraums über der eigenen Basis zuständig. Unsicherheit herrschte auch darüber, welche Basen nun im einzelnen dem Jägerkommando, der Küstenwache, dem Ausbildungs- oder dem Bomberkommando unterstanden. Während der Schlacht sollte die Luftwaffe denn auch große Energien mit Angriffen auf Trainings- und Küstenwachstützpunkte verschwenden. Derartige Angriffe fügten der RAF zwar erheblichen Schaden zu, aber sie trugen nichts zum Erreichen des eigentlichen Ziels bei – der Vernichtung der britischen Jagdwaffe. Kurzum: Die Luftwaffe machte sich daran, das beste Luftverteidigungssystem der Welt anzugreifen, ohne überhaupt zu wissen, wie dieses System tatsächlich funktionierte.

Am 12. August änderte sie ihr Angriffsziel. An die Stelle der Hafeneinrichtungen und des Schiffsverkehrs trat nun das RAF-Jägerkommando selbst. Im Zuge der Juli-Kämpfe hatten die Deutschen Gelegenheit gehabt, die Wirkungsweise des von den Briten verwendeten Radars zu studieren. Daher begann die Luftwaffe an diesem Tag, sämtliche Radarstationen zwischen Portland und der Themsemündung anzugreifen, um auf diese Weise ihren Bombern den Zugang zu den Flugplätzen der RAF und zu kriegswichtigen Industrieanlagen freizumachen. Am Morgen des 12. August griffen Me 110-Jagdbomber die Radarstationen von Dover, Pevensey, Dunkirk und Rye an und richteten dort beträchtlichen Schaden an. Während die als Stahlrahmen konstruierten Sendemasten die Druckwellen der Bomben weitgehend unbeschadet überstanden, wurden die in Holzhütten untergebrachten Radaranlagen neben ihnen zerstört. Die Station bei Ventor wurden im Laufe desselben Tages angegriffen und dem Erdboden gleich gemacht. Das Warnkommando und andere Radarstationen konnten einige Überwachungsräume der ausgefallenen Einrichtungen übernehmen, und die RAF arbeitete fieberhaft daran, zerstörte Anlagen zu reparieren und mobile Stationen an die Küste zu verlegen. Die Luftwaffe hatte die britische Luftverteidigung an ihrer empfindlichsten Stelle getroffen. Zwar verliefen die Bemühungen um Wiederherstellung der Einrichtungen erfolgreich. Doch hätten lediglich einige wenige weitere Tage konzentrierter deutscher Angriffe entlang der gesamten Küste das gegnerische Radarsystem ins Chaos gestürzt. Da die Warnkommandos erst dann Alarm schlagen konnten, wenn sich die deutschen Flugzeuge bereits über England befanden, wäre die Schlagkraft der Luftverteidigung durch den Ausfall der Radaranlagen geradezu halbiert worden. Da das System aber am Abend des 12. August noch immer weitgehend funktionierte, gab die Luftwaffe ihre massiven Angriffe auf. Das war eine der großen Fehleinschätzungen während der Luftschlacht um England.

Am selben Tag fanden auch die ersten Angriffe auf Flugplätze des Jägerkommandos statt. In Manston, Lympne und Hawkinge richtete die Luftwaffe gewaltige Zerstörungen an. Am Ende hatten die Deutschen 36 Flugzeuge verloren, weitere 15 waren schwer beschädigt. Die RAF büßte 27 Maschinen ein und verzeichnete 16 mit erheblichen Schäden. Schlimmer aber wog für die RAF der Ausfall von 26 Piloten. Eine derart hohe Verlustrate konnten die Briten auf Dauer nicht verkraften.

Mit weiteren massiven Angriffen auf englische Militäreinrichtungen und Flugplätze gingen die Kämpfe am 13. August weiter. Die Aktionen dieser beiden Tage betrachtete die Luftwaffe als Vorbereitung auf den «Adlertag», den Beginn der großen Luftoffensive, die die RAF endgültig vernichten sollte. Der «Adlertag», der seither in Großbritannien als «Battle-of-Britain-Day» bezeichnete 15. August 1940, wurde zu einem der härtesten Kampftage während der Schlacht. 2199 Einsätze der Luftwaffe standen 974 auf Seiten der RAF gegenüber. Etlichen Flugplätzen im Süden Englands fügten die deutschen Bomber massive Schäden zu. Es war der Beginn eines umfassenden Luftschlags gegen alle Fliegerhorste im Sektor der 11. Gruppe, von denen zwischen dem 12. und 18. August 34 bombardiert wurden.

Zwei Tage zuvor, am 13. August, hatte schließlich auch die in Norwegen und Dänemark stationierte Luftflotte 5 ihren Teil zu den deutschen Angriffen beigetragen. Mit 115 Bombern und 34 Me 110 flog sie zwei große Angriffswellen gegen Newcastle und Flugplätze in Yorkshire im Norden Englands. Die hervorragend funktionierenden Radareinrichtungen der RAF warnten das Jägerkommando jedoch so frühzeitig, daß beide Angriffsformationen noch über dem Meer abgefangen werden konnten. Da die Me 109 über keine genügende Reichweite verfügte, flogen die Bomber der Luftwaffe ohne

Begleitschutz und bildeten ein leicht zu treffendes Ziel. 24 Maschinen gingen dabei verloren, was von der Luftwaffenführung als unverhältnismäßig hoch betrachtet wurde und sie zu der Entscheidung veranlaßte, die Luftflotte 5 nicht mehr gegen England einzusetzen.

Den gesamten August hindurch starteten große deutsche Verbände, wann immer es das Wetter zuließ, um ihre Bombenlast über Flugzeugfabriken und Flugplätzen abzuwerfen. Gerade die lebenswichtigen Sektoren-Flugplätze wie Biggin Hill, Kenley und Tangmere wurden wiederholt Ziel dieser Attacken. Durch diese Häufung von Angriffen fielen die wichtigsten Flugplätze der 11. Gruppe nach und nach aus. Ihr Kommandeur, General Parks, zeigte sich unzufrieden mit der Unterstützung, die er von Leigh-Mallorys Staffeln der 12. Gruppe erhielt. Während Parks Flieger deutsche Einheiten beim Erreichen der englischen Küste abzufangen hatten, sollten sich Leigh-Mallorys Piloten weiter südlich sammeln und die Flugplätze der 11. Gruppe gegen Angriffe der Luftwaffe schützen. Hier offenbarte sich erneut die Schwäche der britischen Taktik. Der Versuch, die eigenen Fliegerhorste zu verteidigen, indem man in etwa 4500 Meter Höhe über ihnen kreiste, bedeutete, den sich aus größerer Höhe und besserer Position nähernden deutschen Jägern die Initiative zu überlassen.

Leigh-Mallory und Parks gerieten wegen dieser taktischen Fragen aneinander. Parks führte, je nach Lage, ein oder zwei Staffeln in den Luftkampf. Die Zahl der abgefangenen Feindmaschinen stieg dadurch, doch bedeutete das in der Regel gleichzeitig eine zahlenmäßige Überlegenheit der in größeren Verbänden fliegenden Me 109 gegenüber den Maschinen der RAF. Anders Leigh-Mallory: Er trat dafür ein, die Staffeln der 12. Gruppe in «Big Wings», Geschwadern von zwei bis vier Staffeln, zusammenzufassen und auf diese Weise den Deutschen gleich stark, wenn nicht sogar mit Überlegenheit zu begegnen.

Das Konzept klang gut, doch die Formierung eines solchen «Big Wing» nahm so viel Zeit in Anspruch, daß die Abfangrate gering war. Aber auch die Deutschen hatten ihre taktischen Probleme. Als die Bomberpiloten sich bei Göring über die hohen Verluste beklagten, befahl der Reichsmarschall den Kampffliegern, die Bomber in engen Eskorten auf Sichtweite zu begleiten anstatt in großer Höhe vor ihnen her zu jagen. Das war eine eklatante Fehlentscheidung. Da sich die Jäger so nahe bei den normalerweise in einer Höhe von 4500 Metern fliegenden Bombern aufhalten mußten, verloren sie alle taktischen Vorteile des Jägers. Mit dem engen Begleitschutz ging die Initiative vielfach an die RAF über.

Bis Anfang September hatten beide Luftstreitkräfte in diesen Abnutzungskämpfen schwere Verluste hinnehmen müssen. Im August wurden 118 Spitfires abgeschossen und 55 weitere beschädigt. Weitere 64 Maschinen gingen durch Unfälle oder Angriffe der Luftwaffe noch am Boden zu Bruch. Insgesamt büßte die RAF 237 Flugzeuge dieses Typs ein, während im selben Monat nur 163 neue Spitfires produziert werden konnten. Zu diesem Zeitpunkt waren die Reserven an Kampfflugzeugen und Piloten knapp. Die Reste der schwer angeschlagenen 11. Gruppe teilte man zur Erholung und zur Instandsetzung der 10. und 12. Gruppe zu, während die neu eingesetzten Staffeln, die ihren Platz einnahmen, in kurzer Zeit dezimiert wurden. Auf gegnerischer Seite verlor die Luftwaffe zwischen 26. August und 6. September alles in allem 322 Maschinen, wobei es sich überwiegend um Bomber handelte. Dem standen auf Seiten der RAF 248 zerstörte Jagdflugzeuge gegenüber. Diese Zahlen sprachen keineswegs zugunsten der RAF. Bald schon würde das Jägerkommando am Ende seiner Kräfte sein.

Anfang September änderte die Luftwaffe ihre Strategie erneut. Fälschlicherweise hatte der Luftwaffen-Nachrichtendienst gemeldet, das Jägerkommando verfüge nur noch über 150 bis 300 Flugzeuge. In Wirklichkeit aber konnten die Briten noch immer 600 Maschinen aufbieten. Göring ging davon aus, daß sich die RAF gezwungen sehen würde, die letzten Reserven einzusetzen, wenn seine Luftwaffe London zum Hauptziel der deutschen Bomber machte. In diesem Fall könnten die zahlenmäßig überlegenen deutschen Jagdmaschinen die RAF vom Himmel fegen. Mehr noch: Hitler sah die Zerstörung der britischen Hauptstadt als eine persönliche Herausforderung an, nachdem britische Bombenflugzeuge – als Vergeltung für einen Angriff einiger vom Kurs abgekommener deutscher Bomber auf London in der Nacht vom 24. auf den 25. August – am 26. desselben Monats Berlin angegriffen hatten.

Diese neue deutsche Strategie war ein Kardinalfehler. Für Angriffe auf London mußten die Me 109 bis zum äußersten Limit ihrer Kraftstoffreserven fliegen, so daß für Luftkämpfe über der Stadt lediglich zehn Minuten verblieben. Jeder Maschine, die länger an den Kämpfen teilnahm, mußte auf dem Rückflug der Sprit ausgehen. Außerdem erhielt dank der deutschen Konzentration auf London die stark angeschlagene 11. Gruppe eine Atempause, um ihre Flugplätze wieder instandzusetzen. Und die 12. Gruppe hatte nun Gelegenheit, Leigh-Mallorys «Big Wing»-Konzept in die Tat umzusetzen. Seit die Luftwaffe gemäß Görings Befehl verhältnismäßig tief flog, blieb den einzelnen Staffeln genug Zeit, sich zu sammeln, in Richtung Süden zu fliegen und die Deutschen in nahezu gleicher Stärke anzugreifen.

Am 7. September erfolgte die erste große Bombardierung Londons. Von 642 Jagdflugzeugen eskortiert, griffen 372 Bomber die Dockanlagen an. Wann immer es das Wetter in den kommenden Wochen erlaubte, führte die Luftwaffe umfassende Angriffe auf die britische Hauptstadt durch, wobei sie auf heftigen Widerstand stieß. Der kritische Tag kam am 15. September, als die Deutschen bei ihren Hauptangriffen am Morgen und am Nachmittag jeden ihrer Bomber von fünf Jägern begleiten ließen. Die deutsche Luftflotte benötigte allerdings lange, um sich zu formieren, wodurch das britische Radar rechtzeitig Warnmeldungen über die anfliegenden Bomberströme herausgeben konnte. Somit blieb der 12. Gruppe genügend Zeit, sich in der Luft zu «Big Wings» zu vereinigen und geschlossen ihre Angriffe gegen die Deutschen zu fliegen. Zu ihrer Bestürzung mußte die Luftwaffenführung erkennen, daß das Jägerkommando keinesfalls kurz vor dem Ende stand. An diesem Tag verlor sie 56 Flugzeuge gegenüber 26 auf englischer Seite.

Jetzt war offensichtlich, daß die RAF unbesiegt und die Luftwaffe nicht in der Lage war, vor dem Einsetzen der Schlechtwetterperiode die Lufthoheit zu erringen. Am 17. September verschob Hitler die Invasion Großbritanniens auf unbestimmte Zeit. Obwohl es nach wie vor über Südengland zu intensiven Kämpfen kam, hatte die RAF die Schlacht gewonnen.

Nicht zuletzt um die angeschlagene Moral der Luftwaffe zu heben, ging ihre Führung dazu über, schwere Nachtangriffe auf London und andere britische Großstädte zu fliegen. Noch besaß die RAF keine wirkungsvollen Nachtjäger, und die deutschen Flugzeuge konnten ihre Bombenlast relativ unbehelligt abwerfen. Große Teile Londons brannten nieder, schätzungsweise 15 000 Zivilisten verloren ihr Leben. Aber die Moral der Briten erlitt keinen Einbruch. Als die deutschen Nachtangriffe auch 1941 noch fortgesetzt wurden, war die englische Bevölkerung der Meinung, das werde man schon «wegstecken».

Die Luftschlacht um England war ein Kopf-an-Kopf-Rennen. Zwischen dem 10. Juli und dem 31. Oktober 1940 büßte die Luftwaffe 1 733 Maschinen ein, die RAF 915. Zu mehreren Zeitpunkten war die Luftwaffe im Vorteil gewesen und hatte eine wirkungsvolle Strategie verfolgt. Doch ihre strategischen und taktischen Richtungswechsel – hier sind in erster Linie die Beendigung der Angriffe auf die Radarstellungen im August zu nennen und die Entscheidung vom September, London zum Hauptziel der Bombardements zu machen – verhalfen letztlich Großbritannien zum Sieg.

Zähe Legenden
Stalingrad, 23. August 1942 bis 2. Februar 1943

Jürgen Förster

Stalingrad kennt jeder. In unserem Wissen vom Zweiten Weltkrieg hat die russische Industriestadt an der Wolga, die jetzt Volgograd heißt, ihren gesicherten Platz. Allein der Name der Stadt bringt Vorstellungen mit sich, die natürlich so unterschiedlich sind wie die Standpunkte und Blickwinkel der Betrachter. Die Schlacht von Stalingrad wurde von Anfang an für Deutsche wie Russen zu einem Mythos. Um so notwendiger ist die *historische* Einsicht in diese Vergangenheit, damit der positive Wandel im Verhältnis der ehemaligen Kriegsgegner endlich eine tragfähige Basis erhält. Darüber hinaus ist Stalingrad zu einem Symbol des Zweiten Weltkrieges geworden. So wie Auschwitz für Rassenwahn und Völkermord steht, so wie Hiroshima zum Sinnbild der nuklearen Vernichtung geworden ist, so symbolisiert Stalingrad die Übersteigerung soldatischen Kämpfens um seiner selbst willen.

Stalingrad, nach der Einschätzung des Propagandaministers Joseph Goebbels «eine der größten Tragödien der deutschen Militärgeschichte» (3. 2. 1943), war im Frühjahr 1942 nur eines von mehreren operativen Zielen der bevorstehenden deutschen Sommeroffensive. Primäres Ziel der Wehrmacht waren die Inbesitznahme der Ölfelder um Maikop und Grosnyi und die Zerschlagung der «den Sowjets verbliebenen lebendigen Wehrkraft».[1] Sollte die Stadt selbst vor dem eigentlichen Durchbruch in den Kaukasus-Raum nicht erreicht werden, so sollte Stalingrad zumindest so unter die Wirkung der schweren Waffen gebracht werden, daß es als weiteres Rüstungs- und Verkehrszentrum ausfiel. Bevor der Vorstoß gegen den Don und in den nordkaukasischen Raum begann (28. 6. 1942), konnte die Wehrmacht allerdings nach den bitteren Rückschlägen des Winters einige Prestigesiege bei Char'kov, Sevastopol' und Tobruk erringen. Die deutschen Armeen am Südflügel der Ostfront konnten zwar die gesteckten territorialen Ziele unerwartet schnell erreichen, aber die Vernichtung der westlich des Don stehenden Kräfte des Gegners ge-

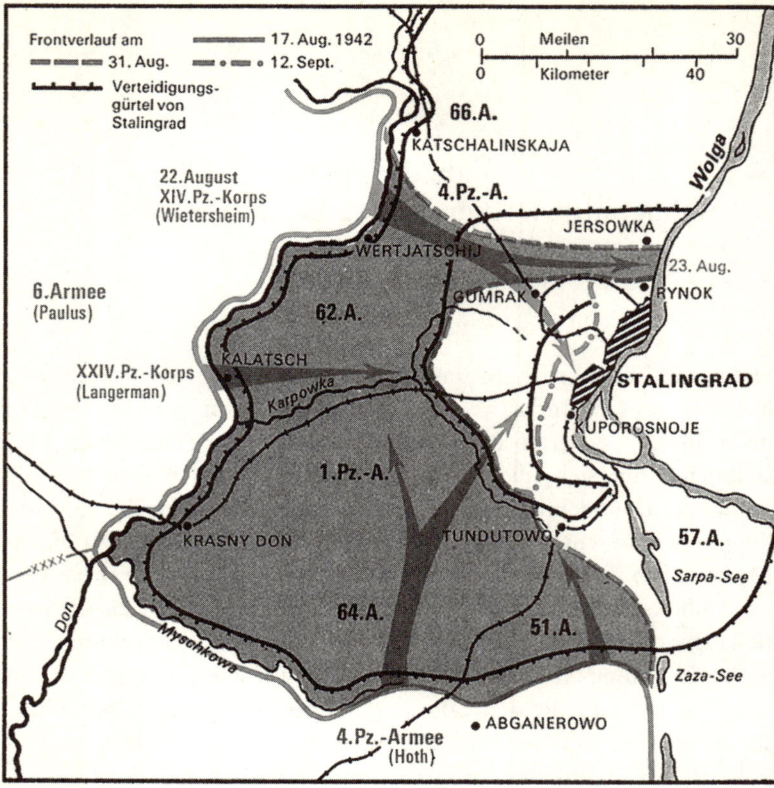

Deutscher Vorstoß auf Stalingrad, August/September 1942

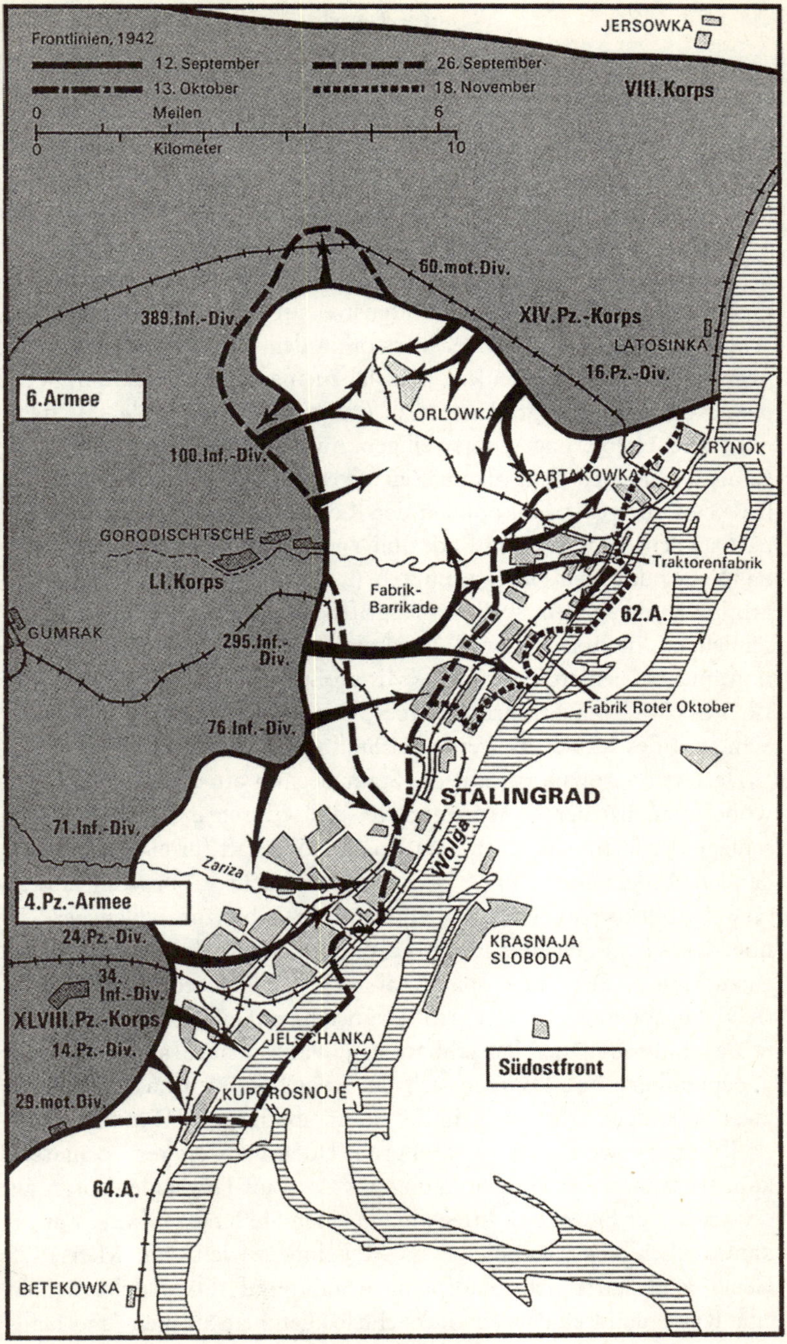

Kämpfe um Stalingrad, September–November 1942

lang nicht. Der strukturelle Mangel an schnellen Verbänden und planmäßige Ausweichmanöver der Roten Armee verhinderten die angestrebten Einkesselungen. Dieses operative Dilemma verschärfte sich bereits Anfang Juli 1942 durch Engpässe in der Versorgung der motorisierten Truppen mit Treibstoff. Als Ausweg hob Hitler am 23. Juli 1942 gegen den Rat des Chefs des Generalstabes des Heeres, Generaloberst Franz Halder, die zeitliche Staffelung der letzten zwei Operationsphasen der Sommeroffensive auf. Der Angriff gegen die Wolga bei Stalingrad und der Vorstoß in den Kaukasus sollten nicht mehr hintereinander, sondern parallel zueinander durchgeführt werden. Nun war Stalingrad selbst zu *besetzen* und die Wolga zu sperren.[2] Die Halbierung der jeweiligen Angriffskräfte nahm Hitler in Kauf, weil er sich vom planmäßigen sowjetischen Rückzug täuschen ließ. Das zügige Vorankommen der Kaukasusoperation gab ihm zunächst recht. Doch schon Ende Juli 1942 wurde es notwendig, Verbände der dortigen Heeresgruppe A (4. Panzerarmee) an die Heeresgruppe B abzugeben, weil die Angriffskraft der 6. Armee für einen schnellen Durchbruch zum Wolgaknie nicht ausreichte. Auch Munition und Betriebsstoff fehlten. «Mit großen Tönen», verkündete der Chef des Wehrmachtführungsstabes, Generaloberst Alfred Jodl, «das Schicksal des Kaukasus werde bei Stalingrad entschieden.»[3]

Der erste Großangriff auf die Stadt begann am 23. August 1942, wobei man bei der 6. Armee hoffte, daß «durch die Vernichtungsschläge der letzten Wochen dem Russen die Kraft für einen entscheidenden Widerstand fehlt».[4] Dem war aber nicht so, obwohl es dem XIV. Panzerkorps gelang, 60 Kilometer weit bis zur Wolga bei Rynok durchzustoßen und in die nördlichen Stadtteile von Stalingrad einzudringen. Drei Tage später sah sich das Armeeoberkommando (AOK) gezwungen, den Angriff vorübergehend einzustellen. Es wollte das Eintreffen der benachbarten 4. Panzerarmee abwarten. Am 3. September 1942 konnten sich die Angriffsspitzen beider Armeen zwar vereinigen, aber nicht in der Stadt, sondern bei Gončara, etwa 20 Kilometer westlich von Stalingrad. Doch ihr weiterer Vormarsch kam trotz massiver Unterstützung aus der Luft langsamer voran als erwartet. Der Bewegungskrieg ging in einen Stellungs- bzw. Festungskampf über. «Der Kilometer als Maßeinheit wich dem Meter, die Generalstabskarte dem Stadtplan».[5] Stalingrad verwandelte sich in eine Ruinenlandschaft. Der rücksichtslos geführte Straßen- und Häuserkampf nahm eine Härte an, die die beteiligten deutschen Einheiten bis dahin noch nicht erlebt hatten. Die abgekämpften Infanterieverbände begannen allmählich auszubrennen. Verantwortlich dafür war vor allem der erbitterte Widerstand des Gegners, trotz seiner immensen personellen und materiellen Verluste (62. Armee und 1. Panzerarmee) bei der vorangegangenen «wilden Schlacht» (F. Halder) im großen Donbogen: «Der Russe sitzt fest in den Trümmern, in Schluchten, Kellern und einem Chaos von verbogenen Stahlgerippen der Fabriken.»[6] Stalin hatte am 24. August 1942 nicht nur die unbedingte Verteidigung Stalingrads befohlen, sondern dem Frontbefehlshaber eingeschärft, «nicht in Panik zu verfallen, den frechen Gegner nicht zu fürchten und fest an unseren Erfolg zu glauben».[7] Das tat auch Hitler. Er war sich des Symbolwertes der mit dem Namen seines verhaßten Gegners geadelten Stadt durchaus bewußt. Im kleinen Kreis äußerte er, daß sich die Russen anders verhalten hätten, «wäre das nicht Stalingrad». So wie Stalin «sein» Stalingrad nicht in die Hände der Faschisten fallen lassen wollte, so legte sich Hitler mehrmals öffentlich auf die Einnahme der bolschewistischen Vorzeigestadt fest. Er hatte genau registriert, daß es an der Heimatfront Zeichen «zunehmender, nervöser Ungeduld» gab, weil die Einnahme Stalingrads bereits länger dauerte als die Niederwerfung Frankreichs. Obwohl die ursprünglich gesetzten Ziele längst erreicht waren, erklärte Hitler Anfang Oktober 1942 intern die «völlige Inbesitznahme» der Stadt zur wichtigsten Aufgabe der Heeresgruppe B.

Doch alle seit dem 13. September vorgetragenen Angriffe auf den Stadtkern brachten nicht den Durchbruch. Ab Mitte Oktober kämpfte die 6. Armee um einzelne Industriekomplexe, deren Zerstörungen den Angreifer mehr behinderten als den Verteidiger. Auch fünf eingeflogene Pionierbataillone sowie ein Aufruf Hitlers am 17. November an Führung und Truppe, noch einmal alles einzusetzen, um die letzten Stadtteile zu nehmen, brachten nicht die Wende. Das letzte Angriffsunternehmen war ein Fehlschlag. Kleine Teile von Stalingrad blieben in den Händen der sowjetischen 62. Armee. Ihr Gegner, die 6. Armee, war personell und materiell erschöpft. Der größte Wunsch der deutschen Soldaten war es, auszuruhen und sich wieder einmal richtig satt zu essen. Für die sowjetische oberste Führung war die hartnäckige Verteidigung der langgestreckten Industriestadt an der Wolga allerdings seit geraumer Zeit nur der Schleier für die Vorbereitung eines operativen Gegenschlages, für den die Masse der verbliebenen Kraftreserven aufgespart wurde.

Die sowjetische Großoffensive (Operation «Uranus») begann am 19. November 1942 mit einem Angriff gegen die rumänische 3. Armee am Don. Die operative Gefährdung der langen, vorwiegend von verbündeten Truppen gehaltenen Flanke war zwar seit langem erkannt worden. Auch die Möglichkeit einer doppelseitigen Umfassung der 6. Armee, also ein sowjetischer Stoß im Süden Stalingrads gegen die 4. Panzerarmee und ihre rumänischen Verbände, war mit «großer Selbstverständlichkeit» erwartet worden. Aber noch traute die deutsche Führung ihrem Gegner die erfolgreiche Durchführung weiträumiger Operationen nicht zu und nahm die immer bedrohlichere operative Lage der 6. Armee an den Nebenfronten zugunsten der taktischen Erzwingung der Entscheidung *in* Stalingrad in Kauf. Der Heeresgruppe B fehlten allerdings auch die Kräfte, um ihren Doppelauftrag erfüllen zu können: Stalingrad unter allen Umständen zu nehmen sowie sowjetischen Gegenangriffen mit operativer Zielsetzung aus den Brückenköpfen bei Kletskaja und Serafimovič am Don sowie Beketovka an der Wolga wirksam zu begegnen.

Die Entscheidung für eine zeitlich gestaffelte Großoffensive am Südflügel der Front war auf sowjetischer Seite am 13. September 1942 gefallen, dem Tag des ersten deutschen Sturmangriffes auf das Stadtzentrum von Stalingrad.[8] Es gelang der Roten Armee, in den vorgesehenen Durchbruchsabschnitten, bei der rumänischen 3. Armee und bei der 4. Panzerarmee (rum. VI. Korps und rum. 20. Infanteriedivision), eine deutliche personelle und materielle Überlegenheit herzustellen. «Den zielstrebig mit Panzerkorps vorgetragenen Angriffen [der südliche Stoß hatte am 20. 11. 1942 begonnen] waren die schlecht geführten, unzureichend ausgestatteten und versorgten rumänischen Divisionen nicht gewachsen, wenngleich an manchen Stellen auch erbittert Widerstand geleistet wurde.»[9] Die rumänischen Stellungen waren noch am selben Tag durchbrochen. Dahinter stießen die sowjetischen Verbände auf wenig Widerstand. Bereits am 22. November erreichte eine Vorausabteilung des sowjetischen XXVI. Panzerkorps den Don bei Kalač und zerriss die wichtigste Versorgungslinie der 6. Armee. Am nächsten Tag war diese eingeschlossen, denn die beiden sowjetischen Panzerkeile hatten sich bei Sovetskij getroffen.[10]

Die oberste deutsche Führung erkannte sofort die gefährliche Lage und befahl der 6. Armee, «trotz vorübergehender Einschließung» ihre Fronten zu halten und einen weiteren Befehl zur Luftversorgung abzuwarten. Wenig später lehnte Hitler ihre Bitte um Handlungsfreiheit, die auch die Aufgabe von Stalingrad beinhaltet hatte, ab. Eine weitere Führungsmaßnahme war die Einsetzung eines neuen Heeresgruppenkommandos (Don) unter Feldmarschall Erich von Manstein, dem die Führung der beiden deutschen (6. und 4. Panzer) und rumänischen Armeen (3. und 4.) übertragen wurde. Letzteres Oberkommando war erst in der operativen Krise für die nicht nach Stalingrad abgedrängten rumänischen Verbände im Süden geschaffen worden. Die Frage: Ausbruch oder Entsatz? stellte sich nicht wirklich. Die 6. Armee begann, befehlsgemäß zu igeln, was unter großen Schwierigkeiten gelang, sowie die angekündigte Versorgung aus der Luft und einen erfolgreichen Entsatzangriff abzuwarten. Diese Haltung war nicht unumstritten, wie das Verhalten des Kommandierenden Generals des LI. Armeekorps, General der Artillerie Walther von Seydlitz-Kurzbach, und seine Lagebeurteilung vom 24. November 1942 beweisen.[11] Am selben Tage wurde die Verpflegung um 50 % gekürzt, die Brotration auf 300 Gramm festgelegt. Es trifft wohl zu, daß auch die umgruppierte 6. Armee nicht die logistische Stärke besaß, um auf eigene Faust auszubrechen. Sie mußte erst aus der Luft kampffähig gemacht werden. Versorgungsgüter auf dem Luftwege zuzuführen, war für die 6. Armee nichts Neues. War sie doch schon lange vor der Einschließung wegen der schlechten Bahn- und Kraftfahrzeug-Transportlage immer wieder aus der Luft versorgt worden. Doch der Bedarf hatte sich drastisch erhöht. Die Verantwortlichen vor Ort sahen sich aber außerstande, die Armee auch nur mit dem Minimum von 300 Tonnen täglich zu versorgen. Eingeschlossen waren rund 250000 Mann, darunter 195000 Deutsche, 50000 russische Hilfswillige, 5000 Rumänen und einige Italiener. Fast alle Verbände waren abgekämpft und nahezu unbeweglich. Dennoch verfügte die Armee über 140 Panzer, deren Bewegungsradius allerdings wegen des akuten Treibstoffmangels eingeschränkt war. General der Panzertruppe Friedrich Paulus spürte die schwere Verantwortung für seine Soldaten. Hitler hatte am 26. November die Aufgabe von Stalingrad kategorisch abgelehnt, da sie den «Verzicht auf den wesentlichsten Erfolg der Offensive dieses Jahres» bedeutet hätte. Darüber hinaus hatte auch Manstein Paulus' Bitte um Handlungsfreiheit abgeschlagen, ihn allerdings daran erinnert, daß Hitlers Befehl ihn (Paulus) von der Verantwortung entlaste, «die über die zweckmäßigste und willensstärkste Durchführung des Befehls des Führers hinausgeht. Was wird, wenn die Armee in Erfüllung des Befehls des Führers die letzte Patrone verschossen haben sollte, dafür sind Sie nicht verantwortlich! Im übrigen werden wir Sie nicht im Stich lassen!»[12] Damit war die Verantwortung des Armeeoberbefehlshabers, der drei Tage später zum Generaloberst befördert wurde, auf den reinen Gehorsam eingeengt.

Vor dem Hintergrund der Hitlerschen Zielsetzung, Stalingrad zu behaupten, eine Verbindung mit der 6. Armee herzustellen und deren Kampfkraft durch einen Versorgungskonvoi zu stärken, hing die Rettung der Masse der Armee von der Schnelligkeit und Durchschlagskraft der Entsatzoffensive ab (Deckname «Wintergewitter»). Sie konnte erst am 12. Dezember beginnen, und zwar nur mit dem LVII. Panzerkorps aus dem Raum Kotel'nikovskij, 100 Kilometer südwestlich von Stalingrad. Dieses hatte eineinhalb Panzerdivisionen mit 101 Panzer III und 32 Panzer IV zur Verfügung. Das IV. Fliegerkorps unterstützte den Angriff mit 179 Kampfmaschinen. Nachdem die starken sowjetischen Angriffe gegen die erkannten Bereitstellungen des XXXXVIII. Panzerkorps im Don-čir-Dreieck dessen geplantes Antreten verhindert hatten, war allen Beteiligten außerhalb des Kessels klar, daß «etwas Unmögliches gewagt wurde und nur ein Wunder helfen konnte».[13] Auch die 6. Armee war immer wieder gezwungen, mit für den Ausbruch nach Südwesten vorgesehenen gepanzerten Kräften Gegenangriffe auf eingebrochene sowjetische Verbände zu führen und so die wenigen Reserven an Munition und Betriebsstoff zu verbrauchen. Denn der Luftwaffe war es zwischen dem 3. und 12. Dezember nur gelungen, zwischen 7 % und 20 % des Tagesbedarfs einzufliegen. Auch die Verpflegungssätze mußten erneut gesenkt werden. Nach Aussage des Armeearztes machte die 6. Armee ein «Hungerexperiment großen Stils» durch. Am 21. Dezember meldete sie der Heeresgruppe die ersten Hungertoten, denn die in den vier Tagen zuvor eingeflogenen Verpflegungsgüter waren nur ein Strohfeuer gewesen. «In Wahrheit begann in jenen Vorweihnachtstagen der letzte und grauenvollste Akt in der Leidensgeschichte der 6. Armee.»[14] Ursachen dafür waren das Scheitern der Luftversorgung und des Entsatzstoßes.

Operation «Wintergewitter» hatte am 12. Dezember begonnen. Nach guten Anfangserfolgen erwies sich der Widerstand der überraschten sowjetischen 51. Armee als zäher und vielfach auch erfolgreicher als erwartet; erst sieben Tage später gelang es dem LVII. Panzerkorps, das inzwischen um eine Panzerdivision (17.) verstärkt worden war, zwei Brückenköpfe über die Myčkova zu bilden. Nachdem der Gegner die 2. Gardearmee auf das Gefechtsfeld geführt hatte, zeigte sich sehr bald, daß das deutsche Panzerkorps seinen Angriff nicht weiter fortsetzen konnte. Hinzu kam, daß das Korps die 17. Panzerdivision abgeben mußte, um den linken Flügel der Heeresgruppe Don abzustützen. Dieser war durch die am 16. Dezember begonnene, zweite Phase der sowjetischen Großoffensive gefährdet, die sich gegen die italienische 8. Armee richtete. Es blieb, wie Manstein gegenüber dem neuen Chef des Generalstabes des Heeres, General der Infanterie Kurt Zeitzler, am 19. Dezember erklärte, nichts anderes übrig, «als daß sich die 6. Armee nach Südwesten durchkämpft». Genau dies lehnte aber Hitler trotz allen Drängens von Manstein unter Hinweis auf die schlechte Betriebsstofflage der Armee ab. Tatsächlich hatte das AOK 6 gemeldet, daß der den freigemachten Angriffstruppen zur Verfügung stehende Treibstoff nur für 20 Kilometer reiche. Bis zu den vordersten Linien des LVII. Panzerkorps waren es aber 54 Kilometer.

Die Frage des Ausbruchs wurde kurz vor Weihnachten 1942 noch einmal virulent. Weder Hitler noch Manstein wollten Paulus die gewünschte Vollmacht geben, die Operation «lieber jetzt als später» einleiten zu dürfen. Selbständig wollte der Armeeoberbefehlshaber die «Katastrophenlösung» auch nicht befehlen. Der weitere Kampf der 6. Armee im Kessel diente – operativ gesehen – nur noch der Bindung möglichst vieler sowjetischer Verbände, die der Roten Armee für ihren befürchteten Stoß auf Rostov fehlten. Denn Priorität für die deutsche Führung hatte nicht die eine Armee an der Wolga, sondern die Rettung dreier Heeresgruppen aus der drohenden Umklammerung. Dennoch versicherte Hitler Paulus am Sylvestertag 1942 persönlich, alles einzusetzen, «um die Verteidiger von Stalingrad zu entsetzen und damit ihr Ausharren zur höchsten Ruhmestat der deutschen Kriegsgeschichte zu machen.» Im Armeestab verbreitete sich zwar das Bewußtsein, «verraten und verkauft» zu sein. Aber jene, die bislang an Hitlers «guten Stern» geglaubt hatten, machten ihre persönliche Bitterkeit nicht öffentlich, sondern vertrauten nach außen weiter auf Hitlers Versprechen, zeigten sich von «fanatischem Willen zum Durchhalten beseelt» und wollten ihren «Anteil zum endgültigen Siege» über den Bolschewismus beitragen.

Das Sterben der hungernden und frierenden 6. Armee begann, als Paulus, und zwar in Übereinstimmung mit allen Kommandierenden Generalen, das sowjetische Kapitulationsangebot vom 10. Januar 1943 abgelehnt hatte. Die Aufgabe der Vernichtung der 6. Armee war zuvor der verstärkten sowjetischen Donfront unter Generalleutnant Konstantin K.Rokossovskij übertragen worden. Dazu bedurfte sie gar keiner großen personellen und materiellen Überlegenheit, denn die 6. Armee war nahezu unbeweglich und munitionslos. Sie konnte den Gegner weder vor noch in der Front wirklich bekämpfen. So konnte es niemanden überraschen, daß der Kessel sieben Tage nach Beginn der sowjetischen Offensive um die Hälfte geschrumpft war. Auch den letzten großen Flugplatz hatte die 6. Armee aufgeben müssen. Das AOK verlegte seinen Gefechtsstand in den Stadtkern. Überall im Kessel bot sich ein Bild des Grauens. Auch die verhungernden und erfrierenden Soldaten versuchten, die Stadt zu erreichen, darunter Verwundete, die auf allen Vieren krochen. Als am 22. Januar 1943 der entscheidende Stoß der sowjetischen Verbände zur endgültigen Zerschlagung des Kessels begonnen hatte, rief Paulus seine Soldaten noch einmal dazu auf, wie eine «verschworene Schicksalsgemeinschaft» zusammen- und auszuhalten. Intern bat er Hitler vergeblich darum, den Kampf einstellen zu dürfen. Eine Kapitulation käme, vom Standpunkt der Ehre betrachtet, nicht in Betracht. Damit war der Versuch gescheitert, «das Sterben zu regeln»; denn eine operative Bindekraft hatte die Armee nicht mehr. Auch aus der Luft war ihr nicht mehr zu helfen, obwohl Feldmarschall Erhard Milch eine Woche zuvor mit dieser Aufgabe betraut worden war. Durch die sowjetische Großoffensive waren der Luftwaffe wichtige Absprunghäfen verloren gegangen. Bereits am 19. Januar 1943 hatte der ausfliegende Kommandierende General des XIV. Panzerkorps, General der Panzertruppe Hans Hube, eine Lagebeurteilung mitgenommen, in der es ungeschminkt hieß: «Der Untergang der 6. Armee muß die Oberste Heeresführung belasten.» Allerdings sei es im Interesse des deutschen Volkes untragbar, daß hierdurch das Vertrauen zu Hitler untergraben werde. Deshalb solle er wieder einen General mit der unmittelbaren Führung des Heeres beauftragen.[15]

Auflösungserscheinungen machten sich jetzt auch im Armeestab bemerkbar. Am 25. Januar 1943 wurde drei Trupps von Soldaten erlaubt, sich nach Partisanenart nach Westen durchzuschlagen. Keiner kam durch. So aussichtslos der Kampf der 6. Armee auch geworden war, ihr Oberbefehlshaber konnte sich nicht entschließen, ihm offiziell ein Ende zu machen, obwohl sich bereits am selben Tag die Reste der 297. Infanteriedivision ergeben hatten. Nachdem sich die sowjetischen Kräfte im Bereich des Mamaev-Hügels und des Metallurgischen Werkes «Roter Oktober» getroffen hatten, begann sich der Kampf der 6. Armee in Aktionen einzelner Verbände aufzulösen. Am zehnten Jahrestag der «Machtergreifung» hielt sich der Armeestab im Kaufhaus Univermag am Roten Platz auf, als «Fahrgäste» der

71. Infanteriedivision unter Generalmajor Fritz Roske. Andere Teile der Armee, darunter die Generalkommandos des IV., VIII. und LI. Armeekorps unter General der Artillerie Walter Heitz, igelten um die Pionierkaserne. Der Nordkessel unterstand dem General der Infanterie Karl Strecker (XI. Armeekorps). Paulus tat nichts, was Hitlers Befehl zum Kampf bis zur letzten Patrone zuwiderlief. So unterschrieb der neuernannte Feldmarschall keine Kapitulationsurkunde, als Roske am 31. Januar 1943 den Kampf eingestellt hatte, und gab auch dem Nordkessel keinen entsprechenden Befehl. Hier erlosch der Widerstand erst am 2. Februar 1943. Die sowjetische Führung vor Ort konnte ihrem Oberbefehlshaber stolz melden, daß die «Zerschlagung und Vernichtung der Stalingrader Gruppierung beendet» sei.

Neueren Berechnungen zufolge starben 60 000 deutsche Soldaten im Kessel von Stalingrad, 110 000 wurden gefangengenommen, darunter ein Feldmarschall und 21 Generale. Zwei von ihnen waren Rumänen. 5000 deutsche Angehörige der 6. Armee kehrten nach Deutschland zurück. Stalingrad hatte nicht nur vielfache militärische Folgen. Das operative Debakel zwischen Don und Wolga weitete sich auf deutscher Seite auch zu einer Führungs- und Vertrauenskrise aus. Stalingrad wurde zum *psychologischen* Wendepunkt des Krieges; denn bei vielen Deutschen, Soldaten wie Zivilisten, stellte sich das Gefühl ein, diese verlorene Schlacht könnte der Anfang vom Ende sein. Die Angehörigen der «Weißen Rose» nahmen Stalingrad zum Anlaß, in einem Flugblatt mit der «verabscheuungswürdigsten Tyrannis» abzurechnen. Die propagandistische Ummünzung der lange verheimlichten Niederlage der 6. Armee am 30. Januar 1943 in einen aufopferungsvollen Heroenkampf gegen die Bolschewisierung Deutschlands und Europas konnte weder die noch lebenden Soldaten der Armee trösten noch verhindern, daß diese Katastrophe Hitler persönlich angelastet wurde. Doch der Oberste Befehlshaber der Wehrmacht und Oberbefehlshaber des Heeres war nicht bereit, die Verantwortung für den «Untergang» der 6. Armee und den drohenden Zusammenbruch des ganzen Südflügels der Ostfront zu übernehmen. Da Feldmarschall Paulus sich dem erwarteten Freitod à la Varus verweigert hatte, fehlte Hitler – anders als im Dezember 1941 – ein Sündenbock. Diese Rolle sollten 1943 die Verbündeten Rumänien, Italien und Ungarn übernehmen. Dazu waren diese allerdings nicht bereit, wie das leidenschaftliche Schreiben Marschall Ion Antonescus an Manstein vom 9. Dezember 1942 beweist. Die Verbündeten hatten eindeutig auf einen gemeinsamen Sieg über die Rote

Armee gesetzt. Die vernichtenden Niederlagen ihrer Armeen belasteten nun auch die Regime in Bukarest, Rom und Budapest. Als ein möglicher Ausweg aus dieser Lage erschien Antonescu und Admiral Miklós Horthy der Versuch, die Westalliierten von den Gefahren einer siegreichen Sowjetunion für Südosteuropa zu überzeugen. Im Unterschied zu Rumänien und Ungarn befürwortete Benito Mussolini einen Sonderfrieden mit Moskau, um die freiwerdenden Kräfte der Hitler-Koalition im Mittelmeerraum gegen die Westalliierten einsetzen zu können. Erst die gelungene Stabilisierung der Ostfront Ende März 1943 eröffnete Hitler die Möglichkeit, von seinen wankenden europäischen Verbündeten absolute Gefolgschaftstreue und kompromißlosen Willen zur Fortsetzung des Krieges zu verlangen. Nur die deutsche Wehrmacht bot nach seiner Meinung Europa ausreichend Schutz vor dem befürchteten Vordringen der Roten Armee nach Westen und Südosten.[16]

Natürlich schlug der Schock von Stalingrad auch auf die geistige Kriegführung der Wehrmacht durch. Über die Stimmung in der Truppe und die innere Haltung der Soldaten war die militärische Führung genau informiert: durch die qualifizierten Berichte der Feldpostprüfstelle sowie durch die Meldungen der Kommandeure und Frontreiseberichte ausgewählter Offiziere. So wußten Hitler und seine militärischen Berater, daß die Stimmung im Kessel von Stalingrad während des Entsatzversuches noch zu «90 % gefaßt, zuversichtlich und opferbereit» gewesen war. Zur Jahreswende 1942/43 war die Stimmung schon um 20 % abgesunken und zeugte nur noch «vielfach vom heldenhaften Willen, siegreich durchzuhalten (...) sehr viele scheinen seelisch völlig fertig zu sein». Abschiedsbriefe und Testamente mehrten sich. Nach der Ablehnung des sowjetischen Kapitulationsangebotes und dem Eindrücken des Kessels verloren fast alle den Mut, und Hoffnungslosigkeit machte sich breit. Natürlich gab es auch Soldaten, die ihre Frauen baten, den von ihnen gezeigten kämpferischen «Geist unseren Kindern weiterzugeben». Es waren solche wenigen Zeugnisse, die der Chef des Wehrmachtführungsstabes als «Inbegriff höchsten soldatischen Kämpfertums und bedingungsloser Opferbereitschaft» ansah, die es für den Fortgang des Krieges zu nutzen galt. Sie sollten das Fundament einer neuen «geistigen Haltung» des deutschen Volkes bilden. Doch die oberste Führung war auch darüber informiert, daß die Truppenführung die Aushöhlung der «Auftragstaktik» beklagte und das Fehlen einer «inneren Verbindung» zwischen unten und oben. Kritik wurde laut, daß der sowjetische Gegner ein zweites Mal grob unterschätzt, die eigenen Kräfte überschätzt und so «kostbares Menschentum» sinnlos verbraucht worden sei. Ende März 1943 sah sich des Chef des Heerespersonalamtes genötigt, einen scharfen Befehl an das Offizierkorps zu erlassen: «Ein Offizier, der durch kritische Bemängelung und herabsetzende Werturteile über die militärische und politische Führung nachteilig auf die Stimmung in der Heimat wirkt, macht sich der Zersetzung der Wehrkraft schuldig und ist als Offizier nicht mehr tragbar.»[17]

Zwar war der bald folgende Fall von Tunis, operativ gesehen, eine größere Niederlage, gerieten dort mehr deutsche Soldaten in Gefangenschaft als in Stalingrad. Aber in Tunis fehlte das ideologische Element, der Sieg um jeden Preis, das «Alles oder Nichts», der Opfergedanke. Der Kampf gegen den Bolschewismus und die Furcht vor sowjetischer Kriegsgefangenschaft machten zudem auf allen Ebenen viel mehr Energien frei als in Nordafrika. In Stalingrad war auch das Prestige der beiden Diktatoren von Anfang an involviert gewesen. Für die Rote Armee war Stalingrad ein großer Sieg über die deutsche Wehrmacht und deren Verbündete, auch wenn er zum Schluß nicht so glänzend ausfiel, wie von Stalin erwartet. Erst im Sommer 1944 sollte es ihr gelingen, eine ganze Heeresgruppe zu zerschlagen. Strategisch gesehen war Stalingrad ein bedeutender Gewinn für die Sowjetunion. Sie wurde nun in Washington und London als gleichrangiger Partner im Krieg gegen Hitler-Deutschland anerkannt. Die damalige Einsicht, daß Moskau dessen Hauptlast trug, ging allerdings nach 1945 verloren, als der Kalte Krieg da und dort auch die historischen Maßstäbe veränderte.

Weil die Instrumentalisierung der Schlacht von Stalingrad für propagandistische Zwecke auf beiden Seiten schon im Sommer 1942 einsetzte, halten sich bis heute zählebige Legenden, die es zu zerstören gilt: Stalingrad war *nicht* das primäre Ziel der deutschen Sommeroffensive 1942; der sowjetische Gegenangriff kam für die Wehrmacht und ihre Verbündeten *nicht* überraschend; die Rumänen, Italiener und Ungarn trugen *nicht* die Alleinschuld für die Katastrophe der 6. Armee; diese litt *nicht* erst nach ihrer Einschließung an Hunger; die 6. Armee war *nicht* in der Lage, sofort selbständig aus dem Kessel auszubrechen; ihr Entsatz scheiterte *nicht* daran, daß Paulus nicht nach Süden antreten ließ; er hat am 31. Januar 1943 auch *nicht* kapituliert. Stalingrad markiert *weder* die Wende des Zweiten Weltkrieges *noch* den Beginn des totalen Krieges in Deutschland.

Meter für Meter
Okinawa, 1. April bis 2. Juli 1945

Gerhard L. Weinberg

Während in den ersten Monaten des Jahres 1945 der Krieg in Europa seinem Ende entgegen ging, verschlimmerte sich die Lage im Pazifik von Monat zu Monat. Im Januar zerbrach die Winteroffensive der Roten Armee die deutsche Ostfront. Im Februar tobte die Schlacht auf der Insel Iwo Jima, der erste Kampf im Pazifikkrieg, in dem die amerikanischen Verluste die Zahl der gefallenen Japaner überstiegen. Im März überschritten die Westalliierten an drei Stellen den Rhein. Vom 1. April an rangen amerikanische und japanische Einheiten um die Insel Okinawa in der blutigsten Schlacht des Pazifikkrieges überhaupt. Als auf Okinawa Ende Juni beide Befehlshaber fielen, war der Krieg in Europa schon sechs Wochen vorbei.

Der Krieg im Pazifik hatte drei besondere Merkmale. Die Entfernungen waren gewaltig. Von Hawaii bis Okinawa sind es ungefähr 5500 Kilometer – und Hawaii liegt mehr als 2000 Kilometer vor der amerikanischen Westküste. Auch die Entfernungen innerhalb des Pazifikkriegsschauplatzes waren mit denen des europäischen nicht zu vergleichen: Von den Kämpfen im Südostteil der Insel Neuguinea zu denen im Nordwesten derselben Insel war es genau so weit wie von einem Ende der deutsch-sowjetischen Front bis zum anderen.

Diese großen Entfernungen machten es – ein zweites Merkmal – fast unmöglich, wie in Europa große Truppenmassen einzusetzen und zu versorgen. Nur mit unendlicher Mühe und großem Aufwand konnten die Amerikaner und die Australier Verbände von mehr als ein oder zwei Divisionen gleichzeitig in eine Schlacht werfen. Auch Tokio hatte es schwer, größere Truppenmassen Tausende von Kilometern entfernt einzusetzen, und wenn es doch geschah, fanden sich die japanischen Soldaten oft ohne Munition, Proviant, Waffen, Medikamente und Ersatzteile.

Das dritte Merkmal des Pazifikkriegsschauplatzes war das Ergebnis einer strategischen Entscheidung Washingtons. Da die militärisch wichtigsten Alliierten der Amerikaner – Großbritannien und die So-

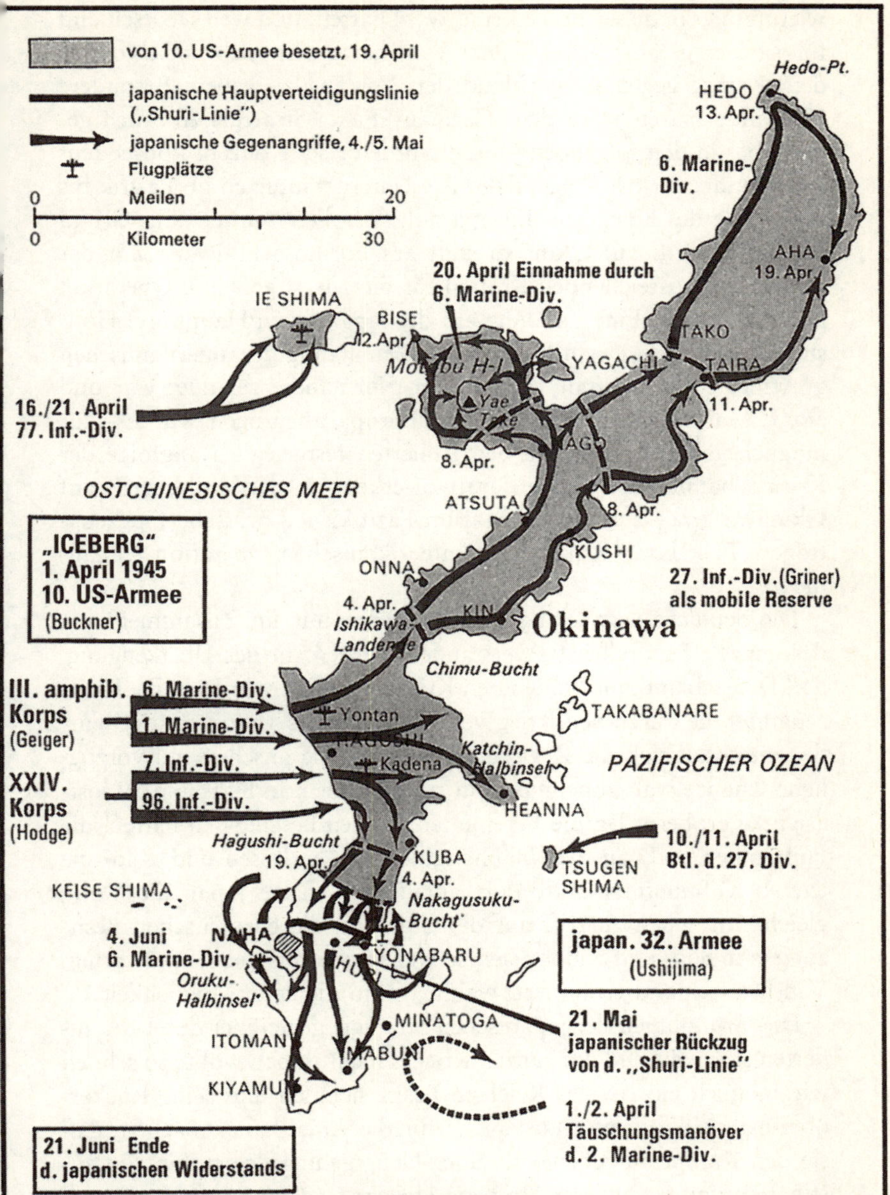

Amerikanische Landung und Operationen auf Okinawa, April bis Juni 1945

wjetunion – in dieser Frage keine Wahl hatten, und weil Deutschland für sie der gefährlichste Gegner war, hatte man sich entschlossen, dem Kampf gegen Deutschland den Vorrang zu geben. Besondere Umstände hatten 1942 der «Germany First»-Strategie Abbruch getan, aber in den folgenden Jahren wurde dieses Konzept konsequent angewandt, mit der Folge, daß viele Unternehmungen im Pazifik bis zum Ende des Krieges in Europa aufgeschoben wurden. Ein Grund für den Angriff auf Okinawa statt auf Formosa (Taiwan) war der Mangel an ausreichenden Kräften für die zuerst geplante Operation gegen Formosa. Eine Landung auf der japanischen Hauptinsel Honshu im März 1946 wurde nur unter Beteiligung der amerikanischen 1. Armee – die im Juni 1944 in der Normandie gelandet war und am 1. Mai 1945 von der Front in Europa abgezogen wurde – für möglich gehalten. Die von den Alliierten festgelegte Rangfolge der Kriegsschauplätze ist auch daran zu erkennen, daß am Angriff auf Okinawa 1945 zum ersten Mal im Pazifikkrieg britische Flugzeugträger (Task Force 57) an einer amerikanischen Operation teilnahmen.

Die Schlacht von Okinawa selbst kann nur im Zusammenhang des ganzen Pazifikkrieges verstanden werden. In der Überzeugung, daß Deutschland und Italien den Krieg gewinnen würden, eine Überzeugung, die durch den Kriegsverlauf des Jahres 1940 gefestigt wurde, entschloß sich die Regierung in Tokio, die anscheinend vorzügliche Chance wahrzunehmen, ein riesiges Reich in Süd- und Südostasien zu erobern. Da die Vereinigten Staaten beschlossen hatten, die Philippinen 1944 in die Unabhängigkeit zu entlassen und 1946 die letzten Militärstützpunkte dort aufzugeben, hatte Japan die Wahl, gleichzeitig einen Angriff auf die USA und die europäischen Besitzungen in Süd- und Südostasien zu wagen oder bis 1946 abzuwarten. Von Deutschland ermuntert, wählte Tokio die erste Möglichkeit.

Die Grundlinien der japanischen Strategie gegenüber den USA änderten sich während des ganzen Krieges nicht. Japan wollte so schnell wie möglich ein riesiges Reich in Besitz nehmen und seine Rückeroberung so blutig und kostspielig für die Amerikaner machen, daß sie den Kampf aufgeben und einer Neuregelung des *status quo* zustimmen würden. Dieser Strategie lag der Gedanke zu Grunde, das verweichlichte und verwöhnte amerikanische Volk würde niemals die personellen und materiellen Kosten auf sich nehmen, die notwendig wären, um Japan Gebiete wieder abzunehmen, die ohnehin aufgegeben werden oder an andere Kolonialmächte zurückfallen sollten.

Der Überfall auf Pearl Harbor mitten im Frieden stellte gerade dieses strategische Konzept von Anfang an in Frage – die amerikanische Bevölkerung war so zornig geworden, daß es keine Rolle mehr spielte, daß man etwa von Guadalcanal niemals vorher gehört hatte und nicht daran interessiert war, an wen die Insel nach der längsten Schlacht der amerikanischen Geschichte zurückzugeben war. Japan hielt aber prinzipiell an demselben Konzept fest: Japanische Soldaten würden so lange und so erbittert kämpfen, bis die Verluste und Kosten der amerikanischen Seite zu hoch wurden.

Roosevelt hatte gehofft, eine aktive Beteiligung am Krieg durch Hilfslieferungen an Deutschlands Gegner überhaupt zu umgehen. Angesichts der Gefahr einer von Japan herbeigeführten Ausweitung des seit 1937 andauernden Krieges zwischen Japan und China versuchte die Regierung in Washington so lange mit Japan im Gespräch zu bleiben, bis die Autoritäten in Tokio einsehen mußten, daß Deutschland den Krieg verlieren würde. Hätte man in Tokio noch zwei Wochen gewartet, hätte die deutsche Niederlage an der Ostfront Ende November/Anfang Dezember 1941 wohl genügt, um der amerikanischen Taktik zum Erfolg zu verhelfen, aber so stürzte sich die japanische Regierung in einen Krieg gegen Großbritannien, die Niederlande und die Vereinigten Staaten.

Die amerikanische Strategie gegenüber Japan war unter den Bedingungen des «Germany First»-Prinzips zuerst auf die Defensive eingestellt. Im Jahr 1942 gelang es nach vielen Rückschlägen, den japanischen Ansturm zu stoppen. Wie aber konnte Japan besiegt werden? Die amerikanische Regierung wollte drei Wege, vielleicht auch einen vierten verfolgen. Vom Südwestpazifik aus sollten erstens amerikanische und australische Streitkräfte auf die Philippinen vorstoßen, um eine Basis für einen Angriff auf Japan selbst zu gewinnen. Zweitens sollten die amerikanische Flotte und die Marineinfanterie Inseln im Zentralpazifik einnehmen, um aus dieser Richtung auf die japanischen Hauptinseln vorzustoßen. Drittens sollten amerikanische und chinesische Kräfte von China aus direkt gegen Japan angesetzt werden. Viertens aber hofften die Amerikaner auf sowjetische Angriffe auf japanische Streitkräfte in der Mandschurei und im japanischen Mutterland. Die vier Angriffskeile sollten sich auf dem Weg nach Tokio oder in Tokio selbst treffen.

1943 und Anfang 1944 kamen die ersten beiden Vorstöße gut voran, die Vorbereitungen für den dritten hatten gewisse Fortschritte gemacht, und die Sowjetunion hatte als Reaktion auf einen Sieg in

Europa den Beginn des vierten versprochen. Der Kriegsverlauf im Sommer und Herbst 1944 stellte die Weichen für einen Kampf um Okinawa.

Zunächst zerschlugen sich die Planungen für die dritte der genannten Angriffsoperationen. Während eine japanische Offensive von Burma nach Indien hinein mit dem Sieg der britisch-indischen 14. Armee zur größten Niederlage der japanischen Armee im Pazifikkrieg führte, gelang es dem japanischen Heer in China, die Nationalchinesen entscheidend zu schlagen. Das langfristige Resultat des Triumphes der «Ichigo»-Offensive war der Sieg der Kommunisten im chinesischen Bürgerkrieg. Die sofortige Folge der Zerschlagung der Armeen Chiang Kai-sheks und der japanischen Einnahme der meisten amerikanischen Flugplätze in China war die Eliminierung jeglicher Möglichkeit, von China aus die japanischen Hauptinseln direkt anzugreifen. Fraglich wurde damit auch der Nutzen einer amerikanischen Landung auf Formosa, denn diese Operation hatte eigentlich nur im Zusammenhang mit einem Angriff auf Japan von China aus einen Sinn.

Andererseits erforderten die Fortschritte der Operationen im Zentralpazifik und gegen die Philippinen neue Entscheidungen über den weiteren Gang der amerikanischen Offensive gegen Japan. Im Juni hatte der Angriff im mittleren Pazifik zu wichtigen Land- und Seesiegen geführt. Mit Saipan wurde die erste Marianeninsel erobert, und die japanische Flotte erlitt dabei große Verluste, insbesondere an Marinefliegern. Diese Entwicklung führte zwar zum Sturz von Ministerpräsident Tojo Hideki, nicht aber zu einer Änderung der japanischen Strategie des erbitterten Kampfes, dessen Ziel es war, daß die Amerikaner aufgeben würden.

Diese Strategie charakterisierte die Verteidigung der Insel Leyte, der ersten Philippineninsel, auf der amerikanische Truppen im Oktober landeten. Gleichzeitig schlugen die Amerikaner die japanische Marine in der größten Seeschlacht des Zweiten Weltkriegs. In diesen Kämpfen verlor Japan neben vielen Kriegsschiffen Hunderte von Flugzeugen, was einen wichtigen Einfluß auf die Pläne für die Verteidigung Okinawas haben sollte. Im Kampf um die Philippinen setzten dagegen die Japaner zum ersten Mal systematisch Kamikazeflieger ein, eine Taktik, die im Ringen um Okinawa ihren Höhepunkt erreichen sollte.

Mit dem Fortfall der chinesischen Basis für einen Angriff auf Japan mußten die nächsten Ziele für die anderen beiden Wege festgelegt werden. Da es sich im Wesentlichen um geographische Faktoren handelte, lagen sie für beide Seiten gleichermaßen auf der Hand.

Luzon, die große Insel im Norden der Philippinen, war das logische nächste Ziel der Amerikaner, und danach das winzige Iwo Jima in der Boningruppe als einziger Stützpunkt auf dem Weg nach Japan. Für einen direkten Angriff auf die japanischen Hauptinseln würden diese Basen aber nicht genügen, das war für Washington so klar wie für Tokio. Die Amerikaner mußten zuerst versuchen, eine größere Basis für Flugzeuge und Schiffe in der Nähe Japans zu erobern. In beiden Hauptquartieren sahen die Stäbe daher auf Okinawa, die größte Insel in der Ryukyukette zwischen Kyushu, der südlichsten der japanischen Hauptinseln, und Formosa.

In Erwartung eines amerikanischen Angriffs auf Okinawa stellten die Japaner ab Ende März 1944 auf der Insel eine neue Armee, die 32., auf. Zusammen mit den auf Formosa stationierten Einheiten sollte sie das japanische Mutterland gegen einen Angriff aus dieser Richtung abschirmen. Die ersten Planungen waren auf den Masseneinsatz von Luftstreitkräften konzentriert. Eine ganze Reihe von Flugplätzen, jeder mit mehreren Startbahnen, sollte dazu gebaut werden.

Während die Soldaten der 32. Armee in den folgenden Monaten mit Spaten, Hacken, Körben und Pferdewagen die Flugplätze auf Okinawa bauten, gingen die Flugzeuge, die von ihnen starten sollten, in den Kämpfen um die Marianen, Palau-Inseln und Philippinen verloren. Das Hauptquartier der 32. Armee entwickelte daraufhin eine völlig gegensätzliche Taktik. Die gerade erst gebauten Flugplätze sollten so zerstört werden, daß sie längere Zeit für eine amerikanische Invasionsarmee unbrauchbar wären. Der nördliche und mittlere Teil der ungefähr 100 Kilometer langen und zwischen drei und 25 Kilometer breiten Insel sollte überhaupt kaum verteidigt werden; der südliche Teil dagegen wurde in eine unterirdische Festung verwandelt. Durch die Vergrößerung existierender und den Bau neuer Höhlen sollten fast die gesamten Verteidigungskräfte unterirdisch untergebracht und vor der Bombardierung durch Kriegsschiffe und Flugzeuge geschützt werden. Die auf 100 000 Mann aufzustockende Garnison sollte einen langen und für die Amerikaner verlustreichen Abwehrkampf führen; die Angreifer sollten so ihre Munitionsvorräte verbrauchen; Kamikazeflieger von Flugplätzen im Mutterland und Kamikazeboote von den benachbarten Keramainseln sollten die Amerikaner durch Angriffe auf die Transportschiffe von Ersatz und

Versorgung abschneiden. Dann sollten die amerikanischen Einheiten durch einen Gegenangriff der 32. Armee aufgerieben werden.

Dieses taktische Konzept sollte durch die Stationierung von zwei Divisionen, einem unabhängigen Regiment und einer Reihe von Spezialeinheiten auf Okinawa zusammen mit mehreren hundert Booten auf Kerama ermöglicht werden. Zu den 76 000 japanischen Soldaten kamen weitere 24 000 Einwohner von Okinawa, die mehr oder weniger zwangsverpflichtet wurden. Das ganze Konzept widersprach nicht nur dem vorhergehenden Plan für Okinawa, sondern wich auch weit von der bis dahin auf anderen Inseln angewandten Taktik ab. Gleichwohl wurde es von den höheren Kommandostellen stillschweigend toleriert, vielleicht weil eine dritte, schon nach Okinawa verlegte Division im November 1944 gegen den lauten Protest der 32. Armee abgezogen wurde.

Für einen großen Teil des Jahres 1944 arbeiteten amerikanische Stäbe an Plänen für eine Invasion Formosas unter dem Decknamen «Causeway». Langsam setzte sich aber der Gedanke durch, daß diese Operation unmöglich, ja zwecklos war. Die Zerstörung der Kampfkraft der Nationalchinesen durch die japanische «Ichigo»-Offensive nahm einer Landung auf Formosa ihren Hauptzweck, die Verbindung mit China auf dem direkten Weg. Der designierte Oberbefehlshaber für die Operation, General Simon B. Buckner Jr., erklärte im September 1944, daß auf dem pazifischen Kriegsschauplatz die für seine neue 10. Armee in «Causeway» notwendigen logistischen Einheiten einfach nicht zu finden wären. Außerdem mache die geplante Invasion auf Luzon einen weiteren Zweck der Landung auf Formosa – eine Basis für die spätere Landung auf den japanischen Hauptinseln zu gewinnen – überflüssig.

Wenn auch die amerikanischen Landungen auf Luzon, Iwo Jima, und Okinawa wegen des unerwartet langen Kampfes auf Leyte zeitlich zurück gestellt wurden, müssen sie im Zusammenhang gesehen werden. Luzon würde die notwendige große Basis für Landungen auf den japanischen Heimatinseln sein. Iwo Jima sollte die Bomberoffensive gegen Japan von den Marianen schützen und unterstützen. Okinawa konnte die Seeverbindung Japans mit den neu eroberten Gebieten Südostasiens unterbrechen und wichtige Stützpunkte für den Angriff auf Japan selbst bieten. Sollte es jemals möglich werden, den Kriegsschauplatz in China wieder zu reaktivieren, dann wäre Okinawa in amerikanischen Händen ein gutes Sprungbrett für eine Verbindung dahin. Als größte Insel in der Mitte der mehr als tausend

Kilometer langen Ryukyukette wurde Okinawa das Ziel der Operation «Iceberg», die von der 10. Armee durchgeführt werden sollte.

Der amerikanische Plan für die Eroberung der Insel war in drei Hauptphasen geteilt. Zuerst sollte die amerikanische Marine, unterstützt von britischen Kriegsschiffen, die Insel selbst, aber auch alle nahegelegenen japanischen Basen angreifen und soweit möglich die Flugzeuge der Japaner in der Gegend zerstören. Nach der Bombardierung sollten amerikanische Truppen landen. Dann sollte Okinawa in eine Basis für Flugzeuge und Schiffe verwandelt werden, die den Hauptangriff auf Japan unterstützen sollten.

Die Planungen beider Seiten gingen von falschen Voraussetzungen aus, was auf den Verlauf der Kämpfe um Okinawa großen Einfluß hatte. Die Amerikaner unterschätzten – wie auch anderswo im Pazifikkrieg – die Stärke der japanischen Armee. Man rechnete zuerst mit 53 000–56 000 Soldaten, eine Kalkulation, die kurz vor der Landung auf 65 000 erhöht wurde, aber immer noch unter der wirklichen Stärke der Garnison blieb. Diese Unterschätzung hat sicher dazu beigetragen, daß die Kämpfe nicht wie geplant 40, sondern über 80 Tage dauerten. Hinzu kam auch eine weitere Entwicklung, die die Amerikaner nicht vorausahnen konnten: die Entscheidung der 32. Armee, der Landung nicht sofort entgegenzutreten – das bis dahin übliche Verfahren –, sondern aus unterirdischen Höhlen heraus dem Angreifer die Stirn zu bieten.

Auch die japanischen Befehlshaber auf Okinawa, Formosa und in Tokio hatten in ihrer Planung eine wichtige Möglichkeit übersehen. Sie rechneten damit, daß die auf den Keramainseln stationierten Kamikazeboote einen Teil der Landungsflotte vorab vernichten würden. Obwohl die Amerikaner schon vorher eine ähnliche Aktion durchgeführt hatten – Landung auf einer Nebeninsel, um eine Artilleriebasis gegen die Hauptinsel einzurichten –, war die 32. Armee nicht auf die Landungen auf den Keramainseln eine Woche *vor* der Landung auf Okinawa vorbereitet. Es gab daher keine wirklich kampfkräftige Garnison auf den Inseln, nur die vielen ungeschützten Kamikazeboote. Da diese nach kurzem Kampf in die Hände der Amerikaner fielen oder von den Japanern selbst versenkt wurden, war ein wichtiges Element des japanischen Verteidigungsplans im Voraus weggefallen.

In den Wochen vor der auf den 1. April 1945 festgesetzten Landung an der Westküste Okinawas unternahmen Marinefliegereinheiten und Flottenverbände der Amerikaner und Briten eine Reihe von

Vorstößen in die Seegebiete um Okinawa, Formosa, vor der Ostküste Chinas und den südlichen japanischen Hauptinseln. Bei diesen Vorstößen waren nicht nur viele Flugplätze beschädigt worden. Mehr als 500 japanische Kampfflugzeuge wurden im Verlauf dieser Kämpfe abgeschossen, mit dem Erfolg, daß die Landung selbst nicht durch Luftangriffe gestört wurde und die amerikanischen Soldaten in der ersten Woche auf Okinawa von Luftangriffen verschont blieben.

Um von Anfang an eine lokale Basis für die Marine, für Seeflugzeuge und für eine Artilleriestellung zur Beschießung des südlichen Teils der Insel Okinawa zu sichern, hatten sich die Amerikaner entschlossen, eine Woche vor der eigentlichen Landung die Keramainseln zu besetzen. Die 77. Infanteriedivision, eine der sieben Divisionen, die für die Operation «Iceberg» der 10. Armee zugeteilt waren, begann am 26. März 1945 mit Landungen auf den Keramainseln. Die unvorbereiteten Japaner wurden schnell niedergekämpft und die Amerikaner hatten nicht nur eine lokale Basis erobert, sondern auch die Vorbereitungen für Kamikazeangriffe durch ungefähr 300 eigens präparierte Boote zunichte gemacht. Einige Tage später, am 31. März – dem Tag vor der Hauptlandung – nahmen die Amerikaner ohne Widerstand Keise Shima, eine winzige Insel zwischen den Keramainseln und Okinawa, und hatten bis zum nächsten Morgen dort zwei Dutzend 155-Millimeter-Geschütze in Stellung gebracht, um die Landung auf Okinawa selbst zu unterstützen.

Das Luft- und Seebombardement Okinawas begann am 25. März. In den folgenden Tagen wurde es intensiviert, als eine groß angelegte Minenräumaktion den Schiffen ermöglichte, näher zu kommen, und den Weg für die eigentliche Landung frei machte. Während eine Scheinoperation eine Landung an der Südostküste der Insel vortäuschte, lief die Landung an der Westküste an. Am 1. April stürmten die Vorausabteilungen von zwei Infanteriedivisionen und zwei Marineinfanteriedivisionen über den Strand. Entgegen allen vorhergehenden Erfahrungen trafen die Landungstruppen kaum auf Widerstand. Erleichtert und erstaunt stießen sie schnell zu den großen Flugplätzen Kadena und Yontan vor, nahmen diese schon am Morgen des ersten Tages und erreichten die Ostküste der Insel am darauffolgenden Tag. Die Marineinfanteriedivisionen stießen nach Norden und brachten die nördlichen zwei Drittel der Insel gegen wenig Widerstand und trotz schwieriger Wegeverhältnisse bis zum 20. April unter amerikanische Kontrolle. Nur auf der nach Westen vorspringenden Motobu-Halbinsel hatte es schwere Kämpfe gegeben.

Die Amerikaner hatten zuerst daran gedacht, die Insel Ie Shima westlich der Motobu-Halbinsel nach dem Abschluß der Hauptoperation zu erobern, weil von den dortigen Flugplätzen aus etwa noch anhaltender Widerstand auf Okinawa unterdrückt oder Japan selbst bombardiert werden konnte. Der schnelle Vorstoß nach Norden änderte diese Reihenfolge. Schon am 11. April wurde der 77. Division die Einnahme von Ie Shima befohlen. Nach einer widerstandslosen Landung auf einer ganz kleinen Insel in der Nähe, die eine Artilleriestellung für die Hauptlandung bot, griffen die ersten Truppen am 16. April das vorher bombardierte Ie Shima an. In acht Tagen schwerer und blutiger Kämpfe wurde die Insel erobert. Schon am 10. Mai konnten amerikanische Flugzeuge den Flugplatz auf Ie Shima benutzen. Die großen Flugplätze auf Okinawa selbst wurden schnell instandgesetzt; riesige Mengen von Material wurden über den Strand gebracht und aufgestapelt; erst als die Infanteriedivisionen in den Tagen nach der Landung nach Süden vorzustoßen versuchten, merkten sie, daß ihnen das Schwerste noch bevorstand.

In den Tagen nach dem 6. April, als die amerikanischen Truppen zuerst auf die Hauptkampflinie der 32. Armee des Generals Ushijima Mitsuru stießen, versuchten die Kamikazeflugzeuge und -boote, das Versorgungssystem der Amerikaner zu zerstören. Buchstäblich Hunderte von Kamikaze wollten durch Sturzflug auf amerikanische und britische Kriegsschiffe, Versorgungsschiffe und Truppentransporte die gelandeten Truppen von Versorgung, Munition und Ersatz abschneiden. Nur wenige Boote konnten nach der Einnahme der Keramainseln eingesetzt werden; auch einige der «Oka» (Kirschblüte)-Flugzeuge kamen zum Einsatz. Von den Alliierten «Baka» (Dummkopf) genannt, waren dies kleine Flugzeuge mit einem Piloten und einer Bombe, die von einem größeren Flugzeug in die Nähe der alliierten Schiffe gebracht wurden und dann mit Raketenantrieb auf das Ziel zusteuern sollten.

Bis Ende April hatten die Japaner 20 Schiffe versenkt und über 150 beschädigt, zum größten Teil durch Kamikazeflieger. Unter den schwer getroffenen Schiffen waren drei große Flugzeugträger, davon ein britischer. Die Operation, die die japanische Armee und Marine bis Ende Juni über 1800 Flugzeuge kostete, verursachte die höchsten personellen Verluste der amerikanischen Marine im ganzen Krieg, konnte ihren Zweck jedoch nicht erreichen. Zu viele Kamikazeflieger wurden abgeschossen; zu viele stürzten sich auf die kleinen Schiffe der Außensicherung der Flotte; ungefähr ein Drittel der Flugzeuge ging durch Unfälle verloren. Der Hauptgrund der japanischen Niederlage aber war die Standhaftigkeit der Männer an den Flugabwehrgeschützen der Flotte.

Auch die japanische Marine konnte das Blatt nicht wenden. In der Nacht vom 6. zum 7. April lief das übergroße Schlachtschiff «Yamato» mit einem Leichten Kreuzer und acht Zerstörern Richtung Okinawa aus der japanischen Inlandsee aus. Die «Yamato» gehörte zu der Klasse der Riesenschiffe, die heimlich in den dreißiger Jahren gebaut worden waren, und deren Geschütze denen der amerikanischen Schlachtschiffe an Kaliber und Reichweite überlegen waren. Jetzt sollte das einzig übrig gebliebene Schiff dieser Klasse mit seiner Begleitung die amerikanischen Nachschublinien unterbrechen. Das Geschwader wurde aber früh von einem amerikanischen Unterseeboot gesichtet und gemeldet. Von den Trägern der Task Force 59 aus griffen Flugzeuge den Verband schon am 7. April an. Gegen einen Verlust von zehn Flugzeugen wurden die «Yamato» (mit über 3700 Mann), der Kreuzer und vier der Zerstörer versenkt.

Die 7. und 96. amerikanische Infanteriedivision griffen am 4. April aus dem Brückenkopf in südlicher Richtung an. Sie erkannten schnell, daß ihnen ein schwerer und blutiger Kampf bevorstand. Die japanische 62. Division und die 14. Brigade hielten ihre durch das Terrain begünstigten Höhlen und Befestigungen zäh. Die japanischen Soldaten hatten in ihren unterirdischen Stellungen durch das der Landung vorangegangene Bombardement kaum gelitten – sie waren so tief unter der Erde, daß selbst die schwersten Geschütze der Flotte ihnen keinen Schaden zufügen konnten. Sie waren außerdem mit weit mehr Infanteriewaffen und Artillerie ausgestattet, als sonst im japanischen Heer im Zweiten Weltkrieg üblich. Der eine Grund war, daß das japanische Hauptquartier die Ausstattung der Einheiten auf Okinawa für besonders wichtig hielt, der andere, daß Waffen, die eigentlich für die Truppen auf den Philippinen gedacht waren, wegen der Unterbrechung der Versorgungswege durch die Amerikaner auf Okinawa hängen geblieben waren.

Mit Unterstützung von Panzern und Artillerie kämpften sich die Amerikaner langsam vor; beide Seiten hatten schwere Verluste. Acht Tage lang rangen die beiden Armeen um die Verteidigungslinie, die die Japaner vor die alte Festung Shuri gelegt hatten. Bis zum 12. April waren die Amerikaner in hin- und herwogenden Kämpfen ein paar Kilometer vorwärts gekommen. Dann gingen die Japaner zum Gegenangriff über.

Während gemäß der japanischen Militärdoktrin das Kaiserliche Hauptquartier in Tokio und das Oberkommando auf Formosa auf einen Angriff drängten, war der Stab der 32. Armee gespalten zwischen den Befürwortern dieser ihnen jahrelang eingeschärften Kampfmethode und denen, die es für vernünftiger hielten, angesichts der materiellen Übermacht des Feindes in der Defensive zu bleiben. Nach langen Debatten trat die 32. Armee in der Nacht vom 12. zum 13. April auf direkten Befehl von oben zum Angriff an. Eine intensive Artillerievorbereitung sollte einem nächtlichem Eindringen in die amerikanischen Stellungen den Weg ebnen. Man rechnete damit, daß am nächsten Morgen die Amerikaner ihre Artillerie nicht einsetzen könnten, weil japanische und amerikanische Soldaten sich auf dem Schlachtfeld zu nahe gegenüber lagen.

Der japanische Angriff scheiterte. Manche der japanischen Einheiten verirrten sich in der Nacht im zerschossenen Gelände. Die Amerikaner konnten die meisten ihrer Stellungen halten. Die Kämpfe tobten den ganzen 13. April hindurch, waren aber am Morgen des 14. zu Ende. Die Gegner des Angriffsgedankens im Stab der 32. Armee hatten Recht behalten. Das Verlassen der starken Stellungen zum Angriff brachte hohe Verluste ohne nennenswerte Vorteile.

Um dem sicher zu erwartenden amerikanischen Gegenangriff standzuhalten, mußte die geschwächte 62. japanische Division entlastet werden. Ohne eine völlige Umverteilung der japanischen Kräfte war ein Zerfallen der 62. Division und damit des ganzen Verteidigungskonzepts zu erwarten. Unter diesen Umständen entschloß sich die 32. Armee, die meisten Einheiten, die den südlichen Zipfel der Insel – und damit den Rücken der Kampflinie – schützten, nach Norden in zwei Verteidigungslinien zu ziehen. Die Entblößung des Südzipfels von Okinawa öffnete für die amerikanische 10. Armee genau die Möglichkeit, die im Stabe der 32. Armee gefürchtet war: eine zweite Landung und genau dort, wo die Amerikaner am 1. April ihre Täuschungslandung durchgeführt hatten. Nach längeren Diskussionen entschied General Buckner, keine weitere Landung zu versuchen. Die logistischen Schwierigkeiten schienen zu groß zu sein. Die Verluste der zuerst beim Angriff auf die japanische Stellung um die Festung Shuri und dann bei der Abwehr des japanischen Gegenangriffs eingesetzten amerikanischen Divisionen waren, so vermutete man in der Nachkriegsdiskussion über diese Entscheidung, so hoch gewesen, daß der Oberbefehlshaber der 10. Armee das Risiko einer erneuten Landung scheute. Es war ihm wichtiger, die zur Verfügung stehenden Verbände zur Entlastung der Divisionen in der Hauptkampflinie einzusetzen.

Am 19. April versuchten die Amerikaner in einem sorgfältig geplanten, großangelegten Angriff, die japanische Linie zu durchbrechen. Der Angriff wurde an allen Frontabschnitten unter hohen Verlusten für beide Seiten abgewiesen. Die bis dahin schwerste Artillerievorbereitung im Pazifikkrieg hatte die japanischen Soldaten in ihren unterirdischen Bunkern zum größten Teil gar nicht erreicht; ebenso wenig die Beschießung durch Kriegsschiffe. Die Mehrzahl der von den Amerikanern eingesetzten Kampfpanzer und Flammenwerferpanzer fielen der japanischen Artillerie zum Opfer oder wurden von japanischen Soldaten zerstört, die sich mit am Körper befestigtem Sprengstoff in den Tod stürzten. Die Abwehr hatte – wie am 13. April – gesiegt.

In den folgenden Tagen war es aber den amerikanischen Infanteriedivisionen möglich, in erbitterten Kämpfen die vorderste japanische Linie einzunehmen. Die Verlegung japanischer Einheiten aus dem Südzipfel der Insel zur Front um Shuri war noch nicht abgeschlossen, und die schon lange im Kampf stehende 62. Division konnte sich auch in den stärksten Bunkern, Höhlen und Befestigungsanlagen nicht mehr halten. Trotz ihrer guten Ausstattung mit Artillerie war es den Verteidigern nicht mehr möglich, den Ansturm aufzuhalten.

Amerikanische Einheiten, die ihre ursprünglichen Kampfaufträge in der zweiten Aprilhälfte erfolgreich abgeschlossen hatten – die 1. und 6. Marineinfanteriedivision und die 77. Infanteriedivision – wurden nun in der Hauptkampflinie eingesetzt, um die abgekämpfte Infanterie zu verstärken und zum Teil abzulösen. In den letzten Tagen des April und den ersten Tagen des Mai arbeiteten sich die Amerikaner täglich ungefähr 100 Meter vorwärts. In erbitterten Kämpfen, die dem Grabenkrieg der Westfront im Ersten Weltkrieg ähnelten, griffen die Amerikaner die im hügeligen Gelände versteckten japanischen Verteidigungsstellungen eine nach der anderen an. Die amerikanische Luftherrschaft und der Beschuß durch Schiffs- und Landartillerie hielten die japanischen Besatzungen am Boden und forderten manchmal hohe Verluste. Auf der anderen Seite wurden viele amerikanische Panzer durch japanische Artillerie oder Selbstmordkämpfer zerstört oder schwer beschädigt. Mit Flammenwerferpanzern und Handgranaten zerstörten die Amerikaner die zweite japanische Verteidigungslinie. Noch während sich die Kämpfe unter hohen Verlusten für beide Seiten Anfang Mai der Festung Shuri näherten, fiel im Tunnel des Oberkommandos der 32. Armee tief unter dem Schloß die Entscheidung für einen erneuten großen Gegenangriff am 4. Mai. Obwohl es diesmal nicht wie am 12. April einen direkten Befehl der höheren Kommandostellen gab, überzeugte General Cho Isamu, der Chef des Stabes, den Stab und den Oberbefehlshaber gegen die erneute Warnung des Chefs der Operationsabteilung, Oberst Yahara Hiromichi, mit dem Argument, daß nur ein Angriff Erfolgschancen habe. Noch gab es Reserven, aber es war nur eine Frage der Zeit, bis die Garnison aufgerieben würde.

Es sollte ein Angriff im großen Maßstab werden. Kamikazeflieger würden die amerikanische Flotte angreifen. Auf beiden Seiten Okinawas sollten Spezialeinheiten auf kleinen Booten hinter der amerikanischen Front landen. Die Artillerie sollte aus ihren Höhlen weit hinter der Front vorgezogen werden, um den Angriff besser zu unterstützen. Die bis jetzt kaum angeschlagene 24. Division sollte die amerikanische Front durchbrechen und die 44. Brigade sollte darauf durch die Bresche nach Nordwesten vorstoßen und dadurch die amerikanische 1. Marineinfanteriedivision abschneiden. Zum ersten (und letzten) Mal würden die Panzer der 32. Armee im Angriff eingesetzt werden. Alles war sorgfältig und im Geheimen vorbereitet.

Am 4. Mai lief die große Angriffsoperation termingemäß an, wurde aber schnell zu einer Niederlage. Die beiden Küstenlandungen brachten den eingesetzten Seepionierregimentern den Tod. Die vorgezogene Artillerie wurde zur leichten Beute der Amerikaner. Die angreifenden Panzer gingen zum größten Teil verloren. Die 24. Division wurde von den Amerikanern zurückgeschlagen. Mit mehr als 7000 Verlusten (gegen 1000 Amerikaner) bezahlte die 32. Armee ihren Durchbruchversuch, der schon am 5. Mai abgebrochen werden mußte. Der Eindruck auf den Stab und die Mannschaften war niederschmetternd.

In den Tagen nach ihrem Abwehrerfolg gingen die Amerikaner sofort wieder zum Angriff über. An beiden Enden der Front, die nördlich von Shuri etwa in Ost-West-Richtung quer über die Insel verlief, machten die Amerikaner kleine, aber wichtige Fortschritte gegen die verbissen kämpfende 32. Armee. Die Hauptstadt Naha wurde eingenommen. Insbesondere angesichts des Vorstoßes der amerikanischen 7. und 96. Division an der Ostküste, der die Gefahr eines Durchbruchs in den Rücken der japanischen Hauptmacht implizierte, mußten im Hauptquartier der 32. Armee neue Entscheidungen gefaßt werden. In einer Konferenz am 22. Mai plädierten einige dafür, bei Shuri bis zum Tode standzuhalten, andere wollten einen Rückzug auf die Halbinsel Chinen an der Südostecke Okinawas. Die Mehrheit aber stimmte dem Vorschlag Yaharas zu, auf die Halbinsel Kyan an der Südwestecke Okinawas zurückzugehen, in der Hoffnung, dort besser als anderswo standhalten zu können.

Während die amerikanischen Divisionen in blutigen Kämpfen vordrangen, bereitete die 32. Armee den Rückzug nach Kyan vor. Dieser wurde nicht nur durch einen lokalen Gegenangriff an der Ostküste gedeckt. Ende Mai setzte ein endlos scheinender Regen ein und zerstörte die Versorgungswege, auf die die Amerikaner angewiesen waren. Das Wetter behinderte auch den Rückzug der Japaner und zwang sie, viel von ihrem schweren Gerät zurückzulassen. Die Rückzugsgefechte und die Verwirrung kosteten sie auch einen großen Teil der Mannschaften. Als die Entscheidung zum Abzug fiel, verfügte die 32. Armee noch über 50000 Mann; zwei Wochen später erreichte sie die bereits früher von der 24. Division ausgebaute Kyan-Stellung mit 30000.

Da das Wetter die amerikanische Luftwaffe tagelang blind machte und die meisten japanischen Rückzugsbewegungen in der Nacht durchgeführt wurden, dauerte es einige Tage, bis das Kommando der 10. Armee die Lage erkannte. Das Nachstoßen wurde durch den schlechten Zustand der Versorgungswege und den vorangegangenen Verlust mehr als der Hälfte der Panzer verlangsamt. Im bodenlosen Schlamm setzten die Amerikaner sogar Pferde ein. Nachhuten mußten einzeln niedergekämpft werden. Es dauerte bis zum 6. Juni, bis die 10. Armee das ganze Gebiet der Shurilinie und das Gelände zwischen dieser und der Kyanlinie eingenommen und gesäubert hatte. Es muß aber auch bedacht werden, daß, wie schon erwähnt, in diesem Prozeß die japanische Armee vierzig Prozent ihrer Mannschaften verlor. Ein Teil hiervon war die ganze japanische Marineinfanterie, die von der amerikanischen 6. Marineinfanteriedivision in verlustreichen Kämpfen auf der Halbinsel Oroku zerschlagen wurde. Ob die 32. Armee länger in der Shurilinie hätte aushalten können, wird niemals klar zu entscheiden sein; daß aber der Kampf auf Okinawa trotz des weiteren Widerstandes der 32. Armee und der immer noch anhaltenden Luftangriffe auf die amerikanische Flotte und die amerikanischen Flugplätze einem Ende entgegen ging, war auf jeden Fall klar.

Ein amerikanischer Angriff auf die neue japanische Verteidigungslinie konnte nicht sofort eröffnet werden. Panzer waren im Schlamm nicht zu bewegen und die Truppen waren zu weit von den Versorgungsbasen entfernt, besonders da auch die Straßen wieder hergestellt werden mußten. Erst am 8. und 9. Juni fingen die Operationen gegen die neue japanische Stellung wirklich an. In den folgenden Tagen gelang den amerikanischen Truppen der Einbruch in die neue Linie. Für die japanischen Soldaten gab es kein Zurück; sie fielen im offenen Kampf oder in ihren Befestigungen. Um den 16. Juni wurde der Widerstand schwächer; die meisten voll ausgebildeten japanischen Soldaten waren schon gefallen, und die Mehrzahl der Verteidiger waren jetzt entweder Männer aus der Etappe oder eingezogene Einwohner Okinawas. Auch mangelte es jetzt an Waffen und Munition.

Mit der Einnahme von wichtigen Teilen der Kyan-Linie am 17. und 18. Juni zerfiel der Rest der 32. Armee. Einzelne Soldaten kämpften bis zum Tod weiter; viele begingen entsetzliche Untaten gegen Einwohner Okinawas; manche versuchten sich zu verstecken oder nach dem nördlichen Teil der Insel durch zu kommen; mehr als je zuvor – über 7000 – ergaben sich oder fielen verwundet in die Hände der Amerikaner. Auf beiden Seiten gab es in den letzten Tagen des Kampfes noch viele Tote. Am 18. Juni wurde General Buckner durch japanische Artillerie getötet; in der Nacht vom 21. zum 22. begingen General Ushijima und General Cho Selbstmord. In den folgenden Wochen, bis zum offiziellen Ende des Kampfes am 2. Juli gab es noch kurze Feuergefechte, aber der drei Monate lange Feldzug war zu Ende.

Die größte Schlacht des Krieges im Pazifik hatte fast die ganze japanische Garnison von über 100 000 Mann – davon 76 000 reguläre japanische Soldaten – und mehr als 10 000 japanische Luftwaffen- und Marinesoldaten das Leben gekostet. Auch die Zivilbevölkerung Okinawas hatte viele Toten zu beklagen, wenn es auch nicht wie auf den Marianen zu Tausenden von Selbstmorden kam. Am Ende des Kampfes lebten ungefähr 200 000 Einwohner unter der amerikanischen Militärregierung, die daran arbeitete, der Bevölkerung der zertrümmerten Insel die notwendigsten Mittel fürs Überleben zu verschaffen. Die Amerikaner hatten den Sieg mit 50 000 Toten und Verwundeten bezahlt; hierzu kamen weitere 26 000 Kranke und andere Verluste außerhalb des Kampfes. Viele der Verwundeten und Kranken würden wieder an die Front zurückkehren, aber zum zweiten Mal – nach Iwo Jima – überstiegen die amerikanischen Verluste die Zahl der gefallenen Japaner. Für eine Landung in Japan selbst waren das schlechte Vorzeichen.

Als auf der Insel die Kämpfe noch tobten, wurden die Weichen für die nächsten Operationen gestellt. In Niederländisch-Indien (Indonesien) kämpften sich australische und amerikanische Verbände von einer Landung zur nächsten vor. Die Großlandung auf Java sollte im September stattfinden. Auch der Landkrieg in Südostasien näherte sich einem neuen Höhepunkt. Die britisch-indische 14. Armee hatte gerade Burma befreit; die dortigen Verbände sollten nun ebenfalls im September an der Küste Malayas landen, um Singapur zurückzuerobern.

Auf der Transsibirischen Eisenbahn liefen während der ganzen Zeit der Schlacht auf Okinawa endlose Züge mit Stäben, Truppen, Panzern und anderem Material von der deutsch-russischen Front nach dem sowjetischen Fernen Osten, um die dortigen Verbände zu verstärken. Durch riesige amerikanische Lieferungen unterstützt, sollte die Rote Armee ja drei Monate nach dem Kriegsende in Europa durch einen Angriff auf die Mandschurei in den Pazifikkrieg eintreten.

Auf dem Seeweg liefen die ersten Transporte mit amerikanischen Stäben und Truppen vom europäischen zum Pazifikkriegsschauplatz. Okinawa unterstrich die Erkenntnis, daß der Kampf immer schwerer wurde, je näher der Krieg im Pazifik an das Ziel – Tokio – herankam. Während der Kämpfe auf Okinawa, am 12. April, war Präsident Roosevelt gestorben. Die Verantwortung für die anstehenden wichtigen Entscheidungen trug nun sein Nachfolger Truman. Nachdem er seine militärischen Berater gehört hatte, befahl er am 15. Juni die Durchführung der Operation «Olympic», die für den 1. November vorgesehene Landung auf der japanischen Hauptinsel Kyushu. Nach den letzten Erfahrungen war es klar, daß dies ein ungemein kostspieliges Unternehmen sein würde, aber es schien keine Alternative zu geben. Die Heeresleitung bestellte mehrere hunderttausend Verwundetenabzeichen; im Kongreß und in der Öffentlichkeit diskutierte man zum ersten Mal im Krieg die Einberufung von Krankenschwestern. Auf Okinawa selbst arbeiteten alle nicht direkt an den Kämpfen oder dessen Unterstützung Beteiligten an den Vorbereitungen der Operation «Olympic».

In Tokio wurde der Verlauf der Kämpfe in zwei gegensätzliche Richtungen interpretiert. Auf der einen Seite bezogen die meisten Militärs aus dem langen und für die Amerikaner so verlustreichen Verlauf eine Bestätigung ihres Glaubens an ihre fundamentale Strategie. Überzeugt, daß der nächste Schritt eine Invasion Kyushus war, rechneten sie damit, daß in der «Ketsu-Go» (Entscheidende Operation)-Operation dort Japan, nicht die USA, sein Ziel erreichen würde. Immer mehr Verbände wurden daher im Sommer an die richtig vorausgesehenen Landungsstellen verlegt, bis sie jedem möglichen Angriffsverband numerisch überlegen waren. Nach einem blutigen Rückschlag würden die Amerikaner mit sich reden lassen. Trumans Versicherung vom 8. Mai, daß die Kapitulation nicht das Ende japanischen Lebens bedeuten würde, sahen die Befürworter der Strategie des Weiterkämpfens als Bestätigung ihrer Theorie: hier war ein Anzeichen der amerikanischen Schwächung durch die erlittenen Verluste auf Okinawa.

Der Kaiser, der noch im März an die Strategie des Militärs glaubte, fing unter dem Eindruck der Kämpfe auf Okinawa und der Bombardierung Japans an, Zweifel zu entwickeln. Einige wenige Würdenträger in Tokio hegten jetzt auch ähnliche Gedanken. Japanische Diplomaten in Europa, die den totalen Zusammenbruch des Dritten Reiches aus erster Hand beobachten konnten, gingen noch weiter. Der Botschafter in Moskau, Sato Naotake, riet seiner Regierung am 15. Juli, die Forderung nach bedingungsloser Kapitulation anzunehmen. Tokio antwortete ihm, die Regierung habe seinen Rat einstimmig abgelehnt. Beide Telegramme wurden in Washington dechiffriert und erregten Aufmerksamkeit. Vielleicht könnte die Regierung in Tokio durch dramatische Anstöße bewogen werden, diese Frage nochmals zu erwägen, hoffentlich mit einem anderen Ausgang.

Aus Potsdam wurde die japanische Regierung aufgefordert, den Krieg durch Kapitulation zu beenden. Man hatte die Stelle und den Namen der Proklamation im Hinblick auf seine psychologische Wirkung gewählt. Der Appell wurde verworfen. General George C. Marshall, der seit dem 1. September 1939 amerikanischer Generalstabschef war, machte sich über die kommende Invasion auf Kyushu angesichts der immer umfangreicheren japanischen Verstärkungen große Sorgen. Alles deutet darauf hin, daß seiner Ansicht nach die gerade verfügbar werdenden Atombomben zur taktischen Unterstützung der Landung auf Kyushu benutzt werden sollten. Mit den anderen eingeweihten Mitgliedern der Regierung war aber auch er der Meinung, daß die erste und, wenn nötig, die zweite auf Städte abgeworfen werden sollten, in der Hoffnung, daß diese Schläge vielleicht eine Änderung der Haltung Tokios herbeiführen würden. Die dritte und die folgenden Atombomben sollten aber bis zur Operation «Olympic» aufgehoben und dann zu ihrer Unterstützung eingesetzt werden. Der Präsident war hiermit, soweit wir wissen, einverstanden.

Die ersten zwei Atombomben erreichten den ihnen zugedachten Zweck. Unter dem Einfluß des Kaisers entschloß sich jetzt die Regierung in Tokio, die etablierte Militärstrategie aufzugeben und die Kapitulation einzuleiten. Daraufhin kam es zu einem Putschversuch des Militärs. Er scheiterte so knapp wie der des 20. Juli 1944 in Deutschland. Die Folgen des Scheiterns am 20. Juli 1944 für Deutschland und Europa liefern wohl den besten Hinweis darauf, was bei einem Gelingen des Putsches in Tokio zu erwarten gewesen wäre. So aber kam es zum Ende des Zweiten Weltkriegs ohne weitere Schrecken. Wie Präsident Truman damals sagte: Der Krieg endete «ohne ein Okinawa von einem Ende Japans zum anderen».

Inwieweit war Okinawa eine Entscheidungsschlacht? Diese Frage kann nur im Kontext der damaligen Kriegslage verstanden werden. Es war auf jeden Fall schon vor Beginn der Schlacht klar, daß die Vereinigten Staaten mit ihren Verbündeten über Japan siegen würden. Die offenen Fragen waren: Wie? und: Wie lange noch? Für die Amerikaner und ihre Verbündeten sah es so aus, als ob noch eine ganze Reihe schwieriger und blutiger Operationen bevorstanden, Operationen, die möglicherweise selbst nach einer Eroberung der japanischen Inseln erst 1946, 1947 oder 1948 durch das mühsame Niederkämpfen aller japanischen Truppen in China, Südostasien und den pazifischen Inseln ein Ende finden würden. Auf japanischer Seite warteten alle Entscheidungsträger auf eine Möglichkeit, den Krieg nach der Abwehr der ersten amerikanischen Landung auf Kyushu durch Verhandlungen zu beenden und so alliierte Besetzung, Kriegsverbrecherprozesse und erzwungene Abrüstung abzuwenden.

Die Schlacht um Okinawa führte zu einer kleinen, aber entscheidenden Veränderung in der Sichtweise beider Seiten. Für Washington zeigte der Verlauf der langen und verlustreichen Kämpfe, daß der Krieg in der Tat immer schwieriger wurde, je näher er an Japan selbst herangetragen wurde. Unter diesen Umständen erwog man die Möglichkeit, die gerade fertig werdenden ersten Atombomben nicht zur Unterstützung der Landung auf Kyushu aufzusparen, sondern den Versuch zu machen, ihre Schockwirkung auszunutzen. Daß sie eingesetzt würden, galt als selbstverständlich. Klar war auch, daß sie Japan weniger Zerstörungen und Opfer zufügen würden, als die bereits durchgeführten und noch geplanten konventionellen Luftangriffe auf Städte. Es bestand aber die Möglichkeit, daß innerhalb der japanischen Regierung ein Umschwung zur Kapitulation noch vor der Invasion auf Kyushu stattfinden würde, wenn eine zweite Atombombe zeigte, daß es immer mehr davon geben würde. Sollte sich diese Hoffnung nicht erfüllen, konnte man ja die in den folgenden Wochen fertig werdenden Atombomben immer noch zur Unterstützung der Landung aufsparen.

Auf japanischer Seite machte die sich anbahnende Niederlage der 32. Armee besonders auf den Kaiser einen großen Eindruck. Er verlor sein Vertrauen in die Strategie der Militärführung. Ein Mann, der bis zum August 1945 immer ein geschlossenes Votum der Regierung abgewartet und dann angenommen hatte, ließ sich angesichts der völlig neuen Entwicklung von einigen seiner Berater überreden, in eine gespaltene Regierung einzugreifen. Ohne dieses Eingreifen, das durch den Meinungsumschwung nach Okinawa und durch den Schock des durch diese Schlacht ausgelösten Atombombenabwurfs herbeigeführt wurde, wäre der Krieg im Fernen Osten vielleicht noch Jahre weiter geführt worden. Es war wirklich Zeit, Schluß zu machen.

Das Ende eines Kolonialreiches
Dien Bien Phu, 13. März bis 7. Mai 1954

Marc Frey

Dien Bien Phu – ein kleines Dorf inmitten eines Tals im bergigen Nordwesten Vietnams, über 300 Kilometer nordwestlich von Hanoi gelegen. Wie ihre Vorfahren pflanzen die Bewohner Reis an und züchten Geflügel. Ein kleines Museum und ein in jüngster Zeit errichtetes französisches Mahnmal erinnern noch an die Geschichte. Doch ansonsten haben fleißige Bauern und die üppige tropische Vegetation jeden Hinweis auf eine Schlacht ausgelöscht, die vor 50 Jahren die Weltöffentlichkeit aufwühlte. Dien Bien Phu – ein Menetekel, das dunkel 20 Jahre über dem amerikanischen Engagement in Indochina stand, ein Symbol für den Sieg nationaler Befreiungsbewegungen der «Dritten Welt» über den Westen, ein nationaler Mythos, der bis in die Gegenwart eine der tragenden Säulen kommunistischer Macht in Vietnam bildet.

Gemessen an vielen anderen Schlachten war die Stärke der in Dien Bien Phu beteiligten Einheiten gering. Auf dem Höhepunkt der Kämpfe standen rund 13 000 französische Elitesoldaten 49 500 Mann der vietnamesischen nationalistisch-kommunistischen Bewegung der Viet Minh und ihren 55 000 logistischen Helfern gegenüber. Abgesehen vom massiven Einsatz der französischen Luftwaffe war auch der Materialaufwand vergleichsweise gering. Nicht mehr als zehn Panzer, einige Dutzend größere Geschütze und wenige Raketenwerfer brachten die Gegner zum Einsatz. Und doch ist Dien Bien Phu die einzige Schlacht im gesamten Verlauf der Dekolonisierung, die eine nationale Befreiungsarmee je gegen eine technisch weit überlegene europäische Armee gewann. Sie entschied einen siebenjährigen Krieg um die Macht in Vietnam, und sie besiegelte das Ende der fast 100 Jahre währenden französischen Kolonialherrschaft in Südostasien.

Begonnen hatte der Verlust der französischen Autorität schon im Sommer 1941, als Japan Vietnam besetzte und die Vichy-treue Kolonialregierung zur Kollaboration verpflichtete. Im März 1945 er-

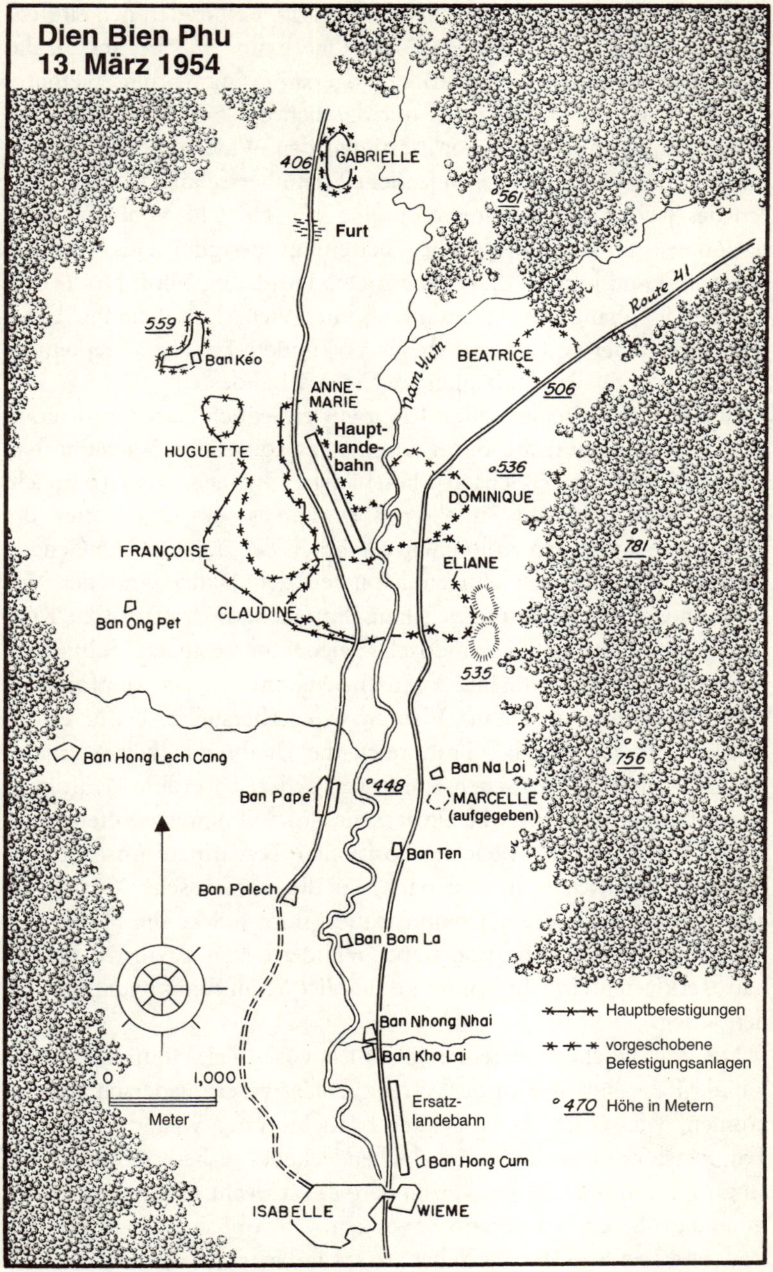

Dien Bien Phu, 13. März 1954

klärten die Japaner Vietnam für unabhängig, bestätigten den einflußlosen Kaiser Bao Dai als staatliches Oberhaupt und begannen, das Land systematisch zu plündern. Hungersnöte im Norden Vietnams (Tonkin) und die Leichtigkeit, mit der sich die Japaner der Kolonialverwaltung entledigt hatten, festigten den Widerstand der vietnamesischen Bevölkerung gegen jegliche Fremdherrschaft. Aus den Wirren des letzten Kriegsjahres ging eine von Ho Chi Minh geführte, nationalistisch-kommunistische Befreiungsbewegung als stärkste Kraft im Land hervor: die Vietnam Doc Lap Dong Minh Hoi («Liga für die Unabhängigkeit Vietnams»), kurz Viet Minh genannt. Unter dem Jubel einer gewaltigen Menge verkündete Ho am 2. September 1945 in Hanoi die Unabhängigkeit seines Landes.

In den französischen Zukunftsentwürfen jedoch kam dem Kolonialreich eine wesentliche Bedeutung zu. Es sollte zum Wiederaufbau beitragen und Frankreichs arg beschädigtes Ansehen als Großmacht wieder herstellen. Mit Hilfe Großbritanniens und den Resten der ehemals Vichy-treuen Kolonialarmee brach der französische General Leclerc innerhalb von einigen Monaten den Widerstand der Viet Minh in Cochinchina, und es gelang ihm auch, die französische Kontrolle über Laos und Kambodscha wieder herzustellen. Schließlich unterzeichnete Ho im März 1946 ein Abkommen, das die französische Oberhoheit über ganz Vietnam wiederherstellte. Dafür erhielt er das Versprechen, daß Frankreich die Unabhängigkeit Vietnams innerhalb der Französischen Union respektieren werde. Nachfolgende Verhandlungen über die Umsetzung des Abkommens offenbarten jedoch die Unvereinbarkeit der Positionen. Bewaffnete Auseinandersetzungen häuften sich, und nachdem die französische Marine am 26. November 1946 zur Demonstration ihrer Stärke die Hafenstadt Haiphong bombardiert und dabei Hunderte von Zivilisten getötet hatte, erklärten Ho Chi Minh und die Viet Minh Frankreich förmlich den Krieg.

Die anfängliche Überzeugung des französischen Militärs, eine koloniale Rebellion wie in der Vergangenheit rasch niederschlagen zu können, wich bald zunehmender Ernüchterung. Weder reichte die Truppenstärke aus, das Land flächendeckend zu besetzen, noch gelang es den französischen Verbänden, die schlecht bewaffneten Guerilla zu größeren Gefechten zu zwingen. Obwohl sich die Anzahl der französischen Soldaten zwischen 1947 und 1950 (145 000) mehr als verdoppelte, bauten die Viet Minh in der Abgeschiedenheit der Dschungelregionen im Norden und Nordwesten Vietnams reguläre

Truppen auf. Diese rund 20000 Mann konnten sich auf zahllose Guerillas auf regionaler und lokaler Ebene im ganzen Land stützen. Unter der Führung von General Vo Nguyen Giap, einem ehemaligen Historiker, gingen die Viet Minh nun erstmals in die Offensive. Eine wichtige Vorentscheidung im Kampf um die Macht in Vietnam fiel im Verlauf des Jahres 1950, als die Viet Minh die französischen Befestigungen an der Grenze zu China in ihre Hand brachten. Nun konnte der Nachschub aus dem kommunistischen China ungehindert nach Süden gelangen. Diplomatische Anerkennung durch den Nachbarn sowie durch die Sowjetunion hatte Hos Regierung und die «Demokratische Republik Vietnam» bereits im Januar 1950 erlangt. Doch auch Frankreich warb erfolgreich um Verbündete. Die Vereinigten Staaten, alarmiert durch den Sieg Mao Tse-tungs über die national-chinesische Kuomintang, erkannten im Februar 1950 die von Paris installierte Regierung unter Bao Dai diplomatisch an, und bald darauf begann Washington mit der finanziellen Unterstützung des französischen Krieges. Schließlich machte der Ausbruch des Korea-Krieges im Juni 1950 Indochina in der Perzeption aller Beteiligten vollends zu einem Schlachtfeld des Kalten Krieges.

Zwar waren die französischen Truppen den Viet Minh an Feuerkraft, Mobilität und Ausrüstung nach wie vor weit überlegen, und im Jahre 1951 konnten sie im Tal des Roten Flusses noch einmal beträchtliche Landgewinne verbuchen. Doch die chinesische Hilfe in Form von Militärberatern, Ausbildung und Waffen machte sich zunehmend bemerkbar. Bis zur Jahresmitte 1953 hatten die Viet Minh weite Teile von Laos, Tonkin und des annamitischen Hochlands unter ihre Kontrolle gebracht. Eine Landreform und die Rekrutierung von Frauen führte ihnen Zehntausende junger Soldaten und Soldatinnen zu. Auf Drängen Washingtons reagierte Paris mit dem verstärkten Aufbau nicht-kommunistischer vietnamesischer Verbände. Anhaltende Konflikte zwischen der Regierung Bao Dais und der französischen Kolonialverwaltung beschränkten deren Einsatzgebiet jedoch weitgehend auf Cochinchina. Aber die eigentlichen Kämpfe fanden nicht im Süden, sondern im Norden Vietnams statt.

Unterdessen war die Unterstützung für den «schmutzigen Krieg» in Frankreich dramatisch gesunken. Obwohl die USA seit Ende 1952 fast achtzig Prozent der Kriegskosten trugen – insgesamt unterstützten sie den Krieg mit 2,6 Mrd. Dollar –, sah sich die Regierung in Paris kaum noch in der Lage, die notwendigen Mittel aufzubringen. Denn mittlerweile waren die französischen Streitkräfte auf etwa

375 000 Mann angewachsen und die Verluste auf über 90 000 Soldaten gestiegen. Besonders besorgniserregend war die Tatsache, daß allein im Jahre 1952 viermal mehr Offiziere fielen, als die Militärakademie in Saint Cyr Absolventen entließ. Damit drohte die französische Armee ihren Verpflichtungen im Rahmen der NATO nicht mehr nachkommen zu können.

Angesichts dessen entschloß sich die Regierung in Paris, ein Ende des Krieges auf dem Verhandlungsweg zu erzielen. Dabei konnte sie sich günstiger internationaler Rahmenbedingungen gewiß sein: Stalin war im März 1953 gestorben, die neue Führung im Kreml signalisierte Bereitschaft zur Entspannung, und in Korea wurde am 27. Juli 1953 ein Waffenstillstand unterzeichnet. Allerdings wollte man auf keinen Fall aus einer Position der Schwäche heraus verhandeln. Insbesondere Außenminister George Bidault betrachtete einen militärischen Sieg in Indochina als die notwendige Bedingung für einen Frieden, der Frankreichs politischen, kulturellen und wirtschaftlichen Einfluß in Indochina fortschreiben sollte. Auch die amerikanische Regierung drängte darauf, den Viet Minh einen entscheidenden Schlag zu versetzen. Dafür war sie bereit, Paris noch einmal 385 Millionen Dollar zu überweisen. Mit der heiklen Mission, die militärischen Voraussetzungen für eine ehrenhafte politische Lösung herzustellen, wurde ein Mann betraut, der noch nie zuvor in Vietnam gewesen und der genau aus diesem Grund ausgewählt worden war: Generalleutnant Henri Navarre. Unterkühlt und stets tadellos gekleidet, verkörperte der 55 Jahre alte Veteran zweier Weltkriege den elitären Geist französischer Kavallerieoffiziere.

Bei seiner Ankunft in Saigon im Mai 1953 hatte Navarre ungefähre Vorstellungen über seine Aufgaben: Er wollte Paris zur Entsendung weiterer Soldaten bringen, zur Offensive übergehen und die Lage in Laos stabilisieren. Das abgelegene und wirtschaftlich unterentwickelte Land hatte am 22. Oktober 1953 die Unabhängigkeit innerhalb der Französischen Union erhalten. Die französisch-laotischen Vereinbarungen waren als Modell für ähnliche, den Einfluß Frankreichs zementierende Regelungen mit Vietnam und Kambodscha gedacht. Doch diese ließen sich nur durchsetzen, wenn die Armee in der Lage war, die Viet Minh aus den östlichen Landesteilen von Laos zu vertreiben und die mit ihnen verbündeten Pathet Lao zu besiegen. Nachdem sich Navarre vor Ort umfassend über die militärische Lage informiert hatte, präsentierte er seinen Plan am 24. Juli 1953 dem nationalen Verteidigungskomitee in Paris: Dien

Bien Phu, mitten im Siedlungsgebiet einer locker mit den Franzosen verbündeten ethnischen Minderheit, den T'hai, gelegen, sollte den Viet Minh abgenommen und zu einer strategischen Basis ausgebaut werden, von der aus weitere feindliche Operationen in Laos und im westlichen Tonkin verhindert werden konnten. Der Ort bot sich nicht nur wegen seiner Nähe zu Laos an. Er verfügte über eine Flugpiste, und nach Einschätzung der Nachrichtendienste waren die Straßenverbindungen so schlecht, daß es den Viet Minh nicht gelingen werde, mehr als 20 000 Mann für eine Wiedereroberung heranzuführen. Die Luftüberlegenheit der Franzosen und ihre hohe Mobilität sollten, so das strategische Kalkül, die quantitative Überlegenheit der Viet Minh ausgleichen. Ob Navarre die explizite Zustimmung für die Operation erhielt, oder ob das Komitee den Plan lediglich zur Kenntnis nahm, ist bis heute nicht geklärt. Der General fühlte sich jedenfalls bestätigt – von nun an nahm das Schicksal wie in einer griechischen Tragödie seinen Lauf.

Navarres untergebene Offiziere hatten allerdings Bedenken. Die Luftstreitkräfte warnten, daß häufige Nebel über dem Tal und die relativ weite Distanz zu Hanoi große Risiken bargen. Im Stab des für die Bodentruppen im Norden verantwortlichen Generals, René Cogny, hielt man den Plan für eine unzulässige Übertragung europäischer Konzepte auf südostasiatische Verhältnisse: So bedeute die Sicherung einer Straße keine Einschränkung der gegnerischen Mobilität. Doch Navarre ließ sich durch diese Einwände nicht beirren und setzte den Beginn der Operation «Castor» für den 20. November 1953 fest.

Dank der Berichterstattung französischer Zeitungen hatte die Führung der Viet Minh ausreichend Zeit, die militärische Lage zu analysieren. Trotz großer Landgewinne war man sich darüber im Klaren, daß frische Truppen aus Frankreich, die Luftüberlegenheit des Gegners und die amerikanische Finanzhilfe den Krieg weiter eskalieren würden. Während General Giap eine Offensive im Delta des Roten Flusses südöstlich von Hanoi befürwortete, traten die chinesischen Berater um General Wei Guoqing dafür ein, das bergige Dschungelterrain des Nordwestens zu nutzen, um über Laos auf breiter Front den Weg nach Südvietnam zu öffnen. Ho folgte dem chinesischen Rat, und im Sommer und Herbst 1953 verstärkten die Viet Minh ihre Aktivitäten beiderseits der Grenze von Laos und Vietnam. Daß die Franzosen Dien Bien Phu besetzen wollten, wußte niemand. Aber daß der Gegner größere Luftlandeoperationen im Nordwesten plante, war bekannt.

Am frühen Morgen des 20. November starteten 65 C-47 in Hanoi, an Bord jeweils 25 Fallschirmjäger, und um 10:30 zeichneten sich die ersten weißen Schirme am blauen Himmel über Dien Bien Phu ab. Bei geringen eigenen Verlusten gelang es den 1500 Fallschirmjägern, zwei Viet Minh-Kompanien auszuschalten, die Flugpiste zu sichern und erste Befestigungen zu errichten. An den folgenden Tagen wurden weitere Truppen eingeflogen, darunter zwei Bataillone der Fremdenlegion, ein Bataillon vietnamesischer Fallschirmjäger, Artillerieeinheiten sowie Einheiten der T'hai und der Laoten: knapp 5000 der besten Soldaten der französischen Streitkräfte in Indochina. Pausenlos flogen Transportmaschinen ein, um Waffen, Munition und Gerät zu liefern. Rund um die mit Stahlplatten belegte Flugpiste wurden zahlreiche Befestigungen errichtet, dazu ein Hospital, das Hauptquartier sowie Anlagen zur Stromerzeugung und Wasseraufbereitung. Auf den Anhöhen rund um die Flugpiste wurden weitere Befestigungen und Zeltlager sowie Artilleriestellungen eingerichtet. Zwei Kilometer nördlich des inneren Befestigungsringes, auf dem Hügel «Gabrielle», wurden schwere Granatwerfer und Mörser in Stellung gebracht, um Feuerschutz zu gewähren. Sechs Kilometer südlich, auf «Isabelle», entstand eine weitere Befestigungsanlage, ebenfalls versehen mit einem Hospital, Generatoren und einer kleinen Flugpiste für den Notfall. Innerhalb von kürzester Zeit verwandelte sich Dien Bien Phu in eine der stärksten Festungen zwischen Singapur und Hongkong, ihre Soldaten bereit, die Viet Minh entscheidend zu schlagen.

Diese Festung zu knacken war kein leichtes Unterfangen, schon gar nicht für eine junge und in der Belagerung völlig unerfahrene Armee. Die Nachschubdepots lagen zunächst etwa 600 Kilometer nordöstlich von Dien Bien Phu, in der Bergregion Bac Khan, wo sich auch das zentrale Hauptquartier und Hos Regierung befanden. Daß Giap die französische Herausforderung annahm, war riskant. Alles kam auf gründliche Vorbereitung und eine flexible Strategie an: «Wir kamen», schrieb Giap rückblickend, «zu der Schlußfolgerung, daß wir keinen Erfolg hätten, wenn wir rasch zuschlagen würden. Konsequent wandten wir daher ein grundlegendes Prinzip revolutionärer Kriegführung an: Greife an, um zu gewinnen; greife nur an, wenn der Erfolg sicher ist; wenn nicht, dann laß es.» Konkret bedeutete das: Zerschlagung der feindlichen Kräfte in der weiteren Umgebung, die Isolierung der Franzosen in Dien Bien Phu und die Einkesselung des Gegners.

Ein wichtiger Schritt in diese Richtung war die Eroberung des 60 Kilometer südlich gelegenen Lai Chau. Zwar war es den Franzosen gelungen, einen Großteil der regulären Truppen vor der Einnahme durch die Viet Minh auszufliegen; die Mehrheit der T'hai-Hilfstruppen, rund 2000 Mann, quittierten ihren Dienst und kehrten in ihre Dörfer zurück. Aber nur wenige Soldaten der sieben Kompanien, die sich durch den Dschungel nach Dien Bien Phu durchzuschlagen versuchten, erreichten die Festung. Parallel dazu schlossen die Viet Minh den Belagerungsring immer enger. Dies wurde bereits Anfang Dezember deutlich, als drei schwerbewaffnete Bataillone Fremdenlegionäre und Fallschirmjäger ausrückten, um den Weg nach Lai Chau zu öffnen. Schon nach wenigen Kilometern nahmen die Viet Minh die Einheiten unter Beschuß, und unter großen Verlusten mußte vier Tage später der Rückzug angetreten werden.

Im Grunde machten die Erfolge der Viet Minh bereits am Jahresende 1953 Dien Bien Phu obsolet: Weder konnte es die Truppenbewegungen der Viet Minh in Laos und Nordwest-Vietnam behindern, noch den gegnerischen Nachschub unterbinden. Navarres Plan, den Ort als Basis für offensive Operationen zu nutzen, war gescheitert. Doch in den Hauptquartieren in Hanoi und Saigon zog man keine Konsequenzen. Weder stationierte man Truppen in großer Zahl, um offensive Operationen durchführen zu können, noch versetzte man die Festung in einen Zustand, in dem sie einer Belagerung standhalten konnte. Statt dessen ordnete das Oberkommando weitere verlustreiche Ausfälle an. Auch der befehlshabende Offizier in Dien Bien Phu, Oberstleutnant Christian Marie Ferdinand de la Croix de Castries, unterschätzte die Lage. Er war fest davon überzeugt, daß es den Viet Minh nicht gelingen werde, die Festung von den umliegenden Bergen aus zu beschießen. Vielmehr erwartete er einen Frontalangriff in der Ebene, bei dem die mittlerweile 10000 Mann, die auf den Hügeln postierte Artillerie sowie die Panzer ihre volle Wirkung entfalten konnten. Aber selbst als nach zwei weiteren verlustreichen Ausbrüchen am 31. Januar 1954 zum ersten Mal die 75-Millimeter-Kanonen der Viet Minh Dien Bien Phu von den Bergen aus unter Beschuß nahmen, weigerten sich de Castries und Navarre, das Offensichtliche anzuerkennen: Der Belagerungsring hatte sich um das Tal herum geschlossen, die Festung konnte nur noch aus der Luft erreicht werden, und den Viet Minh war es gelungen, Artillerie auf die Berge zu schleppen.

Der Isolierung Dien Bien Phus und der Stationierung von insgesamt 47 500 Kampftruppen der Viet Minh ging eine logistische Meisterleistung voraus: 300 000 Vietnamesen errichteten Holzbrücken, weiteten Wege, schafften Reis und Munition heran, zogen nicht weniger als 144 Geschütze die Berge hinauf und gruben Kasematten in die steilen Hänge. Die Lasten wurden zu Beginn der Operation zu Fuß oder mit dem Fahrrad über Dschungelpfade herangeschafft, später stellte China einige hundert leichte Lastwagen zur Verfügung. Tausende Viet Minh kamen bei Luftangriffen der Franzosen ums Leben. Besonders gefürchtet war Napalm, das die USA seit 1953 lieferten und das regelrechte Feuerwalzen auslöste. Verstärkt wurde daher bei Nacht gearbeitet, und am Tage bot vielfach eine geschickte Tarnung Schutz. Munition und Waffen stammten aus China oder aus amerikanischer und französischer Produktion, erbeutet in Korea oder Vietnam selbst. Dschungel, unerträgliche Hitze und Wassermangel hatten viele der achtzehn- bis zwanzigjährigen Frauen und Männer, die an der Schlacht von Dien Bien Phu beteiligt waren, noch nie zuvor erlebt. Viele Viet Minh stammten aus Städten, und ihnen waren die zerklüftete Topographie und das extreme Klima fast ebenso fremd wie den im Tal liegenden Europäern, Afrikanern und Indochinesen.

Unterdessen eroberte Dien Bien Phu die Schlagzeilen der Weltpresse und zog die Aufmerksamkeit der Regierenden auf sich. Doch kaum einer der vielen Besucher, darunter der Oberbefehlshaber der amerikanischen Streitkräfte im Pazifik, General John «Iron Mike» O'Daniel, oder der französische Verteidigungsminister René Pleven, übten Kritik. Denn was de Castries ihnen vorführte, schien in der Tat beeindruckend. Im Inneren der Festung und auf den Hügeln war jegliche Vegetation verschwunden, die Weiler der T'hai ausradiert. Ein Straßensystem verband das Hauptquartier mit den befestigten Hügeln. Um diese legten sich Gürtel von Stacheldraht und elektrischen Minen. Fast alle Beobachter ließen sich von den hochgerüsteten Positionen, den Laufgräben und Bunkern blenden – die aus den Reisfeldern und Dschungeln geschnittene Festung schien wie ein technisch perfektes, uneinnehmbares Bollwerk westlicher Moderne. Nur wenige erkannten so klar wie der für *Le Monde* schreibende Kriegsberichterstatter Robert Guillain, daß die Festung an einer schütteren Nabelschnur hing – den französischen Luftstreitkräften. Noch immer flogen täglich schwer beladene Transportmaschinen ein, doch zunehmend gerieten Flugzeuge und Landebahn unter Beschuß.

Ursprünglich hatte General Giap für den 25. Januar 1954 einen Angriff auf Dien Bien Phu befohlen und weitere Truppen zusammengezogen. Doch die französischen Positionen waren zu stark. Giap verwarf daher seinen Plan, frontal anzugreifen. Statt dessen ließ er Gräben rund um Dien Bien Phu ausheben. Bis Anfang März entstand ein über 100 Kilometer langes System, über das die Viet Minh in unmittelbare Nähe zu den Befestigungen gelangen konnten. Nun konnte die entscheidende Phase der Schlacht beginnen. Unter den Augen der Verteidiger nahmen am 13. März sechs Sturmbrigaden ihre Positionen in den Gräben ein. Ihr Auftrag: Vernichtung der drei nördlichen Befestigungen auf «Anne-Marie», «Gabrielle» und «Beatrice». Um fünf Uhr nachmittags begann die Artillerie der Viet Minh mit ihrem Trommelfeuer. Tausende von Granaten regneten auf die Hügel herab und verwandelten die Befestigungen innerhalb weniger Stunden in Kraterlandschaften. Zum Entsetzen der Angegriffenen ließ die Zielgenauigkeit der gegnerischen Artillerie erkennen, daß die Gegner über genaue Kenntnis der französischen Positionen verfügten. Aus den Gräben heraus gingen Wellen von Viet Minh zum Sturmangriff durch Minenfelder und Stacheldraht über. Pausenlos feuerten die Legionäre auf die Angreifer, deren Leichen sich bald zu Hunderten vor den französischen Stellungen türmten. Aber unter der Übermacht der Viet Minh brach der Widerstand zusammen: Um Mitternacht sendete «Beatrice» die letzte Meldung. Ein kurzer Waffenstillstand am nächsten Tag ermöglichte die Evakuierung der letzten noch lebenden Verteidiger und die Bergung der vielen Toten, deren Verwesung in der feuchten Hitze innerhalb von Stunden einsetzte. Doch dann ging die Schlacht weiter. Mit unverminderter Stärke feuerte die Viet Minh-Artillerie auf «Gabrielle», den Flugplatz und das Hauptquartier. Kommunikationsprobleme und ständiger Beschuß verzögerten den Entsatz von «Gabrielle». Als sich schließlich bis zum nächsten Morgen eine Kompanie Legionäre sowie ein vietnamesisches Fallschirmjäger-Bataillon zu «Gabrielle» vorgearbeitet hatte, kam der Befehl zum Rückzug: Der Hügel war nicht mehr zu halten.

Die Kämpfe um «Beatrice» und «Gabrielle» kosteten über 1000 französische Soldaten und über 2000 Viet Minh das Leben. Der Verlust der beiden Anhöhen riß eine empfindliche Lücke in den äußeren Verteidigungsring von Dien Bien Phu. Ebenso schwer wog der psychologische Faktor: Von der legendären 13. Halbbrigade der Fremdenlegion, die Rommels Afrikakorps bei Bir Hakeim gestoppt hatte, überlebten nur 194 Mann, und das algerische Infanteriebataillon, das

«Gabrielle» verteidigt hatte, gab es nicht mehr. Die dramatischen Verluste der Algerier sollten Folgen haben. Immer mehr Vietnamesen, Nordafrikaner und Schwarzafrikaner konnten angesichts der in Vietnam und Nordafrika weitverbreiteten Forderung nach Unabhängigkeit den Dienst für die Kolonialmacht nicht mehr mit ihrem Gewissen vereinbaren. Dies führte bei schwindender Zuversicht in einen französischen Sieg zu massenhaften Desertionen, die von den Viet Minh propagandistisch geschickt verwertet wurden, und zu steigendem Mißtrauen der militärischen Führung in die außereuropäischen Einheiten. Wie gefährlich die abbröckelnde Solidarität zwischen Kolonisierten und Kolonialherren war, zeigte sich am 17. März, als 250 T'hai «Anne-Marie» verließen, im Schutz des Frühnebels durch die Linien schlüpften und dem Viet Minh einen Großteil der Stellungen auf dem Hügel kampflos übergaben. Doch nicht nur bei den T'hai höhlten Dauerbeschuß und numerische Überlegenheit des Gegners den Kampfgeist aus: De Castries' Stabschef, Oberstleutnant Keller, erlitt einen Nervenzusammenbruch, und Oberst Piroth, der die Artillerie befehligte, beging Selbstmord, weil er bis zuletzt davon überzeugt gewesen war, daß die Viet Minh keine starke Artillerie würden einsetzen können. Und auch de Castries selbst hielt dem Druck nicht stand. Nur noch selten zeigte sich der General seinen Soldaten, und während er in seinem Bunker den Kontakt zu seinem Vorgesetzten, General Cogny, hielt, übte von nun an Oberstleutnant Pierre Charles Langlais die Befehlsgewalt aus. Auch in Hanoi und Saigon löste die Eroberung der Hügel große Besorgnis aus. Doch weder General Cogny in Hanoi noch General Navarre in Saigon zogen ernsthafte Konsequenzen: Beide sprachen sich für eine Verstärkung der Festung aus, aber beide waren nicht bereit, alle offensiven Operationen in Indochina zugunsten von Dien Bien Phu zurückzustellen.

Immerhin stießen de Castries' Forderungen nach Verstärkung nicht ganz auf taube Ohren: Bis Anfang Mai sprangen 4000 Fallschirmjäger über der Festung ab, darunter viele Freiwillige. Parallel dazu bombardierte die französische Luftwaffe die Stellungen der Viet Minh. Doch diese hatten ihre Geschütze so tief in die Berghänge eingegraben, daß selbst der massive Einsatz von Napalm nur begrenzte Erfolge hatte. Außerdem wurde nun mit einsetzender Regenzeit die Zielerfassung immer schwieriger. Vielfach mußten die Piloten wegen Nebel und Regen ihre Maschinen soweit hinunter ziehen, daß sie zur leichten Beute der chinesischen Flugabwehrkanonen wurden. Insgesamt 64 Flugzeuge wurden abgeschossen oder am Boden zerstört – das entsprach über einem Drittel der gesamten französischen Kräfte in Indochina. Seit dem 28. März war die Flugpiste nicht mehr zu gebrauchen, konnten Verwundete nicht mehr ausgeflogen, mußte aller Nachschub über der eingeschlossenen Festung abgeworfen werden. Bis zum 1. April eroberten die Viet Minh fast alle Stellungen auf «Dominique» und «Eliane», und die Schützengräben reichten nun gefährlich nahe an «Huguette» heran, also an die Stellungen, die Flugpiste, Abwurfzonen und Nachschubtransporter deckten. Die erbitterten Kämpfe, bei denen Fortschritte in Metern gemessen wurden, forderten Tausende von Opfern. Mit dem Mut der Verzweiflung wehrten sich die französischen Truppen gegen einen materiell und personell weit überlegenen Gegner, und erst Ende April gelang es den Viet Minh, «Huguette» unter Kontrolle zu bringen.

Während die Männer in Dien Bien Phu ums nackte Überleben kämpften und sich die Generale in Hanoi und Saigon gegenseitig mit Schuldzuweisungen überhäuften, blieb die Politik in Paris nicht untätig. Klar war den Entscheidungsträgern zweierlei: Eine Verstärkung der Luftstreitkräfte in Indochina war nur in geringem Maße möglich, da Frankreich im Rahmen der NATO Verpflichtungen eingegangen war, die man angesichts der heftigen Debatte um die Wiederbewaffnung der Bundesrepublik nicht einfach mißachten konnte. Zum anderen hatte die Regierung einer internationalen Konferenz zugestimmt, die im Mai über das Schicksal Indochinas entscheiden würde. Daher kam nun alles darauf an, in Dien Bien Phu doch noch eine Wende herbeizuführen. Da die eigenen Kräfte nicht ausreichten, wandte sich die Regierung in Paris an den amerikanischen Verbündeten. Bereits am 20. März war der französische Generalstabschef, Paul Ely, zu Gesprächen mit der amerikanischen Führung in Washington eingetroffen. Zwar erhielt Ely die Zusage für die Bereitstellung weiterer 25 amerikanischer B-26 Bomber, doch die Frage einer direkten amerikanischen Beteiligung blieb offen. Während sich der Vorsitzende der Vereinigten Stabschefs, Admiral Arthur Radford, für einen Luftschlag gegen die Viet Minh aussprach, und Luftwaffenchef Nathan Twining sogar die Möglichkeit eines atomaren Angriffs prüfte, machte Präsident Eisenhower ein amerikanisches Engagement von zwei Bedingungen abhängig: von der Zustimmung des Kongresses und von der Beteiligung Großbritanniens. Aber weder wollten sich die Volksvertreter offen auf die Seite der Kolonialmacht schlagen und das ohnehin angeschlagene Prestige der USA in der entstehenden «Dritten Welt» weiter verspielen, noch war London bereit, wie in

Korea einen Schlagabtausch mit China zu provozieren und möglicherweise einen Dritten Weltkrieg auszulösen. Auch Eisenhower selbst beschlichen Zweifel, ob Dien Bien Phu die Konsequenzen wert war. Damit war die «Operation Vulture» («Blutsauger») gestorben.

Angesichts der aussichtslosen Lage der Festung zögerte General Navarre in Saigon viel zu lange mit dem Befehl, die Einkesselung Dien Bien Phus von Land aus zu brechen. Erst am 13. April 1954 setzten sich drei laotische Bataillone sowie eins der Fremdenlegion von Laos aus in Bewegung. Ziel der Operation «Condor» war es, auf dem Marsch Richtung Dien Bien Phu französische Guerillaeinheiten zu sammeln, um mit vereinten Kräften «Isabelle» im Süden der Festung zu erreichen und zu einem Brückenkopf auszubauen. Doch im klimatisierten Hauptquartier in Saigon unterschätzte man vollkommen die Schwierigkeiten eines Marsches durch bergiges Dschungelterrain. Eine ausreichende Versorgung aus der Luft war nicht gegeben, und Monsunregen und feuchte Hitze machten den Vormarsch zur Hölle. Außerdem hatten die Einheiten ständig Feindberührung, und ab Ende April mußte jeder Gedanke an ein Vorrükken aufgegeben werden: Beobachtet von starken Viet Minh-Kräften, verschanzten sich die durch massenhafte Desertionen dezimierten Einheiten am Fluß Nam Ou, rund 40 Kilometer südlich der belagerten Festung. Nach dem Fall von Dien Bien Phu gelang es den Resten der Truppe, nach Laos zurückzukehren.

Der Mißerfolg der Operation «Condor» machte auch Operation «Albatross» unmöglich, den Ausbruch der eingeschlossenen Soldaten. «Albatross» basierte auf den gleichen Fehleinschätzungen im Hinblick auf Terrain, Klima und Gegner wie «Condor» und zuvor die Operation «Castor». Unter dem Schutz des Artilleriefeuers sollten die französischen Truppen, nur leicht bewaffnet und mit einigen Tagesrationen versorgt, den Belagerungsring durchbrechen und sich nach Südwesten wenden, um nach zehn Tagen auf die am Nam Ou lagernden Einheiten zu treffen. Alle Verwundeten sollten zurückgelassen werden. Doch als de Castries am 4. Mai Navarres Befehl zum Ausbruch erhielt, war es viel zu spät, die Männer durch wochenlangen Beschuß und abnehmende Rationen geschwächt. Überhaupt hatten sich mittlerweile die grundlegenden Ziele verändert. Während de Castries und seine Männer bis zuletzt die Hoffnung hegten, Saigon würde genügend frische Truppen schicken, um die Eingeschlossenen zu retten, erklärte Navarre, Dien Bien Phu habe bereits seinen Zweck erfüllt. Schließlich habe die Festung, in der vier Prozent der gesamten französischen Streitkräfte in Indochina stationiert waren, bereits viele Monate über die Hälfte aller Viet Minh-Truppen absorbiert.

Bereits am 1. Mai wurde den Eingeschlossenen klar, daß die Schlacht in ihre Endphase trat. Nachdem die Viet Minh mit großem propagandistischem Aufwand den Tag der Arbeit gefeiert hatten, setzte am späten Nachmittag wieder das Trommelfeuer ein, und im Verlauf der Nacht fielen die letzten französischen Stellungen auf «Dominique». Dennoch gelang es zwei Kompanien Fallschirmjägern noch bis zum 6. Mai, sicher über dem Inferno abzuspringen. Aber die abgeworfenen Mengen an Verpflegung und vor allem an Munition reichten nicht mehr aus – überall mußte rationiert werden. Was die Viet Minh am Tag, als die letzten frischen Truppen einschwebten, entfesselten, war allem, was die Verteidiger noch besaßen, an Schlagkraft weit überlegen. Mit ohrenbetäubendem Lärm zerfrästen Stalinorgeln die Befestigungen. Bunker und Schützengräben brachen zusammen, Depots explodierten, Strom- und Wasserversorgung fielen aus. Bis zum nächsten Nachmittag tobten die Kämpfe, weiße Fahnen waren nirgends zu sehen. Aber nach und nach mußten sich die Verteidiger ergeben. Lakonisch vermerkte ein Bericht des französischen Nachrichtendienstes vom 7. Mai 1954: «17:30 – kein Radiokontakt mehr mit Dien Bien Phu.» Die Festung war gefallen, aber sie hatte nicht kapituliert.

Während der Schlacht verloren 7900 Viet Minh ihr Leben, etwa 15000 waren verwundet worden. Auf französischer Seite waren 2242 Tote zu beklagen, 3711 galten als vermißt, und 4800 wurden verwundet. Die überlebenden 10000 Verteidiger, die seit dem 25. April nur noch halbe Rationen erhalten hatten, waren völlig entkräftet. Sie mußten nun einen Marsch über 500 Kilometer in die Gefangenschaft antreten, der viele das Leben kostete. Während Europäer und Afrikaner im wesentlichen gemäß den Bestimmungen der Genfer Konvention behandelt wurden, erwartete die Vietnamesen, Laoten und T'hai, die für Frankreich gekämpft hatten, ein gnadenloses Schicksal. Nur jeder zehnte von ihnen überlebte die Gefangenschaft.

Verschiedene Gründe waren für den Fall von Dien Bien Phu verantwortlich. Auf einer rein militärischen Ebene war es, wie General Yves Gras feststellte, die Tatsache, daß «die Festung nicht von außen befreit worden war». Hinzu kam die trotz großer Anstrengungen letztlich unzureichende Versorgung aus der Luft. Aber insbesondere war es die grobe Unterschätzung des Gegners, die zur Niederlage geführt hatte. Weder die französischen Generale in Saigon und Hanoi, noch die amerikanischen Beobachter und Journalisten aus Europa hatten sich vorstellen können, daß es General Giap und den Viet Minh gelingen würde, eine derart umfangreiche Operation durchzuführen, die Logistik zu organisieren und Artillerie auf den Bergen zu positionieren. Aber auch die Politik im fernen Paris war mitverantwortlich für das Debakel: Sie hatte sich sowenig wie möglich mit dem Krieg in Indochina beschäftigt, hatte dem Militär die notwendigen Mittel verweigert und sich dankbar einem General anvertraut, der seine Wunschvorstellungen über jede Kritik und alle Fakten stellte. Dagegen war es General Giap mit Hilfe der chinesischen Berater gelungen, ein schlecht ausgerüstetes Heer von Guerillakämpfern in eine disziplinierte und schlagkräftige Armee zu formen, auf den günstigsten Zeitpunkt für einen Angriff zu warten und erst zuzuschlagen, als überlegene Kräfte den Sieg garantieren konnten.

Einen Tag nach dem Fall von Dien Bien Phu versammelten sich in Genf die Diplomaten Frankreichs, Großbritanniens, der USA, der Sowjetunion, Chinas sowie Vertreter der Viet Minh und der von Frankreich gestützten Bao Dai-Regierung, um über das Schicksal des französischen Kolonialreiches in Indochina zu beraten. Doch der glänzende militärische Sieg der Viet Minh wurde am Verhandlungstisch nicht honoriert. Zwar entließ Frankreich seine Kolonien in die Unabhängigkeit, aber die Teilung des Landes am 17. Breitengrad spiegelte nicht die tatsächlichen Machtverhältnisse in Vietnam. Daß die Viet Minh um die Früchte ihres Sieges gebracht wurden, lag an der Logik der wechselseitigen Eindämmung im Kalten Krieg: China befürchtete für den Fall einer kommunistischen Machtübernahme in ganz Vietnam das Eingreifen der USA, und Washington wiederum wollte unter allen Umständen verhindern, daß ganz Indochina kommunistisch würde. Doch mit der Unterstützung Bao Dais und seines Premierministers Ngo Dinh Diem legte die Eisenhower-Administration die Grundlage für das amerikanische Engagement im Vietnam der sechziger und frühen siebziger Jahre. Für das amerikanische Militär sollte es kein zweites Dien Bien Phu geben. Im Unterschied zu den Franzosen gewannen die Amerikaner jede Schlacht. Doch sie verloren den Krieg, weil sie die Lehren von Dien Bien Phu nicht hinreichend berücksichtigt hatten. Noch mehr als die Franzosen verließen sie sich auf die Luftstreitkräfte, deren Wirkung in schwierigem Terrain und ungünstigen klimatischen Bedingungen begrenzt war. Sie unterschätzten den Gegner und seine Fähigkeit, flexibel zu reagieren. Wie die Franzosen überschätzten sie ihre Möglichkeiten, eine schlagkräftige, zu eigenständigem Handeln fähige nichtkommunistische vietnamesische Armee aufzubauen. Und sie weigerten sich zu lange, den Zusammenhang von militärischer Effektivität und Unterstützung durch Regierung und Volk anzuerkennen.

Als Israel den Atem anhielt
Sinai, 6. bis 24. Oktober 1973

Zeev Elron

Der vierte arabisch-israelische Krieg im Oktober 1973 wurde von weltpolitisch zweitrangigen Staaten in einem abgelegenen Teil der Welt ausgetragen. Dennoch stellt er einen der wenigen tiefgreifenden internationalen Konflikte nach 1945 dar, bei denen reguläre Armeen mit umfangreichen Waffensystemen zum Einsatz kamen. Überdies hatte er globale Konsequenzen.[1] Der Krieg begann mit einem Überraschungsangriff der Ägypter und Syrer auf Israel, der das Land zeitweilig an den Rand einer schweren Niederlage brachte, bis die Israelis schließlich das Ruder herumwarfen und an beiden Fronten einen eindrucksvollen Sieg errangen: im Norden bei den Golanhöhen und im Süden auf der Sinaihalbinsel.

Die Vorgeschichte der Schlacht im Sinai ist im Ausgang des entscheidenden Sieges Israels über Ägypten, Syrien und Jordanien im Sechs-Tage-Krieg vom Juni 1967 zu suchen. Ägypten mußte die Vernichtung seiner Armee hinnehmen, verlor die Sinaihalbinsel und wurde in seinem nationalen Stolz tief verletzt. Der ägyptische Präsident Gamal Abdel Nasser, einst angesehenster Führer der arabischen Welt, war nun zur komischen Figur heruntergekommen. Von der Welle des ägyptischen Nationalismus getragen, war Nasser fest entschlossen, die Schmach und Demütigung dieser Niederlage zu tilgen und die verlorenen Gebiete zurückzuerobern. Angesichts der offenkundigen konventionellen Waffenüberlegenheit der Israelis, vor allem bei Panzern und Flugzeugen, mußten sich die Ägypter auf Mittel und Wege knapp unterhalb der Schwelle zu einem regulären Krieg verlegen, um ihre Ziele zu erreichen.

Zunächst provozierten sie Grenzzwischenfälle, die der israelischen Armee möglichst hohe Verluste beibringen sollten, denn es war bekannt, wie anfällig diese darauf reagierte. Doch statt sich zurückzuziehen, befestigten die Israelis ihre Stellungen am Ostufer des Suezkanals und antworteten mit verheerenden Luftangriffen und kühnen Kommandounternehmen, die sich gegen Ziele tief im Inneren Ägyp-

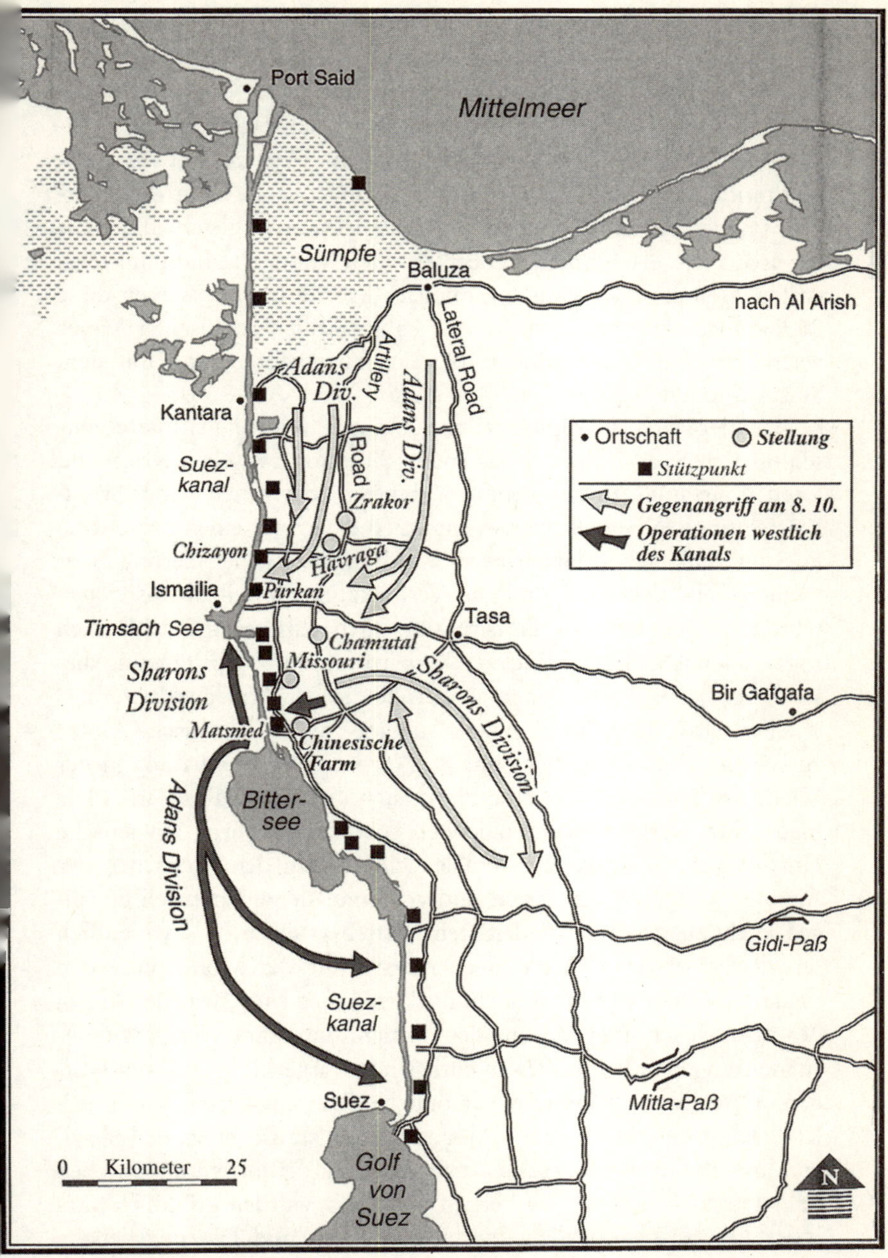

Schlacht auf dem Sinai, 6.–24. Oktober 1973
(israelische Operationen)

tens richteten. So sahen sich die Ägypter zur Einstellung ihrer Aktionen gezwungen; sie akzeptierten einen Waffenstillstand, der im August 1970 diesen «Abnutzungskrieg» beendete.

Einen Monat darauf starb Nasser. Sein Nachfolger, Anwar el-Sadat, suchte eine Lösung auf diplomatischem Weg und bot für einen vollständigen Abzug der israelischen Truppen vom Sinai die Anerkennung Israels an. Von einem Friedensvertrag war gleichwohl nicht die Rede. Israels führende Politiker, allen voran Premierministerin Golda Meir und Verteidigungsminister Moshe Dayan, wiesen diese Bedingungen zurück, da sie auf die Fähigkeit der israelischen Armee vertrauten, jede Aggression erfolgreich abzuwehren, und mit dem Status quo zufrieden waren.

Nachdem sich die diplomatische Initiative zerschlagen hatte, entschloß sich Sadat, dieser belastenden Situation zwischen Krieg und Frieden ein Ende zu bereiten.[2] Da ihm die Schwächen seiner Streitkräfte nur allzu bewußt waren, entschied er sich für einen begrenzten Feldzug. Sadat ging dabei davon aus, daß die Rückeroberung eines kleinen Teils des Sinai und die Verteidigung desselben ausreichen würden, die bestehende Pattsituation zu beseitigen und schließlich sogar einen israelischen Rückzug herbeizuführen. Zur Erlangung dieses Ziels war er bereit, einen großen Teil seiner Armee zu opfern.

Aber selbst für diese begrenzte Aufgabe war die ägyptische Armee zu schwach. Sie hatte nicht nur 80 Prozent ihrer Ausrüstung in der Wüste des Sinai eingebüßt, sondern auch ihre nationale Würde. Die materiellen Verluste wurden jedoch schon bald durch sowjetische Hilfslieferungen ausgeglichen. Die UdSSR kam den Wünschen der Ägypter weitgehend entgegen und versorgte sie zu finanziell günstigen Bedingungen mit modernsten Waffensystemen. Als wesentlich schwieriger erwies sich die Wiederherstellung der Moral unter den Soldaten. Der erste Schritt dazu, noch im Jahre 1967, war der Abzug der ägyptischen Truppen aus dem Jemen, die damit von dem desaströsen Engagement in diesem entlegenen Bürgerkrieg entlastet wurden. Obwohl sie erbitterte persönliche Rivalen waren, taten sich Kriegsminister Ahmed Ismail Ali und Generalstabschef Saad al-Shazli zusammen, um unter großen Anstrengungen den neuen ägyptischen Soldaten zu schaffen.[3] Die Lehren von 1967 wurden gründlich analysiert, die institutionellen, organisatorischen und Führungsdefizite wurden angegangen. Die Truppe wurde einer nachhaltigen Ausbildung unterzogen, die jedem einzelnen Soldaten das zur Erledigung seiner Aufträge nötige Know-how und Selbstvertrauen vermitteln sollte. So wurden Offiziere, die 1967 noch aus rückwärtigen Stellungen ihre Befehle erteilt und dann als erste die Flucht ergriffen hatten, in Anlehnung an das israelische Modell dazu ausgebildet, an vorderster Front zu kämpfen.[4]

Während die Ägypter ihre Armee reorganisierten und sich für eine weitere Runde in diesem Kampf bereit machten, ließ die Wachsamkeit der Israelis nach. Sie schätzten die Schlagkraft der Araber gering ein und rechneten wenigstens für die Dauer einer ganzen Generation mit keinerlei kriegerischen Auseinandersetzungen mehr. Nach 1967 war Israel vornehmlich mit dem Kleinkrieg gegen die arabische Guerilla entlang der Grenzen und in den besetzen Gebieten der West Bank und im Gazastreifen beschäftigt. Dabei kamen der Ausbau und die Ausbildung der Armee für einen erneuten konventionellen Krieg zu kurz. Zwischen 1970 und 1972 wurde der Anteil des Verteidigungshaushalts am Bruttosozialprodukt um ein Drittel gesenkt. Da die Dominanz von Luftwaffe und Panzertruppe nicht in Frage gestellt wurde, wurden die Einsparungen hauptsächlich bei der Artillerie und der Infanterie vorgenommen. Der Ausbau der Panzerwaffe wurde fortgeführt, während die motorisierte Infanterie noch immer auf veraltete Halbkettenfahrzeuge aus dem Zweiten Weltkrieg angewiesen war.

Ungeachtet des 1967 eroberten strategischen Vorfelds behielt die israelische Militärdoktrin ihren Offensivcharakter bei. Sie sah vor, den Krieg mittels gepanzerter Kolonnen tief ins feindliche Gebiet zu tragen. Die Speerspitze bildeten dabei die Kampfpanzer, die Luftwaffe fungierte als «fliegende Artillerie». Statt die Sinaiwüste als Pufferzone zu nutzen, zog man den 180 Meter breiten Suezkanal mit seinen steilen, für Amphibienfahrzeuge unbezwingbaren Uferböschungen als Verteidigungslinie vor. Im Abnutzungskrieg hatte Israel 33 befestigte Beobachtungsposten am östlichen Kanalufer errichtet. Die Logik, die hinter der israelischen Präsenz am Suezkanal stand, war in erster Linie eine politische: Die Stellungen sollten als «Stolperdraht» dienen und jeden ägyptischen Versuch, verlorenes Territorium ohne große Anstrengungen zurückzuerobern, von vornherein unterbinden. Aus rein militärischer Perspektive war die «Bar-Lev-Linie», wie die Ägypter diese Befestigungsanlagen nach dem früheren israelischen Stabschef nannten, von eher bescheidenem Wert. Denn im Falle einer kriegerischen Auseinandersetzung konnte allein von dieser Linie aus eine feindliche Invasion unter keinen Umständen zurückgeschlagen werden.

Seit dem Ende des Abnutzungskriegs hatte das von Ariel Sharon befehligte Oberkommando der Südfront (Southern Command) die Hälfte aller Stützpunkte geschlossen, so daß nur noch 14 Posten besetzt blieben, die nun jeweils zwischen zehn und 30 Kilometer auseinander lagen. Sharon, der sich von Anfang an gegen das Konzept der Bar-Lev-Linie ausgesprochen hatte, beabsichtigte statt dessen, allen Angriffen mit seinen Panzerverbänden mit einer elastisch geführten Verteidigung entgegen zu treten. Sein Plan mit dem Codenamen «Taubenschlag» sah den defensiven Einsatz der einzigen Panzerdivision vor, über die das Oberkommando auf dem Sinai verfügte. 48 Stunden nach der Ausrufung der Mobilmachung sollte sie durch Reserveeinheiten verstärkt werden, die den Großteil der israelischen Armee bildeten, um dann die Kampfhandlungen über den Kanal hinweg auf ägyptisches Territorium zu tragen. Um eine rasche Verlegung der mobilen Kräfte in den unpassierbaren Sümpfen der Kanalregion und im Wüstensand zu gewährleisten, ließ Sharon ein Wegenetz anlegen, zu dem auch drei parallel zum Kanal verlaufende Straßen gehörten. Die erste verband die am Kanal befindlichen Stellungen miteinander; die zweite, «Artillery Road» genannt, verlief hinter einer Hügelkette rund 10 Kilometer vom Suezkanal entfernt; die dritte schließlich, die «Lateral Road», verlief südlich von Baluza entlang einer weiteren Hügelkette in 30 Kilometer Entfernung vom Kanal.

Der ägyptische Plan mit Codenamen «Badr» war nach dem Ort benannt, an dem Mohammed im Jahre 624 seinen ersten Sieg errungen hatte. Er berücksichtigte die beschränkten Möglichkeiten der ägyptischen Streitkräfte und sah vor, die Vorteile der Israelis zu neutralisieren. Statt die israelischen Verbände zur offenen Feldschlacht herauszufordern, verlegten sich die Ägypter auf eine Strategie des Stellungs- und Abnutzungskriegs. In diesem «Fleischwolf» (so General Shazli) sollte die numerische Überlegenheit sowie die größere Feuerkraft der Ägypter zur Geltung kommen. Der Krieg sollte gleichzeitig mit einem syrischen Angriff im Norden beginnen, um so die Hälfte der israelischen Reserven und ihrer Luftwaffe zu binden. In der ersten Phase der Operation sollten zwei Armeen, bestehend aus fünf verstärkten Infanteriedivisionen, den Kanal auf der gesamten Frontlänge überqueren. Diese Streitmacht, zu der 1100 Panzerfahrzeuge und zusätzliche Panzerabwehrkomponenten gehörten, sollte zwei Brückenköpfe mit jeweils zehn bis 15 Kilometer Tiefe errichten. Nach der Eroberung dieser Zonen sollten sie sich eingraben und den israelischen Gegenangriff abwarten. Da diese Stellungen keine offenen Flanken boten, hätten die Israelis verlustreiche Angriffe direkt gegen die gut verteidigten Positionen der Ägypter führen müssen. Die zweite Phase des Plans sah den Einsatz einer operativen Reserve vor, bestehend aus zwei Panzer- und drei motorisierten Divisionen mit rund 600 Panzern. Nach dem erwarteten Scheitern des israelischen Gegenangriffs sollte dieser Verband den Kanal überqueren und 50 Kilometer tief bis zu den strategisch wichtigen Bergpässen des Sinai vorstoßen. Während Phase Eins ausgezeichnet geplant und peinlichst genau durchgespielt worden war, hatte man für Phase Zwei nur vage Vorbereitungen getroffen. Der ihr zugrunde liegende Plan existierte lediglich in groben Zügen.

Wenigstens eine teilweise Antwort auf die israelische Luftüberlegenheit war das komplexe Luftverteidigungssystem aus 150 Batterien Boden-Luft-Raketen vom Typ SAM, die durch 2500 Flakgeschütze ergänzt wurden. Diese waren am Westufer des Kanals stationiert, konnten aber auch noch einen 10 Kilometer breiten Streifen östlich davon abschirmen. Das Flugabwehrsystem war während des Abnutzungskriegs von den Sowjets aufgebaut und auch von ihnen bedient worden. Doch im Jahre 1972 hatte Sadat den Großteil der sowjetischen Berater des Landes verwiesen. Diese Maßnahme war von den Israelis als Zeichen dafür interpretiert worden, daß ein Krieg in weiter Ferne lag – den Ägyptern traute man die selbständige Bedienung des eigenen Raketensystems kaum zu.

Sadats Schritt war allerdings Teil eines ausgeklügelten, brillanten Täuschungsmanövers gewesen. Bis zur allerletzten Minute wurden hinter einem dichten Schleier der Geheimhaltung Kriegsvorbereitungen getroffen, wobei nach außen alles seinen gewohnten Gang zu gehen schien – «business as usual». Die Verlegung der Einheiten in ihre Ausgangspositionen geschah unter dem Vorwand der alljährlich stattfindenden Herbstmanöver. Die Tarnung war derart sorgfältig, daß das Gros der ägyptischen Soldaten, darunter auch die meisten ranghohen Offiziere, erst am Morgen des 6. Oktober erfuhren, daß aus dem «Manöver» blutiger Ernst werden sollte.

Die Angriffsvorbereitungen der Syrer und Ägypter entgingen der israelischen Aufklärung keineswegs. Doch während die Vorgänge am Boden wohl bekannt waren, wurden die tatsächlichen Absichten Sadats und des syrischen Präsidenten Assad gründlich fehlgedeutet. Eliahu Zeira, Leiter des militärischen Nachrichtendienstes, schätzte noch am 5. Oktober die Kriegsgefahr als «mehr als gering» ein. Diese Fehleinschätzung gründete in der später als «das Konzept» berühmtberüchtigt gewordenen Überzeugung, das Gleichgewicht der Kräfte, vor allem die israelische Luftüberlegenheit, schließe einen erneuten Waffengang der Araber kategorisch aus. Ungeachtet der ständigen Präsenz ägyptischer und syrischer Armeen entlang der Frontlinien versprach Zeira dem israelischen Generalstabschef David Elazar für den Ernstfall eine Vorwarnzeit von mindestens 48 Stunden. Diese Zeitspanne würde ausreichen, um die Reservisten einzuberufen und feindliche Angriffe mit großer Aussicht auf Erfolg abzuwehren. Doch erst am Morgen des 6. Oktober wurde tatsächlich klar, daß ein Krieg unmittelbar bevorstand. Und selbst dann war diese Information noch nicht präzise genug, wie Zeira bewies, als er den Beginn des Angriffs fälschlich auf 18.00 statt auf 14.00 Uhr voraussagte.

Den Krieg vor Augen, verlangte nun Generalstabschef Elazar präventive Luftschläge sowie die Einberufung der Reservisten. Premierministerin Golda Meir aber, die blindlings den optimistischen Äußerungen ihres Verteidigungsministers Moshe Dayan vertraute und zudem die politischen Verwicklungen scheute, die ein israelischer Erstschlag nach sich gezogen hätte, wies Elazars Forderungen zurück. Erst um 10.00 Uhr fiel die Entscheidung für eine Teilmobilmachung, und die Reservisten begannen sich zu sammeln. Bis sie an die Front gelangten, stand den 80 000 ägyptischen Soldaten in vorderster Linie lediglich ein israelisches Infanteriebataillon mit 450 Reservisten mittlerer Jahrgänge gegenüber. In Übereinstimmung mit dem «Taubenschlag»-Plan war die aktive Panzerdivision nicht herangeführt worden, da Shmuel Gonen, der drei Monate zuvor Dayan als Oberbefehlshaber der Südfront abgelöst hatte, den Einsatz seiner 290 Panzer erst für 17.00 Uhr angeordnet hatte. Als um 14.00 Uhr massive Artillerieschläge der Ägypter den Ausbruch der Feindseligkeiten einleiteten, standen gerade einmal drei israelische Panzer am Suezkanal.[5]

Die erste ägyptische Angriffswelle – 8000 Infanteristen in Schlauchbooten – setzte um 14.15 Uhr unter dem Schutz der Artillerie über den Kanal. Nach Erreichen des Ostufers stießen sie, ohne dem sporadischen feindlichen Maschinengewehrfeuer Beachtung zu schenken, das ihnen aus den Unterständen entgegenschlug, weiter landeinwärts vor, um Hinterhalte für den erwarteten Gegenstoß der israelischen Panzer zu legen. Weitere elf Wellen folgten in 15-minütigem Abstand, um die Brückenköpfe zu verstärken und die Israelis in ihren Stellungen festzunageln. Drei Stunden nach Beginn der Kämpfe waren in jedem dieser acht Kilometer langen und zwei Kilometer tiefen Divisionsabschnitte 460 Panzerabwehrwaffen verfügbar.

Unterdessen arbeiteten ägyptische Pioniere daran, mit Hilfe von Wasserkanonen, die auf schwimmenden Fässern montiert waren, 70 Passagen in die Sandbarrieren des Ostufers zu schwemmen. Anschließend wurden 20 Brücken verlegt, mit Fähren wurden Panzer und andere Fahrzeuge übergesetzt. Dieses enorme logistische Unternehmen wurde mit der Präzision eines Uhrwerks durchgeführt. Jeder Soldat, jedes Fahrzeug überquerte den Kanal gemäß der vorher festgelegten Reihenfolge, so wie es unzählige Male geprobt worden war. Die 2. Armee verlegte ihre Brücken in der bemerkenswerten Zeit von neun Stunden – 48 Stunden hatten israelische Experten vor Kriegsbeginn für eine derartige Aufgabe veranschlagt. Im südlichen Abschnitt der 3. Armee behinderte schwereres Gelände die Arbeit und verursachte einige Verzögerungen. Doch zu keiner Zeit war der Erfolg der Operation in Frage gestellt.

Da Gonen seinen Truppen befohlen hatte, nicht vor 17.00 Uhr zu marschieren, befand sich das Gros der vordersten Panzerbrigade bei Ausbruch der Kämpfe immer noch 10 bis 30 Kilometer vom Kanal entfernt. Da alle Vorposten Angriffe der Ägypter auf der gesamten Front meldeten und verzweifelt Unterstützung anforderten, stießen die Panzer nun rücksichtslos zur Unterstützung vor. Als sie schließlich nach und nach eintrafen, wurden sie von Schwärmen ägyptischer Infanterie überrascht, die schon auf sie gewartet hatten. Etliche Panzer wurden gleich mehrfach von Granaten getroffen; andere versuchten dem Geschoßhagel zu entkommen, indem sie auf den befestigten Straßen herummanövrierten, sie landeten dabei jedoch häufig in den angrenzenden Sümpfen.

Während die Ägypter auf ganzer Front vorrückten, saß Gonen im Hauptquartier des Oberkommandos der Südfront in Beersheba, 250 Kilometer hinter der Front, und konnte keinen eigentlichen Schwerpunkt ausmachen. Als zwei weitere Panzerbrigaden gegen 20.00 Uhr die Front erreichten und dort wieder portionsweise ins Gefecht geworfen wurden, erlitten sie dasselbe Schicksal und erzielten dasselbe magere Ergebnis. Am Morgen des 7. Oktober hatte Gonen von seinen ursprünglich 290 Panzern gerade noch 114 einsatzfähige zur Verfügung. Daraufhin entschied er zusammen mit Elazar die Rücknahme der Truppen in eine Verteidigungsstellung und befahl die Räumung der Stützpunkte am Kanal. Doch die wenigen in israelischer Hand verbliebenen Posten waren zu diesem Zeitpunkt schon von ägyptischen Truppen eingeschlossen. Die Bar-Lev-Linie war gefallen.

Die Kanalüberquerung der Ägypter glich einer Parade oder einer Gefechtsübung, bei der die Israelis die Feinddarstellung übernahmen. Die Masse von fünf Divisionen konnte nahezu ungehindert übersetzen und erlitt nur geringfügige Verluste: 300 Tote waren zu verzeichnen, obwohl man mit bis zu 26 000 gerechnet hatte. Nur auf Nebenschauplätzen traten größere Verluste ein. Eine amphibische Brigade mit leichten Panzern vom Typ PT-76 hatte den Bittersee überquert und einen schnellen Vorstoß auf die Bergpässe unternommen. Dabei war sie auf eine israelische Brigade mit schweren M-60-Panzern gestoßen und unter erheblichen Verlusten zurückgeworfen worden. Am selben Abend schwärmten rund 1 500 Mann Kommandotruppen mit Hubschraubern aus, um weit im Innern der Sinaihalbinsel Überfälle durchzuführen und Straßensperren zu errichten. Viele Helikopter wurden allerdings von der israelischen Luftwaffe (IAF) abgeschossen. Die meisten überlebenden Soldaten wurden gestellt und getötet, ohne daß sie größeren Schaden hatten anrichten können. Und dennoch verursachte der Einsatz von Kommandotruppen bei den rückwärtigen Befehlsstellen Panik. Diese hielten nun eine Reihe von Elite-Infanterieeinheiten zum eigenen Schutz zurück, obwohl diese an der Front dringend benötigt wurden.

Nach den Operationsplänen sollte die IAF eigentlich zunächst das gegnerische Luftverteidigungssystem ausschalten und die Luftüberlegenheit erringen, bevor sie die eigenen Bodentruppen unterstützte. Angesichts der Hilferufe aus den belagerten Stellungen wurden diese Pläne aber verworfen und die Luftwaffe ausgeschickt, um den Tag für die Israelis zu retten. Doch das dichte Abwehrfeuer der Ägypter führte zu erheblichen Verlusten und schränkte die Wirksamkeit der israelischen Kampfbomber beträchtlich ein. Am 7. Oktober wurde der Versuch unternommen, die SAM-Batterien in der Kanalregion auszuschalten. Aber schon nach der ersten Angriffswelle mußte der Versuch aufgegeben werden. Denn die Israelis sahen sich gezwungen, die Masse ihrer Flugzeuge an die Nordfront zu verlegen, wo sich die Lage nach dem Durchbruch der Syrer bei den Golanhöhen als prekär erwies, da zivile Wohngebiete in Israel unmittelbar bedroht waren. Am Nachmittag desselben Tages wurden Teile der IAF erneut gegen die ägyptische Front eingesetzt, wo die Piloten geradezu selbstmörderische Angriffe gegen die Kanalbrücken flogen. Sieben Brücken wurden getroffen, doch innerhalb weniger Stunden von den Ägyptern wieder ausgebessert, so daß der kriegswichtige Verkehr weiterfließen konnte. In den ersten 24 Stunden des Krieges verlor die israelische Luftwaffe fast 30 ihrer 400 Kampfflugzeuge – alle durch Luftabwehr. Statt einen gewissen Verlust an Boden zu akzeptieren und sich zurückzuziehen, hatte Israel seine aktiven Einheiten und Teile seiner Luftwaffe geopfert, um Zeit bis zum Eintreffen der Reservetruppen zu gewinnen.

Deren Einberufung verlief außergewöhnlich schnell, und dies trotz der anfänglichen Überraschung und einiger Verwirrung in den Mobilmachungsdepots. Als die arabischen Strategen den Tag X festlegten, gingen sie davon aus, daß an Yom Kippur, dem höchsten jüdischen Feiertag, die Mobilmachung schleppend verlaufen würde, weil in den meisten Häusern Radios und Fernseher ausgeschaltet blieben. Aber gerade diese besonderen Umstände waren es, die eine große Effektivität garantierten. Kein Straßenverkehr behinderte die Militärtransporte, und die Reservisten konnten in ihren Häusern oder in den Synagogen schnell ausfindig gemacht werden. Weniger als 24 Stunden nach Beginn der Kampfhandlungen erreichten die ersten Teile von zwei Reservedivisionen unter Avraham Adan und Sharon die Orte Baluza und Tasa, jeweils 250 Kilometer von ihren Heimatbasen entfernt. Zwölf Stunden darauf sollten diese Einheiten schon einen Gegenangriff durchführen.

Unter gewaltigem Druck entwarf Elazar am Abend des 7. Oktober einen entsprechenden Plan. Danach sollte das Oberkommando der Südfront am nächsten Morgen einen begrenzten Angriff mit einer der drei verfügbaren Divisionen führen. Erst wenn sie die gesteckten Ziele erreicht hatte, sollte die zweite Division vorsichtig nachziehen. Am frühen Morgen des 8. Oktober brach Adans Division mit 183 Panzern, nur vier Geschützen und ohne jegliche motorisierte Infanterie[6] von Baluza auf, marschierte auf Kantara und schwenkte dann nach Süden, um parallel zum Kanal vorzurücken. Zwei Brigaden gingen dabei in breiter Front vor, während die dritte als Reserve folgte. Die dem Kanal am nächsten befindliche Brigade wurde schon bald auf weite Entfernung in ein Gefecht mit T-62-Panzern verwickelt, die der ägyptischen 18. Infanteriedivision zugeteilt waren. Die nachfolgende israelische Brigade setzte ihren Weg Richtung Süden entlang der Artillery Road fort und traf dabei auf wenig Widerstand, bis sie in die Nähe von Ismailia gelangte. Gonen, der in seinem Hauptquartier über häufig unterbrochene Funkmeldungen den Vormarsch auf einer Karte mitverfolgte, kam zu dem Schluß, daß Adan die ägyptische 2. Armee glatt durchbrochen hatte. Deswegen benachrichtigte er den Generalstabschef und bat um Erlaubnis, den Suezkanal zu überqueren. Unter dem Eindruck optimistischer, aber völlig unbegründeter

Erfolgsmeldungen stimmte Elazar zu. Adan erhielt Befehl, den Kanal auf gegnerischen Brücken zu überqueren, während Sharon seine Stellungen verlassen und 80 Kilometer nach Süden vorstoßen sollte, um die ägyptische 3. Armee anzugreifen.[7] Da eine Brigade noch immer nahe Kantara zurückgehalten wurde und eine zweite unterwegs war, um in Sharons Stellung nachzurücken, entwickelte sich der von Adan beabsichtigte Großangriff der Division zu einer Attacke auf Bataillonsebene. Diesem Bataillon, das nur über 25 Panzer verfügte und weder Artillerie- noch Luftunterstützung erhielt, gelang es, die rechte Flanke der 2. Infanteriedivision zu durchbrechen und bis auf 800 Meter Entfernung auf den Suezkanal vorzustoßen. Dort geriet es allerdings rasch unter heftigen Beschuß von beiden Ufern und sah sich zum Rückzug gezwungen, wobei die meisten Panzer zurückgelassen werden mußten. Einige Stunden später wurde ein zweiter Versuch unternommen. Wieder startete das auf sich gestellte Bataillon einen Überraschungsangriff; es traf auf organisierten Widerstand und wurde annähernd vernichtet. Ein israelischer Offizier beschrieb die Attacke folgendermaßen:

«Wir rückten vor, und in der Ferne sah ich in den Sanddünen lauter verstreute Flecken. Ich konnte nicht erkennen, worum es sich dabei handelte. Als wir näher kamen, dachte ich, das sieht ja aus wie lauter Baumstümpfe. Sie bewegten sich nicht und lagen auf dem Gelände vor uns wie hingestreut. Ich fragte die vorausfahrenden Panzer über Funk, was das sei. Einer meiner Kommandanten erwiderte: «Oh, Gott! Das sind keine Baumstümpfe. Das sind Männer!» Einen Augenblick lang verstand ich gar nichts. Weshalb sollten Männer da so herumstehen, völlig bewegungslos, während wir mit unseren Panzern auf sie losfuhren? Auf einmal brach die Hölle los. Eine Wand aus Geschossen wurde auf uns abgefeuert. Viele Panzer wurden getroffen. So etwas war uns bis dahin noch nie passiert ...»[8]

Am Nachmittag begann der planmäßige Vormarsch der Ägypter. Im nördlichen Kanalabschnitt konnte Adan verhindern, daß sie ihre Ziele entlang der Artillery Road erreichten. Doch im mittleren Abschnitt nahm die 16. Infanteriedivision die unverteidigten Befestigungsanlagen, die Sharon erst wenige Stunden zuvor geräumt hatte. Bis zum Ende des Krieges sollten diese Stellungen ein Dorn in der Flanke des Oberkommandos der Südfront darstellen und zahlreichen israelischen Angriffen erfolgreich Widerstand leisten.

Der 8. Oktober wurde zum «schwarzen Tag der israelischen Armee». Adan büßte nahezu 80 Panzer und 125 Soldaten in einem vergeblichen Panzerangriff ein, während Sharon seine Zeit damit verbrachte, die leere Wüste zu durchqueren. Um 20.00 Uhr meldete die IAF den Verlust von 44 Flugzeugen seit Beginn der Kampfhandlungen. Eine derart hohe Verlustrate mußte innerhalb weniger weiterer Tage die Einsatzfähigkeit der israelischen Luftwaffe ernsthaft bedrohen.[9] Schlimmer noch als die materiellen Verluste wog für die Israelis der Schock der Ernüchterung: Nun wurde offensichtlich, daß die Ägypter diesmal beim bloßen Anblick anrückender Panzer oder beim Geräusch röhrender Kampfjets nicht einfach die Flucht ergriffen. Ein schneller, eleganter Sieg war ausgeschlossen.

Ermutigt von den raschen ägyptischen Triumphen, drängten etliche Offiziere Präsident Sadat zur Weiterführung der Offensive, solange die Israelis noch nicht wieder auf den Beinen waren. Sadat jedoch, der sich der begrenzten Ziele seines Schlachtplans bewußt war, lehnte weise ab. Ein weitergehender Vorstoß hätte wenig Erfolg auf Geländegewinn gehabt, da die IAF trotz ihrer Verluste noch immer jede feindliche Bewegung jenseits des Raketenschirms verhindern konnte. Doch die wirkliche Gefahr für Ägypten bestand nicht in der Möglichkeit des Scheiterns, sondern in den von vornherein dürftigen Erfolgsaussichten. Schwer bedrängt an beiden Fronten, ohne Landstreitkräfte zwischen seinen Bevölkerungszentren und den herannahenden arabischen Streitkräften, hätte Israel, von dem man annahm, daß es über Atomwaffen verfügte, im äußersten Fall extreme Schritte unternehmen können, um einen zweiten Holocaust zu verhindern. Die apokalyptische Stimmung der israelischen Führungsschicht schwand zwar wenige Tage später. Aber wie die Zustimmung Israels zu dem bald angebotenen Waffenstillstand zeigte, waren Meir und Dayan mittlerweile vollkommen desillusioniert, was einen siegreichen Ausgang der Schlacht an der Südfront anbelangte.

Mit seinen weniger als 500 einsatzbereiten Panzern auf dem Sinai entschloß sich Elazar, im Süden so lange zur Defensive überzugehen, bis im Norden die Syrer besiegt worden waren und die Ägypter ihre Reserven einsetzen würden. Unter direkter Mißachtung von Elazars Befehl unternahm Sharon jedoch am 9. Oktober mehrere Angriffe gegen die Stellungen, die er tags zuvor verloren hatte. Dem Verlust von 50 Panzern stand ein nur geringfügiger Geländegewinn gegenüber. Allerdings entdeckten Sharons Aufklärungseinheiten eine Lücke zwischen der südlichen Flanke der 2. Armee und dem Nordufer des Bittersees nahe dem verlassenen Flugplatz von Deversoir. Diese Information sollte sich in den folgenden Tagen als unschätzbarer Vorteil erweisen. Als klar wurde, daß Gonen den ihm unterstellten Sharon nicht im Griff hatte, wies Elazar den früheren Generalstabschef Bar Lev an, Gonen an der Südfront zu beaufsichtigen.

Die nächsten vier Tage vom 10. bis zum 13. Oktober brachten begrenzte ägyptische Angriffe mit dem Ziel, die schmalen Brückenköpfe bis zur Artillery Road zu erweitern. Diese Bemühungen zeitigten aber nur geringen Erfolg, da die Israelis sich allmählich von ihrem anfänglichen Schock erholten. Sie wandten nun eine neue Taktik an, um die Wirksamkeit der gegnerischen Panzerabwehrwaffen einzuschränken. Aus Panzern, motorisierter Infanterie und Artillerie formierten sie flexiblere, gepanzerte Kampfgruppen. Ein kühner ägyptischer Vorstoß jenseits des SAM-Schutzschirms wurde am 10. Oktober von der 1. Motorisierten Infanteriebrigade unternommen, endete jedoch in einem Fiasko. Nachdem die Brigade den Brückenkopf der 3. Armee verlassen hatte und Richtung Süden vorgerückt war, stieß sie auf israelische Bodenstreitkräfte und wurde gleichzeitig aus der Luft angegriffen. Die Hälfte ihrer Fahrzeuge ging dabei verloren, so daß nur der Rückzug übrig blieb – ein Beweis, wie riskant es sein konnte, sich ohne Luftunterstützung in der offenen Wüste zu bewegen.

An diesem Tag wendete sich das Blatt auch an der syrischen Front. Die Israelis gingen zum Gegenangriff über, eroberten die Golanhöhen zurück, drangen in Syrien ein und kamen erst zum Stehen, als sich Damaskus in Reichweite ihrer Artillerie befand. Nur das rechtzeitige Eintreffen und der aufopfernde Kampf irakischer und jordanischer Verbände ersparte den Syrern eine totale Schlappe.

Die verzweifelte Lage der Syrer zwang die Ägypter, ihre Offensive wiederaufzunehmen. Sadat befahl am 12. Oktober die Auslösung von Phase Zwei. Die bis zu diesem Zeitpunkt zurückgehaltenen Panzerdivisionen setzten sich Richtung Ostufer in Marsch, um am Morgen des kommenden Tages anzugreifen. Shazli, die Oberbefehlshaber der 2. und 3. Armee und einige höhere Offiziere protestierten gegen diese Entscheidung, da sie erkannten, daß sich die Israelis inzwischen zur Verteidigung eingerichtet hatten. Doch alles, was sie erreichten, war die Verschiebung des Angriffs um 24 Stunden. Nur halbherzig attackierten die Ägypter und vollführten damit eine kostspielige, symbolische Geste, da sie lediglich zwei motorisierte und fünf Panzerbrigaden mit insgesamt 500 Panzern zum Einsatz brachten, obwohl zu dieser Zeit zwölf Brigaden am Ostufer bereit standen. Wäre diese Streitmacht in einem konzentrierten Schlag eingesetzt worden, hätte sie eine Chance gehabt, die 160 Kilometer lange und von 700 Panzern nur schwach besetzte israelische Linie zu durchbrechen. Tatsächlich entschlossen sich die Ägypter schließlich, in vier Richtungen vorzurücken und noch dazu eine Reihe Scheinangriffe zu führen. Im nördlichen Abschnitt griffen sie in Richtung auf Baluza an, im mittleren war Tasa das Ziel und im Süden der Gidi- und der Mitla-Paß. Der Angriff begann am 14. Oktober um 6.30 Uhr. Die ägyptischen Truppen mußten gegen die aufgehende Sonne vormarschieren und gerieten schon bald in Hinterhalte der israelischen Panzerverbände. Von den Israelis ausmanövriert und an Waffen unterlegen, wurden die Angreifer zusammengeschossen. Nachdem die Ägypter einmal den Schutz ihres Flugabwehrsystems verlassen hatten, stürzte sich die IAF auf sie – mit verheerenden Folgen. In wenigen Stunden zerstörte sie 250 ägyptische Panzer, was ungefähr der Gesamtverlustzahl seit Kriegsbeginn entsprach, dazu kamen Hunderte von Transportern und Geschützen. Die Israelis ihrerseits verzeichneten nur geringfügige Verluste; 25 Panzer waren getroffen worden, konnten jedoch bis auf sechs schnell wieder instandgesetzt werden, da sie alle auf israelischem Territorium liegengeblieben waren.

Dieser Tag hob die Moral in Israel beträchtlich. Eine zweites positives Ereignis war die Ankunft eines C-5 Galaxy Frachtflugzeugs, das die erste amerikanische Hilfslieferung brachte, um die schwindenden Munitionsvorräte aufzustocken.[10] Bedeutsamer als alle Versorgungsgüter war jedoch für die Israelis die Erkenntnis, daß sie nicht allein dastanden und weiterkämpfen konnten, da die USA ihnen den Rücken stärkten. Noch zwei Tage zuvor waren sie bereit gewesen, unter erniedrigenden Bedingungen einem Waffenstillstand zuzustimmen. Jetzt dagegen war die israelische Führung zuversichtlich, den Krieg für sich entscheiden zu können. Noch hatte Ägypten zwar bei Artillerie und Infanterie ein Übergewicht von 7:1, bei der Panzerwaffe von 2:1. Aber der Großteil seiner Panzer war auf Infanterieeinheiten verteilt. Israel, das die Initiative endlich auf seiner Seite wußte, war dagegen imstande, über 400 Panzer um Tasa herum zu konzentrieren, und ließ den Rest der Front von zweitklassigen Truppen nur dürftig sichern. Von Elazar gedrängt, stimmte das israelische Kabinett am 14. Oktober um Mitternacht der Kanalüberquerung zu.

Die Operation begann am 15. Oktober um 17.00 Uhr mit einem Scheinangriff aus dem Osten auf die sogenannte «Missouri-Stellung». Wie erhofft, wurde die Reserve der ägyptischen 2. Armee genau dorthin beordert. Um 19.00 Uhr marschierte eine annähernd auf

Divisionsstärke gebrachte israelische Panzerbrigade in einem Linksschwenk von Tasa ab, umging die südlichen Verteidigungsstellungen der 16. Infanteriedivision und erreichte, ohne auf Gegenwehr zu stoßen, den Übergang bei Deversoir. Um dieses Ziel nun zu sichern, mußte die Brigade die Kontrolle über das nördlich gelegene Gelände erlangen und die Straße sichern, die östlich auf Tasa zuführte. Diese Aufgabe sollte sich als erheblich schwieriger erweisen. Ein Bataillon wurde nach Norden geschickt, wo es das Hauptquartier der ägyptischen 16. Division überrannte. Obwohl es dort Schaden anrichtete, mußte es sich bald schon zurückziehen. Die nach Osten ausgesandten Truppen stießen auf noch erbittertere Gegenwehr, so daß sich dort ein wüstes Nachgefecht entwickelte. Besonders hart umkämpft war dabei das Gelände um die sogenannte «Chinesische Farm», das aus Bewässerungsgräben, Deichen und Gebäuden bestand, sehr fruchtbar und entsprechend bewachsen war und damit als ideale Verteidigungsstellung für die ägyptische Infanterie diente. Während eine seiner Brigaden in ein wirres, blutiges Gefecht verwickelt war und sich die Ankunft der für den Brückenschlag erforderlichen Ausrüstung wegen Verkehrsstauungen verzögerte, setzte Sharon seine Maßnahmen zur Kanalüberquerung fort. Ein Fallschirmjägerbataillon umging die «Chinesische Farm» und begann am 16. Oktober um 1.30 Uhr mit der Überquerung. Bei Sonnenaufgang befanden sich 30 Panzer, die man auf Motorfähren übergesetzt hatte, auf dem israelischen Brükkenkopf. Da sich herausstellte, daß eine einzige Brigade nicht in der Lage war, die Straße zu sichern, warf nun auch Adan seine Truppen in den Kampf, statt Sharon über den Kanal zu folgen. Doch dieser Weg lag nach wie vor unter heftigem ägyptischem Beschuß, so daß für den Rest des 16. Oktobers keine weiteren Truppen und Versorgungsgüter an das Westufer nachgeführt werden konnten. Sharon reagierte auf diese Verzögerung gelassen. Er spürte die Chance, die ägyptischen Streitkräfte zu umfassen, forderte Verstärkung an und schickte sämtliche ihm zur Verfügung stehenden Einheiten ans Westufer, um die rückwärtigen Stellungen der Ägypter zu attackieren. Die Israelis zerstörten etliche SAM-Stellungen und zogen sich erst auf ihren Brückenkopf zurück, nachdem ihnen Munition und Treibstoff ausgegangen waren.

Noch immer war dem ägyptischen Oberkommando nicht klar, daß israelische Truppen den Suezkanal überquert hatten. Erst nachdem am Nachmittag des 16. Oktober Premierministerin Meir verkündet hatte, israelische Truppen kämpften nun «in Afrika», verlangte Sadat von Ismail die Bestätigung dieser Meldung. Der Kriegsminister überprüfte die Lage durch Rücksprache mit seinen lokalen Befehlshabern und berichtete, nur sieben Schwimmpanzer hätten übergesetzt, alles sei unter Kontrolle. Das ägyptische Oberkommando gewann nun ein vollkommen falsches Lagebild. Meldungen von israelischen Kanalüberquerungen wurden zurückgehalten, was dazu führte, daß ägyptische Versorgungskonvois in Hinterhalte gerieten und sich Stellungen im Hinterland unvermittelt feindlichen Attacken ausgesetzt sahen. Zwar waren beträchtliche Infanterie-, Fallschirmjäger- und motorisierte Einheiten der Ägypter rasch zur Stelle. Da ihre Panzerabwehrwaffen aber an die mit der Kanalüberquerung beauftragten Truppen abgegeben worden waren, hatten sie den Angreifern nur geringen Widerstand entgegenzusetzen. Wäre Sharon mit der Sicherung der Zufahrtsroute erfolgreich gewesen, so hätte auch Adan ebenfalls übersetzen und die unachtsamen Ägypter ausschalten können. Was die ägyptischen Truppen vor der totalen Vernichtung rettete, war die zähe Gegenwehr ihrer 16. Division bei der «Chinesischen Farm».

Am späten Abend des 16. Oktober hielt Sadat eine Lagebesprechung im «Zentrum Zehn» ab, dem ägyptischen Hauptquartier. Dabei schlug Shazli vor, die östlich des Kanals stehenden Panzerverbände geschlossen zurückzuziehen und mit ihrer Hilfe den israelischen Brückenkopf zu zerschlagen. Sein Vorschlag wurde allerdings verworfen, da Sadat und Ismail befürchteten, ein solcher Abzug würde die zurückbleibende Infanterie zutiefst demoralisieren. Ismail entschied sich, von zwei Richtungen aus den zum Brückenkopf führenden israelischen Korridor am Ostufer anzugreifen, mit der 2. Armee aus dem Norden und mit der 3. Armee aus Richtung Süden. Der Brückenkopf selbst sollte von Westen her mit den bisher zurückgehaltenen strategischen Reserven angegriffen werden. Alle drei Vorstöße wurden am nächsten Morgen mit schweren Verlusten für die Angreifer zurückgeschlagen. Am schlimmsten traf es die 25. Panzerbrigade der 3. Armee mit ihren T-62. Schon auf ihrem 40 Kilometer langen Anmarschweg wurde sie von den Israelis ausgemacht, die daraufhin einen Hinterhalt stellten. Ungehindert ließen sie die Brigade am Ostufer des Bittersees nordwärts ziehen. Dann griffen sie ihre Flanke mit zwei Panzerbrigaden an, die auf den umliegenden Hügeln Stellung bezogen hatten. In einem kurzen Gefecht, das an Hannibals Sieg am Trasimenischen See (217 v. Chr.) erinnerte, wurde die ägyptische Brigade vernichtet.

Obwohl unkoordiniert und verlustreich, konnten die ägyptischen Angriffe den Aufmarsch der israelischen Verbände am Westufer verzögern, denn Adans Division war beinahe den ganzen Tag lang in Gefechte verwickelt. Schließlich aber überquerte auch er den Kanal in der Nacht zum 18. Oktober – zwei Tage später als geplant. Am Morgen konnten sich vier israelische Brigaden – drei angeschlagene Panzerbrigaden mit 230 Panzern und eine Fallschirmjägerbrigade – am Westufer festsetzen. Sharon stieß mit zwei weiteren Brigaden nach Norden auf Ismailia vor und bedrohte so die Verbindungslinien der 2. Armee. Ägyptischen Fallschirmjägern, die sich die dichte Vegetation und die Bewässerungskanäle von Ismailia zunutze machten, gelang es jedoch durch hartnäckigen Widerstand, Sharons Vormarsch auf drei bis fünf Kilometer täglich zu reduzieren. Adan hatte mehr Erfolg, da er sich im leichteren Gelände der Geneifa-Hügel bewegte. Nachdem sein gepanzerter Verband mehrere Gegenangriffe abgewehrt hatte, nahm er das Flugfeld von Fayid ein und zerstörte etliche SAM-Stellungen. Von der Verwundbarkeit ihrer Raketensysteme alarmiert, befahl das ägyptische Oberkommando den Abtransport weiterer Batterien. Da damit eine Lücke in die Luftverteidigung gerissen war, konnten sich die israelischen Bodentruppen fortan der Unterstützung durch ihre eigenen Flugzeuge sicher sein. In dem verzweifelten Versuch, Adan an der Eroberung von Suez-Stadt zu hindern, warf die ägyptische Führung in einer schlecht koordinierten Aktion sämtliche Reserven in den Kampf, darunter die Elite-Panzerbrigade der Republikanischen Garde. Doch wurden sämtliche Angriffe mit schweren Verlusten für die Ägypter abgewehrt, weil sich die Israelis nun dank ihrer Luftüberlegenheit ein klares Bild vom Schlachtfeld verschaffen konnten und somit Zeit genug hatten, ihren Gegnern aufzulauern und deren Vormarsch zu stoppen. Die ägyptische Armee, die sich ausgezeichnet schlug, solange sie in sorgfältig geplanten Operationen agierte, war nicht in der Lage, schnell genug auf die unerwarteten israelischen Manöver zu reagieren. Ihr verzweifelter Generalstab setzte nun auch die Luftwaffe ein. In den folgenden Kämpfen wurden Dutzende ägyptischer Jets abgeschossen. Trotz aller Anstrengungen von Shazli und Ismail waren die ägyptischen Piloten keine Herausforderung für ihre israelischen Gegner, wenn es zu turbulenten Luftkämpfen kam.[11]

Zu Beginn des Krieges, als das Glück noch auf Seiten der Ägypter war, hatte Israel Bereitschaft zu einem Waffenstillstand gezeigt, doch die Araber hatten abgelehnt. Nach der erfolgreichen israelischen Kanalüberquerung versuchten nun die Sowjets, Sadat zur Einstellung der Feindseligkeiten zu überreden, solange dieser sich noch in einer akzeptablen Verhandlungsposition befand. Aber ihre Bemühungen verliefen im Sande, da der ägyptische Präsident das Ausmaß der israelischen Bedrohung nicht voll erkannte. Erst am 21. Oktober, als sein Schlachtplan definitiv gescheitert war und die 3. Armee kurz davor stand, abgeschnitten zu werden, willigte er ein. Nun war es Israel, das einen Waffenstillstand ablehnte, doch sah sich Meir unter amerikanischem Druck zum Einlenken gezwungen. Ein Beamter des Pentagon erläuterte in der *New York Times* die Position der USA: «Die Araber haben einen Teil ihrer Ehre zurückgewonnen, und wir wünschen nicht, daß die Israelis sie ihnen wieder nehmen. Es ist Zeit, zur Ruhe zu kommen.»[12]

Bei Inkrafttreten der Waffenruhe am 22. Oktober um 18:52 Uhr befand sich Adan noch 20 Kilometer vor Suez-Stadt; die Verbindungsstraße zwischen Suez und Kairo, die Hauptversorgungsroute für die 3. Armee, lag innerhalb der Reichweite israelischer Artillerie, war aber noch nicht vollständig abgeriegelt. Doch zur Wiederaufnahme der Kämpfe benötigten die Israelis einen Vorwand. Da die Streitkräfte beider Länder auf engem Raum versammelt und die Beobachtertruppe der UN noch nicht eingetroffen waren, bot sich ihnen eine günstige Gelegenheit. Indem er vereinzelte Schießereien zum Vorwand nahm, rückte Adan in den frühen Morgenstunden des 23. Oktober weiter nach Süden vor. Ohne auf organisierte Gegenwehr zu stoßen, nahm er noch vor Mitternacht den 15 Kilometer von Suez entfernten Hafen von Adabiya ein und vollendete damit die Einschließung der ägyptischen 3. Armee. Der vergebliche Versuch, am 24. Oktober Suez zu erobern, kostete die Israelis zwar noch viele Opfer, hatte allerdings kaum Auswirkungen auf den Ausgang der Schlacht. Die 3. Armee saß ohne Wasser und medizinische Versorgung mit 250 Panzern und 45 000 Soldaten auf dem Ostufer wie die Maus in der Falle. Durch israelische Luftangriffe stieg die Zahl ihrer Toten und Verwundeten stetig.

Diese Wiederaufnahme der Feindseligkeiten brachte die Schutzmächte beider Staaten, die USA und die Sowjetunion, an den Rand eines Atomkrieges, wie manche Fachleute meinten. Die Sowjets drohten mit der Entsendung von Truppen zur Durchsetzung des Waffenstillstands, während für amerikanische Einheiten Alarmstufe 3 ausgegeben wurde – zum ersten Mal seit der Kubakrise im Jahre 1962. Am 25. Oktober verabschiedeten die UN eine zweite Waffenstillstandsresolution, die diesmal von dem Beschluß untermauert wurde, Friedenstruppen zu entsenden. Ungeachtet zahlreicher Verletzungen sollte dieses Übereinkommen halten, bis Israel im Februar 1974 seine Truppen von der «afrikanischen» Seite des Suezkanals abzog. Dies war die erste mehrerer Rückzugsbewegungen, die schließlich im Jahre 1981 mit der vollständigen Übergabe des Sinai an Ägypten als Teil eines umfassenden Friedensvertrags endeten.

Die Kriegsmarine beider Länder hatte geringen Einfluß auf die Operationen oder gar auf den Ausgang des gesamten Krieges. Und doch verdient sie einige Aufmerksamkeit. Auf der taktischen Ebene behielt die kleine israelische Flotte die Oberhand. Ohne eigene Verluste versenkte sie 20 ägyptische und syrische Schiffe. Erstmals in der Militärgeschichte waren an den Gefechten auch Raketenboote beteiligt, von denen die Israelis gleich elf zerstörten. Im weiteren Verlauf des Krieges lag das Gros der ägyptischen Flotte in den eigenen Häfen fest, wo es zum Ziel israelischer Marinekommandos wurde. Gleichzeitig nahmen die Israelis von See aus ungehindert Ziele entlang der ägyptischen Küste unter Beschuß. Trotzdem erzielten die Ägypter einen strategischen Erfolg, als es ihnen gelang, durch die Blockade der am südlichen Ende des Roten Meeres befindlichen Meerenge von Bab el-Mandeb die israelische Handelsschiffahrt lahmzulegen. So weit nach Süden konnten die Jets der IAF nicht vordringen.

Beide Seiten erklärten sich zu Siegern, und in gewisser Weise taten beide dies auch zu Recht. Der Umfang der Geländegewinne war ungefähr gleich. Ägypten hielt einen schmalen Streifen am Ostufer des Suezkanals, Israel kontrollierte eine vergleichbare Zone westlich davon. Was die Zahl der Opfer anbetraf, erzielte Israel allerdings einen Pyrrhussieg. In absoluten Zahlen gemessen waren die Verluste der Ägypter an Soldaten und Material zwar deutlich höher, in Relation zur Bevölkerungszahl verzeichnete Israel indessen die schwereren Verluste. Eindeutiger fällt Israels Sieg aber aus, wenn man das zählt, was Clausewitz als «die wahren Kriegstrophäen» ansah: die Zahl der Gefangenen und die Beute an Waffen.[13] Israel hatte seine anfänglichen Rückschläge einstecken können und das Ruder noch einmal herumgeworfen, um an beiden Fronten militärisch zu siegen. Politisch aber triumphierten ohne jeden Zweifel die Ägypter. Ungeachtet der Rückschläge in den späteren Phasen des Krieges hatte doch Sadat tatsächlich sämtliche politischen Ziele erreicht. Geschickt handhabte er alle in seiner Hand befindlichen politischen Druckmittel, die «Ölwaffe» und die Unterstützung durch die UdSSR eingeschlossen. Nach

Kriegsende, als ihm die Sowjets nicht länger von Nutzen waren, warf er sie zynisch aus dem Land und wandte sich den Amerikanern zu, um von deren Einfluß auf Israel zu profitieren.[14]

Die politische Niederlage der Israelis war komplett, da allein die Tatsache, daß die Araber den Status quo beseitigt und angegriffen hatten, das Scheitern ihrer Verteidigungspolitik bedeutete. Der militärische Sieg hatte sich längst nicht so rasch eingestellt, wie erwartet, war keineswegs so deutlich wie erhofft und hatte zudem einen hohen Preis gefordert. Als Konsequenz wurden Stimmen der Kritik laut, Fragen wurden gestellt, Sündenböcke gesucht. Die Abschlußberichte mehrerer Untersuchungskommissionen führten zu erbitterten innenpolitischen Auseinandersetzungen und zu bösartigen Anwürfen zwischen Politikern und Generalen. Als Folge davon verlor Israels ernüchterte Bevölkerung das Vertrauen in die Führung ihres Landes. Die Einstellung der Israelis zum Oktoberkrieg läßt sich von den Titeln einiger kurz nach Kriegsende erschienener Bücher ableiten: *Ein kapitaler Fehler*, *Der Schock* und *Erdbeben im Oktober*. Anders dagegen in Ägypten. Dort wird dieser Krieg als großer militärischer Sieg aufgefaßt und bis heute jedes Jahr gefeiert. Typisch für die Zeit nach dem Zweiten Weltkrieg war, daß es weder Panzer noch Flugzeuge waren, sondern vielmehr das von den Medien gezeichnete Bild, wirtschaftliche Macht und die Politik der Supermächte, die letzten Endes über den Ausgang des Konflikts entschieden.

Anmerkungen und Literatur

Die Schlacht in der Geschichte
Vorwort der Herausgeber

1 Carl v. Clausewitz, Vom Kriege, hg. v. Werner Hahlweg, Bonn [19]1980 (Reprint 1991), S. 469.
2 Ebd., S. 470.
3 Artikel «Schlacht», in: Brockhaus Enzyklopädie, 20 Bde., Wiesbaden [17]1966–1974, Bd. 16, Wiesbaden 1973, S. 679.
4 Artikel «Schlacht», in: Meyers Enzyklopädisches Lexikon, 25 Bde., Mannheim [9]1971–1979, Bd. 21, Mannheim 1977, S. 92.
5 Martin Kutz, Die Schlacht als Männerballett oder die kulturelle Dimension der neuzeitlichen militärischen Organisation. Vortrag am Historischen Institut der Universität Bern am 24. November 1999.
6 Artikel «Schlacht», in: Militair-Conversations-Lexikon, bearbeitet von mehreren deutschen Offizieren. Redigirt und herausgegeben von Hanns Eggert Willibald von der Lühe, 8 Bde., Leipzig/Adorf 1833–1841, Bd. 7, Adorf 1839, S. 453–457, hier S. 453.
7 Moltkes Militärische Werke, hg. v. Großen Generalstabe, Kriegsgeschichtliche Abtheilung I, 4 Abteilungen, 13 Bde., Berlin 1892–1912, Abt. IV: Moltkes Kriegslehren, Bd. 3: Die Schlacht, Berlin 1912, S. 40 bzw. S. 3.
8 Artikel «Schlacht», in: Brockhaus Enzyklopädie, 20 Bde., Wiesbaden [17]1966–1974, Bd. 16, Wiesbaden 1973, S. 679.
9 Clausewitz, Vom Kriege, S. 469.
10 Etwa: Wegen eines verlorenen Nagels ging das Hufeisen verloren, wegen eines verlorenen Hufeisens ging das Pferd verloren, wegen eines verlorenen Pferdes ging der Reiter verloren, wegen eines verlorenen (Melde-)Reiters ging die Schlacht verloren, wegen einer verlorenen Schlacht ging das Königreich verloren – und alles nur wegen eines fehlenden Hufnagels.
11 Edward Creasy, The Fifteen Decisive Battles of the World. From Marathon to Waterloo, London [37]1894.
12 Ch. F. Maurer, Entscheidungsschlachten der Weltgeschichte, Leipzig 1882, S. V.
13 Walter Heichen (Hg.), Die Entscheidungsschlachten der Weltgeschichte von Marathon bis Tsushima. Ein Buch vom Ringen der Völker um die Machtstellung in alter und neuer Zeit, Altenburg 1915, S. III–IV.
14 Cyril Falls (Hg.), Great Military Battles, London 1964.
15 Fletcher Pratt, Schlachten die Geschichte machten. Von Issus bis zu den Midways, Wien 1965, S. 5.
16 Walter Markow und Heinz Helmert, Schlachten der Weltgeschichte, Leipzig 1977 (Lizenzausgabe: Stuttgart 1978).
17 Siehe Martin van Creveld, Die Zukunft des Krieges, München 1998.

18 Zu einer Einführung in die Zukunft des Informationskrieges siehe Alvin und Heidi Toffler, Überleben im 21. Jahrhundert, Stuttgart 1994.

19 Zum gegenwärtigen Stand der Militärgeschichte in Deutschland vgl. den Sammelband von Thomas Kühne und Benjamin Ziemann (Hg.), Was ist Militärgeschichte? (Krieg in der Geschichte, Bd. 6), Paderborn 2000.

Der «Freiheitskampf» der Griechen
Salamis, September 480 v. Chr.
Heinz E. Herzig

Balcer, Jack M., The Persian Wars against Greece: a Reassessment, in: Historia 38, 1989, S. 127–143

Bengtson, Hermann, Griechische Geschichte. Von den Anfängen bis in die römische Kaiserzeit. Handbuch der Altertumswissenschaft, 3, 4, München ^{4}1969

Bleicken, Jochen, Die athenische Demokratie, Paderborn ^{4}1995

Briant, Pierre, Achaemenid History X. Histoire de l'empire perse de Cyrus à Alexandre, Band 1, Leiden 1996

Heuss, Alfred, Hellas, in: Propyläen Weltgeschichte. Eine Universalgeschichte, hg. v. Golo Mann/Alfred Heuss, Band 3, Berlin 1962

Kuhrt, Amélie/Sancisi-Weerdenburg, Heleen (Hg.), Achaemanid History III, Method and Theory, Proceedings of the London 1985 Workshop, Leiden 1988

Kromayer, Johannes, Antike Schlachtfelder. Bausteine zu einer antiken Kriegsgeschichte, Band 4, Ergänzungsband hg. v. Johannes Kromayer und Georg Veith, Berlin 1924–1931

Lazenby, John F., The Defence of Greece 490–479 BC, Warminster 1993

Meier, Christian, Athen. Ein Neubeginn der Weltgeschichte, München 1995

Nesselrath, Heinz-G. (Hg.), Einleitung in die griechische Philologie, Stuttgart 1997

1 Christian Meier, Athen. Ein Neubeginn der Weltgeschichte, München 1995, S. 318–321; Enzo Degani, Griechische Literatur bis 300 v. Chr., in: Heinz-G. Nesselrath (Hg.), Einleitung in die griechische Philologie, Stuttgart 1997, S. 225.

2 Dazu ausführlich Gerold Walser, in: Amélie Kuhrt/Heleen Sancisi-Weerdenburg (Hg.), Achaemenid History III, Method and Theory, Proceedings of the London 1985 Workshop, Leiden 1988, S. 155–156.

3 Dazu deutlich Jack M. Balcer, The Persian Wars against Greece: a Reassessment, in: Historia 38, 1989, S. 127: «The Persians lost their wars in Greece, in part, because the triumphant Greek wrote the histories and other texts that survive; and they stressed their victories as inevitable and foreordained.»

4 Amélie Kuhrt, in: Kuhrt/Sancisi-Weerdenburg (Hg.), Achaemenid History III, S. 91–93.

5 Walser, in: Kuhrt/Sancisi-Weerdenburg (Hg.), Achaemenid History III, S. 162. Weniger klar: John F. Lazenby, The Defence of Greece 490–479 B. C., Warminster 1993, S. 42.

6 Dazu früher schon Alfred Heuss, Hellas, in: Propyläen Weltgeschichte, hg. von Golo Mann/Alfred Heuss, Band 3, Berlin 1962, S. 228, Hermann Bengtson, Griechische Geschichte. Von den Anfängen bis in die römische Kaiser-

zeit, Handbuch der Altertumswissenschaft 3, 4, München [4]1969, S. 163 f., zuletzt Balcer, The Persian Wars against Greece, S. 127, Lazenby, The Defence of Greece, S. 23 und S. 90–91.

7 Lazenby, The Defence of Greece, S. 95–96, Gustav A. Lehmann, in: Nesselrath, Einleitung in die griechische Philologie, S. 386.

8 So eindrücklich Heuss, Hellas, S. 229, vgl. auch Meier, Athen, S. 276.

9 Zu den mangelnden geographischen Kentnissen: Heuss, Ebd., S. 230, Lazenby, The Defence of Greece, S. 110.

10 Schon Heuss, Ebd. spricht von einer «militärischen und taktischen Katastrophe». Lazenby, The Defence of Greece, S. 136.

11 Von der diesem Überblick zugrunde liegenden Literatur seien nur genannt: A. Heuss, Hellas, S. 226–229, Jochen Bleicken, Die athenische Demokratie, Paderborn [4]1995, Lehmann, in: Nesselrath, Einleitung in die griechische Philologie, S. 385–388. Dazu allgemein: Meier, Athen, S. 219–284.

12 Lazenby, The Defence of Greece, S. 155.

13 Ebd. S. 85

14 Ebd. S. 88 spricht vom «zynischen» Bericht des Herodot, ohne auf weitere Möglichkeiten der Interpretation einzugehen.

15 Zum Problem der «Umzingelung» schon: Johannes Kromayer, Antike Schlachtfelder. Bausteine zu einer antiken Kriegsgeschichte, Band 4, Ergänzungsband hg. v. Johannes Kromayer und Georg Veith, Berlin 1924–1931, S. 86 und 102, sowie A. Heuss, Hellas S. 232. Zuletzt eindeutig: Balcer, The Persian Wars against Greece, S. 138, unklar: Lazenby, The Defence of Greece, S. 174–181.

16 J. Kromayer und G. Veith, Antike Schlachtfelder, Band 4, S. 102, Bengtson, Griechische Geschichte, S. 168, Lazenby, The Defence of Greece, S. 184–197.

17 Dazu zuletzt: Lazenby, The Defence of Greece, S. 92 und 173, Pierre Briant, Achaemenid History X, Histoire de l'empire perse de Cyrus à Alexandre, Band 1, Leiden 1996, S. 543–544.

18 Zitiert nach Plutarch, Them 15, vgl. Degani, in: Nesselrath, Einleitung in die griechische Philologie, S. 188 und 192.

Weltreich im Staub
Gaugamela, 1. Oktober 331 v. Chr.
Hans-Joachim Gehrke

Bosworth, A. B., A Historical Commentary on Arrians's History of Alexander. Vol. I. Commentary on Books I–III, Oxford 1980

Fox, R. L., Alexander der Große. Eroberer der Welt, München 1979 (engl. Original 1973); dort S. 313 das Zitat von J. F. C. Fuller

Gehrke, H.-J., Alexander der Große, München 1996

Green, P., Alexander der Große. Mensch oder Mythos?, Würzburg 1974

Hamilton, J. R., Plutarch, Alexander: a Commentary, Oxford 1969

Marsden, E. W., The Campaign of Gaugamela, Liverpool 1964

Schachermeyr, F., Alexander der Große. Das Problem seiner Persönlichkeit und seines Wirkens, Wien 1973

Wiesehöfer, J., Das antike Persien, München und Zürich 1993

Halbmond und Halbwahrheit
Cannae, 2. August 216 v. Chr.
Michael Alexander Speidel

Eine umfassende Quellendokumentation und eine ausführliche Diskussion der Forschungsliteratur findet sich bei Jakob Seibert, Hannibal, Darmstadt 1993, sowie ders., Forschungen zu Hannibal, Darmstadt 1993. Zum Schlachtverlauf siehe besonders Polybios 3,110–117. Ferner etwa Pedro Barceló, Hannibal, München 1998, und Serge Lancel, Hannibal, Paris 1995.

1 Theodor Mommsen, Römische Geschichte I, Berlin ^{9}1902, S. 605.
2 Georg Veith, Der Halbmond von Cannae, in: Johannes Kromayer/Georg Veith, Heerwesen und Kriegführung der Griechen und Römer. Handbuch der Altertumswissenschaften, Abt. 4, Teil 3, Bd. 2, München 1928, S. 291.
3 Alfred v. Schlieffen, Cannae, in: ders., Gesammelte Schriften, 2 Bde., Berlin 1913, Bd. 1, S. 29.
4 Die schwere, gepanzerte Reiterei der Parther und Perser sowie jene des späteren römischen Heeres wurde allerdings auch frontal gegen geschlossene Fußtruppen eingesetzt.
5 Mommsen, Römische Geschichte, Bd. 1, S. 609.
6 Ebd., S. 614.

«William the lucky bastard»
Hastings, 14. Oktober 1066
Rainer C. Schwinges

Barclay, C. N., Battle 1066, London 1966
Bates, David, William the Conqueror, London 1989
Brown, R. Allen, The Normans and the Norman Conquest, London 1969, Reprint Woodbridge 1985
Ders., The Norman Conquest of England. Sources and Documents, Woodbridge 1984 (Reprint 1995)
Jäschke, Kurt-Ulrich, Die Anglonormannen (Urban-Taschenbücher 334), Stuttgart 1981
Krieger, Karl-Friedrich, Geschichte Englands von den Anfängen bis zum 15. Jahrhundert, München 1990
Morillo, Steven (Hg.), The Battle of Hastings. Sources and interpretations, Woodbridge 1995
Schnith, Karl, Die Wende der englischen Geschichte im 11. Jahrhundert, in: Historisches Jahrbuch 86 (1966), S. 1–53
van Houts, Elisabeth, The Norman Conquest through European Eyes, in: English Historical Review 110 (1995), S. 832–853
Williams, Ann, The English and the Norman Conquest, Woodbridge 1995

Falken, Tauben und der Elefant Gottes
Hattin, 4. Juli 1187
Martin Hoch

Contamine, Philippe, War in the Middle Ages, Oxford 1984

France, John, Western Warfare in the Age of the Crusades, 1000–1300, London 1999

Kedar, Benjamin Z. (Hg.), The Horns of Hattin. Proceedings of the Second Conference of the Society for the Study of the Crusades and the Latin East, Jerusalem und London 1992

Lyons, Malcolm C., und D. E. P. Jackson, Saladin. The Politics of the Holy War, Cambridge 1982

Mayer, Hans Eberhard, Geschichte der Kreuzzüge, Stuttgart [9]2000

Runciman, Steven, Geschichte der Kreuzzüge. 3 Bde., München 1957–1960

Riley-Smith, Jonathan (Hg.), Großer Bildatlas der Kreuzzüge, Freiburg i. Br. 1992

Ders. (Hg.), Illustrierte Geschichte der Kreuzzüge, Frankfurt a. M. 1999

Smail, R[aymond] C., Crusading Warfare, 1097–1193, Cambridge [2]1995

1 Der Begriff «Kreuzfahrer» bezieht sich auf die ständig im lateinischen Orient ansässigen Bewohner der Kreuzfahrerstaaten; sie wurden auch, besonders von den Muslimen, «Franken» genannt. Diejenigen Europäer, die sich nur während eines Kreuzzugs im Orient aufhielten, werden als «Kreuzzugsteilnehmer» bezeichnet.

2 «Lateinisch» wird allgemein zur Differenzierung der römisch-katholischen Kreuzfahrer von den im Orient ansässigen Christen, vor allem Orthodoxen und Monophysiten, verwendet.

3 Siehe hierzu Martin Hoch, Jerusalem, Damaskus und der Zweite Kreuzzug. Konstitutionelle Krise und äußere Sicherheit des Kreuzfahrerkönigreiches Jerusalem, A. D. 1126–1154, Frankfurt a. M. 1993.

4 Zum Orden der Tempelritter, siehe Alain Demurger, Die Templer. Aufstieg und Untergang 1120–1314, München [4]1995.

5 Siehe hierzu Gary La Viere Leiser, The Crusader Raid in the Red Sea in 578/1182–83, in: Journal of the American Research Center in Egypt 14, 1977, S. 87–100.

6 Zu den strategischen Überlegungen der Kreuzfahrer im allgemeinen sowie Rainalds im besonderen, siehe Joshua Prawer, Crusader Security and the Red Sea, in: ders., Crusader Institutions, Oxford 1980, S. 471–483.

7 Bernard Hamilton, The Elephant of Christ: Reynald of Châtillon, in: Derek Baker (Hg.), Religious Motivation: Biographical and Sociological Problems for the Church Historian, Oxford 1978, S. 97, 107 f.

8 Siehe hierzu Michael Köhler, Allianzen und Verträge zwischen fränkischen und islamischen Herrschern im Vorderen Orient. Eine Studie über das zwischenstaatliche Zusammenleben vom 12. bis ins 13. Jahrhundert, Berlin 1991.

9 Hierzu und zum Begriff der «konstitutionellen Krise», siehe Hoch, Jerusalem, Damaskus und der Zweite Kreuzzug, S. 42–46.

10 R[aymond] C. Smail, The Predicaments of Guy of Lusignan, 1183–1187, in:

Benjamin Z. Kedar/Hans E. Mayer/R[aymond] C. Smail (Hg.), Outremer. Studies in the History of the Crusading Kingdom of Jerusalem, Jerusalem 1982, S. 159–176.

11 Zum «Strategiestreit», der in den Quellen vor allem anläßlich der vergleichbaren Situation 1183 greifbar wird, siehe R[aymond] C. Smail, Crusading Warfare, 1097–1193, Cambridge, ²1995, S. 157f.

12 Zu den Turkopolen siehe John France, Western Warfare in the Age of the Crusades, 1000–1300, London 1999, S. 219f.

13 France, Western Warfare, S. 214, 221.

14 Die Darstellung folgt Benjamin Z. Kedar, The Battle of Hattin Revisited, in: ders. (Hg.), The Horns of Hattin. Proceedings of the Second Conference of the Society for the Study of the Crusades and the Latin East, Jerusalem und London 1992, S. 190–207, und France, Western Warfare, S. 221–225. Siehe auch David Nicolle, Hattin 1187: Saladin's Greatest Victory, Oxford 1993.

15 Zum Problem der Gefangenschaft und der Lösegeldzahlungen siehe Yvonne Friedmann, Jämmerlicher Versager oder romantischer Held? Gefangenschaft während der Kreuzfahrer-Epoche, in: Rüdiger Overmans (Hg.), In der Hand des Feindes. Kriegsgefangenschaft von der Antike bis zum Zweiten Weltkrieg, Köln 1999, S. 119–140.

Die Niederlage des mongolischen Reiterheeres
ʿAyn Dschalut, 3. September 1260
Reinhard Schulze

Amitai-Preiss, Reuven, Mongol Imperial Ideology and the Ilkhanid War against the Mamluks in: David O. Morgan (Hg.), The Mongol Empire and Its Legacy, Leiden 1999, S. 57–72

Amitai, Reuven, ʿAyn Jalut Revisited, Tariḥ. 2, 1992, S. 119–150

Amitai, Reuven, Mongols and Mamluks. The Mamluk-Ilkhanid War, 1260–1281, Cambridge 1995

Herde, Peter, Taktiken muslimischer Heere vom ersten Kreuzzug bis ʿAyn Djalut (1260) und ihre Einwirkung auf die Schlacht bei Tagliacozzo (1268), in: Wolfdietrich Fischer (Hg.), Das Heilige Land im Mittelalter. Begegnungsraum zwischen Orient und Okzident (Schriften des Zentralinstituts für fränkische Landeskunde und allgemeine Regionalforschung an der Universität Erlangen-Nürnberg; 22), Neustadt an der Aisch 1982, S. 83–94

Morgan, David O., The Mongols in Syria, 1260–1300, in: Peter W. Edbury (Hg.), Crusade and Settlement. Papers Read at the First Conference of the Society for the Study of the Crusades and the Latin East and Presented to R. C. Smail, Cardiff 1985, S. 231–235

Runciman, Steven, The Crusader States, 1243–1291, in: Robert Lee Wolf, Harry W. Hazard (Hg.), The Later Crusaders, 1189–1311, Madison, WI, 1969, S. 557–598

Saunders, J. J., The Mongol Defeat and the Restoration of the Greek Empire, in: G. W. Rice (Hg.), Muslims and Mongols. Essays on Medieval Asia by J. J. Saunders, Christchurch 1977, S. 67–76

Smith, John Masson, ʿAyn Jalut: Mamluk Success or Mongol Failure?, Harvard Journal of Asiatic Studies 44, 1984, S. 307–345
Thorau, Peter. The Battle of ʿAyn Jalut. A Reexamination, in: Peter W. Edbury (Hg.), Crusade and Settlement. Papers Read at the First Conference of the Society for the Study of the Crusades and the Latin East and Presented to R. C. Smail, Cardiff 1985, S. 236–241

1 Mamluken: für den Militärdienst rekrutierte, meist türkische oder später tscherkessische Kaufsklaven, als islamische Institution seit dem frühen 9. Jahrhundert bekannt. Bedeutsam wurden sie erst unter dem Ayyubiden as-Ṣalih (gest. 1249), der sie aus Südrussland importieren ließ.
2 Die arabischen Quellen nennen die Mongolen oft vereinfacht «Tataren», auch wenn diese ursprünglich die «Erzfeinde» der Konföderation der Mongolen gewesen waren.
3 Qiptschaq: Seit dem 11./12. Jh. in den Steppengebieten nördlich des Kaukasus beheimatete türkische Stammeskonföderation, die mit der Auflösung der Goldenen Horde unterging. Die Bahriya ist der Sammelname für ein mamlukisches Netzwerk in Kairo, deren Emire in der gleichnamigen, auf der Insel Roda bei Kairo gelegenen Kaserne untergebracht waren.
4 Qutuz selbst entstammte als Qiptschaqe den Truppen der Khwarizm.

«Je l'ay emprins – ich hab's versucht» Murten, 22. Juni 1476

Gerrit Himmelsbach

Bernisches Historisches Museum (Hg.), Die Burgunderbeute und Werke burgundischer Hofkunst, Ausstellung: 18. Mai–20. September 1969, Bern 1969
Bittmann, Karl, Ludwig XI. und Karl der Kühne (Veröffentlichungen des Max-Planck-Instituts für Geschichte 9), Göttingen 1970, 2. Bd., 1. Teil, S. 273–891
Deutscher Geschichtsforschender Verein des Kantons Freiburg und Historischer Verein des Kantons Bern (Hg.), 500-Jahr-Feier der Schlacht bei Murten. Ein Schweizer Ereignis in Europas Geschichte zwischen Mittelalter und Neuzeit 1476–1976, Kolloquiumsakten. Die Murtenschlacht. Internationales Kolloquium zur 500-Jahr-Feier der Schlacht bei Murten (Freiburger Geschichtsblätter 60)
Himmelsbach, Gerrit, Die Renaissance des Krieges. Kriegsmonographien und das Bild des Krieges in der spätmittelalterlichen Chronistik am Beispiel der Burgunderkriege, Zürich 1999
Paravicini, Werner, Karl der Kühne. Das Ende des Hauses Burgund (Persönlichkeit und Geschichte 94/95), Zürich/Frankfurt am Main 1976
Schmidtchen, Volker, Kriegswesen im späten Mittelalter, Weinheim 1990
Vaughan, Richard, Charles the Bold, London 1973

1 Ein Kommentar des Berner Chronisten Diebold Schilling in einem Brief vor der Schlacht von Murten; siehe Gustav Tobler, Die Berner Chronik des Diebold Schilling 1468–1484, 2 Bde., Bern 1897/1901, Bd. 2, S. 365–367.

2 Karl Bittmann, Ludwig XI. und Karl der Kühne (Veröffentlichungen des Max-Planck-Instituts für Geschichte 9), Göttingen 1970, 2. Bd., 1. Teil, S. 273–891, S. 298 f.
3 Tobler, Chronik, Bd. 2, S. 22.
4 Ebd., S. 27.
5 Ebd., S. 54.
6 Ebd., S. 52 f.
7 Gerrit Himmelsbach, Die Renaissance des Krieges. Kriegsmonographien und das Bild des Krieges in der spätmittelalterlichen Chronistik am Beispiel der Burgunderkriege, Zürich 1999. S. 217 f., 257 ff.
8 Himmelsbach, Renaissance, S. 19 f., 24–31.

Feuer gegen Elefanten
Panipat, 20. April 1526
Stig Förster

Babur-Nama (Memoirs of Babur), translated from the original Turki text of Zahiru'd-din Muhammad Babur Padsha Ghazi by Annette Susannah Beveridge, Reprint New Delhi 1979

Gul-Badan Begam, The History of Humayun (Humayun-Nama), translated from the only known MS. of the British Museum by Annette S. Beveridge, London 1902

Embree, Ainslee T./Wilhem, Friedrich, Indien. Geschichte des Subkontinents von der Induskultur bis zum Beginn der englischen Herrschaft (Fischer Weltgeschichte, Bd. 17), Frankfurt/Main 1967

Grousset, René, The Empires of the Steppes. A History of Central Asia, New Brunswick ³1991

Grunebaum, G. E. v. (Hg.), Der Islam II. Die islamischen Reiche nach dem Fall von Konstantinopel (Fischer Weltgeschichte, Bd. 15), Frankfurt/Main 1971

Hambly, Gavin (Hg.), Zentralasien (Fischer Weltgeschichte, Bd. 16), Frankfurt/Main 1966

Hasan, Mohibbul, Babur, Founder of the Mughal Empire in India, Delhi 1985

Kulke, Hermann/Rothermund, Dietmar, Geschichte Indiens, Stuttgart 1982

Richards, John F., The Mughal Empire (The New Cambridge History of India, Bd. 1,5), Cambridge 1993

Spear, Percival (Hg.), The Oxford History of India, Oxford ⁴1981

1 Geoff Crowther, India, a Travel Survival Kit, South Yarra, Victoria, ³1987, S. 164.
2 Babur–Nama (Memoirs of Babur), translated from the original Turki text of Zahiru'd–din Muhammad Babur Padsha Ghazi by Annette Susannah Beveridge, Reprint: Neu Delhi 1979, S. 518.

Auf der Suche nach der Entscheidungsschlacht
Lützen, 16. November 1632
Russell F. Weigley

Fuller, John Frederick Charles, A Military History of the Western World, 3 Bde., Bd. 2: From the Defeat of the Spanish Armada 1588 to the Battle of Waterloo 1815, New York 1955

Mann, Golo, Wallenstein. Sein Leben erzählt von Golo Mann, Frankfurt am Main 1971

Parker, Geoffrey, Der Dreißigjährige Krieg, Frankfurt am Main 1987

Ders. (Hg.), The Thirty Years War, London ²1997

Roberts, Michael, Essays in Swedish History, London 1967

Ders., Gustavus Adolphus. A History of Sweden, 1611–1632, 2 Bde., London 1958

Ders., Gustavus Adolphus and the Rise of Sweden, London 1973

Wedgwood, Cicely Veronica, The Thirty Years War, London 1944 (dt. Ausgabe: Der Dreißigjährige Krieg, München 1999)

1 Im Dreißigjährigen Krieg behielten die Schweden und die deutschen Protestanten den Julianischen Kalender bei, der zehn Tage hinter dem Gregorianischen zurücklag und der den Jahresanfang auf den 25. März legte. Aus Gründen der Übersichtlichkeit werden im Folgenden aber die heute in der Geschichtsschreibung verbindlichen Daten genannt. – Die ursprüngliche Aufstellung beider Armeen in der Schlacht von Lützen ist relativ klar. Doch fällt die Rekonstruktion eines so emotionsgeladenen, wechselhaften und mitunter sogar trugbildhaften Ereignisses zwangsläufig schwer. Dieses Problem wird noch durch die relativ schlechte Quellenüberlieferung verstärkt, war das 17. Jahrhundert doch eine Zeit weitverbreiteten Analphabetentums.

2 Das Heilige Römische Reich war allerdings erheblich lockerer organisiert als Schweden und konnte dementsprechend sein Kräftepotential weniger effizient nutzen.

3 Die vorliegende Darstellung der Schlacht von Lützen basiert auf Michael Roberts, Gustavus Adolphus. A History of Sweden, 1611–1632, 2 Bde., London 1958, Bd. 2: 1616–1632, S. 761–773 (S. 763–770 für die Schlacht bis zum Tod des Königs); Michael Roberts, Gustavus Adolphus and the Rise of Sweden, London 1973, S. 181–184; Cicely Veronica Wedgwood, The Thirty Years War, London 1944, S. 324–327 (S. 324–326 für die erste Phase); John Frederick Charles Fuller, A Military History of the Western World, 3 Bde., New York 1955, Bd. 2: From the Defeat of the Spanish Armada 1588 to the Battle of Waterloo 1815, S. 68–71.

4 Gustav Adolfs militärische Erziehung und seine anschließenden Reformen führen zu der Frage, ob es sich dabei um den wesentlichen Aspekt einer militärischen Revolution handelte, die die Grundlagen des modernen Krieges schuf. Siehe Michael Roberts, The Military Revolution, 1560–1660, in ders., Essays in Swedish History, London 1967, S. 58–81. Kritisch dazu Jeremy Black, A Military Revolution? Military Change and European Society, 1550–1800, New Jersey 1991; Geoffrey Parker, The Military Revo-

lution. Military Innovation and the Rise of the West, 1500–1800, Cambridge [2]1996, S. 6–44 und S. 155–175. Für den Autor dieses Aufsatzes besteht die militärische Revolution im Entstehen eines Berufsoffizierstandes, der auf dem Studium militärischer Fachliteratur gründete. Gustav Adolf kopierte diesen neu entwickelten Typus des Offiziers, der seinen Ursprung in den Niederlanden hatte, und führte ihn in der schwedischen Armee ein.

5 Schwedens Wirtschaft wird dargestellt in Roberts, Gustavus Adolphus, Bd. 2, S. 1–61 und S. 63–168.

6 Fuller, Military History, Bd. 2, S. 54, für die hier erwähnte grundlegende Organisationsstruktur.

7 Zum Beginn und zur ersten Phase von Gustavs Feldzug in Deutschland siehe Roberts, Gustavus Adolphus, Bd. 2, S. 357–425 und S. 426–502.

8 Zur Brandschatzung Magdeburgs siehe Wedgwood, Thirty Years War, S. 288–291.

9 Es sollte darauf hingewiesen werden, daß die schwedische Armee am 23. Oktober/2. November 1641 auf demselben Schlachtfeld bei Breitenfeld einen zweiten Sieg errang. Siehe Geoffrey Parker (Hg.), The Thirty Years War, London und New York [2]1997, S. 152.

10 Roberts, Gustavus Adolphus, Bd. 2, S. 538–591 und S. 694–706, vor allem S. 701 zum Tode Tillys. Zu Wallenstein siehe Golo Mann, Wallenstein. Sein Leben erzählt von Golo Mann, Frankfurt am Main 1971.

11 Eine neue Beurteilung der Auswirkungen des Dreißigjährigen Krieges auf Deutschland bei Christopher R. Friedrichs, The War and German Society, in: Parker (Hg.), Thirty Years War, S. 186–191 und S. 246.

Belagern und Entsetzen
Wien, 12. Juli bis 12. September 1683
Günther Kronenbitter

Abrahamowicz, Zygmunt, u. a., Die Türkenkriege in der historischen Forschung (Forschungen und Beiträge zur Wiener Stadtgeschichte, Bd. 13), Wien 1983

Barker, Thomas M., Doppeladler und Halbmond. Entscheidungsjahr 1683, Graz 1982

Broucek, Peter, u. a., Der Sieg bei Wien 1683, Wien 1983

Buchmann, Bertrand Michael, Österreich und das Osmanische Reich. Eine bilaterale Geschichte, Wien 1999

Düriegl, Günter, Wien 1683 – Die zweite Türkenbelagerung, Wien 1981

Eickhoff, Ekkehard, Venedig, Wien und die Osmanen. Umbruch in Südosteuropa 1645–1700, München [2]1973

Kreutel, Richard F./Teply, Karl (Hg.), Kara Mustafa vor Wien. 1683 aus der Sicht türkischer Quellen (Osmanische Geschichtsschreiber. Neue Folge, Bd. 1), Graz 1982

Sturminger, Walter (Hg.), Die Türken vor Wien in Augenzeugenberichten, Düsseldorf 1968 (Taschenbuchausgabe München 1983)

Wimmer, Jan, Der Entsatz von Wien 1683 (Panorama der polnischen Geschichte. Fakten und Mythen, [Bd. 4]), Warszawa 1983

Zöllner, Erich/Gutkas, Karl (Hg.), Österreich und die Osmanen – Prinz Eugen und seine Zeit (Schriften des Instituts für Österreichkunde, Bd. 51/52), Wien 1988

1 Kreutel, Richard F. /Prokosch, Erich (Hg.), Im Reiche des Goldenen Apfels. Des türkischen Weltenbummlers Evliyâ Celebi denkwürdige Reise in das Giaurenland und in die Stadt und Festung Wien anno 1683, Graz 1987, S. 104–106, 126–131, 135.
2 Josef Matuz, Das Osmanische Reich. Grundlinien seiner Geschichte, Darmstadt 1985, S. 98–103.
3 Caroline Finkel, The Administration of Warfare: the Ottoman Military Campaigns in Hungary, 1593–1606, Wien 1988.
4 Matuz, Osmanisches Reich, S. 175–178
5 Jeremy Black, A Military Revolution? Military Change and European Society, 1550–1800, Atlantic Highlands, NJ, 1991, S. 17–34; John F. Guilmartin, Jr., The Military Revolution: Origins and First Tests Abroad, in: Clifford J. Rogers (Hg.), The Military Revolution Debate. Readings on the Military Transformation of Early Modern Europe, Boulder, CO, 1995, S. 299–333, hier S. 303–305, 318–320; Geoffrey Parker, Die militärische Revolution. Die Kriegskunst und der Aufstieg des Westens 1500–1800, Frankfurt 1990, S. 152–158.
6 Christopher Duffy, Siege Warfare. The Fortress in the Early Modern World, 1494–1660, London 1979, S. 210–219.
7 Michael Hochedlinger, Austria's Wars of Emergence, 1683–1797, London 2001.

Die Geburt eines Mythos – die «schiefe Schlachtordnung» Leuthen, 5. Dezember 1757
Bernhard R. Kroener

Die Kriege Friedrichs des Großen, Teil 3: Der Siebenjährige Krieg, 13 Bde., Bd. 6, hg. v. Großen Generalstab, Kriegsgeschichtliche Abteilung, Berlin 1901–1914
Duffy, Christopher, Friedrich der Große. Ein Soldatenleben, Zürich 1986
Gerber, Paul, Die Schlacht bei Leuthen, Diss. Berlin 1901
Groehler, Olaf, Die Kriege Friedrichs II., Berlin 1984
Koser, Reinhold, Geschichte Friedrichs des Großen, 4 Bde., Bd. 2, Stuttgart 1925
Koser, Reinhold, Vor und nach der Schlacht bei Leuthen. Die Parchwitzer Rede und der Abend im Lissaer Schloß, in: Forschungen zur Brandenburgischen und Preußischen Geschichte 1 (1888), S. 281–294
Kunisch, Johannes, Das Mirakel des Hauses Brandenburg. Studien zum Verhältnis von Kabinettspolitik und Kriegführung im Zeitalter des Siebenjährigen Krieges, München 1978
Logan-Logejus, Jakob Anton Friedrich, Meine Erlebnisse als Reiteroffizier unter dem Großen König in den Jahren 1741–1759, Breslau 1934
Sein Heer. Wie es in den Kriegen Friedrichs zuging. Eine Sammlung von Selbsterlebnissen, Dokumenten und Briefen, bearb. v. Curt Cramer, Leipzig o. J., S. 192

1 Johannes Kunisch, Das Mirakel des Hauses Brandenburg. Studien zum Verhältnis von Kabinettspolitik und Kriegführung im Zeitalter des Siebenjährigen Krieges, München 1978, S. 80.
2 Reinhold Koser, Vor und nach der Schlacht bei Leuthen. Die Parchwitzer Rede und der Abend im Lissaer Schloß, in: Forschungen zur Brandenburgischen und Preußischen Geschichte 1 (1888), S. 281–294.
3 Friedrich der Große, Politische Correspondenz Friedrichs des Großen, 46 Bde., Berlin 1879–1939, Nr. 9535.
4 Reinhold Koser, Geschichte Friedrichs des Großen, 4 Bde., Berlin $^{6/7}$1925, Bd. 2, S. 552.
5 Jakob Anton Friedrich Logan-Logejus, Meine Erlebnisse als Reiteroffizier unter dem Großen König in den Jahren 1741–1759, Breslau 1934, S. 210.
6 Koser, Friedrich der Große, Bd. 2, S. 554.
7 Diesen Hinweis aus den unveröffentlichen Tagebuchaufzeichnungen von Nicolai verdanke ich freundlicherweise Herrn Daniel Hohrath.
8 C. F. von Barsewitsch, Meine Kriegserlebnisse während des Siebenjährigen Krieges 1757–1763, Berlin 1963; Der Abschnitt zu Leuthen abgedruckt in: Sein Heer. Wie es in den Kriegen Friedrichs zuging. Eine Sammlung von Selbsterlebnissen, Dokumenten und Briefen, bearb. von Curt Cramer, Leipzig o. J., S. 192.
9 Barsewitsch, Kriegs-Erlebnisse, in: Sein Heer, S. 195.
10 Logan-Logejus, Erlebnisse, S. 296.
11 Ebd., S. 217 f.

Triumph der Defensive
Waterloo, 18. Juni 1815
Johannes Willms

Chandler, David G., The Campaigns of Napoleon. The Mind and Method of History's Greatest Soldier, New York 1966

Charras, Lt. Colonel, Histoire de la Campagne de 1815 – Waterloo, 2 Bde. u. Atlas, Paris ^{6}1869

Houssaye, H., 1815 – Waterloo, Paris ^{41}1903

Logie, J., Napoléon. La dernière bataille, Bruxelles 1998

Willms, Johannes, Napoleon. Verbannung und Verklärung, München 2000

Im Niemandsland
Cold Harbor, 31. Mai bis 3. Juni 1864
Dierk Walter

Foote, Shelby, The Civil War. A Narrative, 3 Bde., New York 1974

Hagerman, Edward, The American Civil War and the Origins of Modern Warfare. Ideas, Organization, and Field Command, Bloomington, IN, 1992

Johnson, Robert Underwood/Buel, Clarence Clough, Battles and Leaders of the Civil War. Being for the Most Part Contributions by Union and Confederate Officers, New York 1884–1888

Maney, R. Wayne, Marching to Cold Harbor. Victory and Failure, 1864, Shippensburg, PA, 1995
McPherson, James M., Battle Cry of Freedom. The Civil War Era, New York 1988
Personal Memoirs of U. S. Grant, 2 Bde., New York 1885/1886
Power, J. Tracy, Lee's Miserables. Life in the Army of Northern Virginia from the Wilderness to Appomattox, Chapel Hill, NC, 1998
US War Department (Hg.), The War of the Rebellion. A Compilation of the Official Records of the Union and Confederate Armies, 70 Bde., 128 Teilbde., Washington, DC, 1880–1901

«Getrennt marschieren, vereint schlagen»
Königgrätz, 3. Juli 1866
Frank Becker

Bleibtreu, Carl, Königgrätz, Stuttgart 1903
Craig, Gordon A., Königgrätz, Wien 1966
Der Feldzug von 1866 in Deutschland. Redigiert von der kriegsgeschichtlichen Abteilung des Großen Generalstabes, Berlin 1867
Fontane, Theodor, Der deutsche Krieg von 1866, 2 Bde., Berlin 1870/1871
Groote, Wolfgang von/Gersdorff, Ursula von (Hg.), Entscheidung 1866. Der Krieg zwischen Österreich und Preußen, Stuttgart 1966
Groote, Wolfgang von, Königgrätz im Blick der Militärgeschichte, in: Richard Dietrich (Hg.), Europa und der Norddeutsche Bund, Berlin 1968, S. 109–133
Höfele, Karl Heinrich, Königgrätz und die Deutschen von 1866, in: GWU 17, 1966, S. 393–416
Jähns, Max, Die Schlacht bei Königgrätz, Leipzig 1876
Oestreichs Kämpfe im Jahre 1866. Dritter Band: Der Krieg in Böhmen. Nach Feldkarten bearbeitet durch das k. k. Generalstabs-Bureau für Kriegsgeschichte, Wien 1868
Wandruszka, Adam, Schicksalsjahr 1866, Graz 1966

1 Der hohe Wissensstand der preußischen Soldaten, nicht nur derjenigen, die den Bildungsschichten entstammten, sondern auch der gewöhnlichen, führte zu dem bekannten Bonmot, der preußische Schulmeister sei der eigentliche Sieger von Königgrätz gewesen.

2 Zu letzterem Aspekt siehe Frank Becker, Bilder von Krieg und Nation. Die Einigungskriege in der bürgerlichen Öffentlichkeit Deutschlands 1864–1913, München 2001.

3 Erst vier Tage vor der Schlacht bei Königgrätz verließ Moltke Berlin und stieß zu den kämpfenden Truppen.

4 Zu den Gesamtverlusten an diesem Schlachttag liefern die jeweiligen Generalstabswerke überraschend exakte Zahlen. Das österreichische Werk nennt 5658 kaiserliche Gefallene, 7574 Verwundete, 7410 Vermisste und 22 170 Gefangene, sein preußisches Pendant listet für die eigene Armee 1929 Gefallene, 6948 Verwundete und 276 Vermisste auf.

5 Darüber hinaus begann schon wenige Tage nach der Schlacht bei König-

grätz die Cholera in den verfeindeten Armeen zu wüten und dämpfte das Interesse an einer Fortsetzung des Krieges bei beiden Parteien ganz erheblich.

Das Gesicht des modernen Krieges
Sedan, 1. und 2. September 1870
Dennis E. Showalter

Der deutsch-französische Krieg 1970–71. Redigirt von der kriegsgeschichtlichen Abtheilung des Großen Generalstabes, Teil I: Geschichte des Krieges bis zum Sturz des Kaiserreichs, 2 Bde., Berlin 1874–1875

Förster, Stig/Nagler, Jörg (Hg.), On the Road to Total War. The American Civil War and the German Wars of Unification 1861–1871, New York 1997

Howard, Michael, The Franco-Prussian War, London 1961

Kolb, Eberhard, Der Weg aus dem Krieg: Bismarcks Politik im Krieg und die Friedensanbahnung 1870/71, München 1990

Moltke, Helmuth von, Geschichte des Deutsch-Französischen Krieges von 1870–71, Berlin 1891

Stoneman, Mark R., The Bavarian Army and French Civilians in the War of 1870–71. A Cultural Interpretation, in Kürze erscheinend in: War in History

Verdy du Vernois, Julius von, Im großen Hauptquartier 1870–71, Berlin 1896

Der Sieg des Negus
Adua, 1. März 1896
Giulia Brogini Künzi

Baratieri, Oreste, Memorie d'Africa, 1892–1896, Torino 1898

Battaglia, Roberto, La prima guerra d'Africa, Torino 1958

Del Boca, Angelo, Gli Italiani in Africa Orientale, 4 Bde., Roma 1976

Pankhurst, Richard, L'esercito etiopico, in: Angelo Del Boca (Hg.), Adua. Le ragioni di una sconfitta, Roma ²1998, S. 313–339

Raniero, Romain H., The Battle of Adowa on 1st March 1896: A Reappraisal, in: J. A. de Moor/H. L. Wesseling (Hg.), Imperialism and war: Essays on colonial wars in Asia and Africa, Leiden 1989, S. 189–200

Rochat, Giorgio, (Hg.), Il colonialismo italiano: La prima guerra d'Africa, la guerra di Libia, la riconquista della Libia, la guerra d'Etiopia, l'impero, Torino 1974

Ders., Adua. Analisi di una sconfitta, in: Angelo Del Boca (Hg.), Adua. Le ragioni di una sconfitta, Roma ²1998, S. 343–558

Zewde, Bahru, A History of Modern Ethiopia, 1855–1974, London ³1995

Ders., L'Etiopia di Menelik e la battaglia di Adua, in: Angelo Del Boca (Hg.), Adua. Le ragioni di una sconfitta, Roma ²1998, S. 301–312

1 Telegramm von Premierminister Crispi an General Baratieri, Rom, 25. Februar 1896, in: Giorgio Rochat (Hg.), Il colonialismo italiano: La prima guerra d'Africa, la guerra di Libia, la riconquista della Libia, la guerra d'Etiopia, l'impero, Torino 1974, S. 51 f. Original des Telegramms italienisch.

2 Bahru Zewde, L'Etiopia di Menelik e la battaglia di Adua, in: Angelo Del Boca (Hg.), Adua. Le ragioni di una sconfitta, Roma ²1998, S. 301–312. Vgl. auch Bahru Zewde, A History of Modern Ethiopia, 1855–1974, London ³1995, S. 76–79.

3 Richard Pankhurst, L'esercito etiopico, in: Del Boca, Adua, S. 313–339, hier S. 320, und Romain H. Raniero, The Battle of Adowa on 1st March 1896: A Reappraisal, in: J. A. de Moor/H. L. Wesseling (Hg.), Imperialism and war: Essays on colonial wars in Asia and Africa, Leiden 1989, S. 189–200, hier S. 200. Die Angaben aus der Literatur variieren sehr stark.

4 Richard Pankhurst, Economic History of Ethiopia, 1800–1935, Addis Ababa 1968, S. 546–548.

5 Ebd., S. 602.

6 Angelo Del Boca, Gli Italiani in Africa Orientale, 4 Bde., Bd. 1, Dall'unità alla marcia su Roma, Roma 1976, S. 644–648.

7 Oreste Baratieri, Memorie d'Africa, 1892–1896, Torino 1898, S. 363–369.

8 Ebd., S. 383–385.

9 Roberto Battaglia, La prima guerra d'Africa, Torino 1958, S. 734–785.

10 Giorgio Rochat, Adua. Analisi di una sconfitta, in: Del Boca, Adua, S. 343–558.

Der Untergang des zaristischen Rußlands
Tsushima, 27. und 28. Mai 1905
Bernd Martin

Connaughton, Richard M., The War of the Rising Sun and the Tumbling Bear. A military history of the Russo-Japanese War 1904–5, London 1988

Der japanisch-russische Seekrieg 1904/05. Amtliche Darstellung des japanischen Admiralstabes, Berlin 1911

Nowikow-Priboi, Alexej S., Tsushima, Weimar 1954

Ssemenow, Wladimir, Die Schlacht bei Tsushima, Berlin 1909

Thiess, Frank, Tsushima. Der Roman eines Seekrieges, Berlin 1936

1 Die Datierung erfolgt durchgehend nach dem Gregorianischen Kalender, der im zaristischen Rußland nicht verwendet wurde. Um das damalige russische Datum zu bekommen, müssen 13 Tage abgezogen werden. Die Seeschlacht von Tsushima (27./28. Mai 1905) fand nach dem russischen Kalender folglich am 14./15. Mai 1905 statt.

2 Russische Namen werden nicht nach der wissenschaftlichen Transkription wiedergegeben, sondern erscheinen in der üblichen eingedeutschten Form.

Tod in Masuren
Tannenberg, 23. bis 31. August 1914
Markus Pöhlmann

Elze, Walter, Tannenberg. Das deutsche Heer von 1914. Seine Grundzüge und deren Auswirkung im Sieg an der Ostfront, Breslau 1928

Harrison, Richard W., Samsonow and the Battle of Tannenberg, 1914, in: Brian Bond, (Hg.), Fallen Stars. Eleven Studies of Twentieth Century Military Disaster, London 1991, S. 13–31

Reichsarchiv (Bearb.), Der Weltkrieg 1914 bis 1918, 14 Bde., Bd. 2, Berlin 1925

Schäfer, Theobald von, Tannenberg, Oldenburg 1927

Showalter, Dennis, Tannenberg. Clash of Empires, Hamden 1991

Tietz, Jürgen, Das Tannenberg-Nationaldenkmal. Architektur, Geschichte, Kontext, Berlin 1999

1 Alfred Bülowius/Bruno Hippler, Das Infanterie-Regiment v. Boyen (5. Ostpreußisches) Nr. 41 im Weltkriege 1914–1918, Berlin 1929, S. 19.

2 Moritz Holzmann, Hanseatische Landwehr im Felde (Geschichte des Landwehr-Infanterie-Regiments Nr. 75), 2 Teile, Oldenburg und Berlin 1928, hier Teil 1, S. 29.

3 Fritz Schillmann, Grenadier-Regiment König Friedrich Wilhelm I. (2. Ostpreußisches) Nr. 3 im Weltkriege 1914–1918, Oldenburg 1924, S. 28.

4 Ebd., S. 31.

5 Ebd., S. 30.

6 Zit. nach Walter Elze, Tannenberg. Das deutsche Heer von 1914. Seine Grundzüge und deren Auswirkung im Sieg an der Ostfront, Breslau 1928, S. 275.

Der Mensch als «Material»
Verdun, 21. Februar bis 9. September 1916
Gerd Krumeich

Afflerbach, Holger, Falkenhayn. Politisches Denken und Handeln im Kaiserreich, München 1994

Beumelburg, Werner, Die stählernen Jahre. Das deutsche Buch vom Weltkrieg, Oldenburg 1929

Falkenhayn, Erich von, Die Oberste Heeresleitung 1914–1916 in ihren wichtigsten Entscheidungen, Berlin 1920

Genevoix, Maurice, Sous Verdun, Paris 1916

Krumeich, Gerd, Verdun: ein Ort gemeinsamer Erinnerung?, in: Horst Möller und Jacques Morizet (Hg.), Franzosen und Deutsche. Orte der gemeinsamen Geschichte, München 1996, S. 159–184

Lefebvre, Jacques-Henri, Verdun – la plus grande bataille de l'histoire, Paris 1960

Prost, Antoine, Verdun, in: Pierre Nora (Hg.), Les lieux de mémoire, Bd. 2: La nation, Paris 1986, S. 111–141

Remarque, Erich Maria, Schweigen um Verdun, in:, Thomas Schneider (Hg.), Erich Maria Remarque, Der Feind. Erzählungen, Köln 1993, S. 18–25
Rohde, Horst/Ostrovsky, Robert, Militärgeschichtlicher Reiseführer Verdun, Herford 1992
Werth, German, Verdun. Die Schlacht und der Mythos, Bergisch-Gladbach [2]1984

1 In dankbarer Erinnerung an German Werth (1. Mai 1937–9. Juli 2000), den Historiographen der Verdun-Schlacht.

Deutschlands erste entscheidende Niederlage im Zweiten Weltkrieg
Die Luftschlacht um England, 10. Juli bis 31. Oktober 1940
James S. Corum

Bickers, Richard, The Battle of Britain, London 1999
Galland, Adolf, Die Ersten und die Letzten. Die Jagdflieger im Zweiten Weltkrieg, Darmstadt 1953
Hough, Richard/Richards, Denis, The Battle of Britain. The Greatest Air Battle of World War II, New York 1984
Ishoven, Armand van, The Luftwaffe in the Battle of Britain, New York 1980
Priller, Josef, Geschichte eines Jagdgeschwaders, Heidelberg 1956
Ray, John, The Battle of Britain. New Perspectives, London 1994
Wood, Derek/Dempster, Derek, The Narrow Margin, London 1961

Zähe Legenden
Stalingrad, 23. August 1942 bis 2. Februar 1943
Jürgen Förster

Beevor, Antony, Stalingrad, München 1998
Förster, Jürgen (Hg.), Stalingrad. Ereignis, Wirkung, Symbol, München 1992
Ders., Stalingrad. Risse im Bündnis 1942/43, Freiburg 1975
Kehrig, Manfred, Stalingrad. Analyse und Dokumentation einer Schlacht, Stuttgart 1974
Militärgeschichtliches Forschungsamt (Hg.), Das Deutsche Reich und der Zweite Weltkrieg, Bd. 6: Der globale Krieg, Stuttgart 1990

1 Weisung Nr. 41 vom 5.4.1942, in: Walther Hubatsch (Hg.), Hitlers Weisungen für die Kriegführung 1939–1945, Koblenz [2]1983, S. 183–188, hier S. 184.
2 Weisung Nr. 45, ebd., S. 196–200, hier S. 198.
3 So notierte sarkastisch Halder in seinem Kriegstagebuch, hg. von Hans-Adolf Jacobsen, Bd. 3, Stuttgart 1964, S. 493 (30.7.1942).
4 Armeebefehl vom 16.8.1942. Zit. nach: Militärgeschichtliches Forschungsamt (Hg.), Das Deutsche Reich und der Zweite Weltkrieg, Bd. 6, Stuttgart 1990, S. 967.
5 So Oberst Hans Doerr nach dem Krieg. Zit. nach ebd., S. 984.
6 So der Eindruck eines Stuka-Piloten am 17.10.1942. Zit. nach: ebd., S. 995.

7 Ebd., S. 967.
8 Vgl. Anatolij G. Chor'kov, Die sowjetische Gegenoffenive bei Stalingrad, in: Jürgen Förster (Hg.), Stalingrad. Ereignis, Wirkung, Symbol, München 1992, S. 55–74.
9 Manfred Kehrig, Die 6. Armee im Kessel von Stalingrad, ebd., S. 76–110, hier S. 80 f.
10 Zwar gab es noch einen äußeren Einschließungsring, aber der hat an dieser Stelle weniger zu interessieren.
11 Abgedruckt bei Manfred Kehrig, Stalingrad. Analyse und Dokumentation einer Schlacht, Stuttgart 1974, Dok Nr. 15, S. 564–567. Sie wurde von Paulus' Chef des Stabes mit der Bemerkung versehen: «Wir haben uns nicht den Kopf des Führers zu zerbrechen und Gen. v. Seydlitz nicht den des O. B. [Armeeoberbefehlshabers].»
12 Brief Mansteins an Paulus vom 27.11.1942. Abgedruckt in: ebd., Dok Nr. 20, S. 572.
13 Kehrig, 6. Armee, S. 93.
14 Das Deutsche Reich und der Zweite Weltkrieg, S. 1048.
15 Abgedruckt bei Kehrig, Stalingrad, Dok Nr. 64, S. 631.
16 Vgl. Jürgen Förster, Stalingrad. Risse im Bündnis 1942/43, Freiburg 1975.
17 Befehl vom 29.3.1943, in: Bundesarchiv-Militärarchiv (Freiburg), RL 5/793.

Meter für Meter
Okinawa, 1. April bis 2. Juli 1945
Gerhard L. Weinberg

Appleman, Roy, u. a., Okinawa. The Last Battle, Washington, DC, 1948
Feifer, George, Tennozan. The Battle of Okinawa and the Atomic Bomb, New York 1993
Huber, Thomas M., Japan's Battle of Okinawa, Fort Leavenworth, KS, 1990
Morison, Samuel, Victory in the Pacific, Boston 1960
Nichols, Charles/Shaw, Henry, Okinawa. Victory in the Pacific, Washington, DC, 1955
Sledge, E. B., With the Old Breed at Peleliu and Okinawa, Novato, CA, 1981
Syohgo, Hattori, Kamikaze. Japan's Glorious Failure, in: Air Power History 43, 1996, S. 14–27

Das Ende eines Kolonialreiches
Dien Bien Phu, 13. März bis 7. Mai 1954
Marc Frey

Fall, Bernard B., Hell in a Very Small Place. The Siege of Dien Bien Phu, New York 1967
Frey, Marc, Geschichte des Vietnamkriegs, München [5]2000
Gras, Yves, Histoire de la Guerre d'Indochine, Paris 1979
Kaplan, Lawrence S./Artaud, Denise/Rubin, Mark R. (Hg.), Dien Bien Phu and the Crisis of Franco-American Relations, 1954–1955, Wilmington, DE, 1990

Karnow, Stanley, Vietnam: A History, London [2]1991
Navarre, Henri, Agonie de l'Indochine, Paris [2]1956
Quing Zhai, China and the Vietnam Wars, 1950–1975, Chapel Hill, NC, 2000
Simpson, Howard R., Dien Bien Phu. The Epic Battle America Forgot, New York 1994
Vo Nguyen Giap, Dien Bien Phu, Hanoi 1959

Als Israel den Atem anhielt
Sinai, 6. bis 24. Oktober 1973
Zeev Elron

Adan, Abraham, On the Bank of the Suez, Navato 1980
Aruri, Nasser H. (Hg.), Middle East Crucible, Wilmette 1975
Bartov, Hanoch Dado, 48 Years and 20 Days, Tel Aviv 1981
Cohen, Eliot A./Gooch, John, Military Misfortunes. Anatomy of Failure in War, New York 1990 (hier Kapitel 5)
Dupuy, Trevor, Elusive Victory. The Arab-Israeli Wars, 1947–1973, Fairfax 1984
Gawrych, George W., The 1973 Arab-Israeli War. The Albatross of Decisive Victory, Fort Leavenworth 1996
Herzog, Chaim, Entscheidung in der Wüste. Die Lehren des Yom-Kippur-Krieges, Berlin 1975
[Sunday Times], Der Wüstenkrieg. Die dramatische Geschichte der Schlacht um Golan und den Suezkanal, Frankfurt am Main 1975 (engl. Originalfassung: The Insight Team of the Sunday Times, The Yom Kippur War, London 1975)
Shazli, Saad, The Crossing of the Suez. The Oktober War 1973, London 1980
Wallach, Jehuda L., «... und mit der anderen hielten sie die Waffe». Die Kriege Israels, Koblenz 1984

1 In den 19 Tage anhaltenden schweren Kämpfen wurde beinahe die Hälfte der eingesetzten 6000 Panzer und der 1500 Flugzeuge zerstört. Das anschließende Ölembargo der arabischen Staaten verursachte eine weltweite Rezession, die ein ganzes Jahrzehnt andauerte.
2 Zwischen 1966 und 1972 hatte sich Ägyptens Verteidigungshaushalt verdoppelt und betrug schließlich 25 Prozent des Bruttosozialprodukts.
3 Ein Portrait von Ismail und Shazli sowie die Geschichte ihrer Beziehung findet sich in Mohammed Heikal, The Road to Ramadan, London 1975, S. 181–183.
4 Shazli (Crossing, S. 41–89) liefert eine ausgezeichnete Darstellung der ägyptischen Kriegsvorbereitungen (siehe Bibliographie).
5 Insgesamt betrug die Stärke der an beiden Fronten eingesetzten arabischen Truppen eine halbe Million Mann (bei einer Gesamtstärke der Armeen von zwei Millionen Soldaten), 4800 mittelschwere Panzer, 1250 Flugzeuge, 4300 gepanzerte Truppentransporter (APCs), 3000 Geschütze und 2200 Panzerabwehrkanonen. Das ägyptische Kontingent belief sich auf 315 000 Soldaten, 2000 Panzer, 2400 APCs sowie 1600 Geschütze. Zum Schutz rückwärtiger Einrichtungen waren 700 000 ägyptische Soldaten eingesetzt.

Auf der anderen Seite verfügte Israel über 310000 Mann, überwiegend Reservisten, 2000 Panzer, 450 Flugzeuge, 4500 APCs und 850 Geschütze. Da beträchtliche Teile der israelischen Streitkräfte im Norden des Landes gegen syrische, irakische und jordanische Truppen eingesetzt wurden, konnte nur rund die Hälfte der Streitkräfte auf dem Sinai aufmarschieren. Stabschef Elazar ging das Risiko ein, die lange Grenze zu Jordanien nur durch schwache Verbände zu sichern.

6 Da die Israelis den Kampfpanzer als wichtigste Waffe im Landkrieg ansahen, gaben sie bei der Mobilmachung auch jenen Reservedivisionen den Vorrang, die über eine große Zahl von Panzern verfügten. Eine Panzerbrigade bestand aus drei Bataillonen (mit je 35 Panzern), doch unterstand ihr kein einziges motorisiertes Infanteriebataillon. Weil etliche Panzer auf dem harten Marsch zur Front liegenblieben, erreichten diese israelischen Verbände ihre Sollstärke nicht.

7 Die Fehler im israelischen Befehls- und Führungssystem hat Martin van Creveld in seinem Buch Command in War, Cambridge 1985 (S. 203–231), analysiert.

8 Zitiert nach The Insight Team of the Sunday Times, The Yom Kippur War, London 1975, S. 195.

9 In den ersten drei Tagen verlor die IAF vier Prozent ihrer eingesetzten Flugzeuge (d. h. vier Abschüsse auf je hundert Einsätze). In den darauffolgenden Tagen schränkten die israelischen Piloten ihre Aktivitäten in der Kanalzone ein und gingen zu einer Taktik über, die die Bedrohung durch ägyptische Raketen drastisch verminderte. Die Verlustrate der israelischen Luftwaffe belief sich insgesamt auf akzeptable 1,1 Prozent und lag damit weit unter den erstaunlichen 21 Prozent der Ägypter.

10 Während der folgenden 33 Tage erreichten Israel 556 Flüge mit 22395 Tonnen Hilfslieferungen. Noch im Verlauf der Auseinandersetzung oder kurz danach erhielten die Israelis außerdem 56 Düsenjäger. Die sowjetische Hilfe für die Araber kam schneller an. Schon am 10. Oktober landeten die ersten Versorgungsflugzeuge in Syrien, einen Tag später in Ägypten. Die UdSSR lieferte auf dem Luftweg 15000 Tonnen Nachschub. Weitere 63000 Tonnen kamen kurz nach dem Ende des Krieges auf dem Seeweg.

11 Die IAF verlor bei Luftkämpfen lediglich sechs ihrer Jets, schoß dagegen 300 Maschinen ab, was eine bemerkenswerte Erfolgsrate von 50:1 ergibt.

12 Zitiert nach Peter Allen, The Yom Kippur War, New York 1982, S. 202.

13 Ägypten, mit seiner Bevölkerung von 35 Millionen, hatte 5000 Gefallene und 12000 Verwundete zu beklagen, die Verluste der anderen arabischen Armeen zusammen waren ähnlich hoch. Das drei Millionen Einwohner zählende Israel verlor an beiden Fronten 2800 Soldaten. 8000 wurden verwundet und 300 gefangengenommen, die Hälfte davon auf dem Sinai. An Material büßten die arabischen Staaten 2500 Panzer und 450 Flugzeuge ein, davon Ägypten 1100 Panzer, 450 gepanzerte Truppentransporter, 300 Geschütze und 290 Flugzeuge. Die IAF dagegen verlor 109 Flugzeuge. Israel nahm 9000 Mann gefangen (fast ausschließlich Ägypter) und erbeutete 1500 Panzer (fast alles syrische, darunter 550 unbeschädigt), während 200 israelische Panzer verloren gingen. Fast alle ägyptischen Gefangenen gerieten in den letzten drei Kriegstagen in die Hände Adans.

14 Siehe Mohammed Heikal, Sphinx and Commissar. The Rise and Fall of Soviet Influence in the Arab World, London 1978, S. 256–266. Heikal, ein bekannter ägyptischer Journalist mit engen Kontakten zu Nasser und Sadat, bezeichnet die sowjetische Einstellung gegenüber den Arabern als «tadellos». Sie hätten sich «von ganzem Herzen mit der arabischen Sache identifiziert und alles unternommen, um Ägypten und Syrien zu unterstützen». Die Amerikaner auf der anderen Seite «wollten Israel helfen, doch wiederum nicht in einem Ausmaß, das es ihm ermöglicht hätte, den Arabern mit einem Gegenschlag eine erneute Demütigung wie im Jahre 1967 beizubringen». Siehe auch Victor Israelian, Inside the Kremlin During the Yom Kippur War, University Park 1995.

Kartennachweis

S. 20	Heinz E. Herzig, Bern.
S. 32	Peter Green, Alexander der Große. Mensch oder Mythos, S. 155 © Verlag Ploetz, Freiburg 1974.
S. 49	Gertrud Seidensticker, Berlin.
S. 65	R. Allen Brown, The Normans and the Norman Conquest, Woodbridge ^{2}1985, S. XII. © Boydell & Brewer Ltd.
S. 80, 154	cartomedia, Karlsruhe.
S. 94	Reinhard Schulze, Bern.
S. 108	Deutschland XI, Spruners Hand-Atlas für die Geschichte des Mittelalters und der neueren Zeit., Gotha ^{3}1879, Karte Nr. 41.
S. 125	Gesine Bachmann, Darmstadt.
S. 139	Eduard Rothert, Karten und Skizzen aus der vaterländischen Geschichte der neueren Zeit, 1895, Nr. 3.
S. 171	Deutschland XVI, Spruners Hand-Atlas für die Geschichte des Mittelalters und der neueren Zeit (Gotha ^{3}1872). Nr. 46.
S. 184	Hermann Müller-Bohn, Die deutschen Befreiungskriege. Deutschlands Geschichte von 1806–1815. Band 2, Berlin 1901, S. 896.
S. 200	Gesine Bachmann, Darmstadt, nach einer Vorlage von Dierk Walter, Bern.
S. 216	Gordon Craig, Königgrätz, S. 242 © Paul Zsolnay Verlag 1997.
S. 230	F. W. Putzgers Historischer Schulatlas, Bielefeld ^{59}1936, S. 109.
S. 250/251	Nach Angelo del Boca, Gli Italiani in Africa Orientale. Dall'Unità alla marcia su Roma, Rom 1976, S. 664 f.
S. 265	Frank Thiess, Tsushima. Die Geschichte eines Seekrieges, Karte Nr. 6. © Paul Zsolnay Verlag 1936, 1964.
S. 280, 294	Erich Otto Volkmann, Der große Krieg. 1914–1918. Berlin ^{9}1938, S. 90, 155.
S. 308/309, 326/327, 339	Peter Young (Hrsg.), Der große Atlas zum II. Weltkrieg, München 1974, S. 31, 166, 197 © Richard Natkiel, 1973.
S. 359	Nach Bernard B. Fall, Hell in a Very Small Place. The Siege of Dien Bien Phu, New York 1966, S. 117.
S. 375	Nach Martin van Creveld, The Sword and the Olive. A Critical History of the Israel defense force, New York 1998, S. 226.

Autoren und Herausgeber

Frank Becker, Privatdozent am Historischen Seminar der Universität Münster.

Giulia Brogini Künzi, Dr. phil., Historikerin und Analytikerin im Eidgenössischen Justiz- und Polizeidepartment, Bern.

James S. Corum, Professor for Comparative Military Studies, School of Advanced Airpower Studies, Maxwell, Ala.

Zeev Elron, PhD student, Hebrew University of Jerusalem.

Jürgen Förster, Dr. phil., ehemaliger Mitarbeiter des Militärgeschichtlichen Forschungsamtes Potsdam.

Stig Förster, Professor für Neueste allgemeine Geschichte an der Universität Bern.

Marc Frey, Dr. phil., Wissenschaftlicher Mitarbeiter am Historischen Institut der Universität Köln.

Hans-Joachim Gehrke, Professor für Alte Geschichte an der Albert-Ludwigs-Universität Freiburg im Breisgau.

Heinz E. Herzig, Professor (emer.) für Alte Geschichte an der Universität Bern.

Gerrit Himmelsbach, Dr. phil., Leiter des Archäologischen Spessart-Projektes, Aschaffenburg.

Martin Hoch, Dr. phil., Wissenschaftlicher Mitarbeiter der Konrad-Adenauer-Stiftung, Sankt Augustin.

Bernhard R. Kroener, Professor für Militärgeschichte an der Universität Potsdam.

Günther Kronenbitter, Privatdozent an der Philologisch-Historischen Fakultät der Universität Augsburg (Neuere und Neueste Geschichte).

Gerd Krumeich, Professor für Neuere Geschichte an der Heinrich–Heine–Universität Düsseldorf.

Bernd Martin, Professor für Neuere und Neueste Geschichte an der Albert-Ludwigs-Universität Freiburg im Breisgau.

Markus Pöhlmann, Dr. phil., Redakteur beim Geschichtsmagazin DAMALS, Stuttgart.

Reinhard Schulze, Professor für Islamwissenschaft und Neuere Orientalische Philologie an der Universität Bern.

Dennis E. Showalter, Professor of History am Colorado College, Colorado Springs, Col.

Rainer C. Schwinges, Professor für Mittelalterliche Geschichte an der Universität Bern.

Michael Alexander Speidel, Assistenzprofessor an der Abteilung Alte Geschichte des Historischen Instituts der Universität Bern.

Dierk Walter, Dr. phil., Wissenschaftlicher Mitarbeiter im Arbeitsbereich Theorie und Geschichte der Gewalt des Hamburger Instituts für Sozialforschung.

Russell F. Weigley, Professor (emer.) der Temple University, Philadelphia, Pa.

Gerhard L. Weinberg, Professor (emer.) of History, University of North Carolina, Chapel Hill, N. C.

Johannes Willms, Dr. phil., Publizist, München.